创新人才推进计划

中青年科技创新领军人才和团队

(2013)

科学技术部人才中心　编

中国财经出版传媒集团

经济科学出版社

Economic Science Press

图书在版编目（CIP）数据

中青年科技创新领军人才和团队.2013/科学技术部人才中心编.
—北京：经济科学出版社，2016.5
ISBN 978－7－5141－6987－4

Ⅰ.①中… Ⅱ.①科… Ⅲ.①技术革新－人才培养－研究－
中国 Ⅳ.①F124.3

中国版本图书馆 CIP 数据核字（2016）第 124431 号

责任编辑：李 雪 刘 莎
责任校对：杨晓莹
责任印制：邱 天

中青年科技创新领军人才和团队（2013）

科学技术部人才中心 编

经济科学出版社出版、发行 新华书店经销

社址：北京市海淀区阜成路甲 28 号 邮编：100142

总编部电话：010－88191217 发行部电话：010－88191522

网址：www.esp.com.cn

电子邮件：esp@esp.com.cn

天猫网店：经济科学出版社旗舰店

网址：http://jjkxcbs.tmall.com

北京季蜂印刷有限公司印装

787×1092 16 开 36 印张 750000 字

2017 年 12 月第 1 版 2017 年 12 月第 1 次印刷

ISBN 978－7－5141－6987－4 定价：146.00 元

（图书出现印装问题，本社负责调换。电话：010－88191510）

（版权所有 侵权必究 举报电话：010－88191586

电子邮箱：dbts@esp.com.cn）

序

　　人才是我国经济社会发展的第一资源，创新驱动实质是人才驱动。当前，全球科技革命和产业变革正在孕育新突破，我国经济发展进入新常态，经济增长将更多依靠人力资本质量和技术进步。发挥好人才第一资源的核心作用，必须将人才投入作为战略性投资，在创新实践中发现人才，在创新活动中培育人才，在创新事业中凝聚人才，加快形成一支规模宏大、富有创新精神、敢于承担风险的创新型科技人才队伍，努力提升我国人才竞争比较优势，逐步实现由人力资源大国向人才强国转变。

　　创新人才推进计划是《国家中长期人才发展规划纲要（2010～2020年）》确定的十二项重大人才工程之一，旨在通过创新体制机制、优化政策环境、强化保障措施，培养和造就一批具有世界水平的科学家、高水平的科技领军人才、优秀创新团队和创业人才，打造一批创新人才培养示范基地，加强高层次创新型科技人才队伍建设，引领和带动各类科技人才发展，为提高自主创新能力、建设创新型国家提供强有力的人才支撑。自2012年实施以来，科技部会同有关部门每年遴选出一批优秀科技人才和创新团队，这些人才在各自工作领域不断开拓创新，为建设创新型国家做出了突出贡献。

　　为了加强科技人才和创新团队的宣传与交流，在科技部相关司局的大力支持下，科技部人才中心策划编写了创新人才推进计划系列丛书《中青年科技创新领军人才和团队》，对每年入选的中青年科技创新领军人才和重点领域创新团队进行介绍，多角度展示入选人才的专业背景和主要成绩等，让社会了解科技人才、支持科技人才，促进相互交流与合作。

我们将积极做好科技人才的跟踪服务工作，创新服务模式，探索科技人才的培养、使用、流动等有效机制，完善科技人才评价激励机制，加大宣传力度，为科技人才发展营造良好环境，为青年人才脱颖而出搭建平台，为推动创新型国家建设，实现中华民族伟大复兴中国梦而努力奋斗。

科学技术部人才中心主任

2017 年 7 月 19 日

前　言

　　由科技部人才中心策划并组织编撰的《中青年科技创新领军人才和团队（2013 年)》是创新人才推进计划系列丛书之一。该套丛书展示了中青年科技创新领军人才和重点领域创新团队负责人的学术背景、研究成果等，以及重点领域创新团队的研究方向与成果等。本书的出版旨在积极宣传科技人才，促进交流与合作，营造全社会重人才、重科学、爱科学的良好氛围，为科技人才的脱颖而出搭建平台、创造机会。

　　本书共收录了 2013 年入选创新人才推进计划的 200 余名中青年科技创新领军人才和 60 多个重点领域创新团队，排名先后参照《科技部关于公布 2013 年创新人才推进计划入选名单的通知》公示顺序。创新人才推进计划入选专家绝大多数均为"万人计划"入选人才。本书新增收录第二批国家"万人计划"科技创新领军人才入选名单（见附录)，本书的编辑出版得到了专家的积极支持，相关内容已征求专家意见，在此表示由衷感谢。由于专家反馈周期长，本书资料更新时间不完全统一。根据专家意愿，另有 10 余名入选 2013 年创新人才推进计划的领军人才和团队情况未收录书中。

　　本系列丛书被评为"十三五"国家重点出版物，在此特别感谢出版社的合作与支持、编辑的辛苦努力和积极推动。

　　由于时间仓促，本书在编辑过程中难免有所疏漏，敬请广大读者不吝指正。本书总编撰人田晓冰，翟俊峰、陈萍、郭晶参与编撰。

科技部人才中心

2017 年 7 月

目　录

中青年科技创新领军人才

重点领域创新团队

创新人才推进计划实施方案

根据《国家中长期人才发展规划纲要（2010～2020年)》，制定本实施方案。

一、目标和任务

创新人才推进计划（以下简称推进计划）旨在通过创新体制机制、优化政策环境、强化保障措施，培养和造就一批具有世界水平的科学家、高水平的科技领军人才和工程师、优秀创新团队和创业人才，打造一批创新人才培养示范基地，加强高层次创新型科技人才队伍建设，引领和带动各类科技人才的发展，为提高自主创新能力、建设创新型国家提供有力的人才支撑。

到2020年，推进计划的主要任务是：

1. 设立科学家工作室。为积极应对国际科技竞争，提高自主创新能力，重点在我国具有相对优势的科研领域设立100个科学家工作室，支持其潜心开展探索性、原创性研究，努力造就世界级科技大师及创新团队。

2. 造就中青年科技创新领军人才。瞄准世界科技前沿和战略性新兴产业，重点培养和支持3000名中青年科技创新人才，使其成为引领相关行业和领域科技创新发展方向、组织完成重大科技任务的领军人才。

3. 扶持科技创新创业人才。着眼于推动企业成为技术创新主体，加快科技成果转移转化，面向科技型企业，每年重点扶持1000名运用自主知识产权或核心技术创新创业的优秀创业人才，培养造就一批具有创新精神的企业家。

4. 建设重点领域创新团队。依托国家重大科研项目、国家重点工程和重大建设项目，建设500个重点领域创新团队，通过给予持续稳定支持，确保更好地完成国家重大科研和工程任务，保持和提升我国在若干重点领域的科技创新能力。

5. 建设创新人才培养示范基地。以高等学校、科研院所和科技园区为依托，建设300个创新人才培养示范基地，营造培养科技创新人才的政策环境，突破人才培养体制机制难点，形成各具特色的人才培养模式，打造人才培养政策、体制机制"先行先试"的人才特区。

二、实施原则

1. 坚持与科技、教育规划相衔接。全面落实《国家中长期人才发展规划纲要

（2010～2020 年）》要求，加强与《国家中长期科学和技术发展规划纲要（2006～2020 年）》和《国家中长期教育改革和发展规划纲要（2010～2020 年）》实施工作的紧密结合。

2. 坚持与重大任务相结合。加强高端引领，突出科技前沿、重点领域和战略需求，在国家重大科技项目、重点工程建设项目和重大科技成果转化中培养、造就和集聚人才。

3. 坚持体制机制创新。遵循人才成长规律，深化科技管理体制改革，重点在人才发现、培养、使用和评价激励等方面积极探索，着力激发科技人才敬业奉献、求真务实的内在动力，建立有利于科技人员潜心研究和专心创业的良好环境。

4. 坚持统筹协作。加强项目、基地、人才的紧密结合，统筹推进现有科技计划和人才培养计划实施，加强部门协作和区域统筹，做好与部门、地方现有人才计划的有效衔接，形成部门协调有效、地方落实有力、组织实施有序、资源配置合理的工作格局。

5. 坚持分类推进。按照"整体部署、分类推进、试点先行、逐步完善"的工作原则，针对不同任务特点，确定具体的实施方法和工作步骤。对于探索性强、实施难度大的任务先行开展试点，逐步完善，积累经验后全面展开。

三、遴选条件及方式

根据推进计划各项任务的不同特点，结合现有的工作基础，支持对象分别按照以下条件和方式进行遴选。

1. 科学家工作室。

科学家工作室实行首席科学家负责制。首席科学家原则上应具备以下基本条件：

——研究方向处于我国具有相对优势的世界科技前沿领域；

——取得了国内外同行公认的突出成就，具有发展成为世界级科技大师的潜力；

——能够坚持全职潜心研究；

——坚持科学精神、品德高尚。

首席科学家由有关部门、地方或国内外权威专家推荐产生。科学家工作室要有具体的科研规划、建设方案和部门（地方）支持措施，加强与国家相关人才计划的衔接。科技部组织专家对首席科学家人选和工作室建设方案进行论证，会同有关部门或地方批准建设。

2. 中青年科技创新领军人才。

中青年科技创新领军人才原则上应具备以下基本条件：

——在科技前沿和战略性新兴产业领域取得高水平创新成果，具有较大的发展潜力；

——具有主持承担国家或地方重要科技项目的经验；

——表现出较强的领军才能、团队组织能力；

　　——拥有博士学位或副高级以上职称，年龄在45周岁以下。

　　中青年科技创新领军人才由有关部门、省级科技行政管理部门、重点科研基地等限额推荐或知名专家特别推荐。科技部组织专家进行咨询论证，经公示无异议后批准支持。

　　3. 科技创新创业人才。

　　科技创新创业人才原则上应具备以下基本条件：

　　——科技型企业的主要创办人，具有本科以上学历和较强的创新创业精神；

　　——企业创办不足5年；

　　——企业拥有核心技术或拥有自主知识产权；

　　——企业具有较好的经营业绩和成长性。

　　科技创新创业人才由省级科技行政管理部门限额推荐，科技部组织专家咨询论证，经公示无异议后批准支持。

　　同等条件下，科技型中小企业创新基金项目承担单位的主要创办人、法人科技特派员的法人代表以及"千人计划"创业人才入选者优先。

　　4. 重点领域创新团队。

　　重点领域创新团队原则上应具备以下基本条件：

　　——所从事科研工作符合国家、行业重点发展方向和长远需求；

　　——具有承担国家重大科研课题、重点工程和重大建设项目的经历；

　　——团队创新业绩突出，具有较好的发展前景；

　　——团队组织结构合理、核心人员相对稳定；

　　——团队具有明确的创新目标和科研规划。

　　重点领域创新团队由国家重大科研项目、重点工程和重大建设项目牵头组织单位择优限额推荐，科技部组织专家咨询论证，经公示无异议后批准支持。

　　5. 创新人才培养示范基地。

　　创新人才培养示范基地原则上应具备以下基本条件：

　　——牵头单位为高等学校、科研院所和科技园区；

　　——牵头单位应有丰富的科技资源、较强的创新能力和良好的人才培养基础；

　　——牵头单位建立了产学研紧密结合的人才培养机制，积极开展国际化人才交流与合作培养；

　　——牵头单位建立了科教资源面向社会开放共享的机制；

　　——在人才培养的体制机制改革和政策创新方面先行先试，能够发挥较强的示范、辐射和带动作用。

　　创新人才培养示范基地由部门和地方择优限额推荐，科技部组织专家对基地建设方案进行论证，经推进计划部际协调小组批准后建设。

四、支持措施

1. 落实和制定配套政策。加大现有人才政策落实力度，结合《国家中长期人才发展规划纲要（2010～2020年）》的实施，研究制定《关于加强高层次创新型科技人才队伍建设的意见》等政策文件。根据推进计划各项任务的具体情况，在科研管理、人事制度、经费使用、考核评价、人员激励等方面制定相关配套措施，并先行先试、逐步完善。

2. 加强人才与项目、基地的有机结合。在国家科技计划实施和重点创新基地建设中，进一步突出对人才和团队的培养。改革科技计划管理办法，简化立项程序，对推进计划入选对象中已承担科研项目的，完成项目任务后优先给予滚动持续支持；未承担科研项目的，可自主提出研究项目，符合国家科技计划要求的，按程序给予优先立项。具备条件的依托单位优先建设国家（重点）实验室、工程中心等创新基地。

3. 进一步加大经费投入。统筹国家科技计划等相关经费的安排，调整投入结构，创新支持方式，加大对推进计划入选对象的支持力度。在充分利用现有资源的基础上，设立中央财政专项经费，对科学家工作室等重点任务给予支持。加强专项经费监督管理，提高经费使用效益。

4. 探索建立适应不同任务特点的具体支持措施。对科学家工作室采取"一事一议、按需支持"的方式，给予充分的经费保障，不参与竞争申请科研项目；首席科学家实行聘期制，赋予其充分的科研管理自主权，建立国际同行评议制度。对中青年科技创新领军人才、创新团队加大培养和支持力度，扩大科研经费使用自主权。落实期权、股权和企业年金等中长期激励措施，加强科技与金融结合，加大对科技创新创业人才的支持力度。鼓励创新人才培养示范基地加强体制机制改革与政策创新，大胆探索，先行先试。

5. 营造良好社会氛围。推进计划入选对象所在单位、园区、地方和部门要集成各方资源，加大政策和资金支持力度；及时总结推广在推进计划实施过程中创造的典型经验和成功做法，加强对优秀科技人才和创新团队的宣传报道，为加强创新人才队伍建设营造良好的社会氛围。

五、进度安排

推进计划分三个阶段实施：

1. 2011年，为部署启动阶段。发布推进计划实施方案，制定具体实施措施；开展科学家工作室建设试点，启动各项任务的具体组织实施工作。

2. 2012～2015年，为全面实施阶段。到"十二五"中期，完成相关政策措施和管理办法的制定完善工作。到"十二五"末期，推进计划各项任务完成过半，开展中期考核评估。

3. 2016～2020 年，为深化完善阶段。到 2020 年，在培养高层次创新型人才、创新体制机制、优化政策环境、建设人才培养基地等方面完成推进计划总体目标，带动和引领各类创新型科技人才队伍发展。

六、组织实施

在中央人才工作协调小组的指导下，科技部会同有关部门共同做好推进计划的组织实施工作。

1. 建立工作协调机制。成立由科技部牵头，人力资源和社会保障部、财政部、教育部、中国科学院、中国工程院、国家自然科学基金委员会和中国科学技术协会参加的推进计划实施工作部际协调小组，研究协商重大问题。协调小组办公室设在科技部。

2. 建立专家咨询机制。择优遴选一批国内外科技、经济、管理等方面的高水平专家作为推进计划咨询专家，完善咨询机制，充分发挥专家在推进计划组织实施中的决策咨询作用。

3. 建立绩效评估机制。根据推进计划的实施进度和目标要求，实施定期的报告制度和评估制度，参照国际通行做法，建立以创新和质量为导向的科研评价办法，加强对推进计划入选对象的跟踪管理和评估考核，不断完善实施工作，提高推进计划实施效果。

解读《创新人才推进计划实施方案》

为深入落实《国家中长期人才发展规划纲要（2010～2020年）》（以下简称《人才规划》），根据中央人才工作协调小组的统一部署，由科学技术部牵头，会同七部门联合制定的《创新人才推进计划实施方案》（以下简称《实施方案》）基本完成了第一批入选对象的遴选工作，名单于日前公示。新一轮创新人才推进计划评审工作即将启动，推进计划组织实施工作将在去年试点的基础上，进一步拓宽推荐渠道，突出需求结合和以用为本。

组织实施推进计划是落实人才强国战略的重大部署。推进计划作为高层次创新型人才特殊支持计划（以下简称特支计划）的一个重要基础，是科技部门人才工作的重要抓手。在特支计划总体部署的10100人中有5100人由科技部通过推进计划来组织推荐，特支计划7类人才中3类是在推进计划中产生。推进计划和特支计划增强了科技部门抓人才工作的手段。组织实施推进计划对整个人才工作有着非常重要的意义。

一、科学家工作室：科学大师助跑器

推进计划提出：到2020年，建设100个科学家工作室，能在世界科学前沿取得具有重大国际影响的科研成就；增强原始创新和技术突破能力，提高重点科研领域的国际竞争力，带动相关学科和技术的整体发展进步；培养和造就相关领域的顶级科学家和工程师，在国际上具有权威性、享有重要话语权；进而探索具有中国特色的科技管理体制和运行机制、人才培养和使用机制。

这主要是为了在优势领域培养出顶尖人物。希望科学家工作室能成为科学大师的助跑器。科技部人才中心有关负责人说，科学家工作室主要为在我国具有相对优势的科技前沿领域或符合国家发展战略需求的重点领域，具有国际水平的科技人才设立，助其围绕若干重大科学问题开展探索性、开创性研究，积极探索高层次创新人才培养的新机制、新方法，营造潜心研究、自主探索、稳定支持、交叉融合、激励创新的环境和文化，努力造就世界级科技大师及创新团队。

科学家工作室将实行首席科学家制。首席科学家负责制度将赋予科学家充分的科研自主权，自组团队、自主管理、自由探索、自我约束。同时完善经费支持和管理方式，进一步扩大科研经费使用自主权。在科学家工作室的遴选、评估、验收等环节引入国际同行评议制度，在全球范围内选择国际一流的顶级科学家，以体现准确性和公信力，在管理上强化创新和质量导向，完善科技人才评价激励机制。

二、中青年科技创新领军人才：关注潜力 鼓励探索

2012年创新人才推进计划组织推荐工作的通知要求：中青年科技创新领军人才的重点推荐条件之一——年龄原则上不超过45周岁，推进计划的组织实施部门科技部政策司和人才中心则表示：从初评开始就严格把关年龄，无一超龄参选者进入复评，最后进入公示的205名领军人才平均年龄41.74岁。

对于科研活动来说，不同年龄段有不同的创新活力，美国科学社会学家朱克曼对1901～1972年286名诺贝尔奖获得者的年龄进行分析得出，获诺贝尔奖研究室的年龄平均为38.7岁。培养和造就一大批具有较强创新能力的青年科技人才是全社会的责任，党和国家一贯高度重视青年科技人才的培养，推进计划正是基于此背景下，选择在世界科技前沿和战略性新兴产业的重点领域，对一批有潜力的中青年科技人才进行重点支持和培养，使其成为在相关行业和领域能够得到国内外同行认可、引领科技创新发展方向、组织完成重大科技任务的科技带头人。

创新来源于探索，科学研究更需要自由探索，很多问题在突破以前，很难在科技界形成共识。没有形成共识，就很难获得研究经费，难以实现自由探索。然而事实上，在自然科学研究领域，许多"真理"往往在少数人手里。没有科学精神，科学前沿是不可能有所突破的。自由探索可能体现的是一种学术氛围、学术方法、学术精神。不论是根据好奇心驱动的科学研究，还是以科学任务、科学项目以及以国家和社会需求来牵引的科学研究，在研究过程中，都需要提倡自由探索创新。推进计划不但鼓励个人研究自由创新，尤其鼓励团队领军人才具有带动整个团队自由探索的精神。

三、重点领域创新团队：鼓励长期稳定合作

如果说科学家工作室、领军人才重点关注的是领头人物创新能力，创新团队则重点关注的是结构合理性和持续性。此次创新团队除负责人年龄放宽至50周岁，其他各项均需符合领军人才的基本条件，且增加了对团队的硬性要求：团队结构稳定、合理，具有一定的延续性。其核心成员一般不少于5人、不超过15人。

共同的信念追求，知识结构、能力学历的互补，彼此的磨合适应均到一定程度，方能造就一个结构合理、有内在创新动力的团队。推进计划所支持的是依托国家重大科研项目、国家重点工程和重大建设项目，建设具有较高学术造诣的学术带头人，良好的创新氛围和持续创新能力，年龄结构和专业结构合理的重点领域创新团队。通过给予创新团队持续稳定的支持，确保更好地完成国家重大战略任务，保持和提升我国在若干重点领域的科技创新能力和国际竞争力。推进计划鼓励团队长期稳定的合作态

度，严格杜绝为申报计划而临时组建的团队出现。

四、科技创新创业人才：政策松绑为创业加油

科技创新创业人才将通过三个方面为其创业加油。

一是鼓励成果转化。推进计划科技创新创业人才的支持对象定位为所在企业拥有核心技术或自主知识产权的创业人才，同时该企业开发的产品具备技术先进或服务模式创新，有较强的市场潜力和竞争力或公益性价值。

二是鼓励企业为主体。推进计划要求申报人为企业主要创办人，且全职创业。也就是说，体制内的工作人员要申报的话，必须辞去原单位工作。但推进计划并不主张有科技成果或专利技术的科技人员都去创业，推进计划对科技创新创业人才的导向是具有较强的创新创业精神、市场开拓和经营管理能力的人才。

三是加大对成长型企业的扶持。推进计划的科技创新创业人才重点向初创期和成长期企业倾斜，要求创办的企业在中华人民共和国大陆境内注册，企业创办一般不超过5年。科技型企业创业之初最需要扶持，推进计划将落实期权、股权和企业年金等中长期激励措施，加强科技与金融结合，加大对科技创新创业人才的支持力度。

五、创新人才培养示范基地：突破体制机制试验田

有业内专家表示，推进计划中改革力度要求最大的就是创新人才培养示范基地建设。创新人才培养示范基地牵头单位要求为科技园区或有独立法人资格的高等学校、科研机构等；需要单位负责人高度重视人才培养工作，在政策和机制创新方面应凸显自身特色，具有明确的改革思路和切实可行的落实措施；尤其是在人才培养的体制机制改革方面积极探索且取得明显成效，能够发挥较强的示范、辐射和带动作用；换言之，只要是于培养创新人才有利的，在体制机制上可大胆尝试，勇于突破。

此次人才培养示范基地也鼓励产学研结合。要求基地充分发挥企业在创新人才培养中的主体作用，结合区域经济发展和产业发展趋势，整合优质资源，对创新人才培养基地进行合理规划和布局。企业结合对高层次人才的实际需求，与相关高等院校、科研院所制定培养计划，提供实习场地，共同建立高层次创新人才校企合作培养制度。

■ 点评

从推进计划看人才培养五个特点

推进计划评出来的不是个人和集体的终身成就荣誉奖，而是一项人才培养计划。因此，评出来只是第一步，如何培养才是更关键的。

鼓励冒尖。中国传统文化奉行循规蹈矩、中庸保守的价值观，在人才成长过程

中，这种价值观很大程度上禁锢了人们的创新思维，压抑了个人的灵感和好奇心。推进计划为科研人员创造良好的成长环境，鼓励大胆想象、大胆创造，倡导学术自由，鼓励冒尖。

宽容失败。失败是科学的常态。但在我国目前的科技领域，对待失败往往不够宽容，所有的研究都要求必须成功，这显然是违反科学规律的，是一种不鼓励创新的环境。推进计划宽容科研失败，但绝不宽容管理的失败、学术道德的败坏。

营造环境。通过科学家工作室营造潜心研究的环境；领军人才营造关心青年人才，培养潜力的环境；创新团队营造鼓励持续合作的环境；创新创业营造鼓励成果转化的环境；示范基地营造体制机制创新的环境。通过推进计划的全面组织实施，从而营造全社会重视人才、重视科学的社会大环境。

服务为先。推进计划的组织实施单位之一科技部人才中心负责人表示，将通过以下几个方面积极服务于科技人才：搭建多层次多形式的学术交流平台，支持和帮助科技人才提升自身素质；搭建科技人才服务社会的平台，充分发挥科技人才的聪明才智；大力宣传举荐优秀科技人才，激励和促进科技创新人才脱颖而出；切实加强对科技人才的人文关怀，从工作上、生活上、学习上关心和爱护科技人才；建设科技工作者之家，努力为科技人才成长提供优质高效服务。

示范引导。无论遴选、评估、监督机制是如何的公开公平公正，也无法保证入选的对象就一定是全国最好的。即使选出来的对象个个成功，按推进计划建设 100 个科学家工作室、500 个重点领域创新团队和 300 个创新人才培养示范基地、支持和培养 3000 名中青年科技创新领军人才、扶持 10000 名左右的科技创新创业人才的目标，对整个国家来说，依然是杯水车薪。但推进计划彰显了国家对人才的重视程度，榜样的力量是无穷的！推进计划的组织实施部门将在一批批入选对象评选出来后，加大宣传力度，通过对入选对象的典型经验和成功模式进行经验传播、示范引导，最大限度地实现推进计划人才培养功能。

（刊载于《科技日报》2012 年 12 月 12 日）

科技部关于公布 2013 年创新人才推进计划入选名单的通知

国科发政〔2014〕71 号

各省、自治区、直辖市及计划单列市科技厅（委、局），新疆生产建设兵团科技局，国务院各有关部门、直属机构，各有关单位：

根据《创新人才推进计划实施方案》规定，科技部开展了 2013 年创新人才推进计划组织实施工作。经申报推荐、形式审查、专家评议和公示等环节，确定 267 名中青年科技创新领军人才（附件 1）、242 名科技创新创业人才（附件 2）、67 个重点领域创新团队（附件 3）和 38 个创新人才培养示范基地（附件 4）入选 2013 年创新人才推进计划。

特此公布。

附件：1. 中青年科技创新领军人才入选名单

2. 科技创新创业人才入选名单

3. 重点领域创新团队入选名单

4. 创新人才培养示范基地入选名单

（附件 2、附件 4 略）

附件 1

中青年科技创新领军人才拟入选对象名单

（共 267 名）

序号	姓　名	所在单位
1	丁茂生	宁夏回族自治区电力公司
2	丁彩玲	山东如意科技集团有限公司
3	于敦波	北京有色金属研究总院
4	马忠华	浙江大学
5	马琰铭	吉林大学
6	王　中	中国船舶重工集团公司
7	王　均	中国科学技术大学

序号	姓　名	所在单位
8	王　兵	中国科学技术大学
9	王　树	中国科学院化学研究所
10	王　敏	天津科技大学
11	王　强	中国科学院广州地球化学研究所
12	王　鹏	中国科学院长春应用化学研究所
13	王　聪	华南理工大学
14	王大志	厦门大学
15	王世强	北京大学
16	王立平	中国科学院深圳先进技术研究院
17	王庆生	威海东生能源科技有限公司
18	王丽晶	公安部上海消防研究所
19	王建华	中国水利水电科学研究院
20	王建春	福建龙净环保股份有限公司
21	王爱杰	哈尔滨工业大学
22	王继军	中国铁道科学研究院
23	王新明	中国科学院广州地球化学研究所
24	王福俤	浙江大学
25	牛　利	中国科学院长春应用化学研究所
26	牛远杰	天津医科大学
27	方亚鹏	湖北工业大学
28	尹　浩	中国（南京）未来网络产业创新中心
29	尹周平	华中科技大学
30	孔庆鹏	中国科学院昆明动物研究所
31	孔宏智	中国科学院植物研究所
32	邓旭亮	北京大学口腔医学院
33	甘海云	中国汽车工程研究院股份有限公司
34	龙　腾	北京理工大学
35	卢义玉	重庆大学
36	卢世杰	北京矿冶研究总院
37	申有青	浙江大学
38	田　杰	南京南瑞继保电气有限公司
39	田见晖	中国农业大学

序号	姓　名	所在单位
40	田志坚	中国科学院大连化学物理研究所
41	田洪池	山东道恩高分子材料股份有限公司
42	史宇光	北京大学
43	代　斌	石河子大学
44	代世峰	中国矿业大学（北京）
45	白雪冬	中国科学院物理研究所
46	冯景锋	国家广播电影电视总局广播电视规划院
47	师咏勇	上海交通大学
48	吕金虎	中国科学院数学与系统科学研究院
49	吕智强	哈尔滨汽轮机厂有限责任公司
50	朱旻昊	西南交通大学
51	朱嘉琦	哈尔滨工业大学
52	乔冠军	江苏大学
53	任劲松	中国科学院长春应用化学研究所
54	华长春	燕山大学
55	伊廷华	大连理工大学
56	庄卫东	北京有色金属研究总院
57	刘　江	中国科学院北京基因组研究所
58	刘　宇	上海电气钠硫储能技术有限公司
59	刘　波	重庆长安汽车股份有限公司
60	刘　钢	哈尔滨工业大学
61	刘　俊	中北大学
62	刘　耘	中国科学院地球化学研究所
63	刘　峰	西北工业大学
64	刘　翔	兰州大学
65	刘　强	大连医科大学
66	刘　强	北京君正集成电路股份有限公司
67	刘　静	中国地震局地质研究所
68	刘乃安	中国科学技术大学
69	刘元法	江南大学
70	刘东红	浙江大学
71	刘永红	三一集团有限公司

序号	姓 名	所在单位
72	刘青松	中国科学院地质与地球物理研究所
73	刘承志	山西太钢不锈钢股份有限公司
74	刘勇胜	中国地质大学（武汉）
75	齐炼文	中国药科大学
76	关柏鸥	暨南大学
77	江 涛	中国科学院生物物理研究所
78	孙伟圣	久盛地板有限公司
79	孙涛垒	武汉理工大学
80	阳 虹	上海电气集团股份有限公司
81	苏怀智	河海大学
82	苏宏业	浙江大学
83	杜宝瑞	沈阳飞机工业（集团）有限公司
84	李 昂	中国科学院上海有机化学研究所
85	李 炜	上海新傲科技股份有限公司
86	李 战	南京长澳医药科技有限公司
87	李小雁	北京师范大学
88	李云松	西安电子科技大学
89	李文英	太原理工大学
90	李玉同	中国科学院物理研究所
91	李秀清	山东新华医疗器械股份有限公司
92	李劲松	中国科学院上海生命科学研究院
93	李武华	浙江大学
94	李典庆	武汉大学
95	李建平	中国科学院大气物理研究所
96	李道亮	中国农业大学
97	李富友	复旦大学
98	李新海	中国农业科学院作物科学研究所
99	杨 弋	华东理工大学
100	杨 松	贵州大学
101	杨 超	中国科学院过程工程研究所
102	杨小康	上海交通大学
103	杨卫胜	中国石油化工股份有限公司上海石油化工研究院

序号	姓 名	所在单位
104	杨光富	华中师范大学
105	杨华明	中南大学
106	杨庆山	北京交通大学
107	杨振忠	中国科学院化学研究所
108	肖 睿	东南大学
109	吴 波	华南理工大学
110	吴 敬	江南大学
111	何正国	华中农业大学
112	何贤强	国家海洋局第二海洋研究所
113	何高文	广州海洋地质调查局
114	余克服	中国科学院南海海洋研究所
115	邹小波	江苏大学
116	沈彦俊	中国科学院遗传与发育生物学研究所
117	忻向军	北京邮电大学
118	宋西全	烟台泰和新材料股份有限公司
119	宋国立	中国农业科学院棉花研究所
120	张 平	中国科学院数学与系统科学研究院
121	张 永	厦门乾照光电股份有限公司
122	张 农	中国矿业大学
123	张 宏	浙江大学
124	张 宏	中国科学院生物物理研究所
125	张 君	中国重型机械研究院股份公司
126	张 罗	首都医科大学附属北京同仁医院
127	张 健	中海油研究总院
128	张 辉	北京创毅视讯科技有限公司
129	张 锦	北京大学
130	张 鹏	中国科学院上海生命科学研究院
131	张 颖	东北农业大学
132	张元明	中国科学院新疆生态与地理研究所
133	张扬建	中国科学院地理科学与资源研究所
134	张幸红	哈尔滨工业大学
135	张英俊	广东东阳光药业有限公司

序号	姓　名	所在单位
136	张治中	重庆重邮汇测通信技术有限公司
137	张学军	中国科学院长春光学精密机械与物理研究所
138	张哲峰	中国科学院金属研究所
139	张晓晶	宁波美晶医疗技术有限公司
140	张勤远	华南理工大学
141	陆　海	南京大学
142	陆其峰	国家卫星气象中心
143	陆佳政	国家电力公司
144	陆宴辉	中国农业科学院植物保护研究所
145	陆新征	清华大学
146	陈　虎	大连光洋科技工程有限公司
147	陈　玲	中国科学院福建物质结构研究所
148	陈　敏	厦门大学
149	陈　瑜	浙江大学
150	陈　曦	清华大学
151	陈　巍	清华大学
152	陈卫忠	中国科学院武汉岩土力学研究所
153	陈仁朋	浙江大学
154	陈永东	合肥通用机械研究院
155	陈吉文	钢研纳克检测技术有限公司
156	陈金慧	南京林业大学
157	陈宝权	中国科学院深圳先进技术研究院
158	陈建勋	长安大学
159	陈险峰	上海交通大学
160	陈航榕	中国科学院上海硅酸盐研究所
161	陈新华	国家海洋局第三海洋研究所
162	陈增兵	中国科学技术大学
163	邵　峰	北京生命科学研究所
164	范益群	南京工业大学
165	林　程	北京理工大学
166	林志强	广西玉柴机器股份有限公司
167	林霄沛	中国海洋大学

序号	姓　名	所在单位
168	易可可	浙江省农业科学院
169	罗　坤	浙江大学
170	罗素兰	海南大学
171	罗敏敏	北京生命科学研究所
172	周小红	中国科学院近代物理研究所
173	周天华	浙江大学
174	周福宝	中国矿业大学
175	周德敬	银邦金属复合材料股份有限公司
176	郑　晔	长春黄金研究院
177	郑为民	中国科学院上海天文台
178	单保庆	中国科学院生态环境研究中心
179	单智伟	西安交通大学
180	房倚天	中国科学院山西煤炭化学研究所
181	屈　延	中国人民解放军第四军医大学
182	孟松鹤	哈尔滨工业大学
183	赵　劲	北京大学深圳研究生院
184	赵　艳	中国科学院地理科学与资源研究所
185	赵长生	四川大学
186	赵全志	河南农业大学
187	赵巍飞	中国民航大学
188	郝智慧	青岛农业大学
189	胡卫明	中国科学院自动化研究所
190	胡少伟	水利部交通运输部国家能源局南京水利科学研究院
191	胡文平	中国科学院化学研究所
192	柳晓军	中国科学院武汉物理与数学研究所
193	段留生	中国农业大学
194	侯中军	新源动力股份有限公司
195	姜　东	南京农业大学
196	姜久春	北京交通大学
197	姜开利	清华大学
198	洪　平	国家体育总局体育科学研究所
199	贺雄雷	中山大学

序号	姓名	所在单位
200	勇 强	南京林业大学
201	秦 松	中国科学院烟台海岸带研究所
202	袁运斌	中国科学院测量与地球物理研究所
203	袁慎芳	南京航空航天大学
204	耿延候	中国科学院长春应用化学研究所
205	贾永忠	中国科学院青海盐湖研究所
206	贾振华	河北以岭医药研究院有限公司
207	夏元清	北京理工大学
208	夏文勇	新余钢铁集团有限公司
209	柴 强	甘肃农业大学
210	倪四道	中国科学院测量与地球物理研究所
211	徐 健	中国科学院青岛生物能源与过程研究所
212	徐 强	华中农业大学
213	徐立军	北京航空航天大学
214	徐赵东	南京东瑞减震控制科技有限公司
215	殷亚方	中国林业科学研究院木材工业研究所
216	翁继东	中国工程物理研究院流体物理研究所
217	高立志	中国科学院昆明植物研究所
218	郭 旭	大连理工大学
219	郭玉海	浙江理工大学
220	唐智勇	国家纳米科学中心
221	黄 丰	中国科学院福建物质结构研究所
222	黄 俊	浙江大学
223	黄 勇	长城汽车股份有限公司
224	黄飞敏	中国科学院数学与系统科学研究院
225	黄飞鹤	浙江大学
226	黄启飞	中国环境科学研究院
227	梅之南	中南民族大学
228	曹 宏	中国石油天然气股份有限公司勘探开发研究院
229	曹 俊	中国科学院高能物理研究所
230	曹先彬	北京航空航天大学
231	曹际娟	中华人民共和国辽宁出入境检验检疫局检验检疫技术中心

序号	姓　名	所在单位
232	章卫平	中国人民解放军第二军医大学
233	商洪才	天津中医药大学
234	梁运涛	煤炭科学研究总院沈阳研究院
235	逯乐慧	中国科学院长春应用化学研究所
236	董海龙	中国人民解放军第四军医大学
237	蒋浩民	宝钢集团有限公司
238	韩　旭	湖南大学
239	韩继斌	山推工程机械股份有限公司
240	程　亚	中国科学院上海光学精密机械研究所
241	程永亮	中国铁建重工集团有限公司
242	傅向东	中国科学院遗传与发育生物学研究所
243	储明星	中国农业科学院北京畜牧兽医研究所
244	鲁林荣	浙江大学
245	童小华	同济大学
246	童利民	浙江大学
247	游书力	中国科学院上海有机化学研究所
248	游劲松	四川大学
249	谢　丹	中山大学
250	谢　晶	上海海洋大学
251	雷　军	北京金山软件有限公司
252	雷光华	中南大学
253	雷晓光	天津大学
254	詹文章	北京汽车集团有限公司
255	窦慧莉	中国第一汽车集团公司
256	蔡伟伟	厦门大学
257	蔡树群	中国科学院南海海洋研究所
258	廖　明	华南农业大学
259	樊春海	中国科学院上海应用物理研究所
260	颜学庆	北京大学
261	颜晓梅	厦门大学
262	潘世烈	中国科学院新疆理化技术研究所
263	潘洪革	浙江大学

序号	姓　名	所在单位
264	薛冬峰	中国科学院长春应用化学研究所
265	薛红卫	中国科学院上海生命科学研究院
266	戴　希	中国科学院物理研究所
267	戴彩丽	中国石油大学（华东）

附件 3

重点领域创新团队入选名单

（共 67 个）

序号	团队名称	团队负责人	依托单位
1	微波成像技术创新团队	丁赤飚	中国科学院电子学研究所
2	环境友好型海洋功能材料与防护技术创新团队	于良民	中国海洋大学
3	主要农作物生物育种与产业化创新团队	万向元	山东冠丰种业科技有限公司
4	缓控释肥技术创新团队	万连步	山东金正大生态工程股份有限公司
5	空间目标探测雷达技术创新团队	马　林	中国电子科技集团公司
6	鼻咽癌个体化治疗创新团队	马　骏	中山大学
7	心律失常的临床研究和治疗器械研发创新团队	马长生	首都医科大学附属北京安贞医院
8	中药质量与安全标准研究创新团队	马双成	中国食品药品检定研究院
9	高原生物制造工程技术创新团队	王福清	西藏金稞集团有限责任公司
10	固体氧化物燃料电池创新团队	王蔚国	中国科学院宁波材料技术与工程研究所
11	信息安全对抗技术创新团队	云晓春	国家计算机网络与信息安全管理中心
12	基准原子钟研究创新团队	方占军	中国计量科学研究院
13	分子纳米结构与分子成像技术创新团队	方晓红	中国科学院化学研究所
14	林木基因工程育种创新团队	卢孟柱	中国林业科学研究院林业研究所
15	脑疾病的神经环路基础研究创新团队	毕国强	中国科学技术大学
16	水声通信创新团队	朱　敏	中国科学院声学研究所
17	先进金属结构材料基础研究及工程应用创新团队	刘　庆	重庆大学

序号	团队名称	团队负责人	依托单位
18	数论及其应用创新团队	刘建亚	山东大学
19	新型显示（裸眼 3D）创新团队	闫晓林	TCL 集团股份有限公司
20	治疗性重组蛋白质及其修饰长效创新药物研发创新团队	孙 黎	厦门特宝生物工程股份有限公司
21	先进机器人技术创新团队	孙立宁	苏州博实机器人技术有限公司
22	基于扶正培本治则的中医肿瘤研究创新团队	花宝金	中国中医科学院
23	高功率光纤激光器创新团队	李 成	武汉锐科光纤激光器技术有限责任公司
24	工程抗震减灾设计地震动研究创新团队	李小军	中国地震局地球物理研究所
25	转基因高产肉牛新品种培育创新团队	李光鹏	内蒙古大学
26	宽带无线传感网创新团队	杨 旸	中国科学院上海微系统与信息技术研究所
27	猪营养创新团队	吴 德	四川农业大学
28	免疫识别、应答及调控研究创新团队	吴玉章	中国人民解放军第三军医大学
29	旱区农业高效用水创新团队	吴普特	西北农林科技大学
30	污染物减排与资源化创新团队	汪华林	华东理工大学
31	先进煤气化技术创新团队	汪国庆	新奥科技发展有限公司
32	特殊环境公路建设与养护技术创新团队	沙爱民	长安大学
33	非线性光学功能分子材料创新团队	张 驰	江南大学
34	乳酸菌与发酵乳制品创新团队	张和平	内蒙古农业大学
35	智能终端与移动互联网业务创新团队	张智江	中国联合网络通信集团有限公司
36	重大口腔疾病发病机制与防治研究创新团队	陈谦明	四川大学
37	光电子晶体材料与器件创新团队	林文雄	中国科学院福建物质结构研究所
38	细胞能量代谢稳态与疾病研究创新团队	林圣彩	厦门大学
39	先进封装光刻机创新团队	周 畅	上海微电子装备有限公司
40	飞行时间质谱仪器创新团队	周 振	广州禾信分析仪器有限公司
41	良好湖泊保护创新团队	郑丙辉	中国环境科学研究院

序号	团队名称	团队负责人	依托单位
42	钛合金研制创新团队	赵永庆	西北有色金属研究院
43	精准农业技术与装备创新团队	赵春江	北京市农林科学院
44	水稻品质遗传改良创新团队	胡培松	中国水稻研究所
45	新颖量子材料和物理性质研究创新团队	闻海虎	南京大学
46	盾构及掘进技术创新团队	洪开荣	中国铁路工程总公司
47	大气污染物的源汇过程与污染源控制技术创新团队	贺泓	中国科学院生态环境研究中心
48	空间光学有效载荷研究创新团队	贾平	中国科学院长春光学精密机械与物理研究所
49	免疫皮肤病学创新团队	高兴华	中国医科大学
50	有机光电子学创新团队	黄维	南京邮电大学
51	航空航天用高性能大规格铝材与构件制造创新团队	黄明辉	中南大学
52	快速响应微小卫星技术创新团队	曹喜滨	哈尔滨工业大学
53	高端微创介入与植入医疗器械创新团队	常兆华	上海微创医疗器械（集团）有限公司
54	高压下凝聚态物质研究创新团队	崔田	吉林大学
55	国家地理信息公共服务平台天地图技术创新团队	蒋捷	国家基础地理信息中心
56	有色金属清洁高效提取与综合利用创新团队	蒋开喜	北京矿冶研究总院
57	心血管疾病临床研究创新团队	蒋立新	中国医学科学院阜外心血管病医院
58	水稻重要农艺性状遗传与功能基因组学研究创新团队	韩斌	中国科学院上海生命科学研究院
59	先进热防护材料与结构创新团队	韩杰才	哈尔滨工业大学
60	大型抽水蓄能机组成套设备研制创新团队	覃大清	哈尔滨电机厂有限责任公司
61	造血干细胞分子调控研究创新团队	程涛	中国医学科学院血液病医院（血液学研究所）
62	高效、低污染内燃动力设计理论及方法创新团队	舒歌群	天津大学

序号	团队名称	团队负责人	依托单位
63	腔镜技术创新团队	蔡秀军	浙江大学
64	天河高性能计算创新团队	廖湘科	中国人民解放军国防科学技术大学
65	现代轨道交通系统动力学创新团队	翟婉明	西南交通大学
66	新型碳基复合材料及构件制备新技术创新团队	熊　翔	中南大学
67	薄膜材料结构与性能调控技术创新团队	潘　峰	清华大学

中青年科技创新领军人才

个人简介

　　丁茂生，国网宁夏电力公司高级工程师。1999年于天津大学获电气工程专业学士学位，2000～2005年就读于华南理工大学，先后获电气工程专业的硕士和博士学位。入选第二批国家"万人计划"科技创新领军人才。

　　丁茂生长期工作在电力系统生产和科研第一线，先后被评为国网特等劳模和中央国资委优秀共产党员，对电力工业的发展具有敏锐的洞察力，具备很强的重大科技问题攻关能力、团队组织能力以及丰富的工程实践经验。

　　作为宁夏科技创新团队学术带头人和宁夏电力公司首席技术专家，丁茂生带领团队针对宁夏电网特有的集大规模火电机组群接入、高比例（30%）间歇式新能源规模化并网、超/特高压交直流电网（750千伏交流和±660千伏直流）混联和高比例新能源交直流外送等工程的建设和运行中的新特征、新挑战，开展其重大科学技术问题的前沿性探索和技术攻关。

　　他完成了宁夏电网高比例间歇式新能源调度运行控制技术支持系统建设。该系统集成了风电场、光伏电站的多时间尺度功率预测，含风光新能源的日前和日内的发电计划优化及闭环控制，送出受限地区的在线稳定控制等应用理论的研究成果。高效地解决了宁夏新能源优先调度的难题，是省级电网解决此类问题的典范。

　　解决了宁夏电网过渡期安全运行中的多个关键技术难题。根据750千伏超高压交流、±660千伏直流和大机组群接入的特点，系统地开展了稳定分析理论与方法的研究，提出了电网稳定运行解决方案和措施。从理论和工程方面系统地开展了集750千伏交流、±660千伏直流和大规模风电接入的宁夏电网继电保护技术的适应性研究，提出了有效的解决措施；开发了全国首套省地一体的继电保护整定计算平台；研发了电炉变压器差动保护方案和装置。这些成果有效支撑宁夏多直流送端安全运行，对自治区GDP的贡献过百亿，为宁夏社会经济的发展做出了突出贡献。

　　未来几年，丁茂生将重点围绕国家科技支撑计划项目"以多环节综合互动为特征的智能电网综合示范"计划通过体制创新和技术创新，实现电力系统源—网—荷的系统互动，最终提升新能源的消纳水平。这些成果将为"新能源示范区"建设做出巨大贡献，为我国电力系统的改进提供宝贵的经验。

个人简介

丁彩玲，山东如意科技集团有限公司工程技术应用研究员。1992年获西北纺织工学院纺织品设计专业学士学位，2003年获东北大学纺织工程专业硕士学位。入选第二批国家"万人计划"科技创新领军人才。

丁彩玲是山东省第十次党代表，山东省三八红旗手，工作20多年来，始终奋斗在科技战线上，恪尽职守、无私奉献、敢于创新，具有极高的专业技术能力，带领技术团队求实创新、开拓进取、拼搏奉献，自觉践行社会主义核心价值观。

丁彩玲享受国务院政府特殊津贴，2014年获国家百千万人才工程"有突出贡献中青年专家"、中国纺织技术带头人，2011年第十二届中国青年科技奖、山东省泰山学者特聘专家，2010年入选国家科技奖评审专家、山东省十大杰出工程师、全国十佳纺织面料设计师、全国纺织工业劳动模范，2008年获山东省突出贡献中青年专家、纺织行业年度创新人物、济宁市科学技术最高奖等多项荣誉。丁彩玲作为山东如意科技集团首席科技专家，连续6年代表国家纺织产品开发中心向世界发布流行趋势，21个项目获得国家、省部级、地市级科技进步奖，其中主持研发的《高效短流程嵌入式复合纺纱技术及其产业化》获国家科技进步一等奖，该技术是我国首个具有自主知识产权的新型纺纱技术，对纺织行业转型升级做出了重要贡献，获得诸多荣誉。

在平台建设方面，她带领团队建立了如意特色的国家级、省级、企业级的三级创新体系，由首席科学家、高级工程师、工程师等组成的1000多人的技术队伍，建立了英国、意大利、日本、韩国4个研发中心，建设了28个研究室、4个实验室、6条中试线，为如意的科技创新和国际化打下了坚实的基础。

在高层次人才队伍建设方面，引进外籍专家8名，院士3名，高层次技术人才26名，硕士研究生200多名，形成了立体的多层次创新人才梯队，同时与国际国内20多所大学院所建立项目制的合作关系，形成了以企业为创新主体、以项目为主线的创新联盟，解决纺织重点领域的关键技术难题，在科技创新方面做到了领军水平。

作为工程技术研究员，从事纺织品设计与纺织材料研究20余年，在纺织材料、纺织技术、产品设计、检测与体验等方面有系统和深入的研究，针对制约纺织发展的"瓶颈"，开发了系列新技术新产品，经济效益和社会效益显著。

丁彩玲主持及参与完成科研项目32项，其中"国家科技支撑计划"项目2个，"山东省重大专项"项目2个；经鉴定验收达到国际领先水平的项目9个，国际先进水平的7个，填补国内空白的6个。获地市级以上科技奖21项，其中国家科技进步一等奖1项，省部级科技进步一等奖5项，二等奖、三等奖8项，市级科技进步奖7

项。丁彩玲和她的团队经潜心研究，攻破系列技术难题，获国家科技进步一等奖的"嵌入纺"技术，实现了纺织领域两大突破，该技术由中国纺织工业协会牵头在全行业推广，促进了成果的快速转化，为我国纺织产业转型升级做出了突出贡献。十年来，该技术累计为企业新增产值90亿元，新增利税8.5亿元，产品附加值提高30%以上，为企业创造了较好的经济效益。

经过多年发展，丁彩玲领导的如意技术研究院已拥有国家纺纱工程技术研究中心，国家级时尚纺织品工业设计中心，国家级企业技术中心，博士后科研工作站，院士科研工作站，研究领域涉及纺织新材料、新型纺纱技术、无水染色技术、数码印染技术、功能性纺织品技术，形成了系列自主知识产权，授权各类专利21项，其中国际专利4项，国内发明专利8项。参与制定标准6项，其中国家标准1项、行业标准5项，为企业发展提供了核心技术支撑。

丁彩玲及其团队的工作成果，提升了如意的国际影响力，由于技术的领先、产品的独特，带来了客户群结构的提升，产品及服务已进入英、德、法、美、日、西班牙、意大利等30多个国家，十几家国际顶级奢侈品牌成为如意客户，不仅提升了如意品牌的国际影响力，同时提升了中国纺织在国际上的高端形象，实现了纺织人多年的梦想。

目前丁彩玲带领其团队，已制定下一个五年创新规划，紧紧围绕"互联网＋智能制造＋个性化定制"的企业定位，以高新技术改造传统产业，为实现纺织行业的转型升级做出新的贡献。

个人简介

于敦波，北京有色金属研究总院教授。1996 年获山东大学铸造专业学士学位，1998～2005 年就读于北京有色金属研究总院，先后获材料科学与工程硕士学位和有色金属冶金专业博士学位。现任有研稀土新材料股份有限公司金属及特种合金事业部主任，廊坊关西磁性材料有限公司副总经理。入选第二批国家"万人计划"科技创新领军人才。

于敦波主要从事稀土特种合金及稀土磁性功能材料的科学研究、工程化技术开发及成果转化，主持国家、省部级项目 12 项，获国家技术发明二等奖 1 项，省部级科技奖项 4 项，申请发明专利 51 项，授权发明专利 28 项。

在产业研发方面，他成功开发出具有我国自主知识产权的钕铁硼快冷厚带及其制备技术，打破了国外对该技术的垄断；现在该技术已经成为我国制备高性能钕铁硼磁体的主流技术，我国钕铁硼行业也由此进入到国外垄断的计算机、新能源汽车等高新技术领域，并在世界市场中占有一定份额，有效促进了我国钕铁硼行业及稀土产业的健康、快速发展。该研究成果在 2009 年获得国家科学技术发明二等奖。

在基础研究方面，瞄准科学前沿，加强基础研究，突破关键技术，制备出先进材料，为我国高技术产业化的发展及国防军工提供了材料保障。负责科技部重大基础研究专项以及北京市自然科学基金重点项目。在该项目中创新性地提出利用 $La_{1-x}Sr_xMnO_3$ 不同的磁电状态，通过成分调制的方法，制备全 $La-Sr-Mn-O$ 隧道结，成功解决了困扰该领域多年的界面"死层"问题，使其隧穿磁电阻值达到 9050%，为已见报道最好水平的 5 倍多，其研究成果在国际上处于领先地位。

于敦波承担国家"863"计划、民口配套及国家自然基金项目，突破材料的关键制备技术，开发出基于该材料的高精度机床致动系统及换能器，并已向军工单位批量提供合格产品，为我国高技术产业化的发展及国防军工提供了材料保障，有效地提高了我国海军综合作战能力。

2005 年以来，他开发的钕铁硼快冷厚带、稀土特种合金、稀土磁致伸缩材料、稀土特种磁粉等新产品在有研稀土相继实现产业化转化，2011 年，年均增长 70%（2005～2011 年），占公司销售收入和利润的 80% 以上。2014 年以来，负责公司新产品开发工作，带领团队开发出高纯稀土靶材、高端显示用 LED 荧光粉、新型稀土粘结永磁等高科技产品并形成销售，这些高科技产品已成为公司新的经济增长点及支柱产品，对公司可持续发展和行业影响力起到了积极的推动作用。

科研团队建设方面，于敦波以人为本，求真务实，积极推进人才队伍建设。他带领全体青年员工出色地完成了各项科研任务，并造就了一个人本、创新、团结、合作的优秀青年团体。事业部被评为"全国青年文明号"。

个人简介

马忠华，浙江大学教授。1988～1997年就读于南京农业大学，分别于1992年和1997年获植物保护专业学士学位和植物病理专业博士学位。入选第二批国家"万人计划"科技创新领军人才。

马忠华长期从事杀菌剂抗性治理和真菌毒素防控研究，在国内外同行中有良好口碑和较高的影响力。2005年回国后，他迅速组建自己的研究团队，形成自己的研究特色。2007年入选教育部新世纪优秀人才，首批入选国家小麦现代产业技术体系岗位科学家，2014年入选Elsevier发布的中国高被引学者。目前担任浙江大学生物技术研究所所长、《农药生物化学与生理学》（*Pesticide Biochemistry and Physiology*）、《植物病理学报》（*J. of Phytopatology*）等期刊编委以及第11届国际镰刀菌学术研讨会中方主席，努力推动学科发展。

马忠华针对我国严重发生的小麦赤霉病，开展了赤霉病发生规律与杀菌剂抗性监测和治理研究，检测了我国小麦主产区120多个县市15000多份样品的抗药性情况，明确赤霉病菌抗药性的分布及病害发展趋势，阐明了赤霉病菌对多菌灵、氰烯菌酯以及三唑类药剂的抗药机制，提出我国小麦赤霉病分区治理策略，并在江苏、安徽等省小麦种植区得到广泛应用，取得了显著的经济和社会效益。

马忠华及其团队构建了小麦赤霉病菌500多个基因缺失突变体，系统分析这些基因的生物学功能，发掘出5个有开发潜力的新药靶，相关研究成果在国际专业主流期刊上发表一系列研究论文。目前马忠华正与浙江省化工研究院等单位紧密合作，针对这些新药靶研发新型杀菌剂。还系统研究了灰霉病菌等重要植物病原真菌对常用杀菌剂的抗药机制，发现靶标基因点突变和靶标基因高水平表达是病原真菌对杀菌剂抗性的主要机制，建立了多种杀菌剂抗药性快速检测技术，获得有价值的授权专利5项，制定了多种药剂的抗药性治理策略，相关技术在生产上的应用得到农技推广部门的高度评价。

在真菌防控研究方面，马忠华针对我国农产品黄曲霉毒素污染比较严重的实际情况，利用不产毒素黄曲霉抑制产毒素黄曲霉（以菌防菌）的策略，从3000多个黄曲霉菌株分离出一个高竞争力的不产毒素的菌株AF051。该菌株黄曲霉毒素合成基因簇上出现了89.95-kb，且缺失片段被一个非同源的3.83-kb的DNA片段所替代。这表明该菌株在田间大量使用后不会恢复突变成产毒菌株，这在国内外属首次报道。试验发现，AF051生防菌株可有效防治花生黄曲霉毒素污染问题，此外，该生防菌具有低毒、发酵工艺简单、使用方便等优点，有望在我国农产品黄曲霉毒素防治中发挥重要作用。

个人简介

马琰铭，吉林大学教授。分别于1995年和1998年获延边大学理论物理专业学士学位和硕士学位，2001年获吉林大学凝聚态物理专业博士学位。入选第二批国家"万人计划"科技创新领军人才。

马琰铭从事高压极端条件下的凝聚态物理研究。近年来在国际学术会议做邀请报告30余次，在《自然》（*Nature*）、《自然化学》（*Nature Chemistry*）、《自然通讯》（*Nature Communications*）、《物理评论快报》（*Physical Review Letters*）等刊物发表论文200余篇，论文被他人引用5000余次，特邀在《化学物理期刊》（*Journal of Chemical Physics*）、《欧洲物理期刊B》（*European Physics Journal B*）等刊物撰写多篇综述/评述文章。

他获国际高压科学与技术协会授予的杰出青年学者奖—詹姆斯奖（Jamieson Award）、2015年国家自然科学二等奖（第一完成人）、国务院政府特殊津贴、国家杰出青年基金、教育部长江学者特聘教授、中国青年科技奖、教育部自然科学一等奖（第一完成人）、国家百千万人才工程等奖项和荣誉。他同时还兼任中国物理学会第六届高压物理专业委员会委员、中国物理学会第一届凝聚态计算专业委员会委员、中国材料学会计算材料分会委员、吉林省物理学会常务理事。

他发现了有违传统高压相变理论的高压相变新类型，金属钠在超高压下转变为"透明"的宽带隙绝缘体，突破了固体高压相变的传统认识和规律，实现了金属—绝缘体相变这一高压科学领域长期的科学夙愿，成果入选2009中国基础研究十大新闻，2010国家"十一五"重大科技成就展，被国际同行作为高压下的新现象与新效应的范例引用，被写入美国二十一世纪压缩科学研讨会总结报告。

他系统开展高压相新型功能材料研究，获系列重要成果，确定了40余年悬而未解的室温后石墨相高压超硬相结构，命名为 M‑碳，被同行作为碳家族的专有名词广泛使用，被《自然新闻》（*Nature News*）评述；原创提出有臭鸡蛋味道的硫化氢在超高压下会转变为高温超导体，预言的超导温度被后续实验证实，指导并引领了203K硫化氢高温超导体的重大实验发现。

他提出并发展了仅依据化学组分来预测材料结构的卡里普索（CALYPSO）方法，开发了拥有自主知识产权的材料结构预测 CALYPSO 软件，该方法和软件作为国际主流的结构预测方法和软件，目前已被50个国家和地区1300余位同行采用，解决了若干材料结构方面的科学难题。截至目前，同行已使用 CALYPSO 方法在《自然化学》（*Nature Chemistry*）、《自然通讯》（*Nature Communications*）、《物理评论快报》（*Physical Review Letters*）等期刊发表了260余篇文章。

个人简介

王中，中国船舶重工集团公司研究员。1990年获国防科学技术大学精密机械与仪器制造工程专业学士学位，2004年获西北工业大学电子与通信工程专业硕士学位。入选第二批国家"万人计划"科技创新领军人才。

王中曾先后从事5060型号鱼雷线导系统、5090型号鱼雷初样雷线导系统、鱼雷光纤线导技术、5080型号鱼雷、5110型号鱼雷等项目科研工作，是鱼雷线导专业学科带头人及两型助飞鱼雷总设计师。他担任中国科技核心期刊《鱼雷技术》编委会委员、鱼雷制导技术国防科技重点实验室特邀专家、七〇五所科学技术委员会委员、硕士研究生导师。其获得的奖项主要包括船舶重工集团科学技术特等奖一项（成果编号2005ZK－011－07）、一等奖一项（奖励编号：2008JTJ1011－R－01）、二等奖一项（成果编号：2004ZK－042－01）；国防科工委科学技术二等奖两项（奖励编号：2004GFJ2104－1、2005GFJ2105－1），工信部国防科学技术进步三等奖一项（奖励编号：2008GFJBJ3209－R01）；荣获陕西省先进工作者、集团公司优秀青年科技工作者、集团公司优秀共产党员和型号研制个人三等功荣誉称号，他是享受国务院政府特殊津贴专家，获国防发明专利二项；撰写研究论文及重要技术报告七十余篇，其中三篇收录于中国国防船舶科技报告，一篇为一级，两篇为二级，有关论文曾在《船舶科学技术》等刊物上发表。

王中担任5060型号鱼雷线导系统主任设计师，主持线导系统的研制工作，自主研制出我国第一型线导鱼雷的线导系统，填补了我国在此技术领域的空白，放线技术处于国际领先水平。

他担任5090型号鱼雷初样雷线导系统主任设计师，主持线导系统的研制工作，成功地将5060型号鱼雷线导技术应用于5090型号鱼雷，加快了我国第二型线导鱼雷的研制进度，还节约了研制经费。

担任"十五"海装预研课题"光纤线导技术研究"技术负责人，主持完成了课题研究工作，其研究成果已直接应用于下一代新型线导鱼雷5110型号鱼雷，解决了远程鱼雷大信息量光纤线导通信这一技术难题。

担任我国5080型号鱼雷总设计师，主持型号研制工作，提出的高空风分档方案，解决了雷箭、雷帽、雷伞分离等关键技术，该型号已完成定型试验。

他还担任我国5110型号鱼雷总设计师，主持型号研制工作，完成了全雷总体方案设计，目前该型号鱼雷正在进行飞行试验。该雷将提升我国鱼雷的作战能力，满足我海军所有大、中型水面舰艇装载使用助飞鱼雷的需求，为完善我海军水面舰艇中程反潜作战体系提供支撑。

个人简介

王均，华南理工大学教授。就读于武汉大学，先后于1993年获化学、生物学学士学位，1999年获高分子科学博士学位。入选第二批国家"万人计划"科技创新领军人才。

王均致力于小干扰RNA和抗肿瘤药物递送的系统研究。在《科学：转化医学》（*Sci Transl Med*）、《美国科学院院刊》（*Proc Natl Acad Sci USA*）、《美国化学会纳米》（*ACS Nano*）、《控制释放杂志》（*J Controlled Release*）、《美国化学会杂志》（*J Am Chem Soc*）、《先进材料》（*Adv Mater*）等国际著名刊物上发表论文140余篇，其中多篇被《自然评论：癌症》（*Nature Review Cancer*）、《纳米医学》（*Nanomedicine*）等撰文点评，获得一致赞誉。王均入选了英国皇家化学学会会士（FRSC），代表性成果获国家自然科学奖二等奖和高校自然科学一等奖。

王均发展了具有应用前景的小干扰RNA（siRNA）药物递送系统。约30项siRNA药物正进行各期临床试验，多为局部给药，其研发面临系统给药关键"瓶颈"。他和中山大学宋尔卫教授等合作，发展了单链片段抗体融合蛋白为载体的靶向Her2阳性乳腺癌的递送系统，显著抑制乳腺肿瘤生长和转移，转化研究完成了该蛋白从昆虫细胞向大肠杆菌表达的改造。

王均以临床使用的药用敷料聚乙二醇—聚乳酸为载体，发明了高效包载siRNA制备纳米制剂的方法，申请了国家发明专利和PCT。该制剂在原位肝癌和乳腺癌、非小细胞肺癌动物模型方面完成了药效研究、小试制剂工艺及冻干制剂药效学评价，目前他和苏州瑞博生物技术有限公司合作进行临床前研究。

利用自组装技术，有效解决了阳离子高分子作为载体难规模化制备纳米制剂的问题，提出并报道了胶束复合物（Micelleplex）用于小干扰RNA递送，获得专利授权，进一步揭示了Micelleplex同步将紫杉醇和siRNA递送到肿瘤组织和细胞，协同增强对肿瘤生长的抑制，大幅降低紫杉醇给药剂量。

他还提出并发展了电荷反转纳米药物递送系统，综合克服抗肿瘤药物递送屏障，增强药效抗肿瘤纳米药物经系统给药后，经长循环、肿瘤组织富集和渗透、进入肿瘤细胞、胞内药物释放而发挥作用。现有抗肿瘤纳米药物制剂往往顾此失彼，虽降低了毒副作用，但并未显著改善药效。对此，他提出对肿瘤酸度响应而电荷反转的纳米药物递送系统的研究思想，证明体内长循环纳米制剂实现肿瘤富集。同时，其对肿瘤酸度响应导致电荷反转的纳米特性有效促进肿瘤细胞摄取，综合克服药物递送重要屏障有重要作用。基于此，他发展了电荷反转高分子键和药和物理包覆药系统，揭示载体系统在肿瘤部位电荷反转，进入胞内快速释放药物，可综合克服药物体内输送屏障，显著改善药物功效。

个人简介

王兵，中国科学技术大学教授。1989 年获中央民族学院物理学学士学位，1989～1995 年就读于中国科技大学凝聚态物理专业，获硕士学位和博士学位。入选第二批国家"万人计划"科技创新领军人才。

王兵通过发展和完善基于扫描隧道显微术（STM）和单分子原位操控方法，对单分子体系的结构、表面电子态及电子输运性质、表面光催化反应微观机理等物理化学中重要前沿基础科学问题开展了系统的研究，取得了一批在国内外产生重要影响的创新成果。已发表 SCI 收录论文 103 篇［包括 2 篇《科学》（Science），1 篇《自然》（Nature），1 篇《自然通讯》（Nature Communications），5 篇《美国化学学会会志》（The Journal of American Chemical Society），6 篇《物理评论快报》（Physical Review Letters），2 篇《先进材料》（Advanced Materials）等］，总引用 2577 次，其中他人引用2200 余次。应邀多次在重要国际学术会议上做特邀请报告。他还获得 2007 年第十届中国青年科技奖、2005 年国家自然科学二等奖和 2004 年安徽省自然科学一等奖。

他发展了单分子量子态和性能调控相关的实验技术和纳米结的制备方法，提升了STM 实验技术，发现了一系列新奇的量子现象，如量子电容效应、非晶化对量子限域效应的抑制现象，实现对笼状 Dy@C82 分子的"透视"观测；通过单分子"手术"实现了对单分子磁性控制；实现基于单个分子电子学和机械开关的双功能集成；发现轨道空间对称性匹配的负微分电阻新机制及硅基—分子复合器件原理；揭示了石墨烯中有序晶界的范霍夫奇异性；研究了不同分子在 TiO_2 氧化物表面吸附和光催化微观反应过程，为深入研究表面光催化反应机理及提高反应效率提供了系统性的关键数据。

王兵的研究成果受到国际学术界的广泛关注和重视，进一步提升了我国在单分子科学研究领域的声誉：《科学》（Science）杂志"透视"（Perspective）栏目专文对单分子磁性控制成果进行了重点评价（2005 年），该成果入选中国十大科技进展；《自然化学》（Nature Chemistry）杂志和网站连续两次专文评述单分子电子学和机械开关的双功能集成的成果（2009 年），该成果入选教育部中国高校十大科技进展；《科学》杂志将甲醇分子光催化成果选为亮点论文（2010 年）；《自然中国》（Nature China）重点评述了水分子光催化的成果（2012 年）。

个人简介

王树，中国科学院化学研究所研究员，博士生导师。1994 年获河北大学化学专业学士学位，1999 年获北京大学有机化学专业博士学位。入选第二批国家"万人计划"科技创新领军人才。

王树 2004 年入选中国科学院"百人计划"，长期从事共轭聚合物材料设计、合成与生物应用的研究。作为项目负责人先后承担中科院百人计划项目、国家杰出青年科学基金、国家自然科学基金重点项目和面上项目、科技部 863、科技部国家重大研究计划子课题以及北京市科技计划项目等 15 项。2004 年回国独立工作以来，共发表SCI 收录论文 150 余篇，其中有 40 余篇发表在国际著名刊物《自然通讯》（*Nature Communications*）、《自然实验手册》（*Nature Protocols*）、《化学评论》（*Chemical Reviews*）、《化学研究述评》（*Accounts of Chemical Research*）、《化学会评论》（*Chemical Society Reviews*）、《美国化学会志》（*Journal of the American Chemical Society*）、《德国应用化学》（*Angewandte Chemie International Edition*）以及《先进材料》（*Advanced Material*）上，并多次被作为研究亮点以及封面文章报道。编写英文专著 1 部以及中英文专著 6 章节。申请中国发明专利 25 项，获授权 13 项。目前担任美国化学会《应用材料与界面》（*ACS Applied Materials & Interfaces*）杂志副主编，《科学报告》（*Scientific Reports*）、《材料地平线》（*Material Horizons*）、《胶体与表面—生物界面》（*Colloids and Surfaces B：Biointerfaces*）、《中国化学快报》（*Chinese Chemical Letters*）、《中国科学—科学》、《科技导报》以及《化学学报》杂志编委。先后在国内外学术会议上作大会报告以及邀请报告 50 余次。曾获 2006 年度中国化学会青年化学奖、2007 年度国家杰出青年基金、2008～2015 年连年获中科院优秀研究生指导教师奖，2011 年度中国科学院青年科学家奖、第三届中国化学会—英国皇家化学会青年化学奖、第十二届中国青年科技奖、2013 年 Tarrant Visiting Professorship of Organic Chemistry of University of Florida 以及 2014 年 The 2nd Ewha Distinguished Lectureship in Chemistry and Nano Science。

王树瞄准重大疾病（如癌症）早期诊治新技术的国际前沿，在新型荧光材料设计、新型检测原理发展以及临床应用三方面开展创新性研究。他发展了基于新型聚合物荧光材料的 DNA 甲基化检测新体系，首次通过逐步判别分析和累积检测分析方法，150 例临床实验中结肠癌诊断准确率大于 80%，该技术获得中国发明专利授权；实现了 76 例肝癌病人基因样品中两个 SNP 位点基因分型的灵敏分析，检出率与准确率均大于 98%，优于目前广泛使用的基因测序以及实时定量 PCR 技术；针对病原菌日趋严重的耐药性问题，构建了简单、快速的有效评价药物抗菌敏感性的荧光系统，实现了抗生素的高灵敏、高通量筛选，为新型抗生素的筛选提供了新技术。利用共轭聚合物的强光捕获能力以及高效能量转移机制，构建了新型高效抗肿瘤体系，开拓了共轭聚合物在疾病治疗领域的新应用。

个人简介

　　王敏，天津科技大学教授。1987～1994年就读于天津轻工业学院发酵工程专业，先后获学士学位和硕士学位；2002年获天津科技大学发酵工程专业博士学位。入选第二批国家"万人计划"科技创新领军人才。

　　王敏围绕生物与医药战略新型产业领域的核心工业技术——发酵工程技术进行研究，主要致力于具有重要食品与医药价值的工业微生物菌种筛选与改良、微生物细胞催化反应与过程调控、传统发酵食品生产菌种的功能分析与发酵技术研究等。先后主持国家自然科学基金、科技部科技支撑计划、国家"863"计划、天津市重点科技攻关计划等10余项研究课题。在国际专业期刊发表学术论文60余篇，其中SCI或EI收录40余篇，已授权或公开发明专利10余项。多项研究成果在企业得到产业化应用，取得了显著的经济和社会效益，分别获得2008年、2006年和2000年度天津市科技进步二等奖、2012年和2009年度天津市科技进步三等奖和2002年天津市计委产学研合作突出贡献奖等。研究成果已引起国内外同行的高度关注，多次应邀在国际重要学术会议上做学术报告。目前她担任教育部生物技术与生物工程类专业指导委员会委员，天津市药学会、天津市微生物学会理事，《中国粮油学报》编委。入选2011年天津市131创新型人才培养工程第一层次人选，2008年教育部新世纪优秀人才计划。

　　她针对甾体等疏水化合物生物催化过程中底物难溶性这一共性难题，从反应介质入手，构建了一种新型的环糊精超分子反应体系，并对其中的科学和技术问题进行系统研究。她利用已阐明的作用机理、建立的调节与控制新原理和新技术，创立了多项皮质激素药物新技术与新工艺，主要包括雄烯二酮的新型转化反应体系和工艺、氢化可的松稀释转化工艺等。她还利用选育得到的多株具有工业应用价值的微生物菌株，分别建立了氢化可的松、美雄酮C1,2脱氢反应、11α-坎利酮、雌酚酮的高效生物转化工艺，并实现了产业化，极大地推动了我国皮质激素药物行业的技术进步。

　　针对传统发酵食品生产工艺在规模化和可控性等现代化技术提升的需求，综合利用微生物学、微生物分子生态学等技术，解析了传统食醋固态发酵过程中微生物群落组成与变化规律，为建立安全可控的传统食醋固态发酵技术奠定了基础。同时，围绕食醋酿造过程中菌种对醋酸和酒精的耐受性、发酵效率较低等问题，建立了高浓度果醋液态发酵技术。她于2000年建立了国内第一条液态深层发酵法生产山楂果醋及果醋饮料的生产线；自2008年作为天地壹号饮料公司的技术依托单位，推动该企业的果醋饮料产品产值连续4年增长率超过100%，2012年产值突破10亿元，显著促进了食醋与果醋饮料工业的产品升级并带动了果品、农业等相关产业的发展。

个人简介

王强，中国科学院广州地球化学研究所研究员。1989～1998 年就读于中国地质大学（武汉），先后获岩矿专业学士学位，岩石学博士学位。入选第二批国家"万人计划"科技创新领军人才。

王强现任中国科学院广州地球化学研究所战略委员会和学位委员会委员、岩石学学科组组长，同位素地球化学国家重点实验室副主任；《岩石学报》副主编，《地球科学》（*Journal of Earth Science*）、《岩石》（*Lithos*）编委；是 2010 年度国家杰出青年科学基金获得者。2015 年入选广东特支计划"中青年科技领军人才"。

近年来，王强承担了国家杰出青年基金项目、中科院先导专项课题、创新项目、科技创新交叉与合作团队项目和国家自然科学基金面上项目等。从事岩石学、地球化学和地球动力学研究，在埃达克岩及共生岩石组合的成因与成矿、显生宙地壳生长和青藏高原隆升等研究方面取得一定的成果。提出了埃达克岩及其共生岩石组合的构造环境分类方案，揭示了埃达克岩有利于铜金矿化的原因是"熔体—地幔作用"；提出俯冲—增生造山阶段洋脊俯冲和俯冲板片后撤、熔融是导致地壳生长的重要原因；揭示了俯冲—增生造山向大陆碰撞造山转变的详细深部动力学过程；提出大陆俯冲导致青藏高原核部始新世隆升，和地壳流动导致青藏高原北部中新世—第四纪边缘扩展的高原演化模型；揭示华南存在多期次碱性岩浆活动和地壳伸展事件。

王强共计发表论文 115 篇，其中包括《地质学》（*Geology*）、《岩石学杂志》（*Journal of Petrology*）、《地球与行星科学通讯》（*Earth and Planetary Science Letters*）和《地球化学与宇宙化学学报》（*Geochimica et Cosmochimica Acta*）在内的科学引文指数（*Science Citation Index*，*SCI*）论文 78 篇（第一和通讯作者论文 46 篇），SCI 他引逾 2600 次（第一作者论文 SCI 他引逾 1400 次，单篇最高他引逾 170 次），4 篇第一作者论文入选 ESI 全球地学高引用率"TOP 1%"论文，入选 ESI 全球地学高引用率科学家名录。先后获得孙贤鉥奖、侯德封奖、青藏高原青年科技奖、"中国科学院杰出青年"称号、中国科学院"优秀研究生导师"和 2 项广东省科学技术一等奖等（分别排名第 2 和第 5）。

个人简介

王鹏，中国科学院长春应用化学研究所研究员。1991～1995年就读于郑州大学，获化学专业学士学位；1996～2001年就读于中国科学院长春应用化学研究所，获化学专业博士学位。入选第二批国家"万人计划"科技创新领军人才。

迄今为止，王鹏已获国际发明专利授权4件，国内发明专利授权21件，在《自然材料》（*Nature Materials*）、《美国化学会志》（*Journal of the American Chemical Society*）、《应用化学》（*Angewandte Chemie International Edition*）、《先进材料》（*Advanced Materials*）、《能源环境科学》（*Energy & Environmental Science*）、《纳米快报》（*Nano Letter*）等国际重要学术期刊以第一或通讯作者身份发表论文106篇（影响因子大于10的39篇），其中3篇论文入选"中国百篇最具影响国际学术论文"、1篇入选"2007～2011年中国化学领域热点论文"。相关工作被《科学》（*Science*）、《自然》（*Nature*）、《化学与工程新闻》（*Chemical & Engineering News*）等多次评论，论文共被美国《科学引文索引》（*Science Citation Index*）引用10000余次。入选Thomson路透社发布的全球"2014高引用科学家"，多次在国际重要会议上做大会或邀请报告。

王鹏在染料敏化太阳电池关键有机功能材料和高性能器件及机理研究方面取得了一系列重要进展。解决了染料敏化太阳电池的"长期光热稳定性"难题；设计并合成出新一代高吸收系数的钌基太阳电池染料，并用于发展高效、高稳定的器件；提出"共熔室温离子液体"新概念，大大拓宽了室温离子液体材料的选择范围；发现离子液体中粘度依赖的电子交换输运机制；构建具有低溶剂化能和三维立体结构特征的有机染料来调控染料分子在半导体纳晶表面的组装行为，首次实现长期光热稳定的有机染料敏化太阳电池；设计出"强分子内电荷转移型"有机染料，制备出功率转换效率达13%的有机染料敏化太阳电池。

个人简介

王聪，华南理工大学教授。曾就读于北京航空航天大学，1989 年获飞行器控制、制导与仿真专业学士学位，1997 年获控制理论与控制工程专业硕士学位，2002 年获新加坡国立大学控制科学与工程专业博士学位。入选第二批国家"万人计划"科技创新领军人才。

在智能控制领域，动态环境下的学习问题长期以来被认为是应首先被研究的重要问题。然而对这一问题的研究长期以来没有取得实质进展，其主要原因在于要实现从智能控制中学习需要满足持续激励条件，而持续激励条件的满足对一般非线性系统很难被预先验证。另外在模式识别领域，时变的动态模式的建模及特征提取问题是极具挑战性的问题。由于动态模式的信息嵌入在时间中，对动态模式的识别应与静态模式识别有本质上的不同。

王聪在智能控制、动态模式识别等领域开展了一系列具有创新性的研究工作：在前人工作的基础上，首先证明了沿任何周期或回归轨迹、由径向基函数构成的子向量几乎总可以满足持续激励条件。在此基础上，提出了对非线性系统动态进行局部准确辨识的新方法，并称之为确定学习机制；针对动态模式的建模及特征提取等问题，基于确定学习机制，进一步提出了动态模式全息特征提取方法、动态模式的基于系统动态差异的相似性定义，以及基于识别误差系统的稳定性分析的动态模式快速识别方法。上述工作部分解决了动态环境下的学习等问题，把系统辨识、模式识别、智能控制等不同领域的研究有机地联系起来，初步建立了一个以研究动态环境下的机器智能为主要内容的确定学习理论。

在应用研究方面，针对航空涡扇发动机喘振建模、预测和控制这一与国家重大需求相关问题开展应用研究，提出了基于确定学习理论的模态波型旋转失速提前检测新方法，在北京航空航天大学低速轴流压气机试验台上开展了一系列实验研究并取得了重要进展；针对心肌缺血/心肌梗塞这一重大疾病的早期诊断问题，原创性地提出了基于确定学习理论的心电动力学图（CardioDynamicsGram – CDG）新方法，在广州军区广州总医院等多家三级甲等医院进行了临床试验，结果表明心电动力学图对心肌缺血/心肌梗塞（特别是心电图没有明显改变时的心肌缺血患者）的检测具有重要的指导意义，有望成为心肌缺血/心肌梗塞的无创早期检测的一种新方法。

在智能控制与动态模式识别方向发表 SCI 论文 30 余篇（1 篇入选 ESI 高被引论文），发表的论文被 SCI 他引逾 200 次；2009 年在美国 CRC 出版社出版《确定学习理论》（*Deterministic Learning Theory*）英文专著一部；获得 3 项关于智能控制与动态模式识别的国家发明专利授权。

个人简介

　　王大志，厦门大学特聘教授。1988～1997年就读于厦门大学，先后获海洋生物学学士学位和植物学博士学位。入选第二批国家"万人计划"科技创新领军人才。

　　王大志是厦门大学近海海洋环境科学国家重点实验室特聘教授，国家自然科学基金委员会国家杰出青年科学基金和教育部"新世纪优秀人才支持计划"获得者。主要从事海洋环境蛋白质组学、海洋浮游植物功能蛋白质组学及海洋分子生物地球化学等研究。已主持包括国家杰出青年科学基金、国家基金重点和973前期研究专项等在内的项目10多项，发表SCI论文55篇，获省部级科技奖励2项。2010年王大志应韩国环境风险评价和健康学会邀请参加了第三届国际环境健康大会并做大会报告。同年应第九届国际海洋生物技术大会组委会邀请做甲藻蛋白质组学特邀报告。2011年和2013年应美国环境保护署邀请，作为组织者之一，承办第一、第二届国际环境组学大会并做大会报告，同时担任2013年大会共同执行主席。

　　王大志围绕海洋碳循环和近海浮游植物藻华等重大海洋环境问题，引入蛋白质组学理论和技术，在海洋有机物宏蛋白质组学和甲藻功能蛋白质组学等方面取得了突破性进展。他在国际上率先建立了海洋有机物中蛋白质表征方法，首次实现了有机物中蛋白质的高通量鉴定，突破了有机物中蛋白质鉴定的"瓶颈"；首次从蛋白质角度揭示了水柱颗粒有机物来源、变化特征和保护机制，证明蓝细菌是颗粒有机物的主要来源，而浮游动物的"粪便打包"和"膜的包裹"作用在颗粒性蛋白质的保护中起着重要作用；发现了南海寡营养海区不同水层溶解性蛋白质在来源、组成和垂直分布上存在差异，变形杆菌是溶解有机物的主要来源，而浮游植物则是深海（3000米）溶解性蛋白质的重要来源，"纳米"和"微米"凝胶在海洋溶解有机物保护中起着重要作用；揭示了海洋表层大分子溶解性蛋白质在来源和组成上具有高度相似性，及细菌和病毒在溶解有机物循环中起着重要作用。其成果已发表于国际地学权威刊物《地球化学和宇宙化学学报》（*Geochimica Et Cosmochimica Acta*）和《湖沼学与海洋学》（*Limnology & Oceanography*）上，并被《自然地球科学》（*Nature Geoscience*）和《自然传播》（*Nature Communications*）等国际地学主流刊物引用。他在国内率先开展海洋浮游植物，特别是甲藻功能蛋白质组学研究，建立了甲藻蛋白质组学研究体系，发现并鉴定了参与细胞生长调控、胁迫响应及毒素合成等重要功能蛋白，揭示甲藻细胞生长和毒素合成受到复杂的生物学过程调控，构建了中国近海典型甲藻功能蛋白库。成果已发表于《环境微生物学》（*Environmental Microbiology*）和《植物细胞和环境》（*Plant Cell & Environment*）等著名刊物上。

个人简介

王世强，北京大学教授。1986～1990 年就读于北京大学，获生理学及生物物理学学士学位；1992～1998 年就读于北京大学生命科学学院，获生理学博士学位。入选第二批国家"万人计划"科技创新领军人才。

王世强的教育背景是生理学及生物物理学，擅长设计并优化生物物理学研究技术来解决重要的生理学问题。

从 90 年代中期，激光共聚焦显微镜刚引进中国，王世强发觉这是适合他的研究手段，因此较早运用激光共聚焦显微技术开展细胞钙信号动态研究。他在 1999 年、2000 年发表的论文代表着我国第一批细胞钙信号动态研究。

在美国从事访问研究期间，王世强将激光共聚焦显微技术与单通道电生理技术成功地结合起来，这在国际上是第一次。这一技术进展使我们有机会用光学手段探测单个离子通道产生的最小钙信号单位"钙小星"。通过定点触发钙火花并与单通道信号钙小星进行定量对比，我们发现钙火花是由 1～7 个量子化单通道信号组成，结束了本领域关于钙火花分子本质的长期争议。这些突破性进展发表于《自然》（*Nature*）、《美国科学院院报》（*PNAS*）等高影响期刊，将国际钙信号研究领域推进到单通道分子水平。

2003 年回国后，王世强继续优化单通道电生理与激光共聚焦成像相结合的"松钳膜片成像"技术，定量分析细胞膜单个钙通道触发肌质网单位钙释放的动力学，阐明了分子水平的钙信号转导是一阶随机过程，该过程在肾上腺素受体激动下加快、在心力衰竭等疾病条件下减慢。这些工作在心脏生理和疾病领域产生深远影响。著名学术评论期刊《自然·评论·药物发现》（*Nature Reviews Drug Discovery*）高度评价有关研究"揭开了心脏疾病分子机制的面纱"。这些研究工作于 2007～2013 年发表于《科学公共论丛·生物学》（*PLoS Biology*）、《美国科学院院报》（*Proceedings of the National Academy of Sciences of the United States of America*）、《循环研究》（*Circulation Research*）等高影响国际期刊，代表当前兴奋—收缩耦联研究领域的国际前沿水准。

在上述研究基础上，王世强和他的团队进一步将成像技术与电子显微技术、分子生物学和生物信息技术相结合，研究钙信号动态变化的结构和分子基础。他们发现，钙信号动态的定量变化与细胞膜与肌质网之间纳米尺度结构耦联的细微尺寸密切相关；miR-24 通过调控 JPh2 蛋白精细调控这一钙信号耦联结构。在此基础上，他们设计核酸药 Antagomia-24 探索对心力衰竭进行早期干预，并成功地在动物模型防止心力衰竭的发生。这组突破性进展于近两年在心血管基础研究最高期刊《循环研究》

等发表多篇重要论文。《循环研究》《心血管研究》（*Cardiovascular Research*）等分别刊发述评，高度评价这些研究揭示了心力衰竭的结构和分子基础，并为其防治提供了新策略。

近年来，组织科技部 973 和国家重点研发计划项目、主持国家重点实验室工作，王世强也在科研团队组织和合作攻关方面积累了经验、锻炼了才能。

个人简介

王立平，中国科学院深圳先进技术研究院研究员。2002～2005年于德国麦克斯·德尔布吕克分子医学中心（MDC）攻读博士；之后于美国斯坦福大学 Karl Deisseroth 教授实验室进行博士后研究，期间得到斯坦福大学、加利福尼亚州再生医学研究所临床研究员（CIRM，Clinical Fellow，06－09）基金支持。入选第二批国家"万人计划"科技创新领军人才。

王立平在斯坦福大学期间和全职回国后，开发并完善了"光遗传技术"（Optogenetics）及其匹配技术，为研究大脑神经回路功能提供了重要的研究方法。光遗传技术在神经科学领域近年获得了广泛应用，他作为共同第一作者发表在《自然》（*Nature*）上关于此技术的文章（2007年度《自然》杂志最受欢迎论文）目前被引用650余次，（其中他引近500次）；被美国麻省理工学院科技评述评为"2007年TOP10"技术，被《自然方法》（*Nature Methods*）杂志评为"2010年度技术"，入选中科院百人计划（2010），国家杰出青年基金获得者（2014）。

王立平在国内组建团队后，带领团队发展与完善了光遗传技术及其相匹配的技术。他们自行设计和制备了植入式多通道光电极阵列，能够实现在高时空分辨率下研究活动动物中与行为相关的特定神经元电活动，此成果完善了光遗传技术在活体动物上的应用，帮助人们通过光遗传和电生理技术对活体自由活动动物特定神经环路调控，进而为研究神经系统神经信息的传递、整合规律和特定动物行为输出规律提供了重要工具；同时还有助于包括癫痫、帕金森氏病、焦虑症等在内的神经精神性疾病神经回路层面上的发生机制和干预机理的深入研究。基于国内的研究工作，相关研究成果已经作为通讯作者（含共同通讯）发表的论文包括：《自然通讯》（*Nature Communications*）（3篇）、《生物材料》（*Biomaterials*）（他引20次）、《干细胞》（*Stem Cells*）上（他引50余次）等期刊上。所发表文章共被他引达1100多次。

光遗传技术在神经环路研究中的应用，使人们可以用不同波长的光选择性分离、激活或沉默大脑某个功能单元，具有高度时空精准性，在与高级脑功能相关神经环路研究中具有其独特优势。此技术提供给了神经科学家们一种史无前例的方法和思路，可以对脑科学领域一些基本问题进行重新深入思索和研究。自王立平全职回国组建团队后，他带领的团队已经申请光遗传技术相关专利60余件，其中22件已经获得授权；同时他们已经无偿为全国130余家实验室提供光遗传技术的支持，在很大程度上，提升了我国在脑科学中神经环路调控研究领域的整体研究水平。

个人简介

王庆生，威海东生能源科技有限公司创始人，哈尔滨工业大学兼职教授。工学博士，毕业于俄罗斯圣彼得堡国立技术大学材料物理与化学专业。

王庆生长期致力于材料物理化学与热电化学的基础研究与工程化的实施工作，主持完成了多项国际、国内项目课题。创新研究了"多孔态"聚合物锂离子动力电池制备技术、有机无机杂化复合隔离膜技术、相分离多孔电极制备技术等，成为国际上多孔聚合物动力电池产业化技术奠基人，针对锂离子动力电池的安全性差、放电倍率低、低温性能差、一致性差、pack 成组应用离散性大、寿命短等一系列问题展开系统研究，从结构、材料、工艺、体系等多方面设计创新成功解决动力电池共性问题。成为多孔体系聚合物锂离子动力电池发明制造第一人。

所发明的有机无机杂化膜具有三维多孔态结构，网络状支撑，孔径均匀，孔隙率高、吸液率高、保液率高、韧性好等优点。大大提高离子交换率、离子电导率、减少化学摩擦阻抗、降低交换产热、适合于大功率充放电、具有极佳的高分子表面性能，高温蠕变小，高温下结构的完整性好。与日本的 PP－PE－PP 的结构膜相比，孔容达到 $0.274cc/g$，比表面积达到 $97m^2/g$，分别是日本结构膜的 5 倍和 10 倍左右，填补国家空白，建立行业标准。高温低聚合特性使其有了更多的功能性，电池安全得到根本保障。

发明采用集流体预处理技术及反嵌活性物质的结构设计，提高基体材料和活性物质的粘结强度，防止电池充放电脱粉，提高电池寿命，降低接触电阻，减少物理极化，加大深度放电性能。利用相分离技术制备多孔电极，形成表面干态无游离态电解质，有效解决液态锂离子电解质低温凝结离子导电率下降的问题。改善电池大电流充放电产热问题，大大提高了电池的安全性能。采用机械化学法，针对正极材料（NCM/NCA）进行表面包覆掺杂改性，负极纳米化改性处理，改善粉体比表面积，获得稳定材料相结构，提高低温环境 Li^+ 扩散系数，提升电子电导率。结合复合隔离膜技术、多孔电极复合技术、集流体预处理技术、相分离成孔技术、材料改性技术等，提高了电极比表面积，增加了交换通道，提升离子交换率，降低交换产热，提升了电池倍率及安全性能。改善了电池能量密度和循环性能。

所设计的锂离子聚合物电池采取表面干态，负压结构，适合应用于水下高压外太空零重力倒置平放等特殊环境及应用，可塑性强最薄可达到 0.5 毫米，可广泛应用于不同压力工作环境。

在王庆生带领下，综合运用以上技术，成功产业化制备高安全性"聚合物理离子动力电池"：体积、质量比能量均优于行业产品。能量密度：155～185wh/kg（NCM）、比功率≥1000瓦/千克、低温性能好：工作温度窗口宽－40度～70度；倍率性能好：容量型3～5充放电倍率（60安时电池）、功率型电池可达到15～20充放电倍率（40～20安时电池）；温升小、循环寿命≥1500次～2000次［DOD100% SOC8%］；动态离散性＜3%；安全性能高：机械物理破坏不着火不爆炸并可持续供电。产品广泛应用于国防航天、工业汽车、储能装备、孤岛设施、数码移动等产品领域。受到俄罗斯科学院、俄航空局电源中心、日本电源情报所、韩国科学院、美国、德国、英国、印度等及国内诸多车厂用户的一致好评；产品获得 CE、ROHS、SGS、TS16949、UN38.3、ISO14000、201所、18所等国际国内认证及上车公告。是国内外公认的最佳聚合物理离子动力电池。树立了锂离子电池新的里程碑，奠定了中国锂离子电池在国际的地位。

个人简介

王丽晶，公安部上海消防研究所研究员。1995～1999年就读于江苏理工大学，获流体机械及工程专业学士学位；1999～2002年就读于甘肃工业大学，获流体机械及工程专业硕士学位。入选第二批国家"万人计划"科技创新领军人才。

王丽晶主要从事消防灭火和应急救援装备产品设计、开发、试验及应用技术研究以及相关理论研究和科研管理工作，一直工作在消防科研第一线，先后主持了国家"十五""十一五""十二五"科技攻关/支撑计划项目，主持或主要参与国家级公安部、上海市科委等重点科研项目30多项，在消防灭火和应急救援装备技术、灭火救援技战术、消防装备规划评估等方面取得了多项科研成果，部分产品类成果已依托企业实现了产业化推广应用并装备至消防部队。相关供水、排烟、消防装备的应用研究理论成果已应用到部队并指导实战工作，为提高我国消防部队灭火和应急救援实战技术水平做出了较突出的贡献。正在牵头负责的大流量常压消防泵和高转速全工况消防泵、远射程高冲击力消防炮研制等都是当前国内消防装备科技前沿研究的热点或难点问题，将带动国内相关技术进步和相关产业发展。王丽晶获公安部科技进步奖3项，中国消防协会科技进步奖1项；授权专利23项；发表论文20余篇，著作4部。曾被上海市公安局评为"优秀青年""三八红旗手"，获公安部部级津贴1次，个人三等功1次，先进个人2次，先进党员2次，科研团队获集体三等功2次、先进集体3次。

在科技服务部队方面，王丽晶积极践行"消防科研服务部队实战"的理念，多次为消防部队消防车辆装备验收、高层建筑供液技术研究、化工区火灾扑救研究、排烟机性能测试、固移结合供水试验提供技术服务，指导实战；多次开展消防装备灭火救援效能专项调研工作，撰写的《直升机在消防领域应用的可行性分析》《我国消防部队压缩空气泡沫消防车配备使用情况调研》等专项报告获得了消防部队好评；多次负责和主要参与上海市、濮阳市和郑州市等消防装备规划论证评估工作，为规范指导部队装备配备，推动消防队站建设发挥了重要作用。

在消防标准方面，王丽晶主编或参编了《消防炮》《干粉消防车》《抢险救援消防车》《压缩空气泡沫消防车》《城市消防站设计规范》《城市消防站建设标准》《消防特勤队（站）装备配备标准》《分水器和集水器》等国家标准和公安行业标准近20项，为规范我国相关消防产品质量和检测工作，促进规范化设计验收，推动行业技术进步和发展发挥了积极作用。

在科技领军和团队建设方面，王丽晶带领10余人的研究团队，在消防车泵枪炮、供水附件、排烟机、灭火救援技战术研究等技术研究及标准化方面完成课题 50 余项，取得了一系列重要科技成果，部分成果达到国际先进或国内领先水平，为我国消防部队灭火救援装备能力及实战技术水平提升发挥了积极的支撑作用。

个人简介

王建华，中国水利水电科学研究院教授。1994 年获安徽理工大学水文地质学学士学位，1997 年获山东科技大学水文地质学硕士学位，2000 年获中科院地理研究所生态学博士学位。入选第二批国家"万人计划"科技创新领军人才。

王建华主持或参与完成国家 973 计划课题、国家科技支撑计划课题、自然科学基金重点项目、科技部重大基础专项、水利部行业公益专项、水利部重大课题等重大项目 60 余项，是国家自然科学基金创新群体项目骨干成员。作为首席科学家助理协助主持的国家 973 计划项目被科技部验收为"优秀"；作为技术负责人完成的国家自然科学基金重点项目验收结论为"A"；主持完成的水利部重大项目"中国节水型社会建设理论技术体系与实践应用"，被鉴定为"初步形成了节水型社会思想库蓝本……不仅对于中国，而且对于广大新兴经济体都具有重要作用"。王建华在"自然—社会"二元水循环基础理论、水循环及其伴生过程综合模拟模型、变化环境下的水资源评价方法、节水型社会建设理论与技术方法、社会水循环调控与水资源管理技术等方面取得一系列创新成果，多项成果被鉴定为"国际领先水平"。获国家科技进步一等奖 1 项，二等奖 1 项，联合国人居环境绿色技术奖 1 项，省部级科技进步一等奖、二等奖 12 项。发表论文 110 余篇，出版专著 12 部，参与中国大百科全书水利词条编撰，获中宣部和新闻出版总署颁发的荣誉证书。入选新世纪百千万人才工程国家级人选，获中国青年科技奖、茅以升青年科技奖、张光斗青年科技奖，被授予国家有突出贡献的中青年专家、全国优秀科技工作者、全国水利青年科技英才、全国水利系统水资源工作先进个人、中央国家机关五四青年奖章、中央国家机关十大杰出青年等荣誉称号。

在科研工作中，王建华坚持面向国家重大治水实践，长期为我国节水型社会建设和水资源管理提供重要的科技支撑。王建华探索构建了节水型社会建设理论与技术方法体系并在全国广泛应用，编写了张掖、大连、天津、宁夏、南水北调东中线受水区和澳门特别行政区等典型区域的节水型社会建设规划，为推动我国节水型社会建设做出了重要贡献；参与了国家实行最严格水资源管理制度的顶层设计和政策解读，承担了科技支撑顶层设计和关键技术攻关，主持了天津、深圳、永康等全国试点方案的编制；参与了南水北调工程总体规划水资源配置研究，参与提出了东线、中线调水规模和一期工程通水后的配置方案；研发的水量分配和总量控制技术应用于跨省江河的水量分配中。主持编写了全国首个生态文明试点方案和水生态文明市评价技术标准，在行业内具有广泛影响，曾作为中央国家机关优秀青年代表出席上海世博会世界青年高峰论坛，在中国水利学会 80 周年会议上，王建华作为全国水利青年科技工作者代表发言。

个人简介

王建春，福建龙净环保股份有限公司高级工程师。曾就读于福州大学化学专业，毕业于福州大学光催化研究所，先后获化学专业学士学位和无机化学先进功能材料专业博士学位。

王建春在硕博连读期间，作为主要研究人员参与国家自然科学基金2项，973前期专项和福建省科技厅重大项目各1项。此外还参与省科技攻关项目、福建省发展改革委以及国家电网公司组织的研究项目。在就读研究生过程中，除了进行基础理论的研究，他还参与了研究所工程化应用相关的项目，在将研发成果转化为实际应用方面积累了一定的经验。截至到目前，王建春共获7项发明专利授权，其中2项发明专利为第一发明人。作为第一起草人完成了1项企业标准的制定。撰写论文、总结报告等超过60篇，部分论文公开发表，多为SCI和EI收录。其中2篇论文连续被全球排名第一的"美国国际电力展会"（Power Gen International）收录（2011年和2012年），并且赴美国拉斯维加斯和奥兰多参会作相关演讲。

毕业后，王建春加入龙净环保，主要从事科研开发工作。在职期间先后主持了多组分污染物干法协同净化实验装置项目、干法脱硫脱汞除尘一体化项目、干法烟气脱硫脱硝一体化项目、废水脱硫项目等多项重点科研项目的研究开发。这些项目的研发以及成果的应用极大地优化和提升了干法烟气净化工艺的性能，在行业内处于领先位置。特别是低温脱硫脱硝一体化项目的研发成功和示范应用，属于业内首创，为我国烟气治理领域提供了一条技术经济性优的全新工艺路线，目前该技术的应用已经获得了超过1.95亿元的项目合同，市场前景广阔，经济效益显著，同时可带来极大的环境效益和社会效益。

在国家和省部科研项目申请及承担方面，王建春于2011年协助申请获得福建省科技厅重大专项专题项目：燃煤电站大气污染物协同集成脱除技术与装备研发与应用（2011HZ0005-1），并担任子课题负责人。2013年作为牵头人带领团队一起申请并获得了国家863项目课题：燃煤烟气循环流化床脱硫脱汞一体化及多污染物协同净化技术研究与示范（2013AA065403），担任课题技术负责人，目前研究工作进展顺利。

回顾总结过去10年的研究和工作情况，王建春在科技项目研发方面积累了较丰富的经验，具备研发团队领导能力和组织协调能力。担任过多项工程项目的总监（项目合同金额合计约6000万元），熟悉科技成果转化过程，科技研发整体素质较强。

个人简介

王爱杰，哈尔滨工业大学教授。1991～1995年就读于哈尔滨师范大学，获生物学学士学位；1995～2000年就读于哈尔滨工业大学，获环境工程专业博士学位。入选第二批国家"万人计划"科技创新领军人才。

王爱杰长期从事废水生物处理资源化理论与技术研究，在污染物定向生物转化与生物过程优化调控方面取得创新性成果。2011年入选教育部长江学者奖励计划特聘教授，2012年获得国家杰出青年科学基金。王爱杰发展了废水厌氧生物处理理论，针对难降解废水生物毒性大、生物降解慢、工艺稳定运行难等问题，提出了加速污染物定向生物转化及资源化的原理与方法，发明了新型生物工艺及系列高效设备，建立了满足不同水质特点的优化组合工艺系统，授权国家发明专利20余项，与企业合作完成废水处理技术工程应用20余项，研究成果作为第一完成人获得国家科技进步二等奖1项（2010年）和省部级科技奖一、二等奖3项（2009年；2011年；2014年），发表SCI收录论文170篇，他引2000余次，科学出版社著作4部，编制国家标准1部。

针对含硫含氮工业废水处理难题，较早提出了硫资源回收为目标导向的废水碳氮硫污染物协调去除原理及技术方法，从而彻底消除硫系污染污染物的环境隐患问题；发现并揭示了超常规生物脱硫脱氮机制，自主研发了可规模化制取单质硫的强化反硝化生物脱硫工艺，建立了"功能指示"和"功能强化"主导的定向生态调控方法，大幅度提高了单质硫的生物转化效率，丰富并发展了废水生物脱硫理论及内涵；构建了反硝化脱硫为核心的优化组合工艺系统，实现了碳、氮、硫污染物的梯级转化，硫化物去除能力比国内外现有技术提高5倍以上，通过工程应用推进了废水处理资源化技术的发展。

针对微污染废水中低浓度难降解有机物（如硝基芳香烃、卤代芳香烃和偶氮染料等）的强化去除，引入生物电化学原理，较早提出了加速难降解有机污染物定向生物脱毒的技术途径，发现并揭示了电极活性微生物定向还原降解转化污染物的本征，提出了生物—电化学互补式催化模式，提出了定向调控微生物胞外电子转移的生物激活方法，突破了传统生物处理技术深度去除难降解污染物速度慢、效率低的局限性；基于此，研发出系列强化污染物深度去除新型工艺，构建了微污染废水深度净化安全回用优化组合工艺系统，强化了难降解污染物的定向还原脱毒、脱色效能。

王爱杰具备战略性、前瞻性和创造性学术思维，一直活跃在环境生物技术领域的国际学术舞台上。她同时担任国际水协会厌氧专家组成员（中国 1 名）、国际水协会资源回收利用分会常务理事（中国 1 名）、国际水协会中国厌氧专业委员会副主任、美国微生物学会第二任驻华大使；担任 6 个国际和国内学术期刊的主编及编委。

个人简介

王继军，中国铁道科学研究院研究员。1993年获长沙铁道学院铁道工程专业学士学位，1999年获中国铁道科学研究院道路与铁道工程专业硕士学位。入选第二批国家"万人计划"科技创新领军人才。

王继军长期从事轨道工程尤其是高速铁路无砟轨道技术的创新性研究。现任高速铁路轨道技术国家重点实验室研究员，硕士生导师。曾获詹天佑铁道科学技术奖青年奖等。承担和参与了大量无砟轨道以及减振轨道方面国家和铁道部的科研工作。自2008年以来，先后主持和参加国家863、973项目及铁道部重大科研项目十余项。主编和参编数项部级标准和规范。获得省部级科技进步奖5项和11项授权专利，发表论文十余篇。

王继军主持完成了我国首条无砟轨道综合试验段——遂渝线无砟轨道结构的试验研究工作，该成果填补了我国路基上铺设无砟轨道、与轨道电路适应性等多项技术空白，达到国际先进水平，为我国高速铁路无砟轨道的规模应用提供了强有力的技术支撑。他主持的"遂渝线无砟轨道综合试验段关键技术试验研究"项目获铁道部科技成果特等奖、"遂渝线无砟轨道关键技术研究与应用"项目获国家科技进步一等奖。

王继军主持完成我国时速300和200公里级CRTS Ⅰ型板式无砟轨道的科研设计和试验工作。已成功应用于哈大、沪宁、广深港等12条客运专线，指导了全路Ⅰ型板式无砟轨道的设计、制造和施工。建设和运营里程已分别超过3000公里和1500公里，取得巨大经济和社会效益。在已运营的世界首条高寒地区高速铁路——哈大客专，无砟轨道系统经受了低温严寒考验，运营状态良好。他主编的两套无砟轨道设计通用图分获铁道部铁路工程建设优秀标准设计一、二等奖。

王继军主持完成的具有我国完全自主知识产权的高速铁路CRTS Ⅲ型板式无砟轨道系统是对高速铁路无砟轨道技术的一次再创新，提出了复合结构概念，并引入先张预应力板和无机材料充填技术，突破了国外的专利壁垒，大幅提高了无砟轨道气候适应性、耐久性和技术经济性。该系统的研发形成了我国自己的高速铁路无砟轨道技术体系，对于扩大我国高铁影响、提高在世界高铁市场的竞争力意义重大。目前已在盘营客专等600km线路上进行了铺设，试验最高速度397km/h，各项指标优异，已确定在郑徐高铁全线应用，并将在国内全面推广。该无砟轨道系统和轨道板结构已成功申请国内专利，通过专利合作条约（PCT）国际局已申请国际专利。

在重载铁路领域，王继军主持完成"30吨轴重重载铁路隧道内无砟轨道关键技术研究"，解决了目前重载铁路工程建设中隧道内无砟轨道在大轴重荷载条件下的可靠性和稳定性等重大技术问题。

他还带领科研团队首次成功申请中方主持国际铁路联盟（UIC）标准"高速铁路道岔"和"高速铁路伸缩调节器"的编制，为我国铁路标准走出国门并在国际性标准中取得话语权打下良好基础。

个人简介

王新明，中国科学院广州地球化学研究所研究员。1991年获中国科学技术大学地球化学专业学士学位，1991～1997年就读于中国科学院广州地球化学研究所环境科学专业，获硕士学位和博士学位。入选第二批国家"万人计划"科技创新领军人才。

王新明已发表 SCI 收录论文 110 余篇，其中第一通讯作者论文 48 篇，其中有 20 余篇分别在本领域重要国际期刊《地球物理研究》（*Journal of Geophysical Research*）、《环境科学与技术》（*Environmental Science & Technology*）和《大气环境》（*Atmospheric Environment*）上发表，据 Web of Science 显示全部英文论文被 SCI 引用 4400 余次，他引 4000 余次，H – index 为 36。入选 ISI 生态环境、地球科学两个领域高引用率 TOP 1000 科学家名录。王新明作为主要完成人获国家自然科学二等奖 1 项、广东省科学技术一等奖 2 项和国家环保总局（现环保部）环境科学技术二等奖 1 项。2010 年他获国家杰出青年基金。同时他还是国际大气环境专业期刊《大气环境》（*Atmospheric Environment*）编辑顾问委员会成员（2010～2013 年），欧洲地球科学联合会专业期刊《生物地球科学》（*Biogeosciences*）副主编。

王新明主要从事有机污染物的大气化学演化、生物地球化学过程及其气候、环境、健康效应研究，重点关注空气毒害物、二次污染物（臭氧和 PM2.5）和地气交换作用。课题组已逐步建成先进的大气有机物观测与模拟平台，包括：多套挥发有机物（VOC）分析检测系统，其中一套为自主设计搭建的预浓缩 GC – MSD/FID/ECD 的广谱 VOC 分析系统，与 Rowland/Blake 实验室多次比对结果表明分析能力达到国际先进水平；二次有机气溶胶（SOA）离线与在线分析系统，是国际上为数不多的可开展高水平 SOA 标志物分析的研究组，与美国环保署、香港科大一起开展的比对实验也证实了我们该方面的分析能力和水平；自主设计并建成了国内当前最大室内烟雾箱模拟平台，经中、法同行专家组成的专家组鉴定，认为其达到国际先进水平。研究组为国内外一些大型研究计划提供了有力支持。

王新明在珠三角通过观测与模拟相结合，阐明不同来源挥发有机物对 SOA 和臭氧生成潜势（OFP）的贡献，推动制定相关地方行业标准；他曾担任广州亚运会空气质量保障专家，是广东省政府环境应急特聘专家。通过野外系统观测探讨亚热带典型生态系统含硫含氮气体地气交换通量及其影响因素，发现了亚热带森林土壤羰基硫吸收受演替阶段显著影响，而氧化氮（NO）释放受土壤湿度控制，揭示森林土壤 NO 排放对氮沉降响应，首次实测发现土壤排放 NO 氮同位素特异性。他长期定位观测揭示珠三角臭氧层消耗物质（ODS）的变化趋势和《蒙特利尔公约》履约成效。还通过走航观测揭示陆源输送对北太平洋与北冰洋一次和二次有机气溶胶以及 POPs 的影响。近期重点开展了机动车尾气等典型大气排放源二次成粒模拟。

个人简介

王福俤，浙江大学求是特聘教授，博士生导师。1987～1992年就读于河北医科大学，获预防医学专业学士学位；1992～1995年就读于同济大学，获营养与食品卫生学专业硕士学位；1995～1998年就读于第二军医大学，获营养学博士学位；2002～2004年在美国密苏里哥伦比亚大学做博士后。入选第二批国家"万人计划"科技创新领军人才。

王福俤是国家万人计划、国家杰出青年基金获得者、中国科学院百人计划学者、国家百千万人才工程"有突出贡献中青年专家"、政府特殊津贴获得者及浙江省千人计划学者。多年来从事微量元素营养代谢机制的基础研究并取得系列突出成绩，并在营养代谢以及微量元素领域建立了较高的国际学术地位。在国际著名杂志包括《自然遗传》（*Nature Genetics*）、《自然》（*Nature*）、《血液学》（*Blood*）等发表100余篇论文；论文他引2200余次；申请专利12项；多次受邀在国内外做大会学术报告；多次成功主办或承办国际营养学（或微量元素）领域专业会议；承担自然科学基金重点项目（3项）、科技部973项目及上海市科委重点项目等；创办公益健康宣教微信公众号"营养发现"。

王福俤团队发现了肝细胞铁外排通道及细胞溶酶体铁通道。肝脏是铁储存的主要器官，通过肝细胞Fpn1敲除小鼠模型，不仅揭示Fpn1是肝细胞的铁外排主要通路，还阐明Fpn1介导的肝铁动员、巨噬细胞铁循环及小肠铁吸收间协调维持整体铁稳态的精细网络（*Hepatology* 2012，通讯作者）；发现TRPML1是细胞溶酶体Fe^{2+}通道，负责将$TFR-TF-Fe^{3+}$复合物内吞进溶酶体的Fe^{2+}释放到细胞浆中（*Nature* 2008，第五作者）。发现小鼠16号染色体存在调控肝脏铁离子蓄积的数量性状位点（*PLoS ONE* 2013）。利用人群流行病学以及实验动物模型，发现调控铁代谢核心分子Hepcidin（铁调素）在早期肝损伤中显著上升，揭示Hepcidin可作为潜在早期肝损伤标志物分子，并对维持肝脏损伤中铁代谢稳态发挥重要作用（*Scientific Reports* 2015，通讯作者）。发现小鼠16号染色体存在调控肝脏铁离子蓄积的数量性状位点（*PLoS ONE* 2013，通讯作者）。该系列成果丰富了肝脏铁代谢理论，并为肝病及退行性疾病防治提供了重要理论依据。

阐明巨噬细胞铁代谢新机制，发现新基因Mon1a参与巨噬细胞铁再循环过程，并阐明Mon1a调控铁代谢的分子机制（*Nature Genetics* 2007，第一作者）；利用巨噬细胞泵铁蛋白（Fpn1）基因敲除小鼠，阐明Fpn1在巨噬细胞对铁再循环和免疫应激的调控机制（*Blood* 2011，通讯作者）；揭示金属还原酶Steap3缺失导致亚细胞铁离子分布失衡及TLR4介导的炎症通路异常（*Haematologica* 2012，通讯作者）。这些原创发现不仅完善了巨噬细胞铁再循环理论，更为铁代谢与免疫研究开辟了新方向。

围绕人类血色病研究获得系列突出成绩。发现血色病基因 HFE 调控 Hepcidin 分泌的新机制（Blood 2014）。运用三种基因敲除小鼠模型，揭示血色病基因 Hfe 和 Hjv 在 Hepcidin 调控铁代谢网络中的新机制，为血色病的防治提供了新思路（*Antioxidants & Redox Signaling* 2015，共同通讯作者）；针对 5 个中国血色病致病基因的外显子区域开展测序，发现中国人遗传性血色病家系及基因突变新位点（*Blood Cells，Molecules & Diseases*，2017，通讯作者）；首次发现通过表观遗传水平对铁代谢基因进行调控的方式，同时明确了 Mbd5 调控基因表达的基本模式（*British Journal of Haematology* 2014，通讯作者）。

在国际上首次发现肝损伤新机制—铁死亡（Ferroptosis），该成果作为封面发表在 2017 年国际著名专业期刊《肝脏学》（*Hepatology* 2017，共同通讯作者）。铁死亡是近年发现的一种不同于凋亡、坏死等传统细胞死亡的细胞死亡途径；具有铁依赖性，可被铁螯合剂所特异性逆转。团队利用多种遗传性血色病小鼠模型展开了系列深入研究，发现高铁过载小鼠表现出铁死亡水平明显升高；通过缺铁饲料或者铁死亡抑制剂（Ferrostatin‑1）清除铁死亡能明显改善肝纤维化等铁过载引发的病理损伤，提示，铁死亡是铁过载病理损伤的重要机制；通过基因芯片筛选发现转运蛋白 Slc7a11 是调控"铁过载—铁死亡"的关键基因，铁通过 ROS‑Nrf2‑ARE 调控 Slc7a11 的转录，且通过 Slc7a11 敲除小鼠发现 Slc7a11 能抑制铁过载引发的细胞铁死亡。该成果极大地丰富了铁代谢异常疾病的病理机制，为肝脏疾病及血色病等系列肝脏疾病的防治提供了重要理论依据。

揭示了第一个人类缺铁性贫血易感基因及人类离子组学理论：通过对中国贫血人群基因组分析，发现 TMPRSS6 基因多态性位点 A736V 与缺铁性贫血显著关联，推断 736V 通过调控 Hepcidin 可减缓小肠铁吸收（*Human Molecular Genetics* 2012，通讯作者）；另研究发现 TMPRSS6 基因位点 A736V 与中国居民 2 型糖尿病负相关（《美国临床营养杂志》*American Journal of Clinical Nutrition* 2012，共通讯作者）；通过检测人群血浆离子谱及生物信息学深度分析，揭示代谢综合征离子网络调控规律，并首次提出人类离子组学理论（PLoS ONE 2012，共通讯作者）。该成果为人群高发缺铁性贫血、代谢综合征以及糖尿病防治提供了重要新靶点。

在转化营养学研究方面通过大量筛选实验先后发现中草药鸡血藤提取物及食物黑豆皮提取物可抑制 Hepcidin 并改善机体铁代谢（*Journal of Nutrition* 2013；*British Journal of Nutrition* 2014；通讯作者）；进一步的实验挖掘，发现粗提取物中含有的单体杨梅素（Myricetin）保持调控 Hepcidin 及改善贫血的良好活性（*Journal of Nutritional Biochemistry* 2016；通讯作者）。这些系列转化研究为缺铁性贫血防治带来安全高效新措施。

人群荟萃分析揭示高铁促发慢病风险，揭示老年痴呆患者铁代谢异常新规律（*Journal of Alzheimer's Disease* 2014，通讯作者）；该研究对 25 万多人开展荟萃分析，发现人群随着膳食血红素铁（Heme Iron）摄入增加，其心血管疾病发病风险明显增高。该研究涉及的心血管疾病包括冠心病、心衰、中风和高血压（*Nutrition Metabo-lism & Cardiovascular Diseases* 2014，通讯作者）；通过对 4 万余人深度 Meta 分析，发现超重及肥胖人群发生铁缺乏概率显著增加，提示对肥胖人群开展铁营养的早期监测及铁缺乏防治具有必要性，成果发表在国际权威学术期刊《肥胖综述》（*Obesity Reviews*）。受邀为国际著名期刊《内分泌及代谢病》（*Reviews in Endocrine and Metabolic Disorders*）撰写"铁代谢与糖尿病"综述国际最新研究进展（2015，通讯作者）；对 40 项膳食镁与慢病关系的人群研究文献数据进行系统分析（纳入冠心病病人 6845 例，心衰病人 701 例，中风病人 14755 例，2 型糖尿病病人 26299 例，全因死亡 10983 例），发现膳食镁摄入与心衰、中风、2 型糖尿病及全因死亡率显著相关。综合分析提示，每天增加 100 毫克的膳食镁摄入，可将心衰风险降低 22%，中风风险降低 7%，糖尿病风险降低 19%，死亡风险降低 10%。本成果表明镁营养与预防多种重大慢病发生具有显著保护作用，为慢病一级预防策略的制定提供了坚实的科学依据。成果发表在国际著名学术期刊《BMC 医学》（*BMC Medicine* 2016，通讯作者）。人群研究的系列原创成果为人群膳食指南及重大慢性疾病防治提供了重要理论依据。

个人简介

牛利，中国科学院长春应用化学研究所研究员。1988～1995年就读于吉林大学物理化学专业，先后获学士学位和硕士学位；1998年获中国科学院长春应用化学研究所分析化学专业博士学位。入选第二批国家"万人计划"科技创新领军人才。

牛利多年来一直从事材料电化学及光谱电化学等方面的研究工作，在界面功能化设计、化学传感器应用以及化学修饰电极等研究领域积累了丰富的经验。2003年，牛利获中科院"百人计划"项目资助回到长春应化所工作，以负责人身份共承担国家、省部级课题27项，总经费3038万元。2004年以来，他在SCI杂志上共发表论文180余篇，申请专利27项，并获授权专利14项，相关研究成果已被国内外同行广泛关注，并获得多项省部级奖励。2012年获国家杰出青年科学基金资助。

基于多年来的电化学研究，牛利设计制备了多种功能化的膜材料，将其应用于电化学传感器的设计制备中，特别是近年来将新兴的纳米材料制备技术应用到传感器的设计构造中，研制开发了多种具有实用价值的电化学传感器，以及多种与其相应的分析仪器设备。

目前已形成的以电化学分析仪器为主的系列产品，包括电化学分析系统、电化学联用表面等离子体共振测量仪、电化学联用扫描探针显微成像系统等，仪器关键指标可达到国际领先水平。在前期产品销售中，相关仪器已推广到香港科技大学、清华大学、北京大学、国家纳米中心、南京大学、天津大学、北京理工大学、东南大学、华中师范大学、福州大学、福建师范大学、西安交通大学、陕西师范大学、江南大学、东北师范大学、吉林省公安厅、宁德市产品质量检验所等四十多所高校及科研机构，已逐渐形成行业知名产品和品牌。已开发的电化学联用仪器，全部以自主开发为主，具有完全独立的知识产权。

展望未来，牛利下一步将继续扩大研发和生产规模，开阔更加广阔的市场，未来规划中将要开发研制的仪器产品主要包括无线数据传输电化学分析仪、基于专用芯片的超微型电化学分析仪、电化学原位膜导电性测量仪、库仑阵列检测分析仪、电化学传感气敏器件电化学检测分析平台、基于电化学方法的环境分析测量仪、微区电化学加工平台、超分辨电化学发光分析系统等，力争每年都有1款以上的仪器设备推向市场。他的研究方向集新颖性、创新性、学科交叉为一体，具有很强的科学意义及广阔的应用前景。

个人简介

牛远杰，天津医科大学教授。1991 年获天津医学院临床医学专业学士学位，1998 年获天津医科大学临床医学专业博士学位。曾在美国罗彻斯特大学做博士后研究。入选第二批国家"万人计划"科技创新领军人才。

牛远杰长期从事前列腺癌的基础和临床研究工作，领导天津市泌尿系统肿瘤转化医学研究创新团队。多年来，带领团队应用基因组学、蛋白组学和代谢组学相结合的方法，筛选出了多个与去势抵抗性前列腺癌形成相关的信号通路和关键分子。他建立了国内首家以"性激素与疾病"为研究方向的国际合作实验室，聘请美国罗彻斯特大学张传祥教授为长江学者讲座教授，并入选"千人计划"。与瑞典卡罗林斯卡大学、丹麦哥本哈根大学建立了蛋白组学及基因组学研究平台。实验室已有 9 名研究人员在美国和丹麦经博士后培养并回国工作，形成了有实力的研究团队。牛远杰研究方法先进，获多项科学奖励。现在承担国家级课题 5 项，省部级课题 7 项。发表 SCI 论文 50 余篇。参编专著 10 部。获得国家科技进步一、二等奖各 1 项，天津市自然科学二等奖 1 项，天津市科技进步二等奖 2 项。有 9 项临床新技术获天津市卫生系统填补空白项目。他的多篇论文在核心期刊报道后，引起国际学术界广泛的关注和共鸣，"WebMD""Yahoo"等专业网站均做了专题报导。相关论文曾在 2007 年美国泌尿外科年会（AUA）上被评为当年最佳 10 项科研项目之一。

牛远杰发表了多项创新性研究成果，并被国际同行认可。他在国际上首先报道了敲除雄激素受体的前列腺癌小鼠模型；提出雄激素阻断治疗只能杀死部分分化较好的腺上皮类的前列腺癌细胞，但是不仅不能消灭基底细胞类的癌细胞，反而促进该类细胞转移；在国际上首先提出"雄激素信号在前列腺癌腺上皮类癌细胞和基底细胞类癌细胞内的不同作用机制"是导致激素非依赖性前列腺癌发生的根本原因；并提出应采用"雄激素阻断治疗＋靶向抗肿瘤干细胞联合治疗方案"防治激素非依赖性前列腺癌的新理论基础；他还通过研究发现前列腺特异性抗原（PSA）不仅是前列腺癌发生和进展的特异性标志物，更能直接促进 CRPC 的形成并首次提出前列腺上皮细胞的增殖活性。

个人简介

方亚鹏，湖北工业大学教授。1995～2002年就读于上海交通大学，先后获高分子材料与科学专业学士学位和高分子化学与物理专业硕士学位；2002年获日本大阪市立大学食品科学与健康专业博士学位。入选第二批国家"万人计划"科技创新领军人才。

方亚鹏从事食品胶体科学的应用基础研究，围绕多糖、蛋白质等食品结构化所必需的大分子物质，解析复杂食品组分间的相互作用，建立现代食品物性设计理论和技术，提升食品的品质和功能性。

他建立了聚糖醛酸类食品胶体与钙离子络合的多步骤机理和临界行为，验证和修饰了国际学术界提出已四十余年的著名"蛋盒模型"；发现了阿拉伯胶—脂肪酸之间的络合现象，为解释阿拉伯胶的健康功效开辟了新的路径，有望应用于胆固醇降低技术；阐明了多糖—蛋白质复合物的分子结构演化过程，建立了相图—分子结构—乳化性三者间的关联，提出了分子内复合物的新概念，对稳定食品油水乳液体系具有重要意义；归纳出食品胶体体系的物理化学特征对脂肪消化、油脂氧化、益生菌耐受性的调控规律，实现了对功能因子的保护和增效。

发表学术论文75篇，其中SCI论文63篇，引用近800次。申请国际国内专利4项，产业化技术2项。获得国家优秀青年科学基金等各类项目20项。入选教育部新世纪优秀人才支持计划、湖北省"百人计划"、湖北省"楚天学者计划"以及湖北省新世纪高层次人才工程第一层次人选等。荣获2012年国际食品科技联合会优秀青年科学家奖、2011年第十届湖北省青年科技奖。担任国际期刊《食品胶体》（*Food Hydrocolloids*）编委、Academic Press出版社《食品谷类大全》（*Encyclopedia of Food Grains*）的编辑咨询委员、2014年度国家自然科学基金委生命科学部学科评审组专家。曾任第十二届国际亲水胶体大会咨询委员、亲水胶体发展趋势国际研讨会秘书、加拿大圭尔夫大学博士论文答辩委员会外部评委。组织或协办国际学术会议3次，作国际会议邀请报告10余次，担任23本国际学术刊物的审稿人。

个人简介

尹浩，清华大学信息技术研究院研究员，博士生导师。2002 年获华中科技大学信息与通信工程博士学位。入选第二批国家"万人计划"科技创新领军人才。

尹浩主要从事计算机网络和大数据方向的研究工作，主要解决在多种网络环境下，为各类网络应用（特别是视频应用）提供网络服务时，面临的科学难题与技术挑战。近年来，尹浩主持国家 973、863、自然科学基金等项目 20 余项，在国内外重要期刊和会议上发表学术论文 100 余篇，专著 1 本，教材 2 本，其中 SCI 索引 33 篇，EI 索引 80 篇；授权获得中国发明专利近 20 项；部分代表性成果被中国通信标准化协会《互联网内容分发网络定义与基本指标》等 3 项行业标准采纳，大力推动了相关产业发展；先后入选国家百千万人才工程和教育部新世纪优秀人才计划，2012 年获首批国家自然基金委优秀青年基金资助。2012 年作为第一完成人获国家技术发明二等奖，2011 年作为第四完成人获国家自然科学二等奖。

在构建覆盖网络解决网络服务挑战方面，尹浩通过与中国最大的内容分发网络服务提供商 ChinaCache 合作，建成了国内最大的电信级服务质量保障的视频分发服务网络，代表性成果被多媒体领域的顶级会议 ACM Multimedia 2009 推荐为大会最佳论文，获得学术界高度认可；实现的平台目前已服务 45 家重要客户（如新华网、人民网等），多次为国家重大事件（如连续 3 年独家为温总理与网民在线交流提供网络视频直播、北京奥运会有版权保护的视频点播服务等）提供视频分发服务，同时也成功帮助 ChinaCache 于 2010 年在美国上市（NASDAQ：CCIH），上市当日创造了 2007 年以来当日股票涨幅之最。相关成果相继荣获 2010 年度北京市科学技术一等奖（排名第一）与 2012 年度国家技术发明二等奖（排名第一）。

作为项目负责人之一，尹浩完成的"计算机网络资源管理的随机模型与性能优化"项目获得了 2011 年度国家自然科学二等奖（排名第四），基于该成果并作为三个核心团队之一，于 2011 年参与创建了国内最大的第一家从事未来网络核心技术研发的事业单位——江苏省未来网络产业研究院，并作为中心理事单位清华大学的代表，被任命为副院长，从事未来网络新型体系结构和网络大数据方向的研发。2012年成功组织了中国电信、联通、移动、CCTV 等 36 家网络龙头企业与科研院所，成立了首个全国性的未来网络产业联盟"中国未来网络产业创新联盟"，并被推选为联盟秘书长。

个人简介

尹周平，华中科技大学教授。1990～2000年就读于华中科技大学机械电子工程专业，先后获学士学位和博士学位。入选第二批国家"万人计划"科技创新领军人才。

尹周平主持了国家自然科学基金重大项目、重点项目、973课题、863重大项目课题、国家支撑计划项目等国家级重大项目10余项，在《计算机辅助设计》（*Computer-aided Design*）、《美国机械工程师汇刊》（*ASME Transaction*）、《中国科学》等国内外权威期刊发表一系列论文，其中SCI/EI收录100余篇次，SCI他引300余次，单篇论文SCI最高他引60余次，出版《柔性电子制造》《机器人操作》《数字制造基础》专著，参与编撰《并联操作臂》（*Parallel Manipulators*）英文专著3章等，授权国家发明专利20余项。获得国家技术发明二等奖、国家自然科学二等奖、国家科技进步二等奖各1项，获何梁何利青年创新奖（2014年）、教育部长江学者特聘教授（2009年）、中国青年科技奖（2007年）、国家杰出青年基金（2006年）、全国优秀博士后（2005年）、教育部新世纪优秀人才（2004年）、全国优秀博士论文奖（2003年）等学术荣誉或奖励。在数字建模理论及应用、电子制造技术与装备等研究领域取得了一系列创新成果。

他建立了基于可视锥的复杂曲面可制造性分析理论分类标准。揭示了可视性与刀具可达性之间的映射关系，定义了可视锥、完全可视锥和部分可视锥，提出了基于可视性筛选和GPU的可视锥计算高效算法，解决了复杂曲面多轴数控加工中任意刀具的可行方向高效计算难题。博士论文《面向虚拟原型的产品特征建模和可接近性分析》获全国百篇优秀博士论文奖；研究成果"复杂曲面数字化制造的几何推理理论和方法"获国家自然科学二等奖（排名第三）。

提出了面向复杂曲面零件快速产品开发的数字建模方法，尹周平研制了集成快速测量、数字建模及面向制造设计于一体的系统平台，在东风汽车、江淮汽车等多家企业应用，使我国发动机类零件出口到美国福特公司等国际著名汽车制造商，产生了重大经济社会效益。研究成果"发动机类零件的快速测量、数字建模及面向制造的设计"获国家科技进步二等奖（排名第二）。

针对高性能RFID标签制造装备研发的重大需求，尹周平攻克了微薄芯片高可靠无损拾取、多自由度高效高精贴片、多物理量精确协同控制与高性能键合3大关键技术，自主研制了我国第1台高性能RFID标签封装设备，实现了抗金属长寿命的高性能RFID标签高效高精制造，产生了重大经济效益和社会效益。研究成果"高性能RFID标签制造核心装备"获国家技术发明二等奖（排名第一）。

个人简介

孔庆鹏，中国科学院昆明动物研究所研究员。1999年于兰州大学获生态与环境生物学学士学位，2005年于中国科学院昆明动物研究所获遗传学博士学位。入选第二批国家"万人计划"科技创新领军人才。

孔庆鹏一直立足于国内丰富的民族资源、以基因组多样性的分布格局及形成机制为视角，以亚洲东部人群为研究对象，紧紧围绕"人群源流历史和演化"这一核心目标，通过澄清亚洲（尤其是东亚）人群的源流历史中悬而未决的重要科学问题，总结揭示民族起源、迁徙及发展演化等过程中的一些重要规律和特点。迄今已在国际重要SCI期刊《美国人类遗传学杂志》（*American Journal of Human Genetics*）、《美国科学院院刊》（*Proceedings of the National Academy of Sciences of the United States of America*）、《人类分子遗传学》（*Human Molecular Genetics*）、《分子生物与进化》（*Molecular Biology and Evolution*）等上发表论文70余篇，其中影响因子（IF）大于9的论文有14篇（7篇为通讯或第一作者）。论文被SCI刊物累计引用超过2500次，H指数达25。曾应邀为《公共科学图书馆—生物学》（*PLoS Biology*）、《分子生物与进化》（*Molecular Biology and Evolution*）等30余种SCI期刊审阅稿件，现任SCI刊物《科学报告》（*Scientific Reports*）编委。

孔庆鹏搭建了东亚人群的线粒体DNA系统发育关系，奠定了该地区后续相关研究基础；证明亚洲人群主要源自"走出非洲"后沿亚洲海岸线的快速迁移扩散事件；从母系遗传角度证实东亚人群近期起源于非洲，且无源自当地直立人的母系遗传贡献；揭示史前人类采用内陆路线通过缅甸河谷迁移进入东亚大陆；通过揭示"现代人类祖先于旧石器晚期即已迁入并成功定居青藏高原""文化传播是南岛语系向东南亚大陆传播的主要模式""中国古丝绸之路地区民族人群起源自东西方人群的遗传融合"等，表明早期人群迁移以及后期文化扩散等是亚洲地区民族人群形成的重要原因。荣获国家自然科学二等奖2项（2006年，第三完成人；2014年，第二完成人）。

个人简介

孔宏智，中国科学院植物研究所研究员，系统与进化植物学国家重点实验室副主任。1995 年获西北大学植物学（药用植物）学士学位，2000 年获中国科学院植物研究所植物学博士学位。入选第二批国家"万人计划"科技创新领军人才。

孔宏智主要从事植物系统学和植物进化发育生物学研究，在"金粟兰科的系统学""花发育调控网络的进化""重复基因的分化"和"花部性状起源和多样化的分子机制"等研究中取得了突出成绩。他在国际上较早开展了"花发育调控网络的进化"的研究，从基因、基因间互作关系及调控网络的角度揭示了导致花基本结构起源、花器官多样化及花瓣缺失的原因和机制，并以花瓣为研究材料启动了对"植物叶性器官形态和结构多样化的分子机制"的研究，把我国的植物进化发育生物学研究推向了新的高度。他还发现了基因结构的不稳定性及其在进化中的普遍性和重要性，并通过深入的比较和进化分析揭示了导致外显子—内含子结构改变的多种机制及其相对贡献和生物学意义，所提出的观点已被国际权威专著引用，在一定程度上丰富和发展了与基因和基因组进化有关的理论体系。迄今为止，已在《科学》（*Science*）、《自然·通讯》（*Nature Communications*）、《美国科学院院刊》（*PNAS*）（4 篇，其中通信作者 3 篇）、《分子生物学与进化》（*Molecular Biology and Evolution*）（3 篇，其中第一和通信作者各 1 篇）和《植物杂志》（*Plant Journal*）（3 篇，其中通信作者 1 篇）等刊物上发表论文 50 余篇，相关研究成果被《科学》（*Science*）、《自然综述·遗传学》（*Nature Review Genetics*）和 *PNAS* 等刊物他引 1500 余次，并被《被子植物的系统发育和进化》（*Phylogeny and Evolution of Angiosperms*）、《有花植物》（*Flowering Plants*）和《突变驱动的进化》（*Mutation – Driven Evolution*）等国际权威专著多次引用。

作为植物进化发育生物学领域的领军人物，孔宏智先后主持了国家自然科学基金的青年基金、主任基金、面上项目（2 项）、重点项目（2 项）和国家杰出青年科学基金，是科技部重大科学研究计划课题、中国科学院领域前沿方向性项目、中国科学院科技创新交叉与合作团队项目的负责人，并参与了"生命之树""无油樟基因组"和"被子植物祖先基因组"等国际重大研究计划项目。他于 2012 年获中国科学院"青年科学家奖"，2013 年获"中国青年科技奖"，2014 年获"全国优秀科技工作者"荣誉称号。他还被《分子生物学与进化》（*Molecular Biology and Evolution*）、《新植物学家》（*New Phytologist*）、《植物进化和发育前沿》（*Frontiers in Plant Evolution and Development*）、《遗传学与基因组学杂志》（*Journal of Genetics and Genomics*）、《生物多样性》《植物学报》和《科技导报》等国内外知名刊物聘为副主编或编委。他所培养的研究生中，2 人获中国科学院"院长优秀奖"，1 人获中国科学院"优秀博士学位论文奖"，2 人入选中国科学院"青年创新促进会"，1 人获"国家优秀青年基金"资助。

个人简介

邓旭亮，北京大学口腔医院副院长，主任医师、教授、博士生导师。1990~1999年就读于北京医科大学口腔医学专业，先后获学士学位和博士学位。2007~2008年赴新加坡国立大学做访问学者。入选第二批国家"万人计划"科技创新领军人才。

邓旭亮目前是口腔数字化医疗技术和材料国家工程实验室副主任，中国生物医用材料产业技术创新战略联盟副理事长，中国生物材料学会骨修复材料与器械分会副主任委员，生物医用材料北京实验室副主任，中国生物医学工程学会生物材料分会理事。国家杰出青年科学基金获得者，教育部新世纪优秀人才，获教育部"高等学校科学研究优秀成果奖"技术发明二等奖1项，《中华医学杂志》（*Chinese Medical Journal*）杂志编委。

从口腔关键材料的临床应用特点及存在的问题出发，在新型口腔树脂基修复材料及引导组织再生支架材料的组成、结构设计、制备、功能仿生、纳米效应发挥，以及组织修复机理等方面进行了长期的基础与应用研究，获得了多项重要的理论研究进展及应用研究成果。他的研究成果发表在《ACS纳米》（*ACS nano*），《生物材料》（*Biomaterials*），《生物大分子》（*Biomacromolecules*），《碳》（*Carbon*），《组织工程》（*Tissue engineering Part A*）等期刊上。共申请22项国家发明专利（其中第一发明人申请7项），授权6项，获得国药局Ⅲ类医疗器械产品注册证3个。

基于原位纳米界面模型与"双界面/双界面相"化学相容设计理念，利用纳米填料原位相分离非均相增韧技术，实现了树脂基材料多级纳米填料增强增韧，和高浸润度、高体积含量、取向纤维增强。在此基础上，突破了产品成型技术"瓶颈"及关键装备，研制出系列自主知识产权适用于口腔常见病修复与治疗的新型树脂基材料与产品，并实现批量生产，完成临床验证，获得产品注册证。目前该产品已应用于国内数十家大型医疗单位，并实现部分出口，在基层医院也已逐步推广普及，临床效果肯定，部分取代同类口腔修复材料的进口，降低了医疗成本，并实现部分出口，取得了一定的社会效益与经济效益。对于粗大根管或卵圆形根管，通过整合数字化设计技术与牙齿缺损修复重建临床技术，在国际上首次实现了残根残冠纤维增强树脂桩核一体数字化修复。这一修复技术目前已进行数百余例临床病例观察，证实在严重缺损的单根粗大根管患牙桩核修复中效果良好。

另外，基于仿生天然骨细胞外基质的组成与结构特性，邓旭亮利用静电纺丝技术构建具有多级纳米结构特征的人工细胞外基质材料体系，开展了口腔颌面部骨组织再生支架材料、干细胞生物学等研究，建立了以水为溶剂的控温静电纺丝工艺，制备出高生物相容性的明胶纳米纤维材料，避免了有机溶剂残留引起的安全性问题。系统研究了材料微环境特征调控成骨细胞行为的生物学过程，以及材料调控成骨细胞行为的选择性及其机制。在此基础上，突破了纳米纤维膜的铺层设计和层间复合技术，已经初步形成适用于临床牙槽骨和牙周组织再生的引导组织再生膜材料产品，有望降低医疗成本，提高口腔疾病的治疗率。

个人简介

甘海云，中国汽车工程研究院股份有限公司高级工程师。1997 年于吉林工业大学获内燃机学士学位，2002 年于北京理工大学获动力机械及工程博士学位。入选第二批国家"万人计划"科技创新领军人才。

甘海云长期从事汽车动力总成及其控制系统的开发，在从事兵器工业部"九五"科研项目期间，完成了汽车动力传动一体化匹配和控制技术开发，该技术在新一代军车中的应用，可以大幅降低战车操纵的劳动强度，提高战车的机动性能。甘海云的研究成果在国内外权威期刊及学会上发表了 20 篇论文，累计获得发明专利 5 项，计算机软件著作权 9 项。作为负责人和主研人员完成的科研项目分别获得 2004 年兵器工业总公司科技进步二等奖、2008 年度中国汽车工业科技进步一等奖、2010 年度重庆市科学技术三等奖、2011 年度机械工业学会节能及绿色工业科研成果二等奖，研发成果获得了业界专家的广泛认可。

在国家燃气汽车工程技术研究中心担任副总工程师期间，全面负责中心技术开发工作，带领技术团队在燃气发动机及其控制系统方向主持完成国家及重庆市科技攻关项目 6 项，作为主研人员参加完成 3 项国家级科技项目，主持完成的项目经费达 2200 多万元。通过长期的技术研发，研究成果打破了国外在燃气发动机及其控制系统高技术领域的垄断，取得了良好的经济和社会效益。

在电动汽车动力总成及其控制系统的开发上，甘海云也取得了较高的造诣，是国内混合动力汽车及其动力总成控制系统开发的先驱之一，在国家科技部"863"计划电动汽车第一批重大项目的支持下，开发成功了技术难度最大的混联型混合动力总成控制系统，达到同期国际先进水平。在目前的电动汽车开发项目中，甘海云取得了一系列重要的阶段性成果，在 2011 年成功开发国内较早的一款增程式电动汽车动力总成控制系统，突破了增程式电动汽车匹配和控制关键技术，具有良好的应用前景。

目前，甘海云正在主持研发一系列电动汽车及智能汽车先进技术，包括高效率混联型动力总成控制系统以及基于多传感器信息融合和车联网的智能汽车控制系统，目前主持的项目经费达 3000 多万元。

个人简介

龙腾，北京理工大学教授。1989 年获中国科学技术大学声学专业学士学位；1989～1995 年就读于北京理工大学，获信号与信息处理专业博士学位。入选第二批国家"万人计划"科技创新领军人才。

龙腾一直从事新体制雷达与实时信息处理领域的研究工作，是教育部"长江学者和创新团队发展计划"支持的"新体制雷达与实时信息处理"创新团队带头人。龙腾近五年获国家技术发明奖二等奖 1 项（排名第一），获授权发明专利 29 项、受理发明专利 37 项，发表 SCI 检索论文 24 篇、EI 检索论文 120 篇。获批为国务院学位委员会第七届学科评议组成员；入选教育部长江学者特聘教授、国家杰出青年科学基金项目获得者；担任 973 项目技术首席、国家 863 项目首席专家、某武器系统副总设计师；入选北京市科技北京百名领军人才培养工程；担任教育部等学校学科创新引智计划项目（111 基地）负责人；是总装备部×××专业组专家，中国电子学会理事，中国高科技产业化促进会智能信号处理分会主任委员，中国电子学会、中国仪器仪表学会信号处理分会副主任委员；入选美国 IEEE Radar Panel 成员、英国工程技术学会会士（IET Fellow）、中国电子学会会士（CIE Fellow），担任 IET 2009 国际雷达会议主席、IET 2013 国际雷达会议荣誉主席。获得政府特殊津贴、北京市五四奖章、北京市优秀教师奖、霍英东高校优秀青年教师奖、北京十大杰出青年等荣誉称号和奖项；所领导雷达技术研究所获得"国防科技工业优秀科技创新团队""全国教育系统先进集体"等荣誉称号。

龙腾在实时信息处理领域，提出了一种空天对地探测实时信息处理新方法——实时虚拟单节点处理方法，解决了体积、重量、功耗强约束条件下，大容量二维相关数据矩阵的短延迟实时处理难题。这是我国航天侦察系统反应速度提高一个数量级、我国空军首次演示"发现即摧毁"作战能力的核心关键技术之一，获得了 2011 年度国家技术发明奖二等奖（排名第一）。

在一维高分辨成像雷达领域，在国家安全重大基础研究（973）项目支持下，龙腾提出了远程宽频带相控阵雷达对空间目标群检测、跟踪新方法，可解决传统雷达数据率低、波束发散等难题，已应用于我国战略预警中多个雷达型号研制。他还提出了宽频带全相参单脉冲雷达体制及检测、跟踪处理方法，可解决强地物杂波下装甲目标的检测、跟踪等难题，已应用于我国首个×××雷达制导武器型号研制，他担任其武器系统副总设计师。

在二维合成孔径成像雷达领域，龙腾提出了前斜视 SAR 成像寻的制导新方法，解决了 SAR 二维高分辨成像转换为距离一维高分辨成像制导等难题，已在某演示验证项目得到验证，即将应用于我国新一代精确制导武器系统。他提出了地球同步轨道合成孔径雷达（GEO SAR）系统分析、偏航控制及成像处理等新方法，获得了国家杰出青年科学基金项目支持。

个人简介

卢义玉，重庆大学教授。本硕博均就读于重庆大学，分别于1994年获矿山机械专业学士学位，1997年获工程机械专业硕士学位，2000年取得采矿工程专业博士学位。入选第二批国家"万人计划"科技创新领军人才。

卢义玉自1997年以来，长期从事高压水射流理论及在非常规天然气开采应用方面的研究，针对我国特别是西南地区复杂煤层增透难、瓦斯灾害严重等难题，研究出一种具有压力振荡、空化声震、高穿透性能的多相振荡射流；提出了水力化网格碎裂煤层增透的学术思路，开展了高压振荡射流碎裂煤岩动力学、网格化造缝卸压及复合压裂增透机理等方面的研究，建立了水力化网格碎裂煤层增透理论，开发出高压振荡射流造缝及复合压裂增透关键技术及装备。近5年，他承担了973课题、教育部创新团队项目、国家重大专项课题、国家自然科学基金等课题10多项；参与了国家创新研究群体基金等课题6项；获国家科技进步二等奖2项、三等奖1项、省部级一等奖3项。2010年被聘为长江学者特聘教授，2011年获第十二届中国青年科技奖，2012年获宝钢优秀教师奖，2013年入选国家百千万人才工程并授予国家有突出贡献的中青年专家，2014年享受国务院政府特殊津贴。他出版著作5部；授权发明专利12项；授权实用新型专利3项；发表论文117篇，被SCI、EI收录101篇。他培养博士生15名、硕士生26名。卢义玉的研究成果得到国内同行专家的高度评价，中国工程院袁亮院士评价"多相振荡射流网格化造缝增透技术是目前解决深部复杂煤层瓦斯灾害最有效的方法"。研究成果于2010年被列为国家重大科技成果转化项目【财建〔2010〕251号】，并在西南地区大部分国有煤矿及安徽淮南，河南平顶山、义马，山西阳泉等70多座典型煤矿广泛应用，据不完全统计，近3年已取得40多亿元的经济效益和显著的社会效益。

卢义玉的研究成果已在重庆松藻、四川华蓥山、河南平顶山瓦斯条件极为复杂的矿区建立了瓦斯治理示范工程。这些煤矿是低透气性、煤岩层构造复杂、瓦斯灾害严重的典型代表，过去瓦斯灾害频发，治理周期长，大部分瓦斯抽出后因浓度低而排入大气。应用该技术成果后，实现了快速治理瓦斯灾害，煤炭采前准备期由2~4年缩短为1年左右，吨煤瓦斯治理成本降低50%。同时，平均煤层气开采利用率高达80%，煤层气开采量由2000年的0.3亿方提高到2013年的7.6亿方，由过去的"排空"转化为利用。重庆松藻煤电公司已被国家确定为"复杂地质条件下煤层气开发示范工程基地"，在全国起到了引领和示范作用。

个人简介

申有青，浙江大学教授。1987~1995 年就读于浙江大学，分别获化学专业学士学位和高分子化学专业博士学位，同时拥有加拿大 McMaster University 化学工程专业博士学位。

申有青于 2002~2008 年在美国 University of Wyoming 执教的五年期间，获得美国国家科学基金、国防部项目等资助，发表了高水平的学术论文，学术成绩得到了同行的充分肯定，因此被怀俄明大学破格提前授予了 tenure 并晋升为副教授。2008 年受浙江大学校长的邀请毅然辞去终身职位回浙大工作，组建了生物纳米工程中心，获得了 2008 年的国家杰出青年以及"973"前期、基金委重大项目等资助，最近又承担了国家重大科学研究计划项目并担任首席科学家。申有青在功能高分子材料的合成与纳米药物方面进行了卓有成效的原创性研究，在该领域中处于国际先进水平。在以下两个方面获得了创新性突破：他提出了纳米药物设计的 2R2SP 原则来解决肿瘤靶向输送的问题；发明了利用肿瘤细胞核靶向药物输送克服肿瘤耐药性的方法和利用自组装前药制备纳米药物的方法，提高了药效达 100 倍，促进了纳米药物的临床转化。申有青已在《聚合物科学进展》（*Progress in Polymer Science*，3 篇）、《德国应用化学》（*Angew Chem Int Ed*，3 篇）、《美国化学会志》（*Journal of American Chemical Society*，5 篇）、《先进材料》（*Advanced Materials*，2 篇）等国际著名期刊发表 170 余篇 SCI 论文，编写了英国皇家化学会出版的著作一部，H - 因子为 45；近五年内发表 SCI 论文 56 篇（第一-/通讯作者 39 篇），其中影响因子大于 3.0 的 40 篇，大于 5.0 的 26 篇，获得了 4 项中国和 1 项美国专利授权。

申有青的研究工作受到国内外同行的高度评价，并三次被美国化学会著名的《化学与工程新闻》（*Chemical & Engineering News*）报道，其中一篇论文还被美国化学文摘从 2006 年第二季度发表的二十多万篇论文和专利中选为四篇"最吸引人的"工作之一。他近 5 年内在美国 NIH 的研讨会、ACS 和 AIChE 年会等重要会议上做大会/特邀报告 15 次，最近受邀在美国著名的高层次学术会议《癌症纳米技术高等研究会议》（*Cancer Nanotechnology Gordon Research Conference*）上做大会报告。申有青同时兼任美国化学会化工顶级期刊《工业与工程化学研究》（*Industrial & Engineering Chemistry Research*）和 SCI 期刊《生物纳米技术期刊》（*Journal of Bionanotechnology*）副主编和国际期刊《国际药学期刊》（*International Journal of Pharmaceutics*）、《纳米医学》（*Nanomedicine NBM*）、《材料化学期刊》（*Journal of Materials Chemistry*）编委。担任中国药学会纳米药物专业委员会副主任委员。

个人简介

田杰，研究员级高级工程师，南京南瑞继保电气有限公司研发中心副总工。1987～1996 年就读于浙江大学电力系统及其自动化专业，分别获学士学位和博士学位。入选第二批国家"万人计划"科技创新领军人才。

田杰近年来主要从事超高压直流输电控制和保护、电力电子技术在电力系统应用方面的研究开发。

作为项目的技术负责人，田杰在高压/特高压直流控制保护项目研制过程中，主持进行了多项直流控制保护新原理、新技术的开发，在关键技术原理、系统总体结构、系统试验测试技术等方面取得重大的创造性成果，为项目的成功做出了突出贡献。

田杰主持研制的具有我国自主知识产权的直流输电控制和保护系统，已在国内外多项直流输电工程中投入运行，彻底打破了国外在该领域的长期垄断，与国际上主要的直流控制保护相比，技术水平处于国际领先水平。截至 2012 年底该系统已累计签订合同超过 6.5 亿元。直流控制保护系统的成功研制标志着我国已完全掌握直流控制保护的核心技术，具备独立进行直流输电控制保护系统开发、制造、试验、调试的能力。该项目于 2007 年获得国家科技进步二等奖、2006 年度中国电力科技进步一等奖、2006 年度国家电网科技进步特等奖。

作为项目技术负责人，田杰主持完成了国家电网公司的重大科技攻关项目"柔性直流控制保护系统的研究开发"，成功研制了国内首套控制保护系统，并在上海南汇柔性输电工程中成功实现了工程应用。这标志着南京南瑞继保电气有限公司成为继ABB、西门子之后的全球第三家掌握该技术的公司。该项目于 2012 年获得国家电网公司科技进步特等奖。

柔性直流输电技术是当今世界上电力电子技术应用的制高点特别适用于可再生能源并网、分布式发电并网、孤岛供电、大型城市电网供电等方面。田杰带领技术团队，全面掌握了柔性直流输电系统研究、关键设备制造等核心技术，率先成功研发出业界领先的柔性直流换流阀及控制保护系统。该项目的成功实施使我国掌握了柔性直流输电核心技术，具有巨大的里程碑意义。

作为项目技术负责人，田杰主持完成了南方电网公司重大科技专项"高压电网的直流融冰装置研制"，项目成果直接应用于南方电网抗灾减灾工程，有效提高电网尤其是高电压等级输电线路防御低温雨雪冰冻等极端天气灾害的能力，避免电网出现大面积断线、倒塔、停电对经济和社会带来的损失，具有巨大的经济和社会效益。该项目于2010年获得南方电网公司科技进步一等奖。

　　田杰目前所研制的直流融冰装置在国家电网和南方电网近30个变电站投入运行。贵州、云南和广西电网在2009年启动直流融冰装置对覆冰线路进行了实际融冰，融冰效果非常好。尤其2010年冬季，南方电网利用这些直流融冰装置让电网在冰灾中变"救"为"防"，为保证电网的安全发挥了巨大的作用。

个人简介

田见晖，中国农业大学长江学者特聘教授。1991年获北京农业大学畜牧学专业学士学位，分别于1995年和2003年获中国农业大学动物遗传育种与繁殖专业硕士和博士学位。入选第二批国家"万人计划"科技创新领军人才。

近年来，田见晖以通讯作者身份在《自然通讯》（*Nature communications*）、《细胞研究》（*Cell Research*）、《繁殖生物学》（*Biology of Reproduction*）等著名期刊发表SCI论文18篇。以第一完成人获得发明专利6项，获省部级科技奖励4项。现任中国畜牧兽医学会动物繁殖学分会副理事长兼秘书长、畜禽育种国家工程实验室副主任、国家"十二五""863"计划"动物分子与细胞工程育种"专项首席专家。

近几年，大型跨国种业集团对全球畜禽市场的垄断不断加剧，目前我国畜牧生产中80%的种畜被国外公司所控制。发展生物育种已成为我国扭转这一被动局面的关键。体外胚胎生产、X/Y精子分离等技术可大幅提高家畜繁殖效率，缩短世代间隔，加快育种进程，但仍面临着诸多问题，限制了这些技术在育种中的应用。针对以上问题，田见晖重点对家畜体外胚胎发育以及精子分离进行研究。

田见晖首次揭示了C型钠肽（NPPC）调控牛卵母细胞减数分裂的机制。利用这一原理解决了牛卵母细胞体外成熟不同步的问题，大幅提高了牛体外胚胎发育效率。他创新性地利用NPPC前成熟方案建立了高效的牛体外受精技术体系，囊胚发育率及妊娠率达到国际同期最高水平。该体系已获国家发明专利授权，并申请了国际专利，使我国在该领域拥有了核心自主知识产权。这一技术有望在我国实现规模化产业应用。

田见晖与内蒙古赛科星公司、北京奶牛中心等单位合作，发现氧化应激、机械损伤是X/Y精子分离质膜受损的主要因素，采用多种方法，将牛分离精子冷冻解冻后存活时间由3.5h延长至9h，解决了分离精子存活时间短的关键问题，受胎率达50%。推广性控冻精232万支，获得母犊87.7万头，我国在全球率先实现了性控技术的大规模应用，缓解了高产奶牛奇缺的矛盾。进一步发现AA-2G可大幅提高分离精子冷冻解冻后存活时间达24h，远高于目前国际的6h，并获发明专利，标志着我国在该领域拥有了关键知识产权。为提高性控技术生产效率、大规模繁殖良种母牛提供了新方法。

个人简介

田志坚，中国科学院大连化学物理研究所研究员，博士生导师，九三学社社员。1987～1991年就读于南开大学，获化学专业学士学位；1991～1996年就读于大连化学物理研究所化学专业，获博士学位。第二批国家"万人计划"科技创新领军人才。

田志坚是洁净能源国家实验室（筹）化石能源与应用催化研究部部长。他从事能源领域新催化过程研究十余年，在应用开发和基础研究方面均取得了突出的成绩。在新材料合成基础研究方面取得了一系列创新成果，他发现了离子热合成分子筛过程的结构导向作用；实验证明了水在分子筛晶化中的重要作用；建立了一种超大孔分子筛分级结构导向合成策略，合成出目前最大孔径的结晶磷酸铝分子筛DNL-1；发展了磷酸铝分子筛膜离子热合成新方法。他在包括《美国化学会志》和德国《应用化学》等重要学术期刊和国际会议上共发表论文近200篇，其中SCI收录80多篇。他曾受邀担任了第六、七届国际催化燃烧会议学术委员会委员，是其中唯一的中国委员。2006年，他获得国务院特殊津贴；入选第二届大连市归国留学人员创业英才；荣获2010年大连市特等劳动模范和2011年第十届大连市十大优秀青年称号。他领导的研究组连续多年被评为"大连市青年文明号"。曾获中科院朱李月华优秀教师奖，指导毕业的研究生曾分别获得国家奖学金、中国科学院院长优秀奖、刘永龄特等奖等荣誉。

润滑油产业是与国计民生密切相关技术密集型支柱产业之一，先进技术生产的高档润滑油在节能减排上起着非常重要的作用。我国为世界第二大润滑油消费国和生产国，但由于沿用传统工艺，国产润滑油只能满足中低档油的市场需求，高档润滑油发展受到制约。为解决这一问题，田志坚带领研究组与中国石油合作开展研发，历经小试开发、中试放大和现场工业试验，通过一系列创新集成及技术突破，解决了关键分子筛材料工业制备技术难题，开发成功拥有自主知识产权的润滑油基础油加氢异构脱蜡技术及催化剂。

该催化剂于2008年和2012年两次在中国石油大庆炼化20万吨/年高压加氢装置实现工业应用。工业运行数据显示，与国际同类先进技术相比，Ⅱ类6cst基础油收率高6个百分点，Ⅲ类10cst基础油收率高20个百分点，工业生产中还开发出5W/40多级高档润滑油用Ⅲ类基础油生产新工艺及高标号食品级PS白油新产品。应用该技术可年处理原料油20万吨，生产高档润滑油15万吨以上，年产值近20亿元，为企业创造效益超过4亿元。该技术工业运行产生巨大的经济和社会效益，将我国润滑油基础油品质和生产水平提升至国际先进水平，获选"2009年中国石油集团科技十大进展"。该技术已获得专利授权13项，核心专利"一种临氢异构化催化剂及其制备方法专利"获"中国专利优秀奖"。成果获"中国产学研合作创新成果奖"。

个人简介

　　田洪池，山东道恩高分子材料股份有限公司高级工程师，副总经理、总工程师，道恩（北京）研究中心主任。2000年获华南热带农业大学高分子材料科学与工程专业学士学位，分别于2003年和2009年获北京化工大学材料学专业硕士学位和博士学位。入选第二批国家"万人计划"科技创新领军人才。

　　田洪池是国家级企业技术中心副主任，山东省高性能热塑性弹性体重点实验室主任。自2003年开始，连续十年扎根一线科研，先后攻克多项技术难关，摆脱国际技术壁垒，先后获得国家省部级各类大奖7项。在"千吨级高性能热塑性硫化胶TPV的制备技术"获中国石油与化工协会2005年技术发明一等奖（2005FMR－003－1－03）。2007年他获得北京市科学技术奖三等奖（2007工－3－005－03）和山东省科技进步奖二等奖（JB2007－2－70），2008年获国家科学技术奖技术发明二等奖（2008－F213－2－03－R03），2009年获山东省科技进步三等奖（J09－4B203－6），2012年获山东省科技进步二等奖，以及龙口市科技进步一等奖。田洪池是中国热塑性弹性体TPV材料国产化和市场推广的引领人之一。在国内外公开发表论文15篇，SCI、EI收录6篇。获8项中国发明专利，鉴定项目5项，均被鉴定为国际先进水平。2009年他被评选为烟台市具有突出贡献的中青年专家，2014年他被评为山东省突出贡献中青年专家。作为项目主要负责人和关键骨干，他先后承担国家中小企业创新基金，山东省重大专项，国家发改委节能减排专项，国家工信部振兴规划项目，国家"十一五"科技支撑计划、国家"十二五"科技支撑计划等重大课题7项。

　　田洪池主要致力于热塑性弹性体、工程塑料等高分子新材料的研究工作，特别是动态全硫化技术制备热塑性弹性体TPV。他为负责人指导建立了国内第一条热塑性弹性体TPV的生产线，并获得商业成功，现规模已达到全球第三，打破国际垄断。道恩TPV国产化的成功，得到了国际高度重视，先后有包括美国道康宁化学、日本三井等多家世界500强企业前来洽谈收购或合资TPV业务，然而道恩高分子材料股份有限公司选择发展民族产业，迫使国外产品大幅度降价，对我国橡胶工业的发展起到了重大作用。

个人简介

  史宇光，北京大学教授。1990 年获杭州大学基础数学专业学士学位，1990～1996 年就读于中国科学院数学研究所基础数学专业，先后获硕士学位和博士学位。入选第二批国家"万人计划"科技创新领军人才。

  近年来，史宇光的科研工作取得了为国际同行所称道的成果。由于这些成绩他先后获得了国家杰出青年基金、第十一届中国青年科技奖、国际理论物理中心（ICTP）颁发的 2010 年度 Ramanujan 奖、2011 年度教育部长江特聘教授等荣誉。

  能量是相对论中十分基本的概念，能量非负性是许多物理定律赖以成立基础。从几何角度看，能量非负性问题的实质就是具有非负数量曲率的紧致带边流形的刚性问题。更重要的是，史宇光意识到：相对论中的能量非负条件其实就是几何刚性定理中所要求的一种边界条件。史宇光和他的团队的研究正是在这种认识下展开的。2002 年，史宇光和 Tam 证明了 Brown - York 质量的正定性，并且首次发现一个重要现象：沿着某种曲面流 Brown - York 质量具有单调递减性质，到目前为止，这一结果被他人引用达 41 次，2008 年，史宇光和 Fan、Tam 得到了较为一般条件下 Brown - York 质量的渐近性质。2010 年史宇光和王国芳，以及他的博士生吴洁把上述结果推广到更一般情形使之适用于 Kerr 解情形。在此基础上，他们还有若干进一步深入的工作。

  在广义相对论和超弦，共形紧流形是人们颇为感兴趣的几何对象，然而，在刻画共形紧致这一概念时所要的假设都不是内蕴的，这在几何上并不自然，史宇光一直在探索：能否用流形的内蕴量来刻画共形紧致这一概念，并且相应的刚性定理仍然成立？对于共形紧 Einstein 流形，无穷远边界上的共形几何和内部的 Riemann 几何究竟有怎样的联系？2005 年，史宇光和田刚在某种条件下得到了共形紧流形内蕴刻画和刚性定理。他们的方法和某些观察对于该方向研究产生了较大影响；2009 年，E. Bahuaud 等人利用他们文中关于 Riccati 方程估计想法得到了一类渐近双曲流形在无穷远处的正则性；2012 年，史宇光和他的博士生胡雪及庆杰教授得到了一般条件下的共形紧流形的内蕴刻画及刚性定理，有关文章已在国际著名学术期刊《数学进展》（*Advances in Math.*）上发表。最近，史宇光及其团队在关于共形紧 Einstein 流形的无穷远边界上的共形几何和内部的 Riemann 几何关系问题研究中取得了若干进展。

个人简介

代斌，石河子大学教授。1992 年获西南师范大学化学专业学士学位；1997～2002 年就读于大连理工大学，先后获应用化学专业硕士学位和博士学位。入选第二批国家"万人计划"科技创新领军人才。

近年来，代斌主持和参与了包括国家重大专项、863、国际合作、973 预研、973、国家自然科学基金、教育部创新团队、教育部新世纪、国家十五攻关等国家部委项目 10 余项，兵团科技支疆、创新团队、杰青、博士资金、科技攻关等省级项目 15 项。他发表了 100 余篇被 SCI 收录论文，申请发明专利 28 项，获兵团科技进步二等奖 3 项、三等奖 3 项，国家教学成果二等奖 1 项，出版教材 5 部。代斌主要从事环境能源催化、精细有机催化、天然产物研究与开发等方向的研究。

在环境能源催化方面，代斌开展的等离子体催化二氧化碳甲烷化研究获 2000 年度"侯祥麟基金奖"。他关于临氢条件下等离子体催化甲烷偶联制乙烯研究获 2004 年度"侯祥麟基金提名奖"，并得到国家自然科学基金委（No. 20363003）和教育部新世纪优秀人才资助计划（NCET - 04 - 0988）的资助。他开展的电石法乙炔选择性加氢制乙烯催化剂及反应工艺的研究获 2010 年兵团科技进步二等奖。他对乙炔氢氯化反应低汞（无汞）催化过程研究，得到兵团博士资金、科技支疆、创新团队、国家 973 前期、973 项目、教育部创新团队等的资助，推进了新疆聚氯乙烯工业可持续发展。他关于新疆煤焦油制备燃料油催化反应机理的研究得到兵团杰出青年基金的资助（2011CD001），为煤焦油深加工提供了理论和技术支撑。

在精细有机催化方面，代斌开展的新型 ACEI 的合成及其初步药理学研究，得到国家"十五"攻关新药博士基金（2003AA2Z3516）的资助，目前合成出新化合物 30 余种，筛选出具有自主知识产权的高效低毒新型 ACEI，已申请 4 项发明专利。他开展的新疆棉籽油馏出物综合利用技术研究，得到兵团科技支疆项目的资助（2008ZJ31），开发出 α - 生育酚、脂肪酸甘油酯和游离脂肪酸甲酯化一体化催化合成技术，目前已完成中试。研究了卟啉中心配位由钴、锰、铁、钌等金属构成的催化剂体系，从而实现不同的催化目的，将这类仿生卟啉催化剂应用于对二甲苯、萘等煤焦油产品的仿生氧化，获得对二苯甲醛、萘醌等高附加值精细化工产品。

在天然物研究与开发方面，代斌建立了一种利用甲醇替代乙腈作洗脱剂并用等度洗脱方式的高效液相色谱法测定甜菜红素的检测方法，该项目获 2007 年兵团科技进步三等奖。他在中低品位膨润土分离纯化、钠化改型、有机化以及新产品开发等方面取得新进展，已申请 3 项发明专利，获 2007 年兵团科技进步三等奖。他还利用新疆胡萝卜和番茄为原料，开展—胡萝卜素和番茄红素的分离、提取和微胶囊化工艺技术研究，该项目得获 2009 年兵团科技进步二等奖，并在石河子开发区神内食品有限公司投产运行。

个人简介

　　代世峰，中国矿业大学（北京）教授。1994年获山东科技大学矿产普查与勘探专业学士学位，1997年和2002年先后获中国矿业大学矿产普查与勘探专业的硕士学位和博士学位。入选第二批国家"万人计划"科技创新领军人才。

　　代世峰主要从事煤地质学的研究工作，在煤中微量元素方面做了一些研究工作，取得了一些进展。代世峰以及所带领的团队在煤地质学领域，特别是在煤中微量元素富集成因、煤型稀有金属矿床发现与成矿机制研究方面具有特色，所发表的文章被国内外同行广泛引用，并进入Top 1%高引科学家世界排名；作为主要参与者，进行了国际ISO标准（显微组分命名与分类）和美国ASTM标准（镜质组反射率测定）制定工作；受邀担任了第23届和第29届煤地质学领域最重要的国际会议——国际有机岩石学大会执行主席，第64届国际煤岩学大会执行主席；并担任国际著名期刊《国际煤地质学杂志》（*International Journal of Coal Geology*）主编。

　　作为主要贡献者，代世峰提出了煤中微量元素的含量均值，这已经成为世界上煤中元素丰度对比的三个主要参考依据之一。他提出了煤中微量元素7种富集模式：沉积源区富集型、岩浆热液作用富集型、火山作用富集型、大断裂—热液作用富集型、地下水作用富集型、沉积环境生物作用富集型、海底喷流富集型，这已成为研究煤中微量元素富集成因的理论基础。他在煤和含煤岩系中发现了2个新类型矿床：内蒙古准格尔超大型"铝—镓"矿床和滇东"铌—镓—稀土"矿床，为分散元素（镓）成矿提供了证据，补充了分散元素成矿理论，为寻找新型稀有金属矿床和煤炭经济循环发展（从粉煤灰提取稀有金属）开辟了新途径。他发现了西南地区燃煤型地方病氟中毒的氟源不是煤，而是来自粘土，该发现纠正了过去对氟中毒氟源的认识上的偏差（该错误认识认为氟中毒的氟源是煤，并被写进教科书中），为地方病氟中毒的预防提供了科学依据，该发现也被后续其他研究者所证实。

个人简介

白雪冬，中国科学院物理研究所研究员。1986～1990年就读于东北师范大学，获物理学学士学位；1993年和1996年分别获中科院金属研究所材料物理专业的硕士学位和博士学位。入选第二批国家"万人计划"科技创新领军人才。

白雪冬为杰出青年获得者。2008年和2011年分别获北京市科技一等奖和国家自然科学二等奖（第二完成人）。由于在纳米表征方法研究和技术开发应用方面的工作成绩，他目前正在主持科技部国家重大科学研究计划"基于扫描探针技术的纳米表征新方法研究"项目。通过研制科学仪器开展原创性研究工作，取得了重要进展。他的研究结果在国际同行中有较高影响，近年来在美国秋季材料会议、美国真空大会、电子显微学等会议上做邀请报告。已发表SCI论文130余篇，所有论文累计引用超过7000余次，被引用的H引子是44。

白雪冬发展了高分辨纳米表征新方法和技术，开发出用于低维材料和单个纳米结构单元物性研究的原位透射电子显微镜电学、光学等测量的系列装置，实现了纳米操纵、材料结构分析与原位多种物性测量功能。相关测量方法和仪器技术已授权7项发明专利。

他应用研制的仪器，在纳米操纵和定量纳米表征方面取得系列进展。较早地开展了纳米力学研究，测量出氧化锌纳米带在双横向振动方向上的杨氏模量，成为后续理论和实验研究工作的参比数据。结果见《应用物理快报》（*Applied Physics Letters*）82，4806（2003），已被引用400多次；在结构和性质操纵方面，对氮化硼纳米管进行弯曲操作，原位测量电学性质和晶格结构变化，发现弯曲形变使纳米管中空结构造成扁平塌陷，在此过程中发生从绝缘体到半导体的电学性质转变，证实了早前的理论预言。结果见《纳米快报》（*Nano Letters*）7，632（2007），已被引用100多次；在光电性质研究方面，定量表征碳纳米管电输运性质和光学性质与手性结构的一一对应关系，测量出碳纳米管电输运性质与手性指数的本征对应关系（《美国化学学会会刊》（*Journal of the American Chemical Society*）131，62（2009））；合作获得了碳纳米管光跃迁能量全谱（《自然—纳米技术》（*Nature Nanotechnology*）7，325（2012））；获得了氧化锌纳米线压电效应对其光电性质影响的规律（《先进材料》（*Advanced Materials*）24，4676（2012））。

白雪冬近年来在离子输送、调控和相关性质研究方面取得了重要结果。在透射电镜中观察到二氧化铈薄膜氧空位的电迁移过程即电还原现象，并受电场调控，提出了电场辅助降低二氧化铈催化剂工作温度的新方法；系统研究了金属氧化合物阻变效应机理，发现氧空位迁移和界面电荷传输是导致阻变效应的主要过程；在原子尺度观测锂离子嵌入诱导材料相变过程并揭示锂化机制。这些研究成果在环境、能源和信息领域有重要的应用前景。

个人简介

冯景锋，国家广播电影电视总局广播电视规划院高级工程师。1998 年获南京邮电学院通信工程专业学士学位，2003 年获北京邮电大学通信与信息系统专业博士学位。入选第二批国家"万人计划"科技创新领军人才。

自工作以来，冯景锋长期从事地面以及卫星等无线广播电视领域新技术的研究工作，开展了大量的广播电视相关技术标准制定、频率规划研究、系统测试评估以及专业设备研发等工作，深入掌握了包括地面数字电视广播（DTTB）、移动多媒体广播（CMMB）以及直播卫星广播在内的数字广播系统的基础理论及相关的专业知识，并在上述领域具有较强的研究及创新能力。

2003 年至今，作为技术负责人，先后组织完成多项国家及广电总局重大科研项目，主要包括国家地面数字电视推广应用北京地区技术试验、全国 37 城市移动多媒体广播覆盖测试、直播卫星安全模式传输关键技术研究以及直播卫星安全模式调制器研制开发等。先后发表科技论文 20 余篇，共计获部级科技奖励 30 余项。

先后获得国家广电总局青年岗位能手、全国广电系统青年岗位能手、中国广播电视协会广播电视科技贡献奖、中国卫星应用优秀个人以及全国杰出影视科技工作者等荣誉称号。现任中国电子学会广播电视技术分会卫星与无线广播专业委员、全国广播电影电视标准化技术委员会无线传输与覆盖分技术委员会委员/秘书长。

个人简介

师咏勇，上海交通大学特聘教授。1997~2006 年就读于上海交通大学，分别获生物技术专业学士学位和生物化学与分子生物学博士学位。

师咏勇主要从事人类复杂性状的遗传学研究工作，在人类复杂性状遗传学研究工具和方法的开发、复杂疾病遗传机制研究等方向取得了一些学术成绩，迄今为止共发表科学引文索引（SCI）论文 140 篇，总影响因子 1256，科学引文索引扩展版（SCIE）数据库中总他引 3394 次；以通讯作者和（或）第一作者（含并列）身份在《自然·纳米技术》（Nature Nanotechnology）、《自然—遗传学》（Nature Genetics）等近年影响因子高于 30 的杂志上发表了 9 篇论文、还在《自然通讯》（Nature Communications）、《普通精神病学文献》（Archives of General Psychiatry）、《分子精神病学》（Molecular Psychiatry）、《基因组研究》（Genome Research）、《细胞研究》（Cell Research）等近年最高影响因子高于 10 的杂志上发表了 10 篇论文。以第一完成人身份获得上海市自然科学奖一等奖 1 项、以第二完成人身份获得上海市自然科学奖一等奖 1 项、以第六完成人身份获得教育部自然科学奖一等奖 1 项，并以第一发明人身份取得了 1 项发明专利和 3 项软件著作权授权。师咏勇同时也是国家杰出青年基金获得者，教育部长江学者特聘教授，谈家桢生命科学奖创新奖获得者，中组部青年拔尖人才，青年 973 首席科学家，上海市优秀学术带头人，全国优秀博士论文获得者，教育部新世纪优秀人才，上海市青年科技英才，上海市科技启明星；国家自然科学基金重点项目、国家 863 计划重大项目等课题负责人；中国遗传学会青年委员会委员，上海市遗传学会理事，《实验生物学与医学》（Experimental Biologyand Medicine）、《痛风与高尿酸血症》（Gout and Hyperuricemia）杂志编委。

人类复杂性状的遗传学研究，是本世纪初遗传学工作者所面临的一个挑战。师咏勇开发了多种遗传学实验方法和数据分析工具，特别是基于纳米技术的人类基因组长单倍型分析 AuNAS 实验方法以及用于高效能分析多等位基因多位点长单倍型的 PLCSEM 算法等；同时，师咏勇积极开展人类复杂性状遗传机制研究实践工作，成功定位了数个中国汉族人群精神分裂症、多囊卵巢综合症、非贲门胃癌、宫颈癌、脑垂体瘤、痛风等复杂疾病的基因组易感区域，并继续开展后续致病功能变异研究以及功能验证实验。

目前，师咏勇带领课题组在上述复杂疾病遗传学研究中已经取得的结果的基础上，运用自主开发的 AuNAS 技术、PLCSEM 算法以及其他的分子遗传学、细胞生物学、发育生物学实验技术，进一步研究这些疾病的致病功能变异并尝试开展相关的功能验证实验，为最终揭示相关疾病的遗传机制、解析药物的治疗机制、指导药物的应用方案等持续努力。师咏勇在人类复杂性状遗传学研究实验技术创新和数据分析工具开发方面取得的成果一方面促进了他的课题组在复杂疾病遗传机制研究实践方面取得多项进展；另一方面也为致病功能变异研究等后续工作奠定了技术基础，为人类复杂性状的遗传学研究领域做出了一些学术贡献，有望在揭示复杂疾病遗传机制的基础上发展出疾病个体化诊疗产品并最终体现出较大的社会经济效益。

个人简介

吕金虎，中国科学院数学与系统科学研究院研究员、中国科学院特聘研究员。1997年获湖北师范学院数学教育专业学士学位，2000年获武汉水利电力大学应用数学专业硕士学位，2002年获中国科学院研究生院应用数学专业博士学位。入选第二批国家"万人计划"科技创新领军人才。

吕金虎主要从事复杂系统与复杂网络、非线性电路与系统等方面的科研与教学工作。主持或参加过基金委杰出青年、创新群体、重点和面上项目以及国家重大科技专项课题等。发表SCI论文140余篇，著作4部，专利3项。据Web of Science统计，论文他引总计9200余次，31篇论文引用超100次，H指数47，35篇ESI高被引论文，单篇最高引用958次。应邀担任IEEE电路与系统学会/计算智能学会IEEE Fellow评委会委员、神经系统与应用技术委员会主席、非线性电路与系统技术委员会主席。他担任亚洲控制会议（ASCC 2013）程序委员会主席，IEEE国际工业电子学会年会（IECON 2017）大会共同主席（43年首次在中国大陆召开）。曾任14个SCI杂志各类编委，包括6个IEEE会刊：《IEEE电路与系统会刊Ⅰ/Ⅱ》（*IEEE Transactions on Circuits and Systems Ⅰ/Ⅱ*）、《IEEE生物医学电路与系统会刊》（*IEEE Transactions on Biomedical Circuits and Systems*）、《IEEE神经网络会刊》（*IEEE Transactions on Neural Networks*）、《IEEE工业信息会刊》（*IEEE Transactions on Industrial Informatics*）、《IEEE工业电子会刊》（*IEEE Transactions on Industrial Electronics*）的Associate Editor（编辑）。是中国自动化学会理事兼青工委副主任、中国系统工程学会理事、中国指挥与控制学会理事兼网络科学与工程专委会主任等。

吕金虎曾获国家自然科学二等奖2项（排名第一、第二）、何梁何利基金科学与技术进步奖、中国工程院光华工程科技奖"青年奖"、国家杰出青年科学基金（结题优秀）、中国科学院"百人计划""百千万人才工程"国家级人选、国家"有突出贡献中青年专家"、中国科学院青年科学家奖（10名/年）、享受国务院特殊津贴专家、中国青年科技奖、教育部自然科学一等奖（排名第一）、北京市科学技术一等奖（排名第1）、亚洲控制会议最佳论文奖、全国优秀博士学位论文奖、中国科学院卢嘉锡青年人才奖、关肇直青年研究奖、中国科学院院长特别奖等奖项和荣誉。

他发现了经典Lorenz系统与它的对耦Chen系统之间的临界混沌系统，被1000余篇SCI论文称为"Lü文system"（吕系统）；提出了一个单参数的统一混沌系统，被国际权威D. J. Hill院士称为"benchmark system"；突破了传统模拟电路的设计极限，首次用模拟电路物理实现了单方向上14卷波、双方向网格状14×10卷波、3方向立体网格状10×10×10（1000个）卷波的混沌吸引子，解决了二十多年来长期悬而未决的非线性电路理论多方向、大数量多卷波物理实现的理论和技术难题，被国际权威 J. Vandewalle 院士称为"milestone"；证明了时变复杂动力网络的一个基本同步定理，被同行称为"milestone"。成果入选 2005 年 IEEE 电路与系统学会"电路与系统进展"和 2009 年"中国科学院建院 60 周年成果展"。2012 年 11 月他当选 IEEE Fellow（2012 年全球共 8 位 40 岁以下青年科学家当选）。

个人简介

吕智强，哈尔滨汽轮机厂有限责任公司高级工程师。本硕博均就读于哈尔滨工业大学，1995年获热力涡轮机专业学士学位，2002年和2006年分别取得动力工程专业硕士学位和博士学位。入选第二批国家"万人计划"科技创新领军人才。

吕智强参与研制出具有完全自主知识产权的系列空冷机组。采用空气冷却，汽轮机的设计背压高，排汽参数变化大，低压缸和末级叶片工作条件十分恶劣。针对空冷汽轮机的设计特点，他与技术人员依托国家重点技术装备研制项目"600兆瓦空冷汽轮机研制及优化"，在关键技术上取得了重大突破，成功研制出具有完全自主知识产权的国内首台50兆瓦、100兆瓦、135兆瓦、200兆瓦、300兆瓦、600兆瓦、超临界660兆瓦空冷汽轮机组，形成了大型空冷汽轮机组系列产品。

吕智强参与完善了弯扭叶片设计技术并取得成功应用，使我国汽轮机装备长期保持国际先进水平。从20世纪80年代中期开始，哈汽公司率先在国内将弯扭叶片应用到汽轮机产品上，开启了工程化的探索。经过近20年的深入研究，他和同事们在弯扭叶片基础理论及设计方法上取得了重大突破。以600兆瓦等级汽轮机为例，机组总级数减少13级，厂房缩短4米，仅电厂基建投资就可节省2000万元。尤为重要的是，全面采用弯扭叶片的汽轮机可提高机组效率1.5%以上。2007～2009年，哈汽公司制造的机组总功率约5000万千瓦（年均运行4000小时），一年内可节约标煤100万吨，可以减少CO_2排放量250万吨。

吕智强参与开发出具有自主知识产权的超临界汽轮机。为加快我国超临界电站的建设步伐，在河南沁北项目中，哈汽与三菱公司联合设计及制造了国产首台600兆瓦超临界汽轮机组。在他与同事们的努力下，哈汽公司完成了国家重大技术装备研制项目"60万千瓦超临界汽轮机研制"。目前，该系列机组已订货106台，合同总额192亿元，预计完成利税15亿元。

吕智强参与蒸汽—燃气联合循环机组若干关键技术研究。蒸汽—燃气联合循环机组可以提供更高的循环效率，是清洁能源的重要组成部分。该发电系统的核心部件设计和制造长期被国际公司所垄断。吕智强一直致力于该系统关键技术的研究工作。目前E级燃气轮机配套的蒸汽轮机已经普遍应用，F级燃气轮机配套的蒸汽轮机已经采用哈汽公司优化设计技术。燃气轮机关键部件的研究也取得了进展，目前与美国GE公司合作的F级燃气轮机的自主化制造已经达到85%。

吕智强新能源产业开发的相关研究。他积极与西班牙STA公司开展技术合作，并先后参与了鄂尔多斯、哈纳斯、塞浦路斯等近20个相关项目的技术推介、交流和项目科研工作。2012 年 10 月 26 日，吕智强代表公司与中京公司正式签订"阿根廷萨尔塔省 20 兆瓦光热项目"总包合同，标志着哈汽承担的首个太阳能光热发电项目成功落地。

个人简介

朱旻昊，西南交通大学教授。1986～1993 年就读于西南交通大学金属材料及热处理专业，获硕士学位，2001 年获该校机械设计及理论博士学位。入选第二批国家"万人计划"科技创新领军人才。

朱旻昊主要围绕高速铁路、航空、核电站、人工植入体等关键部件的微动磨损与疲劳及其防护进行研究。2006 年获国家自然科学二等奖和 2003 年获教育部科技进步一等奖（均排名第 2），2012 年获教育部自然科学一等奖（排名第 6）；2005 年获全国优秀博士论文表彰；2003 年获法国航空航天集团 SNECMA 科技奖，2010 年获茅以升铁道科技奖。并获国家杰出青年科学基金（2010 年）、教育部长江学者特聘教授（2014 年）、国务院政府特殊津贴（2012 年）、首届教育部新世纪优秀人才（2004年）、四川省突出贡献专家（2005 年）和四川省学术与技术带头人（2010 年）等人才基金资助或荣誉。已出版专著 2 部；发表论文 260 余篇（近 5 年 140 余篇），其中SCI 和 EI 分别收录 103 篇和 220 篇（近 5 年为 68 篇和 146 篇）；论著被正面他引 1500余次，其中 SCI 他引 400 余次。1 篇论文获中国科协期刊优秀论文一等奖（2008 年）。近 5 年朱旻昊有关"微动（fretting）"的 SCI 论文国际排名为第 1。他主持国家和省部级项目 15 项，主研 7 项；申请国家发明专利 23 项，已授权 17 项（近 5 年 10 项）。另获授权实用新型专利 21 项（全部为近 5 年）；培养 1 名博士生获全国优秀博士论文提名。

微动损伤现象十分普遍，是一系列重大事故的元凶之一。国内外以往的研究主要集中在切向微动磨损和拉压微动疲劳上，朱旻昊创新了研究思路，研制了自主知识产权的系列微动实验装置，将传统的研究拓展到其他所有基本模式和复合模式，构建了一套完整的微动摩擦学实验模拟系统，达到了国际领先水平，并极大地拓展了研究领域，并为模拟和研究实际复杂微动损伤奠定了坚实基础。

朱旻昊初步建立了完整的微动摩擦学理论体系，将切向微动模式下的微动图理论扩展到了其他微动模式；揭示了不同微动条件下微动接触界面局部磨损与疲劳的竞争机制；提出了孪晶成核和位错胞变形的两种微动疲劳裂纹萌生模型；通过对轮轴微动损伤的定量评定，使某型地铁车轴的服役寿命增加了 80 万公里。

提出了抗微动损伤的表面工程防护原理和准则，以及定量评价方法，为工程应用提供了重要指导。成果应用于铁路柴油机关键部件的连杆，使用寿命提高 200% 以上，即从 30 万公里提高到了 90 万公里以上，取得显著效益。抗微动磨损的微弧氧化及其润滑剂密封技术应用于汽车、摩托车发动机关键摩擦副。

个人简介

朱嘉琦，哈尔滨工业大学航天学院教授、博导，学科建设办公室副主任。1996年获哈尔滨工业大学焊接专业学士学位；1999年获机械科学研究院哈尔滨焊接研究所焊接专业硕士学位；2007年获哈尔滨工业大学材料学博士学位。入选第二批国家"万人计划"科技创新领军人才。

朱嘉琦主要从事光电功能晶体、薄膜材料及器件，红外增透保护技术等研究。担任中国仪表材料学会、中国电子学会电子材料分会、中国机械工程学会表面工程分会等六个学会常务理事、委员。获国家自然科学基金委优秀青年基金（2012年）、黑龙江省杰出青年基金（2013年）、哈尔滨市创新人才研究专项基金（2007年）、何鸿燊奖教金（2010年）、国家开发银行科技创新奖教金（2013年），入选教育部新世纪优秀人才（2010年），以及获得中国青年科技奖（2011年）、省青年五四奖章（2012年）、中国电子学会优秀科技工作者（2012年）等荣誉。2007年至今，朱嘉琦作为负责人承担国家自然科学基金5项、973专题1项、教育部博士点基金（博导类）2项等科研项目；发表SCI论文98篇；获授权发明专利35项（已转让8项），登记软件著作权5项；作会议邀请报告12次，其中国内大会邀请报告4次，国际专题邀请报告3次，作为大会执行主席之一承办中国科协第262次青年科学家论坛等会议；多项研究成果已应用，并实现产业化，获得国家技术发明二等奖（第2，2011年）、黑龙江省技术发明一等奖（第1，2014年）以及黑龙江省技术发明二等奖（第1，2011年）各一项。在教学方面，朱嘉琦主讲《薄膜科学与技术》《功能复合材料》等课程，获省教改项目和校青年教师教学竞赛一等奖，指导本科生科技创新，并多次获奖。

在红外窗口增透保护研究方面，他揭示了红外透波材料的气动热/力失效机制，提出抗气动热/力失效多光谱红外增透保护膜和利用反溅辅助实时强化薄膜的方法，建立大口径红外窗口/整流罩增透保护膜系及其制备方法的成套技术，为解放军某厂建立镀膜基地，具备多种在役战机光电吊舱大口径红外窗口/整流罩的批量修复能力，研制新型抗气动热力失效多光谱增透保护膜，应用于某型导弹红外罩，以第二完成人获得国家技术发明奖二等奖、以第一完成人获得省技术发明一等奖。

在光学晶体及薄膜研究方面，他揭示了过滤阴极真空电弧技术的硼、磷等掺杂机制，解决大厚度强附着高模量非晶金刚石的内应力控制问题，实现直径300毫米大面积均匀沉积，成功用于光伏发电、声波器件、电化分析、耐磨保护等不同领域，作为第一完成人获得省技术发明二等奖。

个人简介

乔冠军，江苏大学教授。1985～1995 年于西安交通大学获金属材料热处理专业的本硕博学位。入选第二批国家"万人计划"科技创新领军人才。

2003～2013 年，乔冠军担任金属材料强度国家重点实验室副主任，2013 年 3 月调入江苏大学工作，担任材料学院院长。2001 年、2008 年、2010 年曾分别到大阪大学、西澳大利亚大学、巴黎中央理工等学校做高级访问学者和访问教授。2004 年入选首批教育部新世纪人才支持计划，2005 年受聘西安交通大学"腾飞"特聘教授。2012 年享受政府特殊津贴。2014 年入选百千万工程国家级人选。近年来主持国家自然科学基金（5 项）、973 专题（2 项）、863（3 项）、国防军工（3 项）、霍英东基金（1 项）、教育部重大项目和产学研项目等多项科研项目，发表论文近 200 篇，其中 SCI 收录 150 余篇，SCI 他引 1200 余次，授权国家发明专利 40 余项，获得 2011 年度教育部技术发明一等奖 1 项（排名第一）、2012 年度国家技术发明二等奖 1 项（排名第一）。

乔冠军研发了含纳米 BN 的复相可加工陶瓷材料，能够用普通刀具切削加工，能够制备形状复杂、尺寸精密的陶瓷部件，材料强度高，耐腐蚀、电绝缘，耐热冲击性能好，且与有色金属熔体不润湿。在有色金属精密模具、微电子模具等领域应用前景广阔。研发了陶瓷/金属焊接的新技术，包括钨金属化技术、高温活性钎焊技术和非反应润湿技术和降低残余应力的方法。针对热浸镀、压铸铝等行业的技术需求，发明了高性能复相碳化硅陶瓷内加热技术和内加热器，与企业合作研发了内加热成套装备。内加热技术较传统外加热技术节能 50% 以上，显著降低有色金属资源损耗。产品在多家企业获得推广应用。相关材料和技术通过了省部级鉴定 4 项，核心技术达到国际领先水平，产品和装备达到国际先进水平，项目获得 2012 年度国家技术发明二等奖。

个人简介

任劲松，中国科学院长春应用化学研究所研究员。1990年获南京大学有机化学专业学士学位，1995年获中国科学院长春应用化学研究所高分子化学专业博士学位。入选第二批国家"万人计划"科技创新领军人才。

任劲松研究员现从事我国急需加强的新型学科——化学生物学领域的研究。其研究工作独具特色，在国际著名期刊《美国国家科学院院刊》（Proceedings of the National Academy of Sciences，PNAS）、《自然通讯》（Nature Commn）、《德国应用化学》（Angewandte chemie International Edition）《美国化学会志》（the Journal of the American Chemical Society）、《化学科学》（Chemical Science）、《核酸研究》（Nucleic Acids Research）、《先进材料》（Advanced Material）、《先进功能材料》（Advanced Functional Material）及《化学通讯》（Chemical Communications）等期刊上。论文曾被评为"2006年国际优秀百篇基因治疗论文"。《化学与工程》（Chemical & Engineering）、《自然中国》（Nature China）、《自然：亚洲材料》（Nature：NPG Asia Materials）、《威利材料眺望》（Wiley Materials Views）、英国物理学会、《化学世界》（Chemical World）、《物理新闻》（Physics News）、《化学与工程新闻》（C&EN News）、《科学美国人》（Scientific American）《化学通讯博客》（Chemical Communications Blog）、《美国国家科学院院刊》（PNAS）等对取得的多项成果给予10余次亮点报道和评论。多次在国际及国内会议作大会报告，并荣获首届"中国化学会—英国皇家化学会青年化学奖"、吉林省自然科学进步一等奖。目前这些研究方向已建立富有创新精神、多学科交叉的研究队伍，已培养博士12人，硕士4人。培养的研究生获"中科院院长奖""中国科学院朱李月华优秀博士生奖""唐傲庆奖"、国家奖学金等。

从化学的角度出发，设计和合成了对生物大分子具有识别作用的小分子生物活性化合物，并以此为手段调控一些重要的与疾病发生、发作有关的生物化学过程，是化学生物学的重要研究内容之一。针对这样一研究主题，从核酸和蛋白质两个路线出发开展工作。结合化学、生物物理、分子生物学及材料化学等多学科交叉的优势，在配体对重要基因和蛋白的识别、功能调控及生物功能材料应用等方面做了大量系统的研究工作。为生物活性物质的设计合成，以及以此为手段调控一些重要的与疾病发生、发作相关的生物化学过程提供了重要依据。

个人简介

伊廷华，大连理工大学教授。1998～2002 年就读于山东烟台大学，获土木工程学士学位；2002～2007 年就读于大连理工大学/土木水利学院（硕博连读），获防灾减灾工程及防护工程博士学位。入选第二批国家"万人计划"科技创新领军人才。

目前我国每年土木工程基础设施的建设规模已经超过世界上其他所有国家的总和，如何确保这些重大工程的长期服役安全关系国计民生和经济命脉。

伊廷华长期从事结构健康监测与安全性评估领域的研究工作，是国家重点基础研究发展计划（973 计划）青年科学家专题项目首席科学家，国家基金委首批优秀青年科学基金获得者，入选教育部新世纪优秀人才支持计划，辽宁省百千万人才工程百人层次等多项人才支持计划；兼任国家基金委创新研究群体"工程安全与监控"骨干兼秘书，国家 111 创新引智基地"重大土木水利工程防灾减灾"骨干兼通讯员，美国土木工程师学会（ASCE）先进材料与结构委员会委员，中国振动工程学会结构抗振控制与健康监测专业委员会委员，中国仪器仪表学会设备结构健康监测与预警分会理事，辽宁省土木建筑学会常务理事，辽宁普通高校土木类专业教学指导委员会秘书长等学术职务。

他先后主持纵向科研项目 20 余项，包括国家青年 973 项目、国家优秀青年科学基金、霍英东青年教师基金等。出版学术著作 1 部，译著 1 部，主编教材 2 部，主编国际学术会议论文集 5 部，参编规程 3 部，发表期刊论文 110 篇（SCI/EI 收录 150 余篇，H 因子 16），获国家授权发明专利 9 项，实用新型专利 3 项，计算机软件著作权 2 项；研究工作得到了国际同行的认可，如发表的国际学术论文先后入选 2013 年度中国百篇最具影响国际学术论文（年度土木工程领域唯一的 1 篇）、精选文章、封面文章、年度文章、高他引论文集、2012 年影响因子贡献第 1 名、2011～2013 年度顶级他引文章、大型综述文章等荣誉；先后受邀担任两个国际期刊《结构监测与维护》（*Structural Monitoring and Maintenance*）和《城市轨道交通》（*Urban Rail Transit*）副主编，以及《智能结构与系统》（*Smart Structures and Systems*）等多个学术期刊的客座主编或编辑；荣获荷兰爱思唯尔（Elsevier）中国高被引学者榜、首届韩国 ICCEE 杰出科学家奖、中国振动工程学会青年科技奖、辽宁省青年科技奖十大英才、钱令希力学青年教师一等奖等多项学术荣誉。成果先后获国家技术发明二等奖、国家科技进步二等奖、华夏建设科技进步一等奖、辽宁省科技进步一等奖等多项科技奖励，并在国内多个建筑设计研究院及工程单位得到了应用，取得了显著的经济和社会效益。

个人简介

庄卫东，北京有色金属研究总院教授。1989 年获江西师范大学化学专业学士学位；1989～1995 年就读于北京科技大学冶金物理化学专业，获博士学位。入选第二批国家"万人计划"科技创新领军人才。

庄卫东的研究创新能力主要体现在新型光电功能材料的研制和产业化制备技术方面，尤其在 LED 荧光粉及其制备技术方面。

在新型荧光粉体系的研制方面，基于荧光粉结构与稀土离子发光中心高度匹配的原则，利用稀土离子能级特点来匹配合适结构的基质，通过阳离子掺杂、阴离子替位等技术来调节电子云膨胀效应及发光中心能级劈裂程度，从而匹配出合适的发光特性。例如，铝硅酸盐与硼铝酸盐是利用 Al－Si、B－Al 之间微调对结构的影响来增强其对蓝光的吸收的；氮氧化物通过 O－N 电负性间的差异以及阳离子 Al－Si 间的结构微调等，来增强对蓝光及紫外光的吸收；羟基卤磷酸盐利用羟基部分取代卤素来增强对长波紫外光的吸收。这些新型荧光粉的成功开发体现了材料设计技术路线选择的科学性，也可以为开发更多的新型、高效荧光材料提供指导。

在材料合成及产业化技术开发方面，庄卫东和他的团队成功开发了铝酸盐、铝硅酸盐、羟基卤磷酸盐等荧光粉的软化学法合成技术，其在反应的均匀性、产品一致性、颗粒形貌及粒度等方面均具有优势，得到的 LED 荧光粉产品具有比高温固相法更佳的性能。他们成功开发了氮化物荧光粉常压高温氮化还原制备技术，比国际荧光粉供应商开发的高温高压合成技术更具先进性。高温高压合成技术对焙烧装备要求甚高，工艺参数苛刻、能耗大，难实现工业化。他们通过深入的反应过程热力学和动力学研究，从合成原材料方面解除了制备氮化物荧光粉所需的高压条件，并开发了其产业化的工艺路线。突破了业界以前所普遍认为的高压合成条件的限制，产业化实现容易，且产品质量优异，可以满足高显色及各类色温白光 LED 的封装需要。

新型荧光粉的成功开发及产业化技术的突破打破了国外专利限制，改变了我国 LED 用高端荧光粉主要依赖进口的状况，促进了我国半导体照明产业链的完善及相关产业的发展壮大。

在锂离子电池正极材料方面，庄卫东成功开发了系列高镍含量镍钴锰酸锂正极材料和高容量富锂锰基固溶体材料，材料的主要技术指标达到国际先进水平。目前，高镍含量镍钴锰酸锂正极材料已进入中试阶段，已建成 400 吨/年生产线。中试产品已在万向集团、上海航天电源、台湾有量、天津捷威等动力电池公司试制 200～250Wh/kg 高比能电池，安全性能达到要求。

个人简介

　　刘江，中国科学院北京基因组研究所研究员。1998 年获烟台大学生物化学专业学士学位，2003 年获中科院生物物理所生物物理专业博士学位。入选第二批国家"万人计划"科技创新领军人才。

　　刘江主要研究表观信息的遗传规律及其在进化中的作用。作为通讯作者在《细胞》（Cell）上发表文章两篇、在《癌细胞》（Cancer Cell）上发表文章一篇。

　　在生命科学中，一直不确定除了 DNA 序列可以被遗传外，表观遗传信息能否也可以从父母遗传到子代中，以及有多少信息可以被遗传。刘江领导的课题组以斑马鱼为模型，发现子代胚胎完整地继承精子的 DNA 甲基化图，而抛弃卵子的甲基化图谱；并发现精子的甲基化图谱是一个全能的图谱，用于调控胚胎的早期发育。这一研究证明除了 DNA 可以被遗传外，精子的 DNA 甲基化图谱也能被完整地遗传到斑马鱼子代胚胎中去；并引发了关于表观遗传信息对进化驱动作用的新思考。研究成果于 2013 年以封面文章的形式发表在《细胞》（Cell）上，文章发表时《细胞》（Cell）以 "Beyond DNA：Programming and Inheritance of Parental Methylomes" 为题目给予了专题评述，也被《自然评论：遗传学》（Nature Reviews Genetics，NatRev Genet）、Faculty 1000 等报道。

　　课题组进而揭示了 DNA 甲基化重编程在哺乳动物小鼠中的重编程和遗传规律，发现父源和母源 DNA 都通过主动的方式实现 DNA 的去甲基化；证明 DNA 的氧化产物在父源和母源基因组中都存在；并将所有的基因印记区域分成 somatic imprinting control regions 和 germ-line imprinting control regions。此研究修正了过去对早期胚胎 DNA 甲基化重编程规律的认识。研究成果于 2014 年发表在《细胞》（Cell）上，并被《细胞干细胞》（Cell Stem Cell），Faculty 1000 等报道。

　　刘江还研究肾癌的发病机制，揭示了 SPOP 是肾癌产生信号通路中的核心蛋白，文章于 2014 年发表在《癌细胞》（Cancer Cell）上。近期研究发现 SPOP 可以被靶向，具有潜在治疗肾癌的用途。

个人简介

刘宇，上海电气钠硫储能技术有限公司技术总监，中科院上海硅酸盐所研究员。分别于1995年和1999年取得哈尔滨工业大学电化学生产工艺专业学士学位和应用化学专业硕士学位，2003年于中国科学院上海微系统与信息技术研究所取得材料物理与化学专业博士学位。入选第二批国家"万人计划"科技创新领军人才。

储能是智能电网的关键技术，钠硫电池是一种具有较大应用潜力的储能技术，国际上已进入商业化阶段，全球仅日本NGK公司具有产业技术，对我国全面封锁。钠硫电池以熔融钠与硫在300度下通过钠离子陶瓷电解质进行电化学反应储能，规模制备和安全特性是限制其应用的主要"瓶颈"。刘宇具有在海外长期从事相关领域的研究工作经验。2008年科学院"百人计划"引进后从事钠硫储能，解决电池工程和产业过程中核心科学问题。在电池批量制备、产品结构设计与批量制备与评价、电池成组应用与模块设计、储能电站设计、集成与运行等做出主要技术贡献。

刘宇解决钠硫电池标准空白重大工程难题，设计电池工程化评价体系，主导建设2MW测试线和技术标准；解析大容量钠硫电池的电化学反应特征，建立电池一致性评估、电池寿命测试、安全测试、热电解析、电池储能特性评价等主要评价及测试体系；明确了工程化中影响电池一致性和安全性的主要因素，指出了电池优化方向。

解决了钠硫电池工程化安全体系重大科学难题，主导建立系统集成和电站运维技术；设计、研制了不同系列的电池模块；解决了模块中成组电池的连接、防护、恒温分布等重要难题。实现了10千瓦模块稳定运行5000小时以上，初步形成较为全面的运行安全体系，建立了相关的组装和测试标准。2010年世博会期间，设计、运行了100千瓦（800千瓦时）钠硫储能电站，该电站是我国大容量钠硫电池储能电站首次并网运行。

2011年刘宇开始组建产业技术团队进入企业并承担攻关任务，主导建立了钠硫电池规模制造技术并开始生产。围绕电池批量制备核心技术问题，刘宇主导设计了可连续化、规模化的生产工艺路线，建立了陶瓷管电解质的自动成型、气态烧结、工厂在线检测以及电池装配中真空注钠、压力注硫、多相封装等重大制备工程平台；进一步针对电池、模块批量生产建立工厂化的技术规范与企业标准；完成电池第一代产品化研制、结构定型以及试生产，目前已形成2.5兆容量的生产能力，开始承接不同规模的示范电站订单，计划于2011~2016年建设10兆瓦线/兆瓦级电站（达标年产值约2.5亿元），2017年后规划扩容产能50~100兆瓦/年。该工作将对推动我国储能产业的进程以及彻底打破国外的技术垄断有重要作用。

个人简介

　　刘波，重庆长安汽车股份有限公司高级工程师。2001年获吉林工业大学汽车车身学士学位；2001~2007年就读于吉林大学，先后获设计艺术学硕士学位和车身工程专业博士学位。

　　刘波一直从事汽车轻量化技术应用研究工作，在汽车轻量化节能技术领域先后牵头完成了多个大型的国家科研项目，有力推动了汽车轻量化技术的进步和汽车轻量化水平的提高，多项科研成果应用在长安汽车上，为企业创造了巨大价值，为落实国家"节能减排"战略打下了坚实的基础。

　　刘波牵头承担的国家"十一五"科技支撑计划项目"大型、复杂镁合金铸件在汽车摩托车上集成应用技术开发"项目，成功开发了镁合金座椅骨架、镁合金油底壳、镁合金变速箱壳体、镁合金气缸罩盖等大型复杂压铸件，解决了汽车用镁合金产品的集成设计、分析、优化和实验整套量产技术，实现单车最大用镁量达20.1千克的国内最高水平，有力推动了以镁合金为代表的轻质材料在汽车行业的应用，极大地提升了长安汽车品牌形象，具有明显的经济社会效益。

　　同时，刘波先后牵头完成重庆市科委、国防科工局和科技部"十二五"科技支撑的汽车轻量化研究项目。目前正在依托工业强基项目大力推动多种轻量化技术在长安汽车新一代车型的量产应用。通过上述系列项目的支持，初步打造了汽车轻量化技术研究与应用平台，形成了以车身参数化结构拓扑优化、镁铝合金集成设计为特色的轻量化技术标签；通过建立一系列的重量管控流程体系并融入到产品研发中，逐渐把轻量化技术的研究成果应用在产品中。例如高强钢"门槛"加强件以及铝合金前碰横梁在新能源汽车上实现产业化应用，其中侧围"门槛"加强件采用超高强钢辊压方案后，单车减重4kg，减重率24%，在减重的同时降低单车成本约17元。铝合金前碰撞横梁替代钢质冲压方案，在减重的同时保持成本不增加，大幅度提高了碰撞吸能性。

　　作为公司轻量化技术领域的主要负责人，刘波带领研究团队在参数化结构拓扑优化方面做出了开拓性的工作，先后成功开发了国内自主品牌第一款镁合金座椅骨架、铝合金前碰撞横梁、超高强钢"门槛"加强件、铝合金前罩、PC三角窗等轻质材料零部件并通过实验验证，与此同时积极参加行业的技术交流并推动长安与其他各类企业的战略合作。例如把参数化结构拓扑优化技术在吉利汽车、奇瑞汽车等进行推广。

　　轻量化技术是降低汽车油耗最有效的手段之一，刘波通过对汽车轻量化设计、材料和工艺的研究与积累，初步建立了长安汽车轻量化设计开发体系，推动了压铸镁合金、形变铝合金以及玻纤增强复合材料在汽车上的集成应用，在为企业节约成本创造巨大经济利益的同时，大大促进了我国汽车轻量化技术和轻质材料产业的发展，有力提高了节能与新能源汽车的轻量化水平。

个人简介

刘钢，哈尔滨工业大学教授。1988～1999 年就读于哈尔滨工业大学，先后获金属塑性加工专业的学士学位和硕士学位，1999 年获材料加工工程专业博士学位。入选第二批国家"万人计划"科技创新领军人才。

刘钢主要从事轻合金液压成形理论与技术研究。曾获国家科技进步二等奖 2 项，省技术发明一等奖 1 项、二等奖 1 项。授权发明专利 16 项。发表论文 129 篇，SCI 收录 56 篇，EI 收录 80 篇，在国际会议做特邀报告 6 次，参编专著 2 部。他任国际权威期刊《国际机床工具与制造》（*International Journal of Machine Tools and Manufacture*）编委，主办系列国际会议 2 次。2007 年入选新世纪优秀人才支持计划，2008 年获黑龙江省青年五四奖章。

针对航空航天飞行器轻量化和高可靠性的需求，刘钢开展了以铝、镁、钛等轻质难变形材料为主的大尺寸、薄壁、整体构件的液压成形理论与技术研究，在一定的温度条件下，利用液体或气体代替部分刚性模具，成形封闭截面整体构件。在理论方面，刘钢揭示了轻合金管壳液压成形失稳起皱机制，建立了控制壁厚均匀性的应力应变条件，发明了应力分区分步调控液压成型方法；针对截面小圆角的减薄和破裂这一世界难题，揭示了界面摩擦切应力导致减薄的力学机理。针对难变形材料大膨胀率构件成形难题，提出差温成型方法，通过温度场和应力场的结合，调控管壳摩擦和塑性失稳行为，实现了在获得大膨胀率的同时，确保壁厚相对均匀。将上述成果应用于长征火箭燃料输送系统关键部件铝合金隧道管，以整体结构取得了焊接结构，提高了构件可靠性。还用于轿车底盘安全构件批量生产，提高了自主品牌轿车整车竞争力。上述贡献作为重要组成部分，2010 年获得国家科技进步二等奖（排名第二）。

在拼焊壳体液压成形方面，刘钢针对拼焊壳体内压成形存在的应力梯度大、变形不协调，易局部减薄或失稳屈曲的难题，采用应力状态分区调控方法，实现了壁厚控制和失稳控制，解决了采用拼焊管壳和球壳制造轻量化壁厚均匀产品的技术，以上述贡献作为重要组成部分，于 2004 年获得国家科技进步二等奖（排名第三）。

在液力胀接方面，刘钢针对轴类件高耐磨性和轻量化要求，发明了胀形—连接复合的空心凸轮轴液力胀接方法，揭示了异种材料液力胀接弹塑性变形机理，提出利用异形截面胀接提高胀接强度方法，为新型发动机空心凸轮轴提供了低成本短流程制造技术。上述贡献作为重要组成部分，2011 年获得黑龙江省技术发明二等奖（排名第一）。

个人简介

刘俊，中北大学教授，博士生导师。1990 年获太原机械学院测控技术专业学士学位；1996～2001 就读于北京理工大学，先后获机械电子工程专业硕士学位和博士学位。入选第二批国家"万人计划"科技创新领军人才。

刘俊是中北大学仪器科学与技术一级学科的首席学科带头人，负责筹建了"微纳惯性传感与集成测量"教育部工程中心及该方向的学科梯队与实验平台。多年来，刘俊一直从事动态测试与微惯性技术领域的研究工作，是国家杰出青年基金获得者，教育部"长江学者和创新团队发展计划"创新团队带头人和"新世纪百千万人才工程"国家级层次入选者。近五年，刘俊获得国家奖项 2 项，国防奖项 3 项，山西省奖项 2 项，国家级教学成果奖 1 项。近年来主持国家自然科学基金杰出青年基金、重点项目、科技部 863、973、总装重点基金、演示验证、探索创新项目和国防基础科研重点项目共 30 余项，累计科研经费 5000 余万元。所领导的团队完成航空、航天、船舶及兵器等领域横向课题 100 余项，累计科研经费 2 亿余元。申请国家发明专利 97 项（授权 38 项），出版著作 3 部，近五年共被他引 516 次；发表论文 200 余篇（SCI、EI 收录 109 篇），近五年共被他引 382 次。

在"黑障区"动态测试技术方面，刘俊揭示了动态测试系统内在状态之间及其与环境因子的关联关系，设计了多通道实时压缩、流水线并行数据写入的"黑障区"电子存储测试系统，替代了传统的遥测和磁带记录测量方法；建立了"黑障区"环境下动态测试系统多层界面应力吸收的封装和防护方法；为我国海、陆、空三个军兵种，航天、航空、兵器、船舶四个领域的 30 种导弹火箭型号提供了 1000 余套测试系统。

在旋转弹药姿态测量方面，刘俊发明了"隔转止旋"的多级传递姿态测量新方法；建立了空间点位置测量传感器的耦合误差抑制方法，发明了单芯片加速度计陀螺；提出了惯性器件可溯源的高精度标定方法，建立了专用动态、静态测试标定系统；解决了常规旋转弹药高精度姿态测量的技术难题，并成功应用于我国多种常规武器型号的智能化改造中。

在特种微纳传感器件方面，刘俊揭示了指数关系力电耦合微纳机械结构的高灵敏传感机理，并基于此原理发明了多种基于指数效应的微机械传感器件，在水雷制导、海洋噪声测试、舰船噪声测试等不同领域得到成功应用；揭示了高冲击过载环境下传感器件的失效机理，发明了 20 万 g 高过载压阻式硅微机械加速度传感器，打破了国际封锁，并成功地应用于多个武器型号的侵彻测试中。

个人简介

    刘耘，中国科学院地球化学研究所研究员。1986～1990年就读于北京大学，获地球化学专业学士学位；1992～1995年就读于中国科学院地球化学研究所，获矿物学硕士学位；1997～2002年就读于美国纽约州立大学石溪分校，获地球化学博士学位。入选第二批国家"万人计划"科技创新领军人才。

    稳定同位素方法是整个地球科学的核心工具，对其的改进将帮助众多地学研究方向的发展。刘耘在稳定同位素平衡分馏核心公式的修正、新兴稳定同位素前沿方向的理论框架建立、非传统同位素体系平衡分馏系数确定、硅酸盐熔体结构解疑等方面的研究中，取得了多项创新性研究成果。尤其是在对稳定同位素核心平衡分馏计算方法的改进方面，刘耘的工作被认为将稳定同位素计算的精度带到了另外一个层次。刘耘是目前国内"计算地球化学"领域领军研究者之一，作为2012年优秀杰青获得者代表，被基金委《年度报告》（2012）选介；被国家自然科学基金委邀请，参加撰写基金委"十一五""十二五"发展纲要之"计算地球化学"部分；受中国矿物岩石地球化学学会（国家一级学术学会）邀请，负责撰写"计算地球化学"领域十年进展报告；作为主要召集人之一，召集组织了国内每年的地质学、地球化学领域的权威学术会议中的"实验及计算地球化学"分会场。刘耘参加的几乎所有国内会议上，都获得主题、特邀报告。刘耘作为"稳定同位素理论及计算"领域的国际前沿研究者之一，多次获邀国外权威学术会议的作特邀报告和大会报告，并作为一些国际会议的分会场召集人，组织学术会议。刘耘现任矿床地球化学国家重点实验室副主任、中国矿物岩石地球化学学会理事、《英文版地球化学》杂志（*Chinese Journal of Geochemistry*）常务副主编。曾获侯德封矿物岩石地球化学青年科学家奖、中科院"百人计划"终期评估优秀完成者、中科院朱李月华优秀教师奖、王宽诚西部学者突出贡献奖，入选国家百千万人才工程"国家级人选"，并被授予"有突出贡献中青年专家"称号。

个人简介

刘翔，兰州大学萃英特聘教授。2000 年获赣南师范大学物理学专业学士学位，2000~2006 年就读于南开大学理论物理专业，先后获硕士学位和博士学位。2006~2008 年在北京大学物理学院理论物理研究所从事博士后研究。随后获葡萄牙科学技术基金会（FCT）资助在葡萄牙科英布拉大学（Coimbra University）从事粒子物理研究。

自 2000 年始，刘翔主要从事高能物理唯象学的研究，特别是在量子色动力学与强子物理研究领域开展了深入的研究工作。目前，已在《物理评论快报》（*Physical Review Letters*）、《物理评论 D》（*Physical Review D*）、《物理快报 B》（*Physics Letters B*）、《欧洲物理杂志 C》（*European Physics Journal C*）等国际著名物理学术刊物上以第一作者或通讯作者身份发表了 140 多篇研究论文，其中发表于美国物理学会物理评论（*Physical Review*）系列的高水平论文 80 余篇。刘翔在攻读博士学位期间，正值世界各大高能物理实验报告了一系列新强子态的发现，他对奇特态强子的结构、产生和衰变问题开展了深入研究，并在该研究方向取得了一系列研究成果。刘翔的博士学位论文被教育部和国务院学术委员会评选为"2008 年全国百篇优秀博士论文"之一。此外，他还获得了高能物理学会第四届"晨光杯"青年优秀论文一等奖。2009 年被引进到兰州大学工作之后，刘翔积极组建研究团队，促进了兰州大学粒子物理学科的发展壮大，在学科建设方面发挥了重要的作用。于 2009 年入选教育部"新世纪优秀人才支持计划"，在 2012 年获得了首届"国家优秀青年科学基金"（优青）的支持，并于 2015 年入选中组部万人计划"青年拔尖人才"。他领导的研究组已成长为国际上开展非微扰强相互作用研究的最为活跃的研究小组之一。

作为当前强子物理研究中的重要前沿方向，新强子态的物理研究是国际上竞争异常激烈的研究领域。近年来，刘翔及其团队一直在追踪和关注有关新强子态的最新研究动态，同时也对各种唯象模型有较为深入的研究。刘翔及其研究团队围绕色禁闭难题，就国际各大高能物理实验中发现的一系列新强子态，系统深入地开展了富有成效的唯象学研究，做出了一系列让国内外同行关注的前沿研究成果。预言了隐粲分子态类型的五夸克态，并结合 LHCb 实验对发现的 Pc（4380）和 Pc（4450）开展了更为深入的理论研究；系统开展了有关类粲偶素的动力学研究，并揭示了导致这些新奇现象背后的内在机制；提出了初始单 π 辐射（ISPE）机制并预言了一系列带电的类粲偶素结构；紧密结合实验发现的一系列由重—轻夸克构成的重味介子和重味重子开展了深入的唯象学研究并揭示了它们的结构性质；密切结合 BES 实验开展的轻强子谱和相互作用的研究。

当前他的研究工作被引用 3000 多次（依据高能物理权威搜索引擎 INSPIRE 截至

2016 年 5 月 20 日的统计数据），其中有 3 个工作的单篇被引用次数超过 100 次，11 个工作的单篇被引用次数超过 50 次，H 指数为 30。刘翔的许多研究工作多次被高能物理领域最为重要的国际会议如国际高能物理大会和轻光子会议的大会报告引用。由 100 位粒子物理学家组成的在粒子物理领域最具广泛影响的粒子数据组（Particle Data Group）编写的《粒子物理综述》（*Review of Particle Physics*）引用了刘翔的 7 篇研究工作。其研究工作对世界各大高能物理实验（北京正负电子对撞机上的 BES 实验、美国 SLAC 国家技术器实验室 BaBar 实验、日本 KEK 实验室的 Belle 实验、美国费米实验室的 CDF 实验和 D0 实验、LHCb 实验和 COMPASS 实验等）中的强子物理研究起到了很好的理论指导作用。

刘翔多次受邀参加国内外具有重要影响力的学术会议，并作大会特邀报告。目前，他正在主持包括国家自然科学基金项目在内的多项国家级和部级科研项目。

个人简介

　　刘强，大连医科大学教授。1985～1989年就读于南京大学，获生物学专业学士学位；先后于1997年和2000年获美国伊利诺大学临床医学和免疫学（理学和医学）双博士学位。

　　刘强在美国西奈山医院接受住院医师培训，后作为美国NIH课题负责人在哈佛医学院从事肿瘤靶向治疗研究。刘强于2006年全职回国，系统地开展了肿瘤分子标志物鉴定及靶向治疗等转化医学研究。目前他共发表通讯作者SCI论文31篇，包括《临床肿瘤学》（*J Clin Oncol*）（IF：18.9封面文章）、《自噬》（*Autophagy*）（IF：12.0）、《血液》（*Blood*）（IF：10.6）、《自然通讯》（*Nat Commun*）（IF：10.7）、《美国国家科学院院报》（*Proc Natl Acad Sci USA*）（IF：9.8）等累计发表SCI论文72篇，总影响因子363.9分；作为第一完成人获得2012年中国抗癌协会科技奖二等奖；作为副主编出版人卫社医学八年制统编教材《医学科学研究导论》及专著《肿瘤分子靶向治疗》。相继获得了国家杰出青年基金、"百千万人才工程"国家级人选、美国中华医学会（CMB）杰出教授及卫生部有突出贡献中青年专家等荣誉称号。2012年作为首席科学家主持973项目及国家自然基金重点项目，入选美国医学及生物工程院Fellow。

　　刘强发现肿瘤分子标志物。他阐明EBV – DNA酶血清标志物对于鼻咽癌的精确诊断、病情监测及个体化治疗具有重要指导意义《临床肿瘤学》（*J Clin Oncol*，2010）。该成果弥补了传统TNM分期的不足，已应用于临床上万例患者，并收录于《当代鼻咽癌诊治》手册。在此基础上，研发了其检测试剂盒并已申请专利。发现系列肿瘤信号分子特异标记物《自噬》（*Autophagy*，2012 – 1），为实现精确的临床分子诊断和个体化治疗提供重要依据。

　　刘强揭示抗肿瘤转移的新靶点，研发靶向小分子。他发现调控肿瘤干细胞生存、促进肿瘤转移的新基因（《美国国家科学院院报》*Proc Natl Acad Sci USA*，2006；《癌症研究》*Cancer Res*，2007；《癌症研究》*Cancer Res*，2010），该发现使靶向肿瘤干细胞进而抑制肿瘤转移成为可能，为开发出抗肿瘤转移的特异性药物提供了新方向。目前已完成系列化合物的专利申报。

　　刘强开展个体化肿瘤靶向治疗研究，提出肿瘤耐药新机制。个体化靶向治疗为肿瘤治疗指明了新方向，然而，耐药成为制约发展的"瓶颈"。针对个体化靶向治疗和肿瘤耐药机制两个关键科学问题的研究，刘强发现肿瘤靶向治疗耐药的新机制（《血液》*Blood*，2008；《自噬》*Autophagy*，2012 – 2），为克服靶向耐药奠定新基础。

个人简介

刘强，北京君正集成电路股份有限公司董事长。1989~1993年就读于清华大学机械工程和计算机科学专业，获学士学位；1993~1998年就读于中科院计算技术研究所，获博士学位。

刘强于2005年创立北京君正集成电路股份有限公司，致力于国产创新CPU技术和产品的研发和推广。目前该公司已发展成为一家国内外领先的嵌入式CPU芯片及其解决方案提供商，是国内最早实现国产CPU产业化的本土芯片设计公司，于2011年5月在深圳创业板上市，股票代码为300223。

刘强及其团队掌握了全球领先的嵌入式CPU技术和低功耗技术。针对手持应用和移动多媒体应用，他们创造性地推出了独特的32位XBurst CPU技术。XBurst技术采用了创新的微体系结构，微处理器能够在极低的功耗下高速发射指令。XBurst的主频、多媒体性能、面积和功耗均领先于工业界现有的32位RISC微处理器内核。在同样工艺下，XBurst主频是同类产品的1.5倍，面积是同类产品的1/2，功耗是同类产品的1/3~1/4。

基于创新的XBurst CPU技术，公司紧跟市场发展，不断推出一系列处理器芯片平台和产品解决方案。其产品自2007年初推向市场以来，凭借优异的性价比、强劲的多媒体处理能力和超低功耗优势，迅速获得国内外市场的认可，在多媒体、电子书、平板电脑、教育电子、指纹识别、智能穿戴设备以及智能视频等领域得到大量应用，累计出货量超过六千万颗，成为我国出货量最大、应用领域最广的自主创新微处理器产品。基于自主XBurst CPU技术，刘强及其团队相继推出了全球首款非ARM架构平板电脑和智能手机解决方案，打破了ARM CPU对移动互联网终端的垄断，填补了国产CPU在该领域的空白，引起海外高度关注。

在坚持自主CPU核心技术研发的同时，刘强及其团队又不断在视频、音频和影像等重点领域形成了多项核心技术，目标瞄准了智能家居、智能视频、智能可穿戴等新兴领域，并获得了小米、海康威视、360等重量级客户的认可。目前，面向智能家居应用，公司团队研发了X系列处理器芯片，JBL（全球最大的专业扬声器生产商）、酷狗、果壳等国内外知名厂商基于该系列芯片推出了多款智能音箱产品；面向智能视频领域，公司研发了T系列视频芯片，360、小米等采用该系列芯片推出了智能摄像头、行车记录仪等智能视频产品。公司是国内智能穿戴芯片的领导供应商，其智能穿戴芯片在国内拥有超过50%的份额，华米科技采用公司研发芯片推出了小米系列首款智能手表产品。

刘强及其团队先后承担了01专项（核高基重大专项）、02专项等国家科技重大专项课题4项以及多项省部级科技攻关项目，取得了显著的社会经济效益。

个人简介

刘静，中国地震局地质研究所研究员。1991 年获南京大学构造地质与地球物理专业学士学位，1994 年获中国地震局地质研究所构造物理专业硕士学位，2003 年于美国加州理工学院获地质学专业博士学位。入选第二批国家"万人计划"科技创新领军人才。

自 2005 年回国以来，刘静立足国际地球科学前沿，以"强震与构造地貌"为主线，综合野外调查和理论模拟分析，在地震地质和强震发震机理等方面作了大量的基础研究。刘静先后 4 次连续获得国家自然科学基金面上项目的支持，以项目负责人身份主持中国科学院方向性项目和中法先进研究计划合作项目，以子课题负责人身份参加科技部科技支撑，973 项目和地调局地调项目和地震局行业专项等。2002 年以来发表论文 54 篇，其中国际 SCI 文章 28 篇，分别发表在《科学》（*Science*），《地球与行星科学通讯》（*Earth and Planetary Science Letters*），《地球物理学研究杂志》（*Journal of Geophysical Research*），《美国地震学会通报》（*Bulletin of Seismological Society of America*），《国际地球物理杂志》（*Geophysical Research Letters*）等国际一流学术刊物上，SCI 论文迄今总引用 600 余次，单篇文章最高引用 87 次，引用率呈加速上升的趋势。多次受邀参加国际会议作主题报告，2009 年以来为《地球与行星科学通讯》（*Earth and Planetary Science Letters*），《地质学》（*Geology*），《大地构造学》（*Tectonics*）等国际主流学术期刊审稿 20 余篇文章。目前担任《科学通报》中文版和《构造物理学》（*Tectonophysics*）杂志编委。在活动断裂古地震错动历史的精细研究方面，在美国圣安德列斯断裂上，刘静得到多次古地震事件同震位移量的精确值，是目前世界上最长的古地震位移序列。探索人工逐层剥离式开挖三维探槽技术恢复被错位的微地貌体的立体几何，突破了常规的古地震研究方法。在海原和阿尔金断裂上，刘静揭露了高分辨率韵律性面状展布地层以及丰富的古地震错动变形样式，清晰的地层证据和古地震长序列是国内首例，被认为是为中国古地震研究树立了一个样板。

在活动断裂几何特征与强震的余震分布和破裂过程的构造关联研究方面，率先提出地震破裂"damage zone"的概念，阐明了主震与余震的关系体现主断裂与两侧破裂带次级断裂共生演化关系的新看法，研究成果对地震工程和防震减灾应用研究具有指导意义。

在青藏高原地貌特征和形成机制的构造地貌研究方面，刘静深入探讨青藏高原独特的高海拔低起伏地貌形成的机制和意义，提出高原"正地形"和"负地形"的新概念；提出了高原平坦地势起伏是高海拔浅表过程的产物，不代表抬升前的类"夷平面"的新解释。

在强震的同震破裂机理性探讨方面，刘静进行了汶川地震同震破裂大比例尺精细填图，基于野外研究结果提出了一系列机理性认识。

个人简介

刘乃安，中国科学技术大学研究员。1991～2000年就读于中国科学技术大学工程热物理专业，先后获学士学位和博士学位。入选第二批国家"万人计划"科技创新领军人才。

近十年来，刘乃安聚焦于森林可燃物的燃烧性和大尺度极端火行为动力学等火灾基础研究关键科学问题，取得了一系列有国际影响的原创性成果，解决了热解分析方法的一系列理论难题；建立了系统的温度积分近似理论；发展了多种具创新性的热解分析方法，其中建立的广义KAS方法被国际著名热分析软件TKS–SP采用并作为主要计算方法之一；创建森林可燃物热解双组分分阶段反应模型，获国际同行的高度评价和广泛应用；系统揭示了多火焰燃烧动力学机制与规律，首次建立火旋风火焰高度和燃烧速率的理论解析式，为发展火旋风预警模型奠定了理论基础。

刘乃安作为首席科学家主持基金重大国际合作研究项目，"十二五"科技支撑计划重大项目课题，国家林业公益性行业科研专项等重要项目。刘乃安发表学术论文120余篇，其中SCI收录论文60篇，主要成果发表于《国际燃烧学会会议录》（*Proceedings of the Combustion Institute*），《燃烧与火焰》（*Combustion and Flame*），《火安全学报》（*Fire Safety Journal*）等权威期刊。自2006以来在国际燃烧领域顶级期刊《国际燃烧学会会议录》（*Proceedings of the Combustion Institute*）发表论文8篇，论文数居国际燃烧会议"Fire Research（火灾研究）"主题国际首位。应邀在国际学术会议发表大会特邀报告8篇，其中连续在第七届和第八届亚澳火灾科学技术大会做大会特邀报告，是该会议自创办以来连续两届应邀做大会特邀报告的唯一学者。2012年，国际火灾科学学会通讯以封面文章专题报道刘乃安关于多火焰燃烧的实验工作。入选教育部新世纪优秀人才支持计划（2005年），获第十一届霍英东青年教师基金（2007），梁希科学技术奖二等奖（2007），首届中国科学院卢嘉锡青年人才奖（2008），国家科学技术进步一等奖（2010）和第六届吴仲华奖励基金优秀青年学者奖（2013）。

学术成绩得到国际火灾科学界的高度肯定。2014年当选国际野火学会（International Association of Wildland Fire）理事（中国首位）。2010年当选国际火灾研究机构主任论坛（International FORUM of Fire Research Directors）委员，是目前全球21位委员之一。任国际火灾科学学会会刊《火安全学报》（*Fire Safety Journal*）副主编（中国首位），重要国际期刊《防火技术》（*Fire Technology*）编委（中国首位）、《火灾科学评述》（*Fire Science Reviews*）编委。任国际尺度模拟委员会（International Scale Modeling Committee）委员（中国首位），《国际火灾科学学会通讯》（*Fire Safety Sci-*

ence News）副主编（中国首位）。2012 年应邀担任第 9 届亚澳火灾科学技术大会 (9th Asia – Oceania Symposium on Fire Science and Technology）主席和程序委员会主席。2012 年应邀担任国际火灾研究机构主任论坛年会（Annual Meeting of the International FORUM of Fire Research Directors）组委会主席。应邀担任燃烧领域顶级的第 35 届（2014 年）和第 36 届（2016 年）国际燃烧会议（The 35th International Symposium on Combustion）"Fire Research"主题共同主席（自 1928 年首届会议以来中国大陆第 4 位任国际燃烧会议主题共同主席），2014 年第 11 届国际火灾科学大会（International Symposium for Fire Safety Science）森林火灾主题主席，2015 年第十届亚澳火灾科学技术大会（10th Asia – Oceania Symposium on Fire Science and Technology）。曾任《国家中长期科技发展规划纲要（2006～2020 年)》专家组成员；当选公共安全科学技术学会常务理事、中国工程热物理学会燃烧分会副主任委员、首届全国森林消防标委会委员。任科技部《规划纲要》中期评估公共安全领域调研专家组成员和公共安全领域技术预测专家组成员。

个人简介

刘元法，江南大学教授。1994～1998 年就读于山东建材学院，获应用化学专业学士学位；2001 年获无锡轻工业大学粮食、油脂及植物蛋白工程专业硕士学位；2007 年获江南大学粮食、油脂及植物蛋白工程专业博士学位。2014 年在美国哈佛大学医学院 BIDMC 医学中心做访问学者。入选第二批国家"万人计划"科技创新领军人才。

刘元法是江苏省特聘教授，中国粮油学会油脂分会副秘书长，全国粮油优秀科技工作者、江苏省青年科技奖获得者。自 2008 年以来，主持国家"十二五"科技支撑计划重点项目课题、国家 863 计划重点项目课题、国家自然基金面上项目等课题 6 项，与中粮东海粮油、京粮集团、山东鲁花、山东渤海、河北养元、美国邦吉等企业合作项目 15 项。授权国家发明专利 63 项，申请/授权国际发明专利 5 项，获得中国优秀专利奖 1 项；共发表 SCI 论文 20 篇；获得国家科技发明二等奖 1 项（2014 年，第 4）、国家科技进步二等奖 2 项（2010 年，第 4、2012 年，第 3）、教育部科学技术二等奖 1 项（2014 年，第 1）、中国粮油学会科技进步一等奖 1 项（2014 年，第 1）、中国粮油学会科技进步二等奖 1 项（第 1）等科技奖励 7 项。

刘元法在食用油精深加工方面，重点在系统探讨水—磷脂—甘三酯分子的静电学性质及其对磷脂胶束、浓缩磷脂流变学性质影响基础上，取得了食品级大豆磷脂的加工技术和关键装备自主技术的突破，建成了我国第一条食品磷脂加工线；研究了低温结晶控制与色谱分离结合的高 PC 磷脂高效加工工艺过程，成功实现产业化应用；首次明确了 sn－1 位磷脂酶改性过程中酰基转移的存在与转移规律，结合工业色谱技术，成功开发出了甘油磷脂酰胆碱（GPC）产品。研究成果在中粮东海粮油工业（张家港）有限公司、山东渤海实业股份有限公司等 4 家企业获得产业化应用，首次实现了食品级大豆磷脂和甘油磷脂酰胆碱的国产化。改变了我国食品磷脂加工技术不过关、产品完全依赖进口的局面，为我国食用油加工产业链延伸和产业技术水平升级发挥了重要作用。成果获得国家科技进步二等奖。

刘元法围绕我国食用油过度加工问题，系统研究了目前国内外采用的精炼过程对该体系中生育酚、磷脂、胡萝卜素、甘油三酯、反式脂肪酸等关乎人体营养和健康安全的脂质类物质的结构和物性变化规律。同时，对食用油脱色吸附机理进行了深入探讨，首次开发出了适度脱色专用的新型低活性吸附剂，建立了油脂酶法脱胶、适度脱色、中温脱臭等大豆油、菜籽油适度加工的技术体系，首次建成我国 1000 吨/天大豆油适度加工生产线，为保障食用油质量和营养品质、改变目前国内外普遍采用的极度精炼加工模式提供了产业技术支撑。食用油适度加工技术在山东实业集团获得大规模应用，加工大豆油 60 万吨/年；食用油高效专用吸附剂加工技术已成功应用于盱眙欧佰特粘土材料有限公司、淮源矿业有限公司等4家吸附剂加工企业，产品已在中粮集团、益海嘉里、渤海实业等大型粮油公司的金龙鱼、福临门等品牌产品加工过程中获得成功应用。成果获得国家发明二等奖。

刘元法针对食品反式脂肪酸问题，系统研究了基于生物酶催化的零反式脂肪酸食品专用油产品的开发技术，明确了特异性脂酶的定向和非定向催化规律，建立了具有不同使用功能的零反式脂肪酸食品专用油的分子酯交换制备与评价体系，获得了烘焙、糖果、速冻食品等专用型油脂产品，成果为解决我国食品面临的反式脂肪酸问题提供了产业化解决方案。研究成果在中粮东海粮油、深圳精益油脂、昆山同丰油脂等5家企业获得产业化应用。获得中国粮油学会科技进步一等奖、教育部科学技术二等奖。

个人简介

刘东红，浙江大学教授。1990年获上海交通大学机械制造与工艺专业学士学位，后分别于1997年和2006年获浙江大学机械设计学硕士学位和机械制造与自动化专业博士学位。入选第二批国家"万人计划"科技创新领军人才。

刘东红主要从事食品工程技术领域的模拟、优化、质量安全监控以及新技术研究开发与应用工作。近年来，刘东红主持国家863重点课题、国家自然科学基金、浙江省重大转化工程项目等多项；发表论文80余篇，其中SCI收录39篇，EI收录6篇，一级学报论文30篇，收录的论文共引用659次，SCI引用402次，单篇引用62次，总影响因子91.179，获得发明专利16余项；获全国优秀科技工作者称号、入选浙江省151重点层次人才。在食品罐头加工模拟优化控制技术领域和乳品质量安全检测和控制领域，取得了卓然成效。

在低能量超声技术在食品工程应用方面，刘东红研究了超声液态食品质量的多参量快速检测技术，开发了国内首套具自主知识产权的超声乳品快速分析仪，并在国内500多个乳品企业和基地推广应用，在乳品质量安全控制领域取得了突出成绩，获浙江省科技进步一等奖。在大功率超声在食品工程领域方面，首次研究了超声对多糖的定向降解途径和机理，并研究了超声提取过程中对生物活性物质的稳定性影响等问题，受邀在2013国际声学大会上（ICA2013）报告该研究进展。

采用模拟优化技术，开发了国内首个罐头杀菌仿真软件，并搭建罐头热杀菌优化平台，在该基础上，协助开发了国内首台套连续高温杀菌机，具自主知识产权，在节能和热分布均匀性上有显著优势，目前已在金枪鱼罐头等行业推广应用；开发了首个食品加工装备通用设计平台，为广大中小型食品机械企业提供了理论基础和平台工具，促进了食品机械行业的发展；优化了超薄罐受力条件，帮助实现了超薄罐生产的可行性。

在农产品、食品质量安全追溯技术应用方面，刘东红自主开发的远程控制乳成分分析装置、温度监控系统等质量监控装置，并在贝因美、光明等企业应用。同时在乳制品行业、农产品行业帮助建立了多个质量安全追溯管理系统，并在杭州市农产品质量安全管理、山东银香伟业集团等实际应用，助力企业和地方政府提升了质量安全水平。

在传统食品工业化领域取得多个首创性工作。开发了国内首条腌制蔬菜机械化生产线、主持了特色腐乳规模化生产工艺和装备研究工作、建立了浙江省黄酒重点实验室，为传统食品工业化做出了贡献。

个人简介

刘永红，三一集团有限公司教授级高级工程师，三一集团研究总院常务副院长，博士后。就读于西北轻工业学院（现陕西科技大学），1995年获机制工艺与设备专业学士学位，2000年获机械设计理论专业硕士学位；2005年获西安交通大学机械工程专业博士学位。入选第二批国家"万人计划"科技创新领军人才。

16年来，刘永红一直致力于我国工程机械关键技术和核心零部件自主研发。面向国家重大工程建设和行业发展需求，刘永红在混凝土泵车超长臂架振动控制和工程机械基础技术研究方面取得了较大技术突破和多项创新成果，为我国混凝土泵送装备从技术跟随模仿到引领发展、促使其成长为极具国际竞争力的行业做出重要贡献，经济和社会效益显著。

刘永红先后主持和参与国家级、省部级科技项目10余项，代表性工作包括担任863计划重点项目"混凝土泵车远程监控及维护应用系统研制"课题组长，领导研制成功混凝土泵车远程监控及维护应用系统，实现泵车健康状态的监测、预警与诊断；主持设计国庆60周年大典"锦绣潇湘"游行彩车，获得"奋进奖""设计制造创新奖"。

刘永红累计申请专利11件，其中发明专利5件，国际专利1件；发表学术论文16篇，其中EI收录9篇。发明专利"用于抑制混凝土泵车臂架振动的方法及装置"获中国专利金奖；参与完成的"混凝土泵车超长臂架技术及应用"获国家技术发明二等奖。

他担任企业导师，累计直接指导和培养机械设计人员10余名，其中7名获中级职称。先后被中南大学、华中科技大学聘请为兼职教授，被长沙市知识产权局聘请为知识产权创造导师。

他组织建设了工程机械技术创新平台，获国家科技进步二等奖。他所管理的专利工作实现快速发展，企业累计申请专利超过9000件。他还被评为"全国企事业知识产权管理先进工作者"；推动建设的标准化信息平台获中国管理科学奖，个人被授予"机械工业标准化工作先进工作者"称号；持续推动企业与高校、科研院所深度技术合作，获"中国产学研合作创新奖"。

刘永红的科技成果产业应用广泛。自工作以来，他的系列科技成果取得了较大的经济与社会效益，发明的泵车臂架减振技术在三一产品上全面推广应用。近五年，累计销售减振型混凝土泵车14020台，由于该项技术的成功推广，为客户累计节省混凝土491.8万立方、节省燃油58607.3万元，还减少CO_2排放量296413.5吨，减少SO_2排放量1488.44吨。

个人简介

刘青松，中国科学院地质与地球物理研究所研究员。1989～1996年就读于中国地质大学（武汉）应用地球物理学专业，先后获学士学位和硕士学位；1999年和2004年先后获中国科学院地球物理研究所固体地球物理专业博士学位和美国明尼苏达大学地质环境专业博士学位。入选第二批国家"万人计划"科技创新领军人才。

刘青松主要从事古地磁学基本理论及其在地学中应用的基础研究，在岩石与矿物的磁学性质、沉积剩磁获得机理与地球磁场演化等方面取得了重要成果。发表SCI论文130余篇，其中国际杂志第一作者论文25篇，被SCI刊物引用1450余次。2005～2007年获得欧盟玛丽居里基金资助；2010年被欧盟玛丽居里基金委员会评为优秀玛丽居里Fellow（top 10%）；2010年获得国家杰出青年基金资助；2012年获中科院青年科学家奖；2013年"百人计划"终期考核优秀；2014年获美国明尼苏达大学百年百名华裔优秀校友奖。刘青松主持国家自然科学基金3项，中科院"百人计划"和知识创新工程重要方向项目子课题各一项。其领导的研究小组被人事部和中国科学院授予先进集体称号，获得了国家自然科学基金委优秀创新群体基金的资助，其中两人次获得国家杰出青年基金资助。

岩石中包含复杂的磁性矿物组合，对这些矿物的准确鉴别和定量化一直是古地磁学研究的前沿问题。刘青松通过对实验室合成磁性矿物的系统研究，提出了一系列表征这些矿物特征的重要参数，为提高古地磁数据的可靠性提供了新思路。他确定了不同沉积环境中磁性矿物的形成、转化与环境的关系，为解译沉积物复杂的磁学性质提供了理论基础。

土壤的磁性变化机制是解译其蕴含的气候与环境变化的核心问题。刘青松通过对全球典型地区天然土壤剖面的磁性研究，提出了土壤磁性增强的新模式，进而在利用岩石磁学方法恢复古地磁场和古环境演变等关键科学问题上取得了新进展；系统地确定了中国黄土—古土壤序列中主要磁性矿物的性质及其气候含义。他还利用动态的过程揭示了中国黄土的剩磁记录机理，确定了松山布容地磁极性倒转边界在海洋和中国黄土序列中的地层位置，为建立中国黄土序列的新年龄标尺提供了依据，为海陆沉积物信息对比提供了基础，对研究全球气候特征具有重要意义。

粉尘演化及其对气候、环境以及生态的影响，一直是全球气候变化的焦点问题之一。刘青松以系统的岩石磁学研究为主要手段，以亚洲内陆粉尘源区及其内陆沉积区的磁性特征为基础，构建了北太平洋沉积物记录的亚洲粉尘信息，从区域的角度研究了亚洲内陆干旱—半干旱地区环境的演化过程，发现陆源粉尘携带的铁成分对大洋生物循环起着重要的调节作用。

热退磁炉是古地磁学的实验基础，但是通电炉丝产生的干扰场对弱磁样品的影响较大。刘青松通过采用同轴炉丝技术，主持研发了新一代热退磁炉，使干扰场降低了一个数量级，整体性能优于目前的商业退磁炉，为古地磁学中弱磁样品的研究提供了新的平台，拓宽了古地磁学的样品研究范围。

个人简介

刘承志，山西太钢不锈钢股份有限公司教授。1989～1993年就读于内蒙古科技大学，获钢铁冶金专业学士学位。入选第二批国家"万人计划"科技创新领军人才。

刘承志工作以来，一直在生产一线从事不锈钢冶金技术及产品开发工作，掌握较强的不锈钢冶金理论知识，有多年不锈钢生产实践经验。他能熟练应用多种大型科研仪器及计算机软件开展科研工作。工作以来，刘承志获国家科技进步二等奖1项（第二完成人）；获省部科技二等以上奖项5项；以第一发明人身份被授权国家发明专利6项，其中1项专利被世界知识产权组织（WIPO）授予青年发明奖；是山西省委联系的高级专家，第三届中国金属学会冶金青年科技奖获奖者。

在含氮不锈钢生产技术及品种系列化开发方面，刘承志作为课题负责人，在国内首次开发成功AOD炉完全用氮气进行氮合金化工艺控制模型，与课题组成员共同完成了含氮不锈钢热塑性研究工作，开发了含氮不锈钢热加工工艺等，技术水平处于国际先进。开发出的含氮不锈钢锻件、厚板、卷板、复合板等系列产品应用于水力（三峡工程）、化工、机械、能源等领域，取得了巨大社会效益，满足了国民经济发展对高性能不锈钢产品的需求，推动了不锈钢民族工业的发展。该项目获国家科技进步二等奖（第二完成人）。

在铬系不锈钢冶金技术的开发方面，铬系不锈钢属于经济型钢种，生产技术难度较大且只有少数企业掌握，刘承志承担完成了"真空吹氧脱碳精炼炉冶炼不锈钢高碳区脱氮技术开发""铬系不锈钢连铸板坯质量控制及工艺开发"工作，开发出了具有自主知识产权、国际先进水平的系列化制造核心技术，促使我国铬不锈钢比例达到近27%，高于世界平均25%的水平。对提高我国不锈钢制造技术水平及产品竞争力，改善我国不锈钢行业品种结构，具有重要的社会和经济意义。在该项目中授权国家发明专利2项（第一完成人），获山西科学技术进步奖一等奖1项（第一完成人）。

刘承志在参与以铁水为主原料的不锈钢冶金技术开发工作，主要负责K–OBM–S转炉不锈钢冶金工艺开发工作，开发出转炉冶炼不锈钢热平衡分析、高速用氧、焦炭补热、快速脱硫等技术，填补了国内转炉冶炼不锈钢技术空白，技术水平达国际先进，推动了以不锈钢铁水为主原料及纯净钢的冶金技术发展，该项目授权国家发明专利1项（第一完成人），获冶金科技进步一等奖1项。

他还在国内首次开发出宽度在1000毫米以上的铁铬铝热冷卷生产技术及产品，目前该技术全球范围内只有日本JFE掌握；主持国际热核聚变实验堆（ITER项目）

用不锈钢材料及系列制造技术研究工作；作为骨干人员参与"高磷铬镍生铁在不锈钢冶炼应用中的工艺研究"课题工作，创效近 12 亿元。

个人简介

刘勇胜，中国地质大学（武汉）教授。1990～1999 年就读于中国地质大学，先后获矿床学学士学位和硕士学位以及地球化学博士学位。入选第二批国家"万人计划"科技创新领军人才。

刘勇胜共发表 SCI 收录论文 118 篇，总他引 4080 次。其中，通讯作者（含第一作者）论文被 SCI 论文总他引 1562 次，H－index 为 31。

在分析技术研究方面，刘勇胜建成了在国内有重要影响力的 LA－ICP－MS 实验室，实验室成员不仅在新技术和方法开发方面有所突破，而且在 LA－ICP－MS 分析中的分馏效应和增敏效应等机理研究上也取得了重要成果。刘勇胜针对 LA－ICP－MS 分析技术中的"瓶颈"问题，建立了多外标、无内标分析方法，不仅解决了分析硅酸盐和碳酸盐矿物中元素含量时受内标元素制约的"瓶颈"，而且能够同时准确分析常、微量元素含量；设计了体积自由、低记忆效应双池剥蚀池，消除了 LA－ICP－MS 分析的位置效应、显著降低了记忆效应（冲洗时间仅 1－4s，标准剥蚀池 >15s），该"双池"设计思想目前已被商业激光剥蚀系统广泛采用；建立了小激光斑束条件下对岩石薄片中锆石直接进行 U－Pb 年代学研究的方法，实现了真正意义上的原位 U－Pb 同位素定年，使锆石年代学和记录 P－T 变化的岩石组构能够有机联系；编制了国内首个 LA－（MC－）ICP－MS 数据处理软件 ICPMSDataCal，是国内处理 LA－（MC－）ICP－MS 分析数据使用最广泛的软件，大大推动了我国 LA－ICP－MS 分析技术的发展和应用研究。

在地球科学研究方面，刘勇胜通过对汉诺坝玄武岩中橄榄岩—辉石岩—麻粒岩包体的研究，为陆壳和洋壳再循环诱发的多来源、多类型硅质熔体—地幔橄榄岩反应产生高 Mg#安山岩的陆壳成因模型提供了首个天然证据，证明了麻粒岩相变质作用与玄武岩浆底侵作用的同时性，揭示了古亚洲洋壳俯冲作用对华北克拉通破坏具有重要贡献。在对高温、高压实验数据分析整理的基础上，通过对中国东部新生代玄武岩精确的 Fe/Mn 和 Nb/Ta 比值分析，并结合 Sr－Nd 同位素和微量元素模拟计算，刘勇胜提出了在统一构造背景下解释中国东部新生代玄武岩完全不同地球化学特征的成因模型，为研究新生代大陆玄武岩成因提供了新的思路。刘勇胜还通过对 CCSD 主孔榴辉岩—超基性岩组合的研究，发现苏鲁地区榴辉岩经历过短暂的高温热历史，部分榴辉岩的 Ti 矿化作用与榴辉岩原岩形成过程中的钛磁铁矿堆晶作用有关，而非变质分异造成。

个人简介

齐炼文，中国药科大学教授，博士生导师。2004 年获湖南中医药大学学士学位；2009 年获中国药科大学生药学博士学位。

齐炼文是天然药物活性组分与药效国家重点实验室课题组长，获霍英东第十四届高等院校青年教师奖、"国家首批优秀青年科学基金""全国优秀博士学位论文"、比尔盖茨"大挑战 2015·青年科学家"、江苏省杰出青年科学基金，入选国家"万人计划"青年拔尖人才、"江苏省十大杰出青年"、教育部"新世纪优秀人才支持计划"。兼任《科学通报》（*Scientific Reports*），《美国中医药杂志》（*American Journal of Chinese Medicines*）等杂志编委。

齐炼文长期从事中药学教学与科研工作。教学上，近 5 年为本科生和研究生上课 1000 学时，党课、团课、青马工程培训累积 30 次，指导学生社团、大学生创新创业、社会实践项目 20 个，带教实习生 50 人，指导研究生 30 人，2012 年、2013 年连续两届获"吾爱吾师我最喜爱的老师"荣誉称号，2016 年获霍英东第十四届高等院校青年教师奖。

科研上，他围绕中药"含有什么物质、什么物质起效、物质如何起效"三个难题，构建了"复杂成分解析—等效组分发现—作用模式探索"三位一体的药效物质研究思路，发展了中药体内外药效物质组集成表征新方法，建立了中药复方"等效组分"研究理论与方法，开辟了临床代谢组学和药物整体调控特色研究领域。

近五年以通讯/第一作者在《美国心脏病学会》（*J Am Coll Cardiol*）、《天然产物报告》（*Nat Prod Rep*）、《有机化学通讯》（*Org Lett*）、《绿色化学》（*Green Chem*）等发表论文 36 篇；近五年 SCI 他引 1895 次，H 指数为 33；申请国内、国际专利 12 项；起草中国药典标准 5 个、美国药典标准 2 个。"中药有效成分群发现与质量评价研究"项目获 2013 年教育部自然科学一等奖（排名第二）。

个人简介

关柏鸥，暨南大学教授。1994年于四川联合大学（现四川大学）获应用物理专业学士学位；1994~2000年就读于南开大学，先后获光学专业硕士学位和博士学位。入选第二批国家"万人计划"科技创新领军人才。

关柏鸥主要从事光纤器件与光纤传感技术领域研究，共发表SCI收录论文110篇，其中本领域权威期刊 *Optics Express* 和 *Optics Letters* 上43篇，IEEE系列期刊上29篇，论文被SCI他引1050次。在国际学术会议上做特邀报告30次，荣获欧洲光纤传感器会议最佳论文奖。设计研制的光纤光栅传感器技术应用于中国第一高塔"广州塔"监测，应用于香港青马大桥监测和香港九广东铁监测。他曾任第十届国际光通信与网络会议大会主席（General Chair），第四届特种光纤与应用会议大会主席（General Chair），第二届亚太光学传感器会议大会共主席（General Co‑Chair），第四届亚太微波光子学会议程序委员会共主席（TPC Co‑Chair），目前担任Springer期刊《光子传感器》（*Photonic Sensors*）编委。2012年获国家杰出青年科学基金资助，2010年入选广东省"千百十工程"国家级培养对象，2006年入选教育部"新世纪优秀人才支持计划"。

关柏鸥系统地解决了外差干涉型光纤传感技术的"瓶颈"性问题，包括实现了超短腔双频光纤激光器制作技术，建立了正交偏振双频光纤激光器与外界耦合机制，实现了外差干涉型光纤传感器的频分复用技术。他受邀在IEEE期刊《光波技术杂志》（*Journal of Lightwave Technology*）上发表特邀论文介绍该成果，相关工作被美国学者在专著中介绍。

他提出面向不同测量对象的光纤光栅传感器温度补偿技术，解决了光纤光栅应变、压力、倾角、折射率等传感器在实际应用中的温度串扰问题。相关工作被英国、比利时、韩国等多个国家的学者写入专著。温度补偿的光纤光栅倾角传感器技术成果应用于中国第一高塔"广州塔"监测。

他提出微纳光纤光栅的紫外激光直接写入技术，极大地提高了微纳光纤光栅的制作效率，使得微纳光纤光栅的低成本批量制作成为可能，并实现了微纳光纤光栅DNA、凝血酶等生物量传感器。该工作被Elsevier期刊《光纤技术》（*Optical Fiber Technology*）选为光纤传感技术前沿的代表性成果，他受邀为该期刊撰写特邀论文介绍该成果。

个人简介

　　江涛，中国科学院生物物理研究所研究员。1991 年获厦门大学物理化学专业学士学位；1998 年于中国科学院生物物理所获分子生物物理专业博士学位。入选第二批国家"万人计划"科技创新领军人才。

　　江涛及其课题组的研究方向为以结构生物学手段研究在生命活动中起重要作用的生物大分子的作用机制。江涛在多年的研究工作中，能够较好地把握结构生物学前沿领域，积累了较为丰富的理论与实践经验。近年来在膜蛋白及蛋白质复合物这一国际前沿的结构生物学研究领域中取得了一系列重要突破，江涛及其课题组先后完成了包括神经营养因子与受体，肉碱膜转运蛋白，以及 DNA 损伤应对相关蛋白等多项国际前沿课题的研究工作，研究成果不仅为研究这些蛋白的作用机制提供了重要的结构信息，同时也为开发新型药物提供新思路以及新依据，相关研究成果发表在《自然》（Nature），《自然—结构分子生物学》（Nat. Struct. Mol. Biol.）等国际一流杂志。江涛先后主持承担了包括"863""973"、基金委创新研究群体等多项国家级科研项目，并获得基金委杰出青年基金资助。

　　神经营养因子和受体的结构生物学研究。神经生长因子（NGF）和 NT－3 等组成神经营养因子（NT）家族，是治疗神经退行性疾病的重要药靶。江涛及其团队解析了 NT－3 与其受体 p75NTR 胞外域复合物的晶体结构，为国际上长期以来的争论画上了句号，该研究结果发表于《自然》（Nature）杂志。随后，他们围绕该方向开展了一系列研究，包括解析了 p75NTR 胞内死亡结构域，胞内信号分子 NESCA，以及蛇毒 NGF 等的晶体结构。这些研究极大地丰富了人们对于神经生长因子信号转导的认识。目前他们已就药物方面的应用开发申请了相关的专利。

　　膜转运蛋白 CaiT 的结构研究。膜蛋白由于自身的特殊性质，其结构研究一直是结构生物学研究领域的难题。经过艰苦努力，江涛及其团队解析了双向膜转运蛋白 CaiT 与底物复合物的结构，深入探讨了其作用机制。该项研究成果发表于《自然—结构分子生物学》（Nat. Struct. Mol. Biol.）杂志，被《自然中国》评为研究亮点。

　　DNA 损伤应对相关蛋白的结构研究。DNA 损伤与癌症和衰老密切相关。近年来，江涛及其团队解析了多个和 DNA 损伤应对密切相关的蛋白质及复合物结构，包括与共济失调伴眼动失能症相关的 Hnt3 蛋白复合物，细胞周期检查点 Rad9－Hus1－Rad1 复合物，跨损伤 DNA 合成聚合酶 Rev3－7－1 复合物，核酸外切酶 ExoX 复合物等，这些工作极大地丰富了 DNA 损伤应对中多个过程的机理研究，为 DNA 损伤相关疾病的研究提供了重要的依据和新的线索。研究结果发表于《自然—结构分子生物学》（Nat. Struct. Mol. Biol.），《核酸研究》（Nucleic Acids Research）等杂志，得到国内外广泛关注。

个人简介

孙伟圣，久盛地板有限公司高级工程师。就读于华南农业大学，分别获木材科学与工程学士学位和木材科学与技术硕士学位；2003 年获中国林业科学研究院木材科学与技术博士学位。

2009 年博士毕业后，孙伟圣来久盛地板有限公司担任总工程师一职，主要从事木制品新产品开发和产品标准研究工作。他是浙江省 151 人才工程培养人员、湖州市 1112 人才培养人员、湖州市"365"优秀创新团队带头人。兼任国家木竹产业技术创新战略联盟专家委员、全国人造板标准化技术委员会委员、第二届《中国人造板》杂志编委会委员、浙江省家居产品及装饰装修材料质量技术专家咨询委员会委员、浙江省木业产品质量检测中心南浔检测所特聘专家、湖州师范学院客座教授。目前，孙伟圣作为主要技术负责人承担了"十二五"国家科技支撑计划项目 1 项、浙江省重大科技专项 1 项、湖州市重点项目 1 项；参加了国家"十一五"科技支撑计划项目、"863"等科研项目 4 项。获授权发明专利共 5 项（第一发明人 4 项，第三发明人 1 项），实用新型共 30 项（第一发明人 25 项）；发表论文 22 篇（第一作者 12 篇）。参加制、修订国际标准 1 项，国家标准 6 项；负责主持起草行业标准 1 项。

参加工作后，孙伟圣通过"搭建平台、整合资源"的途径，组织成立了行业内第 1 家院士专家工作站，快速建立了一支以产学研合作为核心的科技创新团队，并带领公司成为木竹产业技术创新战略联盟的发起单位之一。

孙伟圣重点攻克了速生人工林木材高效利用、计算机智能调配色等行业关键共性技术，成功开发出了阻燃地板、实木地热地板等高附加值、差异化产品，为公司新增经济效益超亿元。对提升行业科研水平和推动产业转型升级具有一定带头示范作用。

此外，在立足国内的同时，孙伟圣还积极开展国际合作。先后与德国、美国、加拿大等多家科研机构和组织进行技术交流和新产品开发合作。对提升我国木材加工水平，实现与国际化接轨具有一定推动作用。

在工作过程中，孙伟圣先后获国际注册项目管理师资格证书、实验室内审员资格证书。2011 年，到美国农业部林产品实验室进行技术交流。

个人简介

孙涛垒，武汉理工大学教授。1996 年获武汉大学化学专业学士学位；2002 年获中科院理化所物理化学专业博士学位。入选第二批国家"万人计划"科技创新领军人才。

孙涛垒共发表论文 70 余篇，包括作为通讯作者或第一作者在《化学研究评论》（*Accounts of Chemical Research*）、《化学学会评论》（*Chemical Society Reviews*）、《德国应用化学》（*Angewandte Chemie-International Edition*）、《美国化学会志》（*Journal of the American Chemical Society*）、《先进材料》（*Advanced Materials*）等 SCI 影响因子大于 10 期刊上发表论文 23 篇，多篇论文被《科学》（*Science*）、《自然》（*Nature*）及子刊等期刊或专业网站突出报道，论文引用总数 3000 余次，单篇引用最高 1000 余次，6 篇论文被 Web of Knowledge 选为 ESI 近十年高引用论文。他受《化学会评论》（*Chemical Society Reviews*）（2 篇）、《先进材料》（*Advanced Materials*）、《化学研究评论》（*Accounts of Chemical Research*）、《自然·亚洲材料》（*NPG Asia Materials*）和《小》（*Small*）等邀请撰写综述 10 余篇，受美国材料研究会的《材料研究会快报》（*MRS Bulletin*）期刊邀请，作为客座编辑组织功能界面材料专辑一部，授权中国发明专利 5 项，国际专利 1 项。由于在相关领域做出的突出贡献，2006 年，孙涛垒被德国联邦教科部和洪堡基金会联合授予"索菲亚·科法拉夫斯卡娅"大奖（Sofja Kovalevskaja Award），及 100 万欧元奖金用于在德国组建"Bio – & Nano – Interface"研究组，成为该奖第三位来自亚洲的获奖者。2009 年，孙涛垒全职回国，同年受聘为教育部长江学者特聘教授。2011 年以第一完成人获湖北省自然科学一等奖 1 项，2012 年入选湖北省高端人才引领培养计划，2013 年获国家杰出青年基金支持，入选 2014 年度百千万人才工程国家级人选，并获"有突出贡献中青年专家"荣誉称号。2015 年获"中国化学会—巴斯夫青年知识创新奖"。

在生物功能界面材料工作方面，孙涛垒将手性引入生物/材料界面研究，开启了手性生物界面材料研究方向，发现了细胞和生物大分子层次生物/材料界面的手性效应，为生物工程材料和人工植入材料的界面设计提供了新思路，对新型高性能生物材料与器件的开发有重要意义。他将协同氢键作用引入响应性高分子材料设计，提出"识别—介导—功能"协同的三元响应性高分子设计思想，开发出一系列具有生物分子响应特性的智能高分子生物材料。在此基础上，孙涛垒将手性识别单元引入三元设计，解决了微弱手性信号向材料表面宏观性质转变的难题。他将多尺度结构效应引入生物相容性材料的研究，首次报道了超疏水纳米结构表面血小板的零粘附现象，为生物医用材料应用中的血液相容性问题提供了全新解决方案，在癌症检测等领域有重要应用前景。他还将多尺度结构效应与智能表面结合，首次实现了温度响应的超亲水与超疏水间的可逆转变，为智能材料的研究开启了新的方向。

个人简介

阳虹，上海电气集团股份有限公司高级工程师。1993 年获西安交通大学热力涡轮机专业学士学位；2008 年获上海交通大学动力工程专业硕士学位。入选第二批国家"万人计划"科技创新领军人才。

阳虹长期从事汽轮机产品的开发和技术攻关工作，先后主持了 20 多项重大新产品的开发及研制工作，产品的性能达到国内或国际先进水平，体现了优秀的研究能力和学术水平。除了产品的研究能力，阳虹还与业界保持学术探讨，从 2008 年至今，阳虹先后在国内学术刊物或行业学术研讨会发表了 7 篇论文，研究范围涉及到汽轮机调节级气动性能分析和结构优化设计、超超临界汽轮机、全三维性能及优化研究、刷式密封技术的应用、排汽缸流场的数值模拟研究等，在单位及行业内起到了领头羊的作用。

2007~2010 年主持超超临界新产品开发，阳虹开发 3 个性能全面超越西门子的洁净燃煤发电汽轮机系列：①比西门子原型机设计容量大 7%，最大出力为 1100 兆瓦的超超临界汽轮机；②自主设计湿冷和空冷，两种超超临界参数达到（27 兆帕，再热温度 600 摄氏度）世界最高水平的 660 兆瓦机组；③世界上最大容量、最高参数的热电联供超超临界 1000 兆瓦汽轮机。至 2012 年这些机组已有 30 多台在电厂投运，性能达到国际先进水平。

阳虹负责核电长叶片系列开发，1710 毫米长叶片已完成制造试验。该项目获上海电气（集团）总公司 2010 年度科技创新奖特等奖。1905 毫米叶片已完成设计，该叶片是世界上最大排气面积的核电长叶片，能满足 AP1000，以及 CAP1400 容量的要求，技术水平处于国际领先水平。阳虹负责 AP1000 百万核电焊接转子的设计开发，打破了国外公司对核电低压焊接转子的技术垄断。已通过专家鉴定，具有产业化应用的条件。

阳虹主持大容量 300 兆瓦~660 兆瓦热电联供汽轮机系列，有效满足不同参数大容量抽气的需求，以及配 E、F、H 级燃气轮机—联合循环汽轮机的开发，目前已完成全部设计。阳虹开发世界上参数最高、容量最大的单轴 1260 兆瓦汽轮机，单机容量增加 1/4，效率提高 1% 以上。

阳虹组织完成世界上首个 620 摄氏度温度等级的二次再热超超临界 660 兆瓦~1350 兆瓦汽轮机系列的方案设计工作，机组的性能提高幅度最高达到 5%，具有巨大的节能减排效益。目前 1000 兆瓦已进入产品详细设计阶段。这将是世界上参数最高、性能指标最先进的发电机组。

阳虹还主持下一代 700 度高超超临界汽轮机的研制工作，针对 700 度汽轮机本体面临的 4 大关键技术领域组织产学研的攻关，深入而有针对性地落实，4 个发明专利，以及 660 兆瓦一次再热、1000 兆瓦二次再热汽轮机的方案设计在 2013 年完成。

个人简介

苏怀智，河海大学教授。1992～2002 年就读于河海大学；1996 年获测量工程学士学位；1999 年和 2002 年获水工结构工程硕士学位和博士学位。入选第二批国家"万人计划"科技创新领军人才。

苏怀智是中国青年科技奖、全国十大水利青年科技英才、霍英东青年教师奖、张光斗优秀青年科技奖等获得者，入选国家百千万人才工程、国家有突出贡献中青年专家、教育部新世纪优秀人才支持计划、江苏省"333 高层次人才培养工程"等，江苏特聘教授，享受国务院政府特殊津贴。曾获国家科技进步二等奖 3 项（排名第 2、第 4、第 9），部省级特等奖 1 项（排名第 21）、一等奖 3 项（排名第 2、第 7、第 9）、二等奖 1 项（排名第 4）；发表论文 150 余篇，其中 SCI 收录 40 余篇、Ei 收录 70 余篇；申请中国专利 60 项、国际专利 2 项（第 1 发明人 50 项，授权 31 项，其余已受理）；获软件著作权 4 项。

苏怀智长期从事大坝工程服役安全融合监控与灾变预警理论、方法和技术研究，在大坝工程服役性态集成感知、服役健康在线诊断、服役风险快速预警、病险工程除险加固长效评估等方面取得了特色创新成果。他立足于科学解析真实工作状态下大坝结构灾变机理和实时监控大坝安全状况，开展了大坝材料性能参数测试、局部隐患病害探测、宏观工作状况监测新装置、新设备、新方法等的系统研发，取得了成系列的大坝服役性态静动力精细化感知专利技术，部分技术已被水利水电行业质量监督、检测部门采纳。他突破传统的大坝工程安全单点监控模式，发展了大坝工程服役性态时空多尺度辨识、性态转异成因动态推理、安全度综合评估等工程服役健康在线诊断模型和典型实现方法，提出了保障工程安全的临界状态反馈技术；为解析龙羊峡、新安江等老坝工程的病变机理，解决小湾、锦屏、糯扎渡等特高坝安全的超规范监控难题提供了重要的学术支撑。他在对 200 多个大坝工程失事原因和失事机理分析的基础上，开展了大坝工程建筑物（群）服役风险评估与预警理论和方法研究，发展了基于风险的大坝工程服役寿命预测方法，构建了大坝工程服役风险确定—不确定组合预警准则和模型，开发了工程服役风险辅助分析系统。他专门针对病险坝除险加固的领域特点，提出了病险坝除险加固效应数值特征多尺度分析与实时跟踪监控方法，构建了病险坝除险加固长效性评估及预测模型，发展了基于工程全寿命周期的除险加固决策模型反馈技术。

个人简介

苏宏业，浙江大学教授。1986~1990 年就读于南京工业大学，获自动化与计算机专业学士学位；1990~1995 年就读于浙江大学工业自动化专业，先后获硕士学位和博士学位。入选第二批国家"万人计划"科技创新领军人才。

苏宏业主要从事复杂生产过程建模、控制与优化理论研究，并将之用于流程工业全流程闭环优化控制、制造执行系统和能源平衡与调度优化。近五年，苏宏业在国际主流刊物发表 SCI 论文 112 篇，SCI 引用 1235 次，出版专著 3 本；授权发明专利 13 项；负责制定国际标准 1 项（已发布），国家标准 2 项（已发布），参与制定国际标准 3 项，并成为 ISO TC184 下唯一来自中国的工作组召集人。获国家科技进步二等奖 1 项、省部级一等奖 2 项与二等奖 1 项等奖励。

基于多维建模与多层性能评估的全流程闭环优化控制，苏宏业针对从分子级到大系统级的多层复杂系统，提出了集总组分反应网络自适应架构和模型参数降维搜索方法，协调解决了模型的过程匹配性、可靠性、可实现性、优化求解适应性四维度之间的矛盾；提出基于环形泛函的采样同步控制算法和基于单调的浸入与不变自适应方法，大幅度提高了系统闭环性能；提出动态过程控制波动分配与稳态经济优化退避机制一体化理论，解决了从回路层、装置层到全流程的控制与经济性能评估及协调优化运行问题。组件化可配置制造执行系统的数据整合和多尺度建模方面，苏宏业针对海量数据异构分布、生产绩效在线测算困难、组织业务不协同等问题，综合利用动态区域数据整合校正、模型递进聚集映射、可配置服务结构等技术，提出横向物流与纵向业务交织的计划、调度、操作管理控制一体化生态模型体系，提出多维度数据与多层次模型实时验证与适配的模型与数据整合技术，解决了制造执行过程中普遍存在的信息失准、管控失衡等难题。泛在能源介质平衡与多周期动态协同优化调度方面，苏宏业针对流程企业能源介质类型多、产耗节点多、影响因素复杂、耦合转化频繁等问题，提出综合软测量和时间序列的多周期能源产耗预测算法和基于能流物流耦合、转化的多能源介质协同平衡方法，在此基础上提出了能源动态优化调度方法和基于模拟的快速求解策略，解决了流程企业泛在能源系统调度粗放、平衡困难、放散和污染严重等问题。

个人简介

　　杜宝瑞，沈阳飞机工业（集团）有限公司研究员级高级工程师。就读于北京航空航天大学，先后于1992年和1999年获飞行器制造工程专业学士学位和管理科学与工程专业硕士学位；2011年起攻读该大学数字化制造专业博士学位。入选第二批国家"万人计划"科技创新领军人才。

　　杜宝瑞现任沈阳飞机工业（集团）有限公司副总工程师兼国家级企业技术中心副主任、"高档数控机床与基础制造装备"国家科技重大专项总体组专家、中航工业首席技术专家；辽宁省百千万人才工程百人层次人选，享受国务院政府特殊津贴；西北工业大学、大连理工大学兼职教授；中国工程图学学会和辽宁省人工智能学会理事。他承担国家及省部级课题9项，获发明专利11项，发表论文4篇，获国防科技进步一、二等奖各1项，三等奖3项，航空科技奖7项，市科技进步一等奖4项。此外，在培养技术创新团队、创建企业技术创新体系等方面取得一定成绩，获国防科技工业企业管理创新成果奖二等奖。

　　杜宝瑞长期从事飞机数字化制造技术研究与应用工作，在构建飞机数字化制造技术体系、研发飞机数字化制造关键技术及装备、推动国产高档数控机床在航空领域应用等方面做出突出贡献，对行业有重要影响。

　　杜宝瑞构建飞机数字化制造体系，提升了新一代飞机数字化制造水平。突破飞机复杂结构件快速数控编程、数字化钣金工艺仿真、现场可视化装配、三维工艺设计及制造执行等关键技术，建立完整的软件系统及平台，制定数字化制造技术规范，构建飞机数字化制造体系，并在新一代飞机研制中得到应用，比传统制造模式缩短研制周期25%。

　　杜宝瑞研发飞机数字化制造关键装备，提高了新一代飞机制造精度和质量。突破复杂结构件数控加工、蒙皮柔性多点成形、数字化柔性装配精确定位、自动精密钻孔等关键技术，研发蒙皮拉形柔性多点模具、柔性装配工装、钛合金壁板自动制孔设备等数字化制造关键装备，在三种重点型号蒙皮成形、柔性装配、自动制孔以及ARJ21蒙皮成形、A320舱门装配中得到应用，蒙皮成形精度由1毫米提高到0.5毫米，装配定位精度由0.5毫米提高到0.2毫米，制孔精度由H10提高到H8。

　　杜宝瑞还积极推动国产高档数控机床在航空领域的深入应用。作为"高档数控机床与基础制造装备"专项总体组专家，他围绕专项总体目标，谋划并制定到2020年面向航空领域的高档数控机床与基础制造装备研发与应用发展路线图，积极推动国产高档数控机床及系统在飞机、航空发动机及机载设备等领域深入应用，提升国产高档数控机床及系统应用水平和能力。

个人简介

李昂，中国科学院上海有机化学研究所研究员，生命有机化学国家重点实验室副主任。2004 年获北京大学化学与分子工程学院化学专业学士学位；2009 年获美国斯克里普斯研究所有机化学专业博士学位。

李昂从事活性天然产物的全合成研究。天然产物是药物和生物探针分子的重要来源，其相关研究对于化学和生命科学的基础研究以及药物研发的产业发展都具有重要意义。天然产物的化学合成能够协同推动多学科和产业的发展：它既代表有机化学的一个重要前沿，又可促进药物先导物的发现和重大疾病机制的解析。

他的研究工作立足于天然产物的化学合成，一方面关注提高合成效率、发现新的反应特性、调控反应选择性等有机化学的基本问题；另一方面关注天然产物的功能。期望整合化学合成和靶点识别、机制解析，对一些重要天然产物的功能进行深入的理解，为寻找潜在的药物靶点提供支持。

李昂独立工作后完成了 10 多类 60 多个天然产物的全合成，作为通讯作者在《自然化学》《自然通讯》《美国化学会会志》《德国应用化学》四种期刊上发表论文 15 篇。他获得了英国皇家化学会《化学通讯》新兴科学家奖（2016）、药明康德生命化学研究奖（2015）、蒂姆出版社化学期刊奖（2013）、中国化学会维善天然产物合成化学奖（2013）、中国药学会施维雅青年药物化学奖（2013）、亚洲核心计划报告奖（2012）等学术奖励。李昂获得了国家杰出青年基金资助（2015），入选了中组部青年拔尖人才支持计划。

个人简介

李炜，上海新傲科技股份有限公司研究员。1994 年获清华大学机械工程专业学士学位；1997 年获浙江大学金属材料专业硕士学位；2000 年获中科院上海冶金研究所微电子专业博士学位。

李炜，现任上海新傲科技股份有限公司副总经理、董事会秘书，主要负责公司各类研究、产业化项目实施、资金运作和上市工作。

2007～2009 年，作为公司科技研发和产业化工作领军式人物的李炜博士，主持或参与了上海市科教兴市重大科技攻关项目、国家科技重大项目 02 专项等重大科技专项的研发和产业化工作。三年来，他在科技研发的道路上敢为人先、勇攀高峰，在推动高新技术产业化方面呕心沥血、不遗余力。2008～2009 年金融危机期间，他支持制定各种应对措施，同时争取到各类资金 1.45 亿元，帮助企业走出困境，生产销售创出近 3.6 亿元的历史新高，同时总资产实现翻番的巨大飞跃。他的不懈努力既助推了公司的腾飞，也为上海实施科教兴市主战略做出了贡献。

2008 年，国家制订了"四万亿"经济振兴计划。李炜担任了国家发展改革委高新技术产业化项目——"大尺寸 SOI 晶片产业化能力建设项目"的负责人。该项目总投资 10714 万元，将采用高质量的全耗尽超薄 SIMOX SOI 晶圆工艺、Simbond SOI 工艺技术、先进厚膜键合大尺寸 SOI 工艺技术生产大尺寸 SOI 晶圆片，同时研发新一代 SOI 制备工艺：等离子体离子注入技术。

李炜积极响应国家号召，坚持高起点、高标准地开展项目建设。项目的实施针对净化要求极高的半导体行业工程来说，从土建到建设净化、纯水、工艺气体等在内的十几个复杂的配套生产保障系统。李炜博士通过聘请各领域的专家，组织团队反复论证，与多方协调确保工程质量和工程进度，如期完成所有关键设备的采购和各类配套系统的方案落实，并于 2010 年 12 月 10 日举办新傲北区新厂开业庆典。

李炜作为新傲公司博士创业团队主要成员之一，充分发挥主观能动性，做了大量在实验室未曾见过、想过的工作，从创业之初的筹集启动资金、引进关键设准备、备产业化的技术到选择产业化地点和厂房、成立公司等，经过十多年的奋斗，新傲科技在关键技术上取得一系列重大创新，《高端硅基 SOI 材料研究和产业化》项目荣获国家科学技术进步一等奖，拥有了 SOI 核心自主知识产权，并形成我国首部 SOI 技术企业标准，实现了我国微电子材料领域的跨越式发展。目前，新傲科技已全面实现 8 英寸外延硅片和 8 英寸 SOI 硅晶片的产业化，成为国内唯一的 SOI 硅晶片批量供应商和国内规模最大的硅外延片供应商。

个人简介

李战，南京长澳医药科技有限公司研究员。1994年获中国医科大学药理学专业学士学位；2000年获亚洲（澳门）国际公开大学工商管理专业硕士学位；2008年获中国药科大学药理学专业博士学位。

李战作为科研和企业管理的复合型领军人才，带领公司迅速发展壮大，致力于抗耐药感染等重大疾病创新药物研发。近5年成功开发并取得新药证书7项、生产批件9项、临床批件10项，形成"喜达安""澳扶安""可欣林""甘悦喜"等国内知名品牌或"高新技术产品"称号。近五年实现成果转化10余项，收入达1.2亿元。申请国内外发明专利36项，其中获授权18项；发表学术论文20余篇，其中SCI论文6篇；承担国家及省市各级科技计划11项。他承担的创新项目"核苷类抗乙肝一类新药PNA"先后获得省科技厅高技术研究计划、国家自然科学基金、国家"十一五"、"十二五"科技重大专项以及江苏省重大成果转化项目的支持，2012年荣获中国药学会科学技术奖三等奖，被评为"首届江苏新医药十大创新项目"。

国家一类新药——抗乙肝药物PNA的研究。该品是我国第一个自主开发的无明显耐药性及线粒体毒性的双脱氧鸟嘌呤核苷类抗乙肝药物，申请国内外发明专利11项，获授权4项。李战创立了国内首家以喜马拉雅旱獭和猕猴为动物模型的线粒体毒性评价平台，采用国际领先的低能量放射性同位素14C示踪技术评价DMPK，物料平衡达到80%以上。目前已进入Ⅱ期临床，将成为我国自主开发的第一个抗乙肝新药。

新一代质子泵抑制剂——注射用雷贝拉唑钠的研究。该品国内目前无静脉注射制剂。该项目已申请发明专利2项，获得南京市高新技术产业化项目立项，于2014年5月在中国得以独家批准上市，成为注射用质子泵抑制剂市场新宠。注射用雷贝拉唑钠与其他PPI制剂比较，起效更快，抑酸活性更强，药物的相互作用更少，止血率成功率更高，再出血发生率更低，安全性及代谢的多态性等方面有明显的优势，填补了我国消化系统药物注射剂型的空白。

新型无聚态依达拉奉注射液成功研制。李战对该品的关键杂质依达拉奉二聚体及其互变异构体开展了深入系统研究，同时在制剂制备过程中全程采取特殊的充氮排氧工艺，解决了依达拉奉溶解度小，易形成二聚体析出而导致有可能产生二次中风的问题；并制定了严格的药品质量标准。2012年12月国家药典委员会公布了参照李战公司的专利技术对产品中二聚体杂质进行控制的国家标准。这2项发明专利已获授权。该品2011年上市，目前已销售四十余万支、以市场零售价计实现销售收入7500余万元，市场前景光明。

个人简介

李小雁，北京师范大学教授。1994 年于甘肃农业大学获土壤农业化学学士学位；1997 年于中国科学院兰州沙漠研究所获自然地理学专业硕士学位；2000 年于中国科学院寒区旱区环境与工程研究所获自然地理学专业博士学位。入选第二批国家"万人计划"科技创新领军人才。

李小雁从事生态水文学与水文土壤学的教学与研究工作，长期坚持在我国北方半干旱区开展野外观测和实验分析研究，在土壤—植被—水文相互作用与适应机制方面取得系列创新成果。李小雁曾获北京市科学技术二等奖和教育部自然科学二等奖；先后入选中国科学院"西部之光"计划、教育部"新世纪优秀人才支持计划"和北京市优秀人才培养计划，是全国百篇优秀博士学位论文奖和国家杰出青年科学基金获得者，并享受国务院政府特殊津贴；主持国家自然科学基金重大研究计划集成项目"黑河流域生态系统结构特征与过程集成及生态情景研究"、重大项目课题"黄土高原草灌生态系统对土壤水变化的响应机制"、重点项目"青海湖流域生态水文过程与水分收支研究"、国家科技支撑计划重点项目课题"青海湖流域湿地恢复与生物多样性保护技术集成与试验示范"、国家 973 计划课题"近代和现代环境过程与环境替代性指标的量化研究"、国家 863 计划课题"半干旱区集雨节水高效农业专家系统"以及国家自然科学基金面上项目等 20 多项。李小雁共发表学术论文 130 余篇，其中 SCI 论文 58 篇（第一作者 32 篇），EI 论文 19 篇（第一作者 12 篇）；论文被 SCI 引用 737 次；合作专著 2 部，获得授权专利 4 项。

李小雁提出了干旱地区植被的水分聚集适应理论，研发出集水、保水和沟垄种植为一体的旱作农田沟垄集雨结合覆盖作物种植高效用水模式和植被恢复技术体系，开发了半干旱区集雨节水高效农业专家系统，研究结果被澳大利亚 CSIRO 集水报告和国际粮食政策研究所《雨养农业在未来全球粮食生产中的作用》报告采用，博士论文《干旱半干旱过渡带雨水集流实验与微型生态集雨模式》获全国百篇优秀博士学位论文奖。李小雁在国内率先开展了草地灌丛化生态水文机理实验研究，发现灌木对降雨的"自集水功能"，对干旱区水量平衡研究和生态水文模型改进至关重要，"半干旱区土壤水文过程与植被响应"获 2010 年国家杰出青年科学基金。他揭示了半干旱区沙田的土壤水分保持机理，发展了对砂田雨水利用与水土保持的认识，被欧盟全球变化与生态系统研究框架计划评估报告引用；证实了气候变化是造成青海湖水位下降的主要原因，研究成果被《科学》（Science）报道。他还将土壤发生学研究的思想和水文学原理紧密结合，引进并推动了新兴交叉学科《水文土壤学》在我国的研究与发展，2011 年，李小雁获批成为教育部长江学者和创新团队发展计划"土壤水文与土壤侵蚀"团队带头人。目前,李小雁担任国际水文土壤学工作组执行委员,是第一位加入该国际组织的中国学者,推动形成我国水文土壤学实验研究与国际交流的平台。

个人简介

李云松，西安电子科技大学教授，通信与信息系统博士生导师。1992～2002年就读于西安电子科技大学，1996年获图像处理专业学士学位；1999年获通信与信息系统专业硕士学位；2002年获信号与信息处理专业博士学位。入选第二批国家"万人计划"科技创新领军人才。

李云松是绕月探测工程科学应用专家委员会委员、中国宇航学会深空探测技术专业委员会委员、陕西省图形图像学会常务理事、中国仪器仪表学会空间仪器分会常务理事。主要从事图像/视频压缩编解码以及处理和传输方面的研究工作。自1999年以来先后主持并完成了国家自然科学基金、国家重大科技专项、863、探月工程、载人航天等重大科研项目十几项，承担横向课题多项。相关研究成果已经成功应用于嫦娥一号卫星、嫦娥二号卫星、神舟七号伴随小卫星等卫星中，解决了我国卫星图像数据传输和存储的"瓶颈"问题，提高了恢复图像质量和实时处理能力，创造了较大的社会和经济效益。近五年发表SCI论文10篇，获得授权发明专利15项。作为第一完成人获得2012年度国家科技进步二等奖。2009年入选教育部新世纪优秀人才计划，2012年获得首届优秀青年科学基金资助，2013年作为团队负责人入选陕西省重点科技创新团队。

李云松在可见光全色图像压缩编码方面，提出了基于行的小波变换快速实现方法和比特平面并行的无链表SPIHT硬件实现方法，使用该方法完成了我国第一个采用小波变换的内嵌8倍实时卫星图像压缩编解码系统，经过不断的改进和完善，此项技术已经在我国神舟7号伴飞小卫星、资源一号和环境一号等多颗卫星中获得成功应用，取得了较大的社会效益。

在立体图像压缩编码方面，提出了基于自适应码率分配的高可靠实时立体图像压缩方法及硬件结构，在国际深空探测领域首次研制了压缩比在线可调、码率精确可控的高可靠实时立体图像压缩硬件系统。在我国"嫦娥二号"探月卫星和第1颗传输性测绘卫星"天绘一号"等重大工程中获得成功应用，为我国在国际上首次获得优于10米分辨率的全月面影像数据做出了重要贡献。

在静止和活动图像一体化压缩编码方面，提出了一种基于小波变换和DCT变换的三维SPIHT编码方法，解决了在单片300万门FPGA中实现同时支持静止图像和活动图像高效压缩的"瓶颈"，以及传统活动图像压缩方法无法进行精确码率控制的难题。此项技术成功应用于嫦娥三号卫星地形地貌相机的图像压缩系统中。

在航天图像压缩芯片设计方面，系统研究了高速芯片的可靠性设计方法，提出了比特平面并行的EBCOT编码方法。在国家重大专项和优秀青年科学基金的资助下，突破了多项关键技术，研制成功我国第一颗航天图像压缩芯片。

个人简介

  李文英，长江学者，太原理工大学教授。1985～1992 年就读于太原工业大学，先后获煤化工专业工学学士学位和有机化工专业工学硕士学位；1995 年获大连理工大学有机化工专业工学博士学位。入选第二批国家"万人计划"科技创新领军人才。

  李文英近年来主持或参加 973 课题、863 课题、国家自然科学基金项目、中国工程院战略咨询项目等 30 余项。获国家自然科学奖二等奖 1 项（2008 年，排名第 2）；国家科技进步二等奖 1 项（2001 年，排名第 6）；获教育部自然科学奖一等奖 1 项（2007 年，排名第 1）；省部级科技进步理论成果二等奖以上奖 4 项（1995～2001 年）。已发表国内外学术期刊论文 172 篇和授权中国国家发明专利 10 项。担任本领域主流刊物《燃料》（*Fuel*）、《能源》（*Energy Sources*）、《燃料加工技术》（*Fuel Processing Technology*）专辑客座编辑；出版著作 2 部，参编 2 部。

  李文英从 1989 年至今一直从事煤化学化工应用基础和煤炭能源集成系统研究。通过对煤结构及其热解反应性关系研究、煤热解工艺的优化和不同类型煤化工产品利用的分析，发现并测定了煤中大分子、小分子相的结构，对煤分子结构特征及分子间结合方式有了新认识，研究结果直接应用于煤衍生物高纯度分离工艺的开发；根据煤转化过程反应的控制原理与煤的分级转化思路，为煤分级转化工艺的实施、技术的集成方式提供了理论依据，研究结果可应用于煤转化工艺过程的设计和优化；利用非线性优化的方式对煤基多联产系统集成优化，以能源、经济、环境指标为目标函数，创建了包括能量、元素等综合指标的煤化工耦合集成系统优化原理。在化学能梯级利用的基础上，实现 CO_2 的低能耗捕集和再利用，有效提高了系统能量效率。

  上述研究结果和取得的业绩，部分解决了煤清洁高效转化的共性问题，在实施源头节约煤炭资源、水资源和终端减排 CO_2 方面的在新一代煤基多联产系统中得到体现。

个人简介

　　李玉同，中国科学院物理研究所教授。1990年获河北师范大学物理专业学士学位；1995年获四川大学原子分子物理专业硕士学位；2000年获中国工程物理研究院光物理专业博士学位。入选第二批国家"万人计划"科技创新领军人才。

　　李玉同在国内外学术刊物发表SCI论文200多篇（其中9篇《物理评论快报》（*Physical Review Letters*），2篇《自然物理》（*Nature Physics*），被他人引用超过1000余次（见 *Web of Sciences*），在国际重要学术会议上做特邀报告40余次。他获得了国家自然科学二等奖、中国科学院杰出成就奖、王淦昌物理奖、国家杰出青年基金、成果入选中国科学十大进展等多项荣誉和奖励，在本领域具有一定国际地位。

　　李玉同主要从事强激光与物质相互作用和高能量密度物理研究，曾多次在英国卢瑟福实验室、日本大阪大学、美国利弗莫尔实验室等机构进行合作研究和访问。他主持研制了基于"极光Ⅱ"号和"极光Ⅲ"号超强激光装置的物理实验平台，发展了多种有特色的诊断设备。利用这一平台，在实验室天体物理、先进激光粒子加速与超快辐射、快点火激光核聚变基础物理等前沿问题的研究中，取得了多项具有国际影响的进展。

　　他与合作者一起，在国内开辟了实验室天体物理研究新方向，取得了国际领先的成果。利用强激光装置，在实验室中实现了黑洞等致密天体附近的光电离过程；产生了与超新星遗迹相关的无碰撞冲击波；演示了太阳表面的硬X射线环顶源以及磁重联喷流的形成过程。这些进展入选了2011年中国科学十大进展，并分别被《自然物理》（*Nature Physics*）、《自然光子学》（*Nature Photonics*）、《自然中国》（*Nature China*）作为亮点工作（Highlight）进行报道。

　　首次在实验上实现了沿靶面发射的超热电子束，这对于理解快点火激光核聚变中高能电子束流的产生和输运有重要意义。

　　在利用强激光产生超快次级辐射源的研究中，李玉同及其合作者实现了具有国际先进水平、具有单发成像能力的飞秒超快X射线源。他提出了一种利用强激光—固体靶相互作用产生大能量太赫兹辐射的全新机制，并进行了实验演示，得到了目前为止单脉冲能量最高的宽谱强太赫兹辐射。

　　他还提出了一种利用泡沫靶实现的高能离子级联加速（"体加速"）的新方案，并进行了实验证实等。

个人简介

李秀清，山东新华医疗器械股份有限公司研究员。1985～1990年就读于清华大学，获现代应用物理专业学士学位；2013年至今就读于北京理工大学生物医学工程专业，攻读博士学位。入选第二批国家"万人计划"科技创新领军人才。

李秀清清华大学加速器专业毕业，长期在企业从事放疗设备新产品的设计开发工作及组织领导工作。他先后参与多项放疗新产品的研制和开发工作，如XHA1400医用电子直线加速器、XHA600D医用电子直线加速器、XHA600医用电子直线加速器、钴60-8000型放射治疗机、SL-IE型放射治疗模拟机、SL-I型放射治疗模拟机、XHDR-18型高剂量率遥控后装治疗机等新产品的设计、组织开发。其中XHA600D医用电子直线加速器、XHA600医用电子直线加速器、SL-IE型放射治疗模拟机、SL-I型放射治疗模拟机、DR-18型高剂量率遥控后装治疗机等项目分别获山东省科技进步奖和淄博市科技进步奖。XHA600医用电子直线加速器获得国家级自主创新产品称号。上述新产品投产后，为企业创造了可观的经济效益。李秀清先后共开发了6种新型的放疗设备，将多种新技术、新工艺应用到放疗设备的生产上，有多个新产品均为国内首创，填补国内空白，并有几项新技术申报国家专利。由于成绩突出，他多次被评为公司技术拔尖人才，获得"山东省千名知名专家"称号、淄博市政府颁发的"九五"科技先进个人称号等；是专业技术带头人，淄博市第四届青年科技奖获得者。

李秀清还担任科技部"十一五""十二五""十三五"《医疗器械产业科技发展专项规划》专家；中国粒子加速器学会应用委员会副主任委员；全国放射治疗、核医学和放射剂量学设备标准化分技术委员会（TC10/SC3）委员；放疗联盟专家委员会副主任委员；国家"八五"攻关项目"WDZ-14C双光子医用电子直线加速器"总调负责人；国家发展改革委"数字化医用电子直线加速器和模拟机产业化示范工程"项目负责人；国家发展改革委"新型肿瘤放射治疗设备高技术产业化示范工程"项目负责人；国家科技支撑计划"基于电子直线加速器的快速调强与影像引导的放疗系统"课题负责人；国家科技支撑计划"先进肿瘤治疗装备和材料研发"项目负责人；《医用加速器》编委。李秀清负责研发XHA600、XHA900直束双线、XHA1400双光子中能等医用电子直线加速器，设备销售总量300余套。具有丰富的研发、组织和管理能力，并在科研成果产业化方面具有丰富经验。

个人简介

李劲松，中国科学院上海生命科学研究院生物化学与细胞生物学研究所研究员。1989~1993 年就读于江西农业大学，获畜牧专业学士学位；1993~1996 年就读于扬州大学，获动物繁殖专业硕士学位；2002 年获中科院动物研究所动物生理学专业博士学位。入选第二批国家"万人计划"科技创新领军人才。

李劲松自 1997 年开始从事体细胞重编程的研究，博士期间获得国内第一批体细胞克隆牛，博士后期间探讨了不同细胞对克隆胚胎发育的影响。自 2007 年 8 月回国以来，立足国内，围绕细胞重编程开展了系列研究，在国际重要学术刊物上发表论文 30 余篇，包括以（共同）通讯作者发表 1 篇《细胞》（*Cell*）、1 篇《自然》（*Nature*）、4 篇《细胞干细胞》（*Cell Stem Cell*）、5 篇《细胞研究》（*Cell Res*）论文等。申请发明专利 2 项。

他在核移植系统优化研究方面，建立"人造精子"（暨孤雄单倍体胚胎干细胞）并证明该细胞能使卵母细胞"受精"并产生健康小鼠（半克隆技术）；进一步通过遗传修饰获得了能稳定产生半克隆小鼠的"类精子细胞样"的单倍体细胞；建立了食蟹猴的孤雌单倍体胚胎干细胞系等。这些工作以（共同）通讯作者发表论文在《细胞》（亮点论文）、《细胞干细胞》（2015）、《细胞研究》（2010、2012 和 2013）等杂志，被国内外多家专业杂志和媒体专评。其中《细胞》工作入选 2012 年度"中国科学十大进展"。

在核移植诱导细胞重编程机制研究方面，揭示母源因子 Tet3 蛋白介导受精卵雄原核及克隆胚胎假原核的主动去甲基化；证实克隆囊胚滋养外胚层细胞的异常是克隆胚胎发育失败的关键原因。这些工作以（共同）通讯作者发表在《自然》（2011）和《细胞干细胞》（2011）。其中《自然》工作入选 2011 年度"中国科学十大进展"。

在改善 iPS 细胞质量的研究方面，证明了核移植具有比 iPSC 技术更强的重编程体细胞能力；进一步发现核移植过程的重要因子 Zscan4 在 iPS 细胞形成能够稳定重编程细胞的基因组稳定性，从而不仅促进 iPS 细胞产生效率，而且显著提高了 iPS 细胞的体内发育能力。这些工作以共同通讯作者发表在《分子细胞生物学杂志》（*J Mol Cell Biol*，2011）和《细胞研究》（2013，封面故事）。

在 CRISPR-Cas9 介导遗传疾病的治疗研究方面，利用该技术开展了遗传疾病的治疗研究，通过小鼠胚胎直接注射的方法，成功地修复了白内障遗传疾病；进一步证明 CRISPR-Cas9 结合小鼠精原干细胞技术可以使得后代完全不携带遗传疾病。这些工作以通讯作者发表在《细胞干细胞》（2013）和《细胞研究》（2014），其中《细胞干细胞》成果被《科学家》（*The Scientist*）杂志选择同期进行了新闻发布，被《自然》等点评。

上述系统性原创成果，为进一步揭示体细胞重编程的机制提供了新的研究手段和思路，为体细胞重编程技术在再生医学和干细胞领域的应用奠定了重要的基础，得到国际同行赞誉并引起社会关注。李劲松曾获得国家杰出青年科学基金、中科院"百人计划"、谈家桢生命科学创新奖、何梁何利科学与技术创新奖、上海市"青年科技杰出贡献奖"、细胞生物学会"普洛麦格研究创新奖"和"杰出成就奖"等荣誉称号。

个人简介

  李武华，浙江大学教授。1998～2008 年就读于浙江大学，先后获应用电子专业学士学位和电气工程专业博士学位。入选第二批国家"万人计划"科技创新领军人才。

  柔性直流输配电是国家战略新兴产业中新能源产业的重点内容之一，也是国家能源政策的重点支持方向，属于电气工程学科的国际学术前沿。李武华在多个国家和省部级科技计划的资助下，对其中核心技术之一的功率变换拓扑理论及运行控制技术，特别是高增益直流变换拓扑形成方法开展了长期、持续和深入的基础研究，取得了高增益、高效率和高可靠性功率变流的有机统一。主要创新成果包括提出了多自由度控制的高增益直流变换结构，有效地解决了传统升压电路存在的脉冲窄、应力高、损耗大等挑战性难题；提出了电压增益拓展单元概念和基于该概念的高增益拓扑形成新方法，不仅覆盖了已有的高增益变换拓扑，还可构造出系列新型拓扑族，具有很好的系统性和适用性，为高增益拓扑生成和演绎提供了新思路；总结了隔离型与非隔离型直流变流器之间相互转化的普适性原理，从方法论上实现了两类变流器的内在统一，丰富和发展了电力电子直流变流器拓扑理论。

  李武华已负责建立（完成）国际合作研究项目 5 项。主持（在研和完成）国家、省部级、企（事）业合作研发项目 20 余项，包括科技部"973 青年科学家专题"1 项、国家自然科学基金项目（课题）4 项。至今已发表（含录用）SCI/EI 论文 100 余篇，其中第一作者或通信作者 SCI 期刊论文 40 余篇，电气工程领域 IEEE 权威期刊论文 30 余篇。据不完全统计，论文他引 2200 余次，获得国内外同行专家的充分肯定。已获授权美国发明专利 2 项，中国发明专利 20 余项。获省部级科学技术成果一等奖 3 项、中国电源学会科技进步一等奖 1 项。其博士学位论文获全国优秀博士学位论文提名奖。李武华是国家自然科学基金委员会首批"优秀青年科学基金"获得者（2012 年），并获第十五届浙江省青少年英才一等奖（2012 年）、台达环境与教育基金会"中达青年学者奖"（2012 年）。

  李武华为电气工程学科多个国际著名期刊的副主编（Associate Editor）和客座主编（Guest Editor）。与加拿大、美国、英国、荷兰等国的大学和跨国公司建立了友好的合作关系。

  李武华部分成果已在分布式光伏发电和国防军工等行业得到应用并实现了产业化，创造了良好的社会与经济效益，推动了新型柔性直流输电和直流型配电网系统的发展。

个人简介

李典庆，武汉大学教授。1994~2001年就读于河海大学，先后获机械设计与制造专业学士学位和材料加工工程硕士学位；2003年获上海交通大学工程力学专业博士学位。

李典庆教授长期从事水利水电岩土工程可靠度分析与风险控制、高坝大库系统风险评估与安全控制研究，先后主持国家自然科学基金等科研项目30余项，如国家杰出青年基金、国家自然科学基金海外及港澳学者合作研究基金/面上/青年基金、全国优秀博士论文作者基金、教育部新世纪优秀人才、湖北省自然科学基金创新群体项目等一批纵向科研项目以及多项重点水利水电工程项目。在国际权威期刊如国际结构可靠度领域最有影响的期刊《结构安全度》（*Structural Safety*）、《美国土木工程师学会—岩土与环境岩土工程学报》（*ASCE Journal of Geotechnical and Geoenvironmental Engineering*）、《滑坡》（*Landslides*）等发表论文200余篇，其中SCI论文50余篇、EI论文120余篇，论文被SCI引用300余次。4篇论文入选基本科学指标（*Essential Science Indicators*，*ESI*）高被引论文，8篇论文在国内外期刊首篇论文优先发表，9篇论文被列为Elsevier出版社25篇最热门论文（*TOP25 Hottest Article*）。出版学术专著3部，授权和受理专利及软件著作权10余项。研究成果获2011年教育部自然科学"一等奖"（排名第1）、茅以升土力学及岩土工程青年奖、徐芝纶力学奖、汪闻韶院士青年优秀论文奖等多项奖励。

李典庆围绕岩土工程学科发展的国际前沿与水利水电工程建设的重大需求，系统深入地研究了岩土工程中不确定性因素的统计规律、岩土结构物随机响应机制与可靠度、岩土结构物风险评估模型与风险控制理论三个关键科学问题，取得了系列创新性研究成果。提出了基于Copula理论的岩土体参数不确定性分析方法；揭示了岩土结构物分析模型与物理力学参数的统计规律；构建了单一岩土结构物、岩土结构物系统以及考虑时效特性的时变可靠度分析体系；阐明了岩土结构物系统输出随机响应量随输入随机变量的变化规律；提出了岩土工程风险因子概率识别方法，建立了基于贝叶斯理论的岩土工程风险评估模型，发展了集勘察、设计、施工为一体的岩土工程风险控制方法。研究成果为推动我国水利水电工程和岩土工程学科的发展、提升岩土工程防灾减灾能力做出了理论贡献。

李典庆的研究成果得到国际结构可靠度理论著名专家、美国工程院院士Ang AHS教授、新加坡工程院院士Phoon KK教授、中科院院士陈祖煜教授以及多位ASCE Fellow如Amir JM、Juang CH、Low BK、Tang WH教授等高度评价。如美国工程院院士

Ang AHS 教授在"弗洛伊登瑟尔讲座（Freudenthal Lecture）"4.3.4 节中专门评述了李典庆有关"集勘察、设计、施工为一体的岩土工程风险控制方法"研究成果，认为李典庆所提出的方法为现行规范中的经验安全系数和分项系数取值提供了理论基础，为长期的工程实践提供了定量的科学依据。

个人简介

李建平，中国科学院大气物理研究所研究员。1987～1997 年就读于兰州大学气象学专业，先后获学士学位、硕士学位和博士学位。

李建平任国家 973 项目首席、全球变化研究国家重大科学研究计划项目首席、国家杰出青年基金获得者、首届全国百优博士论文奖获得者、"新世纪百千万人才工程"国家级人选、政府特殊津贴专家、获国家自然科学二等奖 1 项（排名第 3）、国际大地测量与地球物理联合会（IUGG）银之奖章、省部级等奖励 10 余次。李建平还享有国际声誉，任国际大地测量与地球物理联合会（IUGG）会士、英国皇家气象学会（RMetS）会士、国际气候与环境变化委员会（CCEC）副主席、国际气候学委员会（ICCL）秘书长、国际动力气象委员会（ICDM）、IUGG 荣誉与嘉奖委员会、东亚气候国际计划（EAC）共同主席、世界天气研究计划（WWRP）季风专家组委员、IUGG 中国委员会秘书长等。任美国夏威夷大学兼职教授、英国剑桥大学客座教授、IPCC SREX 主要作者。任《气候动力学》（*Climate Dynamics*）执行主编、《气候变化研究进展》（*Advances in Climate Change Research*）副主编、《理论与应用气候学》（*Theoretical and Applied Climatology*）、《大气科学》和《气象学报》常务编委、《高原气象》和《气象科学》编委等。担任国际会议、分会主席或共同主席 40 余次，作国际会议特邀报告 40 余次。发表论文 260 余篇（SCI 论文 160 余篇），编译著 10 本，被 SCI 引用 4000 余次。

李建平一直从事气候学基础理论与应用研究，在非线性气候动力学、东亚季风动力学及其预测等方面取得了系统性、创造性的理论和应用成果，初步形成了从概念、机理、方法、模型到应用的理论体系，得到国内外同行的高度评价，对发展气候动力预测做出了重要贡献。

在气候可预测性动力理论方面，李建平创建了非定常强迫下气候系统全局分析理论，被评价为"开创性、系统性的工作，极大地推动了气候预测的发展"。他提出了非线性局部李雅普诺夫指数，建立了可预报期限定量度量的新理论，突破了以往线性理论的局限性，这是对误差增长理论的一个重要贡献，被评价为"新思想、有前景的方法；他还是第一个利用非线性李雅普诺夫指数研究可预报期限的工作"；提出数值模拟中的计算不确定性原理、通用显式差分格式及计算稳定性判据，被国际上誉为"李定理"或"李方法"，被评价为"奠定了设计稳定差分格式的理论基础"，得到大量应用。

在东亚季风动力学及其预测方面，李建平提出了"海气耦合桥"的理论，揭示了中高纬环状模影响东亚季风变化的机理，明确环状模是东亚季风季节预测新的前期信号，开辟了东亚季风动力学研究的新方向；发现并阐明春季北大西洋涛动信号有助于改善东亚夏季风的季节预测；提出了若干有物理基础的东亚季风预测模型，在国家气候中心业务预测中得到了成功应用，为推动业务预测发展做出了重要贡献。成果被《自然》（Nature）评为研究亮点，其提出的环状模指数被国际上称为"李—汪指数"，提出的季风指数，被国际上称为"李—曾指数"，得到广泛应用。此外，有关成果被《自然地球科学》（Nature Geoscience）杂志特别报道。

个人简介

李道亮，中国农业大学信息与电气工程学院教授，北京市农业物联网工程技术研究中心和农业先进传感技术北京市工程研究中心主任。1994年获山东农业大学农业机械设计制造专业学士学位；1994～1999年就读于中国农业大学农业机械化工程专业，先后获硕士学位和博士学位。入选第二批国家"万人计划"科技创新领军人才。

李道亮研究的所属学科是农业电气化与自动化，研究方向为农业先进传感与智能信息处理。他揭示了溶解氧、氨氮等多参数传感机理，发明了多参数非线性补偿校正模型和智能变送方法，创制了9种参数20多个型号农业传感器。

创建了多传感器信息融合的动植物生长动态调控模型与方法，开发了全过程实时调控与管理软件平台。

构建了集传感器、采集器、测控终端、软件平台于一体的农业物联网系统，成果经教育部、天津市和山东省组织鉴定结论为总体国际先进，传感器居国际领先水平，并在19个省市进行了大面积推广应用，累计新增经济效益60多亿元，为我国农业信息化做出了突出贡献。

他主持开发16个系列传感器、采集器、控制器和4个农业物联网应用平台，7种传感器已经实现国产化，4个产品进入农机补贴目录，打破了国外传感器垄断。CCTV-1《焦点访谈》（20120222、20120922）、CCTV7《科技苑》（20121030）、《人民日报》"走基层转文风改作风"专栏（20110909）、《科学时报》等先后对候选人的上述研究成果进行了专题报道，引起了极大社会反响。作为第一作者和通讯作者发表论文298篇，其中SCI收录89篇，EI收录192篇，专著6部；第一发明人获授权国家发明专利21项；制定农业传感器、传输网络、控制装备等技术国家标准4项，行业标准5项。李道亮获省部级科学技术一等奖1项（第一完成人）、二等奖5项（第一完成人3项）；是全国优秀科技工作者，第12届中国青年科技奖、茅以升青年科技奖、教育部新世纪人才和霍英东青年教师基金获得者。

李道亮是国际信息处理联合会（International federation for Information Processing）农业先进信息处理专业委员会主席、国际爱思唯尔（Elsevier）杂志《农业信息处理》（*Information Processing in Agriculture*）的主编，《计算机与电子农业应用》（*Computer and Electronics in Agriculture*）编委，先后担任7个国际会议的大会主席、欧盟委员会第七框架（FP7）项目评审与督导专家，完成欧盟项目5项，在研欧盟项目4项，与荷兰瓦赫宁根大学（Wageningen University and Research）、美国佐治亚大学（University of Georgia）、德国弗劳恩霍夫系统技术研究所（Fraunhofer AST）、意大利摩西拿大学（Messina）等建立了紧密合作关系，把握了本学科最新研究方向。

李道亮牵头起草了农业部全国农业农村信息化"十二五"发展规划，科技部农业与农村信息化"十二五"专项科技计划，工信部中国农村信息化（2012～2015）行动计划，并付诸实施，在国内学术界产生了重大社会影响。被科技部聘为国家农村信息化指导组专家，被山东、湖南、湖北、贵州4省聘为国家农村信息化示范省首席科学家。

个人简介

李富友，复旦大学教授。曾就读于北京师范大学，1995年获化学学士学位，2000年获无机化学博士学位。入选第二批国家"万人计划"科技创新领军人才。

李富友长期立足于国内从事发光材料及其生物应用研究，致力于解决发光材料在生物医学应用所面临的难题。目前已在生物成像发光材料（特别是上转换发光成像）领域取得了国际同行高度认可的研究成果，受《自然—实验手册》（*Nature Protocols*）邀请撰写上转换发光活体成像技术的标准化流程，推动了上转换发光成像领域的快速发展。他开发出了基于上转换发光原理的激光共聚焦显微技术和活体成像技术及仪器，该方法被国内 10 多家科研院所采用。自 2003 年到复旦大学工作以来，他发表SCI 收录论文 180 余篇，他引 10000 余次，H 因子为 68。10 项国家发明专利被授权。他的相关研究工作多次被旗舰新闻杂志作为新闻报道，在相关领域形成良好的国际影响力，受邀为《化学评论》（*Chemical Reviews*）撰写综述。他担任《纳米研究》（*Nano Research*）、《无机化学》（*Inorganic Chemistry*）等四种国际重要刊物的编委。

在博士、博士后期间，李富友从事光电功能材料与太阳能电池的研究，先后获2003 年度国家自然科学二等奖（第二完成人）、2003 年度中国化学会青年化学奖。2003 年，他从北京大学调入到复旦大学，2006 年转型从事发光材料生物应用领域的研究。李富友目前在复旦大学组建了一支创新能力强的年轻科研团队，取得了国际同行认可的研究成果。先后于 2008 年获国家杰出青年科学基金、2010 年获第五届上海市青年科技英才提名奖、2012 年获第六届上海市青年科技英才奖、2013 年上海市领军人才称号、2013 年第十三届中国青年科技奖、2014 年第六届"全国优秀科技工作者"称号、2014 年第四届"中国化学会—英国皇家化学会青年化学奖"、2014 年入选英国皇家化学会会士（Fellow）和教育部长江学者特聘教授等。以第一完成人获2014 年度教育部自然科学一等奖。

李富友所带领团队已拥有发光材料、纳米化学、光学、细胞和动物实验等不同研究背景的成员和条件，基础与应用研究并重，学科交叉强。他培养的博士研究生先后到国外著名大学医学院从事博士后研究和到国内医学院工作。目前，李富友开发出了多种荧光材料用于细胞和动物成像以及体外诊断。他将自身科研与社会需求结合，所带领团队对相关产业产生了良好的社会影响。

个人简介

李新海，中国农业科学院作物科学研究所研究员。1987～1996年就读于东北农业大学，1996年获作物遗传育种博士学位。入选第二批国家"万人计划"科技创新领军人才。

李新海自1996年以来一直从事玉米分子育种与种质创新工作，在抗病虫耐旱基因发掘与功能解析、优异种质创新和新品种选育方面取得较大进展。他熟悉玉米分子育种和种质创新研究进展与发展趋势，能有效组织全国玉米相关单位，协作实施科研项目，促进我国玉米育种技术创新发展。

李新海发现了一批抗病虫、耐旱基因，明确利用途径。针对我国玉米育种中存在的抗病虫耐旱基因缺乏问题，他采用基因组学技术在玉米染色体3和染色体6上发掘抗矮花叶病主效基因，开发出 Indel－186 和 Indel－90 标记；在染色体2和染色体3上发现抗丝黑穗病主效基因，开发出 SCAR 标记 scar－195 和 scar－111；在染色体8上发现抗粗缩病主效基因，开发出 SCAR 标记 SCAR69 和 SCAR74；在染色体1和染色体9上检测到控制雌雄开花间隔天数、结穗率、籽粒产量的一致性耐旱基因位点。通过优化改造和功能鉴定，获得功能明确的抗玉米螟基因 cry1Ab－M 和 cry1A.301。

李新海研发玉米杂种优势群和分子育种技术，提高了育种效率。他将我国主要玉米种质划分为6个亚群（四平头、旅大红骨、Reid、Lancaster、PA、PB），为我国玉米种质创新提供了基础。采用回交转育和 phi057 标记选择，建立优质蛋白玉米分子标记辅助育种技术，选育出优良自交系 CA710，组配的杂交组合中龙1号通过黑龙江省审定。采用抗矮花叶病基因的 Indel－186 和 Indel－90 标记，创制抗病自交系 CA466，成为重要的抗病种质。通过转 cry1A.301 基因创制出抗虫玉米 CA301－1 并进入安全评价试验。

李新海开展玉米种质改良和选育新品种，促进了玉米种业发展。明确了我国 PB 群种质是重要的抗矮花叶病、丝黑穗病、粗缩病和耐旱种质；明确利用来自玉米多样性中心的热带群体 Stay Green、Pob.21、Pob.43 可以有效拓展我国 A 群种质，Suwan1、BS29 等拓展我国 B 群种质的遗传基础；创建11个优良育种群体（中群15、中群16等），提出了我国近中期玉米种质改良计划。选育4个玉米新品种中东青1号、中龙1号、中东青2号和中东玉1号，通过黑龙江省审定。

通过科研实践，李新海逐步创新玉米育种技术和优异种质，促进种质改良和技术创新发展，不断提升我国玉米种业技术自主创新能力。

个人简介

杨弋，华东理工大学教授。1990～1999 年就读于清华大学，1995 年获生物科学与技术学士学位；1999 年获生物化学专业博士学位。入选第二批国家"万人计划"科技创新领军人才。

杨弋专长蛋白质工程与合成生物技术，主要致力于发展原位、实时、动态的新技术与方法来控制和监测细胞内分子过程，具有很强原始创新能力。近年来在细胞氧化还原态的原位荧光成像与光控基因表达系统等原创技术方法上取得了突出成绩，在国际同行中获得重要影响，发明的新技术已被全球 200 余研究组应用。

在蛋白质巯基氧化还原修饰的原位成像技术研究中，杨弋建立了多种蛋白质巯基氧化还原修饰的荧光传感及原位成像技术，可在原位甚至在活细胞内检测氧化还原信号转导对蛋白质巯基的影响；并进一步发展了高效表达药用蛋白的基因表达系统。系列论文发表于《美国科学院院刊》（*Proceedings of the National Academy of Sciences*）、《应用化学》（*Angewandte Chemie International Edition*）等期刊。对这种利用荧光传感所发现的蛋白质二硫键两种功能的概念，国际同行在《抗氧化与氧还信号》（*Antioxidant & Redox Signaling*）综述中称其为"新兴模式"。

在活细胞代谢成像技术研究中，发明了系列特异性检测核心代谢物的遗传编码荧光探针，解决了细胞代谢研究的一个关键技术"瓶颈"问题，实现了在各亚细胞结构中对代谢的动态监测与成像。为细胞、发育等基础研究提供创新方法，也为癌症和代谢类疾病的机制研究与创新药物发现提供了有力工具。多篇研究论文发表于《细胞代谢》（*Cell Metabolism*），已申请国家及国际 PCT 发明专利，引起了广泛关注，被《生物技术》（*BioTechniques*）等期刊专文介绍并评价"这些探针灵敏性与特异性远胜传统方法，适合细胞能量代谢高内涵成像"。目前该技术已在剑桥大学等 40 多个国际一流机构的研究组进行跟踪应用。

在光调控基因表达技术研究中，成功开发出一种简单、稳定、容易使用的光调控基因表达系统，并首次实现了光对哺乳动物组织内基因表达的控制。该系统为复杂生物学问题的解析提供创新研究工具，为时间剂量可调的基因治疗等前沿医疗领域提供新的方法，并可以用于生物工程产品的绿色生产上。结果发表于《自然方法学》（*Nature Methods*），受到了国际同行的广泛关注。《自然方法学》（*Nature Methods*）对作者进行了专访并在同期专文刊出了该发现的背景和经过，国际同行在《分子生物系统》（*Mol Biosystem*）综述积极评价"目前绝大部分工作都是各种技术的概念验证，但（杨等人）已经首次应用于生物医疗与生物制造方面"（Mol Biosyst 2013.9，

596）。目前该技术已经有哈佛大学等 150 个国际一流研究机构的研究组进行跟踪应用，其中已有日本科学家在《科学》（Science）发文，利用该技术成功控制了神经干细胞的命运，并认为该系统"可用于再生医学技术"（Science 2012，342，1203）。

个人简介

　　杨松，贵州大学教授。1995 年获华东理工大学化学工程专业学士学位；1999～2005 年就读于贵州大学，先后获农药学硕士学位和博士学位。入选第二批国家"万人计划"科技创新领军人才。

　　杨松教授长期开展新农药创制和生物能源研究，先后获国家科技进步二等奖（排名第 4）1 项、获省部级科技进步一等奖 4 项（1 项排名第 1、3 项排名第 2）、二等奖 3 项（均排名第 2），在《自然实验手册》（*Nature Protocols*）、《德国应用化学》（*Angewandte Chemie International Edition*）、《农业与食品化学》（*Journal of Agricultural and Food Chemistry*）、《美国化学会催化杂志》（*ACS Catalysis*）、《绿色化学》（*Green Chemistry*）、《欧洲药物化学》（*European Journal of Medicinal Chemistry*）、《生物资源技术》（*Bioresource Technology*）等国内外主流学术刊物上发表 SCI 论文 140 余篇，他引 2600 余次。培养出博士 10 名，硕士 29 人。获批长江学者特聘教授、教育部创新团队带头人和贵州省核心专家，并获得中国青年科技奖。帮助贵州大学绿色农药学科在贵州省实现了教育部重点实验室、国家重点学科、一级学科博士后流动站、国家国际科技合作基地、教育部创新团队、国家创新人才推进计划——重点领域创新团队等多个科教指标零的突破，促进了贵州高等教育的跨越式发展。

　　围绕新农药创制和生物能源研究前沿中的若干关键科学问题和产业化"瓶颈"，开展了较为系统的研究，取得了突出的研究成绩。尤其是近年来在生物能源研究方面取得了显著的进展，筛选了 8 种理化指标较佳的生物柴油非粮油料原料。评估表明小油桐、续随子生物柴油理化指标符合中国国家生物柴油标准 BD100 和欧洲 EN14214 标准要求，燃烧、动力性能与国产零号柴油相当，排放性能显著优于国产零号柴油。首次建立了小油桐种子油指纹图谱，为生物柴油原料评价和质量控制以及小油桐种质资源评估打下坚实基础。开发出了固相催化法生物柴油生产工艺，筛选出 2 种高活性、低成本、可重复利用的矿物基固体碱催化剂。发展了一种硬脂酸改性制备介孔型钙基催化剂的方法，制备方法简单、价格低廉，较低用量下即可达到常规钙基催化剂的效果。相关成果转让给贵州中京生物能源发展有限公司，帮助企业建设了年产 2 万吨生物柴油产业化示范装置。并开展了较系统的糖类生物质转化研究，制备出一系列负载型、金属氧化物型和沸石基固体酸催化剂，并成功地将他们应用到催化果糖、葡萄糖、蔗糖、纤维素等碳水化合物转化为重要的呋喃类平台小分子（如，5 – HMF、5 – EMF、双（5 – 甲基呋喃基 – 2）– 甲烷等）。运用一系列 SO_3H 功能化离子液体 + DMSO 构建催化剂—溶剂体系，辅以金属氯化物作为催化添加剂，在选择性催化纤维素转化制备 5 – HMF 过程中表现出高效活性。进一步制备出 SO$_3$H 功能化聚离子液体，表现出优异的热稳定性、可回收性、和催化活性（5 – HMF 产率可达 83%）；特别是双功能化聚离子液体的催化活性更为突出（5 – HMF 产率可达 90% 以上），并从动力学角度对该高催化活性体系进行了分析。在此基础上，创制出一系列多功能固相催化剂（如酸碱双功能纳米微球、沸石基固体酸催化剂、SO$_3$H 功能化聚合物）用于催化生物质转化为生物燃料 EMF（产率可达 76.6%）。运用 SBA – 15 负载酸性离子液体催化制备出一系列柴油前驱体：C$_{11}$ – C$_{15}$含氧化合物（产率可达 87%）。同时，氨基酸基离子液体在糖类异构化反应方面表现较好的催化效果，其中由葡萄糖异构化为果糖的产率可高达 32.2%。

个人简介

　　杨超，中国科学院过程工程研究所研究员。1989～1998年就读于南京化工大学（南京工业大学）化学工程专业，先后获学士学位和博士学位。1998～2000年在中国科学院化工冶金研究所做博士后，2005～2006年在美国康奈尔大学做访问学者。入选第二批国家"万人计划"科技创新领军人才。

　　杨超从事化学反应工程、多相传递和微生物冶金研究，担任中国科学院过程工程研究所所长业务助理、中国科学院绿色过程与工程重点实验室常务副主任、中国科学院大学岗位教授。发表期刊论文153篇（SCI收录95篇），会议报告180多篇（大会/邀请报告71次），Elsevier出版1本英文专著，撰写国内外专著7章；申请专利32件，获计算软件著作权11项。培养毕业博士生17名、硕士生15名。2010年获国家杰出青年科学基金。"国家百千万人才工程"国家级人选。2014年获"光华工程科技奖—青年奖"（中国工程院），2013年获"中国化学会—巴斯夫公司青年知识创新奖"，2012年获"日本化学工学会—亚洲研究奖""侯德榜化工科学技术奖—创新奖""全国优秀科技工作者"，2011年获"中国青年科技奖""中国科学院青年科学家奖"，2010年获"茅以升科学技术奖—北京青年科技奖"，2009年获"国家自然科学奖二等奖""中国石油和化学工业协会技术发明奖一等奖"。

　　杨超针对搅拌槽、环流反应器等多相反应器工程放大的难题，采用"欧拉模型和模拟方法→新反应器→工业应用"的研究思路，建立多过程耦合的多相反应器多尺度模型，提出镜像流体法、浓度变换法、多相显式代数应力模型、欧拉两相大涡模拟等高效的数值计算方法，解决了传质Marangoni效应、多相宏观和微观混合、高相含率反应结晶、液液固三相流动等计算难题，深化认识多相流动、传递和反应的耦合强化规律，实现了高浓度反应器数值放大方法走向工业应用的突破，推动反应器设计放大从常用的逐级试验方法向基于机理模型和模拟的新方法发展。基础研究获国际同行肯定、大篇幅引用和采用，被国外同行在多篇期刊论文中评价为"首次""巨大成功""重要贡献"等。已将基础研究成果用于化工、石化、医药、冶金等工业生产中，基于协同强化多相传递与反应的原理和数值模拟，发明和设计了向心桨、随轴同步旋转的流体分布器等新反应器构型，成功实现了26套工业多相反应器的创新设计及工程放大，通过节能降耗为中石化等企业带来直接经济效益上亿元/年。主持完成了1项国家重大基金课题、1项国家重点基金项目和2项973课题，现负责1项国家重大科研仪器研制项目。

个人简介

　　杨小康，上海交通大学教授。1990～1994 年就读于厦门大学，获无线电物理学士学位；1994～1997 年就读于中国科学院上海技术物理研究所，获信号与信息处理硕士学位；1997～2000 年就读于上海交通大学，获模式识别与智能系统博士学位。入选第二批国家"万人计划"科技创新领军人才。

　　杨小康主持 NSFC 重点、973/863 课题等国家级项目 10 余项。发表 SCI 论文 61 篇（IEEE Trans 30 篇），申请发明专利 42 项（授权 22 项），获国家杰出青年、教育部新世纪优秀人才、上海市东方学者、上海青年科技英才、上海市科技进步一等奖（排第 1）、SPIE 青年科学家奖、微软青年教授奖等荣誉。多次应邀在国内外学术会议作学术报告。组织 IEEE BMSB – 3DTV2010、2009 年"数字媒体与社会计算"东方科技论坛等学术会议，对推动数字媒体研究起了积极作用。

　　杨小康围绕海量视频高效利用的重大需求，致力于智能视频处理的研究，在人眼视觉建模、视频编码、高清智能视频监控、影像资料修复等方面做出了贡献。

　　针对利用人眼视觉特性突破视频通信"瓶颈"的难题，揭示了视觉掩蔽效应的非线性可加性、选择性关注对临界失真的调制效应；建立了视频的视觉临界失真计算模型及其编码与后处理理论，为主流视频编码系统提供标准兼容的视觉优化方法；提出了视觉质量五维模型及其异构环境下视觉优化适配机制，显著提高传输效率和整体视觉质量；成功应用于中国电信、百视通公司的互联网电视内容分发网络，效率显著提升。

　　针对海量影像资料的病态图像复原难题，建立病态图像一体化复原理论与系统，提出了图像随机结构分段自回归模型、广义直方图均衡模型，突破了多重损伤一体化修复、画质自动增强等进口软件所不具备的关键技术，修复质量和效率显著提高，用于我国"档案影片修护工程"五百多部老电影的修复，对抢救视觉文化遗产、推动影视文化产业具有重要作用。

　　他还针对传统城市视频监控系统不能对人、车等目标进行高分辨率图像获取和有效语义内容提取的难题，建立了目标主动感知模型、跨摄像机的目标关联分析模型，创建了复杂、大尺度视频感兴趣目标智能分析技术体系，经产学研联合攻关，研制了具有自主知识产权的新一代高清智能视频监控成套关键设备和系统；获 TRECVID 国际视频检索竞赛四个单项第 1，总成绩与 UIUC、CMU 一起并列第 2；在世博客流分析与高清覆盖工程中建立了高清智能视频监控的大规模应用示范，获得世博局的表彰。

个人简介

　　杨卫胜，中国石油化工股份有限公司上海石油化工研究院教授。1989～1996年就读于华东理工大学，先后获有机化工专业学士学位，化学工程硕士学位。入选第二批国家"万人计划"科技创新领军人才。

　　杨卫胜长期致力于石油化工和新型煤化工成套技术的研究开发及成果产业化，在反应工程、化工分离工程与过程系统工程优化等研究领域进行了大量工作。作为工艺技术负责人承担了"苯和丙烯液相烷基化制异丙苯"和"芳烃生产（甲苯歧化与烷基转移、甲苯甲醇甲基化制二甲苯）"等国家级项目，以及"合成气制乙二醇"等中国石化重大研究开发项目的研究开发工作，这些技术均取得了突破，实现了或即将实现工业生产。

　　作为主要技术负责人，杨卫胜主持开发了具有自主知识产权的节能型异丙苯清洁生产成套技术。通过建立反应器模型和流体数值计算模型，开发了丙烯分段进料反应工艺及多段层式固定床反应器；通过过程系统能量综合优化以及动态模拟手段研究开发了高效分离流程及其优化控制策略，成功应用于30万吨每年异丙苯装置建设中。该成套技术具有高效、节能、清洁、产品纯度高等特点，综合性能达到国际先进水平，其中能耗比同类引进装置降低20%以上。

　　杨卫胜开展合成气制乙二醇技术从小试、中试到工业化生产全过程技术集成创新工作。他带领项目团队先后完成了合成气制乙二醇技术中多项关键子技术（CO偶联和NO氧化酯化自封闭循环工艺、超重力氧化酯化反应工艺、乙二醇产品分离精制工艺技术等）的实验室开发、千吨级合成气制乙二醇中试研究以及20万吨每年工业示范装置成套技术开发等；构建适用于乙二醇体系分离过程的相平衡模型；结合流程模拟软件，为工艺设计与优化提供理论和技术支持；结合吸附精制工艺解决了煤基乙二醇紫外透光率难以达到聚合级产品要求这一最大难题；同时结合反应器模型和流体数值计算模型，开发了适合于强放热体系的大型列管式固定床反应器。该技术的开发成功，将大力促进我国新型煤化工领域的技术进步。对我国能源的合理利用、减少对石油的依赖、解决乙烯供应量的不足都具有深远的意义。

　　作为成套技术开发和现场技术服务负责人，杨卫胜共完成7套大型甲苯歧化成套工艺包的开发并实现工业化生产，为企业增效数十亿元，节约外汇5000多万美元，为我国聚酯行业做出了突出贡献。他开发了大型轴向流固定床反应器、高度耦合的热集成技术，组合式冷热气液分离回收反应热技术，集成了高效板壳式高效换热器，实现了芳烃联合装置重大关键设备的国产化。该装置运行的物耗和能耗等主要技术指标达到了国际领先水平。该技术的广泛工业应用打破了国外公司在该项技术领域内的垄断，为我国成为世界上第三个拥有自主知识产权芳烃生产技术的国家奠定了重要基础。

个人简介

　　杨光富，华中师范大学教授。1992 年获华中师范大学化学专业学士学位；1997 获南开大学元素有机化学研究所农药学博士学位。入选第二批国家"万人计划"科技创新领军人才。

　　杨光富长期从事新农药创制基础研究，在农药分子设计方法学研究方面的系统性成果受到国内外学术同行的广泛关注和高度评价，他应邀在国际学术会议作特邀报告 8 次，先后在《美国化学会志》（*Journal of the American Chemical Society*）、《农业与食品化学》（*Journal of Agricultural and Food Chemistry*）等国际主流期刊发表 SCI 论文 150 多篇，被 SCI 他引 2000 多次，获美国专利 1 项和中国发明专利 8 项。作为第一完成人获教育部自然科学一等奖和湖北省自然科学一等奖各 1 项。2002 年获教育部跨世纪优秀人才计划资助，2009 年获得国家杰出青年科学基金资助，并被批准为教育部创新团队带头人。

　　杨光富通过集成理论计算化学、有机合成化学与现代分子生物学技术，发展了一系列有效的农药分子设计方法，建立了基于活性小分子与作用靶标相互作用研究的农药分子设计创新体系，为解决农药分子的高效性、选择性和反抗性三个关键科学问题提供了有效途径。他发展了药效团连接碎片虚拟筛选的分子设计新方法，指导设计出迄今为止活性最高的 bc_1 复合物 Q_o 位点抑制剂（皮摩尔级别），实现了农药分子的高效性。在同源蛋白结构比较的基础上，发展了计算碎片重建分析的分子设计方法，成功设计合成了迄今为止在人源和烟草原卟啉原氧化酶之间选择性最高的抑制剂（达 3000 多倍），实现了农药分子的选择性。他还发展了构象柔性度分析的分子设计新方法，获得了首例反抗性超高效农药先导，该化合物在每亩 16 毫克的超低剂量下对抗性杂草表现出优异防效。在上述分子设计方法的指导下，设计合成了多个高活性化合物，杨光富成功创制出具有完全自主知识产权的杀菌剂"苯噻菌酯""氯苯醚酰胺"和"氟苯醚酰胺"三个农药新品种，均实现了技术转化和产业化开发，为我国农业生产中的重大病害防控提供了有力武器。此外，他定义了第一个描述取代基立体效应的 DFT 级别的量子化学参数，发展了基于密度泛函理论的 QSAR 方法（DFT－QSAR），拓展了传统 QSAR 研究的应用范围；建立和发展了一种新型靶标抗性预测方法—计算突变扫描方法（CMS）；提出了类农药性的新规则；揭示了生长素诱导的 TIR1 泛素连接酶底物识别的详细分子机理；发现了赤霉素进出受体的新通道，提出了赤霉素受体 GID1 识别底物的全新机制；发现了原卟啉原氧化酶的产物反馈抑制机制。

个人简介

　　杨华明，中南大学教授。就读于中南工业大学矿物加工工程专业，先后于 1990 年获学士学位；1993 年获硕士学位；1998 年获博士学位。入选第二批国家"万人计划"科技创新领军人才。

　　杨华明指导博士后 2 名、博士生 10 名和硕士生 27 名，主持国家自然科学基金、863 课题、973 子课题、博士点基金、教育部重点项目等 40 多项，发表论文包括在《自然》（Nature）旗下期刊《科学报告》（Scientific Reports）4 篇、《材料化学学报》（Journal of Materials Chemistry）4 篇、《应用粘土科学》（Applied Clay Science）18 篇、《美国陶瓷学会会刊》（Journal of the American Ceramic Society）4 篇、《粘土与粘土矿物》（Clays and Clay Minerals）等国际粘土矿物、表/界面科学及交叉领域的主流期刊上 SCI 论文 82 篇（第一作者或通讯作者 71 篇，IF > 319 篇）、EI 收录 92 篇，论文被 SCI 他引 800 余次；国际会议报告 10 个、并担任分会召集人，出版专著 2 部；第一发明人授权中国专利 25 件、申请美国专利 1 件；排名第一获省部级科技一等奖 3 项、二等奖 2 项、优秀图书一等奖 2 项；指导 4 名研究生获湖南省优秀硕士学位论文奖。研究成果被世界著名材料化学家、美国艺术与科学院院士、加州大学圣芭芭拉分校 G. D. Stucky 教授及《先进材料》（Advanced Materials）、《纳米快报》（Nano Letters）等多次引用并正面评价，被《化学学会评论》（Chemical Society Reviews）等多篇综述文章大幅引用，美国 Nova 集团、Springer 出版的著作对成果也给予了充分肯定。他的研究成果为非金属矿物资源精细化加工和高值化利用提供了科学依据和关键技术，学科上形成了基于多学科交叉的"矿物材料"新兴学科方向。

　　中南大学的矿物加工学科是我国矿物原料科学研究的重要基地。近年来，以王淀佐和邱冠周院士为学术带头人的研究群体，在我国有色、黑色金属资源高效利用方面取得了具有国际影响力的科学成果，并遴选为国家自然科学基金委创新研究群体。结合我国非金属矿资源量大且主要以原矿和初加工为主的实际，杨华明在导师王淀佐和邱冠周院士指导下从事非金属矿物资源高效加工的研究，20 年来逐渐形成的以他为负责人的"矿物材料"学术团队已成为国际矿物加工领域的重要力量之一。2012 年杨华明获国家杰出青年科学基金。

　　杨华明长期围绕矿物微结构、表/界面特性等国际矿物加工学界高度关注的理论问题，运用多学科知识，首次从原子层次揭示了矿物功能改性的界面耦合机制，解析了矿物结构改型的演化规律，创建了基于矿物功能组装实现性能强化的原理，突破了矿物功能改性中结构稳定与性能调控的技术"瓶颈"。他发明的矿物功能改性新技术已成功实现高岭土等粘土矿物增值 20 倍以上，并被国际同行广泛采用；他研发的高性能矿物基复合导电粉末解决了国内抗静电领域导电粉末长期依赖进口的难题，荣获国家重点新产品称号。

个人简介

　　杨庆山，北京交通大学教授，教育部长江学者特聘教授。1985～1995年就读于哈尔滨工业大学，先后获建筑工程学士学位、结构力学硕士学位和结构工程博士学位。入选第二批国家"万人计划"科技创新领军人才。

　　杨庆山长期从事结构动力效应研究，形成了柔性空间结构性能与设计、大跨空间结构风致响应与抗风设计、结构抗震以及遗产建筑监测评估四个稳定的研究方向，并将研究成果广泛应用于国家重大工程。

　　在结构抗震方面，杨庆山提出了基于相位差谱的远场及近断层人工地震波、地震场的模拟方法和反应谱拟合方法。相关成果应用于2008奥运会国家体育场的地震反应分析，相关论文在国际薄壳与空间结构年会上获得半谷（Hangai）奖。

　　在大跨空间结构的抗风方面，杨庆山提出了大跨空间结构风荷载描述方法、非线性结构风振响应及大跨空间结构等效静风荷载计算方法。研究成果应用于2008奥运会国家体育场、网球中心和中国网球中心、沈阳南站等50余项重大工程的风振反应分析。该方面研究在国内外有较大影响。上述成果在国际会议上获最佳论文（Highly Recommendable Paper）奖和华夏建设科学技术一等奖。

　　在索膜结构方面，杨庆山提出了索膜结构的形态分析和褶皱分析理论以及不可展薄膜曲面裁剪方法；实现了索膜结构的施工全过程模拟并编制了相应的分析设计软件；确定了悬索结构的广义风振系数；率先开展了薄膜结构与风的耦合作用分析，得到薄膜结构失稳时的临界风速及其在风环境中的耦合作用参数。研究成果集中体现于专著《张拉索—膜结构分析与设计》，并获得国际同行认可。研究成果应用于国家大科学工程"直径500米巨型射电望远镜"预研设计与风环境分析、深圳当时第一高楼（439米）"京基中心"的抗风分析与控制设计。

　　在安全监测与评估方面，杨庆山带领科研团队以布达拉宫、应县木塔、万荣飞云楼为依托，开展了文化遗产建筑安全监测技术和系统设计方法的研究；开发了文化遗产建筑健康监测数据采集系统及其集成技术；研究了古建结构的损伤识别与评估方法。杨庆山主持完成了世界文化遗产建筑布达拉宫的客流控制与整体监测以及应县木塔的整体分析与评估研究。

　　杨庆山在国家自然科学基金杰出青年基金、重大研究计划，科技部科技支撑计划的资助与支持下，获得了省部级和国家科技奖励多项；现为结构风工程与城市风环境北京重点实验室主任、风敏感基础设施抗风减灾引智基地负责人。

个人简介

杨振忠，中国科学院化学研究所研究员，博士生导师，现任高分子物理与化学实验室主任。1986～1991年就读于清华大学，获高分子化工与材料学士学位；1991～1994年就读于吉林大学，获高分子物理与化学硕士学位；1994～1997年就读于中国科学院化学研究所，获高分子物理与化学博士学位。入选第二批国家"万人计划"科技创新领军人才。

杨振忠是科技部纳米重大项目首席科学家、主持基金委重点、国际重大合作和科学院方向性项目等。他以通讯作者身份在《德国应用化学》（*Angewwandte Chemie International Edition*）、《美国化学会志》（*Journal of the American Chemical Society*）、《先进材料》（*Advanced Materials*）等发表文章150余篇，授权中国发明专利30余项，部分已转化并实际应用。获柳大纲优秀青年科学奖、中国科学院优秀研究生导师奖、中国化学会BASF青年知识创新奖、中国科学院Bayer启动基金奖、国家自然科学基金委GM科技成就奖、中国化学会赢创化学创新奖、2009年入选"新世纪百千万人才工程"国家级人选、2010年获政府特殊津贴。他同时还是中国科学院大学兼职教授、北京大学兼职教授、浙江大学高分子合成与功能构造教育部重点实验室学术委员、全国高分子专业委员会委员、中国化学会常务理事、秘书长，是IUPAC（美国，2012）国际高分子大会共同组织者（co-organizer），做国际学术顾问。

面向关键高分子复合材料性能大幅提升的新方法与原理，杨振忠围绕复合微球与多孔膜典型形态，控制微结构、组分空间位点分布和功能分区，制备高性能高分子复合材料。在分子、纳米及微米跨尺度揭示高分子复合材料性能与界面、微相结构的构效关系，这为复合材料高性能化设计制备提供理论依据。

在复合微球研究方面，杨振忠首次提出高分子凝胶诱导生长与颗粒模板合成联合制备方法，具有普适性，解决了物质复合生长驱动力问题和中空微球空腔尺寸和壳厚连续调控难题；通过高分子特殊作用诱导物质定位优先生长，实现了物质的空间分布和微结构的精确控制。对于Janus材料，杨振忠控制微结构与物质复合实现材料组分与功能空间分区，赋予Janus特性。他首次报道了大规模制备具有组成明确分区的Janus胶体新方法。杨振忠发展微胶囊包封普适方法，制备系列阻燃、相变储能等功能微胶囊。他与企业合作开展相变微胶囊建筑隔热节能示范工程应用，效果显著。相变储能微胶囊在国家安全诸多领域得到应用。

在多孔材料研究方面，杨振忠首次报道了在多孔氧化铝膜通道中生长介孔材料制备纳米孔复合膜材料，指明了受限控制介孔结构的新思路，为控制微结构获得新型功能材料提供了新方法。同时也在隔热/储能集成的阻燃防火高分子泡沫保温材料方面取得了突破。

个人简介

肖睿，东南大学教授。1994 年获西安交通大学电厂热能动力工程专业学士学位；1997 年和 2005 年先后于东南大学获热力工程专业硕士学位和博士学位。入选第二批国家"万人计划"科技创新领军人才。

基于对热工过程流动与反应耦合关系的认识，肖睿提出了以流动匹配反应，通过对反应器内流动的设计与调控，将设备、物质、能量有机结合，对不同的子过程进行组合，达到解决反应次序、物质和能量优化供给的目的。他发展了流动与反应耦合优化的理论和工程化技术。相关的研究成果已应用于石化、钢铁、电力、化工、材料、环保等行业的百余套大型工业装置中。截止 2009 年，肖睿的研究已取得直接经济效益 20.2 亿元，他以第 1 获奖人获得 2010 年国家科学进步二等奖和 2009 年江苏省科技进步一等奖各 1 项，另以研究骨干获其他省部级奖励 4 项。

肖睿开展了生物质高值化利用新途径的研究工作。对生物质中不同组分的热解机理进行了较系统研究，受英国皇家化学会邀请在其旗下 RSC Advances 发表纤维素热解途径综述文章。通过国际合作研究，他共同提出了基于选择性加氢与催化裂解反应耦合的生物油催化升级新途径。该新方法解决了传统生物油升级中目标产物产率过低和催化剂失活过快两大难题，得到的目标化学品收率是现有工艺的 3 倍以上。这一研究成果与国外学者联合在 2010 年《科学》（Science）上发表，《科学新闻》（Science News）认为"文章提出的新技术解决了生物质利用的"瓶颈"，有望缓解目前石油依赖症问题。"基于该技术原理，在国家"863"重点项目支持下，建成了世界首套千吨级生物油催化提质制备含氧液体燃料工业示范装置。

基于氧化—还原反应耦合的方法，肖睿在国际上率先开展了燃煤化学链燃烧减排二氧化碳研究，在近零能量消耗的条件下实现 CO_2 的高效捕集。他和他的团队近 5 年在化学链燃烧领域发表 SCI 论文数排名世界第 2，自主研建了国际领先的 100 千瓦燃煤加压化学链燃烧中试系统，率先在较大规模的装置上验证了燃煤化学链燃烧技术的可行性。

以上研究成果肖睿发表期刊论文 200 余篇，其中 SCI 收录论文 112 篇，论文被 SCI 他引 2000 余次，H 因子 25。申请国家发明专利 36 项（授权 23 项）。以第 1 获奖人获得国家科学进步二等奖和江苏省科技进步一等奖各 1 项，获得了中国青年科技奖，江苏省十大杰出青年科技之星，享受政府特殊津贴等荣誉称号，入选了教育部长江学者特聘教授，国家杰出青年基金，国家百千万人才计划，江苏省"333"工程第二层次等人才工程。他带领学术团队成功申请和负责组建能源热转换及其过程测控教育部重点实验室。

个人简介

吴波，华南理工大学研究员。1988 年在原华中理工大学工程力学专业获学士学位；1988～1993 年就读于哈尔滨建筑工程学院结构力学专业，先后获硕士和博士学位。入选第二批国家"万人计划"科技创新领军人才。

吴波是国家杰出青年科学基金获得者、教育部长江学者特聘教授。他先后主持国家 973 计划课题、国家自然科学基金重点项目等国家级项目（含专题）12 项、教育部科技重点项目等省部级项目 16 项；出版专著 2 部，发表国内外期刊论文 230 篇；授权发明专利 14 项、实用新型专利 11 项；获国家科技进步二等奖 2 项（排名分别为第 1 和第 4）、省部级科学技术一等奖 2 项（排名分别为第 1 和第 2）/二等奖 4 项（均排名第 1）；在国内外学术会议做大会邀请/特邀报告近 40 次；主编了我国第一部建筑混凝土结构耐火设计标准，主持了摩擦消能器在我国的首例减震工程应用，实现了建筑结构采用大尺度废旧混凝土的首例工程应用。

吴波研制了具有自主知识产权的垂直/水平构件耐火试验炉，实现了足尺混凝土梁—柱节点等复杂明火试验，是对结构耐火实验技术的重要发展；倡导了混凝土异形柱耐火研究这一新的领域，改变了其耐火设计无章可循的状况；建立了碳纤维布加固混凝土梁高温破坏模式转变临界条件的定量判别式，解决了其耐火设计的关键技术难题；建立了高温下掺 PP 纤维防爆裂高强混凝土的多因素耦合结构，突破了该类结构耐火分析设计的技术"瓶颈"。2011 年美国混凝土学会组织出版结构抗火专刊 ACI SP – 279，共收入美国、英国等 7 国学者的 10 篇论文，他为受邀撰写论文的唯一中国学者。

他构建了反映不同火灾类型且形式简洁的室内火灾温度发展模型，解决了复杂数值模拟导致工程应用不便的难题；建立了高温后多种材料对应不同受荷状态的确定性或随机力学性能模型，揭示了火灾后混凝土结构抗震性能的定量衰减规律，实现了火损结构评估由静力阶段向动力抗震阶段的跨越。这部分工作"对于推动定量评估方法起到了开创性作用"，并对 2009 年 2 月 9 日央视北配楼重大火灾事故后的结构安全评估发挥了技术支撑作用。

他提出了大尺度废旧混凝土块体直接在建筑结构中循环利用的思想，经济性明显优于传统骨料层次（细骨料：0.075 毫米~4.75 毫米，粗骨料：4.75 毫米~40 毫米）的循环利用，在废旧混凝土高效回收利用问题上取得重要突破。他提出了直接采用大尺度废旧混凝土块体的再生混合混凝土构件系列，涉及梁、柱、板、墙、节点等具体形式，较系统地揭示了这些新型构件的轴压/偏压/受弯/受剪/抗震/耐火性能，提出了相应的设计策略，为建筑业践行固体废弃物减排及节能环保战略探索了一条新路。

个人简介

　　吴敬，江南大学教授。1986～1992 年就读于无锡轻工业学院发酵工程专业，先后获学士学位和硕士学位；2001 年获中国药科大学微生物与生化药学专业博士学位。入选第二批国家"万人计划"科技创新领军人才。

　　吴敬主要从事生物技术领域酶基因鉴定、功能改造以及高效制备的研究。近年来，她根据组学时代信息技术特征，基于微量蛋白的酶基因破译和生物信息资源库的酶基因直接挖掘等方法，建立了一套新型快捷的酶基因鉴定技术，于国内外率先鉴定了一系列具有特定功能的酶编码基因；基于酶结构与活性关系、反应过程特性和途径代谢流量特征，并融入易被忽略的酶家族分子进化谱及反应过程系统性，形成了有效的酶结构解析及功能改造技术手段；突破酶分泌表达的研究误区，提出跨膜转运的"内膜硬化"模型，建立了表达—分泌耦联发酵优化技术，开发了共表达磷脂酶强化分泌的独特工艺，并与工程放大技术相统一，形成了一套重组酶高效分泌表达的系统工艺策略。

　　近年来，吴敬在相关领域主流刊物上发表 SCI 论文 70 多篇，被包括《自然》（NATURE）、《美国科学院院报》（PNAS）等在内的期刊论文他引近 800 次。出版专著 1 本，主编教材 1 部，获得授权发明专利 36 项（其中 2 项国际专利），公开 33 项（其中 1 项国际专利）。主持 863 课题、973 子课题、国家自然科学基金等多项国家省部级及企业合作研发项目。其研究成果在 10 多家企业获得生产。获教育部高等学校科学技术进步一等奖（排名第 1），江苏省自然科学一等奖（排名第 4），国家技术发明二等奖（排名第 5），第十三届国际生物技术大会杰出青年科学家奖（全球共 20 个）。获无锡市有突出贡献的中青年专家，无锡市三八红旗手以及全国优秀科技工作者称号。入选江苏省"333 高层次人才培养工程"中青年科学技术带头人、江苏省 6 大高峰人才支持计划、教育部新世纪优秀人才支持计划，获国家杰出青年基金资助。

个人简介

何正国，华中农业大学教授。1988～1995 年就读于华中农业大学微生物专业，先后获学士学位和硕士学位；2001 年获中科院微生物学专业博士学位。入选第二批国家"万人计划"科技创新领军人才。

何正国主要从事人兽共患病原结核分枝杆菌的基因调控网络及结核病防治基础研究。近五年来，在国际上率先构建完成了结核分枝杆菌全基因组蛋白质相互作用网络和基因转录调控网络；阐明了细菌生长和耐药调控新机制；发现了新抗原蛋白和潜在药物靶标。他完全依托国内以通讯作者身份在《基因组研究》（*Genome Res*）、《自然—通讯》（*Nat Commun*）、《美国科学院院刊》（*PNAS*）、《核酸研究》（*Nucleic Acids Res*，3篇）、《生物化学杂志》（*JBC*，6 篇）和《蛋白质组研究杂志》（*J Proteome Res*，3篇）等国际权威杂志发表论文 40 余篇，获授权国家专利 11 项。

何正国建立和发展了微生物蛋白质相互作用网络研究平台，独立绘制完成了国际上首个非计算机预测的结核分枝杆菌全局性蛋白质相互作用网络，鉴定了 3 个具有临床结核病诊断应用前景的新抗原，为结核病的防控提供了新策略。创建了微生物基因转录调控研究新技术，在国际上率先构建完成了结核分枝杆菌的转录因子与启动子相互作用网络，发现并阐明了 5 种调控分枝杆菌耐药性的分子机制，鉴定了 4 个潜在抗结核药物新靶标。这些工作大大推动了结核分枝杆菌的基因调控网络和耐药机制的研究，同时为进一步针对耐药型结核研发新型诊断方法提供了理论依据。相关成果发表后，《自然—中国》将其选为研究亮点专门进行了报道；研究工作受到《1000 生物学学院》（*Faculty of* 1000 *Biology*）的关注和点评。

何正国开展的结核分枝杆菌基因调控网络研究在国内外已形成了鲜明的特色，研究工作具有重要的科学价值和社会实际意义。

个人简介

何贤强，国家海洋局第二海洋研究所研究员。1999 年获华中理工大学船舶与海洋工程专业学士学位；2002 年获国家海洋局第二海洋研究所物理海洋学专业硕士学位；2007 年获中科院上海技术物理研究所物理电子学专业博士学位。入选第二批国家"万人计划"科技创新领军人才。

何贤强主持了 4 项国家自然科学基金项目，3 项国家 863 计划项目及 10 余项国家专项和省部级项目。已发表期刊论文 60 余篇，获国家科技进步二等奖 1 项，省部级特等奖 1 项、一等奖 3 项、二等奖 2 项。担任国际海洋水色协调组织（IOCCG）委员，《海洋学报》（*Acta Oceanologica Sinica*）编委。

他研制了同时考虑海—气耦合、粗糙海面、偏振的辐射传输模型 PCOART。该成果填补了我国自主海—气耦合矢量辐射传输模型的空白，被国际辐射传输专业期刊《定量光谱与辐射传输杂志》（*Journal of Quantitative Spectroscopy and Radiative Transfer*）迅速发表，同时出版专著《海洋—大气耦合矢量辐射传输模型及其遥感应用》。基于 PCOART，何贤强率先提出了基于平行等效辐亮度的海洋水色偏振遥感概念，为海洋水色卫星遥感的发展开辟了新途径，该成果在《科学报告》（*Scientific Reports*）发表。

建立了近海高浑浊水体的大气校正算法。美国航空航天局（NASA）、欧空局（ESA）标准大气校正算法是基于近红外波段离水辐亮度很小、可忽略不计的前提假设。该假设对于中低浑浊度的大洋水体适用，但在我国近海水体，由于高浊度悬沙的强烈散射，近红外波段离水辐亮度较大，导致标准算法的校正误差很大，甚至失效。何贤强发现在高浑浊近海水体，由于有机物的强烈吸收，蓝紫光波段的离水辐亮度相对长波很小，可忽略不计，提出了利用蓝紫光代替近红外波段的高浑浊水体大气校正算法。该算法解决了 NASA、ESA 标准算法在我国近海的失效难题，已被纳入国际海洋水色协调组织（IOCCG）的静止海洋水色卫星观测技术报告。同时，该成果已在《环境遥感》（*Remote Sensing of Environment*）、《光学快讯》（*Optics Express*）上发表。

开发了我国自主海洋水色卫星遥感信息处理技术。他生成了我国自主海洋水色卫星（HY－1B）的精确瑞利散射查找表、气溶胶散射查找表和大气漫射透过率查找表；开发了 HY－1B 卫星业务化大气校正算法；提出了可适用于所有水色卫星遥感器的通用精确瑞利散射查找表技术；建立了 HY－1B 卫星的辐射偏振响应度在轨估算方法，获得了 HY－1B 卫星的辐射偏振响应度，研制出了辐射偏振响应校正算法。该成果已作为核心算法在国家卫星海洋应用中心的 HY－1B 卫星资料业务化处理系统中应用。

此外，何贤强还负责开发了 HY－1B 卫星业务化资料处理专用软件 HYDAS，为

HY－1B 卫星资料的应用提供了可靠信息源。他开发了符合我国海区的海洋水色水温卫星遥感反演技术，用于我国邻近海域环境参数大范围、长时相的动态调查；利用该项技术，每周制作出西北太平洋海洋锋面专题图，发送给国家海洋环境预报中心，并在每周六的中央电视台《海洋预报》节目中播出，取得良好的社会效益。该成果获2007 年度、2011 年度国家海洋局海洋创新成果一等奖。

个人简介

何高文，中国地质调查局广州海洋地质调查局教授级高级工程师。1986～1993 年就读于长春地质学院，先后获地质矿产勘查专业学士学位和矿床学硕士学位；2006 年获中山大学矿物学岩石学矿床学专业博士学位。入选第二批国家"万人计划"科技创新领军人才。

何高文长期奋战大洋一线，15 次出征太平洋，积累了较为丰富的工作经验。1993～2014 年，他先后 15 次随我国科考船赴太平洋参加大洋专项调查，其中担任 6 个航次的项目负责人，并任航次首席科学家，带领团队完成从航次项目设计、海上调查、室内研究、到航次成果报告编写的全流程大洋航次工作，培养了人才，积累了工作经验，为我国大洋科考事业的蓬勃发展做出了贡献。2009 年春节前夕，何高文作为大洋科考队员代表，受到国务院领导李克强副总理的亲切接见和慰问。

自参加工作以来，他一直从事深海矿产资源评价研究工作。"十五"和"十一五"期间，他分别竞聘为中国大洋协会"多金属结核资源评价研究"子项目责任专家和"多金属结核和富钴结壳资源调查与评价研究"子项目责任科学家。2011 年，他经答辩成功申请为中国大洋协会"十二五"重大项目"富钴结壳资源评价"项目负责人。"九五"以来，他作为负责人承担大洋专项研究课题 4 项，均评为优秀，作为主要人员参加课题多项并参与起草结核和结壳资源勘查规程和规范（试行）。他还参与大洋"十五"项目总体设计的编写，参与大洋"十一五""十二五"规划起草和项目总体设计的编写（负责结核和结壳）。

何高文全心投入，为我国在国际海底申请新矿区不遗余力，有力维护了国家海洋权益。富钴结壳是国际海底新资源类型之一，我国 1997 年开始对该类矿产资源开展调查评价，2012 年在国际海底管理局率先申请矿区，历时 15 年，作为此项工作自始至终的亲历者和见证者，他付出了艰辛的努力。

"十五"开始，他积极参与我国富钴结壳矿区申请的准备工作。2008 年中国大洋协会成立"富钴结壳资源勘查与申请工作组"，以应对国际海底区域新资源申请形势，何高文作为其骨干成员（2011 年起为副组长）和"勘探区申请书编写组"组长，具体组织完成"中国结壳申请区资源评价报告""中国结壳申请区方案研究报告""中国结壳勘探区申请书"编写。2010～2014 年，何高文作为技术顾问，连续五年随中国代表团参加国际海底管理局会议，为结壳勘探规章和国际海底事务外交谈判提供技术支持。其中，在 2011 年第十七届会上，我国代表团提交了以扩大矿区面积为主的修正案文，要求对原有规章进行修改，为配合外交工作，他作了针对面积问题的专题学术报告，收到了良好效果。在 2012 年第十八届会上，最后通过的规章采纳了中国建议案文的关键内容。规章通过后，我国在第一时间提出矿区申请，实现预期目标，使我国成为世界首个同时拥有多金属结核、多金属硫化物和富钴结壳三种主要国际海底区域资源专属勘探矿区的国家，有力维护了国家海洋权益。

何高文在做好富钴结壳勘查工作的同时，将目光投向了深海稀土这一新资源领域，2013年开始，作为广海局深海稀土资源调查评价工作的总体组织协调人，连续两年，何高文带领项目组人员，并担任航次首席科学家，开展了太平洋深海稀土等新资源潜力探查，选定靶区，正在为圈定深海稀土资源成矿远景区开展大量的工作。

个人简介

余克服，中国科学院南海海洋研究所研究员。1992 年获南京大学古生物学专业学士学位，1995 年获中国科学院南海海洋研究所海洋地质专业硕士学位，2000 年获中国科学院广州地球化学研究所地球化学专业博士学位。入选第二批国家"万人计划"科技创新领军人才。

20 多年来，余克服一直潜心于南海珊瑚礁研究。在经历了经费短缺、人员匮乏、国内对珊瑚礁的认识和研究滞后的困难时期后，1997 年余克服获得了经费为 1.7 万元的南海海洋研究所所长基金（基金名称：灯楼角现代珊瑚礁的恢复与全球变暖的关系），自此以来取得后续进展，也因此对未来的发展充满信心。

从 1997 年负责 1.7 万元的所长基金开始，余克服相继获得（负责）国家自然科学基金面上项目（3 项）、国家自然科学基金重点项目（2 项）、科技部重大基础研究前期专项、国家科技支撑计划课题、973 课题、国家海洋局公益项目、中科院创新项目、国家杰出青年基金项目、中国科学院战略先导科技专项课题、国家重大科学研究计划项目等，累计获得科研经费约 6000 万元。

通过深入的海上考察和广泛的国内外合作研究，余克服累计发表论文 167 多篇，其中 SCI 论文 54 篇（国际 SCI 刊物 43 篇），多篇为地学领域顶级的学术刊物，论文被引用 1546 次。这些成绩一方面改变了以往国际上基本没有中国大陆珊瑚礁文献的局面；另一方面在珊瑚记录环境的新指标、历史时期珊瑚白化研究等方面促进了国际珊瑚礁学科的发展。余克服于 2006 年获得中国第四纪青年科学家奖，2009 年起任中国第四纪科学研究会珊瑚礁专业委员会主任委员。

余克服以承担的课题经费为主体，建立了"珊瑚礁环境监测—记录实验室"，包括珊瑚与环境关系的监测室、珊瑚元素地球化学分析室（以 ICP－AES 为主）和稳定同位素质谱（MAT253）室。这是我国第一个珊瑚礁与环境关系研究的综合实验室，为中国珊瑚礁与环境的关系研究提供了实验平台，已服务于国内外同行。

余克服及其带领的团队在多年的发展过程中凝练出"珊瑚礁对环境的记录与响应"为主要学科方向，并相应地培养了珊瑚礁环境记录、生态响应、虫黄藻密度、碳循环等不同方向的人才，逐步形成了一个集成的、可以自主承担国家大型的项目的学科队伍，现学科组有固定人员 10 人，其中 9 人具有博士学位，平均年龄 34 岁。

个人简介

邹小波，江苏大学教授。2005 年获江苏大学农产品加工及贮藏工程专业博士学位，2006～2008 年江苏恒顺集团博士后，2008～2009 年在英国利兹大学访学 1 年，主要从事食品质量与安全快速无损检测研究。入选第二批国家"万人计划"科技创新领军人才。

邹小波是我国食品科学与工程专业百篇优秀博士论文和中国青年科技奖获得者，在食品质量与安全快速无损检测这一前沿多学科交叉领域作了创新性研究。研究形成了理论攻关、技术突破和应用开发三位一体的鲜明特色。

邹小波发明了一种食品气味检测新方法——嗅觉可视化方法，并研制出相应检测装备，该原创性发明将食品气味变化用颜色来表达，既形象又直观且不受环境影响，对肉制品变质的尸胺检测精度达 0.1ppm，该技术已被列入当今无损检测几大新技术之列，获国家技术发明二等奖。

提出了多传感器信息融合无损检测的新学术思想，克服了单一传感器技术检测的局限性，极大地拓展了该技术的应用空间，把物理意义、量纲、量级不同的多种信息统一映射到虚拟高维空间，完成了非线性关系到线性关系的转化，检测指标全面、精度高，获全国百篇优秀博士论文。

建立了无损检测中特征变量筛选和模型识别新方法，简化模型的同时提高了精度，为无损检测的实用化奠定了理论基础，获江苏省科技进步一等奖。

他还开发了软胶囊智能分选机、小水果计算机视觉分级机等在线检测、分级机器，均为国内外首创，拥有完全的自主知识产权，为传统装备信息化改造做出了贡献，获中国机械工业青年科技成就奖。

邹小波获授权中国发明专利 25 项、美国发明专利 1 项、德国专利 1 项；出版中英文专著各 1 本、合著外文专著 3 本，63 篇论文被 SCI、EI 收录，SCI 论文他引 185 篇次；2010 年他应邀在 Analy. Chimi. Act（IF = 4.55）发表研究综述，现 Google 学术被引超 200 篇次。获省部级一等奖 4 项，霍英东优秀青年教师二等奖、江苏省十大科技之星、江苏特聘教授等荣誉。

个人简介

　　沈彦俊，中国科学院遗传与发育生物学研究所农业资源研究中心研究员。1995 年获河北师范大学地理学专业学士学位，1998 年获中国科学院生态学专业硕士学位，2004 年获日本千叶大学水文学专业博士学位。入选第二批国家"万人计划"科技创新领军人才。

　　沈彦俊自 2007 年从东京大学回国后，组建农业水文学与水资源研究团队，目前团队有核心成员 10 人，包括研究员 2 名、副研 3 名和助研 5 名，以及博士后 1 名（巴基斯坦籍）、6 名博士生和 8 名硕士生。他主要研究缺水地区农业生产活动的水文效应、农业生产力与水分利用效率、水资源可持续利用等问题，在水文学、地理学、生态学和农学的交叉领域开展研究工作，为寻求农业水文学理论的创新和区域水资源可持续利用服务。在过去 5 年，沈彦俊承担的科研项目有国家 973 项目、国家科技支撑计划项目、国家自然科学基金项目、中国科学院知识创新工程项目、水利部公益性科研专项等。在农田水循环过程、农业水分利用效率与节水机理、气候变化与区域水资源演化等方面，沈彦俊近 5 年来共发表论文 60 篇，其中 SCI 收录 31 篇，CSCD 收录 29 篇；近 5 年 SCI 总被引 668 次，其中他引 518 次，单篇论文最高他引 58 次，论文 H 指数为 15；参与编写专著 3 部；申请专利 3 项；编写地方标准 1 项。

　　他的团队在 2011 年的国际评估中获得优秀，其中两位外国专家均认为"申请人及其研究团队在相关研究领域具有较强竞争力，在较短的时间内已经在田间和室内建立了较为完善的基础研究设施，借助于观测仪器、遥感技术和数值模拟等一系列手段，围绕农田生态系统中水、能量和碳通量在评价干旱半干旱区气候水文对农业和水资源的影响以及农田水平衡的多尺度监测等方面展开研究，且取得了优异成绩，为该领域的发展做出积极贡献。并与美国、澳大利亚、日本等国内外该领域的一流研究团队建立合作交流，显现了较高的研究水平和国际认可度，未来具有巨大的发展潜力"。

　　沈彦俊在国内外水文、生态和农业等相关领域的学术组织担任委员和理事职务；担任英文期刊《地学环境灾害》（*Geoenvironmental Disasters*）、中文核心期刊《地理学报》《中国生态农业学报》和《南水北调与水利科技》的编委；是《全球环境变化》（*Global Environmental Change*）、《水资源研究》（*Water Resources Research*）、《气候变化》（*Climatic Change*）、《水文学杂志》（*Journal of Hydrology*）、《水文过程》（*Hydrological Processes*）、《环境管理杂志》（*Journal of Environmental Management*）、《地理学报》《水利学报》等国内外水文与环境变化相关领域著名期刊的审稿人；作为客座主编，组织了生态水文学领域 SCI 期刊《生态水文学》（*Ecohydrology*）的"西北干旱区生态水文学"专刊（2013 年第 6 期）；曾多次受邀在重要国际学术会议上做报告。

沈彦俊同时也是科技部《应对气候变化国家战略研究报告》编写组成员；科技部《应对气候变化"十二五"科技发展规划》编制组成员，参加水资源和农业领域的编写工作。

个人简介

忻向军，北京邮电大学教授，博士生导师。1989～1993年就读于武汉科技大学，获机械与自动化工程学士学位；1997～2000年就读于北京交通大学，获电磁场与微波技术硕士学位；2000～2003年就读于北京邮电大学，获电磁场与微波技术博士学位。入选第二批国家"万人计划"科技创新领军人才。

忻向军，2014年国家杰出青年科学基金获得者，国家863项目首席专家，教育部新世纪优秀人才支持计划获得支持者，教育部高等学校科学研究优秀成果奖自然科学类二等奖获得者（第一完成人），国家广播电影电视总局科技创新奖高新技术研究与开发类一等奖获得者（第一完成人）。作为项目负责人，忻向军完成或承担国家级省部级项目13项；在OSA/IEEE顶级国际期刊发表高水平SCI已检索论文近70篇，SCI总引近300次，单篇他引50余次，在光通信国际主流会议OFC/ECOC/CLEO发表论文近10篇；授权发明专利7项；在国际光通信会议担任（共）主席、TPC委员多次。

忻向军长期从事光通信方面的研究工作，围绕通过多维度、多方式融合以及物理层协同处理以实现高带宽、广覆盖光通信的学术思想，在长距离、广覆盖、超大容量光通信及光与无线通信融合技术方面展开了深入系统的研究，取得了一些重要研究成果，研究成果多次在不同场合被多个国际权威专家好评，部分成果已经产业化。忻向军自主研制的拉曼光纤放大器，经信息产业部通信计量中心测试，综合指标达到当时先进水平，申请了专利并实现了专利转让，经合作单位北京凌云光子技术集团推广，已在国内多个有线电视网改造中获得了应用，产值3000多万元，并获得了上海市科技进步奖三等奖。他提出的基于光无线融合的混合信号新型接入系统。他还提出长距离、广覆盖光接入系统，其相关成果在863项目结题时得到一致好评，获得了"达到国际领先水平"的结论，获得教育部高等学校科学研究优秀成果奖自然科学类二等奖，并得到科技部后续项目支持，被进一步应用到了武汉至上海三网融合接入网的互通互联示范工程。

忻向军从理论及应用技术方面均对长距离、广覆盖、超大容量光通信及光与无线通信融合技术进行了深入研究，涉及载波信号产生、信号调制方式及组网方式等方面，从模块开发到系统设计，均达到了国内外领先水平，具有大规模商用化的实用意义。他所做的研究，极大地促进了我国光通信技术的发展，提升了我国通信产业自主创新能力和产业竞争力。

个人简介

宋西全，烟台泰和新材料股份有限公司高级工程师，总经理、国家芳纶工程技术研究中心主任、山东省芳纶纤维材料重点实验室主任。1992~1999年就读于大连理工大学，分别获高分子化工专业学士学位和高分子材料专业硕士学位。入选第二批国家"万人计划"科技创新领军人才。

宋西全为泰山学者特聘专家、山东省有突出贡献中青年专家、中国纺织学术带头人，中国青年科技奖、中国产业用纺织品行业特殊贡献奖、山东省青年科技奖获得者。他主持或参与省级以上科技项目20余项；发表论文10余篇；取得授权发明专利5项，其中专利"原液着色间位芳纶短纤维及其制备方法"获中国专利优秀奖、山东省专利一等奖；"湿法间位芳纶短纤生产技术开发及其产业化"获得国家科技进步二等奖（排名第1）、"芳纶1313纤维产业化技术开发"获得山东省科技进步一等奖（排名第1）；"间位芳纶纤维生产技术开发及其产业化"获得中国纺织工业协会科技进步一等奖（排名第1）。

实现间位芳纶国产化，填补了国内空白。宋西全主持完成国家科技攻关计划项目"芳纶1313纤维产业化技术开发"，研究开发了低温溶液间歇聚合、一步法湿法纺丝的间位芳纶生产技术，使泰和新材国内首家实现间位芳纶规模化生产。目前，泰和新材间位芳纶产能已达7000吨/年，居世界第二位，仅次于美国杜邦。截至2014年底，泰和新材间位芳纶累计实现销售收入39.96亿元，利税10.78亿元。

实现间位芳纶差别化，赶超国外高等级产品性能。宋西全主持完成"年产1500吨服装用间位芳纶项目"，实现了国产芳纶在防护服装领域的突破；主持完成国家重大科技成果转化项目"原液着色间位芳纶短纤维产业化"，突破了原液着色间位芳纶生产关键技术，提升了国产芳纶在防护服装领域的竞争力；国际首创芳纶基导电纤维生产技术，使泰和新材成为目前国际上唯一的芳纶基导电纤维生产企业。

实现芳纶纸国产化、芳纶关键原料自给化及芳纶下游应用技术突破，推动芳纶及其上下游产业联动发展。宋西全作为技术负责人主持完成芳纶纸产业化技术开发，是国内首家实现芳纶纸规模化生产，年产能500吨，居世界第二位；主持完成"蜂窝芯材用间位芳纶产业化技术开发"，基本解决了我国军用和民用航空级芳纶纸蜂窝材料依赖进口的局面；主持研发间/对苯二甲酰氯生产技术，基本实现芳纶关键原料自给化及酰氯生产过程绿色化；主持研究开发芳纶下游应用技术，拓展国产芳纶在高端领域的应用，为下游企业提供技术支持与服务。

宋西全长期从事芳纶领域关键技术的研究与开发，并取得了突出成就，为实现芳纶系列产品国产化做出了重要贡献，有效地带动了芳纶行业技术进步及产业发展，提升了我国芳纶产业的国际竞争力，进一步推动了我国国防军工、航天航空、电子信息、安全防护、环境保护和轨道交通等战略性新兴产业的发展，取得了良好的经济与社会效益。

个人简介

宋国立，中国农业科学院棉花研究所研究员。曾就读于华中农业大学遗传育种专业，分别于1990年和1998年获学士学位和硕士学位，2007年获中国农业科学院研究生院遗传育种专业博士学位。入选第二批国家"万人计划"科技创新领军人才。

宋国立自1990年毕业后，一直在中国农业科学院棉花研究所从事棉花遗传育种和棉花生物技术工作，先后主持或承担国家科技攻关、国家973计划、国家863计划、国家自然科学基金、国家棉花产业技术体系、转基因重大专项等课科研项目。近5年，他发表论文20多篇，获专利4项，培养研究生10余人。他在种质资源研究方面成绩突出，获得了国家科技进步一等奖、国家科技进步二等奖和河南科技进步二等奖。在工作期间，他向国内提供遗传材料7000余份次，直接用作亲本育成新品种172个（占全国同期总数的38%）。截至2004年累计推广面积50万亩以上的有51个，在全国种植面积共达5.5亿亩（占全国同期总量的50.6%），新增社会效益508亿元；促成了获奖科技成果31项、科技论文500余篇、研究生学位论文近70篇。

宋国立积极开展棉花南繁工作，参与建成了我国海南冬季棉花繁育中心，构建了一体化棉花冬季南繁技术体系，该技术体系2007年获得了河南省科技进步二等奖和中国农业科学院科学技术成果二等奖。棉花南繁技术体系的应用，极大地推动了我国棉花新品种选育工作，为全国210多个单位代理繁育棉花材料上百万份，育成品种266个，占全国同期总数的53%。其中年推广面积5万亩以上的有129个，共计推广6.2亿亩，占全国同期品种数量与面积的34%和70%。品种应用获得经济效益269亿元，社会经济效益巨大。

宋国立开创性地进行棉花基因组测序工作，四倍体栽培棉的祖先种D基因组雷蒙德氏棉和A基因组亚洲棉的测序工作已完成，结果分别于2012年和2014年发表在《自然遗传》（*Nature Genetics*）上。四倍体陆地棉（AD）的基因组测序正在进行中，该研究为棉花产业提供了巨量的基因组信息资源，必将大大促进棉花的科学研究进展并对棉花产业起到广泛的推动作用。另外，他在基因组测序的基础上批量挖掘棉花基因的同时，致力于棉酚腺体和光子等种子相关性状的功能研究，以提高棉花副产品的价值，保障棉花安全生产，在棉花基因组学研究领域居世界领先水平。

个人简介

张平，中国科学院数学与系统科学研究院研究员。1987～1997 年就读于南京大学基础数学专业，获得博士学位。

张平主要应用弱收敛方法和微局部分析对如下具有强物理背景的偏微分方程问题进行了系统的研究并取得了国际领先的成果．在国际著名刊物 *Comm. Pure Appl. Math.*（10 篇）等杂志发表学术论文 69 篇，在美国数学会出版专著一本，67 篇论文被他人引用 1126 次。

在非线性 Schrödinger 方程的半经典极限方面，彻底证明了一维 Schrödinger – Poisson 方程的半经典极限（代表作［3］）。关于 Schrödinger 方程的半经典分析是量子力学中 Bohr 对照原理（经典力学是量子力学当 Planck 常数趋于零的极限）严格数学化的数学分支。许多著名学者曾研究过此问题，如 E. Wigner（诺贝尔奖获得者），P. L. Lions（Fields 奖获得者）等，然而，除了一维可积系统和线性方程外，几乎还没有一个完整的非线性 Schrödinger 方程半经典极限的严格数学结果。他们的主要贡献是：在一维情形，与合作者在代表作［3］中利用半经典拟微分算子工具，彻底证明了与一维半经典 Schrödinger – Poisson 方程解族相关的 Wigner 测度在分布意义下满足 Vlasov – Poisson 方程。正如 R. Carles 等在其综述性文章［Commun. Pure Appl. Anal. 8（2009），559 – 585.］中指出，此结果是至今为止 Wigner 测度唯一的一次成功地应用于非线性 Schrödinger 方程的半经典极限的情形。引入"调谐能量泛函"并局部解决了高维 Schrödinger – Poisson 方程的半经典极限（代表作［4］）。将"调谐能量泛函"应用于外区域上 Gross – Pitaevskii 方程到带自然边界 Euler 方程的半经典极限（代表作［7］）。除此之外，他们［论著 29］还证明了半经典 Helmholtz 方程到 Liuvielle 方程的极限。就相关的研究工作，张平于 2007 年春季一学期，应美国 New – York 大学 Courant 研究所所长 C. M. Newman 邀请，在 Courant 研究所做了一学期的系列演讲，相关的主要内容已成专著：Zhang，Ping：Wigner Measure and Semiclassical Limits of Nonlinear Schrödinger Equations. Courant Lecture Notes in Mathematics，17，Courant Institute of Mathematical Sciences，New York；American Mathematical Society，Providence，RI，2008. viii + 197 pp. ISBN：978 – 0 – 8218 – 4701 – 5。

Navier – Stokes 方程的整体解。等熵可压缩 Navier – Stokes 方程的整体弱解。Fields 奖获得者 P. L. Lions 在 1998 年发表了 1993 年宣布的如下结果：当空间维数 n = 2，绝热指数 γ > 3/2 和 n = 3，γ > 9/5 时，等熵可压缩 Navier – Stokes 方程存在整体弱解。众所周知，大气分子的绝热指数为 1.4 左右，故在 P. L. Lions 名著：Mathematical Topics in Fluid Mechanics，Vol 2，Compressible Models，第 181 页提出了如下公开问题："Improving this restriction on γ is a fundamental question：for instance，can one prove an analogue of Theorem 7.2 when γ≥1 and n=2 or 3？"江松和张平 [代表作 2] 合作通过发展处理解的奇异性的新技术和描述密度振荡的亏损测度的新性质，首先对球面对称和轴对称初值，在二维和三维情形将 P. L. Lions 的工作改进到 γ>1。

当绝热指数 1<γ≤n/2 时，关于高维等熵可压缩 Navier－Stokes 方程整体弱解的存在性方面，目前还只有他们的存在性结果（初始值具有某种对称性）。

在不可压缩流体力学方程组方面，关于三维不可压缩 Navier－Stokes 方程具有有限能量光滑初值整体光滑解的存在性或局部光滑解在有限时间内爆破是美国 Clay 研究所公布的 7 大千禧年问题之一。

围绕此问题，张平和 Chemin [代表作 6] 引入一类全新的 Besov－Sobolev 型的函数空间，并证明了 3 维各向异性 Navier－Stokes 方程在此空间取小初值时的整体适定性，特别地，该结果证明了 3 维各向异性 Navier－Stokes 方程具有高频震荡初值的整体适定性；进一步，通过引入加权 Chemin－Lerner 型的空间，他和 Paicu [论著 48] 证明了只要初始速度的两个分量充分小，3 维各向异性的 Navier－Stokes 方程存在整体唯一解；此结果被张平等 [论著 57，62] 进一步推广于 3 维非齐次不可压缩 Navier－Stokes 方程，证明了只要初始密度充分靠近某一正常数且初始速度的两个分量充分小，该方程在临界空间中存在唯一解。[代表作 10]

证明了通过三维不可压 Navier－Stokes 方程存在整体解的初值集合中的任意一点，存在无穷多条任意长的直线段使得在该线段上的任一点，三维 Navier－Stokes 方程仍有唯一整体解，从而给出经典 Navier－Stokes 方程存在整体解初值集合的拓扑描述；最近他们又证明了 3 维 Navier－Stokes 方程速度分量的一个临界范数控制了该解的正则性（被 Ann. Sci. école Norm. Sup. 接收）

在 Taylor 符号假设条件下，张平等 [代表作 8] 证明了 3 维不可压缩 Euler 方程自由边界问题的局部适定性并进一步在长波区域内证明了其长波极限 [论著 53，54]。

在波动变分方程及相关浅水波方程的整体弱解方面，张平等在一系列文章中 [代表作 9，论著 1，2，3，7，8，18，47] 利用 Young 测度理论与微局部亏损测度理论系统地解决了一般非光滑初值液晶波动变分方程整体弱解的存在性及其结构，并证明了该方程的一阶渐近方程弱解的整体存在唯一性；和 Bressan 合作 [论著 33] 解决了一般渐近方程能量守恒弱解和能量耗散弱解的整体适定性。需要说明的是经典 Div－Curl 引理在此处失效，他们必须利用所谓的 －Young 测度，该方法有别于经典 －Young 测度。受到该工作启示，张平等 [代表作 1] 利用 －Young 测度理论彻底解决了一种与液晶波动变分方程一阶渐近方程紧密相关的浅水波方程，即 Camassa－Holm 方程，整体能量耗散弱解的存在性；进而用拟微分算子证明了该方程孤波解的唯一性。此项关于浅水波弱解的工作自 2000 年发表起即受到大量引用，至目前为止已被

H. P. Mckean（美国科学院院士），A. Bressan（ICM1 小时报告人）等他人引用达 216 次。带动了大批在此研究方向的工作。例如，G. M. Coclite，K. H. Karlsen 等人在文章［SIAM J. Numer. Anal. 46（2008），1554－1579］中对他们的弱解构造了数值格式等。

张平自 1997 年以来，共在 Comm. Pure Appl. Math.（10 篇），Arch. Ration. Mech. Anal.（10 篇），Comm. Math. Phys.（5 篇），Adv. Math.，J. Reine Angew. Math. 等杂志发表和接受文章 81 篇，在美国数学会出版专著一本。据美国数学会网络粗略统计，73 篇出版物已被 Fields 奖获得者：C. Fefferman，P. L. Lions 等 486 人引用达 947 次

关于非线性 Schrödinger 方程的半经典分析是量子力学中 Bohr 对照原理严格数学化的数学分支。在一维情形，张平及其团队彻底证明了与一维半经典 Schrödinger－Poisson 方程解族相关的 Wigner 测度在分布意义下满足 Vlasov－Poisson 方程；利用 Wigner 测度并首次引进所谓的"调谐能量估计"方法局部解决了高维半经典 Schrödinger－Poisso 方程的半经典极限，并局部解决了外区域上半经典 Gross－Pitaevskii 方程的半经典极限。就相关的研究工作，张平于 2007 年春季一学期，应邀在美国 New－York 大学 Courant 研究所做了系列演讲，讲义的主要内容已汇编成专著：Courant Lecture Notes in Mathematics，17。

张平及其团队通过发展处理解的奇异性的新技术和描述密度振荡的亏损测度的新性质，首先对球面对称和轴对称初值，在二维和三维情形将 P. L. Lions 的工作改进到 $\gamma > 1$，并发现了解的一些很有意义的新性质。

当绝热指数 $1 < \gamma \leqslant n/2$ 时，关于高维等熵可压缩 Navier－Stokes 方程整体弱解的存在性方面，目前还只有他们的存在性结果（初始值具有某种对称性）。

利用 Young 测度理论与微局部亏损测度理论系统地解决了一般非光滑初值该波动变分方程整体弱解的存在性及其结构，并证明了该方程的一阶渐近方程弱解的整体存在唯一性；解决了一般渐近方程能量守恒弱解和能量耗散弱解的整体适定性。张平及其团队用 L^p－Young 测度理论彻底解决了浅水波方程，整体能量耗散弱解的存在性，进而用拟微分算子证明了该方程孤波解的唯一性。

个人简介

　　张永，厦门乾照光电股份有限公司副总经理，高级工程师。2000~2009 年就读于厦门大学，先后获电子信息科学与技术专业学士学位和凝聚态物理专业博士学位。入选第二批国家"万人计划"科技创新领军人才。

　　2009 年至今，张永任职于厦门乾照光电股份有限公司，先后担任研发工程师、外延制造部副经理、研发部经理、技术总监、总工程师，现任集团公司副总经理（上市公司高管），主要从事砷化镓多结太阳电池、AlGaInP 四元系红黄光 LED 以及 GaN 蓝绿光 LED 等光电器件的研发和产业化工作。工作期间，他带领技术团队承担公司重大项目 5 项，承担国家"863 计划"项目 3 项，其余国家、省市科技项目十余项。通过这些项目的实施，公司砷化镓多结太阳电池与 AlGaInP 四元系红黄光 LED 芯片产品达到国内领先、国际先进水平，成为公司的主营产品。张永已获得授权发明专利 6 项，实用新型专利 32 项，并发表学术论文 16 篇。

　　张永进入乾照光电工作半年内发明了"一种具有高峰值隧穿电流的异质结构隧穿结"并设计了一种新型低串联电阻电池结构，解决了砷化镓三结太阳电池在高倍聚光条件下工作的关键技术问题。在国内首家实现并推出称为第三代光伏发电技术的高倍聚光三结太阳电池芯片产品，成为公司新的利润增长点，乾照光电也是国际上少数几家拥有该技术产品的厂家。

　　张永带领团队承担了"第二代空间和地面用砷化镓三结太阳电池外延片、芯片"项目，攻克了多项技术难题并形成核心技术。通过这一项目，他针对空间和地面应用市场开发出两类产品。产品最高转换效率分别达到 30%（AM0）和 41%（AM1.5，500sun），处于国内领先、国际先进水平，并获得 2012 年度福建省科技进步奖一等奖和厦门市科技进步奖一等奖。2014 年该产品被认定为"国家战略性创新产品"。乾照光电成为国内唯一能够稳定批产该产品的企业，在国内拥有 50% 以上的市场占有率并已经装备多颗卫星和多个地面光伏电站，包括 ZY 卫星、FY 系列等，保障了国防安全并促进国内光伏产业朝新的技术方向发展，具有重要的社会效益。

　　2011~2014 年，张永主持了国家"863 计划"项目"带隙匹配的倒置四结太阳电池研究"，此外作为公司主要负责人参与了另一项"863 计划"项目"兆瓦级高倍聚光太阳电池产业化关键技术"。研制的空间用倒置三结和四结太阳电池最高转换效率分别达到 32.64% 和 34.87%（AM0），代表了当时空间多结太阳电池的最高效率水平和技术发展方向，国内仅乾照光电拥有该项技术。该成果曾受到"太阳能电池之父"马丁·格林教授的高度评价。在此基础上，进一步研制了柔性薄膜砷化镓三结和四结太阳电池，研制的柔性薄膜砷化镓四结太阳电池的转换效率在空间光谱条件下转换效率达到33%（AM0），为开发高效率柔性薄膜太阳电池开启了新的技术路线。

张永还带领团队承担了"高效率铝镓铟磷LED"等项目，通过技术攻关也形成了多项核心技术，并推出倒装和正装结构两类LED芯片产品。其中，带领团队参与一项"863计划"项目"无荧光粉LED外延生长技术研究"，通过该项目开发的基于透明衬底的红光LED芯片电光转换效率达到50%，处于国内领先、国际先进水平。2015年，在公司新的战略部署下，带领技术团队进入GaN蓝、绿光LED领域，公司迅速发展成为国内仅有的几家具有红、绿、蓝全色系LED芯片产品的企业。

个人简介

张农，中国矿业大学教授。就读于中国矿业大学采矿工程专业，1999 年获采矿工程专业博士学位。入选第二批国家"万人计划"科技创新领军人才。

我国煤炭产量约占世界的一半，其中 90% 以上为井工开采，由于煤岩松软，且采动影响剧烈，巷道围岩控制一直是制约煤矿安全生产的重大技术"瓶颈"。张农通过突破强采动影响煤巷支护技术，创新了无煤柱煤与瓦斯共采方法，形成 2 项标志性成果。

张农提出煤矿顶板楔形整体控制原理，为复杂条件煤巷提供了一套具有自主知识产权的"顶板安全、结构稳定、变形可控"的煤巷主动式高强预应力支护技术。他系统跟踪煤巷掘进、围岩支护和受采动影响的变形、破裂、冒落及稳定过程，探究出煤巷复合顶板条件下支护围岩结构稳定和裂隙演化的规律，发展了采动巷道围岩控制理论；研发的主动式高性能预拉力锚杆和预拉力桁架支护技术可以解决我国 60% 以上复杂条件煤巷支护难题，已成行业主导支护技术。代表性成果"煤矿极易离层破碎型顶板预应力控制理论研究及工程应用"的专家鉴定意见认为："在煤巷锚杆支护理论、支护手段和应用技术都有创新，全面地发展和丰富了'九五'期间形成的螺纹钢高强锚杆支护技术体系，在层状顶板预应力结构支护体系的整体研究达到国内领先水平，在支护手段和应用技术及沿空巷道支护技术研究方面达到国际先进水平"。该项成果获 2005 年度国家科技进步二等奖（排名第 2）。

张农发现采空侧竖向裂隙分布规律，创造性地提出利用沿空留巷实施无煤柱煤与瓦斯共采的技术原理和方法，推动了传统的瓦斯灾害治理向"无煤柱煤与瓦斯共采"科学采矿的革命性转变。该技术已被列为全国重点推广技术成果。中国工程院副院长、中国工程院院士杜祥琬在《科学时报》上撰文评价代表性成果"低透气性煤层群无煤柱煤与瓦斯共采关键技术……我国煤矿安全开采技术取得重大突破。煤层群无煤柱快速留巷 Y 型通风煤气共采研究课题，研究成果集成创新了沿空留巷 Y 型通风煤与瓦斯共采关键技术所涉及的理论、技术、材料、装备及工艺系统，取得了显著的经济、社会和环境效益，达到了国际领先水平"。世界采矿大会国际组委会主席杜宾斯基评价："用采矿方法解决低透气性高瓦斯煤层群安全高效开采核心技术，实现了无煤柱煤与瓦斯共采，在瓦斯灾害防治、安全高效开采理论和技术方面取得突破"。该项成果获 2009 年度国家科技进步二等奖（排名第 2）。

张农的上述研究成果获得广泛应用，已推广到 17 个矿区、80 余对矿井，技术覆盖产能达到 8 亿吨，在推动行业科技进步中产生显著效益。

个人简介

张宏，浙江大学教授。1996～2000 年就读于日本国立 Gunma 大学，取得核医学博士学位。入选第二批国家"万人计划"科技创新领军人才。

张宏是国家重点研发计划（干细胞专项）首席科学家、国家杰出青年科学基金获奖者、国家"万人计划"特评专家、浙江大学"求是"特聘教授、香港理工大学荣誉教授，他长期从事核医学与分子影像在重大疾病诊治和干细胞治疗方面的基础与应用研究工作，主持科技部支撑计划课题、科技部国际合作重点项目、国家重点研发计划、国家自然科学基金等各类国家级科研项目，针对中枢神经损伤修复与脑功能的影像示踪开展了系列深入研究，获得系列创新性的发现，系列研究结果发表在国际本领域顶级期刊，被《临床医师癌症杂志》（*CA：A Cancer Journal for Clinicians*）、《柳叶刀肿瘤杂志》（*Lancet Oncology*）等国际著名杂志正面引用，并多次作为重要研究进展和研究亮点被期刊同期配发长篇专题评论，得到正面评价论述。系列研究不仅构建了分子影像在中枢神经损伤修复、脑功能方面研究的新方法，更重要的是对神经与脑功能机制的在体研究有积极的示范推动作用，促进了交叉学科的发展。获得美国临床肿瘤学会（ASCO）、美国癌症学会（AACR）、美国分子影像科学院（AMI）、日本核医学会（JSNM）等 5 项国际学术奖项；应邀担任美国、欧洲、英国、日本等 5 本国际本领域主流学会官方学术期刊编委。多次应邀在国际本领域主流学会作大会特邀报告和主旨报告，并担任分会主席。

张宏担任浙江大学医学院院长助理、浙江大学医学 PET 中心主任、浙江大学核医学与分子影像研究所所长、浙江大学医学院附属第二医院核医学科主任，创新医教研管理，积极推动团队建设，大力开展国际科研合作，所在团队被评为浙江省重点学科和浙江省医学重点学科。张宏还担任中华核医学会转化医学影像专委会主任委员、中国生物物理学会分子影像专委会副主任委员、浙江省核医学与放射医学防护学会主任委员，积极推动高水平学术交流与合作，组织开展了针对精准医疗与脑科学的交叉研究活动，为中国核医学与分子影像的发展做出了积极贡献。

个人简介

张宏，1987～1991年就读于安徽大学，获生物化学学士学位；1991～1994年就读于北京大学医学部，获肿瘤学硕士学位；1994～2001年就读于美国爱因斯坦医学院，获分子遗传学博士学位。入选第二批国家"万人计划"科技创新领军人才。

近5年，张宏分别在《细胞》（*Cell*），《发育细胞》（*Developmental Cell*），《细胞生物学杂志》（*The Journal of Cell Biology*），《欧洲分子生物学组织通讯》（*EMBO Reports*），《发育》（*Development*），《发育生物学》（*Developmental Biology*），《美国科学院院刊》（*Proceedings of the National Academy of Sciences of the United States of America，PNAS*），《遗传学》（*Genetics*），《细胞自噬》（*Autophagy*）等国际著名杂志共发表SCI收录论文24篇，全部为通讯作者论文。两次作为项目首席负责国家973项目研究。2006年获得Lilly亚洲杰出科研成就奖，2012年获得霍华德·休斯医学研究所国际青年科学家奖，2012年获国家杰出青年自然基金。

2004年张宏回国，前后就职于北京生命科学研究所及中国科学院生物物理研究所。张宏的实验室主要利用秀丽线虫为模式生物开展自噬的机理和功能的研究。近年来在多细胞自噬模型建立、新自噬基因筛选和阐明自噬基因敲除小鼠的生理功能方面取得突出成绩。张宏建立了秀丽线虫作为多细胞生物自噬的模型，首次报道了自噬过程在线虫发育过程中P颗粒的降解中发挥重要作用（《细胞》（*Cell*），2009，通讯作者），阐述了P颗粒的选择性降解机制；利用多细胞生物遗传模型进行大规模筛选，鉴定并克隆了多个参与自噬过程的新基因并进一步研究这些基因在自噬途径中的作用机理，极大地促进了多细胞自噬领域的发展（《细胞》（*Cell*），2010，通讯作者）；鉴定并阐述了一个PI3P结合蛋白在自噬小体形成过程中的作用（《发育细胞》（*Developmental Cell*），2011，通讯作者）。张宏对自噬基因敲除小鼠生理功能的研究。阐明了Epg5基因敲除小鼠由于自噬—内吞系统功能异常，表现出选择性神经细胞的缺失。该研究建立了Epg5基因敲除小鼠作为研究肌萎缩性脊髓侧索硬化症（ALS）发病机理的动物模型（《细胞生物学杂志》（*The Journal of Cell Biology*），2013，通讯作者）。

个人简介

张君，中国重型机械研究院股份公司研究员。1993年获西安交通大学锻压工艺与设备专业学士学位；1998～2005年就读于西北工业大学材料加工工程专业，获博士学位。入选第二批国家"万人计划"科技创新领军人才。

张君长期在科研一线从事金属挤压高端装备及技术研究开发，承担完成40余项国家、省部、企业重大攻关项目，是国内外知名的行业专家。取得的科技创新成果广泛应用于轨道交通、高速铁路、航空航天、核电、军工、新能源汽车和电力等行业，成为国家新兴战略性产业的支柱。先后获国家科技进步一等奖1项、省部级科技进步一等奖1项、二等奖2项；发表论文25篇，出版专著1部；获得授权发明专利11项、实用新型专利53项；获陕西省青年科技奖和中国科协求是杰出青年成果转化奖。

他研制的挤压机达到世界先进水平，进入国际市场。作为主要技术承担人之一，完成的100MN油压双动铝挤压机研制工作属国内首创，2004年获得国家科技进步一等奖；作为总设计师，他完成了当年全球最大125MN油压双动铝挤压机的研制工作，为企业创造了良好的经济效益。张君主持完成了特大型现代高效、节能、智能、协同挤压技术与装备的开发与应用，形成了系列技术创新并推广应用30台套，使我国形成了16MN～250MN挤压机系列化的能力；研究出了双轴反向挤压和挤压容室自由同步的方法；主持开发了国内首台双动反向铝挤压机，填补国内空白并进入了国际市场；提出了机械液压复合定针方法，已应用在125MN铝挤压机上。主持完成的120MN单动短行程前上料挤压机通过吸收消化和再创新，形成多个科技创新成果，成为世界最先进的挤压机之一，并和主持完成的25MN正反向挤压生产线一起进入工信部认定的2013年国产重大装备首台套目录。张君正在主持研制的250MN油压双动铝挤压机是全球同类设备中最大的一台，也是我国的重大装备之一。

研制的后部精整设备成为国内外知名品牌。集成开发出具有世界先进水平的挤压机后部精整设备，推广应用60余条生产线，占据国内大型挤压机后部精整设备大部分市场份额并出口国外。张君研制的拉伸机和矫正机成为辅机的新亮点。建立了中心受载的液压拉伸矫直方法，成功开发出国内最大的25MN液压拉伸矫直机；提出多辊铝材矫直方法，开发出型材辊式矫正机并在国内外推广应用。

张君担纲国家科技重大专项和省部级课题负责人。现为国家科技重大专项2万吨难变形合金卧式挤压机和金属挤压/模锻设备与工艺创新能力平台建设的课题副组长、国家"973"计划项目难变形合金挤压装备关键技术研究主要完成人；提出了金属挤压与锻造装备技术国家重点实验室的建设方案并负责具体落实建设并负责国家重点实验室日常工作；提出了陕西省大型工业铝型材挤压技术与装备工程技术中心建设方案并完成建设，该技术中心被评为省重点工程技术中心，正在申报国家工程技术中心。

个人简介

张罗，首都医科大学附属北京同仁医院教授、主任医师、博士研究生导师，现任首都医科大学附属北京同仁医院副院长、北京市耳鼻咽喉研究所所长。1993 年获首都医学院临床医学系临床医学学士学位；2000 年获首都医科大学耳鼻咽喉科学博士学位；2011 年获天津大学管理科学与工程专业博士学位。入选第二批国家"万人计划"科技创新领军人才。

张罗教授是教育部"长江学者特聘教授"。2001～2003 年，他在美国马萨诸塞大学医学院生理学系任博士后研究员，教育部耳鼻咽喉科学重点实验室副主任、比利时 Ghent 大学上呼吸道研究合作实验室共同主任。张罗同时还担任中华医学会变态反应分会候任主任委员和北京医学会耳鼻咽喉头颈外科分会副主任委员。受邀在国际学术会议发言 16 次、主持会议 10 次并担任国际学术会议专家 13 次；是世界过敏反应科学组织（WAO）执委会和国际过敏科学执委会（CIA）中唯一的中国委员。

张罗主要从事以过敏性鼻炎为代表的鼻黏膜炎性病变的发病机制和临床诊疗研究。他主持国家自然科学基金杰出青年基金课题、"十五"国家科技攻关计划等课题 13 项、人才项目 6 项。他以第一或通讯作者身份发表英文文章 97 篇，发表中文文章 220 篇。截至 2014 年，英文文章单篇最高他引次数为 52 次，中文文章单篇最高他引次数 229 次，入选 2010 年中国百篇最具影响国内学术论文。他还获得发明专利 1 项、实用新型专利 3 项和外观设计专利 1 项。合作副主编专著 7 部，合作主译专著 1 部，副主译专著 2 部。获国家科技进步二等奖 2 项（分别排名第 2 和第 5）、是全国优秀科技工作者（十佳提名奖）、国务院"政府特殊津贴专家""新世纪百千万人才工程"国家级人选。

个人简介

张健，中海油研究总院教授级高级工程师。1988～1995年就读于西南石油学院，先后获油田化学专业学士学位和应用化学专业硕士学位；2000年获中山大学高分子化学与物理专业博士学位。入选第二批国家"万人计划"科技创新领军人才。

张健瞄准并破解海上稠油开发重大技术难题的关键与核心，引领世界海上稠油油田提高采收率技术的攻关方向。近海稠油储量占到公司总储量70%，产量超过50%，但是水驱开发方案设计采收率偏低且含水上升速度快，长期困扰油田开发并成了一道急需破解的重大技术难题，因为国内外海上油田没有先例可寻。面对海上稠油油藏的复杂多样性，张健突破平台条件限制，摸索形成了"以油藏为中心，驱油体系是核心，现场实施是关键，采出液处理是"瓶颈"，效果评价是标准，进出一盘棋"研究思路。以稠油和高硬水的聚合物驱为切入点，研制出国际领先的耐盐抗剪切聚合物和海上平台聚合物在线速溶技术，初步探索出含聚采出液处理的解决办法，并制定出海上早期注聚效果评价标准。历经十多年攻关，他硬是把前人认为海上油田不可能的聚合物驱油技术变成了现实，形成了海上油田特色的早期注聚技术。张健进一步深入探究地层350mPa.s以上稠油，创造性地研究出一种高效多功能且低成本的稠油原位活化驱油技术，既增加水相粘度又降低油相粘度，并在陆地油田开始矿场试验，可大幅度降低海上实施难度并拓宽化学驱的适用范围。同时他还研究出85℃以上高温化学驱油技术，并走向印度尼西亚和乌干达油田。可以说，我国海上油田化学驱油技术已经引领世界海上油田提高采收率技术的发展方向。

张健将科研与生产紧密结合，矿场试验与应用成效显著。针对油藏特点和开发阶段迥然差别的海上油田，研究出相应的聚合物驱油技术体系，首次在世界海上油田开展了聚驱矿场试验，在攻克先导试验难关的基础上，重点攻关井组试验和扩大规模的注入能力、平台配注装置、聚合物保粘率、在线调剖、采出液处理等难题，顺利地实现了由单井向井组试验的跨越，再到三个油田的试验与应用，截至2014年底累增油超过430万立方，资源潜力评价表明仅聚合物驱，在渤海油田就有超过17亿立方储量，如果其采收率提高5%，则可增加可采储量8500万立方，显示出巨大的应用潜力。

10多年前，海上油田提高采收率还是一片空白，没有研究力量，自提高采收率重点实验室成立起，张健就主动担当重任，摸清油田开发难题，凝练科学问题和关键技术，做好顶层设计。组织多专业协同攻关，重点突破，获得多项成果和显著生产效果，成功申请并建成公司首个国家重点实验室"海洋石油高效开发国家重点实验室"，并获2014年"全国专业技术人才先进集体"荣誉称号。张健大力培养青年技术骨干，先后培养34名科研人才，获得国家、总公司和中海油研究总院的多项荣誉。

个人简介

张辉，北京创毅视讯科技有限公司高级工程师。1993 年获中国科技大学物理学学士学位；1993 ~ 1999 年就读于加州大学伯克利分校电子工程专业，获博士学位。

张辉博士在美国期间，专注于进行低功耗可重构 CPU 架构技术的开拓性研究，并开创性地用以实现多媒体数据驱动的并行处理，共发表国际论文 20 余篇，申请了国内外发明专利超过一百项，在低功率 VLSI（Very Large Scale Integreted）设计、射频/混合信号处理技术、编解码的算法、OFDM 接收机、信号估计、解调处理、同步技术及其他无线通信和组网方面拥有强大的技术优势。该团队曾经开发的基于 OFDM 技术的移动电视（CMMB）芯片已量产并成功商用近千万片，研发的芯片已经包含有 3 个系列 10 个品种，并应用于 100 多款不同终端，市场占有率在 70% 以上。同时张辉博士还积极配合广电总局进行全国的 CMMB 网络部署，实现 200 多个城市的信号覆盖。张辉博士领导的创毅视讯公司积极参与中国移动多媒体广播（CMMB）标准研究和制定，成功研发出全球首枚 CMMB 接收解调芯片。2007 年，张辉博士很早即意识到 TD – LTE 对国家产业及本公司未来的重要性，并开始带领团队启动 TD – LTE 项目，2007 年上半年即开始 TD – LTE 方面的跟踪预研；2007 年 Q4 全面启动 TD – LTE 终端芯片项目；2009 年 4 月，中标中国政府的国家科技重大专项—TD – LTE 终端基带芯片研发项目；2009 年 9 月，中标中移动为 2010 年上海世博会提供 TD – LTE 数据卡项目；2010 年 5 月，联合香港应科院推出世界上首款支持 20MHz 的 TD – LTE 基带芯片，完成基于该芯片的数据卡测试，并正式为上海世博会供货，向世界展示了中国移动通信产业发展的最新成就。2011 年 3 月该项目团队研发的 TD – LTE 终端芯片及相关产品成功入选工信部第一批规模技术试验网，为我国下一代移动通信和移动互联网产业的发展打下了一个良好的开端，开创了中国企业跻身移动通信终端芯片国际领先阵营的新局面。

个人简介

张锦，北京大学教授。1988~1997 年就读于兰州大学，先后于 1992 年和 1995 年分别获应用化学专业学士学位和硕士学位；1997 年获分析化学博士学位。入选第二批国家"万人计划"科技创新领军人才。

张锦主要从事低维碳材料的应用基础研究，近十年在碳纳米管电子器件和石墨烯基拉曼散射活性基底的材料基础与技术方面开展了系统的研究，获得国际同行的广泛关注。碳纳米管具有非常高的载流子迁移率，是新一代碳基电子器件的核心材料，英特尔已将其列入技术发展路线图。针对高性能碳纳米管电子器件对碳纳米管材料的要求和器件加工工艺，张锦与合作者发展了一系列单壁碳纳米管的结构控制生长方法与分离技术，为碳纳米管电子器件奠定了材料基础；石墨烯也是新一代碳基电子器件的核心材料，但其特殊的二维结构也为拉曼散射活性基底的制备提供了材料基础。针对表面增强拉曼光谱技术在微量物种检测中的信号不均一等问题，张锦与合作者发展了石墨烯基新型拉曼散射复合活性基底的制备方法，提出了平整基底上的拉曼散射信号增强技术，实现了任意形貌表面上微量物种的直接检测，拓宽了低维碳材料的应用范围。

到目前为止，张锦教授与合作者共发表 SCI 收录论文 180 余篇，包括《自然材料》（*Nature Mater*）1 篇、《自然通讯》（*Nature Commun*）3 篇、《先进材料》（*Adv. Mater*）9 篇、《纳米通讯》（*Nano Lett*）11 篇、《美国化学会志》（*JACS*）8 篇、《德国应用化学》（*Angew. Chem*）3 篇、《小》（*Small*）11 篇、《美国科学院院刊》（*PNAS*）2 篇等。获授权专利 20 余项；受邀在国际及双边会议上作邀请报告 40 余次；获 2001 年度中国化学会青年化学奖、第九届霍英东青年教师优选项目资助（2003 年）、2005 年度教育部"新世纪优秀人才资助计划"、2007 年国家杰出青年基金资助、2011 年全国优秀博士学位论文指导教师和多次校级奖励；以第二完成人身份获 2008 年国家自然科学二等奖和 2007 年高等学校科学技术奖自然科学一等奖。张锦教授任北京大学化学与分子工程学院副院长、北京大学"纳米器件物理与化学"教育部重点实验室副主任和北京大学纳米化学研究中心副主任。同时他还担任《碳》（*Carbon*）的副主编、《化学学报》和《光散射学报》的编委以及《粒子》（*Particles*）和《石墨烯化学》（*Chemistry of Graphene*）杂志的顾问编委。

个人简介

　　张鹏，博士，中国科学院上海生命科学研究院研究员。2002 年获山东大学生物化学与分子生物学专业学士学位；2008 年获中科院上海生命科学研究院生化细胞所生物化学与分子生物学博士学位。入选第二批国家"万人计划"科技创新领军人才。

　　张鹏自 2010 年 10 月全职回国并建立独立实验室，先后获上海市"浦江人才"（2011 年）、中科院上海生科院特殊人才（2012 年）和国家基金委优秀青年基金（2013 年）等人才项目支持，主持和参与了科技部、基金委、上海市及中科院的多项科研项目，担任科技部蛋白质重大研究计划（青年项目）首席科学家。张鹏领导的课题组主要以结构生物学的方法手段，研究生物体重要代谢物合成与跨膜转运的分子机理。研究成果以通讯作者发表在《自然》（*Nature*）、《自然通讯》（*Nature communications*）、《美国科学院院刊》（*Proceedings of the National Academy of Sciences of the United States of America*）、《欧洲分子生物学组织报告》（*EMBO Reports*）、和《生物化学杂志》（*The Journal of Biological Chemistry*）等期刊上。

　　关于维生素 ECF 型 ABC 转运蛋白复合体的结构与转运机制的研究。维生素对生命体的代谢、生长发育起着非常重要的作用。ABC 和 MFS 家族转运蛋白是生物体内广泛存在的两类维生素跨膜转运的分子机器。ECF 转运蛋白属于一类新的 ABC 转运蛋白复合体，依靠分解 ATP 介导物质跨膜转运。其在结构上包括细胞膜上底物特异性结合蛋白 S、以及由膜结合蛋白 T、胞内 ATP 结合蛋白 A/A' 形成的能量耦合模块组成。ECF 转运蛋白的结构以及跨膜转运维生素的机制一直不清楚。以张鹏为第一作者的研究工作首次解析了来源于金葡菌的核黄素（维生素 B2）ECF 转运蛋白复合体中底物结合蛋白 S – RibU 的结构，揭示了 ECF 转运蛋白结合底物的方式。研究论文于 2010 年发表在 Nature 上，被 F1000 收录并推荐作为抗生素设计的药物靶点。2010年回国工作后，张鹏带领研究团队先后解析了一系列 ECF 型 ABC 转运蛋白的结构：包括叶酸（维生素 B9）ECF 转运蛋白复合体的三维结构（《自然》）、叶酸结合状态 S 蛋白的结构（《自然通讯》）、泛酸 ECF 转运蛋白复合体的结构（《美国科学院刊》）。揭示了组成 ECF 转运蛋白复合体的四个组分之间的相互作用关系、能量耦合的结构基础和底物结合与释放的门控机制。进而提出了 ECF 型 ABC 转运蛋白的工作机理模型：底物通过底物结合蛋白 S 在膜内的翻转来实现跨膜转运。该机理不同于教科书上的经典 ABC 转运蛋白，使人们对消耗 ATP 的物质跨膜转运机制有了新的认识；该研究也使人们从分子水平上认识了叶酸等 B 族维生素进入细胞的过程。由于 ECF 转运蛋白存在于多种致病菌中，因此对这类蛋白结构与转运机制的研究不仅具有重大理论意义，且具有潜在应用前景。鉴于此，张鹏团队的研究受到国际与国内同行的高度关注，多次受邀在重要学术会议作报告并为知名杂志撰写领域研究综述。

张鹏研究团队同时开展植物体来源的对自身功能重要和对人类有重要应用价值的代谢物的合成与转运过程的分子机理研究。

个人简介

张颖，东北农业大学教授。1990～1997 年就读于东北农业大学，先后获土壤与植物营养专业学士学位和农业生态专业硕士学位；2002 年获哈尔滨工业大学环境工程专业博士学位。入选第二批国家"万人计划"科技创新领军人才。

本着对科学严谨客观的态度，张颖长期围绕环境保护领域中的村镇土壤及水体污染的生物治理与修复这一科学问题开展理论与应用研究。她主持国家级科技项目 14 项，负责科研经费累计达 2000 余万元；担任 14 种国际 SCI 期刊审稿人，发表论文 193 篇（其中 SCI 收录文章 42 篇，EI 收录 38 篇，SCI 累计影响因子 108.969）；担任国家规划教材与专著 6 部的副主编；以第一完成人获授权专利 13 项。曾荣获国家环保部环境保护科技奖二等奖、黑龙江省科学技术二等奖等各级科研奖励 11 项、获得国家教育部"新世纪优秀人才计划"、黑龙江省教育厅"长江后备"支持计划、黑龙江省杰出青年科学基金等支持。她还担任黑龙江省高等学校科技创新团队首席专家，荣获全国优秀教师、"龙江学者"特聘教授、黑龙江省政府特殊津贴和黑龙江省优秀教师。先后与联合国开发计划署、美国加州大学、以色列希伯来大学等国际知名大学和科研单位建立了合作平台。

张颖揭示了长残留有机污染物阿特拉津对黑土的生态毒理学机制。她发现阿特拉津可对黑土微生物 DNA 产生断裂损伤的现象，提出阿特拉津污染可导致微生物氧化损伤的微生物生态毒理学理论。该成果受到哈佛大学 James. J. Collins 院士的高度认可。

她筛选出多株阿特拉津低温降解菌，10℃条件下降解能力高出国内外同类菌株十个百分点以上，丰富了此领域的种质资源。成功挖掘出菌株所携带的 trzN、atzB 和 atzC 三种降解基因。提出了高效菌株 *Acinetobacter lwoffii* DNS32 降解基因表达并不受"氮饥饿"诱导机制调控的理论。

建立了基于微生物修复、植物—微生物联合修复以及固定化酶修复技术的阿特拉津污染土壤生物修复方法体系，解决了强化功能菌株在环境中由于定殖能力差而使修复效果不稳定的问题。成功优化低成本发酵培养基配方，有效提升了修复菌剂的抗逆性，该技术已实现产业化。

创新的构建了厌氧微生物降解菌定向培养方法，将美国工程院院士 Lisa 赠予的三氯乙烯（TCE）厌氧脱氯菌群成功扩培，填补了国内空白，明确了腐殖酸和 AQDS 与持久性有机污染物 TCE 降解菌群互作的分子机制，研究获得美国 Lisa 院士的高度评价。研究成果被《水研究》（*Water Research*）和《生物技术评论》（*Critical Reviews in Biotechnology*）等高水平杂志多次引用。

张颖还成功开发出高效低成本的村镇企业重金属废水和畜禽废水资源化和无害化处理技术与设备，有效解决了畜禽废水氨氮去除难及低浓度重金属废水处理效果不佳的一系列关键问题，成果已在多家企业成功推广应用。

个人简介

张元明，中国科学院新疆生态与地理研究所副所长，研究员，新疆植物学会理事长。1995 年获新疆师范大学生物学学士学位；1998 年获中国科学院新疆生态与地理研究所植物学硕士学位；2002 年获中国科学院沈阳应用生态研究所生态学博士学位。入选第二批国家"万人计划"科技创新领军人才。

张元明长期从事干旱区生物多样性、荒漠生态系统结构与功能研究。担任国家自然科学基金重大研究计划项目、国家重点研发计划项目和中国科学院知识创新重要方向项目首席；曾获"全国优秀青年植物学获得者""中国科学院王宽诚西部学者突出贡献奖""新疆第二届青年科技奖""新疆五四青年奖章"等荣誉；是自治区天山英才工程入选者获得者；获国家科技进步二等奖 1 项，自治区科技进步一等奖 2 项，授权发明专利 6 项。在国内外学术刊物上发表论文 100 余篇，其中以第一作者或通讯作者发表 SCI 论文 48 篇。多项研究成果发表于国际著名期刊，包括《自然—植物》（*Nature Plants*）、《土壤生物与生物化学》（*Soil Biology and Biochemistry*）、《植物学年报》（*Annals of Botany*）、《植物与土壤》（*Plant and Soil*）、《水文学杂志》（*Journal of Hydrology*）等国际有影响的生态学和地学刊物，被科学网（*Web of Science*）总引 769 次（他引 617 次，单篇最高引用 93 次）。研究成果在国内外产生了较大影响，如发表在《自然—植物》（*Nature Plants*）的论文被《科学》（*Science*）专门评述，该文在《自然—植物》（*Nature Plants*）同期发表的 59 篇文章中排名第一，并于 2017 年被评为该刊建刊 2 周年纪念最具影响力文章（共 10 篇，本文排名第四）；部分成果被最新国际结皮专著 *Biological Soil Crusts：An Organizing Principle in Drylands*（第二版，2016）收录（申请者为该专著第 19 章主编）。研究成果得到国际同行认可，张元明受邀担任《生态学应用》（*Ecological Applications*）客座编辑，兼任《植物与土壤》（*Plant and Soil*）、《干旱环境杂志》（*Journal of Arid Environments*）、和《生态学应用》（*Ecological Applications*）等 SCI 刊物审稿人。

在应用研究方面，张元明已经获得了指导结皮固沙实践的 3 项技术体系，并获得国家发明专利 6 项。在我国自然条件恶劣和荒漠化严重的西北干旱和半干旱地区，开展有关生物结皮固沙功能的研究，实现结皮生物"培养物"的大量快速繁殖，加速实用技术的开发，并将其应用于治沙实践，对于我国荒漠化防治和生态环境综合治理具有重要的理论和实践意义，其所发挥的生态、社会和经济效益将不可估量。该项研究所取得的成果具有较强的典型性和示范性，该项目的实施对改善西部地区的生态环境、促进区域社会经济可持续发展、保障地区生态安全和国家稳定与长治久安，具有重要的战略意义。

个人简介

张扬建，中国科学院地理科学与资源研究所研究员，高原生态系统研究中心主任，拉萨高原生态试验站站长，博士生导师。2004年获乔治亚大学（the University of Georgia, Athens, Georgia, U.S.）博士学位。入选第二批国家"万人计划"科技创新领军人才。

张扬建是中国科学院青藏高原地球科学卓越创新中心骨干人才，2009年12月入选中国科学院"百人计划"海外杰出人才，从事遥感生态学研究，具体方向是高寒生态系统全球变化生态学。以青藏高原高寒生态系统为研究对象，应用遥感、模型、地面监测和控制试验等多种技术方法，开展全球变化对生态脆弱地区关键地表过程的影响及其环境效应等研究。从探索新的研究方法入手，逐步优化模型，并采用新的方法和优化的模型，探讨高寒生态系统对全球变化的响应格局及其环境效应，开展了一系列原创性工作，取得了较可观的成果。研究成果在《国家科学院学报》（*Proceedings of National Academy Sciences*）、《科学》（*Science*）等国际重要期刊上发表论文30多篇。这些成果对研究区生物多样性保护、生产力评价、气候变化影响下农牧业的管理具有重要意义。

张扬建主持或参与多个项目，包括中科院"百人计划"项目《全球变化和人为干扰对青藏高原植被生态系统格局和生产力的影响》；"973"计划课题《全球变化对高寒草地生态过程的影响及机理》；"973"专题《中国陆地生态系统碳源汇格局与驱动因素》；中科院战略性先导科技专项《藏北草地固碳现状、速率、机制和潜力》等。获"第九届青藏高原青年科技奖"、2015年度"中国科学院王宽诚人才奖""西部学者突出贡献奖"等奖项。

个人简介

张幸红，哈尔滨工业大学教授。1995 年获安徽工程大学热加工专业学士学位；1995～1999 年就读于哈尔滨工业大学材料学专业，获博士学位。入选第二批国家"万人计划"科技创新领军人才。

近 5 年来，张幸红针对某国家重大科技工程、某国防重大专项等国家重大需求对热防护系统的要求，系统开展了梯度功能材料及超高温陶瓷复合材料的基础及应用研究。作为主要完成人之一，张幸红先后获国家自然科学二等奖、国防科技二等奖 1 项、教育部自然科学奖一等奖 2 项；2005 年入选教育部新世纪优秀人才支持计划，2010 年获得黑龙江省杰出青年基金，2011 年获得总装备部国家军口 863 计划"十一五"先进个人荣誉称号，2012 年受聘教育部长江学者特聘教授。张幸红和团队合作者发表 SCI 收录论文 100 余篇，SCI 他人引用 1500 余次，获得授权国家、国防发明专利 19 项。

在梯度功能材料热力耦合失效机理方面，张幸红及其团队建立了梯度功能材料考虑多裂纹相互作用的多层板模型，解决了材料性质任意变化时裂纹尖端场的求解问题；提出了热冲击阻力评价的多尺度模型和强度评价方法，开展了热冲击作用下失效机理、破坏理论的实验验证，提出了改善材料热冲击阻力的方法。为高速飞行器燃气舵、空气舵等多种关键耐热部件的研制提供了理论支撑。

在长时间非烧蚀超高温陶瓷复合材料理论与应用方面，张幸红及团队其他成员揭示了超高温陶瓷复合材料的长时间超高温氧化机理，获得了氧化抑制方法；阐明了超高温陶复合材料热冲击损伤机制，提出了材料强韧化的实现方法，并得到了试验验证；实现了超高温陶瓷复合材料及多种典型高超声速非烧蚀热防护构件的制备，实现了 2000℃/2000s 以上非烧蚀并保持结构完整的目标，为高超声速飞行器超高温热防护构件研制提供了重要的技术途径。该成果已在多种高超声速飞行器非烧蚀热防护结构设计和材料研制中得到应用，填补了我国超高温陶瓷非烧蚀热防护材料体系的空白。对相关国家重大科技工程和重大专项的立项、实施方案论证和关键技术攻关起到了重要的支撑作用。

个人简介

张英俊，广东东阳光药业有限公司药业研究院院长、新药所所长。1997～2007年就读于湖南大学，先后获化学专业学士学位、有机化学硕士学位、有机化学博士学位，2007～2008年日本冈山理科大学从事博士后研究。

张英俊，2009年首届广东省引进创新科研团队核心成员；2011年广东省第一批战略新兴产业项目团队核心成员；2015年起担任抗感染新药研发国家重点实验室常务副主任，2016年入选"广东特支计划"科技创新领军人才。

他主管广东东阳光药业有限公司新药研发，在研1.1类新药项目有35个，研发团队超过500人；领导团队进行了禽流感用药"达菲"的工艺改造，顺利完成了国家下达的2亿片储备药的任务，团队获得了国家发展改革委表扬信的表彰；主持开发了全新作用机制的抗乙肝新药甲磺酸莫非赛定，目前已经完成临床Ⅰ期，安全性良好，2014年经CFDA批准，同时获得临床Ⅱ期、Ⅲ期，目前正在临床Ⅱ期研究。主持开发了国内第一个口服抗丙肝新药（DAA）磷酸依米他韦，2014年获得临床Ⅰ期批件，目前已经完成了临床Ⅰ期，进展迅速，正在申请临床Ⅱ、Ⅲ期试验。主持开发了两个抗肿瘤新药：宁格替尼、莱洛替尼分别处于临床Ⅰ期，其中莱洛替尼已入选国家新药临床大品种审批试点项目，于2015年3月同时获得临床Ⅰ、Ⅱ、Ⅲ期批件。此外2015年初还完成了3个新药的IND申报。

他在读博期间发表了10多篇高水平学术论文；参与学术会议并发表了9篇会议论文；参与2项国家自然科学基金专项；读博期间所研究的"芳炔硫醚的合成及其纳米团簇组装行为"具有较高的科研价值；在东阳光工作期间发表了多篇学术论文；申请了191项国内及国际发明专利，其中PCT专利25项，已获授权10项；参与了《创新药物合成》（*Innovative Drug Synthesis*）书中章节撰写；所主持的项目多次获集团公司科技进步奖。

主持及参与了国家级、省级7个课题的研究：主持了国家"十二五"新药创制重大专项"抗乙肝病毒一类新药甲磺酸莫非赛定的临床研究"；2012年广东省重大科技专项"靶向抗肿瘤一类新药Z582的临床前研究"；参与了2011年的国家"十二五"重大新药创制"靶向抗肿瘤一类新药NX125的临床前研究"，已结题；2011年广东省战略性新兴产业核心技术攻关专项研究；2012年广东省战略性新兴产业核心技术攻关专项研究。

张英俊在东阳光工作期间创建了国内实力一流的药物研究院，发展组建了一支阵容强大、专业精湛的研发队伍。新药所现有各类研发人员500多人，拥有国家千人计划专家4人，外籍专家20多人，博士40多人。博、硕比例占到70%以上。形成了特有的"海外专家指导+海归博士引导+国内精英主导"人才架构。为应对未来激烈竞争提供了有力的人才保障。新药研究所内抗肿瘤研发团队和抗糖尿病研发团队连续两年获得广东省引进创新团队称号。2013年东阳光新药研发团队被评为东莞市先进集体。

他搭建了国际一流的新药研发平台，创建了系统完整的新药研发流程。完成了从产品评审，项目立项、结构设计，化学合成，分析测试，药理筛选，再到制剂工艺，一直到最后的注册申报，临床试验整个新药研发平台的建设，从而使新药所成为目前是国内少有的可以全程独立进行新药研发的机构。2011年东阳光新药所被广东华南新药创制中心认定为唯一的技术中心，2013年被评为广东省抗病毒药物研发企业重点实验室，2014年正式拥有了国家博士后科研流动工作站，2015年被评抗感染新药研发国家重点实验室。

主导35个化学1.1类新药的开发，所开发的新药涵盖了抗病毒、抗肿瘤、抗心血管、神经系统、代谢类及免疫系统六大方面。目前已经有1个新药处于临床Ⅱ期，1个新药完成临床Ⅰ期，正在申报临床Ⅱ期、Ⅲ期。2个新药处于临床Ⅰ期，3个新药完成IND申报，目前正在CFDA审评。已初步形成比较有竞争力的新药产品线，特别是抗乙肝新药，多家国际制药大公司表示了浓厚的兴趣，希望获得公司国外专利的授权。

在张英俊的带领下，东阳光新药研发取得了长足的进展和突破，根据CFDA数据显示，东阳光2014年1.1类新药申报数量已经位居全国第二。2014年东阳光PCT专利申请已达20多篇，成为全国第一。东阳光的新药研发水平和成绩已经处于国内前列。对广东地区乃至全国都起到了引领作用，为后续新药研发提供宝贵思路和经验。

个人简介

张治中，重庆重邮汇测通信技术有限公司教授。1993年和1998年分别获重庆邮电大学通信工程学士学位和通信与信息系统硕士学位，2002年获电子科技大学通信与信息系统专业博士学位。入选第二批国家"万人计划"科技创新领军人才。

张治中，二级教授，工学博士，博士生导师，重庆邮电大学校学术委员会委员。入选国家"百千万人才工程"国家级人选，国家有突出贡献的中青年专家，国务院政府特殊津贴获得者，教育部新世纪优秀人才，重庆市信息与通信工程"首席专家工作室"领衔专家，重庆市首批"百名工程技术高端人才"，重庆市首批"科技创新领军人才"。他是重庆青年科技奖获得者，重庆青年五四奖章获得者，重庆市十大杰出青年群体带头人，中华全国青年联合会委员，中国通信企业协会通信网络运营专业委员会常务委员，中国通信学会青年科学家论坛执行主席。

张治中专业从事通信网测试研究20多年，承担国家863重大专项、国家科技重大专项、国际合作等国家级项目22项、省部级项目33项。他领导研发了"通信固网、ATM、2G、NGN、IP、3G、LTE"等领域的40余种测试仪器，项目成果最早应用于LTE、3G以及NGN等网络建设，支撑了新一代移动通信网络国家重大创新工程；同时，有4个成果打破了安捷伦等国外公司长期技术垄断，属国内首创，提升了我国通信网络测试领域的自主创新能力和市场竞争力。目前，成果转化产品和技术已应用到全国31个省、区、市和印度尼西亚、尼泊尔、马来西亚、孟加拉、缅甸等海内外市场的通信网络建设，为重庆市电子信息产业的发展做出了积极贡献。迄今已申报发明专利55件，申报计算机软件著作权20件，提交国际标准建议草案3件，提交企业标准9件（已被运营商采纳为招投标技术规范）。主持的科研项目"通信网络测试与优化平台关键技术及其应用"获得2011年国家科技进步二等奖，获得省部级科技进步一等奖1项，省部级科技进步二等奖1项，省部级自然科学三等奖1项，省部级科技进步三等奖4项。

个人简介

张学军，中国科学院长春光学精密机械与物理研究所研究员。1990 年获吉林工业大学金属材料专业学士学位；1993 年和 1997 年分别获中国科学院长春光学精密机械研究所光学专业硕士学位和博士学位。入选第二批国家"万人计划"科技创新领军人才。

张学军在光学系统先进制造技术方面有突出的研究成果。一方面，他突破、发展了大口径非球面高精度加工设备、工艺及复合检测技术。自 1992 年开始，张学军在国内率先开展了非球面数控加工及检测技术的研究，先后研制成功了具有自主知识产权的四代大口径非球面加工中心，技术指标与见诸报道的国际最高水平相当，1m 量级 SiC 离轴非球面加工精度优于 12nm rms，使我国成为了继美国、法国之后第三个具备大口径空间反射镜系统制造能力的国家，实现了离轴三反光学系统先进制造技术、离轴非球面复合检验技术、子孔径拼接等技术的国内首次突破，同时满足了国家对高分辨率和大视场的新一代空间光学遥感器的需求。目前四代大口径非球面加工中心已经成为我国空间对地遥感光学系统的核心支撑设备，每年承担 40 余块离轴非球面制造任务，以上成果获 2011 年度国家科技进步二等奖（排名第 1）。另一方面，张学军突破了以离轴三反系统为代表的新型光学系统工程化应用的技术"瓶颈"，推动了我国空间对地遥感新技术体制的建立。他作为 ×× − ×× 相机副总设计师，负责光学系统制造。采用第二代、第三代数控非球面加工中心完成了初样、正样（01 星）、02 星、03 星等所需的十余块离轴高次非球面，采用专利技术实现了表面波纹度误差的实时修正和几何量的精确控制，反射镜任意子孔径面形误差优于 $\lambda/70$rms，为我国在轨空间相机最高水平，同等分辨率条件下该相机幅宽相当于法国 SPOT5 相机的 6 倍。

张学军作为卫星副总设计师、相机总设计师，在 ×× − ×× 项目原理样机研制阶段提出相机采用离轴三反构形、反射镜采用 SiC 材料等创新思路，实现了大视场、高分辨率成像；带领团队突破了高比刚度轻量化相机结构设计与制造、高速低噪声 TDI CCD 成像系统设计与制造、计算机辅助装调等一系列关键技术。目前该项目已列入高分专项并进入正样研制阶段，多个型号空间相机以及背景预研项目均采用了可同时实现长焦距与大视场的离轴三反光学系统形式，其中 8 台相机已经在轨服役，全部满足用户使用要求，部分指标为当前国际最高水平。

张学军所取得的成果将推动我国空间光学有效载荷向世界最高技术水平发展，可大幅提升我国对地观测、深空探测、环境监测的数据自主获取能力，提高了我国对地观测数据自给率，满足国家和行业应用对高分辨率数据的急需，提升国际竞争力。同时拉动先进光学材料、精密轴承、精密加工装调技术、精密光学检测技术、先进机床制造技术和自动控制技术等诸多领域的创新发展。

个人简介

张哲峰，中国科学院金属研究所研究员。1988～1995年就读于西安交通大学金属材料及热处理专业，获硕士学位；1998年获金属研究所材料物理与化学专业博士学位。入选第二批国家"万人计划"科技创新领军人才。

张哲峰承担了国家自然科学基金重大项目、国家杰出青年科学基金，中国科学院"百人计划"以及973项目，在断裂与强度理论、疲劳损伤与强韧化机制方面提出了一些新的模型或理论。他的研究成果在自然材料、材料科学进展、物理评论快报等SCI刊物上发表300余篇论文，被国际同行引用5500余次，单篇论文引用480余次，发表论文H因子＝36。张哲峰作为材料失效分析中心主任，在工程构件的失效分析与防护方面为企业解决了大量实际问题。

在脆性材料的断裂与强度理论的研究方面，张哲峰提出了一个新的统一拉伸断裂准则—椭圆准则，将过去300多年内提出的四个经典断裂准则（最大正应力准则、屈特加准则、范米塞斯准则和莫尔—库伦准则）有机地统一起来，这为揭示在复杂应力条件下不同材料的破坏规律提供了新的理论依据。关于这项研究他在SCI刊物上发表论文80余篇，被SCI论文引用2500余次，单篇论文引用480余次。

在疲劳损伤晶体取向与界面效应方面的研究方面，张哲峰揭示了各种典型面心立方晶体铝、铜、镍、银以及铜铝与铜锌合金单晶体的循环应力——应变响应、微观位错组态演化以及疲劳损伤机制；揭示了沿晶与穿晶疲劳开裂机理以及疲劳寿命，揭示了大角晶界与退火孪晶界的疲劳开裂机制，在《材料科学进展》和《材料学报》等SCI刊物上发表论文80余篇。张哲峰2000年获"全国百篇优秀博士学位论文奖"，2004年获辽宁省"自然科学二等奖"。

在金属材料强韧化机制与疲劳性能提高方面的研究方面，张哲峰采用多种严重塑性变形技术研究了面心立方金属材料如铜铝与铜锌合金、奥氏体不锈钢与TWIP钢的强韧化机制，提出了通过降低面心立方金属的层错能来提高金属材料的强韧化性能，以及通过提高其微观结构稳定性来降低疲劳损伤程度而实现其提高疲劳强度的研究思路。对于此项研究，他在SCI刊物上发表SCI论文80余篇，得到国际同行的广泛关注。

在构件失效分析与性能评价的研究方面，张哲峰所领导的材料失效分析中心近5年组织分析了240余件失效案例，所分析的案例涉及到航空、航天、海军、陆军、石油化工、电力、交通、冶金等国家重要行业，为企业关键构件的安全使用提供了保障，同业也为基础理论研究与工业应用研究的结合做出了探索性工作。

在人才培养方面，2006~2014 年张哲峰指导的研究生有 20 余人次荣获"中国科学院优秀博士学位论文""院长奖学金""宝钢奖学金特别奖""朱李月华奖学金"、金属研究所"师昌绪奖学金""辽宁省优秀毕业生"和"日本科学振兴会奖"等荣誉。2011 年和 2014 年张哲峰被授予"中国科学院优秀研究生指导教师"称号。

个人简介

　　张晓晶，宁波美晶医疗技术有限公司董事长、CTO 美国著名常春藤盟校达特茂斯学院正教授。1991～1995 年就读于上海交通大学精密仪器系，获生物医学工程专业学士学位；1997 赴美国留学，2004 年就读于美国斯坦福大学电机系，获电子工程专业博士学位。入选第二批国家"万人计划"科技创新领军人才。

　　张晓晶 2011 年入选浙江省"千人计划"，2012 年入选宁波市首批市"3315 计划"海外高层次人才、高端创业创新团队。

　　张晓晶有丰富的海外学习研究经历，先后任教于美国工程学院排名前十名的德州大学奥斯汀分校，受聘于生物医学工程系微电子中心、NSF 纳米制造中心及德州材料研究所；曾任美国麻省理工学院任研究员、美国著名常春藤盟校达特茂斯学院正教授、生物医学微纳米型器件实验室主任。

　　张晓晶主要研究领域为集成微纳米机电系统设计原理，及其在生物芯片和微型生物医学传感和成像器件中的应用。他创新地将先进集成微纳米系统及仿生纳米材料应用于肿瘤等重大疾病检测的前沿研究；在微型生物医学器件研究前沿，尤其是在多尺度微光子生物传感和近场成像领域的研究居于世界领先地位。他在国际主要学术杂志和国际会议期刊上发表了 120 余篇论文，美国专利 10 余项，40 余次特邀报告，包括 2007 年哈佛大学"维曼医用光学特邀讲座"（Wellman Lecture Series on Photomedicine），和 2013 年美国常春藤名校达特茅斯学院"琼斯科学，技术和社会特邀讲座"（Jones Seminars on Science, Technology and Society）。他获得多项荣誉，包括美国国家自然基金会杰出青年教授奖、美国国防部高级技术研究开发局杰出青年教授奖、美国生物医学工程杰出青年教授奖；参与美国工程院——工程前沿论坛，及中美工程院——工程前沿论坛等。近五年，他获得 10 多项美国国家及国际科研基金；多次担任国际会议程序委员会、执行委员会主席或成员；长期兼任美国自然科学基金评审专家及美国多个其他主要联邦机构基金评审；并常任加拿大、瑞士、英国、奥地利等国际基金评审。

　　"One World, One Health, 拥有同一个世界，创造共同的健康生活"是美晶医疗的创业梦想。在创新人才推进计划的大力支持下，张晓晶希望能够带领美晶医疗的科技创新研发队伍，积极推进产学研用的有机结合，使我国在先进集成微纳米系统及仿生纳米材料应用于生物医学器件研究前沿，生物芯片的设计及大规模制造领域快速走向世界前列，尤其在微型医用芯片，可植入式传感器及其在早期疾病诊断上的应用方面取得突破，培养一批技术创新人才，以创新引领医疗科技，为实现人人生命有尊严、健康有保障的中国梦贡献力量。

个人简介

张勤远，华南理工大学教授。1988～1992 年就读于桂林理工大学应用化学系获学士学位；1998 年获中国科学院上海光学精密机械研究所材料学专业博士学位。入选第二批国家"万人计划"科技创新领军人才。

张勤远致力于玻璃科学与技术、发光材料与器件基础研究。近五年，他主持过国家自然科学基金重点项目、国家杰出青年科学基金等项目；以第一作者或通讯作者在美国《应用物理快报》（*Applied Physics Letters*）、《材料科学进展》（*Progress in Materials Science*）等专业期刊发表 SCI 收录论文 200 余篇，被剑桥大学 Cheetham 教授（英皇家科学院院士）、哈佛大学 Clarke 教授（美工程院院士）等著名专家发表在《自然材料》《自然光子学》等上的论文他引 4000 余次，获授权国家专利 16 项（其中一项获 2010 年中国百件优秀专利）。他是国家杰出青年科学基金获得者、教育部长江学者特聘教授、国务院政府特殊津贴专家。他的研究成果获 2010 年广东省自然科学一等奖（第 1 完成人）、2012 年教育部高等学校技术发明一等奖（第 3 完成人）、2014 年国家技术发明二等奖（第 3 完成人）。近五年，张勤远担任国际会议组委、分会主席、受邀国际学术会议特邀报告十多次。

在学术研究方面，张勤远发现并提出了稀土离子掺杂体系合作下转换红外量子剪裁和级联发射红外量子剪裁及其物理机制，解决了稀土离子红外高效发光和高效发光物理机制问题；将热力学反应判据用于清除激光玻璃杂质机理研究，提出并建立了反应气氛除杂新技术，解决了高质量激光玻璃材料与器件基础问题；提出从玻璃相图和结构研究激光光纤稀土高掺杂溶限性与发光淬灭问题，解决了高增益光纤高掺杂和光纤工作寿命基础问题，研制了超窄线宽单频光纤激光器。

个人简介

　　陆海，南京大学教授。1992～1999 年就读于南京大学，获半导体物理专业学士学位和微电子与固体电子学专业硕士学位；2003 年于美国康奈尔（Cornell）大学获电子工程专业博士学位。入选第二批国家"万人计划"科技创新领军人才。

　　陆海现为教育部长江特聘教授，曾任南京微结构国家实验室（筹）唐仲英特聘教授、主任研究员。他主持过国家杰出青年科学基金、国家自然科学基金重点项目、973 课题、国防 863 课题等科研项目。主要从事宽禁带 III 族氮化物半导体材料与器件研究，取得了若干项有意义的创新成果。共发表 SCI 论文 200 篇（包括 Appl. Phys. Lett. 和 IEEE 系列论文 80 余篇）；所发表论文共获他人引用 7000 余篇次，其中单篇论文最高他引 850 余篇，10 篇论文被他人引用 100 篇次以上。其代表工作被国际同行在综述文章上称为"重大突破"（Major Breakthrough）；已获得 11 项中国发明专利和 1 项美国发明专利，所研发多项技术处于科技成果转化阶段。

　　他发展了新型"迁移率增强分子束外延技术"，解决了富 In 氮化物半导体外延生长中大晶格失配和弱表面迁移等关键难点，在 InN 半导体的电学特性、非极性生长、和 P 型掺杂等方面创造并长期保持世界纪录（2000～2007 年）；为三十余家国际著名研究机构提供了标准 InN 样品并开展合作研究，对 III 族氮化物半导体研究与应用领域的发展起到一定的推动作用。

　　他联合改写或修正了多项 III 族氮化物半导体材料体系的基本物理参数，包括 InN 0.7 电子伏特窄禁带宽度的重大发现，借此将 III 族氮化物半导体的应用领域推广到近红外光学波段，大大拓宽了 III 族氮化物半导体的研究与器件的应用范畴。

　　陆海致力于将半导体基础研究成果推广到器件应用领域，研究和发展了若干种新型器件。通过发展 GaN 同质外延生长技术，大幅度提高了 GaN 半导体的晶体质量，借此研制出高击穿电压 GaN 肖特基整流器及高增益 GaN 紫外雪崩光电探测器，多次被获得国际主流半导体技术媒体跟踪报道；他研制出现有暗电流密度最低和芯片尺寸最大的 AlGaN 基日盲深紫外探测器；在国内最先实现了 SiC 紫外单光子探测器；提出和联合实现了 InN 光激发 THz 发射源，获《自然》（Nature）杂志专题报道；两次刷新霍尔传感器最高稳定工作温度的世界纪录，其成果被他人作为单独一节写入科研参考书；研制成功 1100V 级 GaN 基高功率二极管，其性能指标达到与国际先进水平同步，并与江苏省骨干功率电子器件企业开展合作研发。

个人简介

陆其峰，国家卫星气象中心研究员。1995～1999 年就读于新疆大学，获陆地水文专业学士学位；2000～2003 年就读于南京气象学院，获气象学硕士学位；2003～2006 年就读于南京信息工程大学，获气象学专业博士学位。入选第二批国家"万人计划"科技创新领军人才。

中国气象局是我国风云气象卫星的业主单位，负责风云卫星的发展规划、工程建设、资料共享和应用示范。陆其峰的研发工作核心是从源头改进风云卫星数据质量，推进其定量化应用。目前陆其峰是中国气象科学研究院硕士/博士生导师，已联合培养研究生 5 名。自 2008 年以来，已发表文章近 40 篇，其中第一作者文章 21 篇，SCI 论文 16 篇；共发表第一作者国外重要技术报告 8 篇。

陆其峰研发、建立了一个气象卫星仪器在轨性能优化模型，通过该模型在国际上首次对气象卫星仪器的在轨性能参数进行仿真模拟，提高了风云三号卫星（FY－3）大气探测仪器数据质量，使得数据质量与欧美同类仪器相当，得到国内外同行认可。研究开发了风云卫星星载微波大气温度探测仪器观测误差分析和订正算法；建立了星载仪器，在轨运行技术状态参数的定量评估算法。这些算法已在 FY－3 以及欧美的仪器上得到了有效验证和应用，将我国风云三号卫星微波探测仪器数据质量提升到国际先进水平，并发现、弥补了欧美气象卫星微波温度探测仪器数据处理的缺陷。欧洲数值天气预报中心希望加强合作研发。世界气象组织认识到这项工作对提高卫星资料质量的价值，2012 年授予陆其峰"维萨拉观测实施奖"（该奖项每 2 年全球评选 1 次，每次 1 人，这是中国科学家首次获此奖）。

陆其峰推进了风云三号卫星大气探测数据在数值天气预报模式中的定量应用。他系统研究了中国气象卫星 FY－3 数据定量同化理论和技术，成功将 FY－3 数据同化进入全球一流的欧洲数值预报系统和中国气象局的数值天气预报模式，改进了预报精度。目前，英国、德国、加拿大、日本等多个国际先进业务数值天气预报中心已计划使用订正后的 FY－3 数据。这些工作显著提高了中国气象卫星在全球气象卫星领域的地位和影响力，得到了世界气象组织（WMO）、欧洲中期天气预报中心（EC-WMF）、英国气象局等机构的高度认可。因在该领域的突出贡献而荣获世界气象组织 WMO "维萨拉观测实施奖""十三届中国青年科技奖"和"第六届全国优秀科技工作者"等重大奖项和荣誉称号，并多次受欧洲中心、英国气象局等的邀请去参加其相关的卫星数据同化工作。

陆其峰初步形成一支星地一体化的气象卫星资料定量应用支撑团队。这包括卫星仪器设计和制造、卫星数据处理、模式定量应用等。根据我国气象卫星发展规划和定量应用需求，陆其峰和其团队拟在三个方面开展重点研究：建立一个适合所有卫星大气探测仪器误差诊断分析和订正的平台，确保卫星数据质量和仪器的稳定运行，解决卫星资料不好用的问题；深化卫星资料定量应用关键技术研究，解决卫星资料用不好的问题；建立一个平台来优化现有观测系统和评价新探测仪器应用潜力，提供科学的卫星观测系统建设方案和建议。

通过这些工作，陆其峰希望进一步改进气象卫星数据质量和稳定性及其定量应用，提高中国气象卫星的国际地位；统一用户与仪器生产者之间的关注点，带动一系列仪器联动工艺的改进；为优化现有卫星观测系统、建设新观测系统或新观测仪器提供定量仪器指标参数和决策建议。

个人简介

陆佳政，国家电网公司高级工程师。1985～1995 年本硕博就读于华中科技大学电机专业，获博士学位。入选第二批国家"万人计划"科技创新领军人才。

陆佳政先后承担国家科技支撑计划、国家 863 计划等重点科研项目 12 项，获省部级科技进步奖 12 项，其中国家科技进步一等奖 1 项（第一完成人），湖南省科技进步一、二等奖 6 项；发表国内外学术论文 150 多篇，获授权国家专利 107 项；攻克和解决电力生产实际中各类技术难题 100 多项，在电网防冰、防山火等领域做出了突出贡献。陆佳政在坚持做好自身工作的同时，通过言传身教、传帮带等方式培养青年技术骨干 10 多名。

受特殊的地理地形影响，我国南方地区冰冻灾害频发。2008 年冰灾，电网企业损失 250 多亿元。为攻克电网冰灾防治这一国际性难题，陆佳政连续多年春节放弃与家人团聚的机会，坚守在电网抗冰一线，终于相继攻克了电网冰灾预测、冰情监测、直流融冰等系列重大技术难题；揭示了"日地气"耦合电网覆冰形成规律，国际首创了电网覆冰长期、中期、短期预报方法；研制了具有自主知识产权的电网覆冰监测系统；开发了国内首套直流融冰装置；研制了 3 个系列 9 种型号直流融冰装备；发明了大盘径、长间距防冰闪复合绝缘子，系列成果为电网冰灾防治构建了科学完备的技术体系，使我国电网防冰减灾技术跃居世界领先水平。

受上坟祭祖、烧荒等因素影响，山火频发，严重时全国一天有上千个火点，易造成大电网崩溃和大面积停电。陆佳政主持发明了基于工农业生产生活用火习俗、气象、植被和山火隐患点的"四要素"电网山火预报方法；开发了世界首套输电线路山火卫星监测预警系统，覆盖 26 省，预警到线路及杆塔；发明了输电线路高效降温防复燃灭火液、高扬程移动灭火平台，解决了输电线路高扬程灭火难题。

陆佳政在电网企业大力推广电网防冰、防山火技术，服务电网安全生产，成果推广产值 6 亿多元，他的技术迅速应用至湖南、江西、安徽、四川等 10 多个南方冰灾易发区和全国 20 多个山火高发省份。自 2008 年 11 月以来，他准确预测了 5 年历次电网覆冰过程，准确监测到各条线路的覆冰情况，节约线路抗冰改造投资逾 100 亿元，成功应对了 2009～2013 年 33 次不同程度电网冰灾。灭火装备成功扑灭了 206 起危及输电线路运行的山火。系列电网防冰、防山火成果有力保障了大电网的安全运行，保证了上万亿元我国电网财产安全和社会正常供电。

2012 年 12 月底，陆佳政带领课题组提前预测了电网将出现中等以上程度覆冰，发布了橙色预警，监测系统准确监测到了各条线路覆冰，最厚达40毫米（与2008年类似），融冰装置对各覆冰线路进行了数十次融冰，未发生倒塔断线，确保了郴州电网的安全运行。陆佳政所在实验室连续6年被上级单位授予"安全生产突出贡献奖"。他的防冰成果入选《央企情况》，中央领导作专门批示"央企履行社会责任情况，请新闻单位多报道"。

陆佳政深入现场一线，足迹遍布三湘四水，处理了多项电网重大隐患，先后运用漏磁法等方法准确找到了柘溪水电站1#励磁机绝缘缺陷、湘潭电厂转子接地点，提出了现场处理方案；每年的山火、雷击高发期，跋山涉水，调查、研究电网防雷和防山火工作，提出了系列防雷、防山火技术手段。

个人简介

陆宴辉，中国农业科学院植物保护研究所研究员，植物病虫害生物学国家重点实验室副主任。1998～2005年就读于扬州大学，2002年获植物保护专业学士学位；2005年获农业昆虫与害虫防治专业硕士学位；2005～2008年就读于中国农业科学院研究生院，获农业昆虫与害虫防治专业博士学位。

陆宴辉一直从事棉花害虫生物学与防控技术研究，先后主持国家自然科学基金优秀青年基金项目、面上项目、青年基金项目、主任基金项目各1项。获国家科技进步二等奖1项（第八完成人）；主编著作3本；发表学术论文50余篇，其中30篇被SCI收录，作为第一作者在《自然》（Nature）《科学》（Science）上发表学术论文各1篇，作为第二作者在《科学》（Science）上发表封面论文1篇；两项成果分别入选"2008年度中国十大科技进展新闻""2012年度中国十大科学进展"。入选中组部"青年拔尖人才支持计划"、人事部"百千万人才工程"；获第十五届"茅以升北京市青年科技奖"、第十三届"中国青年科技奖"以及"国家有突出贡献中青年专家"称号。

陆宴辉在Bt棉花害虫种群地位演替及其生态学机制研究领域取得了多个重要进展。2008年参与阐明了Bt棉花种植对多食性靶标害虫棉铃虫区域性种群的调控机理，《科学》（Science）以封面论文形式发表了该研究结果，并在北京举行了该杂志在中国的首次新闻发布会。同年，该成果被评为"2008年度中国十大科技进展新闻"。又如2010年，研究明确了Bt棉花种植区内次要非靶标害虫盲椿象种群地位演替机制，这是国际上关于Bt作物非靶标害虫地位演替的最深入研究。研究结果发表在《科学》（Science）上，网络版论文提前发表时，位于当期亮点论文之首。2012年，系统解析了Bt棉花生态系统中捕食性天敌昆虫的种群演化机制，这是国际上首个关于Bt作物对天敌种群发生区域性影响效应的研究。研究结果在《自然》（Nature）上发表，同年该研究成果入选"2012年度中国科学十大进展"。这一系列工作成为了国际上农业昆虫种群地位演替机制、转基因作物环境安全领域最具代表性和最系统深入的研究之一，大力推进了农业昆虫学、转基因作物安全学学科理论与研究方法的创新发展，同时为我国乃至全球新兴的Bt作物有害生物综合治理提供了理论基础和科学依据。

个人简介

陆新征，清华大学教授。1996～2005年就读于清华大学土木工程专业，分别获学士和博士学位。入选第二批国家"万人计划"科技创新领军人才。

陆新征紧密结合我国当前重大工程建设，深入开展了土木工程防灾减灾与可持续发展有关科学问题和工程方法的研究，在发展基础科学研究、促进行业技术进步、服务国家重大需求等方面均有所突破与创新。

在基础研究方面，陆新征深入研究了工程结构的灾变机理，发表学术论文百余篇（SCI 42篇，EI 97篇），出版专著5部。论著具有较好的创新性和实用性，被加拿大工程院院士 Neale 教授等知名学者广泛引用，累计已被引用7300余次（SCI 引用520余次）。其中，作为第一作者 SCI 论文单篇最高引用269次，名列本学科所有 SCI 论文引用数前1%。第一作者中文论文最高引用644次，名列"建筑结构"领域所有论文引用数第二名。入选爱思唯尔（Elsevier）发布的"2014年中国高被引学者"。三次入选中国科学技术信息研究所"学科高被引作者"（每年仅20人）。10篇论文入选国际 SCI 期刊年度或季度热门论文。6篇论文入选"领跑者 F5000——中国精品科技期刊顶尖学术论文"。在工程应用方面，陆新征提出了一系列结构分析与设计方法，被美国混凝土学会规范、我国国标、行标及国际重要结构计算软件采纳，并在多个标志性工程中得到应用，如北京 Z15 超高层（高550米）、润扬大桥、凤凰大桥事故分析等。在服务国家和社会方面，汶川、玉树、芦山地震后，陆新征均作为住建部首批应急评估专家，迅速奔赴灾区开展抗震救灾并做出重要贡献，获中建总公司一等奖等奖励。

陆新征系统研究并提出了工程结构多尺度灾变演化数值计算模型，为研究灾变机理提供重要科学支撑。他提出的界面模型被加拿大工程院院士 Neale 教授评价为"最准确的界面粘结—滑移模型之一"，获国家自然科学二等奖；建议的混凝土、钢筋本构模型被国标《混凝土结构设计规范》采纳；开发的剪力墙单元被国际上最有影响力的结构开源分析软件 OpenSees 采纳；提出的城市区域建筑群震害模拟方法，被加拿大皇家学会会士 J Clague 教授评价为："在单体建筑尺度上取得了显著的进步"。

深入研究并提出了超高层建筑地震倒塌全过程模拟方法和新型计算模型，发展了高层抗震设计评价方法。他完成的上海中心（高632米）超高层建筑地震倒塌全过程模拟，在国际上尚未见先例，被列为国家自然科学基金重大研究计划的重要成果之一，并被美国科学促进会新闻中心和中国《科学通报》作为重要科学研究进展报道。

揭示了工程结构在意外荷载作用下的连续倒塌机理，提出了基于能量原理的工程结构防连续倒塌理论模型和设计方法，被国标《混凝土结构设计规范》以及 CECS 标准《建筑结构抗倒塌设计规范》采纳，并获军队科技进步二等奖和中国公路学会科技进步一等奖。

个人简介

陈虎，大连光洋科技工程有限公司高级工程师。1991~2001年就读于清华大学机械制造自动化专业，1996年获学士学位，1998年获硕士学位，2001年获博士学位。入选第二批国家"万人计划"科技创新领军人才。

陈虎长期致力于数控系统、工业自动化控制、工业现场总线技术领域的研究和产品开发工作，特别是对数控系统软件构架和现场总线通信技术及先进运动控制算法有较深入的理论研究和工程实践。2007年至今，陈虎任大连光洋科技工程有限公司总工程师，全面主持光洋数控产品线和工业控制产品线的新产品开发。

2004~2007年陈虎参与开放式数控系统（ONC）体系结构国家标准制定；2008年担任国家数控系统现场总线技术标准联盟工作组组长，主持数控系统现场总线国家标准制订工作；目前主持及参与制定的多项国家标准草案。

2007年，陈虎主持光洋通用可编程控制器产品PAC开发工作，将可编程逻辑控制技术、现场总线技术与运动控制技术相融合，作为通用控制器可以满足"泛数控"领域的控制需求。他的研发成果通过大连市科技成果鉴定和新产品鉴定，系统功能和性能达到国际同类产品先进水平，并在大连美罗药厂包装生产线得到应用。

2009年起，依托国家重大科技专项课题"高可靠性光纤总线开放式高档数控系统、精密测量系统、伺服装置和电机技术及产品成套系统工程"（2012ZX04001-011），"光纤总线开放式全数字高档数控装置"（2009ZX04009-012），陈虎主持设计光洋新一代光纤总线开放式高档数控系统产品。该系列数控系统在开放式数控系统软硬件体系结构、实时内核、复合加工机床多通道控制技术、五轴控制技术、空间误差补偿技术、精密数控机床温度补偿技术、三维防碰撞技术、工件和刀具在线测量技术、双驱控制技术、动态精度提升技术等基础共性技术和系列关键技术取得重大突破。该技术先后成功应用于五轴卧式车铣复合加工中心、五轴立式车铣复合加工中心、五轴龙门加工中心、五轴工具磨床、双主轴双刀架双Y轴车削中心等多种类型的高档数控机床。该系统也成为国内少有的能够替代国际先进水平的西门子840D、Fanuc30i、海德汉TNC530的高档数控系统。该系列数控系统产品中GNC60荣获CMT2010春燕奖。陈虎带领团队研制的装备国产高档数控系统的KMC系列化立式五轴车铣复合加工中心已经批量装备航空航天企业，直接支持我国航空发动机国产化制造能力，并实现五轴数控机床出口德国。

作为大连数控技术研究院院长，他带领研发团队实现了多项行业首创。实践了一条"整机与系统相结合，加工工艺技术与控制技术相结合，数控机床技术与数控系统技术研发、产业化无缝对接"的中国机床工业工程技术研究与产业化发展的新模式，为缔造完整数控技术链和产业链做出重要贡献，在业内具有较高威望。

个人简介

陈玲，北京师范大学化学学院教授。1989～1993年就读于西南大学，获化学专业学士学位；1993～1996年就读于北京师范大学，获无机化学专业硕士学位；1996～1999年就读于中科院福建物质结构研究所，获物理、化学专业博士学位。入选第二批国家"万人计划"科技创新领军人才。

陈玲2012年获得国家杰出青年基金资助。2003年入选中科院"百人计划择优支持"。曾任中科院光电材料化学与物理重点实验室副主任，应邀担任国际学术期刊《无机化学》（*Inorg. Chem.* 2014 – 2016；《晶体生长与设计》（*Cryst. Growth. Des.*，topic editor，2017 – ）、《固体化学》（*J. Solid State Chem.*，2012 – ）和《无机化学前沿》（*Inorg. Chem. Front.*，2016 – ）编委。领导的"非线性光学晶体材料的研发团队"入选2013年中科院科技创新"交叉与合作团队"。2012年7月在国际著名高登学术会议（Gordon Research Conference）上应邀作邀请报告。

她系统开展新型无机固体红外非线性光学（NLO）晶体材料和热利用关键材料的结构设计和可控合成研究，性能及晶体生长工艺研究，创新地提出了非线性功能基团组装、非线性功能基团的不对称控制设计、离子基团调控的学术思想，取得以下突破。

发现首例深紫外非线性光学磷酸盐材料 $Ba_3P_3O_{10}Cl$（BPOC）和 $Ba_3P_3O_{10}Br$（BPOB），其倍频效应适中，单晶截止边为180nm。热稳定性良好，相位匹配，一致熔融，是潜在深紫外非线性光学材料。

通过多基团协同作用构建了相匹配 NLO 晶体材料碘硼酸铅 $Pb_2B_5O_9I$，其粉末倍频效应强度是商用材料 KDP 的13.5倍，为迄今硼酸盐最高值。

基于非线性功能基团的不对称控制的结构设计及调控思想，发现粉末倍频效应强度分别为商用 $AgGaS_2$ 材料22倍、40倍、60倍及100倍的多种新型 NLO 晶体材料。

发现新型相匹配、迄今最强克莱曼禁阻粉末倍频效应的 NLO 材料 La_4InSbS_9，基于深入理论研究分析，提出其倍频效应可能来源于晶格热振动。研究被认为是该领域的重要进展。

这些新材料的发现及设计思想的提出为寻找新型无机固体功能材料提供了新的思路和方向。相关研究成果共发表研究论文110余篇，论文他引1100余次。产生了重要的国际影响。作为第二作者出版英文学术专著3本。培养的博士生获得2012年中国科学院院长优秀奖，2013年度中国科学院优秀博士学位论文2013年度中国科学院优秀研究生指导教师奖及卢嘉锡优秀导师奖。入选2013年度国家百千万人才工程，2014福建省第一批"双百计划"科技领军人才。获国务院特殊津贴，荣获"有突出贡献中青年专家"荣誉称号。主持国家杰出青年基金、中国科学院重要方向性项目、中国科学院创新交叉团队、国家基金面上、国家基金委重大研究专项培育项目、北京市重点等项目，参与国家基金委重大研究计划集成项目，基金委创新团队骨干。担任2015中国材料大会分会主席之一。

个人简介

陈敏，厦门大学教授。1987～1996年就读于厦门大学海洋化学专业，1991年获学士学位，1996年获博士学位。入选第二批国家"万人计划"科技创新领军人才。

陈敏主要从事同位素海洋化学研究，通过解读海洋中固有的或外加的同位素信号，揭示海洋学过程及其对全球变化和人类活动的响应与反馈。先后将30多种核素应用于南北极海域、太平洋、中国边缘海重要海洋学过程的研究，在海洋固氮作用、颗粒有机碳输出通量、极地海域生源要素循环、胶体态铁的生物可利用性、水团组成的同位素表征等方面取得创新性成果，推动了我国同位素海洋学新领域的发展。

他在国内开拓了^{234}Th/^{238}U、^{210}Po/^{210}Pb不平衡等研究海洋碳输出的新领域，获得中国边缘海、北太平洋、南北极海域的碳输出通量，为全球海洋碳输出通量分布图像填补了南海、白令海和厦门湾的数据；证明高纬海域生物泵运转效率高于低纬海域，而夏季西北冰洋具有活跃的碳循环和高效的生物泵，修正了此前认为北冰洋为生物生产力"沙漠"的观点，成果有助于深入了解海洋生物泵对全球变化的响应与反馈。

在低纬海域生物泵运转的氮营养盐补充机制方面，首次发现北太平洋固氮作用存在西向强化现象，提出大气Fe沉降—生物固氮作用—人类来源CO_2变化的关联机制。此前国际上对海洋固氮作用的经向分布进行了一些研究，但对其是否存在纬向变化却一无所知，我们的研究填补了此方面的空白。

在生物泵运转的铁调控作用方面，建立了^{59}Fe标记海洋胶体、测定海水Fe溶解度和Fe有机配位体的新方法，定量天然胶体态Fe的生物可利用性；提出天然胶体态铁可被海洋生物利用的观点，对海洋生物元素吸收的传统"自由离子模型"提出了挑战。国际上近些年在高营养盐低叶绿素海域进行了一系列铁施肥实验，以了解通过施加Fe增强海洋吸收大气CO_2能力的潜力，我们的研究对于评估这些海域受Fe限制的程度具有重要科学价值。

证明了西北冰洋跃层水的形成源自太平洋水的输入，北冰洋河流径流量的变化与北大西洋上层水体淡化存在约9年的时间间隔，为评估大洋热盐环流强弱变化机制提供了新思路。

迄今为止，已发表论文174篇（近5年55篇），其中第1作者或通讯作者64篇（近5年28篇），SCI论文58篇（近5年32篇）。论文发表在《全球生物地球化学循环》、《湖沼与海洋》等海洋科学重要期刊，JCR – 1 区论文 4 篇（第 1 作者 2 篇），JCR – 2 区论文 5 篇（第 1 作者或通讯作者 2 篇）。SCI 总引次数超过 900 次，他引超过 580 次，2 篇论文入选 ESI 近 10 年来高被引论文；出版《化学海洋学》《同位素海洋学研究文集》（1 ~ 5 卷）等专著。

个人简介

陈瑜，浙江大学主任医师，博士生导师。1986～1991年就读于江苏大学，获医学学士学位；1999年和2004年先后于浙江大学获内科学（传染病专业）硕士学位和博士学位。入选第二批国家"万人计划"科技创新领军人才。

陈瑜现任传染病诊治国家重点实验室副主任，新发突发传染病研究方向PI。长期致力于病原学、感染性疾病发病机制以及实验诊断新技术研究与开发。

在H7N9禽流感诊治研究中获得重大成果。第一时间投入于H7N9疫情防控、诊治一线，在极短的时间内获得了重大发现，以第一作者身份在国际顶级医学期刊《柳叶刀》上头版头条在线快速发表研究论文。《柳叶刀》邀请国际著名病毒学家荷兰阿姆斯特丹大学的Marion Koopmans教授专门撰写了亮点述评：Chen等中国学者首次证实了活禽市场的禽类是H7N9病毒的源头；首次证实了H7N9病毒关键基因位点突变使其传播能力增强；首次发现H7N9患者存在"细胞因子风暴"现象，该研究指引全球H7N9研究和临床诊治。该论文入选2013年中国百篇最有影响力国际学术论文。第一时间把研究成果应用于H7N9防治中，为活禽市场干预、控制传染源、切断传播途径及重症感染患者救治提供科学依据和指导，发挥了积极作用，有效控制了疫情，并显著降低了病死率。

承担了多项国家级课题，包括主持传染病重大专项课题"浙江及周边省传染病病原谱流行规律研究"，组建了覆盖浙、苏、闽三省的传染病症候群监测研究网络，经数年艰苦攻关，首次全面揭示了我国东南沿海地区发热呼吸道等五大传染病症候群的病原谱流行规律，为国家防控决策提供了第一手资料，并在甲型H1N1流感、手足口病、H7N9禽流感等重大传染病疫情防控中发挥了重要作用。

自主研发了一系列传染病快速检测新技术，研制了"呼吸道病毒多重荧光定量PCR测定""甲型流感病毒H7N9亚型荧光定量RT-PCR测定""腹泻病原菌多重荧光定量PCR测定"等40余种试剂盒，并在20余家哨点医院推广应用，累计检测4万余病例。通过网络平台等方式进行技术辐射，培训基层医务人员800余人次。该项目获得了科技部的优秀团队奖。

在国家自然基金、863课题等支持下，对乙肝发病机制进行了深入研究，在国际上首次提出了替比夫定抗病毒治疗12周时特异性T细胞应答功能是预测疗效的免疫学新指标，为抗病毒疗效评价提供了新依据；首次发现溶血磷脂胆碱、牛磺胆酸三硫酸盐是肝硬化等重症肝病的新标志，可用于乙肝重症化的预警，为重症肝病诊治提供新靶标。作为主要贡献者获2013年国家科技进步一等奖。

以第一作者或通讯作者身份发表 SCI 论文 40 篇，单篇影响因子最高 38.28，获国家发明专利 9 项，制定技术标准 3 项，发表专著 6 部，获浙江省医药卫生科技奖 3 项，培养研究生 35 名。

个人简介

陈曦，清华大学教授。1988～1996 年就读于清华大学物理系，获学士、硕士学位；2004 年就读于美国康奈尔大学物理系，获博士学位。入选第二批国家"万人计划"科技创新领军人才。

陈曦的研究领域是实验凝聚态物理，主要研究手段是扫描隧道显微镜、原子力显微镜和分子束外延。在相关领域发表论文近 100 篇。

物理学是一门实验科学，尖端实验技术是取得重要科学突破的主要源泉之一。在过去的研究中陈曦及其团队致力于高稳定性和高能量分辨率扫描隧道谱的发展。同时进一步发展了分子束外延—扫描隧道显微镜—角分辨光电子能谱原位综合实验平台，使之成为研究低维量子材料的一个关键工具。这一系列工作把原子水平上控制材料生长以及原位高灵敏度的实验探测技术提高到了一个新的水平。

在发展尖端实验技术的基础上，陈曦及团队在低维量子材料领域开展了一系列研究工作。开展了涉及三个不同族元素的铁基超导薄膜的分子束外延生长，制备出了高质量的 $K_xFe_{2-y}Se_2$ 薄膜，澄清了 $K_xFe_{2-y}Se_2$ 超导体中存在的几个关键科学问题；制备出了高质量的 FeSe 单晶薄膜，发现 FeSe 超导体中的电子配对函数具有两重对称性及 FeSe 超导能隙存在节点；开展了拓扑绝缘体薄膜的 MBE–STM 研究，发现了拓扑绝缘体中受时间反演不变性保护的拓扑性质的实验证据，观测到拓扑绝缘体表面态的朗道量子化；发现单原子层超导体，这是自超导现象被发现以来从实验上报道的最薄的超导体；观察到单个自旋在超导能隙中诱导的多重束缚态；利用自旋翻转非弹性隧道谱，在单分子尺度上测量自旋间的超交换作用。

个人简介

陈巍，清华大学教授，博士生导师，电子工程系副系主任。1998～2007年就读于清华大学，2002年获得工业工程专业学士学位，2007年获得信息与通信工程硕士学位。入选第二批国家"万人计划"科技创新领军人才。

因无线通信及信息论具有理论基础严谨优美、工程应用迅速广泛的"理工结合"特色，故陈巍将其作为长期研究方向，作为依托单位认知与协同通信学科带头人，探索其基础理论、关键技术及演示验证系统。

注重从业界需求和困惑中发掘理论问题，通过先进数学工具的引入突破技术"瓶颈"。例如，业界发现协同通信实用化最大的问题是：必须有效激励自私用户参与合作，并避免部分节点因重载而过早耗尽能量。他引入并推广矩阵中的 Perron 定理，建立了协同通信的资源分配通用框架，可解决各类协同通信中的上述问题，被中国中央人民政府网站、香港《文汇报》《大公报》等报道，称"使移动通信中的手机协作真正具备了可实现性"。该成果获 IEEE 马可尼论文奖，这是亚太地区首次获得此奖。

在将多层协同与智能认知引入无线通信的研究指导思路下，训练了较扎实的数学功底和较为敏锐的学术嗅觉，并取得了一些国际领先成果，在《IEEE 信息论汇刊》（*Transactions on Information Theory*），《IEEE/ACM 网络汇刊》（*Transactions on Networking*），《IEEE 通信选刊》（*Journal on Selected Areas in Communications*）等重要期刊上发表论文40余篇，获 IEEE 通信学会亚太区最杰出青年学者奖、第十四届霍英东高校青年教师奖一等奖、第十七届茅以升北京青年科技奖、清华大学学术新人奖等学术奖项，及 IEEE 国际通信大会、IEEE 智能电网通信大会、IEEE 国际跨层设计大会等多次 IEEE 最佳论文奖和两次地区会议优秀论文奖。这些成果使他受到了国内外同行的认可，入选教育部新世纪优秀人才支持计划、北京市科技新星计划和清华大学高层次人才建设计划，获国家自然科学基金优秀青年科学基金项目，于2012年12月破格晋升为清华大学首位"80后"正教授。在国际上，应邀担任了《IEEE 教育学汇刊》（*Transactions on Education*），《IEEE 无线通信快报》（*Wireless Communications Letters*）等5种国际期刊编委，IEEE 运载技术大会2011等5次 IEEE 会议 TPC 主席，及 IEEE 通信学会教育委员会委员等。因所开展工作具有实用价值，受到华为、索尼、NEC 等多家企业资助，并受聘兼任深圳清华大学研究院主任研究员，推进成果的产业化，获中美专利多项。2013年5月获"全国五一劳动奖章"，被《中国青年》2014年第21期做封面人物报道。

在集体科研攻关中，锻炼了一定的团队组织和方向把握能力，现任清华大学电子工程系副系主任，中国通信学会青工委副主任，于 2012 年作为首席科学家带领来自清华、北邮和东南的团队获得了首届 973 青年学科家专题支持；在境外学术交流中，锻炼了一定的国际视野和外语能力，曾受英国政府资助赴剑桥大学、帝国理工大学等 10 所知名学府做学术报告，曾受法国政府资助赴巴黎高科做学术交流，6 次为 IEEE 会议作大会报告或特邀报告；在学术人才培养中，锻炼了一定的教学能力，曾获首届全国高校青教赛工科组一等奖第一名，北京市优秀教师等荣誉。

个人简介

陈卫忠，中国科学院武汉岩土力学研究所研究员。1986～1994年就读于山东科技大学采矿工程专业，获硕士学位；1997年获中国科学院岩土工程专业博士学位。入选第二批国家"万人计划"科技创新领军人才。

陈卫忠针对大型水利水电、交通、矿山和油气储存等领域的地下工程稳定性中的关键技术难题开展研究，自主研发了具有国际领先水平的温度应力渗流耦合的双联动三轴蠕变试验机和低渗透测试仪；建立了裂隙岩体应力渗流耦合蠕变损伤本构模型和损伤自愈合模型，揭示工程岩体在复杂应力和渗流环境下的变形破坏机理；建立流变岩体锚固时效性模型，研制塑性缓冲层新材料，形成了高地应力挤压大变形地下工程支护技术新体系。研究成果在水利、交通、矿山等领域重大工程中得到广泛应用，产生显著的经济、社会和环境效益。先后获国家科技进步二等奖2项、省部级特等奖1项、一等奖2项、省部级二等奖3项。2004年获第三届中国岩石力学与工程学会青年科技奖金奖。2012年被评为武汉市优秀科技工作者。2007年入选新世纪百千万工程国家级人选，2009年入选教育部长江学者特聘教授、2012年获国家杰出青年基金资助。

陈卫忠解决了高烈度地震区地下工程震害评价方法和减震设计技术难题，实现了高烈度地震区隧道工程横向减震层厚度及纵向抗震缝间距等抗震参数的定量评估。

个人简介

陈仁朋，浙江大学教授。1990～1994 年就读于湖南大学，获公路与城市道路工程专业学士学位；1994～2001 年就读于浙江大学岩土工程专业，1997 年获硕士学位；2001 年获博士学位。入选第二批国家"万人计划"科技创新领军人才。

陈仁朋是国家杰青、中国青年科技奖获得者、浙江省 151 第一层次培养人才。围绕高速交通建设等国家重大需求，历经 16 年潜心研究，形成了由 3 名教授、3 名副教授组成的"高速交通岩土工程技术"研究团队。主持国家自然科学基金杰出青年、973 课题等 10 项。

他发明了表面反射电磁波测试路基含水量的方法和装置，将传统时域反射法测试范围从电导率 <0.15S/m 提高到 5S/m；建立了车辆—轨道—路基动力相互作用模型，获得了天然地基和桩网结构路基动力响应规律及动应力传递规律，提出了基于沉降控制的高速交通桩承式路堤处理技术。在美国土木工程师学会（ASCE）会刊等发表 SCI 收录论文 16 篇；做国际会议特邀报告 4 次；授权发明专利 5 项。设计方法与英国、德国、北欧规范相比桩土应力分担比计算精度提高达 40%，被纳入两套交通部行业标准。组织召开由美国、日本、法国、英国、德国等 16 个国家参加的首届高速交通岩土工程国际研讨会。

他的发明技术应用于我国首条深厚软基高速公路拓宽工程—杭甬高速公路拓宽工程，成功解决了新路和老路之间沉降协调的难题。该技术推广到台金、申苏浙皖、杭浦等高速公路，以及津京城际、京沪等高速铁路，对推动我国以沉降控制为主的高速交通路堤建造技术水平起到了较好的促进作用。获 2009 年国家科技进步二等奖（排名第 2）。

建立了盾构—围岩相互作用模型，提出了盾构掘进开挖面两阶段失稳模式及极限支护力表达式，获得了与施工参数相关的围岩变形计算方法及控制技术。在《隧道与地下空间技术》（*Tunnelling and Underground Space Technology*）等期刊发表 SCI 论文 8 篇，EI 论文 11 篇；授权国家专利 2 项，参编浙江省地方标准 1 部。项目成果已成功应用于杭州、宁波和深圳地铁工程，取得了显著的经济效益和社会效益。

揭示了竖向、水平和扭转荷载下土—桩—筏板荷载传递机理，提出了大型结构物桩筏基础设计方法，实现了高桩基础抗倒塌设计控制。在美国土木工程师学会（ASCE）会刊等发表 SCI 论文 10 篇；做国际会议特邀报告 3 次；授权发明专利 3 项，获软件著作权 2 项。研发的设计分析软件用户达 20 家，设计方法被 2 部电力行业标准采纳。

其研究成果在大型火电厂地基基础设计中广泛应用。中国电力规划设计协会评价认为，陈仁朋成果广泛应用于华东、西南、西北等骨干电力设计院负责的大型火电厂建设项目，解决了软弱地基灾变控制难题。获 2008 年浙江省科技进步一等奖（排名第 2）和 2011 年高等学校科技进步二等奖（排名第 1）。

个人简介

陈永东，合肥通用机械研究院教授级高工。1983～1987年就读于南京工学院，获工程热物理专业学士学位；1999～2002年就读于东南大学，获工程热物理专业硕士学位。入选第二批国家"万人计划"科技创新领军人才。

28年来，陈永东历练了基础实验、工厂生产、产品设计、应用监测和系统研究开发的全过程，对多种换热设备的性能、行为和关键技术有了全面理解。开发研究的多种产品成功应用于国民经济的多个领域，研究能力受到国内同行的肯定。在缠绕管式换热器、螺旋板式换热器和钎焊板式换热器的研究和创新水平国内领先，对我国换热设备的技术进步和产业发展产生了重要影响。

长期以来，大化肥低温甲醇洗系统关键设备缠绕管式换热器一直从德国林德公司进口，是制约我国化肥成套装置国产化的"瓶颈"。从1999～2005年，项目历时7年。从西北的新疆、银川到南方特区的深圳，陈永东带领课题组耐心说服用户，阐明国产化的必要性与可行性。相继完成了我国第一台自行设计的多股流缠绕管式换热器、第一座LNG电厂用气化器。开启国内缠绕管式换热器研究与开发的先河，应用领域已从原来单一的低温甲醇洗系统拓展到乙烯、芳烃、炼油、LNG气化等领域。除LNG液化装置主低温换热器外，其他所有领域的缠绕管式换热器都实现了国产化。依托合肥通用机械研究院技术的镇海石化建安工程有限公司成为中国最大的缠绕管式换热器产业化基地。

此前国内市场以中国没有此项产品标准而拒绝使用国内研发的钎焊板式换热器。在瑞典等国专家的支持下，对钎焊板式换热器、半焊板式换热器、全焊板式换热器的强度设计、制造检验、疲劳实验、热工实验、垫片实验等环节进行了大量的实验研究。成功制定了世界上第一部完整概括不可拆板式换热器设计、制造、检验与验收的强制性行业标准"制冷用板式换热器"。该标准的制定不仅使这种换热器能够在国内推广应用，而且拿到了一张走出国门的通行证，使国产钎焊板式换热器得到国际认可。

陈永东具有强烈的使命感，在多项国防重点工程配套项目的研制中以解决国防技术领域难题为己任，以国家大局为重，对军方增加的试验要求从不讨价还价，先后成功研制了400赫兹电源加热器、高效液体空气散热器、新型燃气/空气换热器等产品，填补了多项国家空白。

陈永东从事设备研究却不拘泥于单个设备，能从系统和流程出发全面分析问题，组织多个单位协同创新，充分发挥各自的优势和特点，完成了节能型加氢裂化换热流程和甲醇装置原料气冷却流程的研究，节能节材效果显著。

个人简介

陈吉文，钢研纳克检测技术有限公司教授。1989～1993年就读于安徽师范大学，获分析化学专业学士学位；1993～1996年就读于北京科技大学，获冶金分析专业硕士学位；2001～2007年就读于钢铁研究总院研究生部，获冶金分析专业博士学位。入选第二批国家"万人计划"科技创新领军人才。

陈吉文长期从事材料分析测试新方法的研究、材料大型科学测试仪器的研制、科学仪器产业化三个方面的工作，并取得重要成果，对冶金分析技术发展起了推动作用。近5年，先后承担和参与近10项国家级科研项目。在材料分析测试技术和仪器开发方面取得了重要的成果，仪器产业化成果已取得了显著的经济效益，这些成果获国家技术发明二等奖1项、中国分析测试协会一等奖1项、二等奖1项、北京市科学技术奖二等奖1项，在国内外刊物上发表学术论文10余篇，申请专利7项，并培养了一批该专业的人才。

在材料分析测试新方法的研究方面，作为主要研究人员，在国际上首创了金属原位统计分布分析新方法。该方法以测试信息原位性、原始性、统计性为特征，解决了材料较大尺度范围内不同元素成分分布和状态定量分析的技术难题。该方法已成为现有宏观平均含量分析及微观结构分析之外的另一种金属材料性能表征技术，并成功应用于"新一代钢铁材料""高效连铸连轧""新型海军舰船用钢"等一批国家重大研究项目中和大型钢铁企业的新品开发。为解决目前材料研究中的疑点难题提供新视角和新手段，为材料设计提供理论指导和科学依据。该项成果已获2项中国发明专利授权和1项国外发明专利，并获2008年国家技术发明二等奖。

主持修订了"碳素钢和中低合金钢的火花源原子发射光谱分析方法"国家标准（GB/T 4336 - 2002）。修订后的国家标准达到国际同等水平，并已发布实施。

在材料大型科学测试仪器的研制方面，他先后组织并承担了"发射光谱改造为夹杂物分析仪""火花光谱改造为激光光谱仪""直流辉光光谱仪改造为射频辉光光谱仪""火花光谱仪改造为油液金属分析仪"等科技部科学仪器升级改造项目；在国际上首创了激光原位分析技术和仪器，并在此基础上，迅速推出具有自主知识产权的新产品。2011年牵头承担了科技部国家重大科学仪器设备开发专项"ICP痕量分析仪器的研制与应用"，此类项目的科学实践，缩短了我国材料大型科学测试仪器与发达国家的水平差距，开创了大型科学仪器的研制新思路。

在科学仪器产业化方面，作为课题负责人承担了"十五"国家科技攻关计划重大项目《科学仪器研制与开发》课题"新型金属材料分析测试仪器产业化应用示范"。该项目以自主开发的核心技术为基础，将大型科学仪器的关键部件模块化、标准化、工程化，实现了金属原位分析仪、单火花光谱仪、气体分析仪、动态冲击试验机等新型科学仪器的产业化，累计实现产值超亿元，打破了国外厂商长期的技术垄断。

个人简介

陈金慧，南京林业大学教授。1993～1997年就读于安徽大学，获生物化学专业学士学位；1998～2003年就读于南京林业大学，获林木遗传育种专业博士学位。入选第二批国家"万人计划"科技创新领军人才。

陈金慧始终围绕国家目标，开展重要用材树种的优质速生种苗的高效繁育技术研究。发明的林木体细胞胚胎发生和植株再生高效快繁技术，在成熟度、繁殖效率和应用规模等方面，具有较高水平。近5年共主持各级科研项目9项，以第一作者或通讯作者身份发表SCI论文10多篇，认定学术成果5项，申请国家发明专利20项，已获得授权15项。

基于细胞全能性理论，陈金慧突破木本植物体细胞胚胎发生技术和植株再生关键技术，实现林木优良品种的快速高效繁殖。建立了基于优良材料的单细胞悬浮培养、同步化调控，以及胚性材料的长期保存等成套技术，率先突破杂交鹅掌楸、杉木等重要树种的体胚发生和植株高效同步再生技术，并将该技术体系成功应用到马尾松、杂交松、福建柏等树种上，使体胚发生技术成为木本植物快速高效繁殖的通用平台，依托该技术体系建立的体胚技术育苗工厂，已具备年产1000万株再生植株的能力。首期成果2005年获得国家科技进步二等奖。

综合运用多种"组学"技术深入研究体胚发生机理，建立体胚高效发生和同步发育调控的理论基础。发现了一批与目标树种的体胚发生相关的关键基因，以及短肽类化学物质对于促进体胚发生相关基因表达的重要作用。与德国弗莱堡大学合作，发现了与胚性干细胞发育相关的新的调控网络，有效地提高了体胚的发生效率。

陈金慧以体细胞胚胎发生体系为技术平台，建立和优化了以体胚为受体的木本植物的遗传转化体系，获得了转基因的再生植株。为进一步利用优质、速生、抗病抗逆的关键基因奠定基础。以体胚再生植株为材料，选育出抗盐、耐高温、低温、干旱等逆境环境的基因型。

她同时开展了杂交鹅掌楸树种的生物活性物质资源的综合利用研究。分离出多酚、生物碱等成分的混合物和单体，发现部分产物具有明显的抑菌、抗肿瘤等功能活性。研究成果为杂交鹅掌楸资源的深度开发利用提供了重要基础。

个人简介

　　陈宝权，山东大学计算科学与技术学院与软件学院院长，教授、博士生导师。1991 年获西安电子科技大学电子工程专业学士学位；1994 年获清华大学电子工程专业硕士学位；1997 年和 1999 年在纽约州立大学石溪分校分别获计算机科学技术专业的硕士学位和博士学位。入选第二批国家"万人计划"科技创新领军人才。

　　陈宝权主要从事计算机图形学、可视化等领域的研究，已在国际主要刊物和会议上发表 80 余篇论文。获电气和电子工程师协会可视化（IEEE Visualization）国际年会最佳论文奖，获美国国家科学基金 CAREER 奖（2003，授予"最具潜力的青年教授"）；获微软创新项目资助；获得美国专利 3 项，国内专利 20 多项；在国内外多个学术组织任职，为国际顶级会议亚洲计算机图形和互动技术会议及展览（ACM SIG-GRAPH Asia）执行委员会成员，中国计算机学会常务理事；为基金委第十三、第十四届信息科学部专家评审组成员；2009 年入选中科院百人计划，2010 年入选国家自然科学基金杰出青年，2013 年入选国家"百千万"人才工程，2014 年获批"973"项目"城市大数据计算理论与方法"并担任首席科学家。

　　在大规模场景建模领域，陈宝权从 2002 年开始就在美国明尼苏达大学领导了一个前后有 12 名科学家参加的研究小组针对室外场景扫描、建模与可视化课题进行研究，是最早从事大规模室外场景扫描建模的研究团队。2008 年回国后领导了一个包括两名中科院外国专家特聘研究员、三名外籍青年科学家、十多名博士和硕士的国际化团队，采用车载激光扫描技术，实现城市场景的快速与高精度建模。在国际顶级会议国际计算机图形和交互技术会议（ACM SIGGRAPH）、亚洲计算机图形和互动技术会议及展览（ACM SIGGRAPH Asia）上发表论文 20 余篇。中央电视台《走近科学》栏目对该团队的工作进行了题为《把城市搬到电脑里》的专辑报道。

　　在交互式数字设计领域，陈宝权开发的 SmartPaper 是第一个能够处理随意勾画建筑物草图的实用系统，该系统受邀在有比尔盖茨参加的 Microsoft Faculty Summit 2004 DemoFest 上作展示，是仅有的三个被邀请的学校项目之一，被评为微软创新优秀项目。相关论文被引用次数近 90 次。

　　在可视化领域，提出了高动态范围科学模拟数据可视化技术，2005 年获得电气和电子工程师协会可视化（IEEE Visualization）最佳论文奖，该成果还入选美国国家科学基金对国会和公众的年度研究成果报告（NSF 报告编号：11392）。近 5 年，陈宝权教授提出了城市出租车轨迹数据、交通视频数据等的可视化与可视分析方面的创新方法。2014 年两会期间陈宝权教授带领团队实现中青报数据新闻报道的交互式网络可视化，一天点击量过百万次。

个人简介

　　陈建勋，长安大学教授。1988～1992年就读于西安公路学院，获隧道工程与地下工程学士学位；2002～2004年就读于长安大学，获桥梁与隧道工程硕士学位；2005～2011年就读于北京交通大学，获桥梁与隧道工程博士学位。入选第二批国家"万人计划"科技创新领军人才。

　　陈建勋长期致力于隧道工程理论与技术研究，在黄土隧道结构设计理论与施工技术、寒冷地区隧道冻害防治理论与技术、隧道施工围岩稳定理论与控制技术、复杂环境条件下隧道洞口段修建技术等方向取得一系列创新性研究成果。

　　他提出了取消黄土隧道系统锚杆的新思想，揭示了黄土隧道拱部系统锚杆受压力学机理，创建了黄土隧道初期支护采用"钢架＋喷射混凝土＋钢筋网＋锁脚锚杆（管）"组合结构，提出了黄土隧道施工原则。成果被纳入《公路隧道设计规范》（征求意见稿），在公路、铁路、地铁行业67座黄土隧道中得到应用，节省工程费用2.06亿元。该项成果获2011年陕西省科学技术二等奖（排名第1）。

　　系统建立了寒冷地区隧道冻害防治理论与技术体系，总结了寒冷地区隧道温度场的变化规律，揭示了隧道冻害发生机理，建立了寒冷地区隧道冻害等级划分标准，创建了隧道防冻设计方法，提出了隧道防冻施工技术和工艺。《公路隧道加固技术规范》（送审稿）隧道冻害设计与施工部分完全采用了本项目研究成果，并在西北、东北、华北和西南高海拔寒冷地区20多座隧道修建中得到应用。

　　创建了一套系统完整的公路隧道施工监控量测技术，研制了CD型钢弦式测力锚杆、钢弦式传感器智能测频系统和土木工程结构健康状态远程监测系统，开发了监控量测数据分析软件。成果被纳入《公路隧道施工监测技术规范》（送审稿），在公路、铁路行业10余个国家重点建设项目中得到应用。该项成果获2010年陕西省科学技术一等奖（排名第1）。

　　提出了隧道洞门形式分类及其适用条件，编制了隧道洞门信息管理数据库；提出了隧道洞口段支护结构设计参数和四种进洞方式的适用条件和方法；探索了隧道洞口段超前双排注浆小导管支护机理，并提出其设计参数和施工工艺。成果在50余座公路隧道建设中得到推广应用，充分保护了生态环境。该项成果获2011年中国公路学会科学技术一等奖（排名第1）。

　　陈建勋主持国家、省部级和重大工程关键技术研究项目39项，发表学术论文67篇，SCI、EI收录30篇；出版专著教材4部，编写标准规范4部；获得专利13项、软件著作权2项。研究成果获得省部级科学技术特等奖1项、一等奖3项（两项排名第1、一项排名第2）、二等奖1项（排名第1）、三等奖4项（均排名第2），国家级教学成果二等奖 1 项（排名第 1）。2004 年荣获陕西省青年科技奖，2014 年入选交通运输部交通青年科技英才和陕西省重点科技创新团队带头人，2015 年入选长江学者奖励计划特聘教授。为我国交通隧道领域的科技进步和工程建设做出了贡献。

个人简介

陈险峰，上海交通大学教授。于 1986～1993 年、1995～1999 年就读于上海交通大学，先后获应用物理、应用数学专业学士学位，光学专业硕士和博士学位。入选第二批国家"万人计划"科技创新领军人才。

陈险峰是国家杰出青年基金获得者、上海市优秀学术带头人和曙光学者。在过去十几年中，系统开展了非线性光学、纳米光子学和光电子器件等方向的研究，在光物理基础理论及其应用于国家需求方面取得了若干重要成果。实验上发现了周期性极化材料里的偏振耦合现象，被公认首次发现并被若干国外学者跟踪研究。把准相位匹配非线性光学研究向无序和高维结构进行了拓展，率先研究了基于二维非周期和三维光学超晶格非线性光学参量过程的特性，被邀请在非线性光学专业期刊《非线性光学物理和材料》（*JNOPM*）刊物上撰写综述论文。在国际上较早地开展了戊二酸 PE 波导制备和波导全光波长转换器研究，其结果被《光学进展》（*Progress in Optics*）和《自然》（*Nature*）正面引用，以及国际著名光通信教材引用。率先把传统准相位匹配非线性光学研究中的非周期和优化算法引入到强场高次谐波研究中，研究结果被新科学家（New Scientist）专文报道。发现了畴壁增强非线性现象，并提出和实现了一种畴壁干涉增强实现完全相位匹配方法，观测到高阶切伦科夫谐波输出；在国际上系统地开展了反常色散介质中的非线性光学现象和应用研究，在反常色散中观测到一些新的现象、例如切伦科夫辐射、非光线和环形倍频辐射和增强，论文发表在《物理评论快报》（*Physics Review Letters*）等刊物上。系统开展了新型深真空紫外非线性光学晶体 BaMgF4 非线性光学性能研究，取得了重要进展，为研制高性能真空紫外全固态激光器奠定了基础。研制的准速度匹配位相调制器突破了国外在技术及产品的输出上对我国采取限制措施，指标达到国外同类器件的水平。另外，系统开展了二氧化钛纳米管薄膜面向光信息应用的研究，创新地制备出任意厚度的双面开孔的透明二氧化钛纳米管薄膜以及三维光子晶体薄膜，用于高效率染料敏化太阳电池，相关研究成果论文发表在《先进功能材料》（*Advanced Functional Materials*）、《小》（*Small*）等刊物上。

2009 年以来，陈险峰发表在 *Physical Review Letters*、*Optics Letters* 等本领域国际重要 SCI 刊物上发表论文 140 余篇，发表的 SCI 论文引用超过 2000 次，H 因子 25，研究成果 3 次入选中国光学重要进展，所指导的博士研究生 3 次入选中国光学学会王大珩光学高等学校学生奖。2009 年以来在国内外重要学术会议做邀请报告 20 余次。2010 年被亚太物理协会联合会（AAPPS）授予"杨振宁奖"。

个人简介

陈航榕，中国科学院上海硅酸盐研究所研究员。1992 年获福州大学化工系无机非金属材料专业学士学位；1995 年获南京化工大学材料系无机非金属材料专业硕士学位；2001 年获中国科学院上海硅酸盐研究所材料科学与工程专业博士学位。入选第二批国家"万人计划"科技创新领军人才。

陈航榕科研作风严谨，始终兢兢业业地奋斗在科研第一线。2001 年留所工作以来一直从事介孔结构纳米复合材料的设计调控与性能研究。她发明了非硅介孔孔道表面改性新方法，实现贵金属纳米粒子在孔道中高度分散；提出复合模板协同自组装新思路，实现贯通的晶化介孔材料高的稳定性与抗老化性；实现新型介孔纳米复合催化剂产业化实际应用；带领研究团队发明了基于氧化硅的"结构差异选择性刻蚀"等新方法，实现高分散介孔空心球的可控制备；开展了针对超声、光热疗等微/无创肿瘤诊疗用多种无机基纳米载药体系的设计合成与多功能化研究。

陈航榕是 2012 年度国家杰出青年科学基金获得者，入选 2013 年度国家百千万人才工程"有突出贡献中青年专家"，并荣获政府特殊津贴（2015 年）。作为项目或课题负责人先后主持承担了国家 973 项目（子课题）、科技支撑项目（子课题）、863 项目、国家自然科学基金项目（5 项）、上海市科委纳米专项、技术标准专项、启明星（跟踪）计划及中科院创新团队等十多项国家及省部级重要研究课题；同时作为项目骨干承担并完成了包括 973、国家自然基金重点项目、上海市重大基础项目等近 10 项国家及上海市的重点或重大项目。在国际著名期刊《先进材料》（*Adv. Mater.*），《先进功能材料》（*Adv. Func. Mater.*），《生物材料》（*Biomaterial*）等发表高质量 SCI 学术论文 170 余篇，他引超过 5500 次，H 指数为 41（2015 年）。申请国家发明专利 30 余项，20 项获授权；1 项专利技术通过省级技术鉴定并实现产业化实际生产和销售。获得上海市自然科学一等奖 2 项（2008 年，第二完成人；2014 年，第五完成人）和 2011 年度国家自然科学二等奖 1 项（第二完成人），努力促进无机介孔纳米材料在环境与健康等科学技术领域的发展。

作为首批中科院创新合作团队带头人，陈航榕积极开展与相关高校、研究所、医院等交流合作，组织举办了 2014 年度中国科学院上海交叉学科研究中心主办的第 64 期专家论坛，并多次应邀在国际会议上做学术交流。目前已培养博士生毕业 8 名，硕士生 5 名，多人次荣获中科院各类奖励。

陈航榕曾荣获上海市"三八红旗手"（2001/2002）、上海市优秀学术成果（2003）、上海市青年科技启明星（2005）/启明星跟踪（2010）、上海市巾帼创新/市"三八红旗手标兵"（2010）、上海市"科技标兵"（2011/2012）、上海市优秀学术带头人计划（2014）、中国科学院朱李月华优秀研究生导师（2014）等多项荣誉，是福州大学和南京工业大学兼职教授。

个人简介

陈新华，国家海洋局第三海洋研究所研究员，厦门大学、宁波大学兼职博士生导师。1992～1995年就读于华中师范大学，获病毒学硕士学位；2001年于中山大学获生化与分子生物学专业博士学位。入选第二批国家"万人计划"科技创新领军人才。

陈新华是2011年国家杰出青年基金获得者、国家百千万人才工程人选、国家"有突出贡献中青年专家"。获全国优秀科技工作者、福建省科技创新领军人才、厦门市拔尖人才等荣誉称号，享受国务院政府特殊津贴。近年来主持或承担国家杰出青年科学基金、"973"项目课题、及海洋公益项目等15项课题，在我国重要海水经济鱼种大黄鱼免疫的分子基础及机制、海洋生物资源利用等方面取得了国内外同行认可的研究成果。相关结果在《美国公共科学图书馆——遗传学》（*PLOS Genetics*）、《蛋白质组研究杂志》（*Journal of Proteome Research*）、《生物医学中心——基因组学》（*BMC genomics*）、《鱼贝类免疫学》（*Fish & Shellfish Immunology*）、《病毒学》（*Virology*）等刊物发表SCI收录论文71篇，被SCI他引300余次；获国家海洋创新成果一等奖2项、二等奖1项、福建省科技进步三等奖1项，以及福建省自然科学优秀论文一等奖和二等奖；授权发明专利10项；受聘为《世界免疫学杂志》（*World Journal of Immunology*）、《科学界杂志》（*The Scientific World Journal*）等刊物编委，10余种国际刊物审稿人。

他完成了我国重要海水鱼种大黄鱼全基因组测序，获得了大黄鱼基因组精细图谱，鉴定了25401个蛋白编码基因。其中2528个免疫相关基因，进而全面揭示了大黄鱼免疫系统的基本组成；进一步从转录组与蛋白质组水平系统地阐释了大黄鱼对细菌感染和疫苗接种的免疫反应过程，对于揭示大黄鱼免疫的分子过程及其免疫反应规律具有重要意义；证明了大黄鱼抗氧化物酶4可通过抑制NF-kB激活负调节前炎性反应，并保护大黄鱼免受病原菌的攻击，从而揭示了一种鱼类抗细菌感染的新机制，拓展了对鱼类抗细菌免疫机制的认识；发现了大黄鱼抗菌肽hepcidin基因与功能的多样性，揭示了其进化的新模式；第一次在鱼类中证明了半胱氨酸蛋白酶抑制剂Cystatin具有调节炎性反应的功能；揭示了鱼类存在与哺乳类相似的补体末端激活调节机制。构建了由大黄鱼β-actin启动子驱动的绿色荧光蛋白（EGFP）基因"全鱼"转基因构件，成功获得了发绿色荧光的转基因大黄鱼，为大黄鱼基因工程育种提供了有效技术手段；研制出细胞肿大虹彩病毒、流行性造血器官坏死病毒、神经坏死病毒，及传染性造血组织坏死病毒等5种海水动物病毒检测试剂盒，取得了明显社会经济效益。

这些创新性成果不仅深化了对以鱼类为代表低等脊椎动物免疫学的认识，丰富了鱼类免疫学基础理论，也为海水鱼类病害的免疫防治做出了积极贡献。

个人简介

陈增兵，中国科学技术大学教授。1990～2000年就读于中国科技大学，先后获地球化学学士学位和理论物理博士学位。入选第二批国家"万人计划"科技创新领军人才。

陈增兵在包括《自然》（Nature）、《现代物理评论》（RMP）、《自然》子刊、《物理评论快报》（PRL）等重要杂志的学术期刊发表 SCI 论文 80 余篇。

他提出了连续变量体系的 Bell 定理（PRL 88，040406），该理论被 RMP 77，513一文称为研究连续变量非定域性的"准自旋方法"，作为目前国际上研究连续变量非定域性的两个代表性理论之一加以介绍，并在 2007 年获得了实验验证。

首次利用超纠缠概念给出了量子非定域性的全新理论论证，即两粒子 GHZ 定理（PRL 90，160408）；也给出了该理论的实验检验（PRL 95，240406），一个意大利小组独立地检验了该理论。该结果推动了有关超纠缠的后续实验研究。

在线性光线量子计算实验研究、尤其是新量子计算模型的实验验证方面取得系列重要进展，利用多光子超纠缠技术实现了基于 4 光子 6 量子比特超纠缠簇态的控制非门（PRL 104，020501）、先后实验验证了基于量子态隐形传输的量子计算（《美国国家科学院院刊》107，20869）和无须簇态的单向量子计算这两种新的量子计算模型（《自然光子学》5，117）；利用 3、4、5 光子分别制备了 6、8、10 个量子比特的超纠缠态（自然物理学 6，331），实验制备的 10 比特纠缠态也是迄今为止纠缠比特数目最多的猫态；在利用多光子纠缠操纵的量子模拟（PRL 102，030502）和适于量子存储的窄带纠缠源方面（PRL 101，190501）取得重要实验进展；利用首次实现的 8光子纠缠实验演示了拓扑纠错（《自然》482，489）。

他提出了一种遥远量子存储器之间鲁棒的纠缠产生机制及基于冷原子系综和线性光学的鲁棒的量子中继器方案（PRL 98，240502），干涉仪稳定性方面相对于著名的"段—鲁金—瑟拉克—左勒"（DLCZ）方案改进了至少 7 个数量级，从而使得现实的远距离量子通信的实验研究成为可能。该方案的关键步骤已经被实验实现。该工作在长篇综述 RMP 83，33 中被引用达 18 处。

其领导研究小组在实用化量子通信方面取得重要进展，研制了基于诱骗态的量子电话原型系统，并据此先后现场演示了 3 节点链状量子密码网络和 5 节点全通型量子密码网络，成为国际上报道实用化量子通信网络的 2 个小组之一。该成果两次参与了国家重大政治活动的通信保障工作，技术的实用化水平经历了考验。

个人简介

　　邵峰，北京生命科学研究所研究员，科研副所长；1991～1996 年就读于北京大学，获应用化学专业学士学位；1996～1999 年就读于中科院生物物理研究所，获分子生物学硕士学位；1999～2003 年就读于美国 University of Michigan，获生物化学专业博士学位。入选第二批国家"万人计划"科技创新领军人才。

　　理解病原微生物如何感染致病和宿主免疫如何识别和清除入侵的病原不仅是重大科学问题，也对抵抗疾病和改善健康有着极为重要的现实意义。邵峰长期专注于这一前沿领域，研究深入到细胞、分子和结构水平，形成了自己特色鲜明的创新性研究体系，做出了系统的创造性成就和重要科学贡献。发表学术论文 50 多篇，包括《细胞》《自然》《科学》3 大顶级杂志论文 12 篇（其中 9 篇为 2005 年回国后作为通讯作者发表），总引用达 4000 次，获得 HHMI 青年科学家奖、吴阶平·保罗杨森医学药学奖（吴杨奖）、周光召杰出青年基础科学奖、华人生物学家协会（吴瑞协会）杰出青年科学家奖、中国生化和分子生物学会首届 Promega 生物化学奖、德国微生物学会 DGHM 奖、国家杰出青年科学基金、邹承鲁基金杰出研究论文奖和药明康德生命化学研究奖，并作为首位中国本土科学家荣获国际蛋白质学会著名的鄂文西格青年科学家奖；入选北京市海外高层次人才（海聚人才）工程、首届"北京学者"人才项目和国家百千万人才工程并被授予有突出贡献的中青年专家荣誉称号，为享受国务院政府特殊津贴专家，2015 年当选为 EMBO 的外籍成员。近年来在对鼠疫菌、痢疾杆菌、肠致病大肠杆菌和肺炎军团菌的感染毒力机制以及宿主抗细菌免疫识别 2 个方向均取得一系列重要原创性发现。

　　发现炎症性 caspase 为细菌内毒素的胞内受体，诱导细胞炎性坏死进而激活抗细菌炎症反应。成果在《自然》上发表，揭示了 caspase 激活新模式，同时也为败血症药物开发提供了新思路，被《科学》子刊评为"年度突破"，荣登科技部 2014 年中国十大科学进展。发现细菌鞭毛和三型分泌系统的胞内受体，首次证明 NLR 蛋白为免疫受体，激活炎症小体介导的抗细菌天然免疫，报道该成果的《自然》论文发表 3 年半内引用超过 300 次，是天然免疫领域近年来最具影响力的工作之一。发现家族性地中海热自身炎症性疾病蛋白 Pyrin 为免疫模式识别受体，感受病原细菌对机体 Rho 蛋白的修饰，成果也在《自然》发表，首次阐明了家族性地中海热疾病基因的正常生理功能，并揭示一种新的天然免疫识别模式，帮助机体区分致病和非致病性细菌。鉴定出四种全新的蛋白翻译后修饰（MAPK 的消去修饰，半胱氨酸甲基化修饰，精氨酸 N 乙酰葡萄糖胺化和泛素谷氨酰胺脱氨修饰），它们在细菌抑制宿主免疫中发挥重要功能，成果均在《细胞》《自然》《科学》杂志上发表，这些系列工作引领了病原菌毒力机理的研究，也在蛋白翻译后修饰领域产生重大反响。其中有关 MAPK 消去修饰的系列论文已被引 570 次，成为领域经典文献。

上述系统性原创工作多次被权威专家和杂志重点评述和引用，在国际学术界产生了重要影响，为推动领域发展做出突出贡献。邵峰因此多次应邀为《自然》《科学》和《细胞》等顶级学术期刊审稿并被《生化科学发展趋势》（*Current Opinion in Immunology/Microbiology*）和《微生物发展趋势》（*Trends in Microbiology*）等多个权威杂志邀请撰写综述，担任领域主流期刊《细胞微生物学》和生物医学高端综合杂志《电子生命》（*eLife*）的编辑，经常应邀在戈登会议和 Keystone 等主流国际学术会议上报告研究进展，也是冷泉港会议等重要国际会议的组织者。

个人简介

范益群，南京工业大学教授，博士生导师，现为南京工业大学化工学院院长。1986～1996 年就读于南京工业大学（原南京化工学院），先后获化学工程专业的学士学位和博士学位。入选第二批国家"万人计划"科技创新领军人才。

范益群长期从事无机陶瓷膜的基础研究及其产业化工作，开发出氧化铝、氧化锆、氧化钛等系列高性能膜材料，以及高装填面积的低成本蜂窝陶瓷膜，建成了规模化的生产线。共有 10 多项成果通过省部级鉴定，发表学术论文 100 多篇，其中 SCI 论文 60 多篇；申请发明专利获得授权 40 件；参加编写了 5 项行业标准。

"九五"期间，范益群作为研究骨干参与承担了国家九五科技攻关项目，研究开发了多通道陶瓷微滤膜制备技术，从无到有地实现了陶瓷膜在我国的产业化，填补了我国陶瓷膜技术的空白，打破了国外产品在中国的垄断，使得我国成为继美国、法国、日本等发达国家之后为数不多的实现陶瓷膜工业化的国家之一，对我国陶瓷膜工业的发展具有重大意义，研究成果获得了 2002 年国家科技进步奖二等奖（排名第 3）。

"十五"期间，主持了国家自然科学基金项目、教育部留学回国人员科研基金项目，参与了国家 863 项目课题、国家 973 项目课题、江苏省重大科技成果转化项目等科研及产业化项目，在面向应用过程的膜材料设计新思路指导下，研究建立陶瓷膜微结构和陶瓷膜工艺制备参数的定量关系模型，开发了陶瓷超滤膜规模化生产技术，缩短了我国陶瓷膜技术与世界先进技术的差距，推动了陶瓷膜在我国的大规模工业应用，研究成果获得了 2005 年国家技术发明二等奖（排名第 3）。

"十一五"期间，主持了国家 863 重点项目课题、江苏省科技支撑计划项目，开发出陶瓷膜支撑体低温烧成技术、共烧结膜制备技术、跨层制膜技术等新工艺，突破了低成本陶瓷膜工业化生产的技术关键，建成年产 10000 平方米的低成本陶瓷膜生产线，膜生产成本下降 50%。面向化学反应过程，开发出采用陶瓷膜材料应用于盐水精制和氯碱工业中，推动了氯碱工业的节能减排，促进了陶瓷膜在我国的发展，使我国陶瓷膜研究工作从跟踪转向独立创新。研究成果获得 2011 年获得国家科技进步奖二等奖（排名第 3）、2010 年教育部技术发明二等奖（排名第 1）、国家能源科技进步二等奖（排名第 1）以及中国膜工业协会科学技术一等奖（排名第 1）。

"十二五"以来，范益群主持承担了国家 863 重大专项课题，研究开发了陶瓷纳滤膜规模化制备技术，并建立中试生产线，在我国实现了陶瓷纳滤膜的产业化，陶瓷纳滤膜应用于有机溶剂、酸碱等苛刻体系的物质分离，推进了过程工业的节能减排。

个人简介

  林程，北京理工大学教授。1990 年获武汉工学院机械工程专业学士学位，1995 年获该校车辆工程专业硕士学位，2002 年获北京理工大学机械（车辆）工程专业博士学位。入选第二批国家"万人计划"科技创新领军人才。

  车辆电动化是汽车技术发展的重要方向，也是我国战略性新兴产业新能源汽车的重要研究内容，推荐人在该领域开展了长期且富有成效的研究工作，近年作为重大项目负责人承担的各类科技项目经费达 1 亿元，取得了一批国内外同行公认的重要创新性理论和实践成果。发表学术论文 60 余篇，其中 SCI、EI 收录 54 篇，主编 5 本专业著作和教材。作为主要发明人申请国家专利 70 余项，授权 56 项（其中有 26 项发明专利）。参加国内外重要学术会议 30 余场，并做特邀报告。2007 年入选教育部"新世纪优秀人才支持计划"，2011 年入选首批"科技北京百名领军人才培养工程"，作为核心成员获 2008 年国家科技进步二等奖、教育部科技进步一等奖、2013 年北京市科技进步一等奖、2007 年国防科技进步二等奖等多项国家和省部级科技奖励。

  林程提出并实践了以可快换标准化锂离子动力电池系统、一体化电驱动机械自动变速系统为核心技术特征的纯电动商用车动力系统平台新构型及理论体系，学术成果涉及整车网络系统控制和优化理论、电驱动与传动系统集成设计和控制理论、电池成组理论、整车结构轻量化和优化理论等多个方面。推荐人连续 2 个五年计划，作为国家 863 纯电动商用车动力系统平台重大课题负责人，主持专用电动化底盘、高效电动化部件以及整车控制系统的研发工作，提高了整车能量利用效率和系统集成度，形成了我国纯电动商用车动力系统平台的核心技术基础。该平台迄今已装备福田、申沃等主流商用车企业的车型，形成包括奥运、世博、亚运用纯电动客车在内的 10 余种纯电动客车、环卫车整车及底盘公告产品，已实现纯各类电动商用车整车批量生产2000 多辆，投入城市示范或商业运营，累计安全运行超过数千万公里，整车企业新增产值超过 10 亿元，产生了显著的社会效益和经济效益，在国内外产生了重要影响。

  他发明的电动乘用车汇聚式防滑差速驱动桥，可以实现左右驱动轮的机电耦合控制，为发挥电驱动优势、改善车辆动力学性能提供了新途径。推荐人带领团队系统开展了双电机独立驱动协调控制及机电复合制动理论研究、双电机驱动防滑差速机电耦合控制理论研究、基于稳定性的车载网络调度算法研究，研究工作获得了国家自然科学基金、国家 863 计划等课题的支持，并与北汽、广汽等企业合作开展了应用研究工作。

  林程带领团队取得的上述车辆电动化技术研究成果，许多已从实验室走向了市场，为我国电动汽车产业形成核心自主知识产权作出了重要贡献。

个人简介

林志强，广西玉柴机器股份有限公司高级工程师。1992～1998年就读于哈尔滨工业大学，先后取得汽车设计与制造专业学士学位和工程热物理专业硕士学位；1998～2003年就读于天津大学，先后获动力机械及工程专业和化学工程与技术专业博士学位。入选第二批国家"万人计划"科技创新领军人才。

林志强一贯热爱党，热爱企业，具有高度的敬业精神和精益求精的态度，潜心致力于各类型柴油机、气体发动机及其技术的开发和研究，具有扎实的理论基础知识和丰富的实践经验，能敏锐把握未来产品的发展方向，主持研发了多款领先适用的发动机满足市场的要求，部分还填补了国内空白，取得了显著的科技成果。

他主持气体发动机项目，攻克了LPG发动机活塞故障的关键技术难题，解决了国外控制系统软件、硬件存在的问题，有效降低气耗，所开发发动机与国内其他厂家比，在动力性、经济性、环保性方面具有绝对优势，出口东南亚各国，为实现国家车用能源多元化作出了重要贡献。

主持玉柴产品的性能开发工作，在国Ⅲ、国Ⅳ发动机开发方面，超越了国际AVL等著名发动机研发机构的开发水平，为企业率先量产国Ⅲ、国Ⅳ柴油机做出了重要贡献。

主持研发YC6K重型商用车柴油机并投放市场，该机型具有达标欧Ⅵ的潜力，是一款具有国际先进水平，国内领先水平的柴油机，对拉动整个内燃机行业的技术进步，提升国产发动机与国外品牌的竞争力具有巨大促进作用。

作为课题组骨干，参与5项国家"863"课题及5项自治区科技攻关项目研究，均取得瞩目成效，其中"863"《大型公交车用CNG发动机产品开发》课题研发的CNG发动机技术指标达到国际先进水平，具有自主知识产权，整机销售价格与同类进口CNG发动机比降低30%以上，成功与国内主要客车厂配套。2012年玉柴气体机市场综合占有率达41.70%，份额行业第1。

林志强主持研发的"YC6MK375N－40天然气发动机"获得2012年度国家重点新产品计划项目立项，作为新能源动力领域的新军，大批量投放市场，广获好评。

在"节能环保型柴油机关键技术及产业化"项目中，负责制定整体燃烧系统布局设计、DOE、系统匹配方案制定工作，同时负责满足国Ⅳ、国Ⅴ排放标准的燃烧系统开发，对实现减排和节能开发目标的实现起到关键作用，成为排放满足欧6要求的燃烧系统技术路线的制定人之一，项目获得国家科学技术进步奖二等奖。

担任工程研究院院长期间，负责玉柴新产品开发及技术创新能力建设，主导了YCEDP研发流程，搭建了PMP研发管理平台，完善了研发系统平台，在全国729家国家认定企业技术中心评价中排名第36位，位居发动机行业第1位。

个人简介

林霄沛，中国海洋大学教授。1995～2004 年就读于中国海洋大学，先后获海洋科学专业学士学位和物理海洋学专业博士学位。

海洋环流不仅对海洋环境变化有重要影响，还对全球热量输送和水循环过程起重要调控作用，是导致气候系统低频变异主要过程之一。中国近海拥有强劲的西边界流—黑潮和黄海暖流、台湾暖流等复杂环流系统，联系太平洋和我国近海。但是上述环流系统形成及变化的动力学机制是什么？如何影响我国近海？这些问题是理解近海海洋环境乃至区域气候变化的关键科学问题。林霄沛紧紧围绕上述科学问题，基于环流动力学和海洋波动调整机制，对环流系统在中国边缘海动力学和热力学中的作用给出了一些新的认识和理论解释。

林霄沛的工作主要集中在大洋内部气候变化信号如何通过海洋波动影响黑潮和近海环流系统这一关键科学问题上。他和合作者从理论上首次提出大洋响应风场强迫激发的 Rossby 波在每个纬度带均存在一个特定的"共振"频段，该频段波动信号传递到西边界引起黑潮和陆架环流显著变化。

在黑潮和局地风场对陆架环流形成和变化的控制机制关键科学问题上。他和合作者基于海洋动力学指出黑潮和岛屿间相互作用是陆架环流形成的一个重要机制，通过海峡通道的流量和位涡通量变化控制了陆架环流路径，局地风场对陆架环流季节变化起重要调控作用，如冬季黄海暖流增强及非对称西偏运动与北风强迫密切相关。

林霄沛的系列工作丰富了环流动力学理论，提高大洋和近海相互作用的认识水平，获得国内外同行较高评价。关于 Rossby 波理论已被应用到解决全球海洋波动西向强化及传播机制研究中，解决黄海暖流非对称西偏的动力学难题被《地球物理科学研究杂志》（*Journal of Geophysical Research*）审稿人认为是具有里程碑意义的成果。在《自然》（*Nature*）及其系列子刊、《地球物理科学研究杂志》（*Journal of Geophysical Research*）、《地球物理科学研究通讯》（*Geophysical Research Letter*）等国内外刊物发表论文 80 多篇，并多次在国际气候变化及可预测性研究计划组织（CLIVAR）、美国地球物理学会组织（AGU）等国际大会上做口头报告。被选为国际气候变化及可预测性研究计划（CLIVAR）太平洋执行委员会委员并将于 2016 年接任主席，同时担任国际北太平洋海洋科学组织（PICES）北太平洋气候变化工作组委员。林霄沛还发起和作为联合主席主持了联合国海委会西太分委会"黑潮及延伸体海域变异及其气候效应"国际项目，并作为大会组委会主席组织了 2016 年 CLIVAR 开放科学大会等国际顶尖学术会议。2007 年获教育部新世纪优秀人才称号，2011 年获山东省杰出青年科学基金，2012 年入选首批自然科学基金优秀青年基金和中组部青年拔尖人才计划。2011 年获国家科技进步二等奖，2012 年获教育部自然科学一等奖和青岛市自然科学一等奖，2014 年获海洋工程科学技术奖一等奖，2015 年获教育部自然科学一等奖。

个人简介

　　易可可，浙江省农业科学院研究员。1993～2000年就读于浙江大学，先后获生物科学与技术专业学士学位和植物学专业硕士学位；2008年获东安格利亚大学/约翰英纳斯中心细胞与发育生物学博士学位。

　　土壤中可利用养分的不足已严重限制了我国稻米产量。目前通过大量施肥，可以显著提高水稻产量。但一些矿质元素如磷，由于其在土壤中易被固定而难以吸收，单靠施肥不能解决土壤养分匮缺的问题。而过多的施肥又易引起水土的养分富集化，造成环境污染。因此，提高水稻水分养分吸收与利用效率，对于发展高效、生态农业至关重要。

　　围绕该研究热点，易可可多年来以模式植物水稻及拟南芥为研究材料，主要从事植物发育与养分高效相关基因克隆及功能研究。在外部养分状况如何影响植物发育的研究方向上，易可可克隆过多个重要功能基因。其中，针对低磷胁迫诱导植物根毛发育的特点，他克隆了一个转录因子RSL4，该基因通过整合外部磷素信号及内源激素信号来调控植物根毛伸长及发生，部分结果易可可作为第一作者发表在《自然遗传学》（*Nature Genetics*）上，作为并列第一作者发表在《美国科学院院刊》（*PNAS*）上。作为第二作者，发表在《科学》（*Science*）上。易可可与合作者一起申请了以上转录因子的国际基因专利。目前，该专利已在欧洲授权，并转让给美国陶氏益农公司。预期在作物中调控该类转录因子的表达能够促进根毛发育，从而提高作物的养分吸收能力。

　　针对低磷胁迫调控植物根系构型的特点，易可可克隆了拟南芥一个低磷胁迫下根系构型变化的突变体基因，相关结果被易可可作为通讯作者发表在《植物和细胞生理学》（*Plant and Cell Physiology*）上。而在禾本科作物的相关研究中，易可可也克隆了一个水稻的转录因子OsPTF1，增强表达该转录因子能够促进转基因水稻在低磷胁迫下的根系生长，并提高植株耐受低磷胁迫的能力。该研究成果易可可作为第一作者发表在2005年的《植物生理学》（*Plant Physiology*）上（该论文已被SCI引用近百次），并已获得该基因的基因专利。易可可近期的研究发现，低磷胁迫能够促进水稻根系纤维素含量的提高，从而促进根系伸长，而OsGLU3参与该过程，相关结果易可可作为通讯作者发表在《分子植物》（*Molecular Plant*）上。

　　同时，围绕植物低磷信号调控途径，易可可作为并列第一作者解析了低磷胁迫对水稻转录组表达的影响，并探讨了细胞分裂素对磷信号的拮抗作用，相关论文发表在《植物细胞与环境》（*Plant Cell & Environment*）上。同时，通过比较转录组数据，克隆并分离了一个 SPX 亚家族基因，该家族基因作为一类新的因子参与了植物的磷信号，论文发表在《植物学报》（*The Plant Journal*）上。

易可可至今已发表 20 余篇有影响力的 SCI 论文，SCI 影响因子大于 180，引用数大于 900 次。

个人简介

　　罗坤，浙江大学教授，博士生导师。1996～2000年就读于武汉水利电力大学电厂热能动力工程专业，获学士学位；2000～2005年就读于浙江大学，获工程热物理专业博士学位；2007～2009年美国斯坦福大学访问学者。

　　自2005年留校任教以来，罗坤抱着教书育人、为国效力的思想，一直在能源清洁利用国家重点实验室从事教学和科研工作。师从中国工程院院士岑可法和长江特聘教授樊建人，多年来一直从事复杂多相反应流动的数值模拟与理论研究工作，包括化石燃料的燃烧流动、灰霾污染物的传输、可再生能源的转化等。博士学位论文被评为全国优秀博士学位论文，入选中组部万人计划首届"青年拔尖人才"、浙江省"钱江人才"计划，获得国家自然科学优秀青年基金项目以及浙江省杰出青年科学基金项目资助。

　　作为项目负责人和研究骨干，他承担了十多项国家/省部级科研项目，包括国家自然科学基金重大研究项目以及浙江省自然科学基金重大项目等，并取得了突出的成绩。主要学术成就包括在国际上对复杂旋流液雾燃烧进行了直接数值模拟研究，揭示了液雾燃烧的基本规律，为两相燃烧新模型的提出奠定了基础；提出了新的内嵌边界方法用于两相流动的全尺度直接数值模拟研究，为两相流动数值模拟研究提供了新的途径；发现了自由剪切流动中颗粒扩散的"转捩"现象，揭示了多相流动系统中多尺度结构间复杂的耦合作用规律等。已在国内外学术杂志上发表研究论文80余篇。其中被SCI收录40余篇，被EI收录30余篇，被国内外引用500余次。研究成果荣获国际燃烧学会杰出论文奖、浙江省科学技术一等奖、中国工程热物理学会燃烧分会优秀论文奖等多个学术奖项。此外，还获得了以我国工程热物理学科创始人吴仲华先生命名的"吴仲华优秀青年学者奖"以及以多相流热物理学科奠基人陈学俊先生命名的"陈学俊青年学者优秀论文奖"，是唯一在多相流领域与燃烧领域都获得过学术奖项的青年学者。取得国家版权局计算机软件著作权9项，担任多个国际学术期刊的编委，应邀做过多次国内外学术会议的邀请报告，是多个国内外学术期刊的审稿专家和多个国内外学术会议的分会场主席。

个人简介

罗素兰，海南大学长江学者特聘教授。获西北农业大学生物学专业学士学位和硕士学位，1999 年获西北农林科技大学生物技术专业博士学位。入选第二批国家"万人计划"科技创新领军人才。

罗素兰以热带特色药用海洋生物芋螺为研究对象，开展新毒素发现、人工合成、三维结构、作用靶点、与受体相互作用机制、药理药效等多方面的研究，在海南产新型芋螺毒素的发现、结构和功能等的研究方面，取得了一系列有影响的科研成果和引人注目的成绩，引起了国内外同行的广泛关注和认可。建立了国内最大的海南产芋螺及其毒素资源库，发现芋螺毒素新基因 393 个，人工合成了 110 多种芋螺毒素；首次发现了 5 类含有独特半胱氨酸模式的未知新超家族芋螺毒素、命名了 2 个新超家族；筛选鉴定出 6 个特异结合哺乳动物乙酰胆碱受体的新型 α—芋螺毒素，其中有 3 个在动物模型上，镇痛活性比吗啡强 300～1200 倍，并且自身不会成瘾；2 个在戒烟、戒毒领域显示了巨大的应用价值和社会影响力；1 个已开发为工具药。

她发现的新型 α—芋螺毒素 TxIB，是国际上迄今发现的唯一能将 α6/α3β2β3 乙酰胆碱受体和所有其他亚型的乙酰胆碱受体区分开的工具药，这在神经科学以及神经疾病的研究、诊断和治疗领域具有非常重要的意义；发现的新型 α—芋螺毒素 TxID，是迄今发现的活性最强的 α3β4 乙酰胆碱受体亚型的特异阻断剂；发现的新超家族芋螺毒素 GeXIVA 是目前活性最强的 α9α10 乙酰胆碱受体特异阻断剂。α6/α3β2β3 与 α3β4 乙酰胆碱受体是用于治疗成瘾的药物作用靶点；α9α10 乙酰胆碱受体是治疗神经痛的靶点；发现的新型 α—芋螺毒素 LvIA，是至今发现的第一个对 α3β2 vs α6/α3β2β3 的选择性和区分度最好的配体，以前发现的所有阻断 α3β2 的配体几乎都同时阻断 α6/α3β2β3 nAChRs。这些新芋螺毒素是非常难得的神经精神科学及其疾病研究、诊断的工具药和试剂，在神经科学研究，以及镇痛、戒烟戒毒、帕金森症、乳腺癌、肺癌等新药研发领域具有非常巨大的应用价值。

这些研究成果得到了美国科学院院士奥立维亚（Baldomero Olivera）、俄罗斯科学院院士赛特林（V. Tsetlin）、澳大利亚科学院院士克莱克（David Craik）教授的充分肯定和高度评价。吸引了以色列 Alomone Labs Ltd. 公司、美国沪亚生物科技公司、海南双成药业上市公司等的来访和合作。

作为团队带头人，她获得了海南第一个国家级科研团队"长江学者和创新团队发展计划"，现为亚太毒素学会秘书长、中国毒理学会生物毒素专业委员会副主任委员；第 19 届世界毒素大会主席、第 10 届亚太国际毒素会议的大会共同主席。提升了海南大学及海南省在海洋药物领域的学术地位和影响力。

个人简介

周小红，中国科学院近代物理研究所研究员。1990 年获中国科学技术大学原子核物理专业学士学位，1995 年获中科院原子核物理专业博士学位。入选第二批国家"万人计划"科技创新领军人才。

自参加科研工作以来，周小红主要从事原子核高自旋态结构和新核素合成研究工作。课题组研制了先进的充气反冲核分离器和在束 GAMMA 测量装置；在重核区原子核高自旋态结构研究中发现了一些重要的物理现象并提出了见解；负责了新核素合成的实验研究工作，课题组合成了一批中重缺中子新核素、实现了超重新核素合成的突破。积极开展了国际合作，得到日本原子力研究机构九次束流时间的支持，周小红是实验第一负责人，实验数据由周小红方处理，研究论文第一署名单位是近代物理研究所。在日本原子力研究机构加速器大楼内，开辟了一个专栏展示他们的研究成果。实验数据被国际原子能机构、美国、欧洲和日本的核数据库收录编评，向核科技工作者开放。研究工作曾获甘肃省科技进步一等奖和国家自然科学二等奖等。

在实验设备研制方面，课题组研制了充气反冲核分离器，包括差分抽气系统、转靶系统、磁系统及单原子鉴别系统，验证性合成了 110 号元素的同位素。研制了由 9 台 CLOVER 和 20 台高纯锗探测器构成的 GAMMA 测量阵列。已将充气反冲核分离器和 GAMMA 测量阵列相结合，形成了具有国际先进水平的核结构研究装置，为开展原子核结构研究和鉴别新核素提供了理想的实验平台。

在物理研究方面，利用国内外实验装置，首次建立了 16 种原子核的高自旋能级纲图，并极大地扩展了 20 多种核的能级纲图，取得的重要物理结果有：发现了缺中子 Ir－Pt－Au 核具有显著的三轴形变，研究了导致形变的机制；首次在双奇 Tl 核的扁椭球形变转动带内观测到低自旋旋称反转；研究了 169Re 核转动带结构的组态相关性，揭示了非常缺中子 Re 核的三轴形变；发现在 161Er 和 161Er 核中存在八极形变关联现象；用弱耦合模型和壳模型解释了球形核 145Tb、146Tb、141Nd、143Nd、142Pm、143Pm 和 140Pr 等的结构；建立了奇 A Au 核中 1/2 [660] 转动带的形变和带头激发能随中子数的演化规律；发现在 187Pt 和 189Pt 核中存在形状共存。负责的课题组合成了两种超重新核素 259Db 和 265Bh，建立和发展了绝热和非绝热的双中心壳模型和相对论平均场模型，能够描述重核熔合的动力学过程，比较准确地预言超重核的生成截面和衰变性质。

个人简介

周天华，浙江大学教授。1988～1996年就读于浙江大学临床医学专业，获硕士学位；1999年获中国科学院上海生命科学研究院细胞生物学博士学位。入选第二批国家"万人计划"科技创新领军人才。

周天华现为浙江大学"求是特聘教授"、医学细胞生物学主讲教师，是"国家杰出青年科学基金"获得者，兼任《细胞研究》（*Cell Research*）（最新影响因子12.4）编委、中国细胞生物学学会理事、青年工作委员会副主任委员、细胞结构与细胞行为分会秘书长，以及包括《生物化学杂志》（*Journal of Biological Chemistry*）在内的多个国际学术杂志的特邀审稿人。

周天华长期从事细胞运动与细胞周期的分子调控及其在胃癌发生发展中作用的研究，在细胞核分布基因C（NudC）通路的分子调控领域中取得了突破性进展。近年来，在《发育细胞》（《*Cell*》子刊）和《美国国家科学院院报》等刊物发表了40余篇国际学术论文，合计影响因子超过240，研究成果SCI他引约计700多次，作为通讯作者的研究性论文共9篇，平均影响因子超过8，特邀综述1篇，其中作为通讯作者兼第一作者的论文（《发育细胞》）自2000年以来在NudC研究领域所有论著中，引用次数高居首位，多次被"Faculty of 1000"（由世界知名生物医学科学家组成的独立同行评议服务机构）及《自然综述：分子细胞生物学》（*Nature Reviews Molecular Cell Biology*）等权威学术刊物的推荐，受到诺贝尔化学奖获得者（以色列的Avram Hershko教授）等国际知名专家的关注，受邀到美国、英国多个著名大学进行学术交流活动。近五年，作为课题负责人担任国家杰出青年科学基金1项、国家自然科学基金重大项目子课题1项、面上项目3项、973计划项目课题和子课题各1项及其他多个项目，累计获资助约1500万。获浙江省科技进步一等奖1项、中华医学科技奖三等奖1项、浙江省医药卫生科技创新奖一等奖1项、中国和美国专利各1项（奖励和专利的排名均在前三）。入选教育部"新世纪优秀人才支持计划"、浙江省"卫生高层次创新人才计划"、浙江省"钱江人才计划"、浙江省"151人才工程计划"（第一层次）等。

个人简介

周福宝，中国矿业大学教授。1994～2003年就读于中国矿业大学，先后获安全工程专业学士学位和安全技术及工程专业博士学位。

　　周福宝长期在一线从事矿井瓦斯防治、煤矿火灾的理论与技术研究，为现场解决工程技术难题。作为项目负责人先后主持国家杰出青年科学基金、国家自然科学基金（煤炭联合）重点项目、国家科技支撑计划等国家及省部级项目12项，在煤矿瓦斯抽采和煤自燃防治方面取得了系列创新性的研究成果。

　　他发展创新了地面钻井高效抽采卸压瓦斯新模式，发明了防剪切破断的钻井井身结构，提出了气—液相间歇循环压注增透法。成果已在内蒙古、甘肃等省的10余个矿区推广应用，抽采率提高到65％以上，远高于全国平均水平。获得2011年国家科技进步二等奖。被国家安全生产监督管理总局选为国家安全生产百项先进技术，在全国煤矿推广应用，并列入国家煤矿瓦斯开发利用"十二五"规划推广新技术。

　　首创了固相颗粒密封煤岩裂隙理论与技术，突破了井下钻孔封堵的技术局限。在全国40多座矿井成功应用，瓦斯抽采效率提高50％以上；近三年来，应用矿井平均每年增产瓦斯高达2120万立方。获授权发明专利7项（均为第1发明人），并获2012年中国煤炭工业科学技术一等奖。

　　研究揭示了多孔介质体系中液氮的高效率灭火抑爆机理，发明了直注式和可控温式液氮防灭火技术，显著提高了火源位置隐蔽、火区范围广、爆炸风险大的高瓦斯火区灭火效率。成果在国内10多个矿区成功应用，实现了仅用12天就成功治理汝箕沟全矿井特大瓦斯燃爆事故，并恢复生产。成果获2012年宁夏回族自治区科技进步一等奖。

　　研发了玻纤改性粘土—水泥基复合浆体材料，提出了定量化、自动化、信息化的地面固定式和井下移动式的复合浆体喷涂模式。已在葛泉煤矿、显德汪煤矿、白芨沟煤矿、崔家寨煤矿、新安煤矿等10余对矿井应用，起到了自燃灾害的主动预防作用。获2009年中国煤炭工业科学技术一等奖。

　　上述成果在全国100多座煤矿成功应用，有效提升了上述矿区煤矿火灾和瓦斯治理的科技水平，在行业产生了较大的影响。周福宝获国家杰出青年科学基金、国家百千万人才工程、中组部首届青年拔尖人才、教育部创新团队带头人、教育部新世纪优秀人才、江苏青年五四奖章、孙越崎青年科技奖等人才等荣誉称号。应邀参加国际匹兹堡煤炭大会、国际矿井通风大会、国际矿山安全大会、香山科学会议、中国青年科学家论坛等国内外重要学术会议并做主题报告，特邀在美国国家职业安全与健康研究院作专题报告。

个人简介

周德敬，银邦金属复合材料股份有限公司教授级高级工程师。1986～1993年就读于中南大学，先后获金属压力加工专业学士学位和金属塑性加工专业硕士学位。入选第二批国家"万人计划"科技创新领军人才。

周德敬是863项目首席专家，江苏省双创人才，江苏省金属层状复合材料工程技术研究中心主任，江苏省金属层状复合材料重点实验室主任，"中澳合作无锡材料研究中心"项目负责人（金属3D打印）。

他从事金属层状复合材料的研发25年，研究方向是金属层状复合材料和金属复杂构件（3D）的制备技术及其应用，致力于涉及领域的基础研究，提升产业化技术，最终实现产业化。主持、参与各级科技项目20余项。被聘为中南大学、东南大学、北京科技大学、北京工业大学校外研究生导师（联合培养硕士8人、博士1人）。申请发明专利12项，注册有色金属合金牌号3个（4A43、4A45、4A60），主编及参编国家及行业标准10项。

周德敬采用金属层状复合材料的组元层合金设计及界面耦合技术，开发出中等载荷汽车发动机轴瓦用铝—钢带材及钎焊式热交换器用铝—钢复合带材，其中钎焊式热交换器用铝—钢复合带材产品，打破国外垄断，使企业年度新增销售额亿元以上；通过研究嵌入式轧制复合技术，解决非等宽金属层状材料复合过程金属的变形、尺寸的精确控制等技术难题，开发出国际领先的预覆钎料铝—钢复合带材；利用双层、多层金属复合材料的轧制复合技术，解决层状复合材料制备加工过程的复合、变形等共性技术问题，研发出4层高强耐蚀铝合金复合材料，为国内首创，产品出口日本，毛利率提高200%；利用大卷径带材连续在线表面预处理技术，解决大卷径层状复合带材轧制过程中的金属表面连续预处理及层状材料界面连续高质量复合的难题，多金属复合材料卷径超过进口水平，产品竞争力显著提高；参与公司3D打印产业链建设，利用金属3D打印技术，解决高性能、高尺寸精度、复杂形状合金部件的制备技术难题；研究钛粉无接触雾化技术，填补国内无航空级钛粉生产制备技术空白，目前已经制备出符合3D打印要求的球形粉末。

主持863主题项目"金属间及其与无机非金属复合层状结构材料研发"（国拨经费2694万元），集合了国内6家企业（中国一重、中石油宝鸡钢管公司、东北轻合金公司等）、14所高校的研发力量（西安交通大学、东北大学、北京科技大学、重庆大学等），进行复合层状结构材料的关键技术攻关，项目符合新材料"十二五"领域战略规划提出的任务、国家重大需求和技术发展趋势，涉及"十二五"金属层状复合材料千亿规模市场需求。

参与科技部"中—澳国际轻金属研究中心"合作项目，筹建了符合国际航空航天标准和要求的钛粉生产线；解决了钛合金部件批量化生产质量和性能重复性差的难题；建立了钛合金3D打印产品的力学性能数据库，多项技术将填补国内空白。

个人简介

郑晔，长春黄金研究院教授级高级工程师。1989～1993年就读于沈阳黄金学院，获选矿专业学士学位；2005年获吉林大学MPA硕士学位；2012年攻读东北大学矿物加工专业博士学位。入选第二批国家"万人计划"科技创新领军人才。

自参加工作以来，郑晔在思想上积极要求进步，在科研工作中勇挑重担，大胆探索，敢于实践。主持、参与了多项复杂难处理矿石试验研究、现场技术服务、重要项目的可行性研究及初步设计、工艺技术开发、国家科技攻关研究等课题。

作为专业负责人承担了国家"九五"科技攻关课题《难浸金精矿生物氧化技术研究与应用》项目。该研究成果经过辽宁天利金业有限公司100吨/日难处理生物氧化提金厂的工业化应用证明，菌种耐高温、耐寒，适应性强，生物氧化提金工艺技术畅通，设备运行可靠，技术指标先进。该技术拥有完全独立的自主知识产权。获得了中国黄金协会科学技术特等奖。

作为课题第一负责人承担了国家"十一五"科技支撑计划课题《难处理金矿碱性热压氧化—釜内快速提金工程化技术研究》（课题编号2008BAB34B03），全面负责课题的研究方案和技术路线的实施。开发的热压氧化—釜内氰化提金工艺处理陕西镇安难处理含金矿石，金浸出率由常规氰化的9.5%可大幅度提高至92%以上，"闪蒸"冷却系统创新性地采用"先降温后降压"的特殊"闪蒸"方式，且重点部件采用耐磨和耐腐蚀的材料，增加了系统的可靠性。同时，在国际上首次采用"釜内氰化"技术，将氰化浸出时间由常规的24小时缩短到25分钟。该项目获得了中国黄金协会科技进步一等奖。

作为课题第二负责人承担了国家"十一五"科技支撑计划课题《微波冶金工程化关键技术研究》，主持课题的具体研究方案和技术路线的实施。课题研究工作完成了攻关主要任务并取得如下成果：通过微波辐射氧化渣，碳去除率达94.63%，金的氰化浸出率达95.84%，连续试验金的氰化浸出率达90.93%，金浸出率大幅度提高，证明了微波辐射处理碳质矿物在技术上是可行的。该项目获得了中国黄金协会科技进步一等奖。

作为负责人完成了《高寒地区生物氧化提金工艺研究与应用》项目，该项目从设计到工程实施均创下我国生物氧化工程的建设先例，特别是在我国高纬度，冬季温度极低的气候条件下获得成功，其意义尤为重大。为我国在其他类似低温地区建立生物氧化工程积累了经验，填补了国内外相关方面的技术空白。进一步充实了生物提金工艺技术在国际上的领先优势，同时进一步拓展了生物氧化的应用范围，对我国的生物冶金发展具有重要意义。本项目的成功实施，金的回收率由原来的61%提高到93.5%。该项目获得了中国黄金协会科学技术一等奖。

个人简介

郑为民，中国科学院上海天文台研究员，博士研究生导师。1988～1998 年就读于浙江大学，先后获检测技术及仪器专业学士学位和测试计量技术及仪器专业博士学位。入选第二批国家"万人计划"科技创新领军人才。

郑为民现为中国科学院上海天文台学术委员会副主任、射电天文科学与技术研究室主任，长期从事 VLBI（甚长基线干涉测量）高速信号并行处理、VLBI 深空探测器精密跟踪测量、大地测量、e-VLBI 科研信息化等研究，具有很强的学术创新能力。在国内率先开展 VLBI 软件相关处理这一前沿技术研究，突破核心技术，成功应用于探月工程等不同领域，成效显著，两次荣获上海市科技进步一等奖。2007 年被国家人事部、国防科工委、国资委、解放军总装备部和中科院联合授予"首次月球探测工程突出贡献者"，受到胡锦涛等中央政治局全体常委接见。2014 获国务院政府特殊津贴并入选上海市优秀学术带头人。

为突破我国对 40 万千米远的月球探测器高精度测控技术"瓶颈"，嫦娥一号工程采用了常规测距测速技术和新型 VLBI 精密测角技术。相关处理机是整个 VLBI 系统的核心设备。当时国内无现成的相关处理机技术，国外因技术封锁也不提供。针对探月工程对卫星精密测量的紧迫需求，郑为民开创性地将原本只限于射电天文领域 VLBI 信号相关处理技术应用于探月卫星实时高精度数据处理。结合 VLBI 信号处理技术与并行计算技术，研制完成我国第一套航天用 VLBI 高可靠性实时软件相关处理机系统。该系统采用了独特实时卫星条纹自动搜索与模型拟合技术，在卫星预报轨道精度不足时，仍能确保信号实时正确处理。目前未见国外处理机有类似功能。该软件处理机最初仅为备份设备，由于质量可靠，最终作为主用设备，成功用于 CE-1、CE-2 卫星测量的全部 VLBI 数据相关处理任务，并用于 CE-3、CE-5T1 探测器任务，确保了工程圆满成功。在 CE-1 卫星撞月点精密测量，CE-2 飞日地 L2 点和飞越小行星等高难度科学实验中，均发挥了不可替代的重要作用。主持研制完成国内首个 X 频段 ΔDOR 实时、高精度 VLBI 测定轨系统，极大地支持 CE-3 月面软着陆和月面高精度定位及 CE-5 飞行试验器成功完成月地返回。该系统实时性和测量精度大大好于设计指标，达到世界先进水平。

针对国家后续探月与深空探测需求，郑为民积极研究深空探测 VLBI 高精度测量技术。主持国家 863 计划重大项目课题"毫角秒精度 VLBI 精密定位于定轨关键技术"已经圆满结题，成绩为 A。成果被列入科技部《这十年，地球观测与导航领域科技发展报告》一书公开宣传。该课题将创造性地被动式高精度实时多普勒频率技术与 VLBI 技术有机结合，建立了"火星 VLBI 地面信息系统验证平台"，并在国内首次组织了对欧空局"火星快车"火星探测器的高精度测定轨。测量精度达到千米级，与欧空局相当，表明我国已独立掌握了对环火星探测器的精密测量方法与技术，在后续火星和深空探测中有重要意义。

此外，软件相关处理技术已应用于国家科技基础设施建设项目"中国大陆构造环境监测网络"等多个天文、测地领域中，并可服务于面向国家重大战略需求的相关工程。

个人简介

单保庆，中国科学院生态环境研究中心研究员。本硕就读于兰州大学，先后于1992年和1997年获职务生态学学士学位和理学专业硕士学位；2000年于中国科学院生态环境研究中心获环境科学专业博士学位。入选第二批国家"万人计划"科技创新领军人才。

单保庆为环境水质学国家重点实验室副主任，水专项河流主题组组长，海河项目负责人。主要从事流域水污染机理与河流生态修复技术研究。近5年主持多项国家级研究任务，如水专项河流主题海河项目/课题、973项目、支撑计划等10余项。截至目前已在国内外知名刊物发表论文100余篇。其中SCI论文50篇，著述2部，申报专利22项，完成"天津七里海湿地工程"等多项湿地生态工程的设计与建设。

在学术专长与业绩方面，他围绕河流水环境质量演变机理与水生态效应，开展流域水陆交错带营养物质过程研究，研发出了拥有自主知识产权的仿自然生态湿地设计方法并进行了工程实践；围绕氮磷等营养物质在水体沉积物中的累积与释放过程，开展了沉积物原位采样、固定与成像分析方法研究，探索磷在水—沉积物界面上的通量变化过程及其对上覆水体水质影响；从流域经济社会发展需求出发，综合诊断流域河流生态系统退化过程及其驱动机制，探索并建立了河流治理技术路线图和战略方案制定的方法学，总结形成了《海河流域河流水污染治理战略方案》，丰富了我国河流水污染治理的理论方法。多年来在水陆交错带对污染物的拦滤、沉降和净化过程及机理，营养盐在水—沉积物界面转化过程及其水生态效应；河流污染过程和治理方案，以及大型仿自然湿地构建技术和工程实践等方面，取得了良好的知识和专长积累，获得了国内业界同行的认可。

从2007年水专项启动伊始，即作为河流主题组长王子健研究员的主要助手，全面参与了河流主题的顶层设计，组织并完成了河流主题"十一五"和"十二五"实施方案，为河流主题、项目推进发挥了积极作用。同时作为海河项目负责人，在顶层设计、组织实施、日常管理、成果总结与推广应用等方面，发挥了主导作用，展现了良好的组织实施与协调能力。

依托水专项"十一五"课题，完成了《海河流域河流水污染治理战略方案》，明确了海河流域河流水污染治理路径，对当前海河流域乃至其他流域水污染治理起到了很好的引领作用。方案在水专项层面获得了广泛认可，为"十二五"五大流域（松花江/辽河/海河/淮河/东江流域）河流治理总体定位确定、路线图制定与任务布局等方面提供了思路和参考。主持完成了10余处生态湿地工程的设计，在水环境治理领域产生了积极影响。

个人简介

单智伟，西安交通大学教授。1996 年获吉林大学材料科学与工程专业学士学位，1999 年获中国科学院金属研究所材料物理与化学专业硕士学位，2005 年获美国匹兹堡大学机械工程专业博士学位。

单智伟研究方向主要集中于应用和发展定量的原位电镜变形技术（压痕/压缩/弯曲/拉伸/疲劳＋电/热/气氛等）对目前材料研究中的一些焦点问题进行探索。已在《自然》《科学》《自然—材料》《自然—通讯》《纳米快报》等国际顶级期刊上发表论文 50 余篇，SCI 引用超过 2300 余篇次，单篇 SCI 引用最高 433 篇次，H 因子为20。组织和共同组织了 18 次国际学术研讨会，担任 7 次国际会议分会主席；受邀在国际会议和知名学术机构做邀请报告 80 多个，主持科研项目 6 项（包括美国两项），作为研究骨干参加科研项目 6 项（包括美国两项），主持科研经费和学科建设经费合计超过 6000 万元人民币。回国后获得的荣誉和奖励包括：2008 年获聘为教育部长江学者特聘教授，2009 获国家杰出青年基金资助，2010 年入选陕西省"百人计划"；2011 年入选国家千人计划，并获国家特聘专家称号。

2009 年在以孙军教授为首的西安交通大学同仁们的鼎力支持下，与美国约翰霍普金斯的马恩教授和麻省理工学院的李巨教授共同创建了微纳尺度材料行为研究中心并主持其日常工作。之后我中心与国际知名企业合作先后成立了 Hysitron 中国应用研究中心和西安交通大学—日立研究发展中心。研究平台的搭建加强了高校与企业的联系，为促进学术成果实用化和开拓学生的国际视野奠定了基础。实验设备方面先后引进了总价值超过 4 千万元人民币的一系列先进而独特的设备，奠定了西安交大在本领域的优势地位。为促进国内国际学术交流，以主要组织者身份在西安交通大学先后成功举办了 6 次国际学术交流研讨会，参会人员来自包括美国、日本、韩国、英国、澳大利亚等世界各地的优秀学者和研究人员，会议规模平均在 100 人以上，会议得到与会人员的积极评价，有效提高了我校材料学科的国际知名度和学术影响力。为培养国际通用型高水平综合性人才，研究中心派出多名博士生到美国等著名研究机构进行为期一年的交流学习，并积极鼓励研究生参加诸如 TMS 和 MRS 等相关国际会议，多名研究生获得国内外奖项和荣誉，截至目前，所指导的研究生已有 4 人次在国内外著名大学获得教职。

在国内相关领域学术组织中，单智伟同时兼任中国青年材料研究学会常务理事，中国电镜学会常务理事及聚焦离子束专业委员会主任，中国仪器仪表学会仪表材料分会常务理事，中国材料学会理事，中国晶体学会理事。

个人简介

房倚天，中国科学院山西煤炭化学研究所研究员。1990年获太原工业大学有机化工专业学士学位；1991～1997年就读于中国科学院山西煤炭化学研究所，先后获化学工程专业硕士学位和有机化学专业博士学位。入选第二批国家"万人计划"科技创新领军人才。

煤炭气化是煤化工、先进发电和工业燃料气生产的龙头技术。房倚天自1990年以来一直从事煤气化基础和工艺研发工作，针对我国煤炭资源特点开发先进的加压流化床煤气化技术，重点研究劣质煤气化过程中的气固反应工程基础和加压气固流态化理论，探索高温高压下煤气化反应行为、气化反应器内气固流动、传质、传热规律，建立和完善煤气化转化过程的化学化工技术基础和理论体系，解决气化反应器设计、结构优化和工程放大的关键技术难题。并以此为牵引，进行煤化学、灰化学与结渣特性、气化污染物生成与控制、煤与含碳废弃物和生物质共气化方面的理论基础研究和技术开发。

2001年参加"灰熔聚流化床粉煤气化工业示范装置"研发工作，该技术的开发成功标志着我国自主研发的流化床煤气化技术取得突破进展。2002年承担并负责完成石油焦气化工艺研发，为高硫石油焦洁净利用提供了技术路线。1999～2010年承担负责完成国家973项目——煤气化基础研究的课题工作，提出煤热解、部分气化及燃烧最佳集成工艺和加压气化技术。2003年负责完成高硫、高灰、高灰熔点晋城无烟煤气化试验，提出流化床无烟煤气化技术工艺，对占我国煤炭可采储量相当比例的三高劣质煤提供了一条经济合理的煤气化技术路线。2006年组织建成我国第一台先进的加压灰熔聚流化床煤气化中试平台，完成2.5MPa试验，实现了流化床加压气化技术重大突破，该技术亦列入国家863"十一五"重点课题。结合不同气化技术优点，提出新型流化床煤气化概念和工艺，承担完成中科院创新重要方向性项目"加压复合流化床粉煤气化技术工艺开发"，已进入低压工业装置设计阶段。目前正在承担中科院战略性先导项目"煤专项"中的"多段分级转化流化床煤气化技术开发"项目，届时将为低阶煤大规模利用提供高效气化技术。

随着技术的不断完善，低压煤气化工业装置已成功应用于晋城煤业集团10万吨/年高硫煤MTG合成油项目上，2011年通过山西省科技厅组织的科学技术成果鉴定，并获得山西省科学进步二等奖和能源局国家能源科技进步一等奖。2012年低压灰熔聚流化床气化装置成功应用于云南文山铝业公司80万吨氧化铝/年项目。

多年来，房倚天所领导的团队在煤气化基础研究和流化床煤气化工艺开发处于国内领先水平，提出了以流化床煤气化为基础的煤分级转化工艺；开发的"灰熔聚流化床煤气化技术"在处理高灰、高灰熔点煤方面达到国际领先水平，成功实现产业化推广应用。研究成果为解决我国大量劣质煤的气化奠定了理论和技术基础，有助于实现劣质煤的高效洁净利用。

个人简介

屈延，中国人民解放军第四军医大学教授。1992～2005年就读于第四军医大学，1997年获临床医疗专业学士学位，2001年获神经外科学硕士学位，2005年获神经外科学博士学位。入选第二批国家"万人计划"科技创新领军人才。

屈延主要从事脑卒中继发脑损伤机制及内源性保护通路研究，近年来在脑卒中继发损伤动物模型及损伤机制研究方面取得一定成绩。

他建立了基因敲除小鼠脑内核团定向注射血肿成分损伤模型，为阐明脑卒中继发脑损伤的致病机理提供了有效模式动物工具，并据此发现血红素加氧酶（HemeOxygenase，HO）的两种亚型HO1和HO2在脑卒中继发脑损伤中发挥截然相反的作用，由此提出特异性调控HO1/HO2是临床干预脑卒中继发脑损伤的重要途径。

首次发现褪黑素生物节律调节效应与抗氧化/硝化脑保护效应是通过不同细胞信号通路实现，阐明褪黑素依赖于激活内源性SIRT1并抑制线粒体氧化/硝化应激，维持神经细胞线粒体功能并发挥脑保护作用，此脑保护作用几乎与褪黑素调节生物节律的MT1/MT2信号通路无关。这一发现是对目前普遍接受的褪黑素通过MT1/MT2信号通路发挥其生物活性观点的重要补充，并由此提出"褪黑素－SRIT1－NOS轴"是维持神经细胞线粒体功能与抑制细胞死亡的内源性关键信号枢纽，为临床应用褪黑素治疗脑卒中提供了新的理论依据。

发现脂联素通过抑制硫氧还蛋白（Thioredoxin，Trx）硝基化，刺激内源性HO1生成，发挥脑保护作用，并提出"脂联素－Trx－HO1"轴是维持细胞氧化/还原平衡的内源性关键信号枢纽，而血浆脂联素水平下降导致"脂联素－Trx－HO1"轴受损是诱发脑卒中后继发脑损伤加重的重要原因。依此成功筛选出人重组Trx及拟脂联素多肽两个抗卒中候选药物，获得相关国家发明专利2项。

屈延以项目负责人承担国科金面上、国科金优秀青年基金、"863"计划分课题及"973"计划分课题等国家级课题6项。共发表SCI论文42篇，其中以第一作者或通讯作者共发表15篇，IF＞5发表论文10篇［包括《脑血流及代谢杂志》（*Journal of Cerebral and Blood Flow and Metabolism*）、《自然》（*Nature*系列子刊，IF＝5.3）、《神经外科学杂志》（*Journal of Neurosurgery*，神经外科学引用率最高期刊，IF＝3.2）、《松果体研究杂志》（*Journal of Pineal Research*，IF＝7.8）及《细胞生长因子综述》（*Cytokine Growth Factor Rev*，IF＝8.4）等SCI收录期刊］；以合作作者在《美国科学院院报》（*PNAS*）、《循环》（*Circulation*）等期刊发表论文29篇。论文被引用共686次，单篇最高被引用113次。研究成果被写入11部英文专著。获国家首批"优秀青年基金"资助并入选国家教育部"新世纪优秀人才"计划，获军队科技进步一等奖（第二完成人）、全军首届神经外科手术视频比赛第2名（神经肿瘤手术第1名）及中华医学会神经外科分会优秀论文奖，总后勤部"科技新星"。现任美国神经外科医师联合会（AANS）会员，世界神经外科联盟（WFNS）会员，解放军总后勤部专家库成员，中国医师协会神经外科分会医学英语教育与培训专家委员会委员，陕西省抗癌协会神经肿瘤分会副主任委员，陕西省医学会神经外科委员会委员，《中华神经外科疾病研究》杂志编委，《转化医学》杂志编委。

个人简介

孟松鹤，哈尔滨工业大学教授，哈尔滨工业大学复合材料与结构研究所所长。本硕博均就读于哈尔滨工业大学，分别于 1989 年获工程力学专业学士学位，1997 年获复合材料专业博士学位。入选第二批国家"万人计划"科技创新领军人才。

孟松鹤是特种环境复合材料技术国家级重点实验室副主任、国家 863 主题专家组成员、总装预研专业组成员、国家重大专项工作组成员、国家自然科学基金委重大研究计划指导专家组秘书组组长。获国家科技进步二等奖一项、国家自然科学二等奖一项、国家技术发明二等奖二项，发表重要学术论文 60 余篇，授权发明专利 14 项，2004 年获"国防科技工业有突出贡献中青年专家"称号，2006 年入选"新世纪优秀人才支持计划"，2010 年获"长江学者"特聘教授。

长期从事超常服役环境与材料耦合的模拟方法与响应机理、高温复合材料性能评价及特种新材料设计等方面的科研工作。针对战略导弹弹头、固体火箭发动机等关键热端部件用超高温烧蚀防热复合材料，合作建立了多极端环境因素与材料响应耦合的模拟系统，揭示了有重要价值和意义的新型防热复合材料响应机理；合作发明大尺寸蓝宝石晶体生长的新方法，提出专用设备的设计和优化方案，生长出直径 300 毫米以上蓝宝石单晶，使我国成为继俄罗斯、美国后成功掌握该尺寸高质量蓝宝石单晶生长技术的国家；合作发明了富 sp3 杂化非晶金刚石薄膜精细结构调控方法和大尺寸均匀沉积方法；针对大气层内高超声速长时间飞行的背景需求，开展超高温陶瓷材料研究，发展了超高温陶瓷复合材料体系，给出了高温"强韧化"与高温氧化控制的协同机制，地面模拟试验实现了 2000℃以上长时间非烧蚀效果和良好的结构完整性，为多个国家重大工程项目的论证和实施提供了关键技术支撑。

孟松鹤作为秘书长组织论证了多项重大计划的发展战略和发展规划；作为大会秘书长和组委会秘书长参加组织了第 15 届全国复合材料学术会议和 2011 年中国力学大会，表现出较好的综合素质和组织协作能力。作为研究所和重点实验室主要负责人，在科研管理、学科和实验室建设、人才培养、团队发展等方面付出了诸多努力，研究所已成为在相关领域国内领先、国际上具有一定知名度的研究实体，获中组部等四部委颁发的"全国专业技术人才先进集体"表彰，重点实验室在 2010 年 28 个重点实验室参加评估中排名第一。

个人简介

赵劲，北京大学深圳研究生院教授。1998年获南京大学化学专业学士学位，2004年获美国耶鲁大学化学专业博士学位。入选第二批国家"万人计划"科技创新领军人才。

赵劲2012年起担任深圳市功能化微尺度材料工程实验室主任。在《科学》（Science）、《美国化学会志》（J. Am. Chem. Soc.）和《德国应用化学》（Angew. Chem.）等国际一流学术刊物上发表科研论文50多篇，被国际同行正面他引近千次。2009年获得教育部新世纪人才称号，2012年获"广东省自然科学杰出青年"称号。目前在针对重金属污染的生物环保技术开发和纳米微米材料制备的产业化方面取得了系列成果。

他系统研究并创建了用于重金属检测和吸附的生物环保工程菌株。回国后，对重金属污染的国家需求方面做出生物环保技术方向的贡献。系统研究了一个对金离子具有高度选择的蛋白GolB的分离提纯和大量表达，成功实现了在细胞表面表达，对金离子可以高选择性吸附，结果作为封面发表于《化学科学》（Chemical Science）杂志（Chem. Sci.，2012，3，1780–1784）。正在跟深圳铁汉生态环境股份有限公司合作，把这个结果应用于重金属的污水处理。近期成功创建了对铅离子具有高度吸附能力的工程菌株，这个工作"重金属污水的生物吸附处理技术"获得2012年霍英东教育基金会第十三届高等院校青年教师基金应用研究课题资助和2014年青年863计划的支持。

他发展并成功产业化了金属催化剂合成技术和高精度、高性能的纳米微米微球的可控制备技术。基于实验室的成果转化，于2009年创立了江苏欣诺科催化剂有限公司，专注于金属催化剂和配体研发和生产，目前公司运行状态良好，年销售额达千万元。发展了一种高精度、高性能的纳米微米微球的可控制备技术，并成功应用于乳液聚合，并转化为水性涂料产品。

他系统研究了基于惰性键活化的新型绿色催化合成方法学。氨气中N–H键的活化是催化领域里难以解决的问题之一。创造性地先从其逆反应入手，研究了这个反应的能量特性，确定用铱的配合物为反应中心。进一步细微调节配体，最终达到了第1次活化氨气中N–H键的目标。作为第一作者发表在《科学》（Science，2005，307，1080—1082）。美国化学会会刊专文报道这一研究突破。回国后继续发展金属催化绿色合成杂环反应，作为通讯作者发表在《自然通讯》（Nature Communications，2014，4610—4618）。同时，发展了催化利用纤维素来获得平台小分子的一系列催化剂，项目已经申请了3项中国专利和1项美国专利。

个人简介

赵长生，四川大学教授。分别于1991年和1998年获四川大学高分子材料与工程专业学士学位和生物医学工程博士学位。入选第二批国家"万人计划"科技创新领军人才。

赵长生从1993年开始至今，一直从事聚醚砜（PES）材料结构与性能调控的研究，主要从事生物医用高分子膜材料，及功能高分子材料的研究，具有较高的科学研究能力和学术技术水平。

聚醚砜（PES）是一种特种工程塑料，具有良好的物化稳定性、耐酸碱稳定性和成膜性能，在膜分离领域得到广泛应用，但其亲水性、抗蛋白污染和生物相容性需进一步提高。赵长生的研究即对PES膜及微球进行结构和性能调控，提高其功能性。

对PES膜进行结构和性能调控，分别以生物大分子、两亲性聚合物，以及类肝素结构聚合物提高膜材料的亲水性、抗蛋白污染能力和生物相容性，尤其是血液相容性；控制膜孔径大小及其分布，设计和纺制出适合不同血液净化方式的中空纤维膜；设计合成了含丙烯酸的两亲性共聚物调控PES膜，得到具有pH敏感的中空纤维膜；将分子印迹与膜技术结合，通过模板分子调控膜的结构，为分子印迹材料的广泛应用提供了思路。将制备不对称膜的相分离和沉淀技术发展，提出利用相分离法制备杂化微球和分子印迹微球，研究其选择性清除环境毒素。分别以DNA和多孔材料调控PES微球的结构和功能，研究杂化微球；以模板分子调控PES微球的结构和性能，研究了分子印迹微球。

由于赵长生曾经在企业工作过，因此进行的研究不仅注重学术水平和发表高水平的研究论文，也特别注重研究在相关产业的应用。所研究的血液净化膜，已实现产业化，在临床上得到应用。所研究的聚芳砜中空纤维膜血液透析器，是国内第1个完全采用自主知识产权，从膜制备到组装为可临床使用的透析器产品，也是国内第一个获得国家医药管理局三类医疗器械注册证的低通产品；研究的高通量聚醚砜中空纤维膜血液透析器，是国内第1个获得注册证的高通产品。打破了过去依赖进口中空纤维膜进行组装产品，和国外产品垄断的局面，促进了国内血液净化行业的大发展。使国外类似产品的价格大幅降低，临床上得到广泛应用，中国的老百姓受益，社会效益显著。

对功能高分子膜材料的研究，同时也将带动国内膜行业，使膜在酒、水的纯化和净化，药物（尤其是中药）分离等领域得到广泛应用。功能微球的研究，对清除环境毒素、保障人民健康也具有重要意义。

个人简介

赵全志，河南农业大学教授。1988～1995年就读于河南农业大学，先后获农学学士学位和作物栽培学与耕作学硕士学位；1998年获南京农业大学作物栽培学与耕作学专业博士学位。入选第二批国家"万人计划"科技创新领军人才。

赵全志从事水稻栽培生理研究工作20多年，重点开展水稻源库理论与技术研究。

基于作物生产的整体性，提出了水稻"源库质量"栽培理论：即相对于籽粒库容，源包括叶源、鞘源和根源三部分，构建了"三源一库"形态质量和生理质量指标结构图，研究并构建了水稻穗颈节间"伤流势""颖花伤流量""液流强度"等水稻生理诊断指标体系和方法；建立了以"水氧互作延缓根源和叶源衰老、深耕施氮促进鞘源物质运转、化学调控提高库容籽粒灌浆充实"为核心技术的"源库质量"栽培技术体系。运用该技术体系2014年在河南光山县创造了超级杂交稻千亩连片平均亩产815.5公斤、万亩连片平均亩产733.8公斤的高产记录，受到袁隆平院士的高度评价；2007年在河南商城县创造了100亩连片平均亩产859.4公斤的当年全国同面积籼稻最高单产记录；2012年在河南罗山县又创造了百亩连片平均亩产869.5公斤的河南最高产量记录。水稻"源库质量"栽培理论于2002年被编入教育部推荐研究生教材《作物群体质量》、2006年、2011年分别被编入全国高等农林院校规划本科教材、普通高等教育"十一五""十二五"国家级规划教材《作物栽培学总论》中进行讲授，丰富和发展了作物产量的源库关系理论。

围绕水稻弱势籽粒灌浆充实生理与分子机制，他研究并构建了"伤流势""颖花伤流量""籽粒相对充实度""液流强度"等水稻生理诊断指标体系和方法；在microRNA调控水稻籽粒灌浆研究方面，鉴定了101个新的miRNA，明确了miRNA和24nt-siRNA在水稻强、弱势粒灌浆过程中时序性和差异性表达；并对强、弱势粒差异表达miRNA的靶基因进行分析，发现miR156、miR164、miR167、miR397、miR1861、miR1867等的靶基因参与了水稻籽粒灌浆的多种代谢过程和信号转导路径；初步揭示了miR167介导的生长素稳态信号、24nt-siRNA调控弱势籽粒灌浆充实的网络机制。研究成果发表在《实验植物学杂志》（*Journal of Experimental Botany*）、《BMC植物生物学》（*BMC Plant Biology*）、《综合农业杂志》（*Journal of Integrative Agriculture*），获得发明专利4项。

他开展水稻品质育种，明确了稻米品质与株型的关系，构建了稻米品质综合评价指标体系，主持培育出方欣一号、方欣4号、豫农粳6号水稻新品种三个，均通过河南省农作物品种审定，方欣一号、方欣4号米质均达国标一级优质米标准，豫农粳6

号米质达国标二级优质米标准，其中方欣 1 号荣获"中国十大金奖大米"第 1 名，创造了"方欣牌"大米中国名牌，取得了显著的社会经济效益，为促进河南优质米产业化发展做出了积极贡献。

个人简介

赵嶷飞，中国民航大学教授。1989～1996 年就读于西北工业大学飞机设计专业，获硕士学位；2003 年获北京航空航天大学交通运输规划与管理专业博士学位。入选第二批国家"万人计划"科技创新领军人才。

与航空业发达的国家相比，我国空中交通管理技术长期处于引进和跟随的阶段。21 世纪以来，随着航空运输快速发展，我国已经成为国际民航组织一类理事国，运输量稳居全球第二。但是大范围协同流量管理、复杂空域系统评估与设计、低空运行管理等核心技术、紧缺技术只能依靠自主创新。

自 1996 年以来，赵嶷飞主要从事空中交通流量管理关键技术研究和应用系统开发。作为关键技术负责人，1999～2001 年，在厦门地区完成国内首个"空中交通流量监控网络系统"，2003 年获民航局科技进步二等奖；随后，进一步开发完成"上海情报区空中交通流量管理实验系统"，2004 年获民航局科技进步二等奖。从 2004 年起，按照民航局要求，在中国民航空中交通管理研究基地建设当中，主持完成国内第一个空中交通流量管理实验室建设。2005 年参与完成了"武汉空管中心空管综合信息系统"，在国内首次实现了航班计划管理、流量监控、设备监控和办公自动化的综合集成，2007 年获得民航局科技进步二等奖。2010 年，带领南京航空航天大学、民航华东空管局、民航局空管局技术中心等单位组成的攻关团队，主持完成 863 重点课题——"协同流量管理核心技术"。该课题是民航局所属单位首次主持国家大型科技项目，也是国内首次围绕流量管理核心技术的大团队攻关。研发成果在取得多项发明专利的同时，已经成功在多家空管单位得到应用，为国家飞行流量监控中心和民航局启动的航班协同放行工作提供了有力支持。

2010 年，随着国家低空空域管理体制改革工作的启动，赵嶷飞充分发挥自身和团队在空管技术上的积累，组织包括中科院地理所、空军第二研究所在内的多家科研单位，主持开展国家科技支撑计划课题——"通用航空飞行情报服务系统"。该课题将搭建我国通航飞行服务示范站，成为我国低空开发的基础性设施。在民航局统一组织下，随着重大应用示范的开展和不断深入，将形成低空飞行服务领域具有自主知识产权的国家标准。

个人简介

郝智慧，青岛农业大学教授。2002 年获西南大学动物医学专业学士学位，2005 年获华南农业大学兽医药理与毒理学专业硕士学位，2011 年获中国农业大学兽医药理与毒理学专业博士学位。2013 年中国农业科学院兰州牧药所博士后。2015 年美国马里兰大学高级访问学者。同时她还入选第二批国家"万人计划"科技创新领军人才。

郝智慧致力于开展兽药新制剂、新饲料添加剂、诊断试剂的开发以及药物溶出吸收及体内外相关性、处方及剂型设计对体内外相关性的作用、药物毒理学、药效学、药动学等动物药学创新性研究。

截止目前已建立高水平动物药学研究平台，获得国家一类新兽药 3 个，二类新兽药 2 个，三类、四类、五类新兽药 4 个，主持和作为主要完成人开展了中国兽药典中 13 项国家新药标准的制定工作，目前已颁布 8 项。另有多个新药品种在研，形成了药物筛选、临床前研究、临床研究阶段均有在研品种的新药研发良好态势。建立动物专用植物药及新制剂开发技术体系，为我国健康养殖及动物源性食品安全提供了技术支撑。

所获得成果进行了转化和推广，并取得了经济和社会效益。近年经鉴定科技成果 27 项，新产品新技术 34 项，其中国内领先以上水平的 60% 以上。作为第一发明人获得授权发明专利 24 项。在中外期刊上发表文章 45 余篇，其中 SCI 18 篇，EI 13 篇，核心期刊 14 篇，获得各级科技进步奖 6 项。

郝智慧近年来主持和参与了国家 863 计划项目、国家"十一五"支撑计划、国际合作交流专项、国家科技人员服务企业专项、农业部公益性行业专项等 10 余项国家课题及多项地方课题的研究，其中"863"计划项目、"十一五"科技支撑计划项目已顺利结题。完成《小动物毒理学》《小动物临床试验方法学》译著 2 部，作为副主编参编了《山东省植物药志》1 部。参编《小动物临床药理学和治疗学》《药剂学》。同时她还担任中国畜牧兽医学会兽医药理学与毒理学分会常务理事。

个人简介

胡卫明，中国科学院自动化研究所研究员。1990 年获中国地质大学（武汉）计算机应用专业学士学位，1998 年获浙江大学计算机应用专业博士学位。入选第二批国家"万人计划"科技创新领军人才。

胡卫明主要从事网络信息安全分析与识别以及视频运动分析两个方向的基础理论研究和关键技术的突破与应用开发。

在基础理论研究方面，提出了增量张量子空间、增量黎曼对数子空间、增量金字塔热核子空间和序列粒子群优化等方法并应用于视频目标跟踪，使目标跟踪的鲁棒性得到了显著的提高。提出了增量狄里科雷混合模型和分层狄里科雷过程—隐马尔科夫模型，并应用于视频行为模式学习中；该模型能够同时建模视觉文档和视觉主题，从而显著地提高了视觉行为模式的学习能力。建立起基于语义的层次式视频事件索引，通过原子行为的自动提取及其状态转移的求解实现了场景行为语义描述这一难题的部分突破，能完成时序关联的行为语义查询。工作得到国际同行的好评。例如，美国加利福尼亚大学的特里维第（Trivedi）教授在他们发表在《模式分析与机器智能汇刊》（*PAMI*，2011）的论文中指出"胡等彻底地改进了学习速度使得后来的研究者能够利用先前观察到的运动把建模扩展到异常检测与行为预测中"；国际权威刊物《模式识别》（*Pattern Recognition*，2007）上的一篇文章认为我们的视频肤色检测算法"极大地减少了训练时间。一个典型算法要在 10 台并行工作站上运算 24 小时，而胡等的算法只需在 P4 单机上运算 250 秒"。提出的轨迹相似性度量方法被称为"胡氏距离"；提出的视觉监控通用框架被认为是"被广泛使用"的框架。有 38 篇论文发表在《国际计算机学会汇刊》（*ACM Transactions*）、《计算机视觉国际期刊》（*IJCV*）、《模式分析与机器智能汇刊》（*PAMI*）及《电气和电协子工程师会汇刊》（*IEEE Transactions*）上，其中的 24 篇推荐人选是第一作者，有 12 篇发表在模式识别领域最为权威的刊物《模式分析与机器智能汇刊》和《计算机视觉国际期刊》（*IJCV*）上。发表的论文被科学网（Web of Science）他引 5009 次、谷歌学术（Google Scholar）他引 14608 次；单篇科学网他引最高次数为 887 次、单篇谷歌学术他引最高次数 2285 次。

在关键技术突破与成果应用方面，胡卫明研发了基于多模态融合的色情网页识别技术、基于主动学习的兴奋剂网页检测技术、基于情感注意机制的恐怖图像、视频识别技术和行为与内容相结合的在线讨论区话题检测技术与地图晕渲图像生成技术等。已获授权发明专利 30 多项。相关技术应用于某网络科技有限公司的手机不良信息监管系统，已经在多家移动运营商与互联网公司上线运行。完成了一个网络内容监管系统在某国家级网络监管中心成功实现了示范应用。相关关键技术还应用于多家网络安全监管系统中。带领团队研发成功直播平台云审核系统（一款类脑智能产品，已在某电视台使用）。完成的商业化软件产品——方正智绘地图晕渲系统广泛使用于测绘、地矿、农业、林业、出版等行业。这些关键技术有效地提高了系统的智能化程度，形成了较为显著的经济效益。

胡卫明 2004 年以第二完成人获北京市科学技术奖（基础研究类）一等奖。2008年以第一完成人获北京市科学技术奖（基础研究类）二等奖。2012 年以第一完成人获北京市科学技术奖（技术发明类）一等奖。2013 年以第一完成人获北京市发明专利奖一等奖、以第一完成人获中国专利优秀奖。2015 年以唯一完成人获吴文俊人工智能科学技术奖一等奖。

胡少伟，水利部交通运输部国家能源局南京水利科学研究院教授。1988～1993 年就读于湖南大学，获工业与民用建筑工程学士学位；1993～1996 年就读于郑州大学，获结构力学专业硕士学位；1996～1999 年于清华大学防灾减灾与防护工程专业获博士学位。1999～2003 年，于 Northwestern University, USA（美国西北大学）土木工程系作博士后科研工作。入选第二批国家"万人计划"科技创新领军人才。

胡少伟长期从事水利交通领域重大工程结构试验与安全评价分析工作，负责承担国家科技支撑项目；国家重大科研仪器研制项目、国家杰出青年基金项目与国家自然基金等国家级项目 8 项；水利行业公益项目；留学归国等人才项目、水利部前期重大项目、948 等省部级项目与重大工程咨询项目 80 余项。取得了 10 多项代表性成果，在几十项工程中得到应用，取得了显著经济、社会和环境效益。在新型断裂力学与结构计算方法等基础理论研究领域：创立了断裂有限元线法理论体系，解决了工程材料裂缝裂尖计算奇异难题；与所在美国西北大学团队一起建立了 XFEM，负责完成了 XFEM 混凝土断裂方程建立与编程工作，提出了结构完整性分析和安全评估理论方法，促使 XFEM 近年来在土木水利交通工程领域发展起来、成为分析不连续问题的有效方法。首次系统地进行了 PCCP 试验与安全评价研究，参编了我国首部 PCCP 技术规范，成果对我国 PCCP 设计、制造、安装具有重要指导作用。

首次系统完成了各类组合桥梁抗扭抗弯复合受力试验，在组合桥梁新体系以及基本性能和计算方法等领域取得了系列创新性成果，研发的无连接件组合梁、新型组合节点与抗扭连接件设计理论是对组合梁结构应用与设计理论的重要发展，开发了结构预应力组合加固 SRAP 工艺，处于国际领先。

国内外系统完成 2000 多根各类混凝土材料试件、构件与结构三层次的损伤断裂与声发射试验，建立了工程结构损伤断裂过程力学表征与安全评价体系，主编了国际混凝土损伤断裂测试方法规范，引领了损伤断裂力学在工程安全评价分析中的推广应用。开发了具有自主知识产权的混凝土损伤断裂精细化测试系统；解决了起裂荷载与起裂点不易确定的科学问题；建立了基于声发射信号的不同混凝土损伤演化过程关系，为水工混凝土结构的损伤评价提供了新的方法标准和手段。

胡少伟 2011 年入选水利部 5151 人才工程部级人选，2012 年遴选为全国水利青年科技英才，2013 年获得国家杰出青年科学基金、入选江苏省 333 人才工程领军人才，2014 年评为江苏省优秀科技工作者等等，是国家基金委水利学科发展战略规划、水利部水利科技规划、中国工程院我国基础设施延寿战略等主要执笔人。

胡少伟负责且均排名第 1 的成果获得水利部大禹水利科技进步一等奖 3 次；其他成果获省部级科技进步二等奖等 4 项。获得美国土木工程师协会（ASCE）学术大会最佳论文奖以及省市政府与国内外学术会议等论文奖 8 次。已出版专著 9 部，发表学术论文达 200 多篇，被 SCI、EI 收录 120 余篇，近 5 年 SCI 收录 24 篇、EI 收录 83 篇。主参编规范 7 部（含国际断裂标准），取得专利 14 项（第 1 申报人取得发明专利 4 项）。指导博士后 3 名、博士 13 名、硕士 28 名。

个人简介

胡文平，中国科学院化学研究所研究员，博士生导师。1993年获湖南大学化学化工专业学士学位，1996年获中国科学院金属研究所物理化学专业硕士学位，1999年获中国科学院化学研究所物理化学专业博士学位。

胡文平2003年入选中国科学院"百人计划"、2007年获"国家杰出青年科学基金"资助，2008年"百人计划"结题获评优秀。2014年获聘教育部"长江学者特聘教授"。先后被评为中国科学院优秀导师、中国科学院优秀研究生指导教师和全国优秀博士学位论文指导教师。先后获中国化学会—英国皇家化学会青年化学奖，中国科学院朱李月华优秀教师奖，中国化学会—赢创化学创新奖和中国石油和化学工业联合会科技进步奖等奖项。

他主要从事有机高分子光电功能材料的研究，在新型有机高分子光电功能材料的设计合成、凝聚态结构与性能的关系，光电器件的应用等方面开展了系统研究。现发表SCI论文330余篇，论文被SCI引用超过10000次，H因子为53。编有中文专著《有机场效应晶体管》一部（科学出版社）、英文专著《有机光电子》（*Organic Opto-electronics*）和《纳米间隙电极对》（*Nanogap Electrodes*）两部（Wiley出版社），合著《分子材料与薄膜器件》一部（化学工业出版社）。

个人简介

柳晓军，中国科学院武汉物理与数学研究所研究员。1994 年获南昌大学物理学专业学士学位；1994～2000 年就读于中国科学院安徽光学精密机械研究所，分别于 1997 年和 2000 年获光学硕士和博士学位。入选第二批国家"万人计划"科技创新领军人才。

柳晓军长期工作在原子分子物理基础研究领域，围绕原子分子与超快强光场的相互作用及调控开展前沿科学研究。柳晓军在国内建立了包括高分辨光电子能谱仪、离子—电子关联动量谱仪以及少周期脉冲激光系统等独具特色的实验研究平台，组建了一支结构合理、勇于创新的研究队伍，积极开展了实验和理论紧密结合的高水平研究工作，在超快强激光驱动原子分子的超快电离电子动力学和电子关联等方面取得了重要创新性研究成果。如与同事一起实验发现了超快强光场中原子电离电子能谱中的新奇低能结构，引起国内外同行高度关注，多个研究小组追随开展了后续研究；实验揭示了分子特有的多原子中心结构及复杂电子基态波函数结构对分子与超快强光场相互作用物理过程的影响；利用椭圆偏振光场对超快电离电子波包及电子关联行为进行调控等。2008 年以来，研究成果在物理学顶尖期刊《物理评论快报》（*Physical Review Letters*）发表论文 7 篇。发表论文被 SCI 引用 737 次，其中他引 467 次。

基于柳晓军在超快强光场与原子分子相互作用研究领域取得的系统性研究成果，他受邀与合作者一起为美国物理学会综述性期刊《现代物理评论》（*Reviews of Modern Physics*）撰写综述论文，对超快强激光驱动的光电子关联研究进行历史回顾、方法介绍、现状分析与前景展望。柳晓军受邀在国内外重要学术会议做大会报告 10 余次，负责主持国家自然科学基金重点项目、国家重点基础研究发展计划课题等多项国家级重大课题。他指导的 2 名博士生获中国科学院院长优秀奖，指导的 2 篇博士论文入选中国科学院优秀博士学位论文。

鉴于在科学研究、团队建设和人才培养等方面取得的突出成绩，柳晓军于 2009 年获得国家杰出青年科学基金资助；2010 年被授予湖北省青年五四奖章荣誉称号，享受国务院政府特殊津贴；2012 年在中国科学院"百人计划"终期考核中评为优秀，同年被授予第三届武汉青年科技奖，并入选首批湖北省高端人才引领培养计划第二层次人选。

个人简介

  段留生，中国农业大学教授。1987～1991 年就读于莱阳农学院，获作物专业学士学位；1991～1994 年就读于北京农业大学，获作物栽培与耕作学硕士学位；1997 年获中国农业大学植物生理与生物化学专业博士学位。入选第二批国家"万人计划"科技创新领军人才。

  段留生长期从事植物生长调节剂创制和应用技术创新，主持 863 计划、国家自然科学基金等科研项目 14 项。

  针对徒长、倒伏等作物生产问题，段留生研制了玉米、棉花、小麦等 6 个调节剂，获得农药新产品登记、农药生产批准证书和标准备案，建立了生产工艺和生产线，实现了产业化和大面积应用。其中 20% 甲多微乳剂、30% 胺鲜酯—乙烯利水剂、80% 胺鲜酯—甲哌鎓粉剂 3 项获国家重点新产品证书。产品经系统评价安全高效，防倒增产抗逆等农艺效果稳定。主持完成的"基于胺鲜酯的玉米大豆调节剂研制与应用"获国家技术发明奖二等奖（2012）、小麦调节剂微乳剂获北京市发明专利奖二等奖（2010）。

  他系统地研究了调节剂与常规栽培技术的复合效应，集成创建了玉米、小麦、棉花等作物化控栽培技术体系，已成为作物主产区抗逆丰产、安全高效的新技术保障。"棉花化学控制栽培技术体系建立与应用"在 80% 以上棉田应用，获国家科技进步二等奖（2007，第 4 完成人）；"小麦化控防倒抗逆增产技术体系"获全国农牧渔业丰收奖二等奖（2005，第 1 完成人）。

  从分子水平揭示了棉花、玉米等大田作物产量、倒伏、抗逆性的激素调控机制。揭示了玉米节间伸长的激素调控机制、侧根发生和根系顶端优势的激素调控机理、大田作物对盐、旱、除草剂等逆境的生理响应，以及甲哌鎓、冠菌素等调节剂促进侧根发生、提高耐盐性和 Bt 棉抗虫性等的生理机制，在 JAC 等期刊发表。

  开展了生物调节剂创制及其新制剂研究。开展了冠菌素基因工程菌构建、发酵工艺、提取纯化、高效制剂、应用技术等研究，已获得和申请发明专利 10 多项，正在进行农药登记。研制了提高生物调节剂稳定性、利用率的纳米制剂、微胶囊剂等新剂型。

  这些研究促进了植物生长调节剂产业科技进步、自主创新能力和国际竞争力提升，为作物生产提供了技术支撑，促进了作物栽培学的发展。本人及团队发表论文 100 多篇，其中 SCI 收录 41 篇，获授权发明专利 13 项，获国家重点新产品 3 项、国家技术发明奖 1 项、国家科技进步二等奖 2 项、省部级奖励 8 项。担任植调剂教育部工程研究中心副主任、作物栽培与耕作学国家重点学科、植物生理学与生物化学国家重点实验室方向学术带头人，入选"新世纪优秀人才支持计划"，获中国青年科技奖（2010），兼任植调剂行业学会负责人、农业部农药田间药效试验植调剂项目技术负责人等。2014年获得国家杰出青年基金，被聘为教育部长江学者特聘教授。

个人简介

侯中军，新原动力股份有限公司研究员。1998 年获内蒙古大学应用化学专业学士学位，2003 年获中国科学院大连化学物理研究所化学工程博士学位。入选第二批国家"万人计划"科技创新领军人才。

侯中军先后主持完成了由新原动力承担的国家"十五"863 电动汽车重大专项——"燃料电池轿车发动机研制""十一五"863 节能与新能源汽车重大专项——"车用燃料电池发动机研制""国产增强型质子交换膜应用技术研究"及"燃料电池汽车发动机集成与控制及可靠性关键技术研发"等课题开发工作。所开发的燃料电池发动机圆满完成了 2007 年上海"Challenge Bibumdum"新能源汽车大赛、2008 年北京奥运会、残奥会燃料电池汽车及 2010 年上海世博会燃料电池汽车的示范运行任务等，并完成美国加州及"中国燃料电池公共汽车商业化示范项目"的示范运行，从而实现了我国大功率燃料电池发动机的开发与应用验证，并显著提高了性能与可靠性；主持开发的增强型质子交换膜，性能优于国外同类产品，自行开发的制备工艺和生产设备，为降低燃料电池成本，实现燃料电池关键材料国产批量化生产奠定了基础，打破了国外公司对燃料电池关键材料的垄断。

目前国际上燃料电池技术已趋于成熟，面临市场化前期的应用验证和推广，我国相对落后。侯中军所主持的团队通过建立与国际先进水平保持同步的燃料电池技术发展规划，并组织技术攻关，实现技术和产品的稳步提升，目前所开发的燃料电池电堆，性能、寿命等技术指标在国内领先并接近国际先进水平，并且进入小批量生产阶段，成为上汽集团燃料电池汽车的电堆供应商。

他所主持开发的具有自主知识产权的自主创新产品，先后获得大连市技术发明一等奖、二等奖、三等奖各一项；获得机械工业科技进步二等奖一项；辽宁省技术发明二、三等奖各一项；主持开发的燃料电池发动机获"国家重点新产品证书"；2007 年被评为辽宁省第四批"百千万人才工程"千人层次人选；2011 年入选辽宁省第二批百千万人才工程百人层次人选；累计发表及参与发表学术论文 30 篇；完成或主要参与完成专利二百余项。

上述成果创造的燃料电池产业经济效益国内领先，截至 2010 年累计产量 2770 千瓦，销售额超过 6000 万元。未来的几年，将形成年产千台（4 万千瓦）的产量，为国内外燃料电池产品客户供应燃料电池技术和产品。

个人简介

姜东，南京农业大学教授。1988～1998 年就读于山东农业大学，先后获作物学学士学位，作物栽培学与耕作学硕士学位和博士学位。入选第二批国家"万人计划"科技创新领军人才。

近年来，姜东在多项国家自然科学基金、国家 863 计划、部省级及国际合作等项目的资助下，重点围绕小麦籽粒品质形成机理与调优途径、产量品质同步提增原理与技术等领域开展了较为系统深入的研究。已发表核心学术期刊论文 200 余篇，其中 SCI 收录论文 58 篇，累计他引 559 次，H 指数为 15；中文期刊论文被引 6312 次，H 指数为 46。合作出版著作 2 部，获国家专利 8 项。以主要完成人身份，获国家科技进步二等奖 2 项、部省级科技进步一等奖 2 项、省级农业技术推广奖一等奖 1 项。获国家杰出青年科学基金资助，获政府特殊津贴，现为国家现代小麦产业技术体系栽培与机械岗位科学家。

在小麦产量与品质协同提高原理与技术领域，重点围绕不同品质类型小麦籽粒产量与品质同步提增目标，综合运用作物栽培学、作物生理生态学和系统学研究方法，研究明确了小麦籽粒品质变异规律，构建了普适性较强的小麦品质生态区划模型；从源（叶）—暂存库（茎鞘）—库（籽粒）中碳/氮物质代谢的角度，较系统地阐明了小麦籽粒品质形成和产量品质协同提高的生理基础；进一步阐明了高产小麦籽粒淀粉粒与麦谷蛋白大聚合体等品质功能单元形成的生理机理与调控途径；明确了主要生态与栽培因子对小麦产量和品质的调控效应，构建了小麦产量品质协同提高关键栽培技术，集成了小麦高产优质生产技术模式。相关技术成果在江苏及周边省（市）推广应用，取得了良好的社会经济效益，推动了长江中下游麦区优质弱筋小麦优势产业带的建设，为江苏省建成全国最大的优质弱筋小麦生产基地提供了必要的理论与技术支撑。相关技术内容获国家科技进步二等奖、教育部和江苏省科技进步一等奖。

针对全球气候变化背景下极端逆境对小麦产量和品质形成的不利影响，较系统地研究了主要非生物逆境对小麦产量和品质稳定性的影响、小麦抗逆稳产稳质栽培原理与关键技术。明确了非生物逆境对小麦产量与品质形成的不利影响及其生理机理；发现逆境胁迫下小麦植株各器官间的补偿效应，提出通过生育前期适度的逆境锻炼、调节植株碳/氮营养状况及其向籽粒的再转运，实现小麦抗逆稳产稳质的技术思路。相关研究创新了小麦高产优质抗逆稳产栽培理论，构建了小麦抗逆稳产稳质栽培新技术。技术成果经在江苏省小麦生产中示范应用，显示出明确的抗逆丰产与稳定品质效果。部分技术内容获江苏省农业技术推广一等奖。

个人简介

姜久春，北京交通大学教授。1989～1999年于北方交通大学，先后获应用电子技术专业学士学位和电力系统及其自动化专业博士学位。入选第二批国家"万人计划"科技创新领军人才。

基于电动汽车的电池应用技术，率先将大容量动力电池组在无轨电车和新能源轨道交通车辆领域推广应用，提高应用车辆的适用性、经济性以及应急安全性。

他构建了新型的产学研合作体系，组建了以锂离子动力电池成组技术、大功率电力电子装置等研究方向为核心的跨学科、多领域的国际化科研团队，在新能源汽车电池管理系统、电动汽车充放电基础设施、轨道交通动力系统以及主动配电网等领域，开展了深入和广泛的研究。

他致力于动力电池成组基础理论研究及核心关键技术攻关，建立了系统化的动力电池成组应用技术体系，开发的电池管理系统占国内新能源汽车27％的市场份额，填补了国内空白，为中国新能源汽车产业规模化发展提供有力支撑；产品已经和国际品牌同台竞技，开始走向国际市场，实现了中国创造的汽车电子产品走向世界。

牵头开展大功率并网变流器关键技术的研究，实现了并网变流器高可靠性、高效率和电网友好性，为可再生能源发电相关产业的发展起到重要的推动作用；致力于可再生能源并网变流器工程技术的研究并实现产业化，打破了国外厂家的垄断。

依托电力电子变换技术、电池储能技术积累和优势，姜久春联合国内相关企业和应用单位，获批"国家能源主动配电网技术研发中心"，为电动汽车充电基础设施、可再生能源的分布式接入，提供理论支持和技术支撑。

开展电动汽车充换电站设计方法研究，建立了充换电站技术体系，充电站科技成果服务北京奥运会、上海世博会、广州亚运会及"十城千辆"工程取得重要经济效益和社会效益；提出了城市配电网条件下电动汽车充电负荷预测和控制方法，为电动汽车大规模推广应用提供技术保证。

姜久春构建了新型的产学研合作方式，研制的电池管理系统、电动汽车充电设备及充电站系统、可再生能源并网变流器实现产业化，近三年总产值超过6.5亿元，有效地促进了支撑了学校基础科研活动，培养了大批新能源领域的高端技术人才。

构建了国际化的科研团队。2015年国家外国专家局和教育部批准建设"汉能新能源国际示范学院"。

个人简介

姜开利，清华大学教授。就读于清华大学，1995 年获物理专业学士学位，1998 年获原子与分子物理专业硕士学位，2006 年获凝聚态物理专业博士学位。入选第二批国家"万人计划"科技创新领军人才。

姜开利自 1990 年至今，一直在清华大学物理系进行本硕博学习和从事教学科研工作，扎根本土，聚焦在新型功能材料和低维物理领域，坚持不懈、锐意创新。发表碳纳米管方面的 SCI 文章 100 余篇，被 SCI 他引 3500 余次。已获国内外发明专利 20 余项。2007 年入选教育部新世纪优秀人才支持计划，2008 年获国家杰出青年基金资助，2009 年获黄昆奖。2012 年受聘为长江学者特聘教授。目前学术兼职为《纳米研究》（*Nano Research*）和《应用物理评论》（*Physical Review Applied*）编委。2000 年以来的研究工作聚焦在碳纳米管的生长机理、可控合成、物性探索和宏观应用等方面，取得了比较系统的创新性研究成果。

2002 年在国际上首次制备出超顺排碳纳米管阵列，并实现从该阵列中抽出连续的碳纳米管长线和薄膜，将纳米尺度的碳管变成宏观有序可操控的材料，开辟了一条碳纳米管走向宏观应用的道路。文章在《自然》（*Nature*）杂志（V419，801，2002）发表后，得到了国际科学媒体的广泛报道和国际同行的普遍关注。

深入揭示了超顺排碳纳米管阵列生长的机理，逐步完善了超顺排碳纳米管阵列和薄膜的可控制备技术，实现了在 4 吋、8 吋硅片上碳纳米管阵列的批量制备，发展出自动化抽取碳纳米管薄膜的设备；在此基础上，进一步开展了碳纳米管薄膜的物性研究，并基于碳纳米管薄膜的独特性质，研制出了高强度碳纳米管导线、表面增强拉曼基底、红外探测器等；为碳纳米管薄膜的规模化宏观应用提供了基础（《先进材料》*Advanced Materials* V23，1154，2011）。

2008 年发现了超顺排碳纳米管薄膜的热声效应，并基于这种效应制备出超薄、透明、柔性、可伸缩的碳纳米管薄膜扬声器，得到了国际科学媒体的广泛关注和国际同行的高度评价，该研究成果发表在《纳米快报》（*Nano Letters*）杂志上（V8，4539，2008），还入选《自然》（*Nature*）杂志 2008 年年度研究亮点。

利用超顺排碳纳米管薄膜透明和导电各向异性的特性，研制出碳纳米管触摸屏，用于手机等智能终端，与传统的 ITO 触摸屏器件相比，取代了稀有金属 In，同时显示出优异的柔韧性、可拉伸性和耐刮擦性（《先进功能材料》*Advanced Functional Materials* V20，885，2010）。该具有独立自主知识产权的碳纳米管触摸屏已经实现量产，应用于多种品牌的手机，在国际上引起很大的关注，被认为是碳纳米管产品产业化的一个重要标志。

个人简介

洪平，国家体育总局体育科学研究所研究员。1996 年获北京体育学院运动生理学学士学位，1999 年获国家体育总局体育科学研究所运动生理学硕士学位，2005 年获北京体育大学运动人体科学博士学位。入选第二批国家"万人计划"科技创新领军人才。

洪平首次构建并应用中国代表团在奥运会期间的科技保障系统和指挥系统（第二主持人）。对中国体育科技资源进行了系统的研究和归类，集成为中国体育科技资源库，涵盖了科技保障指挥系统所能调动的全国体育科技力量。首次建立了由 5 个科技保障类资源库和 3 个指挥资源库所组成的中国体育科技资源平台。首次建立了备战奥运会的科技保障指挥系统：建立了科技保障和指挥网站、手持移动指挥系统。首次研制了《奥运心理对决专题影片》；首次开通了专门为运动员服务的心理网站；首次针对奥运会期间的气候和高温高湿环境适应性训练进行了系统研究；解决了一些制约专项训练的关键技术问题。国家体育总局科教司运用该成果，科学规划、组织和实施了备战北京奥运会的科技保障和指挥工作，解决了训练和比赛问题，提高了科学训练水平，为奥运会取得辉煌成绩提供了重要的科技支撑和科技保障基础。

他系统地建立并应用了优秀运动员运动训练的生理生化监控理论与方法（主要完成人）。形成了《优秀运动员身体机能评定方法》《运动员机能评定常用生理生化指标测试方法及应用》和《运动训练的生理生化监控方法》三部成果，建立了优秀运动员训练的生理生化监控体系。部分成果被国家体育总局审定为《优秀运动员身体机能评定推荐标准》，作为行业标准在备战奥运会科技攻关与服务工作中进行推广应用，对促进我国优秀运动员身体机能评定的标准化，提高科学化训练水平起到了重要保证。研究成果已被各个国家队下队科技人员所掌握和应用，形成了一支规模大、应用水平高的训练监控队伍。该课题在备战奥运会的国家队得到广泛推广和应用，成效显著。

全面系统地研究了高原训练（主要完成人）。首次系统地对国内外高原训练的理论、方法和我国高原训练基地的特点及训练实践进行了研究，对我国运动员进行高原训练具有重要的理论指导价值。

系统地开展了国家女子篮球队综合科研攻关与科技服务（主持人）。为国家女篮完成奥运会任务在训练第一线上进行攻关研究，从技术统计和分析、战术演示、体能训练、机能评定、训练监控、心理咨询、营养恢复、伤病预防等方面，构建了备战奥运会的科技支持体系，为国家女篮在 2008 年和 2012 年奥运会上取得好成绩提供了强有力的技术支持。

洪平建立了国家体操队重点运动员训练监控系统（主持人）。为国家体操队完成奥运会任务在训练第一线进行攻关，从机能评定、训练负荷监控、心理监控、营养监控、伤病监控、技术监控等方面，构建了备战奥运会的训练监控系统；为国家体操队在 2008 年和 2012 年奥运会上取得好成绩提供了强有力的技术支持。

个人简介

贺雄雷，中山大学教授。1994～2001 年就读于中山大学，先后获生物系微生物学专业学士学位和生物化学与分子生物学专业硕士学位；2007 年获美国密歇根大学进化遗传学与基因组学博士学位。

贺雄雷，中山大学"百人计划"引进教授、博士生导师。教育部"长江学者"特聘教授，国家杰出青年基金获得者，中组部"青年拔尖人才"。

贺雄雷长期致力于进化遗传学、进化基因组学和计算生物学研究。围绕基因突变、基因表达、基因重复等生物演化的基本问题，在染色质结构与突变、性染色体基因表达的进化、基于分子网络的系统生物学以及重复基因的基因组学特征等方面开展了深入、细致的研究，作为主要贡献人（第一或通讯作者）发表了 13 篇 SCI 论文。近 5 年作为通讯作者在《科学》（Science）、《自然遗传学》（Nature Genetics）和《美国科学院院报》（PNAS）等国际著名期刊上发表多篇论文。

他的研究对深入理解基因重复对生物进化的推动，哺乳动物性染色体基因表达的演化，真核生物基因组结构及其演化的模式和机制具有重要理论价值。相关成果也从另一个角度反映了其对进化遗传学领域的前沿科学问题的把握能力，说明其年轻的团队已具备了参与国际竞争的实力及完成国际一流水平研究的潜力。

个人简介

　　勇强，南京林业大学教授、博导。就读于南京林业大学林产化学加工专业，先后于1990年获学士学位，1993年获硕士学位，1998年获博士学位。入选第二批国家"万人计划"科技创新领军人才。

　　勇强是江苏特聘教授，省部共建教育部重点实验室副主任，生物化工研究所所长。先后主持国家国家级项目10余项、省部项目多项。3项成果通过了教育部、国家林业局和省科技厅组织的鉴定；2项成果实现了产业化，经济社会效益十分显著；发表学术论文160余篇，其中SCI、EI收录60余篇；申请发明专利48件，其中授权发明专利25件，获饲料添加剂新产品证书1个；获国家技术发明二等奖等科技奖励，获中国青年科技奖等荣誉，获江苏省有突出贡献中青年专家等称号；入选新世纪百千万人才工程国家级人选、江苏特聘教授、江苏省"333高层次人才工程"中青年科技领军人才、科技创新团队带头人、江苏省六大人才高峰等人才团队计划。享受国务院特殊津贴。

　　勇强主要从事木质纤维素生物炼制能源和化学品、植物资源酶法制备功能糖及其延伸应用的研究，在多个方面的研究取得创新性成果或重要进展。

　　在农林废弃物生物降解制备低聚木糖及其延伸应用研究方面，他作为第二完成人的"农林废弃物生物降解制备低聚木糖技术"成果，在国内建立了首条农林废弃物酶法生产低聚木糖工业生产线，产品被认定为高新技术产品，成果经鉴定达到国际先进部分国际领先水平；并在国内外率先将低聚木糖作为无公害饲料添加剂大规模应用于养殖业，经济社会效益十分显著，构建了一条"农林废弃物高值利用—低聚木糖生产—无公害养殖业—安全食品生产"的新型产业链条。成果获国家技术发明二等奖、核心专利获江苏省专利奖金奖。

　　在木质纤维素生物炼制燃料乙醇和化学品的研究方面，作为负责人承担的与"木质纤维素生物炼制"相关的多项国家自然科学基金、863计划的研究取得突破与新进展，在原料预处理技术、新型纤维素酶水解技术、糖液发酵技术和木质纤维原料制取燃料乙醇的技术集成的研究上有多项创新，已完成年产500吨规模乙醇的中试试验。与美国北卡州立大学合作开展的"木质纤维素糖基平台关键技术"的研究取得新进展，建立了基于原料全值利用、过程高效、低能耗、低化学品消耗和低废水排放的木质纤维素糖基平台集成化技术，可为木质纤维素生物炼制能源和化学品提供充足的糖质原料，应用前景十分广阔。该技术处于国内领先、国际先进水平，正在山东泉林集团实施转化。

个人简介

秦松，中国科学院烟台海岸带研究所研究员。1988 年获复旦大学遗传与遗传工程专业学士学位，1994 年获中国科学院海洋研究所海洋生物学博士学位。入选第二批国家"万人计划"科技创新领军人才。

我国是世界上海藻栽培和加工产业规模最大的国家，海藻学科在国际上具有一定地位。20 世纪 90 年代，海藻学与分子生物学逐步融合，秦松 1993 年从美国进修回国后建立了海藻分子生物学实验室，有关研究及时起步，并努力在理论联系产业实际方面做出特色。

通过建立生物信息学技术平台，秦松在分子水平上揭示了藻胆蛋白的光适应性进化，在蓝藻 MTase 基因家族中找到了适应性进化的证据，为研究防御基因进化提供了新思路。最早揭示了 2008 年青岛爆发浒苔绿潮物种属于区域性外来，揭示了冷水团与绿潮藻最初生物量积累的关系，《科学》（Science）杂志专门撰文介绍此项研究进展。在蓝藻中发现了与内质网型 Δ12 脂肪酸去饱和酶保守组氨酸簇相似的基因，率先鉴定了集胞藻 PCC6803 内两个 STK 激酶的功能，提出了蓝藻 STK 激酶转导系统与二元信号转导系统之间存在网络调控机制。

通过建立组合生物合成平台，在大肠杆菌体内重组别藻蓝蛋白（APC）α 和 β 亚基并自组装成具有天然 APC 结构特性和光谱学特性三聚体，为人工全合成藻胆体迈出了关键一步，受到国际注目。

国际上藻类基因工程研究主要集中在原核的蓝藻和少数真核微藻，大型海藻缺乏可借鉴的模式体系。秦松及团队建立了海带遗传转化模型，成功实现了多种目的基因的稳定表达，提出了全封闭式海上安全栽培模式。结果发表在国际著名刊物《生物技术前沿》（Trends in Biotechnology）和《生物技术进展》（Biotechnology Advances），提示了将大型褐藻提升成为新型海洋生物反应器的潜力，获得美国专利授权，国家海洋局海洋创新成果二等奖，山东省自然科学二等奖和国家海洋科学技术一等奖。

通过近 20 年的工作，他建立了从藻类功能基因发掘到基因工程产品的方法学体系，发表论文两百余篇，出版专著 9 部，在十余次国际会议上做了大会报告、主题报告或口头发言，在国际海洋生物技术学会、亚太应用藻类学会等国际学术组织任职，被国际科学院间组织授予青年科学家奖，在国际上产生了较好的学术影响，具有一定学术地位。

他及其课题组其他成员一起利用海藻等海岸带生物资源研发产品十余种，授权国家发明专利 21 项，转移转化成果三项。建立了"中国科学院海岸带产业技术育成中心"，发起成立"山东优势海洋生物资源高值化利用产业技术创新战略联盟"（由山东省科技厅等批复），该中心授权专利三十余项，转移转化专利技术十余项，为山东传统海洋生物产业的转型升级，以及战略性海洋生物技术产业兴起做出了贡献。

个人简介

　　袁运斌，中国科学院测量与地球物理研究所研究员。1991~1995年就读于山东科技大学，获测量工程专业学士学位；1995~2002年就读于中国科学院测量与地球物理研究所，获大地测量学与测量工程硕士学位；2000~2001年就读于丹麦哥本哈根大学，获大地测量学博士学位。入选第二批国家"万人计划"科技创新领军人才。

　　袁运斌现任大地测量与地球动力学国家重点实验室副主任，建立了一支近30人的从事卫星导航研究的创新团队，成为我国该领域的研究中心之一，培养了30余名博士/硕士研究生。始终坚持"不求最多、但求更好"及"理论研究与实际应用相结合"，领导团队刻苦钻研，取得了多项创新性科研成果，特别是针对我国多项重大任务实施中电离层影响严重等突出的理论与技术难题，结合国际大地测量学前沿科学问题，系统地开展了GPS电离层研究，取得了同行认可的成绩：创建了独具特色的GPS电离层监测及延迟改正用理论与方法，拓展了GPS电离层电子密度反演理论与方法，解决了我国载人航天、北斗二代等多项标志性重大任务相关关键理论与技术难题，突破了国际技术封锁，提升了我国自主GNSS技术在载人航天定轨、交会对接等重大任务中的应用水平，增强了我国空间安全保障能力，拓宽了现代大地测量研究与应用领域；在《大地测量学杂志》（*J. Geodesy*）等相关领域国际国内顶级和重要学术刊物发表论文110余篇次，被他引千余次，引领了我国该领域的发展；袁运斌及领导团队7次获得GPS领域最权威的国际学术会议《美国导航年会》（*ION - GNSS*）研究生优秀论文奖，成为国际上获得该奖项最多的研究团队之一，提升了我国相关领域研究水平与国际地位。

　　他创建了独具特色的GPS电离层监测及延迟改正理论与方法，显著提高了GPS电离层影响修正精度与可靠性，相关成果被国际同行认为是"新颖独到、适用性强、令人鼓舞的处理GPS主要误差影响的方法""有效解决数据缺失或分布不均匀时高精度GPS电离层建模难题的两种代表性方法之一""重要的原创性贡献""该领域最好的研究"等。

　　他拓展了GPS电离层电子密度反演理论与方法，提升了我国精细监测和研究电离层电子密度变化特征的能力和水平，相关成果被国际同行认为是"高效地获得高分辨率、大尺度地区电离层电子密度图像的方法，具有很大的应用价值""为认识磁暴期间低纬电离层F区的复杂特性和规律提供了有力的实验支持"等。

　　袁运斌利用上述自主创新的研究成果，解决了神舟飞船留轨舱精密定轨及空间交会对接高动态精密定位电离层延迟修正关键理论技术难题，突破了国际重大航天技术封锁；解决了北斗全球卫星导航系统（BD2）电离层广播改正技术难题，为BD2总体设计和工程实施，提供了相关核心理论与技术；取得了显著的社会效益。

个人简介

袁慎芳，南京航空航天大学教授。1986～1996 年就读于南京航空航天大学，先后获测试计量与仪器专业学士学位、实验力学硕士学位和测试计量与仪器专业博士学位。入选第二批国家"万人计划"科技创新领军人才。

袁慎芳长期以来围绕智能结构和健康监测开展创新研究、产品研发与应用。

她发明了复杂结构损伤的波动成像新方法、新技术及新系统。发表 SCI 文章 10 余篇，SCI 他引 71 次，单篇 SCI 引用 53 次。国外学者认为其解决了复杂结构上非常困难的声源定位问题；出版专著 2 部，《结构健康监控》是本技术领域国内第一部专著。获国家自然科学基金重点项目、国防 973、国家 863、国家型号工程项目资助。获国家发明专利授权 13 项，软件著作权 3 项，成果通过了国防科工委组织的鉴定，专家认为"在压电结构健康监测系统的小型化集成方面处于国际领先水平"。已应用于先进战机、大型运输机、大型民机等重点型号研制、在役飞机延寿及多个型号飞机结构的强度试验，有力地支持了新型号的研发。早期成果曾获国家技术发明三等奖（排名第 2），近期成果获 2013 年度国防技术发明二等奖（排名第 1）。2011 年获"中国航空学会青年科技奖"。

发明了分布式协作型健康监测新方法、新技术及新系统。发表 SCI 文章 10 余篇，SCI 他引 35 次，单篇 SCI 引用 30 次。文章是《智能材料与结构》（*Smart Materials and Structures*）年度被下载最多的文章。《传感器》（*Sensor*）发表的文章被全文下载阅读 2200 次。加拿大学者引用 3 篇文章认为成果"使得结构健康监测的辨识得以分布式实现"，韩国学者认为成果"代表一个新趋势"。获国家自然科学基金重点项目、美国国家科学基金、国防基础科研及新世纪优秀人才计划的资助；获国家发明专利授权 13 项，软件著作权 3 项，被中国飞机强度研究所应用，提高了飞机静力/疲劳试验整体效率，获 2009 年度国防技术发明二等奖（排名第 1）。在日本由国际知名学者投票推选，获得了 JFC2005 大会奖。

发明了三维编织光纤智能复合材料结构的新方法和新技术。发表 SCI 文章近 10 篇，SCI 他引 24 次。欧洲著名复合材料专家认为方法为复合材料设计准则的确定提供了非常高价值的信息。韩国纤维学会理事长认为推荐人在国际上首先实现了该方法。成果获国家自然科学基金、国防基础科研的资助。获国家发明专利授权 1 项及 2008 年度江苏省科技进步三等奖（排名第 1）。

袁慎芳的工作在国内外产生学术影响，取得了有影响力的成果，在国内率先实现重要型号上的应用突破。2012 年获得国家杰出青年基金资助、入选教育部 2012 年度"长江学者特聘教授"。

个人简介

耿延候，中国科学院长春应用化学研究所研究员。1991年获上海交通大学高分子化学专业学士学位，1996年获中国科学院长春应用化学研究所高分子化学与物理专业博士学位。

耿延候是国家杰出青年基金（2005）和中科院"百人计划"（2003）获得者，享受国务院特殊津贴。多年来一直从事光电功能高分子研究，发表学术论文170余篇，其中，《美国化学会会志》（*Journal of the American Chemical Society*）和《先进材料》（*Advanced Materials*）论文20篇。论文他引4000余次，9篇论文他引超过100次、40余篇他引30~100次，h-index 37，发表论文被多次评述。获权和申请发明专利20余项。获国家自然科学二等奖和吉林省科技进步一等奖各1项（均排名第3）。

在光电功能高分子的可控合成、凝聚态结构和半导体材料设计三个方面取得了一批具有国际影响力的创新性成果。单分散共轭高分子研究处于国际领先水平，发展了系列合成策略，为研究共轭高分子的结构与性能关系提供了系列模型体系。发表论文20余篇，他引900余次，7篇论文被《化学评论》（*Chemical Review*）综述以及专业网站评述。在国际上提出了单一高分子白光材料的分子设计概念，并得到国内外学术界的普遍公认，3篇论文他引超过100次，1篇论文被评为"中国百篇最具影响优秀国际学术论文"（2007）和"科学前沿—中国卓越研究奖"（2008）。

在国际上首次实现了体异质结有机/高分子太阳能电池理想纳米结构薄膜的构筑，制备了在国际上效率最高的单分子太阳能电池。代表性论文2009年发表后已被他引65次，并被6篇相关领域综述文章整段评述。在国内率先开展催化剂转移链式缩聚合成方法研究，是国际上从事共轭高分子可控合成方法学研究的核心课题组之一，在聚芴和非共轭芳香高分子的可控合成两方面于国际上形成特色。2篇论文被相关领域综述论文整段评述；2篇2008年和2009年发表的论文已成为该方向的经典论文，分别被他引60次和55次。发展了3个系列具有自主产权的高迁移率有机/高分子半导体材料，制备了迁移率 >3 $cm^2/V \cdot s$ 的OTFT和效率 >8% 的高分子太阳能电池。发表学术论文30余篇，其中先进材料（*Advanced Materials*）论文7篇。1篇论文被专业网站评述。申请国际发明专利1项，申请和获授权中国发明专利8项。

个人简介

贾永忠，中国科学院青海盐湖研究所研究员。1986～1990 年就读于四川大学，获无机化学专业学士学位；1993～1996 年就读于中科院青海盐湖研究所，获无机化学专业硕士学位；1997～2000 年就读于兰州大学，获无机化学专业博士学位。入选第二批国家"万人计划"科技创新领军人才。

贾永忠致力于我国盐湖资源和西部优势矿产资源开发利用和高值化的研究工作。国际核心刊物（SCI）上发表论文 50 余篇，获得国家授权发明专利 40 余项（其中 10 多项与企业达成了技术转让协议），获得青海省、陕西省科学技术进步奖 3 项、青海省自然科学优秀学术论文奖 2 项。

低品位钾矿提钾高效、节能新技术实现了低品位钾资源、太阳能资源和低温热能资源的综合利用。通过青海茫崖兴元钾肥有限责任公司成果转化和推广应用，建立了 25 万吨/年氯化钾和 50 万吨/年转化硫酸钾示范生产线，对国内外低品位钾资源的开发具有示范和引领作用。

针对浮选尾盐综合利用中的"瓶颈"问题，开展了盐湖浮选尾盐综合利用工程化，通过在大柴旦清达钾肥有限责任公司成果转化，建立了以浮选尾盐为原料的精制氯化钠、氯化钾、氢氧化镁和颗粒氯化镁的示范生产线。研究成果提升了盐湖科技水平和创新能力，为盐湖浮选尾盐的综合利用和可持续发展起到了积极的推动作用。

铅锌冶炼废渣回收金属铟技术，填补了柴达木循环经济区域内在稀贵、稀散金属综合回收领域的空白，对于加快柴达木循环经济区域的共伴生矿产资源的综合利用步伐，具有带动和示范作用。该技术在青海西部铟业有限责任公司实现了成果转化，取得了显著的经济效益和良好的社会环境效益。

通过技术集成创新，攻克了铅锌尾渣综合利用技术中的关键技术难题，以青海创新矿业开发有限公司为平台，建立了一条完整的循环经济产业链。该研究对于柴达木循环经济试验区乃至全国其他循环经济试验区的发展具有重要的指导意义和示范作用。

通过金属材料科学与安全工程科学的学科交叉，研发了一系列具有自主知识产权的铝合金阻隔防爆新技术和新产品，并通过北京福吉长安防爆材料盐城有限公司进行应用和推广，产品应用于国内数百家加油站和数百座撬装式加油设备中。该研究对于西部优势矿产资源高值化应用以及实现易燃易爆液体的本质安全化具有重要的现实意义。

贾永忠将盐湖卤水体系和硅酸盐体系相结合，研究了高温高压水盐体系相图；将盐湖丰产元素的高值化与纳米科技结合起来，发展盐湖纳米材料科学；以资源综合、高效利用为出发点，合成了具有应用前景的氯化胆碱型镁（类）离子液体，并成功进行了金属镁的电沉积。上述研究为盐湖资源综合利用、盐湖高值化材料的研发提供了理论依据和技术支持；对于革新盐湖资源综合利用技术，促进盐湖科技水平的提高具有重要意义。

个人简介

贾振华，河北以岭医药研究院有限公司主任医师。1994～2002年就读于山东中医药大学，先后获针灸专业学士学位、中医基础理论专业硕士学位；2008年于河北医科大学获中西医结合临床博士学位。入选第二批国家"万人计划"科技创新领军人才。

贾振华参与络病理论创新研究，首次系统构建中医络病理论，推动"络病学"中医新学科建设与发展，获2006年国家科技进步二等奖（第三主研人）。络病理论是中医学术体系重要组成部分，对于难治性疾病治疗具有独特价值，中医学发展史上始终未形成系统理论。首次形成系统络病理论，初步建立"络病证治"，为络病学科建立奠定理论基础。编写系统论述络病理论专著——《络病学》，改编为"新世纪全国高等中医药院校创新教材"。创建中华中医药学会络病分会并任副主任委员兼秘书长，世界中医药学会联合会络病专业委员会任副会长兼秘书长，推动20个省市建立络病专业委员会，《络病学》在国内40余所高校和新加坡中医学院开课；组织9届国际络病学大会；创建国家中医药管理局络病重点研究室、河北省络病重点实验室、卫生部国家临床重点专科，推动络病学成为国家中医药管理局新学科。

运用络病理论指导外感温热病（呼吸系统传染病）防治研究，提高临床疗效并促进创新药物研发，获2011年国家科技进步二等奖（第一主研人）。提出外感温病"阳络→经脉→阴络"的病机传变规律及"积极干预"策略，研制国家专利新药连花清瘟胶囊；开展的治疗甲型H1N1流感随机、双盲、多中心临床研究证实，连花清瘟病毒核酸转阴时间与西药奥司他韦无差异，缓解症状优于后者，应用于疫区防控甲流取得了显著效果。该药进入国家医保目录、OTC甲类品种；列入卫生部《人感染甲型H1N1流感诊疗方案》、国家工信部、总后卫生部、北京等作为防控甲流储备用药，入选《科技日报》2009年国际十大科技新闻；取得显著社会经济效益。

系统构建中医脉络学说，围绕络气郁滞/虚滞证候病理生理学基础研究，阐明不良社会心理因素在血管病变发病中的作用，获2012年河北省科技进步一等奖（第一主研人）。以文献研究结合临床实践构建脉络学说，提出脉络学说核心理论——"营卫承制调平"，探讨其发病、病机、辨证、治疗，形成中医学指导血管病变防治的系统理论。开展3469例血管病变患者多中心横断面临床调查，建立定性与定量相结合的脉络病辨证诊断标准；基于证候分布规律探讨脉络病变共性病机，揭示络气变化（郁滞/虚滞）在脉络病变发病中的始动作用，为脉络学说提供临床证据支撑。建立脉络气郁滞/虚滞证候动物模型，阐明络气郁滞与虚滞证候的病理生理学基础，揭示过度疲劳、精神抑郁等不良社会心理因素在心血管病变发病过程中的始动作用，提出"超前干预、辨证施调"的血管病变早期防治策略，为早期预防心血管疾病提供实验依据。

个人简介

夏元清，北京理工大学教授。1998年获安徽大学基础数学专业硕士学位，2001年获北京航空航天大学控制理论与工程专业博士学位。入选第二批国家"万人计划"科技创新领军人才。

近年来，夏元清以复杂环境下运动平台控制为背景，如无人移动平台控制和深空探测中探测器自主导航，深入开展了多源信息复杂系统控制基础理论与方法研究。在这类复杂系统中，信息来源于不同的传感器，传输存在时滞、信道受限，系统具有时变、跳变、不确定性、非线性以及代数约束等多种复杂因素，使得多源信息复杂系统控制的研究非常困难。夏元清针对这类问题进行了深入研究，利用变结构控制与自抗扰控制之间的内在联系，结合其他先进控制方法，提出变结构—自抗扰、变结构—自适应、变结构—Delta算子等复合控制方法，满足运动体鲁棒性与快速性等多指标要求，形成了系统的多源信息复杂系统复合控制方法。针对复杂环境多约束问题，通过转化代数约束的复杂系统，基于严格不等式，给出了系统参数发生跳变时代数约束系统解存在的充分必要条件及控制器设计方法，形式简洁，易于求解。同时利用模型预测控制等理论，提出约束环境下运动平台控制器设计方法，并于2013年在德国施普林格出版社出版了英文专著《飞行器符合控制》（*Compound Control of Flight Vehicles*）。这些结果为无人移动平台的控制提供了坚实的理论依据，提高了相关系统的多指标性能，并且在实际系统中得到了成功应用。

针对这类系统的网络化控制问题，2009年夏元清在德国施普林格出版社出版了英文专著《时滞系统的分析与综合》（*Analysis and Synthesis for Dynamical Systems with Time – Delays*），系统地给出了复杂时滞系统变结构控制、网络传输系统的网络化控制及网络化数据融合等研究成果；2011年，在德国施普林格出版社出版了英文专著《网络化控制系统分析与综合》（*Analysis and Synthesis for Networked Control Systems*），以复杂环境下多源信息处理与控制问题为核心，系统给出了信息的量化、融合、控制及故障检测等四个方面研究成果。相关研究成果发表在《国际自动控制联合会会刊》（*Automatica*）、《电气个电子工程师协会会刊》（IEEE系列会刊）等权威期刊，得到了同行的高度评价。

近五年来，夏元清发表高水平论文被SCI收录100多篇，论著近五年SCI他引逾千次，出版英文专著8部；成果应用于某武器火控系统等，取得了良好应用效果，获得了国家杰出青年科学基金，部分研究成果分别获得了国家科技进步二等奖（排名第2）和北京市科学技术二等奖（排名第1）、教育部自然科学二等奖（排名第1）。

个人简介

夏文勇，新余钢铁集团有限公司教授。1996年获东北大学钢铁冶金专业学士学位，2006年获北京科技大学冶金工程专业硕士学位，2013年获钢铁研究总院材料学专业博士学位。入选第二批国家"万人计划"科技创新领军人才。

夏文勇自1996年毕业以来一直从事钢铁冶金专业技术工作。具有较高综合素质和专业技术水平，掌握了科学研究的基本技能，能组织完成复杂的大型科研开发项目。主持国家、省部级科研科技支撑计划项目20余项，获发明专利1项、实用新型专利1项，获省部级科技进步奖4项，其中国家科技进步二等奖1项，省科技进步一等奖1项，省科技进步三等奖2项。获省优秀新产品一等奖1项，三等奖1项。发表论文20余篇。入选江西省新世纪百千万人才工程人选，确认为江西省主要学科学术和技术带头人培养对象，获省政府特殊津贴，获2011～2012年度江西省和全国"讲理想、比贡献"活动优秀组织者荣誉称号等。主持并参加的"高品质船板高效化制造关键技术研发与集成创新"项目，2011年获国家科技进步二等奖，"高强度船板开发及基础技术研究"项目2010年获江西省科技进步一等奖。主持的项目特厚板坯（420mm）及特厚钢板（≥100mm）制造技术，首创立弯型连铸机生产厚420mm特厚钢坯，创新了特厚板坯连铸机的设计、制造、生产工艺技术。开发出国内急需进口的高技术含量、高质量的低温钢、中温抗氢钢、正火高强度钢、调质高强韧钢等高品质超特厚钢板，填补国内、国际空白，形成具有自主知识产权的超特厚铸坯和高品质超特厚钢板生产技术及超特厚连铸机设计和制造技术。"一种厚度不大于12mm需正火薄钢板的热处理工艺"获国家发明专利，"板坯结晶器用锥度检测仪校准装置"获实用新型专利，目前在研项目有"大线能量焊接高强船体钢的冶金关键技术研究""油船货油舱耐腐蚀钢板开发"，国家计划项目"技术中心创新能力建设""低松弛预应力钢绞线高效制造关键技术研发与集成"等。

发明专利"一种厚度不大于12mm需正火薄钢板的热处理工艺"自2009年1月开始在新钢公司推广应用后，至2011年12月已累计生产销售厚度≤12mm的各类薄规格正火板7.98万吨，累计新增销售收入45120.95万元，累计新增利润6628.8万元，累计新增出口额13487.48万元。

"高品质船板高效化制造关键技术研发与集成创新"项目开发的成套船板高效化制造技术，已成功应用于新钢公司，实现了高品质船板的高效化生产。2008～2011年累计生产各类高品质船板594.5万吨，其中出口117.7万吨，实现利税51.1亿元；船板产销量、出口量和效益均列国内前茅，并获"中国名牌产品"称号。

个人简介

柴强，甘肃农业大学教授。学士学位、硕士学位和博士学位均在甘肃农业大学取得。入选第二批国家"万人计划"科技创新领军人才。

在历经负责田间试验、独立设计和实施试验、合作撰写课题申请和总结报告，到申报主持国家级项目、参与国家重大项目建议、参与国家重点基础研究项目申报，柴强经历了从事科学研究基本环节的系统历练，理论基础、实践能力、组织水平得到了极大提升；通过参加 ACIAR 项目、国际内外学术交流和培训，拓宽了学术视野，增强了学术前瞻能力。目前，已完全具备负责开展作物栽培学与耕作学领域重大基础研究、应用研究项目的基本能力。

克服干旱制约、发挥光热资源优势是旱区农业面临的双重挑战，鉴于不同作物对相同资源需求的生物学特性存在差异，利用其时间、空间和营养生态位上的分异和重叠潜力提高资源利用率，是符合生态学和农艺学理论的可行途径之一。为此，柴强长期进行作物多样化配置提高水、肥及光能利用的理论和技术研究，主持和参加完成相关课题 14 项，发表学术论文 62 篇，其中"集约持续多熟制农田水肥耦合机理"成果达到国际先进水平，SCI 收录论文 8 篇。技术方面，在绿洲灌区研发了亩产 1100kg 以上的三种三收模式，研制了全生育期亩灌水 380 方的节水吨粮间作模式，创造了同类地区节水高产的典范。正是由于在干旱地区多熟种植和节水技术研究领域取得的成绩，本人先后被甘肃省委组织部、中国农学会耕作制度研究会授予"创新青年人才"称号，学术水平得到了国内外同行和社会的共同认可。

针对半湿润易旱区作物关键生育期的干旱胁迫问题，曾多年进行集雨补灌间作群体水分高效利用机理研究，揭示了水分利用效率取决于生理特性这一规律，这与山仑院士等主张的"生物学节水"是未来节水的必然选择观点相吻合。主持开展的间作增产的化感作用机理研究，被评议专家认为是植物化学生态学领域的重要探索，提供了丰富间作理论的新途径。生产实践中，首次将交替灌溉理论应用于间作群体，在提高灌水与作物需水吻合度的同时增强了种间互补，提供了间作节水技术优化的新思路。

针对绿洲灌区资源性缺水及种植业化石物质过量投入问题，研制了水、氮节约型玉米间作豌豆技术体系，在河西走廊年推广 30 万亩以上。针对秸秆、动物粪便资源丰富，但利用率低、环境压力大的问题，研制并规模化推广了"制种玉米—牛—荒漠温室蔬菜"循环模式，该模式已入选科技部筛选的十大典型循环生产模式。这些成果为资源缺陷区发展资源节约、环境友好型农业生产提供了重要借鉴。

个人简介

　　倪四道，中国科学院测量与地球物理研究所研究员。1988～1996 年就读于中国医科大学地球物理专业，获学士学位和硕士学位；2001 年于美国加州理工学院获地球物理专业博士学位。入选第二批国家"万人计划"科技创新领军人才。

　　倪四道为长江学者特聘教授、国家级"新世纪百千万人才工程"人选、国务院汶川地震国家专家委员会委员，享受国务院政府特殊津贴。获国家基金委杰出青年基金、重点基金、中国科学院"百人计划"资助；"百人计划"结题优秀。任大地测量与地球动力学国家重点实验室主任，中国地球物理学会副秘书长，2009 年及 2011 年地球物理年会学术委员会主任；《计算地球动力学组织》（*Computational Infrastructure of Geodynamics*）委员；IUGG/IASPEI 三维地球结果工作组委员。

　　倪四道长期致力于地震学研究。地震学研究的核心内容有地震波传播理论、地球内部结构及震源过程，其中地震波传播理论是地震学的关键基础。在这些地震学研究方向上，候选人取得一系列成果，得到了国内外同行的认可，为国家防震减灾事业做出了贡献。发表论文 100 余篇，包括《自然》（*Nature*）、《科学》（*Science*）、《地球物理快报》（*Geophysical Research Letters*）等期刊上的 SCI 文章 80 余篇，谷歌引用 2600 次；受邀在《美国地球物理联合会》（*AGU*）、《超级地幔柱国际研讨会》（*Super Plume*）等学术会议上做过邀请报告多次。先后主持承担 973 项目、国家自然科学基金面上和重点项目、中国科学院重要方向性项目、中国地震局行业专项等科研项目。

　　他在地震波传播理论、地球内部结构、震源参数、地震背景噪声等方面研究中取得了主要成果，发现了地球深部存在化学异常体、地幔底部存在超低速区的证据，为地球演化研究提供了新证据。研究成果以第一作者发表在《科学》（*Science*）上，美国 NSF 为此发布了专题新闻。该方面研究成果国际引用次数超过 200 次。关于大地震震源参数快速测定的研究成果以第一作者发表在《自然》（*Nature*）上，引用次数超过 150 次。

　　针对背景地震噪声这一近年来地震学的研究热点，开展了噪声源研究，发现了新的定点持续噪声源，发现噪声中可以提取出体波，提出了基于噪声的精确测定地震位置的新方法。日本九州岛、几内亚湾新发现了两个地震背景噪声特殊源—持续定点噪声源，为理解 50 年来的持续定点噪声源之谜提供了新线索。

　　他积极关心防震减灾国家需求，努力推进震源深度测定、地震背景噪声地下结构成像等算法应用于地震减灾工作。有关汶川地震、芦山地震、四川盆地浅震的研究结果上报到中央办公厅、国务院办公厅，得到政治局常委、国务院领导多次批示。研发的算法、软件得到中国地震局监测预报司、省地震局试用，取得良好效果。

个人简介

徐健，中国科学院青岛生物能源与过程所单细胞研究中心研究员。1997 年获北京大学生物技术专业学士学位，2003 年获华盛顿大学（圣路易斯）计算机科学专业硕士学位，2003 年获该校生物化学博士学位。

徐健以光合微藻固定二氧化碳、细菌降解纤维素和人体微生物组等为模式研究体系，通过新一代单细胞分析和功能基因组学仪器和工具的开发，理解和设计微生物组介导的生物能源过程。发表论文 80 多篇，其中包括以通讯或第一作者于《科学》（Science）、《细胞宿主与微生物》（Cell Host Microbe）、《自然通讯》（Nature Communications）、《植物细胞》（The Plant Cell）、《公共科学图书馆生物学》（PLoS Biology）等五十余篇。共已被他引超过 3800 次（见 http：//www. single – cell. cn/）以下围绕"高效能源转换的微生物群落构建"总体目标进行科研创新。

整合生物加工（CBP）菌群的设计和构建以微拟球藻为模式，揭示了工业产油微藻固定二氧化碳和合成生物柴油的代谢网络和分子机制，并通过一系列基因组工程方法学进展，建立了领先的工业产油微藻分子育种技术体系。通过研究全基因组水平的基因调控网络，发现了崭新的"纤维素降解组"代谢和调控原理，揭示了嗜热细菌共代谢五碳糖和六碳糖的遗传基础和分子机制。

微生物组分析技术平台重点围绕微生物组遗传多态性及其功能的解析这一共性科学问题，揭示了人体肠道菌群中拟杆菌类降解多糖的遗传机制、分工合作原理及进化规律，并建立了通过人体口腔菌群诊断牙龈炎、预测儿童新发性龋齿的一系列创新方法，证明人体微生物组可用于发现和干预口腔"亚健康"状态。徐健主持建立的这一特色实验平台还支撑着来自中国、美国、英国、法国、荷兰、澳大利亚、以色列等国家 30 多个科研团队在海洋、能源、环境、农业、医药卫生等诸多领域的微生物组研究。

单细胞分析技术平台单细胞尺度的生物种质筛选能有效地克服"细胞功能异质性""尚不可培养微生物"与"探测未知的细胞表型"等三个共性科学与技术"瓶颈"。在科技部创新工作方法专项支持下，徐健与英国牛津大学黄巍教授合作研制成功"活体单细胞拉曼分选仪"（RACS）。RACS 兼具原理和方法创新，具有无须预知生物标识物、无须标记细胞、原位和非侵害性的活体检测等核心优势。首台样机已于 2013 年 5 月通过了科技部组织的专家验收。目前正通过仪器工程化和产业化示范，将 RACS 技术服务体系逐步推向国内外市场。

个人简介

徐强，华中农业大学教授。1998～2007年就读于华中农业大学，先后获园艺专业学士学位和果树专业博士学位。入选第二批国家"万人计划"科技创新领军人才。

徐强的研究领域是果树基因组学与分子育种。柑橘是世界和我国南方最重要的果树。我国柑橘产量和栽培面积居全球第一，但近年来部分柑橘品种的滞销现象严重。橘农丰产不丰收，这与主栽品种单一、果实品质优质率低有关。徐强以柑橘遗传改良、培育优良品种的目标，带领团队构建科柑橘基因组研究的自主平台，并围绕柑橘果实品质性状，利用突变体资源解析果实品质（色泽、维生素C）的调控机理，朝着培育"好看、好吃、健康"的新品种改良应用。

他明晰了柑橘果实色泽性状调控的关键步骤和关键基因。色泽是果实重要品质性状。我国是世界第一大柑橘生产国，但主栽品种色泽单一。柑橘果实色泽变异品种由于色泽鲜艳、均匀，具有很好的"卖相"，市场价值高。徐强利用遗传稳定的柑橘色泽突变体，解析果实转录组图谱及其在果实发育中的动态变化规律；发现果实红肉突变体的类胡萝卜素代谢受转录及转录后水平调控，其中番茄红素环化是决定红肉性状的关键步骤，该步骤受 miRNA 调控。关键基因在柑橘愈伤组织色泽改良应用，获得了色素发生显著变化的材料。

完成了国际上芸香科第一例基因组——柑橘基因组。柑橘是世界第一大果树。大多数柑橘具有多胚、雄或（和）雌不育、遗传背景高度杂合等特点，阻碍了遗传学及育种的发展。完整的基因组信息，作为一个遗传框架，将为柑橘遗传与育种改良提供依据。徐强作为具体主持和协调人，通过组织华中农业大学果树学、生物信息学和基因组学等学科自主完成了柑橘基因组测序、组装、注释和分析工作。研究结果发表在遗传学顶尖刊物《自然遗传学》（*Nature Genetics*）上，并入选由两院院士评选的"2012年中国十大科技进展新闻"提名。柑橘基因组的完成意义重大，对未来5～10年柑橘分子标记辅助育种、重要性状基因的发掘以及功能基因组研究等育种和基础研究均有重要促进作用。

徐强主持国家自然科学基金4项（含优秀青年基金）、973课题专题、863课题专题以及教育部全国优秀博士论文作者专项基金等；发表论文三十余篇，其中第1和通讯作者在《自然遗传学》（*Nature Genetics*）、《植物杂志》（*Plant Journal*）和《遗传学》（*Genetics*）等SCI刊物发表15篇。

徐强坚持基础研究和生产实践结合，以产业需要为导向开展基础研究。在开展课题过程中，敢于尝试、乐于吃苦、善于交流和解决问题。积极为柑橘产区服务，与湖北、福建、广东、广西、江西、云南、浙江等柑橘主产区科技人员有实质而富有成效的合作。先后到我国偏远山区讲学三十余次，科普关于柑橘及品种相关知识，为普通民众客观理解水果品质及新技术做科普报告。

个人简介

徐立军，北京航空航天大学教授。曾就读于天津大学，先后于1990年获工业自动化仪表专业学士学位，1993年获检测技术及自动化装置专业硕士学位，1996年获测试计量技术及仪器专业博士学位。入选第二批国家"万人计划"科技创新领军人才。

徐立军于1998~1999年在德国卡尔斯鲁厄大学做博士后研究，2002~2006年分别在英国格林尼治大学、肯特大学和伦敦大学癌症研究所做研究员（Research Fellow）和高级科学官员（Higher Scientific Officer），2006年从英国引进北京航空航天大学，现任仪器科学与光电工程学院副院长，教授、博士生导师。现任国际期刊《测量科学与技术》（*Measurement Science and Technology*）编委、《北京航空航天大学学报》副主编、中国计量测试学会多相流测试专业委员会副主任委员。

2007年入选教育部新世纪优秀人才，2012年获得国家杰出青年科学基金，2014年入选教育部长江学者特聘教授。2001年获第六届天津青年科技奖，2001年"基于电学敏感原理的过程层析成像技术研究"项目获天津市自然科学奖二等奖（第二完成人），2012年"燃煤锅炉安全高效运行关键参数检测技术及系统"项目获得教育部技术发明一等奖（第一完成人），2014年"气固两相流动过程在线监测技术及应用"项目获中国仪器仪表学会科学技术奖一等奖（第一完成人）。

徐立军长期从事动态过程监测、层析成像与参数反演等方面的研究工作。近年来，主持省部级以上研究课题15项，包括国家杰出青年基金、国家自然科学基金科学仪器基础研究专款项目和面上项目、973计划课题、863计划子课题、国家重大专项子课题、科技支撑计划项目子课题等。重点开展了过程层析成像与多相流测量、激光测试与燃烧监测等方面的理论与关键技术研究，取得一系列自主创新成果。在分布参数逆问题求解方面的研究成果在学术同行中得到高度认同，发明的水平井电导成像仪可用于油田开采的精细化管理，发明的新型火焰检测装置及煤种煤质在线检测系统已在多个电厂成功应用，产生显著的经济效益，发明的激光吸收光谱层析成像系统，用于燃烧过程的在线监测，为高性能航空发动机的研发提供了重要的测试手段。共发表论文233篇，其中，SCI检索70篇，EI收录104篇；SCI检索论文至今被SCI他引289次，单篇最高SCI他引28次；其中23篇发表在IEEE系列会刊上，其他发表在《科学仪器综述》（*Review of Scientific Instruments*）、《测量科学与技术》（*Measurement Science and Technology*）、《应用光学》（*Applied Optics*）、《燃料》（*Fuel*）、《能源》（*Energy*）、《能源和燃料》（*Energy and Fuel*）、《燃烧科学与技术》（*Combustion Science and Technology*）等期刊上；申请发明专利55项，授权35项。

在教学和人才培养方面，主讲本科生及研究生的核心课程，培养的硕士和博士研究生中 2 人次获 IEEE 系列国际会议最佳论文奖，多人次分别获国家奖学金、中国仪器仪表学会奖学金等。国际交流合作方面，承担国际交流合作项目，作为大会主席、组委会主席和大会共主席分别主办国际会议 4 次，并应邀在国际学术会议上做大会报告和特邀报告。

个人简介

徐赵东，东南大学教授，南京东瑞减震控制科技有限公司董事长。1992~2001年就读于西安建筑科技大学，先后获土木工程学士学位，结构工程的硕士、博士学位。入选第二批国家"万人计划"科技创新领军人才。

徐赵东是教育部新世纪优秀人才，江苏省333高层次人才，江苏省创新人才学术带头人，东南大学特聘教授。

徐赵东2002年西安交通大学博士后工作期满出站后，至东南大学进行科研和教学工作，期间在日本、美国、韩国知名大学担任研究员和高级访问学者三年。主要从事结构抗震与振动控制、结构健康监测、智能材料与结构等方面的研究。牵头获得国家技术发明二等奖、日内瓦国际发明博览会金奖、江苏省科学技术一等奖、中国建筑材料技术发明一等奖等奖项。主持完成"863"计划、国家自然科学基金重大研究计划、支撑计划重点课题、4项国家自然科学基金，现主持973专题和国家自然科学基金。在《美国土木工程师学会》（*ASCE*）等国内外核心刊物上发表论文169篇，其中SCI收录51篇，EI收录106篇，出版专著3部。获国家发明专利15项、实用新型专利18项。曾担任国际会议组织委员会委员、顾问委员会委员或分委会主席18次，在国际会议上做Keynote主题报告2次。现担任《灾害进展》（*Disaster Advances*，SCI影响因子2.286）等9种国际期刊编辑委员会委员、国际灾害防治学会会士、美国土木工程学会会员以及10项国家级专业委员会委员。

个人简介

殷亚方，中国林业科学研究院木材工业研究所研究员，博士生导师，木材构造与利用研究室主任。1992～1996年就读于东北林业大学，获木材加工与利用专业学士学位；1997～2002年就读于中国林业科学研究院，获木材科学与技术专业博士学位。入选第二批国家"万人计划"科技创新领军人才。

殷亚方入选国家林业局"百千万人才"，获第十一届中国林业青年科技奖。现任国际林联（IUFRO）第五学部学科副协调员、国际木材解剖学家协会（IAWA）常务理事、《国际木材解剖学家协会期刊》（IAWA Journal）编委、联合国毒品与犯罪办公室（UNODC）木材司法鉴定专家。先后主持3项国家自然科学基金项目、1项"十二五"和1项"十一五"国家科技支撑计划、参加"973"项目等14项课题研究。近5年来，共发表学术论文33篇，其中SCI论文16篇；以第一发明人获国家发明专利5项；主持完成2项国家标准；主编专著2部。

他长期从事林学学科中木材构造与利用研究领域工作，创新性地建立了以木材解剖学为中心，以木材细胞壁结构、木材识别以及木材无损检测等3个主要研究方向为支撑点的学科发展新思路。

在木材细胞壁结构研究方面，深入研究了细胞壁结构对性能影响机理，通过开展木材细胞壁化学结构、化学流变学和强度性能的研究，首次从大分子水平上发现并证明了葡甘露聚糖骨架的降解和木质素芳香环间的断裂，是导致蒸气处理后木材细胞壁强度与吸湿性能降低的关键因素，成果处于国际领先水平，对木材功能改良具有重要价值。探究了细胞壁形成细胞生物学机制，阐明了木质部细胞发育过程中细胞壁超微结构变化，提出树木应力木形成和边心材转变的细胞学模型，揭示了细胞壁木质素沉积速度的降低，是树木高生长应力形成的细胞学机制，为木材性状定向分子改良提供了靶标。

在木材识别研究方面，推进了木材识别及其标本信息化，负责构建世界主要木材和利用信息数据库（包括裸子植物142种和被子植物1210种），提升了位居我国第一、亚洲第二的中国林科院木材标本馆数字化水平和国际影响力。提出了木材DNA识别新技术，建立了从高温干燥和长期储存的木材中提取与分析DNA的方法体系，为实现木材"种"的识别提供了关键技术。研发了濒危木材快速识别技术，形成濒危木材快速识别技术，近3年来为国家林业局、海关总署和国家质检总局等培训濒危木材识别技术执法人员共900人次，扩大了我国履行《濒危野生动植物种国际贸易公约》（CITES公约）的国际影响力。

在木材无损检测研究方面，创立了木材构造对无损检测的响应机制，发现并证明通过引入超声波峰值电压参数，将木材微纤丝角的无损预测精度由46%提高到63%，促进了木材高精度无损检测的发展。形成了立木快速无损检测技术，根本解决了立木强度无法现场检测的难题，并自主开发了专用测量工具，检测速度提高80%，检测精度由传统的75%提高到86%。研发了结构材在线无损检测技术，主持开发具自主知识产权的木材纵向振动检测仪1套，打破了国外设备的垄断，为我国新型建筑用材这一战略性新兴产业提供了技术储备和支撑。

个人简介

翁继东，中国工程物理研究院流体物理研究所副研究员。2001 年获中国地质大学物理学学士学位，2004 年获国防科技大学光学工程专业硕士学位，2010 年获中物院研究生部光学博士学位。入选第二批国家"万人计划"科技创新领军人才。

翁继东长期从事激光干涉测速技术及应用研究，负责了我国十余次国家级科学实验的测试任务，先后获国家技术发明二等奖、第 13 届中国青年科技奖、军队科技进步一等奖、总装备部"十一五"预先研究先进个人、邓稼先青年科技奖等，入选2014 年国家百千万人才工程，并被授予"有突出贡献中青年专家"荣誉称号，是国际上第二代任意反射面激光干涉测速技术 DISAR、光波微波二次混频测速技术 OMV的第一发明人。

研究材料的高压物态方程、损伤断裂等，需要精确测量冲击波作用下材料的动态响应特性（粒子速度波剖面等），常采用任意反射面激光速度干涉技术 VISAR 对上述物理过程进行非接触式连续测量。但是 VISAR 系统在测量高加速运动物体的速度历史时，经常会发生条纹丢失。为此翁继东经过不懈探索研究，独创性地提出了以位移干涉模式代替速度干涉模式的思路和通过"多模/单模"光纤模式转换实现位移干涉测量的技术路线，成功研制出可测量任意反射面运动速度的全光纤激光位移干涉系统，将其命名为 DISAR。DISAR 系统性能稳定可靠，免调试，时间分辨力优于 50ps，瞬态位移分辨力达到 80nm，具有判向功能，可用于 0.1m/s 到 10km/s 范围内的瞬态速度连续测量，目前已实现了仪器化。DISAR 是我国独有的新技术，也是目前国际上响应最快、速度测试范围最宽的一种全光纤激光干涉测速仪，不仅成为我国动高压物理测量实验的重要支撑技术，而且成为我国冲击波物理和爆轰物理实验测试能力赶超世界先进水平的重要标志之一。DISAR 的发明是我国在高端激光干涉测量技术领域取得的一项重大突破，标志着我国超快冲击动力学过程的实时诊断技术已跨入国际领先行列。

DISAR 仪器属于位移干涉仪，需要配置 13GHz 以上高带宽数字示波器才能实现10km/s 以上超高速度测量，在我国，这种高带宽数字示波器完全依赖进口，而美国在此类设备上对华实行严格禁运，这种状况严重影响了我国超高压物态方程以及航天领域超高速碰撞等研究工作。为此，独创性提出了光波微波二次混频测速技术 OMV，巧妙地采用光微波多次变频技术实现了 10km/s 以上速度测量。通过独创 OMV 技术，我国在激光干涉测速技术方面实现了自主超越，既满足了国内科研和生产的需求，又可向全球提供国际领先的仪器化产品，具有重大的社会效益和经济效益。

个人简介

高立志，中国科学院昆明植物研究所研究员。1987～1994 年就读于云南大学植物学专业，先后获学士学位和硕士学位，1997 年于中科院植物所获植物学博士学位。入选第二批国家"万人计划"科技创新领军人才。

高立志与合作者致力于事关我国和世界水稻育种与稻米安全的野生稻资源研究、保护和利用，做出了巨大贡献。1994 年至今，在全国范围内获得了野生稻濒危状况的第一手资料，对我国三种野生稻近 400 个自然生境开展了全面的野外调查和取样，抢救性收集了 2000 多份野生稻活体种质，构建了代表我国不同生态地理分布约 4000 多个个体的 DNA 库；首次对三种野生稻开展了大规模的群体遗传学和保护生物学研究，为我国野生稻原生境保护体系建设与稻种资源的进一步收集保存提供了重要理论依据，大大地深化了我国和国际上对野生稻遗传变异和保护策略的认识。鉴于上述成绩，他被联合国粮农组织（FAO）国际植物遗传资源研究所（IPGRI）遴选为 1999 年度 Vavilov - Frankel Fellow；连续得到了瑞典国际科学基金会（IFS）的 2 项荣誉资助；他和国际水稻研究所等合作者还致力于我国野生稻优异基因资源的发掘与育种利用研究，为"滇超 1 号"等水稻新品种的选育做出了贡献。

利用基因组学和生物信息学手段瞄准国际前沿的重要科学问题开展研究，他和合作者取得了有重要国际影响的原创性成果。例如，首次较为客观地认识了基因重复发生的速率，揭示了重复基因产生后被过去研究者忽视的基因转换现象及其进化机制。研究结果发表在 2004 年的《科学》（Science）后引起了极大反响，被几乎所有的国际遗传学顶尖综述性刊物如《自然遗传学综述》（Nature Reviews Genetics）等重点介绍引用，已产生了重要的影响并激发着大量的后续研究；首次提出了亚洲栽培稻的非独立起源与驯化假说，被认为是近年来作物起源与驯化理论群体遗传学研究中的一个新突破。他常年担任《美国国家科学院报》（PNAS）等 20 多个重要国际刊物的论文审稿人；任《BMC 进化生物学》（BMC Evolutionary Biology）的副主编（Associate Editor）；任《植物遗传学和基因组学前沿》（Frontiers in Plant Genetics and Genomics）等国际刊物的编委。

高立志于 2007 年被国家大科学装置"中国西南野生生物种质资源库"正式引入后，创建了"植物种质资源与基因组学研究中心"，卓有成效地推动着"植物种质资源与基因组学"学科在我国西南的建设与发展；历时 7 年，低成本、自主地完成了稻属 AA - 基因组 5 个物种尼瓦拉野生稻（O. nivara）、非洲栽培稻（O. glaberrima）、短舌野生稻（O. barthii）、展颖野生稻（O. glumaepatula）和南方野生稻（O. meridionalis）核基因组的测序和拼接，获得了高质量基因组参考序列，2014 年发表在《美国国家科学院报》（*PNAS*）后受到国内外的广泛关注。2011 年荣获"何梁何利基金科学与技术创新奖"，入选"2011 年云南十大科技进展"。瞄准国家对野生植物基因资源的重大战略需求，他带领的"植物种质资源与基因组学"研究团队立足于我国西南，在国内外产生日益重要的影响。

个人简介

郭旭，大连理工大学教授，工程力学系主任。1988～1998 年就读于大连理工大学，先后获工程力学学士学位和计算力学博士学位。入选第二批国家"万人计划"科技创新领军人才。

郭旭是中国青年科技奖和国家杰出青年基金获得者，教育部长江学者特聘教授，教育部长江学者创新团队负责人，第七届国务院学科评议组成员、中国力学学会理事、中国力学学会青年工作委员会主任及《力学学报》编委、执行副主编等。

他在有关拓扑优化奇异最优解的研究中取得了为同行所公认的创新性成果。提出了求解奇异最优解的 epsilon 放松列式以及外推、延拓等系列算法，利用点集映射理论严格证明了算法的收敛性。相关工作被认为是解决奇异最优解—这一拓扑优化领域长期存在困难问题的"著名结果"（famous result）"先导性工作"（Pioneer work）"流行的数值方法"（Popular numerical approach），产生了重要的学术影响，实质性推动了关于这一问题的研究进展。该成果先后获得教育部提名国家自然科学奖一等奖、辽宁省自然科学一等奖、国家自然科学二等奖（均为第二获奖人）。

建立了一种基于高阶 Cauchy - Born 准则的碳纳米管热力耦合分析本构模型。通过引入高阶变形梯度，正确描述了相关变形几何关系，有效地修正了原本构模型所固有的缺陷。这一工作被同行评价为"excellent work"，被国内外学者广泛引用和应用。

首次讨论了双层列式中下层优化问题的全局最优性对优化结果的重要影响。提出了刻画桁架结构极值响应分析全局最优解性态的基本定理。在此基础上，首次给出了获得此类问题全局最优的优化算法和相关极值响应分析问题的 Benchmark 解。指出了传统结构鲁棒性优化单层列式的严重缺陷，提出了可严格保证最优解可置信性的单层优化列式并证明了解的存在性。相关工作曾获 2010 年国际优化 CADLM 智能优化设计奖（CADLM Intelligent Optimal Design Prize）。

个人简介

唐智勇，国家纳米科学中心研究员。1989～1996 年就读于武汉大学环境科学专业，分别获学士学位和硕士学位，1999 年于中科院长春应用化学研究所获分析化学专业博士学位。入选第二批国家"万人计划"科技创新领军人才。

唐智勇长期从事功能无机纳米材料的可控制备、性能调控及其实际应用的研究工作，在此领域里已积累了丰富的经验并取得了突出成绩，目前已成为在国际上有一定声誉、影响力和前沿地位的无机纳米粒子合成和可控自组装方面的专家。研究工作涉及化学、物理、生物、材料科学等领域，具有引领作用。研究成果包括提出了利用单个无机纳米粒子作为构筑单元，通过调控纳米粒子内在的物理化学性质以及相互作用，自组装构筑结构可控纳米粒子集合体的理论；设计和建构了具有特殊光、电、热、机械和催化性质的无机纳米材料；在环境防护和能源有效利用等方面取得了一些很有科学价值和应用前景的成果。

截至目前，唐智勇共发表相关研究论文 150 余篇，包括作为第一作者在《科学》（*Science*）（2 篇）、《自然材料》（*Nature Materials*）（1 篇）、《美国化学会志》（*Journal of the American Chemical Society*）（2 篇），作为通讯作者在《自然纳米技术》（*Nature Nanotechnology*）（1 篇）、《自然通讯》（*Nature Communications*）（1 篇）、《英国皇家学会化学会评论》（*Chemical Society Reviews*）（1 篇）、《化学研究述评》（*Accounts of Chemical Research*）（1 篇）、《美国化学会志》（*Journal of the American Chemical Society*）（10 篇）、《德国应用化学》（*Angewandte Chemie International Edition*）（8 篇）、《先进材料》（*Advanced Materials*）（11 篇）等影响因子大于 10 的学术期刊上发表研究论文 80 余篇。获得美国及中国专利授权共 4 项，编写专著 3 部。培养科技人才 18 名，包括博士后 3 名、博士研究生 12 名、硕士研究生 11 名。研究成果多次被国际著名新闻媒体和学术期刊如《纽约时报》（*The New York Times*）、《华盛顿时报》（*The Washington Times*）、《自然》（*Nature*）、《自然纳米技术》（*Nature Nanotechnology*）、《科学新闻》（*Science News*）、《化学工程新闻》（*Chemical & Engineering News*）等专题报道。截至 2015 年 6 月，发表的研究论文共被引用 10100 余次，其中他引 9000 余次，H 因子（H - index）为 52。先后承担科技部纳米重大研究计划（首席科学家）、科技部 863 计划专题项目、国家杰出青年科学基金项目、中国科学院"百人计划"项目、国家自然科学基金重大研究计划培育项目、国家自然基金面上项目等。入选"新世纪百千万人才工程"国家级人选及英国皇家化学会《化学通讯》（*Chemical Communications*）杂志"Emerging Investigator"，被授予 ARCH Venture Partners 青年科学之星成就奖，获第十一届"中国科学院杰出青年"荣誉称号，获嬴创颗粒学创新奖—优秀科学家奖，被加拿大阿尔伯特大学化学系授予"Distinguished Asian Speaker"，被第十五届亚洲化学会议评为"Asian Rising Stars"，入选英国皇家化学会会士（*Fellow of the Royal Society of Chemistry*），获国务院政府特殊津贴。

个人简介

　　黄丰，中山大学教授，曾任中国科学院福建物质结构研究所研究员。1993 年于厦门大学获物理化学学士学位；1996 年于中科院福建物质结构研究所晶体生长专业获硕士学位；1999 年于中国科学院北京物理所凝聚态物理专业获博士学位。

　　以热力学基础研究为核心，在三方面开展特色的研究。

　　黄丰在纳米基础热力学和纳米动力学研究方面，首次阐明了界面效应对纳米晶结构的决定性影响，揭示了几类新纳米相转变模型（Nature 2003、Phy. Rev. Lett. 2004、Science 2004）。2006 年，拓展纳米热力学研究深度：实验验证了存在热力学稳定的纳米体系和负界面自由能现象（J. Am. Chem. Soc. 2006）；该工作对新原理宏量合成纳米材料（Chem. Mater. 2008、Cryst. Growth Des. 2008）上有重要的理论指导意义，利用这一原理，可实现高光催化活性但易失活的纳米 ZnS 材料的公斤级宏量制备和光催化失活后的再生（Nanoscale 2010、2011 及 2012）。首次提出纳米晶的"取向结合"生长的动力学模型和揭示了纳米尺寸相关的相转变机制（J. Am. Chem. Soc. 2005 及 Nano Lett. 2003）。

　　在宽禁带半导体材料与器件方面，发明了一种利用化学势原理来降低晶体中有害杂质和缺陷的水热生长新方案，可一次性批量生长出近百片尺寸为一英寸的 ZnO 单晶，纯净和掺镓单晶最大尺寸均已超过两英寸（Cryst. Growth Des. 2009、CrystEng-Comm 2011）。同质外延制备出高质量 MgZnO 材料，其日盲区光响应率达到国际最好水平（Appl. Phys. Lett. 2011。利用单晶揭示了 ZnO 中稀磁的磁耦合机制来源于缺陷耦合作用，而不是载流子（Appl. Phys. Lett. 2006），阐明了认识上的分歧。利用单晶研究光催化机制（Chem. Commun. 2009 & 2011）。生长出厘米级、具有最高空穴迁移率的宽禁带半导体 CuI 单晶（Cryst. Growth Des. 2010）。

　　在冶金法提纯太阳能级硅材料方面，通过研究纳米结构与除硼反应动力学机制的核心科学问题，解决了冶金法中关键性元素 B 去除的"瓶颈"难题，发展出有自主知识产权的 50 公斤级中试提炼设备和低成本提纯工艺，制造出的光伏电池平均效率达到 17.5%。成果通过中科院、福建省组织的验收。该技术部分应用于福建亿田硅业，使其产品合格率提高到 50%，成本下降到每吨 13 万。主持建设了我国第一家太阳能级硅的检测平台，通过了国家标准计量（CMA）认证，具备了出具法律效力报告的能力。主持制定了与高纯硅检测相关的 1 项福建省地方标准。

个人简介

黄俊，浙江大学教授。2001 年于南开大学获微生物专业学士学位，2006 年于北京大学细胞生物学专业获博士学位。

黄俊自 2006 年起从事 DNA 损伤修复的分子机理研究，在该领域取得了一系列重要成果。在美国做博士后期间致力于 DNA 双链断裂损伤修复分子机制研究，在《自然—细胞生物学》（*Nature Cell Biology*）、《分子细胞生物学》（*Molecular Cell*）、《自然—结构与分子生物学》（*Nature Structural & Molecular Biology*）以及《基因与发育》（*Genes & Development*）等国际著名学术刊物上发表多篇高水平研究论文。

自 2010 年 1 月加盟浙江大学以来，黄俊先后以通讯作者在《科学》（*Science*）、《当代生物学》（*Current Biology*）、《美国科学院院刊》（*Proceeding of the National Academy of Sciences of the United States of America*）、《细胞生物学杂志》（*The Journal of Cell Biology*）、《欧洲分子生物学报告》（*EMBO Reports*）以及《生物化学杂志》（*The Journal of Biological Chemistry*）等国际知名刊物上发表多篇研究论文，在 DNA 损伤修复领域产生重要影响，成果被同行所公认。他克隆了范可尼贫血症关键基因 FAN1。该成果填补了 DNA 交联损伤修复通路遗留的一个最大空缺，研究结果发表于《科学》（*Science*）。与此同时，生物学顶级刊物《细胞》（*Cell*）和《分子细胞生物学》（*Molecular Cell*）上三篇独立的研究论文也分别报道该关键因子 FAN1。《分子细胞生物学》（*Molecular Cell*）、《基因与发育》（*Genes & Development*）以及《自然—结构与分子生物学》（*Nature Structural & Molecular Biology*）等杂志先后发表评述文章，《科学新闻》（*Science News*）也专门拟稿报道了该突破性进展。该论文还入选"2010 年中国百篇最具影响国际学术论文"。2011 年申请人还应邀就该进展在《蛋白质和细胞》（*Protein & Cell*）上发表评述文章。他率先鉴定出人 Shu 蛋白复合物大亚基 SWSAP1，并阐明其在维持基因组稳定中的作用机理，研究结果发表在《生物化学杂志》（*The Journal of Biological Chemistry*）。他发现 SPIDR 是同源重组信号通路中一个重要的支架蛋白，通过整合 RAD51 重组酶和 BLM 解旋酶从而保证同源重组修复的精确进行。这一研究结果 2013 年发表于《美国科学院院刊》（*Proceeding of the National Academy of Sciences of the United States of America*）。

黄俊所从事的 DNA 损伤修复这一领域在肿瘤以及其他一些相关疾病的发生，以及肿瘤药物开发等应用方面具有直接相关性，与人类的健康和医药卫生事业发展息息相关。因此，这一领域近年来在国际学术界已是一个众人瞩目的热点领域。因为在这一领域内的突出贡献，黄俊于 2010 年和 2011 年分别受邀参加在中国北京和德国 Mainz 举行的第一届和第二届"中德 DNA 损伤修复大会"并做大会报告。2012 年还受邀参加"香山科学会议"并作会议报告。

个人简介

　　黄勇，长城汽车股份有限公司高级工程师。1988～1991年就读于北京航空航天大学，获机械专业大专学历。

　　黄勇自1992年入职长城汽车，2006年任长城汽车副总裁兼技术中心主任，从事长城汽车技术研发、管理及规划20余年。

　　2006年，通过对汽车行业未来市场发展趋势及世界各地区法规分析，黄勇组织策划在技术中心内部正式成立了新能源技术研发团队，开始了新能源技术路线研究，先后完成了10余款纯电动汽车、混合动力汽车研发，为新能源汽车产业化做出了充分的技术储备。

　　2008年，与吉林大学合作开展腾翼V80插电式混合动力汽车项目研发。作为项目负责人，制定了严苛的整车方案和技术指标，完成了国内首款插电式混合动力汽车研发，取得了百公里综合油耗小于3.4L的优秀成果（根据GB/T19753－2005标准测试）。

　　2009年，主导开展纯电动汽车的自主研发。规划纯电动汽车整车集成能力、控制系统开发能力、整车试验测试能力建设，并在2011年完成长城腾翼C20EV纯电动汽车开发。2011年年末，完成了长城汽车新能源汽车生产资质的准入。

　　2012年，主导开展A0级小型城市纯电动车研发，并成功入选国家863计划，获得国家专项资金790万元。项目主要研究突破小型纯电动汽车关键技术，重点掌握整车与动力系统的集成匹配、节能控制等控制技术；完善整车NVH、轻量化、热管理等技术，提高整车的综合性能；开展动力系统可靠性、耐久性、环境适应性以及寿命预估与强化试验技术研究；开展新兴电气附件技术、批量化生产装备与工艺以及质量管理体系建设研究，开发出高性价比的、可满足大规模示范应用需求的小型纯电动轿车产品。

　　2013年，主导开展插电式混合动力SUV项目，并成功入选国家新能源整车技术创新工程，获得国家专项资金2.5亿元。该项目以解决插电式混合动力汽车整车控制集成技术、BSG系统和驱动电机的匹配标定、高功率电机设计开发与应用、电池系统设计开发与应用、高压电安全、碰撞安全、电磁兼容等关键要素为主要研究内容，多方位利用资源优势，通过政产学研研究，完成长城汽车首款量产插电式混合动力汽车开发平台建设，混合动力整车及主要零部件的评价体系建设，对关键零部件企业技术研发的培育和带动，插电式混合动力汽车生产线建设及产业化推广等工作。

随着汽车行业的发展，汽车动力系统"电气化"将成为必然的发展趋势。黄勇主导开展的新能源汽车车型和项目将会为汽车行业的节能减排提供新的技术方案和成熟的案例，也为后续的新能源汽车开发树立标杆。

个人简介

黄飞敏，中国科学院数学与系统科学研究院研究员。1991 年获华中科技大学数学专业学士学位，1994 年于中国科学院武汉物理与数学研究所获数学硕士学位，1997 年于中国科学院数学与系统科学研究院获数学博士学位。入选第二批国家"万人计划"科技创新领军人才。

黄飞敏主要研究领域为偏微分方程，在偏微分方程领域里解决了一个令人关注，长期未解决的数学难题即等温气体动力学方程组弱解的整体存在性，在国际上获得重要反响。值得指出的是 γ – 律（$\gamma > 1$ 对应于等熵气体，$\gamma = 1$ 对应于等温气体）大初值解的整体存在性是气体动力学中一个具有挑战性的数学难题。当 $1 < \gamma \leqslant 5/3$ 时，丁夏畦等证明了大初值整体解的存在性，并因此于 1989 年获得国家自然科学二等奖；当 $\gamma > 5/3$ 时，P. L. Lions 解决了大初值整体解的存在性，该工作是 Lions 获菲尔兹奖的主要工作之一；当 $\gamma = 1$ 时，Nishida 于 1968 年解决了不含真空的情形。黄飞敏于 2002 年解决了 $\gamma = 1$ 含真空的情形，该工作发表在国际权威杂志《SIAM 数学分析杂志》（*SIAM Journal on Mathematical Analysis*）上，被审稿人认为"解决了 Diperna、丁夏畦、Lions 等工作的一个遗留问题，是双曲守恒律方程组存在性理论的一个主要进展"，并于 2004 年被评为美国工业及应用数学学会杰出论文奖（The SIAM Outstanding Paper Prize），该奖旨在奖励原创性论文，为已有领域带来新观念或在应用数学方面开辟新领域。这是大陆学者首次获得此项奖励，与黄飞敏同年获得此项奖励的还有著名数学家、意大利科学院院士、欧洲科学院院士 A. Quarteroni 教授。同年该工作入选中国科学院"知识创新成果"展览。该论文还被 Dafermos 等编辑的《微分方程手册》收录，并作为手册中的两个定理加以引用。黄飞敏在零压流熵解的唯一性工作被美国普林斯顿大学的鄂维南院士评价为："这是这个领域最后和最完整的结果，使得 1 维零压流理论达到了非常满意的程度。"被美国艺术与科学院院士 Dafermos 认为"绝对是一流的工作！"

迄今在国际一流数学杂志上发表了 61 篇论文，如《数学物理通讯》（*Communications in Mathematical Physics*）、《理性力学分析》（*Archive for Rational Mechanics Analysis*）2008 年获得国家自然科学杰出青年基金，2011 年获得中国科学院青年科学家奖，2013 年获国家自然科学二等奖，2013 年入选科技部中青年科技创新领军人才计划。

在研究生培养方面获得中国科学院数学与系统科学研究院优秀教师奖。黄飞敏指导的博士生王益 2007 年毕业，获瑞士政府颁发的欧拉应用数学奖，北京市优秀博士论文奖，2010 年获中国科学院数学与系统科学院"陈景润未来之星"称号。

个人简介

  黄飞鹤，浙江大学教授。1996 年于合肥工业大学取得高分子材料与工程专业学士学位，1999 年于中国科学技术大学高分子化学与物理专业获硕士学位，2005 年于美国弗吉尼亚理工大学获有机与高分子化学专业博士学位。入选第二批国家"万人计划"科技创新领军人才。

  "如何推动化学自组装?"是美国《科学》杂志于 2005 年提出的一个 21 世纪亟待解决的重大世界科学问题，这说明超分子化学处于世界科学的研究前沿，也说明了超分子化学研究的重要性。黄飞鹤将超分子化学这一世界科学研究前沿和传统高分子科学相结合，基于主客体分子识别构筑了一系列超分子聚合物功能材料。可逆而且弱的非共价键连接的引入使超分子聚合物可以低温加工和回收利用，这有助于实现节能减排和解决白色污染等问题。超分子聚合物在环境响应性材料，可降解材料，药物控制释放、日常保健等方面有着广泛的潜在应用。

  黄飞鹤在超分子聚合物研究方面的主要贡献包括：建立了 21 - 冠 - 7/二级铵盐主客体识别机理，证实了大环需要至少 24 个原子才能形成机械互穿结构这一传统观点是错误的，为超分子聚合物的构筑提供了新的聚合驱动力；将自分类组装运用于超分子聚合物中单体排列的控制，将金属配位化学应用于超分子聚合物拓扑结构的控制，为超分子聚合物性质的调控奠定了基础；制备了超分子聚合物环境响应性凝胶、纳米纤维、弹性体以及自修复凝胶，丰富了功能超分子聚合物的研究范畴。2003 年至今已在国际核心化学期刊上发表超分子化学相关论文 200 余篇。发表的论文已被引用 14928 次，h - 因子为 67。两篇通讯作者论文入选"中国百篇最具影响国际学术论文"。2011 年获国家杰出青年科学基金项目资助，指导博士生获得 2011 年全国百篇优秀博士论文提名奖，2012 年入选英国皇家化学会会士，2013 年入选国家创新人才推进计划中青年科技创新领军人才，2013 年入选亚洲化学大会 Asian Rising Star，2013 年获得浙江省青年科技奖，2014 年获中国化学会—阿克苏诺贝尔化学奖，2015 年获英国皇家化学会 Cram Lehn Pedersen Prize in Supramolecular Chemistry，2016 年获英国皇家化学会 Polymer Chemistry Lectureship Award，2016 年入选国家万人计划领军人才。应邀在国内外作学术报告 100 次，包括应邀到澳大利亚全国高分子会议上作学术报告，应邀在全国有机化学学术讨论会上作大会报告，应邀到第 15 届亚洲化学大会上作 Asian Rising Stars 分会邀请报告，应邀到韩国全国高分子会议上作学术报告，应邀在全国大环化学暨超分子化学学术讨论会上作大会报告，应邀在美国举行的第一届人工分子开关与马达高登会议（Gordon Research Conference）上作邀请报告，应邀在法国举行的第十届大环与超分子化学国际研讨会（ISMSC - 10）上作大会报告，应邀在澳大利亚举行的第 23 届 IUPAC 国际物理有机化学会议上作大会报告。

个人简介

黄启飞，中国环境科学研究院会计员。就读于西安大学，先后于 1996 年获环境科学专业学士学位，1999 年获环境污染化学专业硕士学位，2002 年于中国科学院地理科学与资源研究所获生态学专业博士学位。入选第二批国家"万人计划"科技创新领军人才。

黄启飞在固体废物资源化环境风险控制研究方面具备了较强的研究能力，主持多项固体废物资源化技术研究国家级课题；在国内外期刊上发表 150 余篇论文，其中 SCI 论文 20 余篇，并合作申请专利 6 项，编写专著 4 部，列入北京市科技新星培养计划。先后获得 2007 年中国标准创新贡献奖（二等奖）、2008 年度环境保护科学技术奖（二等奖）、2009 年度环境保护科学技术奖（三等奖）、2012 年北京市科学技术奖（一等奖）等多项省部级奖励。

黄启飞目前是国家履行国际汞公约专家委员会、国家履行斯德哥尔摩公约专家委员会委员。同时，是中国环境科学学会固体废物分会副主任委员、中国环境科学学会持久性有机污染物专业委员会委员。

承担国家科技支撑计划课题、国家自然科学基金、国家环保公益性科研专项过程中，黄启飞通过建立制度、定期调度等措施，协调 10 余家参加单位顺利实施课题研究，取得创新性的研究成果。同时，黄启飞 2009 年起任中国环科院固体所副所长，通过处理各种事务锻炼出较强的组织协调能力。

黄启飞在固体废物水泥窑协同资源化处理、固体废物资源化环境风险控制、电子废物和 POPs 废物无害处置方面形成了研究特色，具有一定的影响。通过主持国际合作项目"中国危险废物和工业废物水泥窑共处置环境无害管理"，编制完成了《水泥窑协同处置固体废物污染控制标准》。在承担了国家自然科学基金项目中，对水泥窑协同处置固体废物的机理开展深入研究，发表相关论文 30 余篇，目前在该领域研究方面处于领先地位。

通过主持国家科技支撑计划课题"固体废物资源化环境安全控制技术与应用研究"，对固体废物特性和全过程环境影响开展了系统研究，基于课题研究编制的"燃煤电厂产生的固体废物中汞的二次释放问题及控制建议"被国务院办公室《专报信息》采用，受到国家领导人的关注。

在完成科技支撑计划课题"青岛城市循环经济发展共性技术开发与应用研究"过程中，电子废物的回收拆解、工业固体废物原料替代、金属矿渣有价金属提取等固体废物资源化技术展开了系统研究，提出了典型滨海城市发展循环经济的模式。

黄启飞承担了环保部重点专项"全国持久性有机污染调查"的技术支持工作，

主持编制我国履行公约的"国家实施计划"（废物部分），提出了 POPs 污染土壤修复技术、POPs 废物处理处置技术的发展方向。

个人简介

梅之南，中南民族大学教授。1997 年获中国药科大学药物化学专业硕士学位，2003 年获华中科技大学生物医学工程专业博士学位。入选第二批国家"万人计划"科技创新领军人才。

梅之南主要从事民族药物药效物质基础及民族医药比较学等研究。

在民族理论的指导下，梅之南深刻认识民族医药对生命与疾病的认知和治疗理念，尊重本民族传统思维方式和理念，结合现代科学技术，对鹰嘴豆、铁包金等30种具有显著抗糖尿病、抗肿瘤等活性的民族药材，特色民族药材的药效对进行物质基础及作用机理研究。现已从30种民族药中分离出新化合物160个化合物，为民族药物的药效及作用机理研究、质量标准的研究与制定等提供了物质基础。通过建立T2DM 大鼠模型、保留性神经损伤等人类疾病的动物模型，系统地阐述了上述民族药物的作用及其机理。还在 HepG2 胰岛素抵抗细胞模型、Ec－109 肿瘤细胞模型以及NF－κB、ROS 通路、辣椒素受体（TRPV1）、钠离子通道等细胞分子水平上筛选出了28 个在镇痛、抗糖尿病、风湿病等方面具有开发前景。比较了民族医临床传统用药的经典理论，实证了檀藤子和藤茎的化学成分及活性差异。

他与广西壮族自治区壮医院紧密合作，进行了符合民族医药发展规律的新产品开发研究，开发出国内首批壮药制剂，结束了壮医无医院制剂的历史。获得了香果健消胶囊的新药证书，益气明目胶囊、贴穴平喘膏等处方正在进行临床前研究。还以与疼痛疾病密切相关的功能蛋白为靶标，以基于蛋白结构的合理药物设计技术为手段，结合龙血竭中的活性成分以及天然 TRPV1 抑制剂 Resiniferatoxin 等分子的"优势骨架和优势片断"化学基础，进行"成药性先导化合物"的设计和合成，成功获得了一系列取代 1，2－二氮唑的化合物，为创新药物研究奠定化学物质基础。

梅之南及其团队首次开展了壮药的实地调查与品种整理研究，发现壮药资源种类2285 种。抢救了一批濒于失传而蕴藏于民族地区的特殊用药经验，整理发现了 50 余种民族药材在不同民族的临床应用差异，率先创建了壮、土家等民族药资源信息平台，比较了南方民族药物的功效与用药规律。在此基础上系统进行了南方民族医药优势与特色比较研究。

现承担了国家科技支撑计划课题 2 项，国家自然科学基金 1 项，省部级课题十余项，完成了包括藏药、壮药、傣药等民族药在内的药物研究与开发项目多项，共发表了学术论文 140 余篇，其中被 SCI 收录的论文 42 篇，主编了《中国壮药资源名录》《滨海药用植物》《土家医方药精选》等 6 部著作，获得教育部科技进步一等奖和湖北省科技进步二等奖各 1 项。

个人简介

曹宏，中国石油勘探开发研究院地球物理重点实验室主任，教授级高级工程师。1989～1996年就读于成都理工学院，分别于1993年获地质学学士学位，1996年获沉积学硕士学位，1999年获中国石油勘探开发研究院矿产普查与勘探专业博士学位。1999～2001年在北京大学地质系博士后流动站工作，从事复杂储层地震预测方法研究。入选第二批国家"万人计划"科技创新领军人才。

曹宏近年来主要从事地震岩石物理、烃类检测和非常规油气地震预测研究，参与承担国家项目2项（课题长），是中国石油天然气集团公司高级技术专家和地震岩石物理学术带头人，具有较强科技创新能力，在地震岩石物理、天然气藏地震检测理论与方法等方面取得重要进展。

曹宏推动了天然气藏含气饱和度地震预测理论与技术发展。含气饱和度预测是天然气地震勘探难题，也是研究前沿。通过不同频率实验观察和地震数据分析，发现中低孔渗介质中纵波最大弛豫速度随孔渗性和含气饱和度变化的新规律，建立了最大弛豫饱和度模型，该模型颠覆了"纵波速度对含气性不敏感"的传统认识，为含气性预测提供了新依据，对中低丰度天然气勘探具有重要应用价值。研发PG属性含气饱和度定量预测新技术，成功应用于四川盆地龙岗地区超深层碳酸盐岩气藏预测，礁、滩气藏预测符合率分别达90%和81%。这是首个通过地震技术较准确预测含气饱和度并有效指导开发井位部署的成功案例。《地球物理》（*Geophysics*）杂志前副主编Boris教授认为"这是我所知道的报道中最好的、最接近碳酸盐岩气藏实际的地震描述工作"。

他发现气层地震衰减随入射角变化现象，拓展了叠前衰减气藏检测新方向。提出了反射系数频散概念及其对地震衰减的重要贡献，揭示了地震衰减随不同入射角的变化规律，拓展了气藏叠前衰减研究新方向。在川东北超深层成功预测鲕滩气藏，推动该区天然气勘探向构造—岩性圈闭转变；在三湖地区通过地震衰减技术首次获得了模糊气烟囱内幕气层精细成像，推动气藏检测技术向定量化发展。气藏地震衰减理论与技术获得国内外同行认可，刘光鼎院士等评价该成果"取得理论突破"，"地震衰减气藏识别技术"2005年入围全球"最佳勘探技术奖"前四名。

他推动地震岩石物理研发与应用，为地震定量预测技术进步做出贡献。地震岩石物理是一门新兴交叉学科，是地震定量解释的重要基石和降低多解性的重要手段。自2006年起系统引进地震岩石物理理论和技术，建成国内最完备的地震岩石物理实验室，包括国内首套低频岩石物理实验设备，推动实验技术、理论模型、技术研发和应用取得快速发展，积极推动国内地震岩石物理理论技术发展及应用。研发储层和流体定量预测模板，在川中须家河组致密气勘探中发挥重要作用，气层预测符合率提高到

91%。地震岩石物理研究成功改变了以往岩石物理研究与地震预测脱节的现象，为解决实际地震勘探问题带来新思路。

个人简介

曹俊，中国科学院高能物理研究所研究员。1989～1993年就读于武汉大学，获物理学学士学位，1998年获中国科学院高能物理研究所理论物理专业博士学位。入选第二批国家"万人计划"科技创新领军人才。

曹俊主要从事中微子物理研究和中微子探测技术研究。自2003年起参与大亚湾反应堆中微子实验，先后担任工程副经理兼中心探测器系统负责人、软件系统负责人、物理分析协调委员会主席等职，现任大亚湾合作组中方发言人，全面负责该实验。

曹俊完成了大亚湾实验前期研究中的软件与物理设计工作，例如实验站址优化、探测器设计模拟、物理灵敏度分析等，为我国在这一重大国际合作中做到"以我为主"打下了坚实的科学基础。承担中微子探测器的研制工作，圆满完成设计任务，这是首次在国内研制低本底、低能量、高精度的大型核探测器。领导实验中风险最大的液体闪烁体研制，质量与长期稳定性完全符合要求。大亚湾近点自2011年8月开始运行，探测器性能研究表明系统误差仅为0.2%，好于0.38%的设计指标，为大型中微子探测器迄今最好水平。曹俊为该性能研究论文的执笔人和通讯作者。

大亚湾反应堆中微子实验于2012年3月8日公布，发现了新的中微子振荡模式，以5.2倍标准偏差的置信度确定中微子混合角θ_{13}不为零。他带领高能所的团队完成了这一分析，被采纳为正式结果，并担任论文的执笔人和通讯作者。该成果不仅确定了一个物理基本参数，而且对中微子物理的未来发展具有重要意义，因此有重大国际影响。该成果入选美国《科学》杂志2012年十大科学突破，多次入选国内国际的当年十大科技新闻。论文发表以来已被引用1000多次。

江门中微子实验将利用反应堆中微子测量质量顺序，精确测量多个振荡参数，并在超新星中微子、太阳中微子、地球中微子、稀有过程寻找等多个研究方向达到国际先进水平。实验项目已启动建设，计划2020年获取数据。曹俊是该实验计划的提出者之一，担任工程常务副经理，国际合作组副发言人，负责实验的总体设计。

曹俊2004年入选中科院百人计划，2012年获国家杰出青年基金，2013年获亚太物理学会杨振宁奖和中科院杰出科技成就奖。共发表SCI文章100多篇，多次在"国际高能物理大会""轻子光子会议""国际中微子大会"等做反应堆中微子的大会综述报告。

个人简介

曹先彬，北京航空航天大学电子信息工程学院教授、博士生导师。1986～1993年就读于安徽大学，1990年获计算机应用专业学士学位，1993年获电路与系统专业硕士学位；1993～1996年就读于中国科学技术大学，1996年获信号与信息处理专业博士学位。入选第二批国家"万人计划"科技创新领军人才。

曹先彬主要从事交通运行态势感知与计算、民航交通监视与运行调控等方面的研究。近五年，主持国家自然科学基金、国家863计划、国家科技支撑计划、国家空管科研计划等项目10余项。以第一完成人获2011年度国家科技进步二等奖、2010年度教育部科技进步一等奖、2015年度中国电子学会自然科学一等奖等科研奖励。发表SCI论文60余篇，获授权国家发明专利9项。

曹先彬在交通对象行为动态监视、空中交通运行统一调控等方面取得了多项研究成果，相关成果在我国民航等行业获得广泛应用，为我国新一代国家空管系统的建设与发展做出了贡献。在交通对象行为动态监视方面，建立组合分类优化计算模型，突破了分类器集成在多性能指标相互制约下的综合性能计算问题；系统提出移动平台下运动、微弱目标的检测与跟踪方法，解决了移动监视中交通对象的快速准确监测问题，为空地一体的交通监视提供了有效的技术手段。提出飞行平台高精度反向定位技术，应用于我国自主研制的飞行校验平台中，支撑该平台取得了国际民航最权威的美国联邦航空局的适航认证，使我国成为继欧美之后具有飞行校验设备自主研制能力的国家。

在空中交通运行统一调控方面，他从航路网层次建立空中交通态势的演化生成模型，揭示了异质化因素对系统运行特性的影响机理，发现了我国空中交通系统的时空演化特征；构建"结构—流量"一体化调控框架，攻克广域飞行流量统一调控技术，解决了受限空域内航班密集飞行的跨区统一调控难题，为大规模交通系统的运行调控奠定了理论与方法基础。同时，完成研究成果在我国民航的应用，研制的广域飞行统一调控系统推广应用到民航重大工程建设中，经济和社会效益显著。

曹先彬是教育部长江学者特聘教授、国家杰出青年基金获得者，现担任国家空管新航行系统技术重点实验室副主任。学术兼职包括电气和电子工程师协会高级会员（IEEE Senior Member），电气和电子工程师协会认知计算技术委员会委员，《神经计算》（*Neurocomputing*）副编，《导航定位学报》编委等。

个人简介

　　曹际娟，中华人民共和国辽宁出入境检验检疫局研究员。1987～1994 年就读于辽宁师范大学，1991 年获生物学学士学位，1994 年获细胞生物学硕士学位，2003 年获沈阳农业大学植物病理学专业博士学位。入选第二批国家"万人计划"科技创新领军人才。

　　近五年，曹际娟先后主持和参与完成国家级科研项目 4 项，主持和参与完成省部级科研课题 10 余项，制定国家标准 16 项、行业标准 29 项；研制食品安全国家标准样品 40 余项；发表论文 50 余篇，其中 SCI 收录 19 篇。曾获国家科技进步奖二等奖 2 项（排名第 3、第 4）；获国家质检总局科技兴检奖一等奖 1 项、二等奖 5 项（均排名第 1）；获"国家标准创新贡献奖"二等奖 1 项（排名第 1）。获授权国家发明专利 19 项。

　　在转基因产品检测技术领域，通过承担国家转基因重大专项项目"转基因产品检测实验室体系和检测技术体系的研究建立"和"转基因农产品取制样与精准鉴定研究"，破译了转基因玉米、油菜、小麦和棉花等 26 种转基因品系的边界序列，解决了品系鉴定难题，率先在我国制定并发布实施了转基因产品检测的 7 个国家标准和 9 个行业标准。获授权发明专利 5 项。该项成果成功应对了欧盟、美洲和亚洲等 30 多个国家和地区纷纷立法进行转基因标识的要求，打破了国外对我国农产品出口设置的技术贸易壁垒，促进了我国农产品的顺利出口。此外，首次组织开展了 APLAC "国际实验室间转基因产品检测能力验证"项目（T034），搭建了国际间转基因产品检测技术交流的新平台。获得国家科技进步二等奖和国家质检总局科技兴检奖一等奖。

　　在食品微生物分子检测技术领域，主持完成"十一五"国家科技支撑计划项目"食品中微生物高通量检测试剂盒的研制"，首次建立了食品中微生物 PCR - DHPLC 法高通量检测技术体系，解决了食品微生物从多目标菌一次复合增菌、一次提取核酸、多目标菌一次同时检测的高通量快速检测技术难题，从食品微生物检测的节能、节时、节力三方面取得了突破性进展。通过该项目研究，制定了 6 项行业标准，获授权发明专利 8 项。引领我国食品微生物检测技术迈向一个飞速发展的新阶段。

　　在物种真伪属性分子鉴别技术领域，通过承担完成的质检总局科研项目《影响食物安全的生物种类基因鉴别技术研究》和质检公益性专项项目《食品中致敏源成分与物种真实属性鉴伪研究及标准建立》，开展了食品中致敏源成分和物种真实属性鉴伪实时荧光 PCR 快速检测技术研究，筛选出种属特异性强的基因片段，实现对 39 个物种的鉴定，解决了食品中致敏源成分和食品物种真实属性无法实现鉴伪的技术难点，主持和参与制定了8项国家标准和7项行业标准，获授权发明专利5项。主持研制10个物种的动物源性成分国家标准样品，均获得证书。获国家标准化管理委员会"中国标准创新贡献奖"二等奖。

个人简介

　　章卫平，中国人民解放军第二军医大学病理生理学教研室主任，教授、博士生导师。曾就读于中国人民解放军第二军医大学，先后于 1992 年获临床医学学士学位，1999 年获免疫学博士学位。入选第二批国家"万人计划"科技创新领军人才。

　　章卫平现为国家杰出青年科学基金获得者，入选"新世纪百千万人才工程"国家级人选。潜心钻研基础医学 20 年，曾在哈佛大学公共卫生院从事博士后研究三余年。他早年研究树突状细胞的功能调节及其来源的新分子，发现了干预树突状细胞体内抗原提呈微环境和调控免疫应答的新方法，提出了趋化因子应用于免疫治疗的新途径，揭示了人树突状细胞的基因表达谱和免疫生物学特征，自主克隆并研究了多条树突状细胞来源的重要人类新基因，包括在国际上率先报道的新型锌指蛋白 ZBTB20。此后，一直致力于 ZBTB20 的生理、病理作用的原创性研究。在国际上首次建立了 ZBTB20 的全身性和多种组织特异性基因敲除小鼠模型，首次揭示了该分子在个体生长发育、海马发育与功能、肝脏甲胎蛋白表达与肝细胞增殖、先天性免疫应答、胰岛素分泌和血糖稳态等方面的重要生理调节功能，并探讨了相关的病理学意义，为智障、肝癌和糖尿病等重大疾病的诊治提供了新的分子标记物和潜在的治疗靶标。上述 ZBTB20 的原创性科研成果，章卫平以通讯作者发表于《美国科学院院刊》（*The Proceedings of National Academy of Sciences of the United States of America*）、《自然通讯》（*Nature Communications*）、《胃肠学》（*Gastroenterology*）、《分子与细胞生物学》（*Molecular and Cellular Biology*）、《发育》（*Development*）和《科学报道》（*Scientific Reports*）等国际知名杂志，获国家授权发明专利 1 项。章卫平在 ZBTB20 的功能研究方面形成了自己的学术特色和优势，居国际领先水平。利用所建立的该分子基因敲除小鼠模型，与国内外知名实验室开展了富有成效的科研合作，对提升我国的功能基因组研究水平和推动生物医药产业的源头创新产生了积极的影响。

　　章卫平近年来承担了国家 863、973 计划、国家自然科学基金重点项目和国际合作项目等课题，经费总额 1600 万元。在国际学术期刊发表《科学引文索引》（*Science Citation Index*，SCI）收录的研究论文 54 篇，其中 SCI 影响因子 5 分以上 22 篇，第一作者和通讯作者论文 13 篇，单篇最高影响因子 12.8 分；论文被《自然》（*Nature*）、《细胞》（*Cell*）和《自然遗传》（*Nature Genetics*）等国际权威杂志引用多次，他引总数 878 次。获国家授权发明专利 13 项。培养研究生 9 名。受邀在国内外学术大会做报告 8 次。获国家自然科学二等奖（第二完成人，2003），中国青年科技奖（2001）、中国科协求是杰出青年实用工程奖（2012）、解放军总后勤部科技银星（2006）和军队院校育才银奖（2007），享受国务院政府特殊津贴（2012）和军队优秀专业技术人才Ⅰ类岗位津贴（2011）。受聘担任英国内分泌学会主办的知名国际学术期刊《内分泌学杂志》（*Journal of Endocrinology*）和《分子内分泌学杂志》（*Journal of Molecular Endocrinology*）编委和资深编委、国家自然科学基金委生命科学部专家评审组成员。

个人简介

商洪才，北京中医药大学研究员。就读于天津中医学院，分别于 1994 年取得中医专业学士学位，2002 年获中医内科学硕士学位，2005 年获中医内科学博士学位。入选第二批国家"万人计划"科技创新领军人才。

中医药有几千年历史，疗效确切，但结果往往不被公认，究其原因是研究方法的不足。商洪才借鉴当代医学评价理念方法，以科学评价中医药疗效为目标，开展了中医药临床评价研究及实践。

他开拓了中医药循证评价研究新领域。组织了心肌梗死二级预防中医药循证研究与实践，创建了中医药循证评价方法及系列关键技术，建立了符合中医药特点、重复性强的研究程序、质控技术，总结了芪参益气预防心肌梗死的临床价值，为中医药国际化提供了临床证据，形成了既符合国际通则，又具有中医药特色的循证评价模式：融系统评价、集中监测和多中心临床研究于一体，有效性和安全性评价并重，从二次研究向大规模临床试验递进。获 2011 年国家科技进步二等奖。

辨证论治是个体化治疗的先驱，也是中医药特色，但尚未有现代证候评价方法。为凸显中医辨证论治的特色和优势，商洪才将现代评价方法与辨证论治结合，首次建立了循证目标成就评量的中医临床效应个体化评价方法，提出客观指标与主观结局融合、循证与辨证交叉的学术观点，在牛黄降压等品种评价中应用。受到同领域院士专家高度评价，获 2013 年度中华中医药学会科学技术一等奖。

建立并完善了上市后中成药再研究方法及系列关键技术，为中药上市后再评价、名优中成药二次开发等重大课题奠定了方法学基础。用于参附注射液等 10 余种中药大品种的再评价实践中，促进了中医药临床研究水平的整体提升，提高了中药产业的市场份额。获 2012 年四川省科技进步一等奖，2013 年国家科技进步二等奖。

先后获国家科技进步二等奖 3 项，省部级一等奖 6 项，二等奖 1 项。发表论文 120 篇，SCI 收录 42 篇，IF 总计 120；SCI 他引 238 次，最高单篇他引 72 次。因工作出色，被《循证补充替代医学》（*Evidence-based Complementary and Medicine*）聘为中医临床评价专刊的责任编辑，国际学术组织 Cochrane 患者报告结局方法学组成员，"中医药随机对照临床试验报告规范"（CONSORT for TCM）工作组成员。申请专利 5 项，授权 1 项。

他是教育部创新团队"中医药防治心血管疾病研究"主要骨干，国家自然科学基金重点项目的负责人。获天津市青年科技奖等；入选教育部新世纪优秀人才计划，天津市 131 人才第一层次人选。

个人简介

梁运涛，煤炭科学研究总院沈阳研究院研究员，煤矿安全技术国家重点实验室副主任。1997 年获中国矿业大学矿山通风与安全专业学士学位，2002 年获煤炭科学研究总院安全技术及工程专业硕士学位，2010 年获浙江大学能源环境工程专业博士学位。入选第二批国家"万人计划"科技创新领军人才。

梁运涛主要从事矿井通风、煤矿火灾防治技术、矿井重大灾害应急救援技术、矿山热害防治技术等研究领域，作为主要人员参与了"十一五"及"十二五"安全生产科技规划、煤炭科技规划、能源科技与装备规划等五年规划的起草工作，作为执笔人完成了《我国煤矿火灾灾害防治顶层设计》和《煤矿安全规程》火灾防治章节的修订工作。共承担国家重大科学仪器专项、国家科技支撑计划、"973"计划、"863"计划等重大项目 42 项并取得了显著的成果，获国家科学技术进步一等奖 1 项、省部级科技进步特等奖 1 项、二等奖 4 项、三等奖 7 项，发表论文 65 篇，专著 1 部，获授权发明专利 4 项，主持制修订国家/行业标准 12 项。是煤矿安全领域的青年学术带头人。

梁运涛研究制定了规范的煤层自然发火标志气体的气相色谱分析方法技术标准，建立了完善的煤层自然发火预测预报的标志气体指标体系；首次引入阴燃理论，提出了描述煤自然发火过程的自热阴燃点燃观点，建立了煤最短自然发火期快速预测方法及技术途径；创新性地提出了红外光谱在线分析煤矿井下极性混合气体的理论方法体系，为煤矿井下自然发火的实时监测与灾变时期的爆炸危险性预警提供了新的技术途径；提出了适合我国矿井的环境舒适性指标，建立了一整套全新的矿井热害治理的冰浆降温技术方法及装备体系。

梁运涛多年来长期坚持深入煤矿井下现场进行实地科研工作，在国内率先研发了 ZJC3C/D 车载矿山救援指挥系统、DM 系列矿用移动式膜分离制氮装置、ZHJ 系列矿用移动式防火注浆装置等专用装备等矿山救援与防灭火专用装备；组织人员与神华集团、大同煤矿集团、铁法煤业集团和国内多个煤矿企业开展技术咨询与技术开发项目的合作，开发了大型工作面瓦斯与火灾综合治理技术，将先进的技术成果与标准规范在煤矿生产企业进行推广与示范，极大地促进了煤矿企业的安全生产。

个人简介

逯乐慧，中国科学院长春应用化学研究所研究员。1997年获山东省聊城大学分析化学专业学士学位，1997～2003年就读于中国科学院长春应用化学研究所物理化学专业，分别获硕士学位和博士学位。入选第二批国家"万人计划"科技创新领军人才。

逯乐慧针对公共安全、环境和健康科学领域中的一些关键科学问题探索了基于谱学技术的纳米探针设计、构建及优化规律。

他利用多功能荧光纳米探针，对恐怖袭击源炭疽热标记物实现了可视化、超灵敏、特异性检测，最近《自然纳米技术》（Nature Nanotechnology）将其作为研究亮点对相关工作进行了专题报道和评述。

基于分子识别原理及金纳米粒子特殊的表面等离子体共振特性成功地实现了对食品中有害物质三聚氰胺的高灵敏、可视化检测，《自然化学》（Nature Chemistry）、《自然中国》（Nature China）等将其作为研究亮点对相关工作做了报道和评述。

设计并合成了新型纳米CT造影剂探针，克服了目前临床上使用的碘取代有机小分子CT造影剂在体内非特异性分布、快速肾清除以及从血液循环系统快速溢出等缺点，并初步实现了小动物模型上的血池造影、淋巴肿瘤和乳腺癌肿瘤的诊断。相关研究工作得到了国际同行的认可，并被《化学评论》（Chemical Reviews）、《化学学会评论》（Chemical Society Reviews）等原图引用和大段评述。基于研究团队在CT成像方面的系列研究工作进展，2012年被邀请在《化学研究评述》（Accounts of Chemical Research）上发表文章介绍相关研究工作。

从临床应用角度出发，逯乐慧设计了聚多巴胺作为载体的核磁共振成像多功能纳米探针，有效地解决当前构建多功能纳米探针载体材料的核心问题，同时赋予纳米探针对特定肿瘤靶向诊断和治疗的性能。相关研究被《化学评论》（Chemical Reviews）等原图引用和大段评述。基于研究团队在聚多巴胺方面的系列研究工作进展，2013年被邀请在《化学评论》（Chemical Reviews）上发表文章介绍相关研究工作。

通过上述研究，他阐明了利用纳米材料与技术解决这些关键科学问题中的基本机理，为建立最终解决方案提供了可靠的科学依据。独立开展工作以来，在《化学评论》（Chemical Reviews）、《化学研究评述》（Accounts of Chemical Research）、《德国应用化学》（Angewandte Chemie International Edition）、《美国化学会志》（Journal of the American Chemical Society）、《先进材料》（Advanced Materials）等SCI期刊上发表第一作者或通讯作者论文41篇，其中影响因子大于10的论文15篇，SCI他引2300多次，并应邀为《化学评论》（Chemical Reviews）和《化学研究评述》（Accounts of Chemical

Research）撰写 3 篇综述文章介绍。作为 973 首席科学家主持了国家重大科学研究计划项目，获国家杰出青年科学基金、中科院百人计划择优支持、日本化学会杰出青年科学家讲座奖等，担任《科学通报》（*Science Bulletin*）副主编。

个人简介

董海龙，中国人民解放军第四军医大学教授，博士生导师。就读于第四军医大学，先后于 1995 年获临床医疗系专业学士学位，2000 年获麻醉学专业硕士学位，2003 年获病理学与病理生理学专业博士学位。曾赴美国、英国及日本从事客座研究工作。

董海龙自 1997 年开始从事麻醉领域研究，研究方向为全麻药物作用和机制。

在国际上首先提出全麻药物对中枢神经递质双向调节作用的新假说，得到国际学术界认可，获得 2005 年美国麻醉学年会青年学者旅行奖。研究结果被国际知名科学评价机构评价为"新发现"，认为这一新发现预示麻醉作用可能是兴奋性和抑制性中枢活动复杂调控的结果，并肯定其为全麻药物机制"网络调控学说"提供有力支持。欧洲麻醉学院院士 Olkkola 教授在其发表于《药理学综述》（*Pharmacological Reviews*）权威综述中认为这一发现证实麻醉药物作用于不同核团产生兴奋性或抑制性双重信号。

在国际上率先发现新型神经递质——orexin 系统是全麻药物神经调控网络中觉醒调节的"扳机"，证实 orexin 通过对其他多个神经系统，如五羟色胺，组胺及 GABA 等递质通路的调节实现觉醒调控目标，从而确立了 orexin 在网络调控中的觉醒调节核心地位。研究成果获得 2009 年亚太麻醉创新大奖，并被写入麻醉学权威教科书《米勒麻醉学》（*Miller's Anesthesia*）及《实验药理学手册》（*Handbook of Experimental Pharmacology*）、《麻醉药理学》（*Anesthetic Pharmacology*）等专著，认为这一发现为未来研发新的麻醉催醒药物提供了理论依据。

在对麻醉药物多元化作用机制的研究中发现全身麻醉药物具有神经保护效应，并对其相关分子机制及信号通路进行系统深入研究，证实全麻药物可通过上调抗氧化活性激活生存信号启动内源性保护信号，而泛素化蛋白调控与增殖分化的调节是其重要细胞内机制。有关全麻药物神经保护的研究作为重要内容之一获得 2011 年国家科技进步一等奖，并成为国际围术期指南的依据。

上述研究成果在本领域国际权威杂志《临床研究杂志》（*Journal of Clinical Investigation*）、《麻醉学》（*Anesthesiology*）等发表 SCI 论文 63 篇，被 SCI 杂志引用 487 次，被编入 35 部国外英文专著。以负责人身份承担国家重大科技专项课题，国家自然科学基金课题等国家级及国际课题 10 项。董海龙被评为科技部重点领域创新团队学术骨干，陕西省重点领域创新团队学术带头人，总后"科技新星"，并作为主要成员获 2011 年国际科技进步一等奖，获 2005 年美国麻醉学年会青年学者旅行奖、2009 年亚太麻醉创新奖及 2005 年陕西省科技进步一等奖。现任国际麻醉药理学会委员，中国麻醉药理学会副主任委员，中国麻醉医师协会常委等学术职务。

个人简介

蒋浩民，宝钢集团有限公司中央研究院院长助理、首席研究员，汽车用钢研究所所长、汽车用钢国家重点实验室副主任、教授级高级工程师。1989~1998年就读于哈尔滨工业大学金属塑性加工专业，先后获学士学位和博士学位。入选第二批国家"万人计划"科技创新领军人才。

自1998年进入宝钢工作以来，蒋浩民始终从事薄板成形技术等方面的研究。先后负责包括国家高技术产业发展项目计划、上海市高新技术成果转化项目在内的10余项研究课题。科研成果支撑了3000多万吨宝钢汽车板的稳定使用，在创造巨大经济效益的同时，同步支撑了我国汽车行业的快速发展，使中国汽车板水平进入了世界先进行列。在当前钢铁行业极其低迷的形势下，宝钢汽车板成为高附加值、高技术含量新产品的典范。先后获国家科技进步一等奖与二等奖各1项，省部级科技进步奖6项（其中特等奖2项、一等奖2项），中国专利优秀奖1项，冶金企业管理现代化创新成果一等奖2项。发明专利授权/受理25项，发表论文80余篇，合作专著2部。曾获中国青年科技奖、中国金属学会冶金青年科技奖、首届长三角自主创新青年领军人物等荣誉称号；入选新世纪百千万人才工程国家级人选、上海领军人才等人才计划；享受国务院政府特殊津贴。

在中国汽车板处于起步初期、尚不能稳定使用之际，他参与创建了薄板应用技术研究领域。建立并拓展了适合中国汽车工业现阶段发展的新车型先期介入模式，有力地支撑了国内汽车厂新车型的研发和投产。在此基础上，开辟了以液压成形技术研究为代表的先进成形技术研究领域，为钢铁工业核心竞争力的提升和可持续发展提供了新的技术方向。在宝钢工作以来，和团队成员一起，在汽车板成形性能研究、汽车零部件先进成形技术、新车型EVI关键技术等研究领域取得了一系列开拓性的成果，推动了宝钢汽车板成形技术研究水平的不断跃升。

开发了国内外第一个具有自主知识产权的汽车钢板成形质量精益控制模型，提出了汽车钢板成形缺陷快速诊断及工艺改进成套技术，成功解决了国产高品质钢板不能大批量稳定生产和应用的20余项技术难题，改变了帕萨特、奥迪等知名新车型汽车钢板全部依赖进口的历史，并实现了宝钢汽车板对北美通用等海外汽车市场的大批量出口。形成了较为完善的高强度钢板成形质量和尺寸精度一体化控制技术，有效地提升了先进高强度钢板的冲压成形质量。负责的"超深冲成形高品质汽车钢板"2次入选上海市高新技术成果转化百佳项目十强，年创利税1.55亿元，年出口创汇1.3亿美元。

建立了集产品开发、工艺设计和应用推广于一体的液压成形产业化技术创新平台，成功研制了优于国外进口件质量水平的复杂液压成形零件，并实现了对上汽股份等国内知名汽车厂家的大批量稳定供货，加快了国内液压成形技术的产业化进程。首次提出了液压成形"通用"模具的概念，已形成宝钢独有的液压成形"倍凯"模具技术，并正式受理成为国家注册商标。已建立了一模多件管件液压成形模具等专利族群和技术秘密系列。

个人简介

韩旭，湖南大学教授。曾就读于哈尔滨工业大学，先后获工程力学学士学位和计算力学硕士学位，2001 年新加坡国立大学机械工程专业博士学位。入选第二批国家"万人计划"科技创新领军人才。

复杂结构和装备对于国民经济和国家安全保障具有重要战略意义，是国民经济的重要支柱，也是国家科技实力的综合反映。韩旭及其带领的学术团队，长期致力于复杂装备先进设计技术的研究，在相关方面取得了一系列理论与技术创新。获国家自然科学杰出青年基金，入选长江学者特聘教授及"百千万人才工程"国家级人选，担任多个国内外 SCI 或 EI 收录主流学术期刊的编委。主持了一系列该领域的国家重要科研项目，包括国防 973 项目（首席）、国家自然科学基金重点项目、国家 973 项目课题、国防科工委"十一五"基础研究重点项目等。在国内外重要期刊发表 SCI 收录论文 140 余篇，SCI 正面他引 1500 余次；出版英文专著 1 部；已授权发明专利和国家软件著作权近 20 项。

韩旭是近年来活跃于国内复杂装备数字化设计领域的知名学者，尤其在工程反问题计算、结构优化设计等领域，其领导的科研团队已成为国内该领域的主要团队之一，并受国际同行广泛关注。韩旭目前担任中国机械工程学会和力学学会多个主要专委会的委员及理事，作为大会主席组织了本领域多个国内外重要学术会议，包括国际计算方法大会（ICCM2010）、设计和制造前沿国际会议（ICFDM9）、中国青年科学家论坛、全国工程计算方法大会等，促进了国内外同行的交流及本领域学科的融合，如2010 年牵头组织的第 223 次青年科学家论坛，是继 2009 年香山会议之后国内在"CAE 技术及软件产业化"领域的又一重要会议，对我国在该领域产业政策的制定提供了意见。

近年来，韩旭领导的团队瞄准国家工业需求，解决了复杂装备在极端工况和复杂制造工艺下的高精度数字化建模、多功能和高可靠性设计等若干技术难题，实现了复杂装备集成化自主设计软件平台的开发。科研成果获国家科技进步二等奖 1 项（排名第 1）、省部级科技进步一等奖 2 项（排名第 1）和省部级科技进步二等奖 2 项（排名第 1 和第 2）。成果应用领域涵盖航空航天、特种防护装备、汽车、工程机械等，应用地区包括上海、北京、浙江、重庆、安徽、黑龙江、湖南等 10 余个省市；有效地推动了一批国内骨干企业的自主创新，培育了核心竞争力；研发的若干重要装备已经应用于国家重大工程项目之中。

个人简介

韩继斌，山推工程机械股份有限公司高级工程师。1992～1999年就读于北京航空航天大学航空动力工程专业，先后获学士学位和硕士学位，2001年获美国亚拉巴马大学工程力学与科学专业硕士学位，2005年获美国普渡大学机械工程专业博士学位。入选第二批国家"万人计划"科技创新领军人才。

韩继斌拥有中美两国顶尖大学的教育经历和科研背景。在美国装备制造业龙头企业、全球最大的重型机械公司Caterpillar（卡特彼勒）的任职经历使他更好地积累并掌握了国际最先进的科研方法与技术创新。韩继斌积累了丰富的工程材料，高级仿真技术，结构与应力分析，断裂、疲劳、寿命预测，有限元技术，数字化设计及新产品开发等多方面的技术和经验，并成功地将其应用于高端产品的设计与开发。

他所主导的科研项目涵盖装备制造、汽车、航空航天等多个领域，与多家国际知名企业、美国政府部门合作，并被广泛应用，产生了巨大的科研与经济效益，得到业内广泛认可，在8类不同顶级国际期刊杂志发表过专业论文（航空、汽车、材料等领域）。同时受邀参加著名的国际会议并作演讲20余次。

他开发的"仿真实验结合高级技术"在工程技术和复合材料方面的突出贡献、实用性和对美国的经济贡献，被世界最权威的复合材料国际专业协会——ASC授予"最佳技术论文奖"。经世界著名专家学者严格评审，来自世界20多个发达国家，500余名工程领域内顶尖科学家的200篇论文中，仅3篇获此殊荣。继而此研究成果被由美国联邦航空管理局认可的科研项目及产品上继续推广，提高美国航空产品的实用性、可靠性、节能性。

韩继斌主导的项目在美国装备制造业以及龙头企业卡特彼勒得到广泛推广，并让公司和美国经济收益得到很大提升。进而被授予"创新者"荣誉称号（Innovator）、"创新科研基金"奖（Innovation Grant Award），并当选为年度国际论坛"分析，仿真，测试技术"的组委会成员和分会主席。

同时，韩继斌还把在美国的前沿技术、先进的研发手段应用到了国内装备制造业上。他开创了山推工程机械股份有限公司的数字化仿真平台，带领团队在国内首创的超大功率推土机SD90产品的开发过程中，开创了全三维设计、仿真一体化的先河，申报了10余项专利。在大功率产品开发上，首次实现了当年开发次年试制成功的先例。此产品完全通过自主创新和技术攻关研究开发，填补了国内超大功率推土机的空白。不仅成功打破了国外品牌的长期技术封锁及市场垄断，还带动了相关产业的同步发展。近两年已经完成10多种型号的产品，20余项关键整机及零部件的产品仿真、分析工作，为公司创造持续的降成本效益达2000余万元。同时，还充分借鉴装备制造业龙头企业卡特彼勒公司的研发经验，带领团队打造国际一流的装备制造业研发、实验体系平台。此平台是集研发、设计、试制、实验于一体的综合性研发基地，将全方位提升国内装备制造业的研发实力和产品的核心竞争力。

鉴于韩继斌的突出贡献和创新成果，山东省政府授予其为"泰山学者"海外特聘专家、授予"留学人员回国创业奖"、省管企业"杰出创新人才奖"、济宁市的"杰出创新人才"等荣誉称号。此外他还被邀请担任国际知名杂志副主编、国际编委会委员以及十四份国际知名杂志审稿人。

个人简介

程亚，中国科学院上海光学精密机械研究所研究员。1993 年获复旦大学理论物理专业学士学位，1998 年获中国科学院上海光学精密机械研究所光学专业博士学位。入选第二批国家"万人计划"科技创新领军人才。

程亚长期工作在超快激光物理及应用领域，特别是在飞秒激光三维微纳制备领域做出原创性工作，对国际上该领域的发展做出推动性贡献，提出的技术已被来自美国、英国、日本等多国同行借鉴或采用。近年来应邀为国际学术刊物《应用物理评论》（*Applied Physics Reviews*）、《光：科学与应用》（*Light：Science and Applications*）、《芯片实验室》（*Lab Chip*）等撰写英文综述论文 10 余篇，并应施普林格出版社伦敦有限公司（Springer London）、潘斯坦福出版社（Pan Stanford）等国际著名出版社邀请，合著、合编英文论著 2 部。担任国际光电子领域多个重要大会委员会成员，为国际同行所熟知并尊重。发表 SCI 论文 150 余篇，已被引用 3000 余次。应邀在国际学术会议上作邀请报告 100 余次。2007 年获中科院百人计划择优支持，2008 年获国家杰出青年科学基金，2014 年任国家科技部重大科学研究计划项目首席科学家。入选"上海领军人才"，享受国务院政府特殊津贴。曾获上海市自然科学牡丹奖，上海市自然科学一等奖（排名第 3），中科院"朱李月华优秀教师奖"等。2012 年当选英国物理学会会士。

程亚发明了飞秒激光微纳直写三维空间分辨率操控与增强新技术，2003 年首次提出平衡纵向与横向分辨率的飞秒微纳直写新技术；2010 年又进一步采用时间聚焦新技术，首次实现了三维球对称的直写分辨率，被国际著名同行广泛借鉴和采用，并在一系列综述论文中大篇幅引用。

开拓发展了利用飞秒激光直写在玻璃中实现三维集成的功能性器件，2004 年首次在国际上实现利用飞秒激光直写直接在光敏玻璃内部实现三维微流体染料激光器。该论文被美国科学院和工程院院士、美国哈佛大学知名教授 G. Whitesides 连续多次引用。2008 年又实现光电混合集成，被国际同行评价为是可用于量子比特操控的干涉仪。

发现强光场电离诱导产生的空气激光新现象，被《自然光子学》（*Nature Photonics*）期刊作为研究亮点报道。推进高次谐波至对生命科学活体细胞研究具有重要应用意义的"水窗"波段，被《IEEE 光子学杂志》（*IEEE Photonics Journal*）特刊列入"2009 年光子学领域的突破"。

个人简介

程永亮，中国铁建重工集团有限公司高级工程师，副总经理、总工程师兼技术中心主任。1996～2000年就读于西南交通大学，获机械工程与自动化专业学士学位；2007～2012年就读于河南科技大学，获机械工程硕士学位；2012年攻读中南大学机械工程专业博士学位。入选第二批国家"万人计划"科技创新领军人才。

2000年参加工作至今，程永亮一直从事以盾构机为代表的地下工程装备自主研发，现在中国铁建重工集团，负责地下工程装备研发和科技管理。

在21世纪地下空间大开发的背景下，国家层面于2002年在国家863计划首次立项开始推动盾构机自主研发，产学研结合的团队集中了浙江大学、天津大学、中南大学等国内优势团队，大学时期就开始介入盾构机研发的程永亮非常幸运地参与了国家863计划先进制造领域所有的盾构机研发项目，从关键技术研究、关键系统部件研制到最后的整机研发的过程中，作为技术负责人完成了国内第一台复合式盾构机刀盘研制、国内最大的盾构控制系统检测试验台研制、国内首台复合式土压平衡盾构机研制，突破了刀盘地质宽泛适应性、复杂多系统协调与控制、地质适应性总体设计与集成等关键技术，获得了多项专利，研究成果先后获得湖南省科技进步一等奖、中施企科技进步一等奖等科技奖励，自2011年国产盾构机国内市场占有率首次超过50%以来，2012年市场占有率继续稳步提升并实现了国际市场的全面突破，公司自主研发的盾构机国内市场占有率连续3年位列前二。

程永亮于2012年被科技部聘为国家科技重点专项先进制造领域专家，被国家城市轨道交通学会聘为委员，担任中国工程机械协会掘进机械分会副会长并牵头硬岩隧道掘进机相关行业标准的起草。目前所带领的研发团队专业技术人员已经达到500人，是国内最大的地下工程装备研发团队，已组建了国家级企业技术中心和国内首个地下掘进装备工程技术研究中心，正在承担国家级科技计划3项，参与国家级科技计划7项。他作为负责人正在组织国家863计划全断面硬岩隧道掘进机（TBM）项目和湖南省战略新产品专项实施、作为主要人员参与国家科技支撑计划隧道预切槽和长距离大坡度煤矿斜井TBM等项目，项目成果将分别填补所在领域国内和国际的空白，推动了高端装备的跨行业应用，实现中国装备装备中国最终装备世界的目标。

个人简介

傅向东，中国科学院遗传与发育生物学研究所研究员。1991 年获武汉大学遗传学专业学士学位，1994 年获中国科学院武汉植物所植物学专业硕士学位，2001 年获浙江大学和英国 John Innes Centre 联合培养的农学专业博士学位。入选第二批国家"万人计划"科技创新领军人才。

"民以食为天"，如何有效地提高产量已成为我国粮食安全的重大战略需求。赤霉素在水稻和小麦的"绿色革命"中扮演着重要作用，但其作用机理并不清楚。多年来，傅向东致力于将前沿基础研究与我国粮食安全的实际需求相结合，在水稻高产、优质关键功能基因的克隆与功能研究方面以及在 GA－DELLA 信号传导途径与其他激素和环境因子互作调控植物生长发育的研究领域获得了多项创新性的成果。

他首次从中国"超级稻"中克隆了控制穗粒数和产量的 DEP1 基因。突变的 dep1 基因能够提高水稻茎尖分生组织的活力，增加穗粒数，进而显著提高水稻产量。DEP1 基因编码植物 G－蛋白 γ 亚基。dep1 能够增强氮的吸收和同化能力，进而提高收获指数和产量。在体内，DEP1 蛋白能够与 Gα 亚基和 Gβ 亚基相互作用。Gα 活性降低或 Gβ 活性提高均能抑制水稻生长的氮响应。因此，通过调节 G 蛋白的活性可以改变水稻的氮响应，进而在适当减少氮肥施用量的条件下获得水稻的高产。该项发现，为研究水稻的产量控制、实现水稻"资源节约型"高产分子育种提供了重要基因资源和新策略。GW8 是一个可同时影响水稻产量和品质的新基因。应用该基因可同时提高水稻的品质和产量：将它导入 Basmati 水稻品种，在保证优质的基础上可使其产量增加；将它导入我国高产水稻品种，在保证产量不减的基础上可显著提升稻米品质。在此基础上，又鉴定了一个控制水稻粒形和品质的重要基因——GW7。该基因能够通过改变细胞分裂模式来控制稻米的长宽比，是一个控制稻米外观、口感等多方面品质的正调控因子。GW8 能够通过直接结合 GW7 的启动子来负调控 GW7 的表达进而控制水稻粒形和稻米品质。水稻 GW7 和 GW8 基因的克隆为水稻高产、优质分子育种提供了有重要应用价值的新基因，也为揭示水稻品质和产量协同提升的分子奥秘提供了新线索。另外，证实了赤霉素信号途径的关键元件 DELLA 蛋白参与植物光形态建成。发现了拟南芥根尖感受低磷胁迫信号，根尖伸长区和分化区细胞的生长素的合成和生长素反应发生组织特异性改变；同时，缺磷胁迫促进 GA2ox2 基因的转录，导致 GA 含量下降，增强 DELLA 蛋白质功能，进而诱导主根生长的抑制。

以上研究成果分别被发表在 2009 年度、2012 年度、2014 年度和 2015 年度的《自然·遗传学》（*Nature Genetics*）、《植物细胞》（*Plant Cell*）、《植物生物学研究现状》（*Current Opinion in Plant Biology*）、《植物生理学》（*Plant Physiology*）、《细胞研究》（*Cell Research*）等杂志上，在国内外相关研究领域中产生了深远的影响。

个人简介

储明星，中国农业科学院北京畜牧兽医研究所研究员、博士生导师。1986~1993 年就读于北京农业大学动物遗传育种专业，先后获学士学位和硕士学位。1996 年于中国农业大学获动物遗传育种专业博士学位。入选第二批国家"万人计划"科技创新领军人才。

储明星自 1996 年 7 月至今一直在中国农业科学院北京畜牧兽医研究所从事科研工作。获得第十届中国农学会青年科技奖和第十届茅以升北京青年科技奖，入选 2007 年度"新世纪百千万人才工程"国家级人选，被聘为国家肉羊产业技术体系分子育种岗位专家。获得国家科学技术进步二等奖（排名第 5）、农业部科学技术进步一等奖（排名第 5）、北京市科学技术二等奖（排名第 1）、北京市科学技术三等奖（排名第 1）和河北省科学技术进步二等奖（排名第 4）各 1 项。获得 2010 年国务院颁发的政府特殊津贴。主持科研项目 22 项，参加科研项目 35 项。1991~2014 年发表论文 330 多篇（SCI 收录论文 60 余篇）。主编的《太湖猪高繁殖力研究与应用》（19 万字）获得国家科学技术学术著作出版基金资助并于 2003 年出版，主编的《奶牛体型线性评定及其应用》（28 万字）获中国农业科学院科技专著出版基金资助并于 1999 年出版，译著《数量遗传学导论》（第四版）（60 万字）于 2000 年出版。获授权国家发明专利 3 项（排名第 1）。

储明星主要从事绵羊和山羊高繁殖力和常年发情的分子遗传学基础研究。解析了下丘脑—垂体—性腺轴主要生物学通路上 28 个繁殖相关基因在 14 个不同绵羊品种中的多态性及其与小尾寒羊产羔数的遗传联系以及 33 个繁殖相关基因在 20 个不同山羊品种中的多态性及其与济宁青山羊产羔数的遗传联系。对 11376 只绵羊进行了 FecB 突变检测，建立了绵羊 FecB 突变分子检测方法及小尾寒羊多羔核心群和肉用多羔绵羊核心群。主持制定了农业行业标准《绵羊多羔主效基因 FecB 分子检测技术规程》，已在北京、河北、山东、江苏、宁夏、新疆等 9 家单位绵羊多羔育种中推广应用，建立了分子标记辅助育种体系，产生了显著的经济效益和社会效益。应用抑制消减杂交技术构建了济宁青山羊与辽宁绒山羊初配适龄和成年期下丘脑、垂体、卵巢共 6 个正向削减 cDNA 文库和幼年期、初情期、初情期同龄对照间下丘脑、垂体、卵巢—子宫、肾上腺共 12 个正向削减 cDNA 文库，从基因多态、组织表达谱、差异表达等方面探讨了 BMPR-IB、BMP15、GDF9、MTNR1A、KiSS-1 等基因与济宁青山羊高繁殖力、常年发情和性早熟的遗传联系。研究成果总体达到国际先进水平，其中 BMP15、GDF9 突变对山羊高繁殖力的遗传影响以及 MTNR1A 与济宁青山羊常年发情的遗传联系研究为国内外首次报道，研究水平居国际领先。

个人简介

鲁林荣，浙江大学教授。1993 年获中国科学技术大学分子生物学专业学士学位，1998 年获中科院上海生物化学研究所分子生物学博士学位。入选第二批国家"万人计划"科技创新领军人才。

鲁林荣自 2001 年起在哈佛医学院跟随美国科学院院士 Harvey Cantor 从事免疫学研究工作，致力于自身免疫性疾病的研究。2008 年作为"985 高层次海外引进人才"受聘于浙江大学医学院任免疫学研究所教授，建立免疫调节研究团队，开展免疫细胞的信号传导和功能研究。

鲁林荣发现并命名了一个调控 T 细胞发育的关键分子 Tespa1，阐明了其在调节 T 细胞受体信号传导中的关键作用及机制。该成果于 2012 年 5 月鲁林荣以通讯作者的身份发表论文在国际免疫学权威杂志《自然免疫学》［*Nature Immunology*，2012 May 6；13（6）：560 – 8，2011 年影响因子 26.008］。《自然免疫学》（*Nature Immunology*）在同期杂志上发表了述评，对这项研究成果进行了高度评价，称本研究是该领域一项令人吃惊的发现。在国际著名专业学术评价网站"Faculty 1000"上，几位在 T 细胞发育领域著名的科学家，包括美国 Scripps 研究所的 Nicholas Gascoigne 教授，LI-AI 的 Amnon Altman 教授和 NCI 的 Rémy Bosselut 教授等都对此工作进行了专题评论，认为这一研究揭示了一个调控 T 细胞发育的重要新成员，提示 T 细胞分化发育存在更为复杂的调控。

拓展了 CD8 + 调节性 T 细胞在治疗自身免疫性疾病方面的应用，发现醋酸格拉替雷能在小鼠体内通过诱导 Qa1 – 限制性 CD8 + 调节性 T 细胞来治疗小鼠炎症性肠病（Inflammatory bowel disease，IBD）。研究成果以通讯作者发表在《欧洲免疫学杂志》［*European Journal of Immunology*，2013 Jan；43（1）：125 – 36，2011 年影响因子 5.1］。

发现小 G 蛋白 Rab10 能调控 TLR4 信号，最终调节细胞对 LPS 刺激的响应和小鼠中细菌感染引起的急性肺损伤，完善了我们对 TLR4 信号调控的认识。研究成果发表在 2010 年 7 月 19 日《美国科学院院刊》［*PNAS*，107（31）：13806 – 11，2011 年影响因子 9.681］。该研究论文成果入选了浙江省自然科学基金"十一五"100 篇优秀论文。

美国《免疫》（*Immunity*）杂志社在 2012 年 12 月发布了专刊 *Spotlight on China Supplement to Immunity* 2013 介绍中国免疫学研究在近几年所取得的成就。在专评中高度评价了鲁林荣教授及其团队在 NK 调节适应性免疫和 T 细胞发育方面的学术贡献。

个人简介

童小华，同济大学教授。1989~1999 年就读于同济大学，1993 年获土地管理专业学士学位，1996 年获工程测量专业硕士学位，1999 年获交通运输规划与管理博士学位。入选第二批国家"万人计划"科技创新领军人才。

童小华 1999 年 6 月起在同济大学测量系历任讲师、副教授和教授。目前是测绘与地理信息学院院长、教育部长江学者特聘教授。曾是美国国家地理信息与分析中心（加州大学圣巴巴拉分校）访问学者、香港理工大学客座研究员和武汉大学测绘遥感信息工程国家重点实验室博士后。现任国际制图协会数据质量委员会副主席、国际摄影测量与遥感学会空间数据质量工作组联合组长。入选国家测绘地理信息局科技领军人才、上海市优秀学术带头人、新世纪百千万人才工程国家级人选和教育部新世纪优秀人才计划等。

空间数据是地球系统科学、地学分析及深空探测等的基础数据，其质量和可靠性直接影响信息应用与决策的成败。空间数据质量是地球空间信息科学核心基础理论和国际学术前沿问题，也是月球探测、智慧城市建设等国家重大需求问题。童小华专心从事空间数据质量研究已有 15 年，近年来把长期从事的不确定性研究整体推进到可信度基础理论研究，实现了主攻方向的跨越。提出了"空间数据可信度"（Trust in Geospatial Data and Modeling）新概念；以提高空间数据可以信赖的程度为目标，在数据可信度量、建模和控制理论方面取得了新突破。

他在空间数据可信度研究方面取得创新性成果，开拓了从数据不确定性到数据可信度的研究，提出了空间数据可信度控制理论，被选为国际 ISPRS 空间数据质量工作组 2012~2016 年的重要研究主题。提出了新型卫星观测系统的误差精密检校和控制理论，已用于我国"嫦娥三号"重大航天工程中着陆器软着陆关键任务和"资源三号"第一颗立体测绘卫星的测图精度验证系统。提出了新的误差带理论模型（国际命名为 εm - 模型），解决了国际上使用多年的经典误差模型及改进模型的理论缺陷，被美国《地理信息科学手册》引用；提出了通用二级质量检验抽样模型，已编入国家行业数据质量标准。解决了地理信息科学中数据误差和质量控制领域多年累积的核心科学难题，用于"嫦娥探月""资源三号"卫星和国土资源调查等重大工程，有广泛科学价值和应用前景。

其成果获 1 项国家自然科学二等奖（排名第 2），5 项省部级科技一二等奖（3 项排名第 1、2 项排名第 2）。发表论文 150 余篇，其中 SCI 收录 35 篇（24 篇第一作者）、EI 收录 58 篇。被国内外同行他引 1231 次。5 次任国际会议大会主席或组委会主席，4 次在国际会议上大会报告或邀请报告；以第一完成人获授权专利 5 项、软件著作权 2 项，受理发明专利 3 项。

个人简介

童利民，浙江大学教授。1987～1997年就读于浙江大学，1991年获物理学专业学士学位，1994年获光学专业硕士学位，1997年获半导体材料专业博士学位。入选第二批国家"万人计划"科技创新领军人才。

2003年，在美国哈佛大学访问进修期间，童利民与Eric Mazur教授合作首次实现亚波长直径光纤的低损耗光学传输［Nature 426，816（2003）］，并系统给出微纳光纤的理论传输特性［Opt. Express 12，1025（2004）］，提出了纳米光纤研究新方向，推动了光纤导波技术向亚波长尺度发展。

2005年以来，他提出了微纳光纤近场耦合技术［Nano Lett. 5，259（2005）；Appl. Opt. 46，1429（2007）；Nano Lett. 9，4515（2009）］，被国内外相关研究组广泛采用；首次研制成功微纳光纤激光器、传感器等微纳光子器件［Opt. Express 13，2135（2005）；Appl. Phys. Lett. 89，143513（2006）；Appl. Phys. Lett. 90，233501（2007）］，被《光谱》（*Photonics Spectra*）、《激光世界》（*Laser Focus World*）、《亚洲材料》（*NPG Asia Materials*）等学术杂志报道和高度评价。

2008年提出并研制高分子纳米光纤传感器，实现高灵敏、快响应气体传感［Nano Lett. 8，2757（2008）］。随后，研制成功量子点、金纳米棒等掺杂的高分子纳米光纤，实现了超低光功率、快响应纳米光纤传感器［Adv. Mater. 23，3770（2011）；Nano Lett. 12，3145（2012）］，被《自然中国》（*Nature China*）等学术杂志报道和高度评价。

2011年，提出近场自耦合方法，解决了单根纳米线激光器的选模问题，首次研制成功单纳米线单模激光器［Nano Lett. 11，1122（2011）；Appl. Phys. Lett. 99，023109（2011）］，使纳米线激光器向实用化迈进一步。被《自然》（*Nature*）、《自然纳米技术》（*Nature Nanotechnology*）等学术杂志报道和高度评价，被《激光世界》（*Laser Focus World*）杂志"年度技术回顾"选为2011年度"光源"领域的4个突出工作之一。

童利民共发表学术论文120余篇，SCI引用3000余次，英文专著1本，授权国家发明专利10余项，在国际学术会议做特邀报告40余次。获国防科学技术奖（排名第2）、国家杰出青年科学基金、"王大珩"光学中青年科技奖、中国青年科技奖、霍英东教育基金会青年教师奖、长江学者等资助或荣誉。

个人简介

　　游书力，中国科学院上海有机化学研究所研究员。1996年获南开大学化学专业学士学位，2001年获中科院上海有机所有机化学专业博士学位。入选第二批国家"万人计划"科技创新领军人才。

　　游书力自2006年回中科院有机所工作以来，主要从事设计与合成手性催化剂、发展手性催化新概念及手性催化新反应。实现了一些原料简单、反应原子经济性高、催化剂环境友好的高选择性碳氢键直接官能团化和不对称去芳构化反应，并把这些方法学应用到一些重要天然产物和药物分子类似物的合成中。发展了布朗斯特酸催化的不对称傅克烷基化反应，提出了金属与有机小分子"串联催化"概念，实现了金属钌与布朗斯特酸烯烃复分解/不对称傅克烷基化串联反应；发展了一系列手性单膦配体，在金属铱催化的烯丙基取代反应中取得了最好的结果；首次提出了"催化不对称去芳构化"（CADA）反应概念，实现了吲哚、吡咯、苯酚等芳香化合物的不对称去芳构化反应。利用这些新反应方法，完成了重要天然产物cleroindicins家族多个成员的最为简洁高效的不对称合成。已有多个工作被收录于中科院研究生教学丛书《手性合成—不对称反应及应用》第五版。所发展的多个催化剂及手性配体实现了商品化。

　　游书力已发表论文190余篇（他引7100余次），撰写专著1部，其中专著章节7个。研究工作在发表以后多次被《合成亮点》（*Synfacts*）积极评述，被《化学通讯》（*Chemical Communications*）杂志选为"热点论文"和有机化学门户（Organic Chemistry Portal）网站作为摘要收录。申请中国发明专利20多项（已获10多项授权）。先后受邀在国际、国际双边、全国会议上做大会及邀请报告50多次。

　　他曾先后获2007年中国化学会—约翰威立出版公司"青年化学论文奖"，2008年中国化学会"青年化学奖"、第一届"中美教授联合会杰出青年教授奖"、2010年国家杰出青年科学基金、第三届中国化学会—英国皇家化学会青年化学奖、2013年国家自然科学二等奖（排名第3）、2014年中国科学院青年科学家奖、罗氏中国青年科学家奖、中国化学会青年手性化学奖、药明康德生命化学研究奖以及第七届上海青年科技英才和上海领军人才等荣誉称号，2011年"百人计划"入选者终期评估为优秀。

　　游书力在国际有机化学领域赢得了较高声誉。2011年获阿斯利康杰出化学奖，2015年获英国皇家化学会默克奖，均是该国际奖项第一次授予中国学者。目前担任《金属有机化学》（*Organometallics*）副主编；《亚洲有机化学》（*Asian Journal of Or-*

ganic Chemistry）编委；《英国化学会综论》（*Chemical Society Reviews*）、《化学通讯》（*Chemical Communications*）、《有机和生物分子化学》（*Organic & Biomolecular Chemistry*）、《高等合成与催化》（*Advanced Synthesis & Catalysis*）和《美国化学会催化》（*ACS Catalysis*）杂志国际咨委。担任 2008 年国际华人有机会议（ISCOC）、第 13 届亚洲化学大会（Asian Chemical Congress）有机分会、第 16 届国际导向有机合成的金属化学（OMCOS16）和第 25 届国际手性会议秘书长；2013 年北京论坛（Beijing Symposium 2013）共同主席。

个人简介

游劲松，四川大学教授。1989 年获重庆大学应用化学专业学士学位，1992～1998 年就读于四川大学有机化学专业，先后获硕士学位和博士学位。入选第二批国家"万人计划"科技创新领军人才。

游劲松在 C–H 键活化领域做出了创新性和系统性的研究工作，是 C–H 键活化领域的代表性学者之一，特别是在氧化偶联反应方面做出了重要贡献。他是国内外最早提出基于 C–H 键直接高效高选择性转化构筑有机光电功能分子的代表性学者，在推动利用 C–H 键活化策略构筑有机光电功能分子方面做出了重要贡献。

游劲松致力于建立新的有机合成方法来合成多样化的杂芳环以及具有拓展 π 共轭结构的化合物，并以超分子化学为基础发展具有光电特性的新材料。在杂芳环 C–H 键直接官能化反应、C–X（X：S、O、N）键形成及成环反应等方面取得重要研究结果。这些反应具有简单、高效、原子经济性的特点，可以方便地扩展分子的 π–共轭体系以及引入官能团，为具有光电特性分子、药物分子以及新材料的合成提供了简洁、高选择性策略。

他利用杂芳环的 C–H 键直接官能化高效构建多样化共轭骨架库，在有机太阳能电池、场效应晶体管材料、OLED、荧光探针、压致变色、能量共振转移等方面显示出良好应用前景。"构筑黄嘌呤荧光探针"作为热点文章发表在《德国应用化学》（*ACIE*，2009，48，3296），并入选 2009 年中国最有影响的 100 篇国际学术论文。这些方法成功用于具有宽强吸收特性的近红外共轭聚合物材料的合成，并在有机太阳能电池领域获得应用。"利用阴阳离子相互作用设计压致变色材料原理"被《ACS 亮点》（*ACS Noteworthy Chemistry*）"Highlight"。

他开创性提出的"利用杂环电子特性差异实现芳杂环之间的 C–H/C–H 交叉氧化偶联"策略已广泛用于联杂芳基、多（杂）芳基骨架的构建，并成为研究热点。《德国应用化学》（*ACIE*，2011，50，7479）发表亮点文章，对该开创性工作进行全面介绍，认为是"突破""先驱工作""重要贡献""高效方法"等。发表在《美国化学会志》（*JACS*，2010，132，1822）一文成为该刊三年引用最多的 Top 20 论文，成果获得教育部自然科学一等奖。

作为项目首席专家，游劲松带领团队申报获准 863 主题项目"新型纳米能源材料及器件关键制备技术"。项目目标为面向高效能量转化与利用、光电互转以及探测传感，发展可实用化新型光伏、新型光源和新型探测传感器用纳米新材料与纳米结构器件，促进新能源产业的发展和传统产业转型升级。作为技术负责人承担江苏省产学研项目"超高强高模杂环芳纶Ⅲ单体的关键技术研发及产业化"（1000万元）。

迄今发表SCI论文160余篇，包括《自然通讯》（*Nature Communication*）、《美国化学会志》（*J Am Soc Chem*）、《德国应用化学》（*Angew Chem Int Ed*）、《先进性功能材料》（*Adv Funct Mater*）、《化学科学》（*Chem Sci*），其中影响因子 > 10 的30篇，影响因子 > 5 的70篇，论文他引3000余次。主持国家级、省部级以及企业合作项目总经费近4000万元，科研成果转化累计创造经济效益已超过2000万元，2010年获得国家杰出青年基金。

个人简介

　　谢丹，中山大学研究员、教授、博士生导师，中山大学——肿瘤防治中心"华南肿瘤学国家重点实验室"课题组长（PI），病理科副主任。1991 年中南大学湘雅医学院临床医学系本科毕业，1996 年获中山大学医学院病理学硕士学位，2004 年获香港大学医学院临床肿瘤学博士学位。入选第二批国家"万人计划"科技创新领军人才。

　　谢丹是国家杰出青年基金项目获得者，现任中国抗癌协会癌转移学会——青年委员会副主任委员。

　　他从事肿瘤病理学研究 20 年，主要运用分子病理学和实验肿瘤学等相关技术，研究肝癌、结直肠癌、鼻咽癌和食管癌等多种人类恶性肿瘤的分子遗传学特征和诊断标志物及肿瘤侵袭转移机制；先后主持国家和部省级科研课题 20 余项，研究经费超过 1000 万元；共发表 SCI 收录论著 151 篇（包括通讯/共同通讯作者论著 65 篇，第一/共同第一作者论著 13 篇），累计影响因子（IF）820 多分，许多论著发表在《柳叶刀肿瘤学》（Lancet Oncol）、《临床研究杂志》《胃肠道》《肝病学》《癌症研究》《癌基因》（Cancer Res）、《临床癌症研究》《病理学杂志》《癌症发生》等国际肿瘤学和病理学著名杂志上；同时，申报肿瘤病理诊断相关的专利 5 项。

　　近五年来，谢丹完全立足于国内工作，并积极开展国内外合作，重点针对肿瘤分子诊断和侵袭转移机理等关键临床和科学问题，对肿瘤诊断标志物和肿瘤转移关键环节上皮—间质转化（EMT）的分子机制等进行了系列研究。新发现并确证 PinX1、AIB1、Clusterin、CD66b、CCRK、BMI1、MicroRNA－29c 等一系列标志物在评估多种恶性肿瘤进展、放化疗敏感性和预后中的临床病理学应用价值；首次发现癌基因 EZH2 在肿瘤转移和肝癌早期诊断中的关键作用，揭示 miR－124 低表达直接靶向上调 EZH2 促进 EMT 和转移的分子机理，提出 EZH2 必须与 HDAC1/2 和 Snail 形成三联线性复合物抑制 E－cadherin 诱导肿瘤细胞转移的新分子模型。率先阐明新癌基因 EIF5A2 通过"EIF－5A2/c－MYC/MTA1"通路促进肿瘤 EMT 和浸润转移的机制。研究工作和成果得到肿瘤学界的广泛认可，入选 2008 年度教育部"新世纪优秀人才支持计划"，2010 年度广东省"千百十人才培养对象"，2011 年中华医学会"中华肿瘤明日之星"，并获 2012 年度"国家杰出青年基金"项目。

个人简介

谢晶，上海海洋大学教授，博导。1986～1993年就读于上海水产大学，分别获制冷工程学士学位和水产品加工及贮藏工程硕士学位，2000年获上海理工大学制冷及低温工程博士学位。入选第二批国家"万人计划"科技创新领军人才。

谢晶现为上海市教委重点学科"食品质量与安全"学科带头人、上海水产品加工及贮藏工程技术研究中心常务副主任、农业部水产品贮藏保鲜质量安全风险评估实验室副主任、中央和地方财政共建"食品绿色冷藏链实验室"主任。现任国际制冷学会食品科学和工程专业委员会副主席、中国食品科学技术学会青年工作委员会副主任、上海市制冷学会副理事长、上海冷藏库协会专家委员会主任、上海市食品安全风险评估专家委员会专家、上海市农产品质量安全专家委员会专家，在国内外食品和制冷界具有一定的知名度和影响力。

她从事农产品品质控制、冷链装备优化设计、食品冷冻冷藏等方面研究，曾获霍英东教育基金会高等院校青年教师奖、上海市曙光学者、上海市育才奖、上海科教系统创新英才、上海市高校优秀青年教师、上海市优秀学科带头人、第六届"上海市巾帼创新奖"、宝钢优秀教师奖、上海市领军人才等荣誉称号，享受国务院政府特殊津贴。

近五年来，主持完成了国家863计划重点项目、国家科技支撑计划、上海市科委重点项目、上海市政府间国际科技合作计划、上海市农委重点攻关项目等课题多项，带领团队在农产品冷链装备和工艺的优化设计、技术创新、食品安全控制等方面做出了重要探索，提出了农产品新型冷链装备和工艺、食品安全控制新模式等；积极开展了学科交叉和集成创新的研究工作，获得了一批具有国际先进水平或国内领先的研究成果，成果应用后为企业在农产品冷链装备创新与猪肉产品、水产品产后增值方面累计新增产值40多亿元、新增利润近10亿元，为我国食品物流领域的发展做出了重要贡献。以第一完成人获上海市技术发明奖一等奖、二等奖，上海市科技进步三等奖等省部级科技奖项多项。此外，作为高校教师还担任了上海市精品课程"食品冷冻冷藏原理与技术"、上海市教学团队"食品冷冻冷藏系列课程"负责人。先后在国内外重要学术刊物发表论文200余篇，其中SCI/EI论文40余篇，获得发明专利29项、实用新型专利12项、软件著作权10项。

在近20年的科学研究中，谢晶建立起了一支学科结构合理、学科优势交叉、攻关能力强的中青年科技团队。具有很强的科研管理、团队组织协调能力，具有创新的思维，熟悉本学科和领域最新研究动态，有能力带领团队对国际国内研究前沿领域开展研究工作，为我国农产品加工及贮藏工程学科的发展、食品产业的进步提供技术支撑。

个人简介

雷军，北京金山软件有限公司董事长兼董事会主席。于1987～1991年就读于武汉大学，获计算机科学软件专业学士学位。入选第二批国家"万人计划"科技创新领军人才。

雷军于1992年起加盟北京金山软件有限公司，自1998年起出任首席执行官，在其带领下，金山软件跨越了PC、互联网、移动互联网三个时代，并实现了自身从传统软件企业到移动互联网企业的蜕变，成为跨办公软件、互动娱乐、移动互联网安全、云计算等众多领域的科技型企业集团。

在办公软件方面，WPS是我国自主知识产权的民族软件代表，自1988年诞生以来，WPS Office产品不断变革、创新、拓展，成为应用最广泛的办公软件之一，曾于2002年度、2007年度2次获得国家科技进步二等奖。2011年，顺应移动互联网大潮，WPS融合最新的移动互联网技术推出了移动版产品，并迅速覆盖了全球50多个国家和地区。2015年WPS+"一站式"云办公的诞生，面向企业级用户提供基于云计算、跨平台、多应用、可扩展的"一站式"云办公，借助WPS Office、企业邮箱、WPS云文档、企业IM、企业通信录、企业微博以及更多的产品，通过公有云或私有云的模式为企业提供安全可控，移动办公，高性价比，高效沟通，文档协作的解决方案。2017年WPS全球月活跃用户已超过2亿。

雷军是金山公司进入娱乐领域的第一推动人，在技术上，从2D到3D，从PC端到移动端游戏，金山网络游戏一直以武侠风格的网络游戏演绎了中国传统文化，《网络游戏通用引擎研究及示范产品开发》曾获得国家863计划支持。著名的《剑侠情缘》系列游戏被誉为中国网络游戏的常青树，拥有数百万忠实的粉丝，2016年《剑侠情缘手游》上线，以月流水超过5亿元，标志着金山网络游戏向移动转型。

在互联网安全软件方面，雷军是国内最早研究病毒与杀毒软件的程序员之一，著名的金山毒霸曾先后20多次通过了国际权威的认证。2010年成立金山网络，成为金山软件集团整体转型移动互联网的标志，2014年5月8日在纽交所上市，并正式更名为猎豹移动，迅速成为全球领先的移动工具开发商、移动互联网安全公司，猎豹清理大师长期在谷歌移动工具排行榜排名第一，金山电池医生、金山安全大师、猎豹浏览器等也排在前十位，2017年，猎豹移动全球月活跃用户已超过6亿，并在向人工智能领域进军。

在云计算领域，2014年12月，雷军提出了"All In Cloud"的云计算发展战略，5年投资100亿美元，近几年金山云保持了平均300%的增长速度，2016年赛迪顾问的统计数据，金山云成为国内第三位的公有云服务商，并拥有国内最大的云存储规模。金山云已完成了在云计算、云存储、云网络、云安全、云数据库等基础云服务的计算和产品体系构建，以及大数据、人工智能等技术的突破，在医疗云、视频云、游戏云、智能硬件云、教育云、电子政务云等垂直领域拥有完善的云服务解决方案和领先的市场份额，估值超过 100 亿元人民币，成为云计算发展最快的"独角兽"。

雷军引领金山软件集团在发展过程中以创新的产品和技术服务于全球十几亿用户，未来将凭借技术上的领先优势，不断探索新的发展模式，以云计算和移动互联网为核心，携手合作伙伴共同推动技术进步和产业变革。

个人简介

雷光华，湖南省关节外科临床医疗技术研究中心主任、中南大学骨科研究所副所长、湘雅医院骨科研究室主任，二级教授，一级主任医师，博士生导师。1993 年获湖南医科大学临床医学专业学士学位，2000 年获中南大学博士学位。

雷光华兼任全国青年科协常务理事、中华医学会运动医疗分会委员、中华骨科学会关节外科骨关节炎工作委员会副主委、中国骨科医师协会运动医学专业委员会副主委、湖南省医学会骨科专业委员会候任主委、湖南省医学会运动医疗专业委员会主委和湖南省骨质疏松专业委员会主委等。受聘为《中国修复与重建外科杂志》等国内知名专业期刊常务编委或编委以及 7 家国际知名期刊特约审稿人。被评为全国医药卫生界生命英雄之"探索之星"、全国青年岗位能手和"湘雅名医"称号，湖南省"芙蓉学者特聘教授"、普通高校学科带头人、入选"121"人才工程、"225"卫生人才工程和中南大学"531"人才工程等多项人才计划支持。

他主攻关节运动损伤与退行性疾病的发病机理和防治研究，擅长人工关节置换、翻修与关节镜微创手术。先后主持科研课题 17 项，包括国家自然科学基金课题 3 项、湖南省自然科学基金重点课题 1 项、湖南省科技计划项目重点课题 1 项和教育部博士点基金课题 1 项。近五年以通讯作者和第一作者在《新英格兰医学杂志》（*New Engl J Med*）、《自然》（*Nature*）子刊等国际知名期刊上发表和接收 SCI 论文 76 篇，总影响因子 302.25，单篇最高 55.873，平均 3.98。主编/译专著 5 部。获国家专利授权 10 项，获湖南省医学科技奖一等奖 1 项，获湖南省科技进步奖二等奖 1 项，湖南省自然科学奖二等奖 1 项。他培养硕士研究生 54 名，培养博士研究生 25 名。

作为临床一线关节外科医生，他一直致力于关节外科常见病骨关节炎（OA）的发病机理、危险因素和防治研究，取得了一系列创新成果。他围绕骨桥蛋白（OPN）上下游调控、转录和翻译后修饰等不同环节在 OA 发病中的作用进行深入研究，发现 OPN 及凝血酶裂解 OPN 可作为 OA 的生物学标记物，并有望成为未来治疗 OA 的生物学干预靶点；同时初步探明了 OPN 在 OA 中的作用机制，为 OA 的防治研究奠定了基础。建立 OA 大数据库探索 OA 危险因素，发现营养素缺乏与 OA 患病密切相关，并针对危险因素探索有效的干预措施，发现膳食镁补充可减轻 OA 症状、延缓 OA 进展，为 OA 的预防和治疗提出了新的方向。他系统地评价了多项治疗方法对 OA 的疗效及安全性，获得的循证医学证据对国际骨关节炎研究学会（OARSI）膝 OA 指南进行了补充，部分研究成果和观点在《新英格兰医学杂志》（*New Engl J Med*）和《自然》（*Nature*）子刊发表，引起了较大的反响，具有广泛的临床指导意义。他探索建立 OA

早期干预、分级监测与规范化防治体系，成功搭建了人工关节置换随访平台和研究网络，建立了湖南省 OA 标本库，自主研发人工膝关节置换相关手术器械，对 OA 的手术治疗、疗效监测及相关研究具有重要意义。

个人简介

雷晓光，北京大学教授，博导。1997～2001 年就读于北京大学，获化学学士学位，2001～2006 年就读于美国波士顿大学，获有机化学博士学位。

雷晓光是中国化学会、中国药学会、美国化学会、中美化学教授协会、国际化学生物学会会员。在复杂天然产物全合成、活性小分子探针导向的化学遗传学研究以及创新药物研究中新的药物靶点发现等研究领域取得了一系列具有原创性的科学发现。近 5 年内，以通讯作者形式发表论文 40 篇，其中包括《细胞》（*Cell*）、《自然—化学生物学》（*Nature Chemical Biology*）、《自然—通讯》（*Nature Communications*）、《细胞—化学生物学》（*Cell Chemical Biology*）、《美国化学会志》（*JACS*）、《德国应用化学》（*ACIE*）等，并申请国际发明专利 6 项，相关科研工作受到了国内外同行的广泛关注，被《化学与工程新闻周刊》（*C&E News*）、《自然—综述》（*Nature Reviews*）等评述 15 次。曾获日本化学会杰出讲座教授奖（2014）、国际化学生物学会首届青年化学生物学家奖（2013）、中国化学会青年化学奖（2013）、中国药学会施维雅青年药物化学奖（2013）、教育部新世纪优秀人才（2010）等 15 项国内外学术奖励。负责或参与了 11 项科研项目，其中包括国家自然科学基金—优秀青年基金、国家科技部 973 重大研究计划（首席科学家等），并被评为教育部新世纪优秀人才。雷晓光教授已经被邀请在国内外重要学术会议上做大会或邀请报告 30 余次。

在复杂天然产物全合成领域，雷晓光课题组成功运用仿生合成和集体合成的策略，完成了一系列具有复杂多环结构和重要生物功能的倍半萜内酯类和石松生物碱类天然产物的高效全合成。相关全合成工作发表在《美国化学会志》（*JACS*）、《德国应用化学》（*ACIE*）等高水平期刊上。同时，对于石松生物碱的全合成研究成果引起国际同行专家的关注并被列为研究亮点和封面文章。此外雷晓光课题组还系统地利用天然产物作为化学探针分子，揭示出一系列新的生物靶点和分子作用机制，并且成功地将倍半萜内酯类天然产物分子开发成抗炎、抗肿瘤药物先导。相关工作在《自然—通讯》（*Nature Communications*）杂志上发表，并且得到《化学与工程新闻周刊》（*C&E News*）的新闻报道。

在化学生物学领域，雷晓光课题组利用高通量筛选技术（high-throughput screening，HTS）获得了一个对于细胞坏死有特异性抑制作用的小分子化合物 Necrosulfonamide（NSA）。通过深入的化学遗传学研究，成功地找到了该小分子化合物的作用靶点：MLKL 蛋白，并首次证明 MLKL 蛋白在细胞坏死通路中起着关键性的调控作用。

该研究成果在《细胞》（*Cell*）杂志上发表，并被《化学与工程新闻周刊》（*C&E News*）、《自然—综述》（*Nature Reviews*）等杂志作为亮点成果报道。此外，通过利用化学生物学和药物化学研究手段，雷晓光课题组发现了死亡受体（DR5）的第一个小分子激动剂 Bioymifi，并阐明了该化合物促进癌症细胞凋亡的功能。Bioymifi 可以作为重要的工具分子被用于细胞凋亡的分子作用机制研究。同时它的发现也为进一步针对 TRAIL 通路设计与开发新颖高效的小分子抗癌药物提供了重要基础。该项研究成果发表在《自然—化学生物学》（*Nature Chemical Biology*），并被《化学与工程新闻周刊》（*C&E News*）和《自然—亚洲》（*Nature Asia*）作为研究亮点报道。

个人简介

詹文章，北京汽车集团有限公司新能源汽车管理部部长，正高级工程师。1991 年获解放军运输工程学院汽车运用工程专业学士学位，1997 年获吉林工业大学汽车设计制造专业硕士学位，2000 年获吉林大学车辆工程专业博士学位，2003 年中国铁道科学研究院交通运输工程博士后出站。入选第二批国家"万人计划"科技创新领军人才。

作为北汽集团新能源汽车管理部部长，詹文章在北汽新能源汽车发展中发挥了关键核心作用。他长期从事新能源汽车研发和管理工作，科研经历丰富，在国内纯电动汽车的创新潮流中独树一帜，主持研发的北汽 E150、M30 和 SAAB93 等纯电动汽车均已实现规模量产，技术水平国内领先，产品质量广受市场好评，其系列产品销量在国内遥遥领先；在弱混 BSG、中混 ISG、强混 EV – AT 车型开发中颇有建树；获得专利授权 35 项。

在科研方面，先后成功组织申报了科技部、北京市科委等二十多个科研项目，项目经费总计超过 5 亿元，并进行了卓有成效地实施与管理，取得了丰硕成果，包括开发出具有原始创新型"EV – AT"电子无级变速系统和 DCM 机电耦合动力传动装置，前者集发动机与电动机动力耦合和无级变速功能于一体，已成功应用于北汽"陆霸"深度混合动力汽车；后者集发动机、ISG 电机、电控自动离合器和 AMT 自动变速技术于一体，已成功应用于北汽蒙派克中度混合动力汽车。在北京汽车新能源汽车公司期间，组建了一百多人的技术研发与产品开发团队，其中硕士以上学历占 32%，本科以上学历占 81%，是一支高素质、充满激情和勇于挑战的队伍。该团队作为北汽新能源乘用车产品开发的主力军，先后开发出纯电动、微混、中混、重混等十多款新能源车型，整车动力性和经济性指标总体水平在国内处于领先水平；自主掌握了整车系统集成与匹配、整车控制、电驱动总成等关键核心开发技术，建立了整车控制核心技术开发平台。特别是在纯电动汽车领域，在短短 1 年的时间里就基本建立起 Q60FB、C30DB、M30RB 三个纯电动整车技术平台，并开发了十多款不同配置的纯电动车型，传动系有 AT 和单级减速两种技术方案，电机采用了永磁同步和交流感应两种技术路线，电池有固定电池和快换电池两种方式，整车控制器具有英飞凌和飞思卡尔两个硬件开发平台。在试验能力建设方面，与普莱德电池实验室、北汽大洋电机实验室三个实验室共同构成具备全国领先水平的北汽新能源汽车试验中心，具备较强的新能源汽车整车与零部件试验和验证能力。截至目前，北汽新能源汽车产品开发团队研制的 E150EV 纯电动轿车、C70GB 纯电动轿车、M30RB 纯电动货车等在已交付示范运营和商业销售近万辆，居国内纯电动汽车市场领先地位。

在整车平台建设方面，建立起 C70GB、C30DB、M30RB 三个纯电动整车技术平台，并开发了十多款不同配置的纯电动车型；同时开展 C30DS 增程式电动汽车、301BSG 弱混合动力汽车产品、全新平台纯电动轿车开发、C70PHEV 插电式混合动力汽车等车型产品开发；还建立了新能源汽车共性关键技术开发平台，以及相关的电动汽车标准体系。所建设的北汽新能源汽车试验中心，具备较强的新能源汽车整车与零部件试验和验证能力，申报获批北京市教委"新能源汽车北京实验室"。目前依托上述车型平台，北京新能源汽车股份有限公司已达到单班 2 万辆/产能。

在产业化能力建设方面，建起来的研发团队至今已发展成为一支拥有 300 多人的研发队伍，使北京新能源汽车股份有限公司成为国内为数不多的、真正具有新能源车三大部件开发能力的汽车企业，形成了比较完成的北京新能源汽车产业链，所开发的产品在北方的市场占有率一直处于领先地位。北汽新能源已成为世界一流、国内技术领先、产业规模最大、实力最强的新能源汽车研发、生产基地。团队掌握新能源汽车的核心技术，建立完整的新能源汽车产业链，为北京汽车集团提高自主发展能力和培育汽车民族品牌提供重要保证，对新能源汽车产业推广起到先进带头作用。

在北汽集团新能源汽车产业链的建设中，他组建了新能源汽车业务团队、北汽新能源公司，创建了普莱德、大洋电机合资公司，还在坚持发展新能源汽车自主知识产权的同时，积极开展对外合作，先后主持与美国 ACP 和 FEV、法国 VALEO、以色列 BP 等多家国外公司合作开发，完成了多种技术方案的工程样车开发；主持了 SK 电池、西门子电机、参股美国硅谷 Atieva 公司的谈判工作，创建了 BESK、西门子电机等合资企业，为北汽新能源汽车业务的快速发展奠定了良好的基础。

詹文章是北京市五一劳动奖章获得者、科技北京百名科技领军人才培养工程入选者、北汽集团优秀创新人才、北汽集团本部先进个人。兼任中国汽车工程学会悬架分会副主任委员、科技部 863 节能与新能源汽车重大专项项目评审、验收专家，工信部联合国 WP29 电动安全性全球技术规范（EVS GTR）专家组专家、教育部汽车电子与控制系统工程中心技术专家组专家、工信部动力蓄电池生产企业和产品审核专家、中国汽车工业奖励基金会委员、澳大利亚汽车工程学会会员、澳大利亚卧龙岗大学电池与材料国家重点实验室技术委员会委员。

个人简介

窦慧莉，中国第一汽车集团公司高级工程师。曾就读于吉林大学，先后于1990年和1993年获内燃机专业学士学位和硕士学位，2006年获动力机械于工程专业博士学位。

窦慧莉长期致力于低碳天然气发动机的研发。经20年专业研究和积累，带领团队跻身国内技术前列，成为国内在该领域的领军人才。突破了燃烧和电控核心技术，主持开发了全系列绿色低碳天然气发动机和整车，建立了一汽绿色低碳动力战略性新兴产业，创产值超40亿元，累计替代汽柴油400多万吨，减少二氧化碳排放量170多万吨，为我国实现绿色低碳出行和保障能源安全做出了贡献。

她承担并完成多项国家科技攻关项目、863计划项目和省部级科研项目，研发出稀薄燃烧控制理论，形成拥有天然气燃烧室、排放控制方法和天然气喷射方法3项发明专利的燃烧系统核心技术。开发了具有自主知识产权的天然气发动机电控系统，获得2项计算机软件著作权，突破了国外公司对电控系统的技术壁垒。在低碳天然气发动机节能环保性能研究、电控系统关键技术研究、发动机结构设计技术研究等方面做出了开创性工作，发表研究论文40余篇，获得省部级科技进步奖4项，并获得2008年中国汽车工业优秀青年科技人才奖、2012年史绍熙人才奖、2012年中国经济女性年度绿色人物奖和2008年吉林省五一劳动奖章等。

窦慧莉作为项目经理，坚持工作在研发一线，带领团队开发了E、F、L、N、BF6M1013五个系列天然气发动机产品，装备20多项自主创新技术，获得国家专利13项，不仅使发动机技术先进、性能优越，而且使二氧化碳排放量较柴油机减少25%，无碳烟排放，实现了绿色低碳。CA6SN填补了中国400Ps以上天然气发动机产品空白。组织团队开发了包括卡车、客车、国内第一款气/电混合动力车的30余种天然气车，这些车辆每年至少比同档位柴油车节省10万元燃料费用。

提出在原有生产线上增设万能加工设备、检测设备，增加加工工序、检查点以及结合小加工线补充加工的方式，实现了天然气产品与柴油产品共线生产，不仅节省了数十亿元投资，而且利用已有的质量控制体系，保证了天然气产品的制造质量。同时，主持开发了通用的天然气产品诊断工具、使用维修手册和培训教程，培训服务站人员。

个人简介

蔡伟伟，厦门大学教授。2002 年获厦门大学物理学专业学士学位，2008 年获中国科学院物理研究所凝聚态物理专业博士学位。

蔡伟伟主要从事石墨烯相关的实验研究，部分研究取得了具有重要意义的成果。

在大面积石墨烯制备方面，蔡伟伟发展了大面积制备石墨烯的气相沉积法。该成果 2 次发表在《科学》（*Science*）第一作者，2008 年；第二作者，2009 年，以此为核心的系列工作被美国科学杂志引为 2009 年世界十大科技进展之一（第八项）。在此基础上，蔡伟伟还采用同位素标定法澄清了双层石墨烯的生长机制《纳米快报》（*Nano Letters*）2011 年、2013 年，并在大晶畴石墨烯制备方面保持领先《先进材料》（*Advanced Materials*）。目前该化学气相沉积法是制备石墨烯最重要的方法之一。

在石墨烯热输运性质表征方面，他改进非接触光学测量方法，对石墨烯的热导率、接触热阻和热交换系数进行表征。以此为基础，他的研究组首次在实验上定量表征石墨烯热输运的同位素效应。该工作以蔡伟伟作为通讯作者发表在 2012 年《自然材料》（*Nature Materials*）和《纳米技术》（*Nanotechnology*）杂志，并被纳米技术（*nanotechweb. org*）等科技网站报道。

他在上述工作的基础上，积极与地方企业合作，解决石墨烯批量制备的难题；解决石墨烯与柔性衬底的粘附难题；解决石墨烯大面积图形制作技术难题；解决石墨烯与金属电极接触问题。完成石墨烯基柔性触控屏的技术开发，目前已经开始批量生产。

在石墨烯场效应晶体管及其应用方面，申请人提出新的掺杂技术，实现在不影响载流子迁移率的情况下，有效调控石墨烯的载流子浓度和极性。这一技术革新摒弃传统半导体掺杂的概念，为石墨烯电子器件最终应用提供了新的途径。该工作于 2010 年以通讯作者身份先后发表在《应用物理学快报》（*Applied Physics Letters*）和《新物理学杂志》（*New Journal of Physics*）等应用物理国际顶级学术刊物上。

在还原氧化石墨烯及其衍生物制备、表征和在储能器件中的应用方面，蔡伟伟首次制备出 13C 石墨烯衍生物，并和合作者进行固相核磁共振结构表征，澄清了石墨烯衍生物的化学结构。蔡伟伟及其合作者还采用石墨烯作为超级电容储能材料，制成世界上第一个具有实用价值的石墨烯器件。该成果发表在 2011 年的《科学》（*Science*）杂志上。

在仪器设备搭建方面，蔡伟伟作为主要参与者，于 2006 年搭建了中国第一台极端条件双探针扫描隧道显微镜（STM），完成了该系统的 STM、真空系统、驱动/控制电路和软件界面的设计、安装和调试工作。最终实现原子分辨成像。

个人简介

蔡树群，中国科学院南海海洋研究所研究员。1990 年获浙江大学力学专业学士学位，1992 年获国家海洋局第二海洋研究所物理海洋学专业硕士学位，1998 年获中国海洋大学物理海洋学博士学位。入选第二批国家"万人计划"科技创新领军人才。

蔡树群自 1992 年起一直在中国科学院南海海洋研究所工作，主要从事南海和苏禄海环流、内波、潮流、近岸污染物扩散和泥沙输运等研究。现为二级研究员、博士生导师，是 2010 年度国家杰出青年科学基金获得者、"十二五" 863 计划海洋技术领域 "深远海海洋动力环境观测系统关键技术与集成示范" 重大项目总体专家组成员、国家级海域使用论证评审专家、《热带海洋学报》副主编、《海洋工程》编委、热带海洋环境国家重点实验室中小尺度动力过程的学术带头人。

他比较系统地研究了黑潮、季风和潮余流对南海上层流场的影响作用、季节性模态和涡旋场特征；揭示夏季越南离岸流形成的动力机制和各影响因子的涡度贡献；系统地研究了苏禄海上层环流的季节特征及其动力机制，揭示了锡布土海峡、民都洛和巴拉巴克海峡的水交换及其对南海环流和苏禄海的贡献。

他建立一系列数值模式，研究了南海内潮和内孤立波生成机制、演化和传播规律，揭示正压潮流、底地形变化、水体层结特征、背景流等对内波生成和传播演变的影响；提出了估算内孤立波对石油平台圆柱形桩柱载荷的方法。

蔡树群主持的课题包括国家杰出青年科学基金 1 项、国家自然科学基金重点项目 1 项、国家自然科学基金面上项目 4 项、"863" 课题 2 项、国家科技攻关（支撑）项目专题 3 项、中国科学院创新工程项目课题 2 项、广东省自然科学基金和广东省科技计划项目各 1 项，参加其他包括 "973" 在内的纵、横向课题 50 多项。在《地球物理研究》（*Journal of Geophysical Research*）、《地球物理概述》（*Surveys in Geophysics*）、《海洋模拟》（*Ocean Modelling*）等国内外主要刊物发表论文 100 多篇，其中被 SCI 收录的第一作者文章 26 篇，专著和译著各 1 部。他是第十一届广东省丁颖科技奖获得者，其成果获广东省科学技术一等奖 1 项、三等奖 2 项、广东省期刊优秀作品论文三等奖 1 项、广东省自然科学优秀学术论文二等奖 1 项。

南海是国家的核心利益所在。蔡树群在南海环流和内波的研究成果，对于提高我国海洋科学领域对南海水文动力环境的过程和规律的认识有重要的物理海洋学和区域海洋学研究意义，并为海军舰艇活动、资源开采、海上交通、海洋工程等维护国家海洋权益和海洋资源开发活动提供参考价值。

个人简介

樊春海，中国科学院上海应用物理研究所研究员。1992～2000 年就读于南京大学，先后获生物化学专业的学士学位和博士学位。入选第二批国家"万人计划"科技创新领军人才。

樊春海在美国 UCSB 从事博士后研究期间师从 2000 年诺贝尔奖获得者 Heeger 教授。自 2004 年在中国科学院"百人计划"支持下于上海应用物理研究所建立生物传感实验室，目前为物理生物学研究室主任和上海光源国家科学中心（筹）生物成像中心主任。主要研究方向为生物传感检测、DNA 纳米技术和生物光子学。

生物检测属于分析化学与生物学交叉的研究领域。发展针对特定生物分子的灵敏、特性的分析方法不仅是生物医学基础研究的内在需求，而且对于肿瘤等重要疾病的早期检测、环境和传染性疾病的检测监控等具有重要意义。樊春海在科技部（纳米）重大科学研究计划（首席科学家）和国家杰出青年基金等项目的支持下，以生物传感的"界面"为核心，系统地研究了生物分子在界面上的吸附、组装和识别过程，获得了一系列原创性的研究成果。

樊春海率先提出了"动态"的生物传感新策略，即通过考虑生物分子构象变化这一关键因素，提升生物传感器在实际体系中抗背景干扰的能力；系统地研究了生物分子在界面上的组装、取向及定位的物理化学行为，建立了对界面 DNA 分子进行精确调控的新方法；设计并构筑基于"动态"策略的多元生物传感器，发展出可在实际生物体系中对多种分子靶标进行灵敏、特异检测的生物分析技术。其中申请提出的"动态"生物传感器设计的新策略，引起了国际同行的广泛关注，并多次应邀在国际权威杂志撰写生物传感方面的研究综述。

樊春海已发表 SCI 论文近 300 余篇，多篇论文以封面或内封面论文形式发表，其中，1 项工作为《自然》（*Nature*）杂志亮点。论文引用超过 12000 次，两篇论文入选 2010 年度中国百篇最具影响国际学术论文（中国科技信息技术研究所）。

个人简介

颜学庆，北京大学教授。1999 年获清华大学工程物理专业学士学位，2004 年获北京大学加速器物理及应用专业博士学位。入选第二批国家"万人计划"科技创新领军人才。

激光加速器的电场梯度比常规射频加速器高三个量级以上，让加速器的尺寸缩小 3~6 个量级，不仅可以让大型加速器尺寸和造价降低上千倍，而且还能让中小型应用离子加速器变成"台面大小"，使得离子加速器不再"昂贵""庞大"，可以落户中小型实验室和研究所。然而由于现有激光加速方法得到的离子能量低、能散大，颜学庆在国际上首次提出和实现了激光稳相加速方法：即当激光归一化光强与膜片归一化厚度相当时，圆偏振激光与超薄固体靶作用过程中可以对离子束进行加速和纵向聚束，从而可以产生准单能的离子束。激光加速的加速梯度比射频加速器高三个量级，然而由于理论和技术的限制，激光加速离子的有效长度很短。稳相加速方法从理论上解决了离子能量低、能散大的关键物理问题，理论上可以产生自聚焦 GeV 准单能质子束。实验证实了该方法可以大幅度提高离子束的能量、束流品质和束流强度。但是该方法加速质子到 200MeV 需要 10^{21}W/cm^2 以上的聚焦光强，薄膜靶对激光的对比度也提出了极高的要求，对高功率激光提出了苛刻的要求，近期提出临界密度"激光等离子体透镜"新方法，可以对激光脉冲实现横向聚焦，大幅度提高激光光强，缩短脉冲上升时间和改善脉冲的对比度，从理论上解决了制约光压稳相加速的又一个"瓶颈"性问题。在近期的实验中，采用该高对比度激光轰击纳米管 + DLC 的双层组合结构靶，成功地观察到了 0.6GeV 碳离子（峰值能量 0.52GeV），打破了飞秒激光驱动碳离子的能量和能峰记录。也观察到 >40MeV 的准单能质子，打破了激光驱动质子的单能峰记录。

以上创新性理论和实验研究成果受到国内外同行的高度重视和认可，对激光离子加速器走向应用产生重要影响。在科技部重大仪器专项的支持下，他正在开展首台超小型激光离子加速器科研装置的研制工作，该装置不仅体积小巧，造价低，而且提供的束流具有高时间（皮秒级）、高空间分辨（微米级）等特性。建造的超小型激光离子加速器有望用于癌症治疗、质子成像、空间物理和 ITER 热核聚变等离子体重离子诊断等应用，对于促进相关学科和产业的发展具有重要意义。

颜学庆 2005 年获得北京大学优秀青年加速器工作者奖，2010 年获得北京大学核物理与核技术国家重点实验室优秀成果奖，2012 年获得北京大学黄廷方信和青年杰出学者奖，2013 年获得北京大学王选青年学者奖。

个人简介

颜晓梅，厦门大学特聘教授、博士生导师，国家杰出青年科学基金获得者。1986～1996年就读于厦门大学，先后获分析仪器专业学士学位和分析化学专业博士学位。入选第二批国家"万人计划"科技创新领军人才。

颜晓梅主要从事生化分析与生物传感研究，致力于发展先进的纳米颗粒表征技术以解决制约纳米生物、纳米医药发展的突出难题。拥有仪器、化学、生物等多学科交叉的学术背景，在世界著名的美国洛斯阿拉莫斯国家实验室（Los Alamos National Laboratory）有8年的博士后、研究员工作经历，担任美国国立流式细胞资源中心的Principal Investigator。2005年8月回国，先后主持国家自然科学基金杰出青年科学基金、科学仪器基础研究专款、重大研究计划培育项目、面上项目等10余项国家和省部级科研项目，取得突出的学术进展。2007年入选教育部新世纪优秀人才支持计划，2010年获得厦门大学"田昭武学科交叉奖"一等奖（首届），2012年获得国家杰出青年科学基金资助。荣获2012年度厦门市五一劳动奖章，入选2012年度福建省高校领军人才，荣获第十二届福建青年科技奖。在《美国化学会志》（*Journal of the American Chemical Society*）、《德国应用化学》（*Angewandte Chemie International Edition in English*）、《美国化学会·纳米》（*ACS Nano*）、美国《分析化学》（*Analytical Chemistry*）等国际主流学术期刊发表SCI论文60余篇，取得了重要的原创性成果，得到国内外同行的高度认可，国内外重要学术会议作邀请报告30余次，其中2014年5月应邀在美国佛罗里达召开的第29届国际流式细胞大会上作开场大会报告。

针对纳米生物前沿基础研究迫切需要表征技术的科学问题和国家在疾病诊断和食品安全等领域的重大需求，颜晓梅以原理和技术创新为核心，通过科研装置的自主研制和试剂研发，发展了多种灵敏、快速、准确、特异的生化分析新方法，形成了自己的研究特色。将瑞利光散射技术与鞘流单分子荧光检测技术相结合，研制成功具有自主知识产权的超高灵敏流式检测装置，以每分钟高达10000个颗粒的速率对单个纳米颗粒的散射和多色荧光信号进行同时检测，实现颗粒粒径、浓度和多种生化性状的同时定量表征，创建纳米生物综合表征新技术。在国际上首次实现了发光能力低于单分子荧光的单个纳米颗粒散射光信号的直接检测，使单个低折射率纳米颗粒的散射检测灵敏度达到前所未有的25nm（较传统流式细胞仪提升4～5个数量级），可实现单个纳米颗粒以及病毒、细菌、亚细胞结构等天然生物纳米颗粒的高灵敏、多参数、高通量检测。这些工作对生物医学和纳米科技的发展具有非常重要的意义，不仅为解决纳米生物复合颗粒的定量表征难题带来了希望，而且适用于高分子、催化、无机等领域纳米颗粒粒径分布的快速、高分辨表征，解决了形状不规则、复合、杂化纳米颗粒浓度难以准确测定的问题。相关论文引起国际制药公司的高度关注，美国 Alnylam 制药公司（全球基因治疗纳米药物的领航者）来函寻求核糖核酸干扰（RNAi）药物的表征策略，所提供的技术解决方案获得 Alnylam 公司的高度评价。

个人简介

潘世烈，现任中科院"特殊环境功能材料与器件"重点实验室主任，中国科学院新疆理化技术研究所研究员，博士生导师。1992~1999 年就读于郑州大学，分别获学士学位和硕士学位；2002 年获中国科技大学博士学位，2004 年从中科院理化技术研究所晶体中心博士后出站，赴美国 Northwestern University 做博士后。入选第二批国家"万人计划"科技创新领军人才。

潘世烈是中科院"百人计划"学者，国家杰出青年基金获得者，"新世纪百千万人才工程"国家级人选。曾获 2010 年度、2012 年度、2014 年度新疆维吾尔自治区"科学技术进步奖一等奖"（排名第 1）、新疆维吾尔自治区第十批有突出贡献优秀专家（2015 年）、中国青年科技奖（2013 年）、全国归侨侨眷先进个人（2013 年）、中科院青年科学家奖（2013 年）、中科院王宽诚西部学者突出贡献奖（2013 年）、第四届中国侨界贡献奖（创新人才）（2012 年）、中科院"百人计划"学者终期评估"优秀"（2012 年）、"国务院政府特殊津贴"（2011 年）、新疆维吾尔自治区"第五届新疆青年科技奖"（2011 年）。已在《美国化学会志》（*Journal of the American Chemical Society*）、《德国应用化学》（*Angewandte Chemie International Edition*）等期刊上发表论文 200 余篇（其中 SCI 影响因子大于 4.0 的文章 80 余篇）；授权美国发明专利 3 项，中国发明专利 29 项。

非线性光学晶体是拓展激光光源的重要手段，能应用于紫外/深紫外及中远红外波段的新型非线性光学材料是目前国际上的研究热点。潘世烈带领团队针对紫外/深紫外波段应用开发了三种新型非线性光学材料：$K_3B_6O_{10}Cl$、$Ba_4B_{11}O_{20}F$ 及 $Cs_3Zn_6B_9O_{21}$。具有类钙钛矿结构的 $K_3B_6O_{10}Cl$ 晶体倍频效应为 3 倍 KDP，最短波倍频波长达 272nm，是一种在 1112nm 激光直接四倍频 278nm 激光输出领域有潜在的应用的新材料。$Ba_4B_{11}O_{20}F$ 是一种既具有大能隙，又具有大倍频效应的晶体，其紫外截止边为 180nm，晶体粉末倍频效应达 10 倍 KDP，是目前已知碱金属和碱土金属硼酸盐中倍频效应最大的化合物。该化合物大倍频、大能隙的特点有望在空间激光器中得到应用。研究组基于 Zn 与 Be 相似的配位化学，将唯一能获得深紫外激光倍频输出的 KBBF 中的 Be 用 Zn 替换获得了 $Cs_3Zn_6B_9O_{21}$ 晶体，$Cs_3Zn_6B_9O_{21}$ 保持 KBBF 中的层构型不变，$[Zn_2BO_3O_2]$ 层间采用强共价性的 B–O 键连接，不仅克服了 KBBF 晶体层状生长习性和 BeO 的剧毒性，还有效地增强了化合物的非线性光学效应。化合物粉末倍频效应为 3.3 倍 KDP，表现出了 KBBF 族中最大的倍频效应，并能实现相位匹配，紫外截止边约为 200nm，可见光区计算双折射率大于 0.06，有望在 Nd：YAG 激光 4、5 倍频领域得到应用。

针对中远红外非线性光学材料损伤阈值较低、单晶生长困难的局限性，团队研究了氧化物作为红外非线性光学材料的可能性，并引入卤素，提高材料的激光损伤阈值，获得了一种性能优异的中远红外非线性光学材料：$Pb_{17}O_8Cl_{18}$，其 1064nm 及 2090nm 激光下的倍频效应分别为 4 倍 KDP 和 2 倍 $AgGaS_2$，激光损伤阈值为 $AgGaS_2$ 的 12.8 倍。最重要的是 $Pb_{17}O_8Cl_{18}$ 是首个能在开放体系生长的红外材料，其优异的物化性能使其有望在红外激光倍频领域得到广泛应用。

在非线性光学材料构效关系研究方面，研究团队将刚性的 SiO_4 基元引入硼酸盐体系，获得了粉末倍频效应 4.6 倍 KDP，紫外截止边小于 190nm 的 $Cs_2B_4SiO_9$，揭示了刚性基元拉应力，使 B – O 基元产生大的畸变，导致大的倍频效应的作用机理。此外，针对含孤对电子 Pb^{2+} 引入硼酸盐体系后，对倍频效应的增益问题进行了探讨，研究发现，当 Pb 离子和 BO_3 共边连接时，更有利于获得大的倍频增益，探索获得首例 Pb – Ba 替代后倍频增益达到 6 倍的化合物 $Pb_2Ba_3(BO_3)_3Cl$。

个人简介

潘洪革，浙江大学教授。1986～1993 年就读于西安理工大学铸造专业，获学士学位和硕士学位，1996 年于浙江大学获材料学专业博士学位。入选第二批国家"万人计划"科技创新领军人才。

潘洪革，1996 年于浙江大学博士毕业后留校任教至今，1997 年晋升为副教授，1999 年晋升为教授。他是浙江大学求是特聘教授，教育部"长江学者奖励计划"特聘教授、国家杰出青年科学基金获得者，他入选教育部"新世纪优秀人才培养计划"和浙江省"新世纪 151 人才工程"，为全国优秀博士学位论文获得者和全国优秀博士论文提名奖获得者指导教师。兼任国际学术期刊《合金和化合物杂志》（*Journal of Alloys and Compounds*）副主编（Senior Editor）、第十四届国家自然科学基金委工材学部金属材料学科评审组成员和中国能源学会理事。

潘洪革致力于储氢材料和储锂材料的设计、合成及其相关性能的基础理论和应用研究，在储氢电极合金、镍氢二次电池、轻质高密度储氢材料以及锂离子电池材料等研究方面，注重将国家重大需求和地方经济建设相结合，人才培养和学科建设相结合，基础研究和应用研究相结合，取得了比较突出的成绩，得到了学术界和社会的认可。他发现了钛钒基和稀土镁镍基储氢电极合金中多相协同效应，提出了储氢电极合金电化学容量的本征和非本征衰退模型，并在此基础上开发出具有我国资源特色和自主知识产权的新型高能量密度和长循环寿命的储氢电极合金；揭示了金属配位氢化物储氢材料的成分、结构和储氢性能的关系，阐明了金属氮氢化物的放氢动力学机理，设计了多种高效催化剂，实现了金属氮氢化物和铝氢化物材料性能的突破；提出了氢化反应和气氛辅助球磨制备硅基合金的新方法，为改善颗粒硅锂离子电池负极材料的电化学性能提供了一个新思路；提出了一种添加剂辅助固相反应合成新型二维和一维结构的高性能碳包覆铁氧化物锂离子电池负极材料的新方法；成功实现了储氢电极合金和镍氢二次电池从基础理论研究到大规模产业化的成果转化，镍氢二次电池产品进入美洲、欧洲、东南亚等地区的 57 个国家，取得了良好的经济效益和社会效益。

潘洪革作为项目负责人承担了包括国家自然科学基金杰出青年基金、面上基金，国家"973"和"863"计划课题、教育部人才专项基金等在内的科研项目近 30 项。获授权国家发明专利 30 项，在《自然通讯》（*Nature Communications*）、《先进功能材料》（*Advanced Functional Materials*）、《美国化学会志》（*Journal of the American Chemical Society*）、《能源和环境科学》（*Energy and Environmental Science*）、《材料化学杂志》（*Journal of Materials Chemistry A*）等国际著名学术期刊上发表 SCI 收录论文 220 余篇，多篇论文获邀作封面展示。所发表论文被 SCI 引用 4000 余次，H 因子为 38。

个人简介

薛冬峰，中国科学院长春应用化学研究所研究员，稀土资源利用国家重点实验室主任，所长助理。1989～1993年就读于河南大学，获应用化学学士学位；1993～1998年就读于中国科学院长春应用化学研究所，获无机化学博士学位。入选第二批国家"万人计划"科技创新领军人才。

薛冬峰主要致力于功能无机新材料的设计与制备研究。采用理论与实验相结合的研究思路，开展了界面结晶物理化学的基础研究工作，提出了"结晶生长的化学键合理论"，从热力学和动力学两方面揭示了不同尺寸下无机材料在生长过程中的介尺度结晶行为。提出了组成元素在晶相（金属电负性、离子电负性、共价电负性、键电负性标度）和溶液相的电负性标度，推动了在原子水平上的新型无机材料的相组成计算与预测研究。

截至目前，相关研究结果发表在《物理评论快报》（*Physical Review Letters*）、《先进材料》（*Advanced Materials*）、《美国化学会志》（*Journal of the American Chemical Society*）等学术期刊上257篇，单篇最高SCI他引110次。授权发明专利1项，出版专著3部。其中，1篇论文被选为《材料化学期刊》封二，1篇论文被RSC出版社评为《晶体工程通讯》（*Cryst Eng Comm*）的热点论文，1篇论文被Elsevier出版社评为2006～2010年中国作者最高引用前50篇论文，1篇论文被评为"中国百篇最具影响国际学术论文"。同时，《自然》亚洲材料网站对热氧化法制备中空多孔胶囊的工作进行了亮点报道。电负性方面的工作被Springer出版社的《结构化学导论》教科书、CRC出版社的《现代化学和化工进展趋势》图书、Wiley出版社出版的《现代晶体结构预测方法》图书收录。建立的离子电负性标度被悉尼大学B. J. Kennedy教授评价为"最为完整和精确的电负性标度"。

在《材料研究通报》（*Materials Research Bulletin*）、《多孔材料杂志》（*Journal of Porous Materials*）、《先进材料科学》（*Science of Advanced Materials*）等20余个国际学术期刊以及《人工晶体学报》《功能材料》《材料导报》《化学研究》《应用化学》《河南大学学报》自然科学版等中文期刊任编委。担任中国化学会理事、中国颗粒学会理事、中国材料研究学会理事、中国晶体学会理事、《中国科学：技术科学》青年工作委员会委员。2011年获得国家杰出青年科学基金、2012年入选中国科学院"百人计划"，获得2009年度建筑材料科学技术奖基础研究类二等奖、2010年度中国颗粒学会青年颗粒学奖、国际功能材料研讨会（International Symposium on Functional Materials 2011）功能材料进展杰出科学家奖。

个人简介

　　薛红卫，中国科学院上海生命科学研究院研究员。1991年获华东师范大学生物学学士学位，1996年于上海植物生理研究所获遗传学博士学位。入选第二批国家"万人计划"科技创新领军人才。

　　薛红卫系中科院"百人计划"入选者，2004年获国家杰出青年科学基金。现任植物分子遗传国家重点实验室主任，科技部重大科学研究计划项目首席科学家，中国植物生理学会细胞与发育专业委员会主任委员，中国植物学会常务理事，上海植物生理学会理事长，*EMBO Reports*、*Cell Res*、*Plant Physiol*、*Mol Plant*、*Biochem J* 编委等。他长期从事高等植物激素作用及其分子机理以及作物种子发育生物学研究。在植物激素作用机制、信号交叉、激素信号重要调控因子的分离、胚乳发育调控网络等方面做出了系统性和原创性的工作。迄今共发表论文近60篇，以通讯作者发表9篇 *The Plant Cell* 和1篇 *EMBO J*。授权专利5项。

　　在植物激素相互作用及甾类激素作用机制研究方面，证明油菜素内酯（BR）通过调控生长素在特定部位的聚集而调节植物向性；研究了BR和生长素协同作用调控植物生长的机制；这些结果发表在 *The Plant Cell*，*Cell Res*，*Mol Plant* 等，为阐明植物甾类激素分子结合蛋白的功能、BR信号及其调控光形态建成的机制以及植物激素"信号网络"提供了重要线索。应邀在"第十一届国际植物组织培养和生物技术联合会大会"上做大会报告。

　　阐明了磷脂酰肌醇信号与生长素信号交叉调控植物发育的机制。证明磷脂酰肌醇信号途径在多个层面调控生长素极性运输和信号并参与根、子叶等发育的调控。磷脂酶 Dζ2 及其产物磷脂酸调控囊泡运输及生长素输出蛋白在细胞质与质膜间的循环、定位。结果在 *The Plant Cell*，*Cell Res*，*Development* 等发表。为F1000所推荐并应邀在"第九届国际细胞生物学大会"上做报告（分组报告）。

　　在激素信号转导重要调控因子的分离方面，证明水稻酪蛋白激酶 EL1 磷酸化 DELLA 蛋白 SLR1，通过维持其蛋白稳定性和活性而调节赤霉素信号，阐明了 SLR1 的降解调控机理；拟南芥酪蛋白激酶 CK1.8 磷酸化 ACS5 蛋白并促进其降解，从而调控乙烯的生物合成和信号。结果在 *EMBO J* 等发表，为赤霉素和乙烯作用机制提供了线索。他三次应邀在 *Curr Opin of Plant Biology* 撰写综述。组织申办了"第21届国际植物生长调节物质大会"（2013年），为提升中国植物科学研究的国际地位做出了贡献。

个人简介

戴希，中国科学院物理研究所研究员。1989～1995年就读于浙江大学，先后获材料科学专业学士学位和凝聚态物理专业硕士学位，1999年获中科院理论物理研究所理论物理专业博士学位。入选第二批国家"万人计划"科技创新领军人才。

戴希多年来一直工作在凝聚态理论和计算领域，主要研究经历包括高温超导电性理论、强关联材料的第一性原理计算、拓扑绝缘体和量子反常霍尔效应理论。多项成果发表于国际一流刊物，包括《科学》（*Science*）四篇，《自然物理学》（*Nature Physics*）三篇，《物理学评论快报》（*Phys. Rev. Lett.*）二十一篇。这些研究成果获得了国内外同行们的广泛引用（截至目前总引用8500次左右）和好评，并多次在包括美国物理学会三月会议和国际半导体大会等各类国际学术会议上获邀请报告。

迄今为止最重要的科学成就是通过计算发现了目前被研究得最多、影响也最大的三维拓扑绝缘体材料体系－Bi2Se3、Bi2Te3和Sb2Te3（《自然物理学》（*Nature Physics*）5，438，（2009）），并进一步研究了在这类材料中进行磁性掺杂而形成的磁性拓扑绝缘体态，预言了在铁磁交换作用足够大时这类材料的薄膜样品中将出现量子反常霍尔效应（《科学》（*Science*）329，61，（2010））。这两个重要的工作都是戴希和本所的方忠研究员、斯坦福大学张首晟教授研究组合作完成的，具体贡献在于指导学生利用格林函数迭代法对拓扑绝缘体表面态进行数值计算；指导学生利用第一性原理计算得到的波函数信息，构造出相应的kp模型，我们得到的Bi2Se3材料家族的kp模型已被许多后续理论工作所采用；提出了磁性掺杂拓扑绝缘体的Van Vleck铁磁交换机制；四是指导学生通过计算得到磁性拓扑绝缘体薄膜的量子霍尔系数台阶。今年薛其坤院士领衔的物理所/清华大学联合研究团队，在磁性掺杂的Bi2－xSbxTe3薄膜中成功实现量子反常霍尔效应，申请人也参与并协助实验物理学家们对数据进行总结和分析。

戴希还发展了一系列计算方法，其中包括完善了LDA＋DMFT方法、独立提出了LDA＋Gutzwiller方法，并把它们应用于强关联材料。申请人利用LDA＋DMFT和LDA＋Gutzwiller等方法研究了包括钚金属和铁基超导体等强关联体系的电子结构，在该领域有较大的学术影响。

个人简介

　　戴彩丽，中国石油大学（华东）教授，本硕博均就读于中国石油大学（华东），先后获采油工程专业学士学位、油气田开发工程硕士学位和博士学位。入选第二批国家"万人计划"科技创新领军人才。

　　因储层非均质性强，我国油田平均采收率仅为 30% 左右，开采难度和提升空间极大。为此，戴彩丽二十余年致力于油田化学与提高采收率方面的工作，在国家 973、863、国家油气重大专项、国家自然科学基金、三大石油公司等科研项目资助下，取得创新成果。

　　针对老油田优势通道调控提高采收率的难题，研发了系列调驱剂，发明了堵剂等压降梯度深部放置方法，创建了高含水油田堵、调、驱多层次控水提高采收率新技术。该技术已在大庆、胜利、中原、新疆、南海、冀东、塔里木、河南等 18 个主力油田广泛应用，占全国油田总数的 80% 以上，取得了显著的经济效益和社会效益。于 2010 年获得国家科技进步二等奖，成为该领域目前唯一最高奖项，该成果得到美国能源研究所和南加州大学学者的高度赞誉。

　　针对聚合物驱后进一步提高采收率的世界性难题，首次提出残留聚合物再利用的设想，建立了聚驱后地层残留聚合物再利用控制优势通道提高采收率首选接替技术。该技术已推广到胜利、大庆、河南等油田，创直接经济效益 5.467 亿元，投入产出比达到 1:5.8。另外该技术减少聚合物产出，减轻了油水分离的问题，产生了巨大潜在效益。获得山东省科技进步一等奖。

　　针对传统胍胶压裂液残渣多伤害大及常规泡沫压裂液不稳定、可控性差的问题，发明了优于胍胶交联性能的合成聚合物及高效起泡的酰胺类氟碳起泡剂，研发了高携砂、低伤害的合成聚合物冻胶、高效氮气泡沫压裂液体系，大幅度提高压裂单井产量。

　　戴彩丽是长江学者特聘教授，国家杰出青年基金获得者。近 5 年作为第一完成人获得国家科技进步二等奖及省部级科技进步二等奖以上奖励 6 项，其他省部级奖励 8 项；获得中国青年科技奖，齐鲁巾帼发明家，孙越崎青年科技奖，山东省突出贡献中青年专家等荣誉称号。申请发明专利 30 余项，已授权发明专利 21 项，其中第一位次 19 项，获中国专利优秀奖 1 项。相关成果在国内外重要学术期刊及学术会议上发表论文 130 余篇，被 SCI、EI 收录 60 余篇，同时是《石油学报》等编委，《石油科学与技术》（*Petroleum Science and Technology*）、《石油科学》（*Petroleum Science*）及石油行业多家重要学术期刊的审稿人。

重点领域创新团队

微波成像技术创新团队

团队负责人简介

丁赤飚，中国科学院电子学研究所研究员。1987～1997年先后于北京航空航天大学获工学学士、硕士及博士学位。入选第二批国家"万人计划"科技创新领军人才。

微波成像技术是高分辨率对地观测的两大技术手段之一，属于国家的战略高技术，在国土资源、农业、环境与国防安全等领域具有重要作用。中国科学院电子学研究所微波成像技术创新团队持续开展微波成像技术基础性、前瞻性和战略性理论及应用基础研究、关键技术攻关和支持重大工程型号的研制，在满足国家微波成像技术装备的急需、培育新一代技术发展方向、提高我国高性能微波成像技术研究和应用水平等方面，发挥了重要的骨干引领作用。

目前，团队已经形成了完整的学术和技术人才梯队，包括中科院院士1人、百人计划4人、国家百千万人才（国家级）2人、国家重大专项和重点型号任务的总设计师和副总设计师12人。

团队系统性地发展了以高分辨率和三维干涉为代表的先进体制SAR技术，推动了我国相关产品和装备性能的跨越发展。从1998～2011年，先后通过7个863项目和一个科学院创新基金项目，系统性地突破了制约我国高分辨率和干涉SAR技术发展的三大核心关键技术：高精度运动补偿、宽带雷达、干涉SAR处理方法。先后研制成功0.5米、0.15米、0.05米分辨率机载SAR系统，实现了我国高分辨率SAR技术的跨越发展；2004年研制成功我国第一部三维干涉SAR系统（高程精度5米），并在2011年将高程精度提高至0.3米，实现了我国SAR大比例尺地形测绘技术的重大突破。2012年在微型、MIMO等新体制SAR研究中又取得重要突破。

团队全面突破了遥感卫星地面处理与应用系统的关键技术，打破了国外技术垄断，2006年自主研制成功中国遥感卫星一号地面信息处理和应用系统（该卫星工程入选2006年中国十大科技新闻）。2012年完成中国遥感卫星系列一体化地面处理与应用系统的研制工作，标志着我国形成了完整先进的遥感卫星地面系统的自主研发能力和技术体系。

近年来，团队更加关注 SAR 的理论前沿和原创性研究，2011 年在国际上首次提出多维度 SAR 系统的概念，获国家自然科学基金重大项目支持，发展了多维度 SAR 的理论和方法，相关成果已转化应用于高分辨率对地观测系统国家重大科技专项。提出稀疏微波成像的概念，获得国家 973 项目支持，在稀疏化数据获取模型和成像算法上取得了原创性成果，可大幅提高 SAR 海洋目标观测的性能指标。提出开展高轨道 SAR 卫星研究发展计划，获得国家 973 项目支持，已在长合成孔径成像理论、电离层对电磁波的精确扰动模型等方面取得突破性成果，引领了我国高轨 SAR 理论和技术的发展。

2007 年，本团队入选了首批遴选的国防科技创新团队，2011 年实验室被评为优秀类国家级重点实验室。近年来先后获得国家科技进步特等奖、一等奖和二等奖。

环境友好型海洋功能材料与防护技术创新团队

团队负责人简介

　　于良民，中国海洋大学教授。1985 年获华东理工大学高分子材料学士学位，1993～2004 年先后获中国海洋大学海洋化学硕士学位和博士学位。入选第二批国家"万人计划"科技创新领军人才。

　　环境友好型海洋功能材料与防护技术创新团队经过 10 余年的建设与发展，形成了由 1 名中国工程院院士、1 名长江学者特聘教授和 4 名教育部"新世纪人才"领衔，6 名教授、5 名副教授、4 名讲师组成的专业及年龄结构合理的团队。团队 2012 年获教育部创新团队资助，其负责人于良民教授为长江学者特聘教授、"泰山学者攀登计划"人选、教育部科技委材料学部委员。

　　团队紧紧围绕国家安全和可持续发展战略以及节能环保的迫切需求，针对国内防污涂料存在的环境污染和基础材料与关键技术落后等核心问题，从我国特有的海洋环境出发，从防污涂料基础材料——树脂和防污剂及关键技术等的研发入手，结合复配技术和防污性能评价方法的研究，致力于军民两用系列环境友好型防污涂料的系统研发。通过团队成员不同研究方向的交叉融合，逐渐形成了环境友好型海洋功能材料与防护技术较完整的研究体系。

　　近年来，团队主持了国家"863"计划（4 项）、国家科技支撑计划（2 项）、国家自然科学基金（8 项）、国防科工委基础科研（1 项）以及省部级科技计划等课题 30 余项；获相关领域唯一的国家技术发明二等奖、山东省科技进步一等奖和教育部技术发明一等奖各 1 项；获授权发明专利美国、欧盟、日本各 1 项和中国 26 项，形成了我国环境友好型防污涂料比较完整的防污技术体系和知识产权保护网；发表 SCI 论文 80 余篇，体现了团队的整体实力。

　　团队研发了 5 个系列具有自主知识产权的防污剂和树脂，改变了我国防污涂料基础材料与技术落后的现状，发明了环境友好型异噻唑啉酮类、二硫代丙酰胺类等 4 类防污剂和含辣素功能结构树脂及丙烯酸锌/铜树脂等 7 类树脂，突破了国外专利壁垒；研发的防污涂料填补了我国含 DDT、有机锡、沥青等防污涂料换代产品的空白，达到国外同类产品的技术水平，在黄渤海、东海、南海海区三类设施上广泛应用，取得了良好的环境和社会经济效益，使我国防污涂料的发展跨入环境友好阶段，自主研发的SEA－EF99 船舶防污涂料，满足中国全海区使用要求，已纳入我国履行《斯德哥尔摩公约》而由环保部组织实施的"中国用于防污漆生产的 DDT 替代项目"推广产品，为我国履约提供了重要技术支撑，实现了从源头解决对海洋环境的污染问题；为我国防污涂层理论体系的建立做了探索性工作，提出了以官能团特异性为主导的分子结构设计思想，并以此建立了新方法，产生出新物质、新功能，建立了基于典型污损生物的快速定量防污性能评价方法，大大缩短了防污涂料的研发周期。

创立了我国自己的环境友好型防污涂料技术体系并形成较完整的知识产权保护网，确立了在该领域的国内领先地位与综合优势。团队发明的环境友好型防污涂料树脂体系和防污剂体系，成为国际该领域不可或缺的重要组成部分，改变了我国在该领域一直处于产品仿制阶段的落后状态，使我国成为掌控关键材料与原创技术的几个国家之一。团队研发的 SEA－EF99 船舶防污涂料为我国履行《斯德哥尔摩公约》和发展蓝色经济提供了重要产品和技术支撑，为提升我国防污涂料行业的技术水平、带动产业转型升级做出了重要贡献。

团队负责人于良民教授为长江学者特聘教授、"泰山学者攀登计划"人选、教育部科技委材料学部委员、教育部创新团队带头人。2001 年入校开辟了"环境友好型海洋功能材料与防护技术"研究方向，并发展为"985"工程和"211"工程建设的重要方向。近年来，主持国家"863"计划（3 项）、国家科技支撑计划（1 项）、海洋公益项目（1 项）、国家自然科学基金（1 项）、国防科工委基础科研计划（1 项）以及省部级科技计划等课题 20 余项。以第一完成人获国家技术发明二等奖、教育部技术发明一等奖和山东省科技进步一等奖各 1 项，获授权发明专利美国、欧盟、日本各 1 项和中国 21 项。发表论文 50 余篇。获山东省优秀发明家等多项荣誉称号。

主要农作物生物育种与产业化创新团队

团队负责人简介

万向元，山东冠丰种业科技有限公司暨主要农作物种质创新国家重点实验室主任，研究员、教授级高级工程师、博士生导师。2000年获河南农业大学农学学士学位，2005年获南京农业大学作物遗传育种博士学位，2006～2009年先后在清华大学和美国康乃尔大学从事博士后研究。2012年被聘为湖南农业大学终身兼职教授、博士生导师，中国农业技术推广协会高新技术专业委员会常务理事；2014年被聘为北京科技大学客座教授，中国作物学会理事。入选第二批国家"万人计划"科技创新领军人才。

主要农作物生物育种与产业化创新团队主要成员包括以国家重点实验室主任、创新团队负责人万向元教授为代表的4名从欧美留学归国的博士后，9名国内知名科研院所和高校毕业的博士或博士后，以及2名经验丰富的育种家。

该创新团队特点鲜明，主要包括两方面的人才：一方面是原国有种子公司转制后留下的中青年育种专家，如郭安法、陈红敏等，都是高级农艺师，具有爱岗敬业、吃苦耐劳、艰苦朴素、精诚团结的精神；另一方面是冠丰种业新引进的一批高素质科技人才，包括一批放弃国外优越生活和工作条件回国创业的海归人才，如万向元博士、杨青博士等，也包括一批从国内知名科研院所博士毕业的优秀人才，如吴锁伟博士、谢科博士、安学丽博士、张丹凤博士、王超博士等，具有生物育种人才必备的科研素质过硬、知识层次高、技术全面等特点。

团队在生物医药领域建立了一批生物制药相关的核心生物技术，如抗氧化剂生物微胶囊的制备方法等；在农业生物技术领域挖掘了一批玉米、水稻等主要农作物的重要功能基因且申请获得了专利，如玉米bHLH类转录因子基因ZmMIT1等。团队成功开展玉米和水稻第三代杂交育种技术（多控不育技术）研究，并取得突破性的研究成果。其中玉米多控不育已经取得了重大的阶段性研究成果，有望在中国掀起玉米育种和制种的第三次技术革命。团队参与培育一批农作物新品种。2011～2012年，审定3个玉米新品种。2013～2014年，又向玉米主产区送审预试、区试和生产性试验玉米新组合18个；向河南、山东等省送审预试、区试和生产性试验水稻新品种12个。上述新品种推广应用后，每年新增经济效益预计在15亿元以上。

目前，团队在农作物生物育种—研发领域处于国内领先水平。已发表植物生物育种相关SCI论文172篇，SCI总影响因子超过360分；在中国核心期刊上发表论文165篇；申请中国专利53项，审定作物新品种9个，获得国家级和省部级奖励10项。

团队研发以玉米等作物商业化育种为核心，融合分子技术与常规育种技术，加强产学研相结合，建立玉米等作物多控不育技术体系，并与现有的玉米等作物杂交技术相结合，提供育种中间材料或关键技术支持，提升我国农业生物技术产业的原始创新能力与国际竞争能力，促进我国现代种业产业的发展。

团队负责人万向元 2012 年被评为北京市"中关村国家自主创新示范区"科技创新高端领军人才，2014 年被评为山东省泰山学者种业人才团队领军专家、北京市海淀区海英高级人才专家。迄今，在《自然—细胞生物学》《植物细胞》《分子和细胞蛋白质组学》等国内外知名学术期刊上共发表学术论文 45 篇，SCI 文章 22 篇，SCI 总影响因子 112，SCI 总引用次数 985 次。申请或授权国家发明专利 19 项，获得国家级和省部级奖励 3 项。主持和参加科研项目 18 项，包括国家 973 和 863 项目、国家发展改革委生物育种项目，中国博士后基金项目等。此外，万教授多次被聘为国家发展改革委、科技部、北京市项目和科技奖评审专家，并兼任国家农业生物技术产业技术创新战略联盟常务副理事长和秘书长，首都现代农业服务联盟的副理事长，中关村（北京）青年联合会理事。

缓控释肥技术创新团队

团队负责人简介

万连步，金正大生态工程集团股份有限公司研究员。2009年获山东农业大学农学学士学位。入选第二批国家"万人计划"科技创新领军人才。

缓控释肥技术创新团队共有成员23人，其中高级职称12人，中级职称11人，博士9人，硕士10人，享受国务院政府特殊津贴专家2人，省突出贡献专家3人。创新团队以中青年为主力，56岁以上2人，46~55岁4人，36~45岁11人，35岁以下6人，平均年龄在36.8岁，成员专业包括土壤、植物营养、作物栽培、应用化学等，形成了一支年龄结构、知识结构合理，具有持续创新能力和意识的创新团。该创新团队依托"十一五"国家科技支撑计划课题、"国家缓控释肥工程技术研究中心"建设项目及"十二五"国家科技支撑计划课题，联合开展缓控释肥关键共性技术研究，形成了良好的合作氛围。

经过近5年的建设，团队在缓控释肥包膜材料筛选、复合包膜及连续化工艺技术装备等方面取得了突破性进展，取得了一批原创性技术成果，掌握了缓控释肥领域具有自主知识产权的核心技术。已研究开发出了热塑性树脂、热固性树脂、硫和硫加树脂、热塑与热固树脂多层复合、脲醛缓释及腐植酸包膜等6套缓控释肥生产工艺技术，开发出新型缓控释肥产品40余个。近5年团队成员共承担了国家"十一五""十二五"国家科技支撑计划、国家重点新产品计划等国家和省级以上科研项目21项，获授权专利130件，其中发明专利123件，已申请受理专利20件，参与制定（修订）8项行业、国家及国际标准，完成省级科技成果鉴定15项，获得国家科技进步二等奖2项、省科技进步一等奖3项和省科技进步二等奖1项、省科技进步三等奖2项。主办国际学术会议2次、参加国际学术会议5次，主办、承办国内学术会议10次，参加国内学术会议20余次。以上科研成果表明，缓控释肥技术创新团队具有很强研究创新能力和学术水平，在缓控释肥领域起到了引领性的作用。

团队开发的缓控释肥系列产品在全国24个省（区）以及美国6所大学和美国农业部3个试验站进行了大量的试验与示范。多年来缓控释肥在30多种作物上的试验与示范结果表明，与对照常规肥料相比，氮肥利用率提高 50% 以上，大多数作物一般增产在 15% ~ 25%，或者可节省氮肥 30% ~ 50%，可提高产量和品质，节肥省工，同时减少了施肥对环境的污染，已推广应用 6000 余万亩，新增产值 136.7 亿元，节支 24.8 亿元，总经济效益 161.5 亿元，带动了缓控释肥产业快速发展，经济、社会、生态效益显著。

团队在缓控释肥技术领域取得了一批具有突破性的创新成果，组建了国家缓控释肥工程技术研究中心、土壤肥料资源高效利用国家工程实验室，提升了依托单位的自主创新能力，先后被认定为国家重点高新技术企业、国家创新型企业，建立了年产170 万吨的缓控释肥生产线，实现了我国缓控释肥产业化生产和应用。2010 年科技部批准牵头组建"缓控释肥产业技术创新战略联盟"，极大地带动了行业技术创新发展。

团队负责人万连步现为全国肥料和土壤调理剂标准化技术委员会委员，中国植物营养与肥料学会常务理事，中国农业大学客座教授，山东农业大学兼职教授，享受国务院政府特殊津贴，先后入选泰山产业领军人才、国家"百千万人才工程"、国家"万人计划"。自 1998 年以来，万连步一直从事缓控释肥技术的研发与应用研究，具有丰富的科研、生产实践经验，在我国缓控释肥产业发展的产业化关键技术、应用推广及技术创新体系建设等方面做出了突出贡献。

空间目标探测雷达技术创新团队

团队负责人简介

马林，中国电子科技集团公司研究员。1987 年获西北电讯工程学院信息处理学士学位，1990 年获南京电子工程研究中心电子与通信系统硕士学位。入选第二批国家"万人计划"科技创新领军人才。

雷达是空间探测的主要手段之一，突出的技术难点在于目标距离远至数千公里，而通常雷达探测距离为数百公里，对目标特征研究需进行宽带高分辨测量与逆合成孔径雷达（ISAR）成像，系统规模庞大、技术复杂。

空间目标探测雷达技术团队由中国电子科技集团公司第十四研究所技术专家构成，张光义院士、贲德院士担任顾问，中国电子科技集团公司首席科学家马林负责，团队中有杨文军、袁伟明等一批中青年专家及博士，中青年 13 名。团队成员专业领域包含大型雷达系统设计、相控阵天馈线、发射、信息处理、数据处理等，团队结构合理，成员职责分工明确，在学术研究和关键技术攻关方面，积极开展对外交流和合作，兼收并蓄，集智攻关。

团队始终瞄准"空间目标探测雷达技术"这一国家重大战略需求，在载人航天、二代导航、探月工程等国家重大工程项目的牵引和带动下，几十年如一日地开展了深入的理论研究和广泛的工程实践，承担了多项国家空间目标探测雷达装备的研制，主持了国家 973、863、国防科工委、探月中心等多项预研课题研究，引领了我国大型地面相控阵列雷达技术的发展方向。

在载人航天领域，团队承担了载人航天测控系统 8 部雷达中 7 部雷达的研制，采用机扫＋有限电扫的方式，在保持高精度测量的同时，解决了雷达作用距离范围内，全弧段的跟踪测量；采用主副目标实时切换的模式，解决了返回舱、推进舱多目标跟踪，雷达法线跟踪返回舱，提高测量精度，快速落点预报的难题。圆满完成了神一到神十的历次测控任务。

在空间探测领域，雷达系统规模大，系统复杂，团队突破了大型雷达系统设计集成技术，发展了机电扫相结合的大型相控阵新体制，突破大型重载荷、高精度轮轨式阵面结构技术，实现了大型电扫雷达的全方位跟踪，解决了大型相控阵天线宽带、宽角扫描及孔径渡越时间补偿问题，实现了空间目标的高分辨测量。基于空间目标环境复杂，目标多，根据探测方式自适应切换的多种信号波形、基于驻留的自适应资源调度方法，解决了系统资源综合与工作方式设计难题。目前正在进行国防科工局预研课题"小碎片监测技术体系研究"、国家863"高频段宽带远程成像测量雷达研制技术"等课题的研究工作。

在二代导航领域，团队承担了"全空域多波束测控技术"，突破了"网格化球顶相控阵列技术"，研制了二维共形相控阵样机，实现同时多星测控，为后续工程项目的研制奠定了坚实基础。

在探月工程领域，团队承担了"××相控阵雷达"的研制工作，该型雷达具有威力大、精度高、带宽宽、特征测量和识别能力强等技术特点，该雷达将在我国未来探月三期无人采样返回器探测、空间目标探测领域中，发挥重要作用。

面向空间探测的国家利益拓展需求，团队负责人马林一直致力于大型相控阵雷达技术的研究工作，尤其是大型宽频带相控阵雷达技术。先后担任了多项新体制大型雷达产品总设计师，他突破了一系列系统技术包括大型宽带相控阵雷达系统新体制研究设计技术、大型雷达系统总体性能优化技术、目标探测与高分辨测量成像等多任务系统资源综合技术、多目标工作方式与系统时序自适应调度设计技术、大型相控阵雷达系统集成技术等。并带领团队在大型相控阵雷达系统宽带设计与补偿、远程目标跟踪与高分辨ISAR成像等新技术领域攻克了多项关键技术难题，取得了开创性的技术成果。基于这些技术，还指导完成了后续的远程相控阵雷达、单脉冲远程精密测量雷达的研制工作，使我国自主对空间目标的探测能力由数百个提高到近万个，并具备了一定的目标属性观测能力，在该领域跃居世界前列，与俄罗斯相当，超过欧盟和其他国家水平。马林获国家科技进步二等奖两次（均排名第1），并为国家该领域雷达技术的规划、技术发展途径、重大项目工程研制做出了多项创新性的工作。这一系列新体制雷达技术的应用，使我国对空间的自主探测能力得到数量级的提高、雷达探测距离显著提升，在该领域摆脱了发达国家的封锁。

马林现为中国电子科技集团公司信息科学研究院院长，长期从事空间探测雷达技术研究和工程研制工作，系统地解决了国际先进的大型宽频带相控阵雷达的一系列理论应用问题及关键技术，承担并完成多项国家重大科研项目。推动了国家空间探测雷达技术的跨越发展，是我国该技术领域的学术带头人。

马林学风严谨踏实、善于协作，培养出高层次空间探测雷达技术研究的核心团队，推动了空间探测雷达的持续研究，促进了我国微波功率器件等相关领域技术发展，为我国航天活动及载人航天工程发展提供了有力支持，取得了显著的社会效益。2002年获江苏省有突出贡献的中青年专家，2004年获载人航天工程荣誉证书个人一等功，2007年个人受到中共中央、国务院、中央军委的表彰，2010年获享受政府特殊津贴专家。

鼻咽癌个体化治疗创新团队

团队负责人简介

马骏，中山大学教授、博士生导师，中山大学肿瘤防治中心常务副院长。1990 年毕业于中山医科大学（现中山大学），获肿瘤学专业硕士学位，2000 年 5 月至 2002 年 5 月赴往美国德州大学 M. D. 安德森癌症中心从事博士后研究。入选第二批国家"万人计划"科技创新领军人才。

依托华南肿瘤学国家重点实验室和国家重点学科，围绕远处转移是鼻咽癌治疗失败的主要模式这一科学需求，中山大学组建了一支鼻咽癌个体化治疗研究团队。团队核心成员分别在鼻咽癌的病因及发病机制（曾木圣）、分子流行病学（贾卫华）、遗传和基因组学（贝锦新和王辉云）、细胞周期调控（康铁邦）、分子分型与预后预测（邵建永）及鼻咽癌综合治疗（马骏、麦海强和孙颖）等研究方向上分工合作，开展了一系列基础研究、转化医学和临床研究。

近年来，团队成员在鼻咽癌的易感基因、侵袭转移、EB 病毒、分子预后与个体化综合治疗等方面取得了突破性进展。在易感基因方面，发现了新的鼻咽癌易感基因，如 TNFRSF19，MECOM 和 CDKN2A/2B（合作者：贝锦新和贾卫华）；在侵袭转移方面，发现 PTEN/PI3K/AKT/Snail 通路介导 Bmi－1 诱导上皮间质转化（EMT）和肿瘤转移的新机制（合作者：曾木圣和康铁邦）；EB 病毒方面，发现吸烟与 EB 病毒的再激活密切相关（合作者：贾卫华和曾木圣）；分子预后方面，发现鼻咽癌 miRNA 预后研究转移相关（合作者：马骏和王辉云）；综合治疗方面，开展了辅助化疗临床试验（合作者：马骏和孙颖）。以上合作研究结果发表在《自然遗传学》（*Nature Genetics*）、《柳叶刀肿瘤学》（*Lancet Oncology*）、《临床肿瘤学杂志》（*Journal of Clinical Oncology*）和《美国国立癌症研究所杂志》（*The Journal of the National Cancer Institute*）等国际一流杂志；其基于现代影像技术的鼻咽癌临床分期、放射治疗技术及综合治疗研究被第 7 版 AJCC/UICC 鼻咽癌 TNM 临床分期采用，全世界推广使用。上述研究成果荣获"国家自然科学奖二等奖"（2005 年）、"国家科技进步二等奖" 2 项（2009 年、2015 年）、"中华医学科技一等奖" 2 项（2007 年，2014 年）和"广东省科学技术奖一等奖" 2 项（2007 年，2014 年）。团队成员近 5 年合作成功申请鼻咽癌领域的重大课题近 6 项，包括国家自然重点项目 2 项；国家自然重大国际合作项目 1

项；863 计划项目 2 项；"十二五"科技攻关支撑计划 1 项。

团队成员年龄结构合理，学历层次高、专业覆盖面广、研究方向相互配合和优势互补，已达到重点领域创新团队的建设要求。依托中山大学肿瘤防治中心和华南肿瘤学国家重点实验室，在鼻咽癌的分子靶点、分子机制、分子预后及个体化治疗方面开展研究，确定关键靶标，明确转移机制，确立个体化治疗策略，使中晚期鼻咽癌总生存率提高 8%，远处转移率降低 5% ~8%，改善存活患者的生活质量，产生深远的社会效益。

团队负责人马骏是华南肿瘤学国家重点实验室 PI，研究方向为鼻咽癌预后预测及综合治疗。在国家自然基金委重点项目及卫生部临床学科重点项目等的资助下开展了改进鼻咽癌 TNM 临床分期标准的研究，发现鼻咽癌原有分期标准中遗漏的咽后淋巴结转移这一重要预后因素，并提出将"鼻腔及口咽侵犯应由 T2a 亚期降级到 T1期"，这两项原创性成果得到国际权威机构（AJCC/UICC）的认可并在制定最新版（2010 年）鼻咽癌临床分期标准时直接采用；系统开展鼻咽癌放射治疗联合化学治疗的研究，明确了放射治疗辅以诱导化疗及辅以同期化疗可以提高中晚期鼻咽癌生存率，世界上最大宗鼻咽癌 III 期临床试验，首次回答了长期以来辅助化疗能否提高中晚期鼻咽癌生存率这一重大科学问题；开展鼻咽癌个体化治疗的基础研究，证实靶向药物凡德他尼在鼻咽癌中与放疗具有协同效应，首次发现 Micro – RNA 结合分期提高了鼻咽癌预后预测的准确性。马骏相关研究将鼻咽癌的 5 年生存率由 20 世纪 90 年代的60%（癌症.2000）提高到目前的 80%（Radiother Oncol. 2012），使我国鼻咽癌诊治达到世界先进水平。以通讯作者在肿瘤学及放射治疗学国际权威性学术期刊上发表SCI 论文 88 篇，总影响因子 380. 3 分，单篇最高他引 163 次，其中得到国内外学者高度评价和广泛引用的代表性成果发表柳叶刀系列肿瘤学专业杂志 *The Lancet Oncology*（2 篇）及临床肿瘤治疗学世界排名第一的杂志 *Journal of Clinical Oncology*（2 篇）。作为第一完成人，研究成果获得国家科技进步二等奖 2 项（2009 年，2015 年），省部级科技进步一等奖 5 项（中华医学会科技进步一等奖 2 项、广东省科技进步一等奖 2项及教育部科技进步一等奖 1 项）。

心律失常的临床研究和治疗
器械研发创新团队

团队负责人简介

马长生，首都医科大学附属北京安贞医院心内科主任，首都医科大学心脏病学系主任，北京市心血管疾病防治办公室主任。1984年获河南医学院获临床医学学士学位，1987年获北京医科大学人民医院内科学（心血管病）硕士学位，2003年获武汉大学人民医院（心血管病）博士学位。入选第二批国家"万人计划"科技创新领军人才。

心律失常的临床研究和治疗器械研发创新团队是在国内心律失常临床研究和器械研发领域占优势的团队，包括博士生导师4名、硕士生导师4名，千人计划教授1名，中青年研究人员30余位，其中1人获卫生部有突出贡献中青年专家称号、1人获科技北京百名领军人才称号、1人获"北京市卫生系统领军人才"称号、3人获"北京市卫生系统学科骨干"称号，3人获"北京市科技新星"称号。业务专长覆盖了心律失常临床和基础研究、转化医学、临床流行病学研究、临床实效研究和治疗器械研发等各个方面。团队中有4名成员在国际顶尖心律失常中心工作多年，有着广阔的国际视野和较强的研究能力。同时团队和美国心脏病学会（ACC）、美国心律失常学会（HRS）、澳大利亚乔治健康研究所、杜克大学等国际著名研究单位也有深入的合作。

团队成员都是首批国家级心血管疾病临床研究中心的核心成员，该团队在心律失常临床研究和治疗器械研发方面带动了我国在该领域的发展。建立了中国心律失常临床数据和生物样本库，牵头建立的中国心律失常登记研究合作研究平台覆盖全国80家医院，预计注册登记30000例房颤患者（已入选10000余例），成为国际上有代表性的房颤注册队列之一。2005年以来承担国家科技计划（863、973、科技支撑项目和重大新药创制）6项，国际合作项目2项，国家自然科学基金项目13项。发表SCI论文280余篇，《心房颤动导管消融临床研究与推广应用》《心房颤动的临床与基础研究》分别于2010年、2004年获国家科技进步二等奖。

团队创新了一系列心律失常导管消融技术，并被广泛接受，成为我国心律失常射频消融技术规范。极大地使我国心律失常治疗和临床研究跟上国际步伐，开创了我国心房颤动（房颤）导管消融事业，并推动其发展至国际一流水平，团队开创的房颤导管消融"安贞术式"成为国际先进水平的主流术式之一，全国各地以及印度、越南、泰国等地上百家医院500余名房颤导管消融的专科医师曾到北京安贞医院观摩手术或做专科培训。牵头研制成功了自主知识产权的磁定位三维电解剖标测系统、心律失常消融治疗三维心脏模拟器、经食管高强度聚焦超声系统、经皮左心耳封堵器等部分研发产品，目前在临床试验和调试改进中，为心律失常导管消融器械国产化奠定了基础，具有良好的产业前景。

团队负责人马长生是我国心律失常领域的主要学术带头人之一。目前马长生团队创立或改进的心律失常导管消融治疗方法已在解放军总医院、北京协和医院等数百家医院常规使用。自20世纪90年代起协助国内260余家医院开展心律失常射频消融治疗，直接培训了数百名技术骨干，其中多数已成为各大医院学科带头人。我国能独立进行房颤导管消融的200名术者中70%以上采用马长生团队建立的方法，安全性和有效性与欧美领先中心水平相当。主编《介入心脏病学》（436万字）、《心律失常射频消融图谱》（132万字）为该领域必读教科书。在其引领下，我国心律失常射频消融在治疗数量、成功率和普及程度等方面始终保持了世界先进水平。

马长生牵头承担了"十二五"国家科技重大专项课题、"十二五"国家科技支撑计划课题、"十一五"国家高技术研究发展计划（863计划）、"十五"国家科技攻关计划等部级以上课题30余项。发表SCI论文100余篇，先后在心血管顶级杂志《美国心脏病学会杂志》（*Journal of the American College of Cardiology*）上发表了大陆首篇心律失常介入治疗论文和该杂志首次在亚洲地区房颤领域特约综述。相关成果三次获国家科学技术进步二等奖（2010年第1完成人、2004年第2完成人、1995年第7完成人）。

马长生是中国医师协会心血管内科医师分会前任会长、中华医学会心血管病学分会副主任委员、中国生物医学工程学会心律分会主任委员，具有很好的组织协调能力。日前获批的，马长生教授作为首批国家级心血管临床研究中心主任，负责建立全国协作研究网络，覆盖全国20家核心成员单位、100家网络成员单位和800家基层推广单位。已经牵头建立的中国心律失常登记研究合作研究平台覆盖全国80家医院。与中国科学院电工研究所、乐普（北京）医疗器械股份有限公司、微创医疗器械（上海）有限公司等器械研究所和企业有广泛的合作和共同开发的经验。

中药质量与安全标准研究创新团队

团队负责人简介

　　马双成，中国食品药品检定研究院研究员、博士生导师。1989 年获北京中医药大学医学学士学位，1992 年获中国药品生物制品检定所天然药物化学与药物分析学硕士学位，2002 年获香港中文大学生物与中药学博士学位。入选第二批国家"万人计划"科技创新领军人才。

　　中药质量与安全标准研究创新团队隶属于中国食品药品检定研究院中药民族药检定所（世界卫生组织传统药物合作中心），核心人员 15 人。创新团队人员构成合理，是一支新老结合的团队，平均年龄 40 岁，团队核心人员 15 人中有博士 8 人，正高职称 8 人、副高 4 人、中级 2 人，另有 24 名专业技术支撑人员。整个团队分为 1 个综合协调组和 5 个项目小组，5 个项目组分别负责中药质量标准研究及中药材鉴定及资源保护、中药标准物质制备标定、中药毒性成分及有害残留物检测及风险评估、数字化标本馆建设、民族药质量标准研究技术平台建设。各项目小组间分工协作，互助互补，共同搭建中药质量与安全标准研究平台，并为国家药品监管提供技术支撑。该团队以项目为纽带，有长期、稳定的研究方向，研究人员思维活跃，实验室拥有满足研究所必须的大型分析仪器，仪器设备总资产超过 4500 万元。

　　在老一辈工作者引领下，团队拥有 40 余年中药质量标准研究工作历史，产生了一大批行内知名专家，自"十五"以来，主持承担国家科技重大支撑项目 3 项，"重大新药创制"专项平台课题 4 项，累计起草完成《中国药典》等药品标准项目 100 余项，培养博硕研究生 30 余人，获得省部级科技奖励近 10 项，发表专业论文 800 余篇。积极推进中药国际化、现代化，组织完成的多项中药标准拟收入《欧洲药典》，参与 WHO 传统药物合作研究，组织发起西太区草药协调论坛（FHH）。该实验室常年向社会提供 1360 余种中药化学对照品、对照药材和对照提取物，成为中药质量标准研究现代化的基本保证。

　　团队不但长期参与《中国药典》等国家药品标准的起草修订任务，还承担国家一类新药、进口药材及天然药物制剂的检验和标准复核、国家中药标准物质的制备与标定。在中药质量控制和安全标准制定方面积累了丰富的经验，能及时跟踪产业发展趋势和行业动态，注重中药"整体控制"理念的推广和药品安全性检测研究，确立中药标准主导国际标准制定的地位。

作为一个创新团队，中药质量研究实验室建立了由制度建设、实验室管理、项目管理、经费管理四部分组成的管理机制。汇聚优秀人才，整合科技资源，搭建创新平台，创新科研人才组织机制，形成优秀人才的团队效应和当量效应，催生有重要影响的原始创新成果。团队强调全局意识、大局意识和助人为乐、甘为人梯的精神，营造有利于中青年科技人才成长的环境和机制。

马双成自1992年进入中国药品生物制品检定所工作至今。1994～1995年作为访问学者，应邀在日本国锺纺（株）汉方研究所开展合作研究。自2003年起先后担任中药室副主任、药品检验处处长、标准物质处处长、标准物质与标准化研究所所长、中药民族药检定所所长。院学术委员会委员，第七届国家药品标准物质委员会委员、秘书长。

目前他还担任中国药学会药物分析专业委员会主任委员、中国中药协会中药质量与安全专业委员会主任委员、中国药学会第24届理事会常务理事、中华中医药学会中药分析分会副会长、世界中医药联合会中药分析分会副主任委员、全国中药标准化技术委员会副主任委员、美国药典委员会委员、第九届/第十届国家药典委员会委员、国家总局药品/保健食品和化妆品审评专家、国家中药保护品种审评委员会委员、第四届/第五届/第六届中国兽药典委员会委员等，《中草药》《药物分析杂志》《中国药学杂志》《中国中药杂志》等杂志常务编委或编委。

他的主要研究领域为中药检定、药物分析、中药中外源性有害残留物和内源性有毒有害物质的检测技术和限量标准以及风险评估研究、药品标准物质、天然产物化学、中（草）药化学成分和有效成分等。先后主持和参加了国家"十二五重大新药创制"专项、"十一五重大新药创制"专项等39项课题的研究工作。已在国内及国际SCI收录的著名期刊发表论文300余篇，其中SCI论文55篇。主编著作11部，参编著作10部。培养博士后2名，博士研究生8名，硕士研究生10名。研究成果获上海市科学技术进步二等奖1项、中华中医药学会科学技术进步三等奖1项、中国药学会科学技术奖三等奖3项、中国商业联合会科学技术奖全国商业科技进步奖特等奖1项、李时珍医药创新奖（等同于中华中医药学会科学技术奖一等奖）1项、北京市科协优秀青年科技论文二等奖1项、安徽省科学技术成果奖二等奖1项、国家科技进步三等奖1项、国家中医药管理局科技进步二等奖2项、优秀论文奖多项等。2008年享受国务院政府特殊津贴；2009年获中国药学发展奖杰出青年学者奖（中药）；2012年获中国药学发展奖食品药品质量检测技术奖突出成就奖；2013年获第十四届吴阶平—保罗·杨森医学药学奖；2013年国家科技部重点领域创新团队"中药质量与安全标准研究创新团队"负责人；入选2014年国家"百千万人才工程"人员名单，并被授予"有突出贡献中青年专家"荣誉称号。

高原生物制造工程技术创新团队

团队负责人简介

王福清，西藏金稞集团有限责任公司高级工程师。1984年获山东医学院药学学士学位，1992年获山东医科大学生化药学硕士学位。入选第二批国家"万人计划"科技创新领军人才。

西藏金稞集团有限责任公司（以下简称"西藏金稞集团"）是国家科技部、国务院国资委和中华全国总工会认定的第三批国家创新型企业，自2010年加强了产学研合作的力度，在与北京化工大学前期接触与合作的基础上，开展了与北京化工大学和中科医药行业生产力促进中心（以下简称"中科医药"）的产学研合作。2010年3月，西藏金稞集团与北京化工大学谭天伟教授的研发团队签订了"酵母高密度发酵联产S-腺苷蛋氨酸和谷胱甘肽"的技术服务合同，并发展为高原生物工程技术与产品开发的全方位合作，形成了以西藏金稞集团有限责任公司为主体、北京化工大学和中科医药为技术支撑单位的"产学研"通力合作的技术创新团队，经过了三年多的磨合，目前运行良好，机制较为完善。

团队在高原生物制造工程技术及产品的研发中处于国际领先水平。建立了高原极端环境下，采用大肠杆菌等工程菌高产生物活性物质的发酵工程与分离纯化技术，已完成的"牦牛胰腺与重组活性羧肽酶B制取新技术"于2008年获得西藏自治区科技进步奖二等奖，是在西藏进行高原生物制造工程技术研发的首个科技进步奖；建立了在高原极端条件下，采用酵母等工程菌高产生物活性物质的发酵工程与分离纯化技术，如依托单位正在承担的"重大新药创制"科技重大专项中的《毕赤酵母高效表达治疗微血管病变的活性多肽研究》，所开发的人胰岛素原C-肽得到了高效表达与分离纯化，已完成了中试，并正在进行临床前的研究工作；与北京化工大学共同开发的高密度发酵培养谷胱甘肽和腺苷蛋氨酸项目，已经完成了其在高原的工程化验证研究，进行产业化的工程建设；初步建立了发酵废菌丝体综合利用和工业化生产新工艺，为在西藏发展循环经济的支撑工程技术奠定了基础。

团队一直探索生物工程技术国际前沿，围绕高原极端环境下生物工程技术中的工程菌构建、高密度发酵、培养基优化、分离、纯化等关键技术问题，搭建集实验室技术集成、中试工程化放大、产业化技术开发于一体的全产业链的技术创新平台。目前，已完成了羧肽酶B、腺苷蛋氨酸和谷胱甘肽等在高原条件下的工程化技术开发，促进我国生物技术产品的产业化，打破了工程化"瓶颈"和海外巨头的垄断，推动了自主知识产权生物工程技术的开发与产业化转化的发展。特别是在西藏高原，尚是首次，得到了自治区政府的高度重视。

团队负责人和核心成员曾获国家科学技术进步二等奖2项，省部级成果4项；发表论文近百篇，其中SCI收录47篇，形成新产品9个，产生经济效益5207万元。

团队负责人王福清，先后从事生化制药行业管理、生化与微生物药物研究开发等专业技术工作。近年来，主持了"牦牛胰腺制取与重组活性羧肽酶B新技术""十一五"国家科技支撑计划"优势出口生物资源产品清洁生产关键技术研究"和"十二五"国家科技支撑计划课题"科研用有机试剂、特种试剂、有机合成中间体、药用辅料及对照品研发与集成示范"等20多项科研项目的研究开发，其中"牦牛胰腺与重组活性羧肽酶B制取新技术"获2008年西藏自治区科技进步奖二等奖（第1名）；"青藏高原牦牛乳深加工技术研究与产品开发"获2010年国家科学技术进步奖二等奖（第5名）；2008年获得第十届吴阶平医学研究奖—保罗·杨森药学研究生化与生物技术药物专业三等奖。团队负责人熟悉生物制造领域国内外的研究现状与趋势，能够把握技术开发的前沿和热点。由于其研究经历多处于生产第一线，主要特长是工程化技术的开发和较强的产业化转化能力，也善于选择高校和科研院所的优势小试技术项目，联合进行中试的研究和产业化对接。

固体氧化物燃料电池创新团队

团队负责人简介

王蔚国，中国科学院宁波材料技术与工程研究所研究员。1987 年获中南矿冶学院（现中南大学）金属物理学士及硕士学位，1997 年获 Wollongong 大学材料工程博士学位。

固体氧化物燃料电池创新团队是以中国科学院宁波材料技术与工程研究所燃料电池事业部为主体组成，以固体氧化物燃料电池（SOFC）及其热电联供系统为主要研究方向的专业科研团队。经过与联想之星的友好谈判，浙江省宁波市鄞州区燃料电池项目引进，宁波索福人能源技术有限公司于 2014 年 9 月正式成立，通过边演示、边评价、边优化、边销售的方式，推动 SOFC 产业化。

团队项目研究与技术开发人员总数 93 名，其中正高级 5 名，副高级 7 名，中级 29 名，具有博士学位 11 名，硕士学位 19 名，浙江省千人计划 1 人，中科院百人计划 2 人，专业涉及材料、物理、化学、化工、机械、计算机、热能电力等，研究对象从材料设计、制备到电池生产，从电池堆材料和结构设计到电池堆模块制造，从燃料重整到电池系统集成，涵盖了从原材料到系统一系列产业，并申请了从纳米粉体制备、单电池设计与制备工艺、单电池测试、电池堆设计与制造到系统设计等专利 73 项，包括 PCT 专利 10 项，授权 58 项。

近 10 年，团队先后承担国家科技部 863 探索类、目标导向类主题项目；科技部国际合作专项；科学院重要方向性院长基金；浙江省重大攻关项目，浙江省创新团队和宁波市创新团队项目，总经费超过 1 亿元。团队与美国通用（GE）、联合技术（UTRC）、中国中石化、华电集团、浙能集团等国内外知名大企业开展了实质性的合作，获得相应的资金支持数百万元。

开发了阳极支撑单电池、电极粉体、电解质支撑电池、电池堆模块和 25kW、200kW 系统产品。

先后投资 2000 万元用于购买设备，建立了中国第一条年产 3 万片 SOFC 单电池中试实验生产线和世界一流的单电池与电池堆测试平台，该平台是国内目前最大、最齐全的 SOFC 研发平台。

在固体氧化物燃料电池材料研究和单电池生产和测试技术开发上居国际先进水平，完成了可以规模生产的纳米阴极粉体制备技术的开发，阴极极化电阻在 800℃ 达到 $0.07\Omega cm^2$ 和 750℃ 达到 $0.2\Omega cm^2$ 的世界最好 LSM 阴极性能。通过材料设计大幅提高单电池的抗弯强度，达到 400MPa 世界纪录。实现单电池批量生产，产品销往英国、瑞士、丹麦、美国、日本、新加坡、中国台湾，是国际上为数不多的明码销售的电池和电池堆供应商。单电池测试技术与国际惯例接轨，陶瓷测试房设计和高温密封技术使单电池在 600℃ ~900℃ 可以运行数千小时。

在电池堆研究上居同类研究国际先进水平。14cm×14cm 的 25 单元标准电堆实现功率 1300W 和电效率 72.5% 的世界纪录。运行条件为：管道天然气、外部水蒸气重整，运行参数为：65A 电流、运行电压 20V、平均单体电压 0.8V、燃料利用率 94.3%。

25kW 盘式完成了从设计到加工组装，并进行了四轮试验。试验中，25kW 热区最高达到 30kW 功率输出，可在 25kW 以上功率输出条件下持续运行。25kW 系统完成结构验证（与 200kW 结构相同），实现 20~25kW 稳定运行。200kW 系统作为公司的主推产品，大幅度降低了系统造价。单热区功率是美国 BE 公司的 4~5 倍，销售价格从 BE 的 50000 元/kW 降低到 7500 元/kW，可以与内燃机和微燃机直接进行竞争；200kW SOFC 发电系统的开发工作，完成各组件的设计与加工，完成搭建 200kW 系统装置，并开展了重整工作，完成了盘式堆区的组建优化工作。

在固体氧化物燃料电池技术的市场化开发上居国内领先地位。坚持"材料—器件—应用"的开发路线，先后推出了单电池、电池堆、系统测试平台产品，是国内最先公开销售固体氧化物燃料电池相关产品的团队，在国际上具有一定影响。2012年 7 月，代表中国在第十届欧洲固体氧化物燃料电池论坛上做大会特邀报告，排在 300 多个报告的第二位。鉴于团队在固体氧化物燃料电池领域做出的成绩，美国工程院 Singhal 院士做出评价"Progress and experience at NIMTE capable of setting up credible SOFC industry in China."。

团队负责人王蔚国 2006 年 10 月放弃丹麦 Riose 国家实验室 Senior Scientist 永久职位回国工作，创建中科院宁波材料所燃料电池与能源技术事业部，2014 年成立宁波索福人能源技术有限公司，开展固体氧化物燃料电池（SOFC）技术的研究。经过 10 多年的努力，建成了拥有全职人员 93 名、各学科交叉的、以固体氧化物燃料电池技术开发为单一目标的大型工程技术团队。从燃料处理、纳米粉体和电池生产、电堆制造到系统集成，该平台已成为全球研究机构和大学中最大的固体氧化物燃料电池研发平台。回国后负责和组织承担了科技部 4 项，科学院重大方向性项目、科学院院长特别基金，浙江省重大攻关各 1 项，是 SOFC 浙江省创新团队和宁波市创新团队的负责人。发表论文 80 余篇，拥有 20 多项国际和中国专利。2007 年入选中科院"百人计划"、浙江"钱江人才"、宁波市"4321 人才工程（第一层次）"，2010 年入选浙江省"千人计划"，2011 年获国务院特殊津贴，是"十二五"规划能源领域燃料电池方向的召集人。做国际会议特邀报告 7 次，担任分会主席 5 次。

基准原子钟研究创新团队

团队负责人简介

　　方占军，中国计量科学研究院研究员。1982～1987 年在清华大学电子工程系激光与光电子专业学习，获工学学士学位；1987～1989 在清华大学电子工程系电子物理与器件专业学习，获工学硕士学位；1996～1999 年在德国哈雷—维滕贝格大学物理系学习，获物理学博士学位；1999～2001 年在德国卡尔斯鲁厄大学力学与力学过程技术学院作博士后研究。入选第二批国家"万人计划"科技创新领军人才。

　　基准原子钟研究创新团队的研究领域为时间频率量子基准研究，包括微波频率基准和光学频率基准的研究。在微波频段，我国的第一台时间频率基准钟就是在中国计量科学研究院诞生的，1986 年量子频标团队研制的 NIM3 磁选态铯原子束钟经改造达到不确定度 3E－13，进入当时世界先进行列。进入 21 世纪，量子频标团队在国内率先成功研制了激光冷却—铯原子喷泉钟（2003 年 NIM4，2010 年 NIM5 和 NIM5－M）和飞秒光学频率梳（2006 年）。2003 年中国计量科学研究院研制成功中国第一台 NIM4 激光冷却—铯原子喷泉钟，不确定度达到 8E－15；2005 年改进后达到 5E－15。2010 年量子频标团队研制的第二代 NIM5 铯喷泉钟实现年运行 300 天以上，30 天准连续运行，运行率大于 99%，频率不确定度 2E－15。与 NIM5 同步研制的 NIM5－M 的铯喷泉钟于 2009 年 9 月交付卫星定位中心实验室，不确定度 5E－15，为北斗系统不依赖于外部校准独立运行提供了频率基准保障，其量值随着北斗系统的应用而广泛传递给所有的北斗终端用户，在军用和民用领域都发挥巨大作用。

　　在光学频段，量子频标团队 2005 年研制完成的碘稳频 Nd：YAG 单块固体激光器是目前频率稳定度最高的汽室稳频激光器，平均时间大于 200s 的频率稳定度为 4E－15，频率准确度为 8.7E－12。2006 年研制完成钛宝石飞秒光学频率梳，以铯原子喷泉钟校准的氢钟为参考，测量了碘稳频 Nd：YAG 激光器的绝对频率，测量不确定度达到 E－14 量级，其不确定度主要受限于氢钟信号。2006 年第 17 次国际时间频率咨询委员会（CCTF）会议通过锶原子、汞离子、锶离子、镱离子光频标作为秒的次级定义。2009 年第 18 次 CCTF 会议建议，在 2019 年正式讨论重新定义秒。光钟已被公认为下一代秒定义的候选，锶原子光晶格钟是最有潜力的一个。2006 年，量子频标团队开始研制锶原子光晶格钟，2008 年实现锶原子的一级激光冷却磁光阱，689nm 窄线宽二级冷却激光系统线宽压窄到 100Hz。2011 年，在国内首次实现锶原子的二级

激光冷却到 $3\mu K$ 和钟跃迁激光器线宽压窄到 $5Hz$，实现了超冷锶原子的光晶格装载。2012 年，在国内首次探测到锶原子边带可分辨的钟跃迁谱线，并实现了锶原子光晶格钟的初步闭环锁定。2015 年完成第一套锶光钟的不确定度评估和绝对频率测量，研制完成国内第一台锶原子光晶格钟，评定不确定度 $2.3E-16$，绝对频率测量不确定度 $3.4E-15$。2015 年 9 月绝对频率测量结果报送国际时间频率咨询委员会频率标准工作组并被采纳，使中国成为世界上第五个研制成功锶原子光晶格钟的国家。

方占军 2009 年入选"新世纪百千万人才工程"国家级人选。2013 年获得国务院特殊津贴。现任全国时间频率计量技术委员会主任委员，中国计量测试学会时间频率专业委员会委员。

方占军担任激光冷却锶原子光晶格钟研究课题负责人。此课题先后得到了科技部 973 计划、科技支撑计划和科技基础条件平台的经费支持，总经费约 3000 万元。2015 年完成第一套锶光钟的不确定度评估和绝对频率测量，研制完成国内第一台锶原子光晶格钟，评定不确定度 $2.3E-16$，绝对频率测量不确定度 $3.4E-15$。2015 年 9 月绝对频率测量结果报送国际时间频率咨询委员会（CCTF）频率标准工作组并被采纳，参与了锶原子光钟频率 2015 年国际推荐值计算，使中国成为世界上第五个研制成功锶原子光晶格钟的国家。

方占军担任飞秒激光光学频率梳研究课题负责人。此课题得到科技部科技基础性工作专项资金的经费支持，总经费约 300 万元。光学频率的绝对测量一直是计量领域的一个重要课题。飞秒光学频率梳只用一台锁模飞秒脉冲激光器就实现了从微波频率到光学频率的相干链接，具有体积小、可靠性高、使用简单方便等优点，而且一台飞秒光梳即可完成从可见光到近红外区间内所有光学频率的测量，给光学频率测量带来了革命性的突破。计量院飞秒光梳课题于 2002 年开始，2006 年通过了专家鉴定，实验测量了碘稳频 532nm 固体激光器的频率，不确定度 $4E-14$，达到世界先进水平。在国内首次实现了直接溯源到铯原子微波频率基准的绝对光学频率直接测量，改写了我国长度基本单位米不能独立自主实现量值溯源的历史，填补了国内空白。此项目获 2009 年国家科技进步二等奖。

分子纳米结构与分子成像技术创新团队

团队负责人简介

方晓红，中国科学院化学研究所研究员。1990 年获武汉大学化学学士学位，1993 年、1996 年先后获北京大学化学硕士与博士学位。1997 ~ 1998 年在加拿大 Waterloo 大学从事博士后研究，1998 ~ 2001 年在美国 Florida 大学任研究助理。入选第二批国家"万人计划"科技创新领军人才。

"分子纳米结构与分子成像技术"创新团队以中科院分子纳米结构与纳米技术重点实验室研究团队为核心，依托国家重大仪器研制专项，联合中科院活体分析化学重点实验室的相关科研骨干组成。团队成员中有多名纳米科学研究领域高水平的学术带头人，包括中科院和第三世界科学院院士各 1 名，国家杰出青年基金获得者 6 名，中科院"百人计划"研究员 8 名，国家纳米重大基础研究计划首席科学家 3 名，以及化学所"引进海外杰出青年人才"3 名。团队成员拥有化学、物理、生物学、材料科学等博士学位，学科知识互补，合作密切，自 2001 年至今其核心团队连续 4 次获得国家自然科学基金委创新团队支持，并入选 2004 ~ 2007 年中科院创新团队国际合作伙伴计划。

团队多年来围绕由分子或纳米单元组装纳米结构和材料所涉及的前沿科学问题以及所需要的先进分子成像技术开展研究，在分子纳米结构及功能纳米材料的构筑、纳米尺度化学成像、单分子表征与检测以及扫描探针显微技术等方面不断取得具有国际先进水平的创新成果，为纳米科学在能源化学和生命化学中的应用打下基础；同时，取得的基础科学研究成果已在面向国家重大需求的锂离子电池、太阳能电池等清洁能源研究，肿瘤、肝炎等重大疾病检测研究等方面获得应用，是我国纳米科学研究的重要基地。2008 ~ 2013 年团队成员发表 SCI 论文 488 篇。其中在影响因子大于 7.0 的国际著名学术期刊字《自然通讯》《美国科学院院刊》《化学研究评述》《美国化学会志》《德国应用化学》《先进材料》等发表 83 篇，发表在《化学研究评述》《德国应用化学》等期刊上的文章分别被评为 2009 年度、2010 年度中国百篇最具影响的国际学术论文；已申请国际 PCT 专利 5 项，拥有授权专利 34 项。科研成果获得发展中国家科学院（TWAS）化学奖，国家自然科学奖二等奖，北京市科学技术奖一等奖等。团队成员应邀担任《化学研究评述》《美国化学会志》《德国应用化学》《先进材料》

等十几种国际权威学术期刊副主编、编委或顾问编委等。分子纳米结构与分子成像技术创新团队是一支科研水平高、创新能力强、在国际上具有较大影响力的我国纳米科技领域的领头团队之一，对国家纳米科技的发展起着重要作用。

团队负责人方晓红现为中科院化学所分子纳米结构与纳米技术重点实验室学术骨干，是2002年国家杰出青年基金获得者，中科院"百人计划"优秀入选者。她的主要研究领域为纳米生物检测、生物物理化学和生物分析化学。自回国工作以来，在活细胞单分子纳米成像技术、生物纳米结构和生物分子相互作用表征、高灵敏度的生物医学分析新探针新方法等方面取得了一系列国际先进水平的研究成果。如在分子纳米结构表征和纳米成像技术方面，建立了国内首个适合活细胞成像的物镜型全内反射单分子荧光显微镜系统，实现了重要信号蛋白在细胞信号转导过程中的单分子行为研究，为深入了解信号转导分子机制提供了新的依据和新的方法。她发现新的转化生长因子受体激活的新模式，相关结果在2009年PNAS发表后已用于受体生物功能研究，并发现信号通路小分子抑制剂新机制。为了提高对纳米结构进行多参数分子成像的能力，研制了可同步进行力学和光学信号成像的超分辨光学成像/AFM联用仪器，并以此为基础与团队成员合作申请到国家重大仪器专项，进一步集成可表征化学组成的显微技术，这些国际上未见报道的分子成像技术上的创新，将为获得复杂体系物质结构与性能关系的新知识，设计高性能能源纳米器件，了解疾病的分子基础提供先进的手段。此外，她还发展了多种纳米生物检测新探针，在肿瘤、肝炎等重大疾病检测研究等方面得到应用，已获得10项相关授权专利。研究成果在《美国科学院院刊》《化学研究评述》《美国化学会志》《德国应用化学》《先进材料》等国际学术期刊上发表论文140多篇，2008~2013年发表影响因子大于7.0的论文20篇。她培养或联合培养博士20人，博士后6人。她任《国际纳米医学杂志》等3个国际学术期刊编委。2005年获中科院十大杰出妇女称号，2006年入选"新世纪百千万人才工程"国家级人选，2006年杰出青年基金结题优秀，2010年获中国侨界创新人才贡献奖，2010年获国务院政府特殊津贴。

方晓红曾任中科院"百人计划学者论坛"首届理事长，多次组织交叉学科领域的学术活动，2次担任香山科学会议执行主席（第1、第3执行主席）；5次担任国际/双边会议主席。2007年任科技部纳米重大研究计划项目首席科学家，结题优秀，获得滚动支持。2012年再次担任首席科学家。

林木基因工程育种创新团队

团队负责人简介

卢孟柱，中国林业科学研究院林业研究所首席专家、研究员、副所长。1987年、1990年分别获北京农业大学微生物学农学学士学位、理学硕士学位；1997年获瑞典农业大学遗传学博士学位。入选第二批国家"万人计划"科技创新领军人才。

林木基因工程育种创新团队通过近十年的建设，逐步形成了具有一定优势的研究方向——林木性状的分子基础及基因工程育种，且年龄结构更加合理。围绕该研究方向取得了一定的进展，林木抗虫基因工程育种及应用处于国际领先地位，木材形成的相关基因鉴定及材性育种也处于快速产出阶段。研究结果为林木材性和抗性基因工程育种提供了新的策略，对学科领域技术和产业发展产生重大影响。

团队以揭示木材形成的分子机制为基础，开辟了材性基因工程改良新领域。建立杨树剥皮再生系统，实现了从形成层细胞形成、分化及次生维管系统发育过程的全程分析。利用该系统，在国际上首次采用大规模蛋白质组学技术，鉴定了杨树剥皮再生过程不同时期特异表达的蛋白质，同时还利用基因芯片分析技术分析了再生过程中基因的表达。系统地分析了杨树生长素转运蛋白家族、生长素反应因子家族、热激蛋白家族和钙离子依赖蛋白激酶家族基因的功能，筛选出了近40个可能在木材形成中起关键作用的基因，其中生长素受体、信号转导因子、转录因子等可影响木材形成过程，初步揭示了导管分化机制。这些基因显著改变木质部细胞的结构，对木材品质的分子改良有重要意义。

团队分离、鉴定重要抗逆基因，确保抗逆基因工程育种及应用方面走在前列。采用代谢组学方法系统地分析了杨树的主要抗虫次生代谢产物，揭示了不同杨树种和无性系抗虫差异的原因，培育出丹红杨、南杨、中怀1号、中怀2号等11个速生、抗虫等杨树新品种和良种。基于世界上第一个商品化转基因抗虫杨树，通过杂交获得了新的抗虫无性系。从杀天牛的苏云金芽孢杆菌分离其毒蛋白基因，通过原核基因表达结合虫试，证明了该基因编码的毒蛋白可以达到70%的致死率，抑制昆虫生长发育的活性达100%（获发明专利）。通过与筛选出的天牛纤维素酶结合短肽融合，改造了该杀虫蛋白，获得了较高杀天牛活性的融合基因，并已转入杨树，该研究结果为培育抗天牛的转基因杨树奠定了基础。分离了杨树影响脂肪酸饱和度的脂肪酸脱饱和酶（FAD2、FAD3）基因，超表达和抑制表达这两个基因可以增加或降低脂肪酸不饱和度，从而增加或降低杨树对低温的适应性。采用全基因组学方法，筛选出胡杨耐盐基因。这些基因为抗逆基因工程育种奠定了基础。

团队负责人卢孟柱是林木遗传育种国家重点实验室主任。先后主持国家重大基础研究计划（973 计划）"树木育种的分子基础研究""木材形成的分子基础"项目 2 项，国家高新技术开发项目（863 项目）"杨树木材形成的基因调控网络研究"、国家自然科学基金重点项目"钙调素调控木质部发育的机制研究"，农业部、国家林业局、国家自然科学基金委等研究项目 8 项。主要研究树木木材形成的分子机理及采用基因工程手段进行林木抗虫、抗寒及材性的改良。参加的抗虫转基因杨树项目获得了国家和林业部科技进步奖，培育的抗虫转基因欧洲黑杨在 2000 年得到了国际新品种保护联盟的新品种认定，2001 年获得了国家林业局基因安全委员会的商品化许可，是中国第一个商品化转基因树木，2002 年获得国家林业局林木良种。近五年在国内外刊物发表论文四十余篇，其中发表在《实验植物学杂志》《蛋白质组学》《BMC 基因组学》《转基因研究》《分子育种》等 SCI 期刊 50 余篇，国家发明专利 3 项。2006 年 5 月获得中共中央组织部、人事部、中国科协联合颁发的中国青年科技奖。2014 年入选"百千万国家级人选"，并被授予"有突出贡献中青年专家"荣誉称号。

脑疾病的神经环路基础研究创新团队

团队负责人简介

毕国强，中国科学技术大学教授。1989 年获北京大学物理学学士学位，1991 年获美国纽约大学物理学硕士学位，1996 年获美国加州大学伯克利分校生物物理博士学位。入选第二批国家"万人计划"科技创新领军人才。

"脑疾病的神经环路基础研究创新团队"核心成员来自中国科学技术大学生命科学学院神经生物学与生物物理学系，以及中国科学院武汉数理所和中国科学院深圳先进技术研究院，并依托中国科学院脑功能与疾病重点实验室。该团队骨干成员以中青年人才为主，包括国家杰出青年基金获得者 3 人，教育部长江学者 1 人，中组部青年"千人计划"5 人，中科院"百人计划"8 人，国家七部委"百千万杰出人才"工程 1 人和教育部新世纪人才 1 人。

团队近年来合作承担多项国家重大科研项目，包括科技部 973、863 计划项目、基金委重大研究计划项目、中国科学院战略性先导科技专项项目等。团队成员包括国家 973 项目首席科学家 1 位（毕国强），国家 973 计划青年科学家专题项目首席科学家 2 位（薛天、张智），国家 863 计划青年科学家专题项目首席科学家 1 位（熊伟），中国科学院战略性先导科技专项项目负责人 2 位（周江宁和毕国强）、课题负责人 7 位（周江宁、毕国强、徐富强、王立平、薛天、张智、熊伟）。

神经环路的结构功能解析是认识脑功能与疾病的关键，也是当前国际研究热点。美国、欧洲等国家近期先后宣布投入巨资开展相关研究。本创新团队骨干成员参与了我国相关重要研究计划（包括中国科学院战略性先导科技专项"脑功能联结图谱计划"、基金委重大研究计划"情感和记忆的神经环路基础"等），在神经环路研究的技术方法等方面取得了系统的进展，并将进一步通过发展和应用前沿技术手段，从多个角度和层次解析神经环路结构功能和脑疾病的发生机理，以期为发现脑重大疾病的新诊断和干预手段提供新的线索。

团队负责人毕国强是国际知名神经生物学家，在神经可塑性研究等领域做出了重要贡献。其关于神经放电精确时间依赖的突触可塑性（Spike-timing-dependent plasticity，STDP）的发现以及关于 STDP 的分子细胞机制和计算规则的一系列研究促进了本领域的发展，并在信息科学、人工智能等领域产生了较广泛的影响。近期工作致力于超高分辨显微成像技术的应用与创新，探索了解析神经环路中突触超微结构与分子组织构架的新途径。曾获巴罗·威尔康基金会生物医学成就奖（Burroughs Wellcome Career Award in the Biomedical Sciences）、匹兹堡大学校长杰出科研奖（Chancellor's Distinguished Research Award）等学术奖，入选教育部长江学者，获国家杰出青年科学基金资助，在《自然》（*Nature*）、《科学》（*Science*）、《美国科学院院刊》（*PNAS*）等国际期刊发表论文 30 余篇，被引用 6000 余次，其中关于 STDP 的系列工作单篇最高引用 2000 余次。

毕国强担任中国科学技术大学神经生物学与生物物理学系主任，与加州大学洛杉矶分校周正洪教授一起建立了合肥微尺度物质科学国家实验室集成影像中心并任联合主任，兼中国生物物理学会与中国神经科学会理事、神经技术分会副会长、美国神经科学会伦理委员以及多家国际学术期刊编委等学术任职，近年来引进多位优秀青年神经生物学者加盟中国科学技术大学，并与哈佛大学、麻省理工学院、匹兹堡大学、美国国立卫生研究院、法国国家科学研究中心等研究机构的优秀学者建立了有效的合作交流关系，推动了中国科学技术大学生物物理与神经生物交叉学科建设。

水声通信创新团队

团队负责人简介

　　朱敏，中国科学院声学研究所海洋声学技术中心主任，二级研究员，博士生导师。1989～1994 年就读于中国科技大学，获电子与信息工程学士学位；1998～2006 年于中国科学院研究生院先后获信号与信息处理硕士及博士学位。入选第二批国家"万人计划"科技创新领军人才。

　　水声通信创新团队是一支以海洋声学技术研究、装备研发和声学系统集成为主要研究方向，依托中国科学院声学研究所形成的科研创新团队，团队成员共 34 人，其中 17 人具有高级或副高职称，8 人具有博士学位，主要研究领域包括水声通信技术、声学探测技术、声学测速技术和声学系统集成技术。

　　团队承担了包括国家 863 计划海洋领域重大专项"7000 米载人潜水器"子课题"7000 米载人潜水器声学系统研制"在内的数十项国家级科研任务和军工型号项目，其中近 5 年承担了国家 863 计划重点项目 3 项，国家重大科学仪器设备开发专项 1 项。研发成功了包括高速数字化水声通信机、测深侧扫声呐、6000m 声学深拖系统在内的多项海洋声学装备。

　　团队为"蛟龙"号载人潜水器研制的高速数字化水声通信机，能够实现数据、图像、文字、语音和命令传输，是"蛟龙"号载人潜水器的三大国际领先技术之一；高分辨率测深侧扫声呐是国外载人潜水器不具备、"蛟龙"号独有的新型的海洋声学探测设备，可以同时获得精细的三维海底地形和侧扫图。

　　团队研制成功系列声学深拖系统，其中 DTA - 6000 已装备于"大洋一号"科考船，在国内首次实现了使用自主研制的声学深拖系统开展深海调查作业；研制成功系列声学多普勒流速剖面仪，首次实现了国产测流声呐在潜标上的长期应用，并已应用于南海内波调查和海底观测网路由调查等任务，改变了以往这些海洋声学设备完全依赖进口的局面。团队研发的部分成果已经在民用和军事领域实现了转化，目前已经形成了上亿元的产值。

　　团队负责人朱敏先后主持了包括"7000 米载人潜水器声学系统研制"、863 计划重点项目"水声通信节点及组网关键技术"和国家重大科学仪器设备开发专项项目"自容式声学多普勒流速剖面仪开发"在内的多项国家级科研任务。研制成功了高速数字化水声通信机、测深侧扫声呐、声学多普勒流速剖面仪、声学多普勒计程仪等海洋声学装备，是我国海洋声学技术研究及装备研发领域的重要研究人员，为本领域的发展做出了重要贡献。获 2003 年度国家科技发明二等奖、2006 年度军队科技进步三等奖、海洋工程科学技术一等奖奖、中国科学院杰出科技成就奖（突出贡献者）、中国造船工程学会科学技术奖特等奖、第十一届中科院十大杰出青年称号、政府特殊津贴和全国五一劳动奖章等奖励和荣誉。

先进金属结构材料基础研究及
工程应用创新团队

团队负责人简介

  刘庆，重庆大学教授。1980～1984 年就读于重庆大学，获金属材料学士学位；1984～1991 年就读于哈尔滨工业大学，先后获金属材料与热处理硕士及博士学位。曾先后在北京科技大学、丹麦国家实验室和清华大学从事教学科研工作。入选第二批国家"万人计划"科技创新领军人才。

  先进金属结构材料基础研究及工程应用研究团队拥有包括在高校的教授、副教授、讲师、工程师等研究人员 30 余人，同时与多个企业的工程技术专家密切合作，形成了一支既有从事基础科学问题研究，又有开展直接工程应用专家的研究队伍。团队核心成员中有国家"千人计划"特聘专家、长江学者等学术领军人才，也有教育部新世纪人才、重庆大学"百人计划"研究员等年轻骨干，同时还拥有数名具有丰富工程实践经验的企业专家。团队以青年研究人员为骨干力量，平均年龄小于 40 岁。

  团队在金属结构材料基础研究领域拥有国际一流的研究能力和学术水平。刘庆教授（长江学者、杰青、973 首席）在形变金属与微结构及其电子显微分析等领域研究处于国际先进水平；聂建峰教授（"千人计划"专家）在金属沉淀相相变晶体学与强化机制、微观结构透射电子显微表征等基础理论研究及其应用方面取得了国际上同行专家公认的突出成就；黄晓旭教授（"千人计划"专家）长期从事金属结构材料强韧化和微观结构表征等研究工作，是国际上该领域的著名专家；罗伯特·E.桑德斯（Robert E. Sanders）博士（外专千人专家）是高性能铝合金领域国际知名专家；安迪教授是从事金属塑性变形与回复再结晶领域的国际知名学者。来自密切合作企业的团队成员，西南铝业的林林副总工（中铝首席专家、两江学者）、江丰电子的姚力军博士（"千人计划"专家）、刘礼华总工（国家突出贡献专家）及袁改焕总工都分别是高性能铝合金、超高纯金属靶材、高强钢丝及核电用锆合金材料领域的知名工程专家。团队自 2006 年起，逐渐吸引了来自国内外知名研究机构和高校的一批青年人才加入，形成了一支实力雄厚、梯队完整、具有国际影响力的研究队伍。

  团队长期坚持先进金属结构材料基础研究及工程应用这一主要研究方向，经过近十年的发展，形成了以微观组织结构的先进表征方法及应用为特色，以金属形变、相变与强韧化机理为重点和优势的科研方向，结合包括铝、镁、锆合金、高强钢丝、复合材料等金属材料的具体工程应用，已取得一系列具有创新性的研究成果，获得国际同领域专家和工业界的高度评价。

团队利用其基础科学与技术研究成果与重点企业密切合作，共同组织和实施以解决我国先进金属结构材料关键技术难题为目标的研发项目，为我国铝合金罐料板、汽车用铝合金板材、3C 产品用镁合金板材、核电用锆合金材料、集成电路及液晶屏制造用超高纯金属靶材、特大桥梁用高强钢丝等金属材料及制品制造加工技术的发展及生产工艺的优化提供了重要的技术支撑。

过去五年来，团队成员主持了包括国家 973、863、科技支撑计划、重大专项、重大科技攻关等 50 余项重点科研项目。团队成员发表的 SCI 论文超过 500 篇，其中《自然》（Nature）1 篇，《科学》（Science）5 篇，他引 5000 余次。并获得多项国家及省部级科技奖励。其研究成果在西南铝业、江丰电子、法尔胜集团、国核锆业及攀钢集团等企业获得直接应用，产生了显著的社会及经济效益。

团队负责人刘庆，1999 年作为清华大学"百名人才"引进工程首批入选者从丹麦回国工作。自回国工作以来，先后主持了包括国家杰出青年科学基金、国家自然科学基金重点项目、重大项目课题、重大国际合作项目、科技部 973 计划项目（首席科学家）、军工 973、863 等项目 20 余项。主要学术兼职包括科技部"十二五"国家863 材料领域结构材料主题专家组成员、教育部科技委国防学部委员、国际再结晶与晶粒长大会议（Rex & GG）国际专家委员会委员、国际铝合金大会（ICAA）国际专家委员会委员、澳大利亚国家轻金属研究中心国际技术委员会委员、中国金属学会理事、中国仪表功能材料学会副理事长、反应堆燃料及材料国家重点实验室学术委员会副主任、金属强度国家重点实验室及材料成形与模具技术国家重点实验室学术委员会委员。

刘庆 20 多年来以金属结构材料为主要研究对象，在形变金属微观组织结构的 TEM 分析技术、电子背散射衍衬（EBSD）分析技术、金属超塑性、金属塑性变形的微观机理及加工硬化行为、形变金属的回复与再结晶行为、金属材料结构的形成机理与控制等研究领域取得了多项处于国际领先和先进地位、具有创新意义的基础研究成果。发表学术论文 200 余篇，其中国际刊物（SCI 收录）论文 150 余篇，被他人引用2800 余次。获国家科技进步二等奖两次，国防科技进步一等奖一次，中国电力科学技术一等奖一次，北京市科学技术一等奖一次。

数论及其应用创新团队

团队负责人简介

    刘建亚，山东大学教授。1980～1984 年就读于河北师范大学，获基础数学学士学位；1989～1995 年就读于山东大学，获基础数学硕士及博士学位。

    山东大学的数论研究有着长久的历史和良好的工作基础，始终是数论研究的中心之一。近年来，山东大学数论群体继承传统，在数论的经典难题取得了实质性的突破，一些成果达到了国际领先水平。在此基础上更开拓新路，在国内率先走出解析数论的经典领域，实现了中国解析数论的现代化转型，将研究领域拓展到现代数论和表示论的核心领域，尤其是自守表示、自守 L−函数、群表示论。

    山东大学数论研究群体以本校科技创新平台为依托，以共同的研究兴趣吸引人，通过培养与引进，在科研实践中以学术研究为纽带形成了一支年龄结构和学历结构合理、有一定国际影响的学术梯队。团队学术带头人刘建亚和团队骨干成员长江讲座教授叶扬波自 20 世纪 90 年代起就建立起稳固的合作关系，在自守形式领域得到了创新性成果。2010 年，引进的海外高层次创新创业人才黄劲松教授荣获"千人计划"国家特聘教授称号。黄劲松自 2007 年起一直任山东大学的讲座教授，与刘建亚教授已有很好的合作基础。与此同时，刘建亚与团队骨干成员"万人计划"入选者吴杰建立了一系列深入的合作关系。在他们的影响带动下，团队成员逐渐成长起来，彼此之间合作开展了现代数论研究问题的创新性研究。与此同时，团队注重培养后备科研力量，2010 年以来引进具有海外留学经历的青年学者 4 人。

    团队入选 2012 年教育部创新团队，目前拥有长江学者特聘教授 1 人、中组部"千人计划"入选者 1 人，长江讲座教授 1 人，国家杰出青年基金获得者 1 人，国家杰出青年基金获得者（B 类）1 人，泰山学者 1 人，新世纪百千万人才工程国家级人选 1 人，教育部跨世纪优秀人才 1 人，教育部新世纪优秀人才 1 人，山东省杰出青年基金获得者 1 人，教授 10 人，博士生导师 10 人，副教授 1 人，讲师 4 人。团队所有成员具有一年以上实质性海外留学经历。在数论和表示论的理论研究上，团队已形成了自己的特色，拥有了一定的优势。

近年来，团队在《数学年鉴》（Annals of Math.）、《美国数学会杂志》（J. Amer. Math. Soc.）、《杜克数学杂志》（Duke Math. J.）等学术刊物发表 SCI 论文 300 余篇，总引用 1000 余次；负责国家杰出青年基金 2 项，教育部科学技术研究重大项目 1 项，国家自然科学基金重点项目 3 项；获国家级自然科学二等奖 2 项，教育部自然科学一等奖 1 项，党政密码科学技术进步奖一等奖（省部级）1 项。团队所获的 2014 年国家自然科学二等奖是在 1982 年之后，首个数论项目获奖。团队的研究结果得到了沃尔夫奖得主萨纳克（Sarnak），以及三位英国皇家学会会员希斯—布朗（Heath - Brown）、哈曼（Harman）与伍利（Wooley）等同行评价与引用，更被《数学年鉴》（Annals of Math.）等顶尖数学刊物评价与引用。

素数分布一直是数论的核心研究领域之一，该领域含有众多著名猜想，例如哥德巴赫猜想。20 世纪 60 ~ 70 年代，中国数学家在该领域取得了杰出成就，居于国际领先地位。此后，引进新的思想和方法，成为该领域的重要需求。60 ~ 70 年代发展的朗兰兹纲领，包含自守形式等重要内容，被认为是数学史上最恢宏的研究计划之一。因此，深入研究自守形式理论，同时开辟一条新途径，使得自守形式等先进工具能够直接用于素数分布，具有非常深刻的理论意义。

自 1995 年起历时 15 年，在国家杰出青年基金、国家自然科学基金重点项目、教育部科技研究重大项目等支持下，系统地研究了自守形式理论，尤其是自守 L - 函数的分析理论，开辟了一条新途径，成功地将高维自守形式应用到素数分布，并取得了实质性的突破。

在自守 L - 函数的研究中，取得了系统的研究成果，解决了二阶线性群上二面体型波动形式的量子唯一遍历性猜想，以及塞尔伯格正交性猜想等难题。广义林德洛夫猜想是自守 L - 函数领域的三大猜想之一。突破自守 L - 函数的凸性上界，是林德洛夫猜想的研究方向，这不仅是重要难题，而且有着深刻的应用。本项目首次突破了一类四阶 L - 函数的凸性上界，证明了其第一个亚凸性上界，并由此推出量子唯一遍历性猜想对二阶二面体型波动形式成立。量子唯一遍历性猜想由沃尔夫奖得主萨纳克（Sarnak）提出；2010 年林登施特劳斯（Lindenstrauss）因为对量子唯一遍历性猜想的贡献，获得菲尔兹奖。此外，通过证明相应于四阶 L - 函数的素数定理，本项目还解决了关于自守 L - 函数的塞尔伯格正交性猜想等难题。该猜想由菲尔兹奖得主塞尔伯格（Selberg）于 1986 年提出，因其意义深远而广受关注。本项目的证明方法更可以用来研究自守 L - 函数的构造，而后者是朗兰兹纲领大厦的砖瓦。

开辟了将高维自守形式理论应用于素数分布的一条新途径，作为例子证明了萨纳克猜想在三元二次型的情形对殆素数成立。素数分布领域的萨纳克猜想于近年提出；这是一个关于素数分布的纲领性猜想，一经提出，立刻引起了国际数论界的关注，成为素数分布领域的研究热点。本项目提出了将高维自守形式理论应用于素数分布的一条新途径，综合利用自守形式的朗兰兹理论、谱理论、二次型的代数理论、组合论等，从而证明了萨纳克猜想在三元二次型的情形对殆素数成立。这一新途径为全面研究萨纳克猜想奠定了基础。

提出并发展了将 L - 函数理论应用于素数分布的一个新方法，解决了盖拉格问题，并在多个素数分布问题中取得了实质性的突破。1975 年，著名数论家盖拉格（Gallagher）提出了"二次几乎哥德巴赫问题"，引起国际同行关注，但是一直没有进展。原因是在此前已有的方法中，L - 函数的例外零点对很多素数问题的解决有不良影响。本项目提出并发展的新方法，有效地扩大了圆法的主区间，在素变量个数大于 2 时，彻底排除了例外零点的影响，而且应用广泛，解决了盖拉格猜想等多个素数分布难题。

刘建亚是国家杰出青年基金获得者，长江学者特聘教授，"教育部创新团队"及"科技部重点领域创新团队"带头人，"万人计划"第一批教学名师。自 1995 年起，一直从事数论和自守形式理论的研究。在国家杰出青年基金、国家自然科学基金重点项目、教育部科技研究重大项目等支持下，系统地研究了自守形式理论，尤其是自守 L - 函数的分析理论，将高维自守形式应用到素数分布，取得了实质性的突破。因对自守形式与素数分布研究的贡献于 2011 年以第一完成人获得教育部高等学校自然科学奖一等奖。2014 年度国家自然科学奖二等奖项目"自守形式与素数分布的研究"的第一完成人。

刘建亚关于 QUE 猜想的证明，被沃尔夫奖得主萨纳克在其综述文章中充分肯定；更被哥廷根大学布鲁姆（Blomer）评价为"富有挑战性问题的……成功处理"，以及"令人注目的新应用"。开辟了将高维自守形式理论应用于素数分布的新途径可行性，得到筛法大师哈伯斯坦姆（Halberstam）等同行的充分肯定。提出并发展了将 L - 函数理论应用于素数分布的新方法被英国皇家学会会员哈曼（Harman）评价为："1998 年，刘和展发现了一个新方法……由此引发了该领域一系列频繁的研究活动"；这个新方法更被英国皇家学会会员海斯—布朗（Heath - Brown）评价为"至关重要"。

新型显示（裸眼 3D）创新团队

团队负责人简介

闫晓林，TCL 集团股份有限公司高级工程师。现任 TCL 集团 CTO、集团高级副总裁，TCL 集团工业研究院院长，TCL 集团技术中心（国家级）负责人。1993～1999 年获中国科学院等离子体技术研究所硕士及博士学位。入选第二批国家"万人计划"科技创新领军人才。

新型显示（裸眼 3D）创新团队是以中青年为骨干的新型显示技术创新团队，学历高，结构合理，创新思维活跃。是国内研发新型显示技术的重要团队，处于技术领先地位，对我国新型显示技术的发展发挥着重要作用。

自 2005 年创立以来，团队先后发明了圆偏振光液晶电视技术和液晶电视动态背光技术。圆偏振光液晶电视技术经国家鉴定为国际首创，团队负责人闫晓林博士多次受邀在欧洲、日本、美国等国际学术会议上作专题报告，在国际平板显示界引起强烈反响。此项技术不仅提高了液晶电视的光电性能，还减轻了长时间观看电视引起的视觉疲劳，推动了我国电视产业绿色健康环保理念的发展。2009 年，该技术发明专利《一种降低观看液晶显示器产生视觉疲劳的方法、装置及应用》（专利号：ZL200710306638.8）荣获国家专利优秀奖。

液晶电视动态背光技术则仅用了一年时间，就由 2006 年的第一代技术进化到 2007 年的第二代增强型技术。通过将背光控制与视频图像数字处理动态结合，配合动态画面的不同内容，根据不同区域视频图像的明暗程度，分区域动态调控背光源的亮度，使得 LCD - TV 的图像静态对比度超了 10000:1，动态对比度超过了 50000:1，功耗最大降低 50%。该技术处于国际先进水平，成功授权台湾地区上市的芯片公司以及日本的国际知名芯片制造企业，创造了 TCL 集团专利技术授权和转让的历史，同时也结束了平板电视领域长期由欧美及日韩企业提供技术许可的历史，实现了中国企业由产品输出迈向技术输出的第一步。该技术发明专利"液晶电视背光控制系统及方法"（ZL200610063617.3）荣获 2011 年中国专利金奖。

在 OLED 领域，本团队 2005 年就承担了国家 863 高科技项目"无源 OLED 的开发"，开发出 1.8 英寸彩色 OLED 样品，是国内最早开展彩色 OLED 研究的单位之一。

在 3D 显示领域，本团队开发了前瞻性的 3D 集成成像显示并研制出了样机，开发了虚拟多层 3D 显示、金字塔 3D 体显示，在历年美国的 CES 展上不断推陈出新。

目前，团队正承担着"十二五"国家 863 新型显示技术 3D 显示重大专项，将集中力量开发多视点裸眼 3D 显示，包括狭缝光栅、柱透镜光栅和液晶光栅 3D 裸眼技术。

闫晓林博士是国家"十二五"863 计划新型显示重点专项总体专家组负责人、国家"十三五"重点研发计划实施方案（战略电子材料）编制组专家、国家 863 计划 3D 显示技术首席专家、国家"新材料研发与工程化重大专项"编制专家组成员、国家工信部电子科学技术委员会委员、国际显示学会（SID）北京分会理事长、国家数字家庭工程实验室主任、国家数字家庭工程技术研究中心执行主任、中国 3D 联盟会长。

他同时也是 TCL 集团技术带头人，先后获得"全国企业自主创新优秀人物"、中国彩电杰出贡献专家、中国广播电视技术创新人物、广东省劳动模范、深圳市国家级领军人才、广东省"南粤百杰"等荣誉称号，获国务院国家政府津贴、作为项目组组长负责完成制定国际 IEC 标准 1 项、国家标准 2 项，作为第一发明人申请发明专利数十项，其发明专利"液晶电视背光控制系统及方法"获中国专利金奖、"一种降低观看液晶显示器产生视觉疲劳的方法、装置及应用"获中国专利优秀奖。

在新型显示技术领域，闫晓林主持开发了国内首款 8 视点裸眼 3D 电视，同时在语音识别、人脸识别、手势识别等图像与算法技术方面取得重要进展。在此基础上，闫晓林博士作为项目负责人，率领 TCL 新型显示创新团队，联合四川长虹、四川大学、福州大学等龙头企业和知名高校，在 2012 年承担了国家 863 计划"裸眼多视点 3D 显示技术开发与 3D 视觉健康研究"项目，重点研究柱透镜光栅的设计与制作、裸眼柱透镜光栅 3D 显示器的研制与整机集成、3D 视觉健康研究等三大关键技术。该项目能有效培育 3D 显示战略性新兴产业生长点，具有良好的推广应用前景和巨大的经济效益；可提高关键材料和元器件的国产化水平，培养、锻炼一批优秀的中青年科技人才，并形成一支具有国际水平的研究、开发与生产队伍，为我国 3D 新型显示产业的快速发展奠定坚实基础。

闫晓林在显示技术领域的卓越贡献，获得了广东省和国家相关部委的高度认可，先后被评为广东省劳动模范、中国彩电行业杰出贡献专家、企业自主创新优秀人物、深圳市国家级人才。

治疗性重组蛋白质及其修饰长效
创新药物研发创新团队

团队负责人简介

　　孙黎，厦门特宝生物工程股份有限公司高级工程师。1984～
1988年就读于复旦大学，获微生物学学士学位；1991年获中国科
学院微生物研究所微生物学硕士学位。

　　厦门特宝生物治疗性重组蛋白质及其修饰长效创新药物研发创新团队是一支具有
高水平大分子药物产业化开发经验的团队。团队中既有长期在企业中开展研发和产业
化工作的专家，又有来自国内外相关研发结构和院校的顶尖水平合作伙伴。团队相关
人员在治疗性重组蛋白质领域拥有近20年的积累，加入团队平均时间9.8年，具备
扎实的专业素质。

　　自1994年起，团队专注于蛋白质药物研发工作，已自主研发上市3个国家Ⅱ类
新药，5个生物类似药物按国际相关指南要求开展临床研究工作，5个Ⅰ类具有自主
知识产权的PEG修饰药物进入Ⅰ期、Ⅱ期、Ⅲ期临床研究，3个Ⅰ类候选药物正在开
展临床前研究，其中2项为针对全新靶点的原创新药，20多项候选药物完成药学小
试研究。2012年厦门特宝生物工程股份有限公司以6个新药申报位列"中国药物
（Morgan Stanley Research）报告" top 10。随着相关产品于2015～2020年陆续上市，厦
门特宝生物将成为中国生物技术领域产业化创新能力较强的生物技术龙头企业之一。

　　作为国内首家成功开发GM－CSF上市的公司，特宝生物已将现有产品GM－
CSF、G－CSF、IL－11销售至日本、巴西、俄罗斯、印度等10多个国家。工厂设施
通过海外多个国家GMP认证。其中，GM－CSF已在欧洲开展临床研究。

　　团队完成国家高技术产业化示范工程，建成国际化基因工程蛋白质药物示范基地
（2010），建立国家企业博士后科研工作站（2008）、国家（地方）联合工程研究中心
（2011），获得CNAS认证证书（2010）；获得国家火炬计划重点高新技术企业
（2012）、国家创新型企业（2011）、全国企事业知识产权试点单位（2009）等各级荣
誉。承担了国家科技部"十一五"和"十二五"国家重大新药创制8个课题，国家级
火炬计划3个项目，重点国家级火炬计划1个项目，"十一五"国家支撑计划2个课题，

国家 863 计划 1 个课题,"十二五"国际科技合作 1 个项目,国家发展改革委 3 个项目。

自 2005 年起,团队与中检院合作开展 7 个蛋白质药物同质标准品的研究工作;参与 2010 年版《中国药典》质量标准起草;参与 WHO 和 USP 4 项生物制品的国际标准品标定。特宝生物团队已成为中国具有较高生物技术产品标准化能力的团队之一。

通过团队协作自主研发上市 3 个国家 Ⅱ 类新药,已有 10 个新生物制品进入临床研究,其中 5 个为拥有自主知识产权的国家 Ⅰ 类新药。另外,基于强大的研究力量成立国家地方联合工程研究中心、福建省和厦门市技术中心、博士后工作站、厦门市生物医药孵化器、全国知识产权试点单位等研究平台和中心。2010 年获得中国合格评定国家认可委员会实验室认可证书,证书编号为 CNAS L4479,获得 90 多个主项目的认可范围;参与 2010 年版《中国药典》三部质量标准起草,为中国药品生物制品检定提供七个蛋白质药物的国家标准品,参与 4 项 WHO 和 USP 的国际标准品制备。

团队负责人孙黎,政府特殊津贴专家。1991 ~ 1996 年任职于医学遗传学国家重点实验室、中南大学湘雅医院中心实验室,1996 年任厦门特宝生物工程股份有限公司总工程师、总经理至今。作为厦门特宝联合创始人之一,长期从事生物技术的研究开发、产业化及技术研发体系的建设组织管理工作。作为课题负责人曾主持承担卫生部青年基金(1992)、湖南省重点科研基金(1994)、国家火炬计划项目(1995、2002)、国家重点火炬计划项目(1997)、国家高技术产业化示范工程项目(2004)、厦门市重大科技平台项目(2006)、科技部国际科技合作专项(2010)、福建省杰出青年基金(2011)、国家重大新药创制专项(2011)等国家科技计划项目,均圆满完成项目工作。曾获湖南省科技进步一等奖(1997)、福建省新产品一等奖(2000)、中国药学发展奖天士力创新药物奖青年学者奖(2007)、福建省第三届杰出科技人才(2013)等多项奖励。

作为课题负责人,主持完成 GM – CSF、G – CSF、IL – 11 三个产品开发上市。作为团队负责人,在治疗性重组蛋白质领域整体筹划并主持了研发项目及对外合作开发项目。5 个 Ⅰ 类具有自主知识产权的 PEG 修饰药物进入 Ⅰ 期、Ⅱ 期、Ⅲ 期临床研究,2 项针对全新靶点的原创新药开展临床前研究。2012 年厦门特宝生物以 6 个新药申报位列"中国药物(Morgan Stanley Research)报告"top 10。作为主要发明人,获得 3 项中国发明专利,申报 4 项 PCT 发明专利,已获得欧盟、中国等 8 项专利授权。团队核心人员共主持国家重大新药创制专项 8 项,国家级火炬计划,支撑计划,863 计划等多项。联合创立的特宝生物已完成超 5 亿元的投资,2013 年将完成 2 亿元销售额。公司已成为福建省基因工程药物的产业龙头,目前是中国参与国内外质量标准研究最多的生物制药企业之一。

孙黎目前还兼任中国医药生物技术协会生物技术产品质量控制专业委员会副主任委员、中国生物工程学会医学生物技术专业委员会副主任委员、中国药品生物制品标准物质委员会委员、中国药学会生物制品与质量专业委员会委员、福建省药学会副主任委员等,是生物医药企业中少数具有较强专业能力和组织管理能力的综合型专家。

先进机器人技术创新团队

团队负责人简介

　　孙立宁，苏州博实机器人技术有限公司教授。1981 ~ 1988 年就读于哈尔滨工业大学，先后获机械制造及其自动化学士、硕士学位；1990 ~ 1993 年就读于哈尔滨工业大学，获机械电子工程博士学位。入选第二批国家"万人计划"科技创新领军人才。

　　先进机器人技术创新团队是由孙立宁教授牵头，联合陈立国教授、王振华教授、秦磊博士、陈涛博士等共计 14 名核心成员组建的先进机器人技术创新团队。目前该团队所在单位为江苏省先进机器人重点实验室，孙立宁教授为中国微米纳米技术学会微纳机器人分会理事长、中国电子学会机器人团体标委会成员、中国机电一体化协会副理事长、机器人标委会成员等。

　　该团队是一个具有代表性的跨学科创新团队，经过多年的合作与协同攻关，团队已形成了典型的产学研运行机制，在人才队伍建设、科研成果转化、重大项目实施应用等方面取得了突出成绩。孙立宁教授担任国家科技部"十五""十一五""十二五"863 计划先进制造领域机器人与微纳制造技术主题专家，团队在工业机器人及机电一体化装备、微纳米操作机器人与装备、医疗与特种机器人等方面取得了多项有影响力的研究成果并已实现产业化应用。

　　面向工业机器人正向设计需求，整合团队及合作单位力量，搭建了国内首个自主知识产权的机器人正想设计平台，并利用该平台研制出多款系列化通用关节型机器人，并成功应用于多条自动化生产线。团队所研发的智能喷涂机器人系统已成为洁具行业知名品牌，占领了中国大陆市场 90% 以上。承担多项国家 863 计划、科技支撑计划、科技成果转化、国家自然科学基金、国家自然科学基金重点项目、国家自然科学基金联合基金等重要科研项目 30 余项。团队在机器人智能化、产业化方面引领国内机器人产业发展，并持续为先进机器人技术研究提供重要支撑。随着《中国制造2025》的实施，以机器人为核心的先进制造已成为企业转型升级的关键。团队通过对技术基础的研究和产学研的转化应用，突破了工业机器人核心部件选型、仿真、真实工况测试以及机器人整机、自动化生产线系统的可靠性测试方法及工艺路线，并就关节型机器人设计、加工、装配、调试工艺等形成了相关标准与规范，所研发的自动化生产线用高性能工业机器人性能指标符合 ISO 等技术规范和标准。成功将机器人应用于打磨、焊接、喷涂、装配、上下料等工序。团队成员近三年申请专利共计 230 余项，发表学术论文 200 余篇。团队依托的江苏汇博机器人技术股份有限公司（原苏州博实机器人技术有限公司）2015 年销售收入 1.3 亿元，新建厂房 9269.01 平方米，新建机器人生产和装配生产线一条，产能由原来年产 100 台提升至年产 500 台，新增研发设备 12 台套。团队成员多人受到中央电视台、江苏电视台等重要媒体采访。团队成员一人获评江苏省 333 人才第一层次，一人获评江苏省中青年学术带头人、一人获评教育部新世纪人才计划，5 人获评江苏省双创博士计划。团队获评江苏省创新团队、江苏省双创人才计划、苏州市领军人才计划等荣誉称号。

以孙立宁教授为带头人的先进机器人技术重点领域创新团队获得国家科技进步发明二等奖 2 项，省科技进步发明一等奖 3 项，在 2015 年获"苏州科技创新创业市长奖"以表彰该团队以先进机器人技术带动苏州市科技、经济发展做出的特别贡献。

基于扶正培本治则的中医
肿瘤研究创新团队

团队负责人简介

  花宝金，广安门医院业务副院长，中国中医科学院主任医师。1981～1986 年就读于黑龙江中医学院，获中医学学士学位；1986～1989 年就读于黑龙江中医学院，获方剂学硕士学位；1996～1999 年就读于黑龙江中医学院，获方剂学博士学位。

  广安门医院肿瘤科成立于 1963 年，1974 年设立肿瘤病房。目前肿瘤科病床数 200 张，年门诊量逾 10 万，收治住院患者近 2000 名。肿瘤科是中国中西医结合学会肿瘤专业委员会和中国抗癌协会肿瘤传统医学委员会、世界中医药学会联合会肿瘤专业委员会、中国癌症基金会中医肿瘤专业委员会、中华中医药学会肿瘤分会的挂靠单位以及国家药品监督管理局新药审评中医肿瘤临床研究基地，他多次主持召开国际和全国性学术会议，为国内培训了大量人才。肿瘤科现有医护人员 70 名，29 名医生，其中主任医师 13 名，副主任医师 6 名，40 岁以下全部是硕士以上学历，博士 12 名、硕士 9 名。

  团队在中医药防治肿瘤方面有丰厚的临床疗效的积累，都曾承担过多项科技支撑计划研究项目，拥有临床研究的经验及成熟的科研团队，可以保证项目的顺利实施。作为国家中医肿瘤专科医疗中心，科研也是他们工作的重要组成部分。20 世纪 70 年代，肿瘤科在全国率先开展了扶正培本治则的临床和实验研究，80 年代重点筛选以清热解毒药为主的抗肿瘤药物，90 年代的工作重点则放在防止肿瘤术后转移复发的研究方面，团队先后承担了包括"六五"到"十二五"10 余项国家级课题，近 20 项省部级课题，近 10 项科学院院级课题，在肺癌和消化道等常见恶性肿瘤的治疗方面取得了突出的研究成果。因此，曾获布鲁塞尔金奖，国家科委、卫生部、国家中医药管理局和中国中医研究院奖励多项。余桂清主任还获得了世界阿尔伯特·爱因斯坦医学贡献奖。我科研制的健脾益肾颗粒、益肺清化膏获国家新药证书并获国家正式生产批准文号。

  团队负责人花宝金是国家中医药管理局首届中医临床优秀人才，国家中医药管理局中医肿瘤重点学科带头人、国家中医药管理局肿瘤重点专科协作组组长、国家临床重点专科（中医肿瘤）负责人。兼任第十届国家药典委员会委员、中华中医药学会肿瘤分会主任委员、中国中西医结合学会肿瘤专业委员会副主任委员、中国抗癌协会肿瘤传统医学委员会副主任委员、中国医师协会肿瘤专业委员会副主任委员、世界中医药学会联合会肿瘤专业委员会常务理事等职。

花宝金从事中西医结合肿瘤临床与研究工作 20 余年，在临床研究中，坚持以扶正培本治则为主治疗恶性肿瘤的学术观点，先后参与国家"八五""九五"肿瘤攻关课题，并主持完成了国家"十五"科技攻关项目"提高肺癌中位生存期的治疗方案研究"、国家"十一五"科技支撑计划项目"非小细胞肺癌中医治疗方案的研究""肺癌、结肠癌等疾病的中医药治疗研究"以及"跨区域军地中医药诊疗协同服务研究与应用"，证实恶性肿瘤中医药参与治疗可提高生存期，改善生活质量，为中医药治疗肿瘤提供了客观、可信的证据。为了进一步研究中医药对肺癌的优势人群，体现中医诊疗的真实情况，目前作为课题负责人主持国家"十二五"科技支撑计划项目"基于真实诊疗的中医病证结合方案降低非小细胞肺癌术后复发转移的临床研究"。有关成果获省部级科研成果 3 项（中华中医药学会科学技术一等奖；中国中西医结合学会科学技术一等奖；中国中医科学院中医药科技进步二等奖）。在基础研究方面，一直致力于中医药调控肿瘤微环境的机制研究以及中药抗肿瘤新药的研发，先后承担国家自然科学基金项目 2 项，国家科技重大新药创制专项课题 1 项。近年来，先后荣获"全国卫生系统先进工作者""北京首届群众喜爱的中青年名中医"等荣誉称号，荣获省部级科技奖励 10 余项，出版论著 20 余部，发表学术论文 112 余篇。

高功率光纤激光器创新团队

团队负责人简介

    李成，武汉锐科光纤激光技术股份有限公司副总经理兼技术总监，教授，国家"千人计划"特聘专家。1990年在西北师范大学获物理学学士学位；1993年和1996年先后于中国科学院安徽光学精密机械研究所获光学硕士及博士学位。入选第二批国家"万人计划"科技创新领军人才。

    高功率光纤激光器是国家战略型新兴产业。《国家中长期科学和技术发展规划纲要》中，明确将激光技术定位为未来影响我国国民经济建设与发展的关键支撑技术。高功率光纤激光器作为新一代激光器正逐步代替传统的固体和气体激光器，在工业、国防和科研等领域得到广泛应用。在本团队创建之前，我国高光纤激光器全部依赖进口，受到国外厂商的技术封锁、价格垄断和部分产品禁运。

    武汉锐科光纤激光技术股份有限公司是中国航天科工集团三江航天控股的子公司，创新团队目前拥有三位"千人计划"国家特聘专家和一批多年从事高功率光纤激光器及关键器件和电控技术研究的顶尖专家和优秀工程师，形成了一支50多人的国际一流的研发团队，团队学历均为本科以上，其中硕士及博士占60%以上。

    创新团队承担有国家重大专项、国家863、国家科技支撑计划项目和国家国防关键技术攻关项目等，拥有100多项专利和多项国际领先的专有技术，已有5项成果通过省部级鉴定，2项成果获湖北省科技进步一等奖。

    创新团队开创了我国高功率光纤激光器国产化和产业化的新局面，引领着我国光纤激光器行业的发展。截至目前，已研发出10瓦特~100瓦特脉冲光纤激光器和100瓦特~6000瓦特连续光纤激光器系列产品并形成批量销售，并于2013年3月研发出我国首台10千瓦连续光纤激光器，成为世界第二家拥有该技术的单位。打破了国外厂商的价格垄断和技术封锁，实现了进口替代，部分产品已批量出口美国、德国、英国、意大利、巴西、日本、韩国等20多个国家和地区。

    创新团队2011年获国务院侨办颁发的"重点华侨华人创业团队"称号，创新团队所在的企业于2012年被湖北省批准为湖北省高功率激光装备工程技术研究中心，2015年被国家发展改革委批准为光纤激光器技术国家（地方）联合工程研究中心。习近平主席和胡锦涛主席曾视察创新团队研发的光纤激光器产品，听取创新团队的成果汇报,并给予高度肯定,胡锦涛主席指出,激光用途很广,要加大研发、生产和应用力度。

本团队以武汉锐科公司为依托单位研发的光纤激光器产品实现了年销售额超过6亿元的业绩,由此集成的激光加工设备销售每年创造约二十多亿元的经济效益,带动光伏行业、3C行业、半导体行业、汽车行业、机械加工行业等创造了超过数百亿元的间接经济效益。

团队负责人李成,2008年入选中国科学院"百人计划",任中国科学院西安光学精密机械研究所研究员和高功率光纤激光器项目技术负责人。2010年10月全职回国,任武汉锐科公司副总经理兼技术总监至今。2011年入选国家第六批"千人计划"。

李成长期从事高功率光纤激光器研究和应用,曾领导创建了英国GSI公司的高功率光纤激光器实验室,主持完成了GSI公司中高功率光纤激光器系列产品及其关键器件的研制。回国后,创造了多个高功率光纤激光器研究国内第一,包括领导西安光机所团队完成了中国第一台千瓦级单模全光纤激光器的研制,领导锐科光纤激光器团队完成了中国第一台4千瓦光纤激光器和中国第一台万瓦级光纤激光器的研制。研究成果获湖北省科技进步一等奖2项,以第一发明人获高功率光纤激光器国际专利4项,发表学术论文60多篇。具有很强的科研能力和很高的学术水平,是国际著名的高功率光纤激光器专家之一,也是目前国内唯一具有数千瓦/万瓦级光纤激光器产品研发经验和全面掌握高功率光纤激光器核心技术和关键器件的专家,熟悉高功率光纤激光器设计和制造工艺,特别是熟悉和掌握大功率光纤激光器中的模式适配器、泵浦耦合器和高功率光纤激光合束器等关键器件技术。

工程抗震减灾设计地震动研究创新团队

团队负责人简介

　　李小军，中国地震局地球物理研究所研究员。1980～1984年就读于湖南大学，获土木工程学士学位；1984～1993年就读于中国地震局工程力学研究所，获防灾减灾与防护工程硕士学位和博士学位。入选第二批国家"万人计划"科技创新领军人才。

　　工程抗震减灾设计地震动研究创新团队由中青年专家和优秀青年人员近30人组成，是涉及地球物理、地震和结构工程等交叉学科的创新团队。团队成员中，2人为国家"有突出贡献的中青年专家"，3人入选"百千万人才工程"国家级人选，1人入选教育部长江学者奖励计划。

　　团队依托国家重大科技项目开展工作，成为工程地震理论发展和科技创新的国内学科带头团队。承担完成的国家科技支撑计划项目"地震防御与应急救援技术研究"和国家自然科学基金重大研究计划重点项目"强震动破坏性作用特性及地震动场模拟方法研究"在地震波传播模拟理论、地震区划方法、重大工程设计地震动确定技术等方面取得重大进展，项目执行获得"十一五"国家科技计划执行突出贡献奖。团队正在负责973计划课题、国家自然科学基金重大研究计划重点项目和一批国家自然科学基金项目，还在承担国家科技支撑计划项目、社会公益研究专项及地震行业专项研究工作。团队负责人和核心成员是"国家中长期科学和技术发展规划战略研究""国家中长期科技规划纲要"等国家和部委科技规划的主要参与和制定者，引领我国震灾防御科技发展的研究方向。

　　团队创立了考虑地震时空不均匀性的概率地震危险性分析理论；发展了地壳介质地震波传播和局部场地影响分析的理论，完善了工程场地地震动数值模拟理论与方法体系；揭示了地震断层错动场地地面变形特征与破裂机理；提出了我国强震动观测系统建设的原则和系统建设、运行的方法和技术。这些研究成果形成了我国地震区划图编制、重大工程抗震减灾设计地震动参数确定的理论体系，为城市和重大工程抗震设计地震动的合理确定奠定了基础，团队获得了国际学术地位。研究成果曾获国家科技进步二等奖1项和省部级科技进步一二等奖多项。

　　团队是工程抗震设防要求确定的科技支撑队伍，负责人和成员现担任亚太地区地震和火山活动风险管理联合会执行委员会委员、全球地震模型国际合作项目技术专家组成员以及中国地震学会常务理事等；负责设计和建设了中国数字强震动观测网络系统和地震预警示范系统；完成了国家标准 GB17741 – 2005《工程场地地震安全性评价》和 GB18306 – 2015《中国地震动参数区划图》编制；参与了建筑、交通、能源等行业的 10 多部抗震设计规范编制，包括《建筑抗震设计规范》《油气输送管道线路工程抗震技术规范》《城市轨道交通结构抗震设计规范》等；担任《震灾防御技术》《国际地震动态》《世界地震译丛》等学术期刊的主编和副主编。

团队负责人李小军主持规划、设计和建设的中国数字强震动观测网络系统，首次初步实现了覆盖我国大陆的强震动观测，使我国强震动观测规模和技术水平达到了世界先进水平，该系统在汶川和芦山等地震中获得了大量记录，汶川地震记录在一次地震中的数量、空间分布范围和近断层记录方面填报了世界的空白，这些记录资料已被广泛使用，推进了相关学科的发展。团队核心成员高孟潭、李小军和俞言祥作为主编和副主编编制完成的国家标准《中国地震动参数区划图》的颁布实施，将为我国一般工程建设抗震设防提供了新的要求，为重大工程地震安全性评价工作提供了技术方法和基础资料；研发的地震安全性评价软件作为地震行业标准软件、全国开展工程场地地震安全性评价相关工作必备软件，得到了广泛应用。

团队将重点依托承担和参与的 973 计划项目、国家科技支撑计划项目和国家自然科学基金项目，进一步开展重大工程抗震设计地震动研究，特别是大地震近断层场地和近海域场地重大工程设计地震动的确定理论和方法研究。重点解决海岸和近海域重大工程，如核电、跨海桥梁和隧道、海洋平台等工程抗震设计相关的地震特征、地震动衰减和场地条件影响等分析和模拟理论与方法的关键科学问题，以建立完善和实用的重大工程抗震减灾设计地震动确定的方法体系，并适时启动我国海域地震区划工作。

转基因高产肉牛新品种培育创新团队

团队负责人简介

李光鹏，内蒙古大学教授，内蒙古大学实验动物研究中心主任。1981～1985年就读于山东大学，获动物胚胎学学士学位；1987～1990年就读于东北农业大学，获动物解剖与组织胚胎学硕士学位；1995～1998年就读于东北农业大学，获动物解剖与组织胚胎学博士学位。入选第二批国家"万人计划"科技创新领军人才。

转基因高产肉牛新品种培育创新团队建立了以牛羊为主的家畜生物育种与繁殖技术平台体系、目的基因筛选与鉴定技术体系、安全转基因载体与调控原件构建与鉴定体系、安全基因敲除与鉴定体系、转基因模式动物评价体系、高效细胞基因转染与筛选技术体系、克隆与转基因克隆胚胎生产技术体系、胚胎移植与动物生产技术体系、转基因动物管理与安全评价技术体系等，拥有高效操作的上中下游研发队伍。已经筛选与构建了45个与肌肉生长、肉质改进、脂肪沉积等相关的转基因载体；利用改进的克隆技术体系，显著提高了克隆效率，克隆牛的出生率为20%～30%。获得国际上首例、首批 fat－1 转基因克隆奶牛和肉牛；国内最大规模的克隆肉牛和绵羊群体。已经生产转基因奶牛12头，转基因肉牛65头；培育出4种以上的育种新材料。该团队的学术技术水平为国际先进、国内一流。近5年来，发表学术论文80余篇，获得国家发明专利3项。由团队负责人主持完成的科技成果"家畜体细胞克隆技术改进与富含多不饱和脂肪酸克隆奶牛研制"，鉴定委员会一致认为该成果总体达到国际同类研究先进水平，有较强的应用推广意义。团队一直坚持产学研用良好传统，建立了内蒙古内大圣牧高科牧业、内蒙古赛诺草原羊业、内蒙古恩格贝绒山羊繁育、大连雪龙黑牛等四个牛羊合作科研示范基地。

团队的研发技术促进了国内同领域的共同发展，培训并协助中国农业大学（抗病转基因羊）、吉林大学、西北农林科技大学、新疆农垦科学院、新疆农科院、山东农科院、吉林农科院、中国农科院北京畜牧所等单位建立了相应的研究平台，提高了它们的总体研发水平，促进了动物转基因研究工作。

利用培育的富含多不饱和脂肪酸奶牛成果与高效家畜繁殖育种集成技术体系，与内蒙古圣牧高科牧业共同创立了股份制公司——内蒙古内大圣牧高科牧业有限公司，共同开发高端奶牛，实现产业升级，到2015年底，公司资产已经达到2.85亿元。以动物克隆技术为引领，结合胚胎移植、幼畜早期断奶、多胎与营养调控等技术，开展了肉羊和肉牛的规模化生产。在内蒙古自治区政府支持下，由内蒙古大学作为技术支撑，与蒙羊牧业、蒙草抗旱、赛诺羊业和圣泉牧业联合组建了由李光鹏教授任院长的"内蒙古草原生态畜牧业研究院"，总投资 9000 万元，在内蒙古的锡林浩特市和赤峰市分别开展了以绵羊和肉牛生态健康养殖的产业实践，是典型的政产学研用的发展模式，真正实现了高科技落地生根，在企业与当地牧区引起极大反响，获得了良好的生态、社会和经济效益。

团队负责人李光鹏是教育部长江学者特聘教授。生殖生物学及生物技术教育部重点实验室主任、科技部省部共建国家重点实验室培育基地负责人。主要从事哺乳动物生殖生物学科研与教学工作。在哺乳动物胚胎工程领域取得世界领先水平的成就，首次证实初级与次级卵母细胞纺锤体的互换移植的可行性，获得世界上首例初级、次级卵母细胞纺锤体互换的哺乳动物，为人类临床高龄妇女的生殖问题提供重要动物模型。成功克隆了骡子、牛、绵羊、山羊、猪，成功获得了转基因克隆奶牛、肉牛、绵羊，在哺乳动物克隆与转基因克隆研究领域处于世界领先地位。在卵母细胞减数分裂机制研究、环境毒素对生殖细胞影响研究等方面取得较大进展，在环境毒素与生殖健康领域产生一定的影响。《哺乳动物有性与无性生殖的实验胚胎学研究》获得 2005 年度国家自然科学奖二等奖。获得全国优秀科技工作者称号，为内蒙古自治区五一劳动奖章获得者。

宽带无线传感网创新团队

团队负责人简介

  杨旸，中国科学院上海微系统与信息技术研究所研究员。1992~1996 年就读于东南大学，获无线电工程学士学位；1996~1999 年就读于东南大学，获通信与信息系统硕士学位；1999~2002 年就读于香港中文大学，获信息工程博士学位。入选第二批国家"万人计划"科技创新领军人才。

  宽带无线传感网创新团队针对南水北调中线干线工程这一世界最大人工调水工程的安全保障难题，开展"宽带无线传感网"关键技术研发，为该工程的"工程安全、供水安全、人身安全"保障提供有力支撑。南水北调中线干线工程"宽带无线传感网"应用面临着监控环境复杂、传感器类型繁多且数据类型复杂、安全可靠要求等难题，这些难题带来的主要技术挑战有：海量数据感知——如何及时、准确、高效率地融合和处理结构化和非结构化的海量感知数据是需要解决的技术难题；异构网络传输——如何设计和规划一个兼容性强、扩展性好的异构通信网络协作传输架构，能够高性价比、因地制宜地利用不同制式的有线/无线、公用/专用通信网络，保障信息的高效实时传输是需要解决的技术难题；综合信息处理——如何利用网络化平台实现运营环境综合监控和统一指挥调度是需要解决的技术难题。

  面对这些难题与技术挑战，团队集中中科院上海微系统与信息技术研究所、计算机技术研究所、微电子研究所的优秀学术带头人，分别从芯片、设备、系统三个层面开展技术攻关，既注重理论研究，也注重实践开发，强强联合，体现了学科交叉、优势互补的特点。这些学术带头人工作在科研一线、年富力强、科研成果卓著、国际合作广泛。近 5 年来，团队共出版中英文著作 11 本，发表被科学引文索引（SCI）/工程索引（EI）收录的论文 200 多篇，申请专利 100 多项，成果卓著。团队依托的三家单位在中科院信息领域乃至全国移动通信/物联网研究领域处于领先地位，在"十五""十一五"期间承担过几十项高水平的国家科研项目，取得了一系列具有国际先进水平的科研成果，拥有一流的科技人才及设备环境，为本创新团队各研究内容的开展奠定了坚实的基础。

  团队负责人杨旸围绕新一代移动通信系统和无线传感器网络开展了深入的研究。当前已申请国内外发明专利 55 项（其中已授权中国专利 7 项、美国专利 1 项），发表了 120 余篇学术论文，其中近 100 篇被科学引文索引（SCI）/工程索引（EI）收录，论文被引用总次数达到 2651 次（Google Scholar 2016 年 3 月 10 日的统计数据），其中科学引文索引（SCI）的他引次数达 790 余次。

自 2008 年从英国回国后，杨旸牵头承担了"新一代宽带无线移动通信网"国家重大专项的课题"IMT - Advanced 关键技术试验平台开发"，带领研发团队（包括 7 所高校、中国电信、华为、中兴和大唐移动 4 家公司），积极开展面向国际电信联盟第四代移动通信（IMT - Advanced）国际标准和通信系统要求的关键技术试验、测试和评估方法研发，在上海构建了一个先进的、开放式、可扩展、可重构的室内外集成测试验证平台。这项科研成果为国内科研院所、通信设备制造商和运营商合作研发具有自主知识产权的国际电信联盟第四代移动通信（IMT - Advanced）关键技术和标准化提案提供全面有效的支撑，进一步增强和巩固我国在国际电信联盟第四代移动通信（IMT - Advanced）标准化和产业化进程中的话语权和影响力。

在科技部国际合作项目的支持下，杨旸带领的团队与芬兰、英国、澳大利亚等国开展了卓有成效的国际合作研究，成功建立了科技部"国际科技合作基地""无线通信国际合作研究中心""中英未来无线网络联合研发中心"等良好的国际合作平台。由于科研业绩突出，杨旸成功入选"03 重大专项总体组专家""国家自然科学基金委会评专家"、上海市"特聘专家"、上海市千人计划、上海市领军人才、上海市优秀学术带头人、上海科技发展重点领域技术预见专家、上海市科委"信息技术领域十年规划"、上海市经信委"下一代网络专项"专家。他领导的团队创造的成果荣获 2015 年度中国通信学会技术发明一等奖、2015 年度中国通信学会自然科学二等奖、2015 年度和 2012 年度上海市科技进步二等奖，该成果将对宽带无线传感网研究提供有力理论与实践指导。

猪营养创新团队

团队负责人简介

吴德，长江学者特聘教授，博士生导师。1987～1991年就读于四川农业大学，获畜牧学学士学位；1994～1997年、2000～2004年先后就读于四川农业大学，获动物营养与饲料科学硕士学位及博士学位；2005～2007年于加拿大圭尔夫大学学习动物繁殖学。入选第二批国家"万人计划"科技创新领军人才。

猪营养创新团队是历经教育部创新团队、四川省青年科技创新团队培养建设而形成的一支结构合理、学术层次高、创新能力强、具有良好团结协作精神的猪营养研究团队。团队成员共计20人，其中，教授8人，副教授6人，讲师3人，实验师3名，骨干成员全部具有博士学位，14人具有留学经历；团队负责人为长江学者特聘教授，团队还有国家生猪产业体系岗位专家1人，国家级教学名师1人，国家"百千万"人才工程一二层次人选2人，享受政府特殊津贴专家3人，四川省有突出贡献专家2人，四川省学术技术带头人3人。

团队所在学科点"四川农业大学动物营养学"是国家重点学科，所在实验室是四川省、农业部（区域）、教育部"动物抗病营养重点实验室"。团队围绕"营养与繁殖、健康、肉品安全"三个方向开展研究。其中，营养与繁殖方向以提高母猪终身提供优质猪肉量为目标，以改善母猪发情配种率、降低胚胎死亡率、提高泌乳量和延长使用寿命为重点，开展了母猪繁殖力的营养调控关键技术研究，构建了系统营养理论和技术体系，使母猪年提供断奶仔猪数可达25头，终身提供断奶仔猪数多20头以上，母猪耗料量降低25%，母猪终身提供优质瘦肉量比外种母猪多750kg。营养与健康方向将营养学与分子遗传学和兽医微生物学等学科有机结合，研究揭示动物健康的营养调控规律与机制，构建营养抗病原理和技术体系，已形成抗病营养参数35个，研制抗病营养配方与新产品22个，显著提高了猪对应激和疾病的抵抗力，降低了疾病的发生和用药量，建立了生物蛋白饲料、酵母硒、重组酶制剂和抗菌肽生产和应用的核心技术。营养与肉品安全方向重点研究猪肉肉质性状的发育规律和营养对肉质的影响，揭示了肌肉生长调控的分子机制，构建了肉质评定的综合指标，弄清了主要营养素和添加剂对肉质的调控效果，建立了提高母猪终身优质瘦肉产量的营养调控技术，为安全猪肉的生产打下了坚实的理论基础。以上研究整体达到国际先进水平，部分达到国际领先水平。

已在国内外重要学术刊物发表论文 243 篇，其中 SCI 论文 175 篇，出版专著和教材 13 本，申请国家专利 34 项（授权 26 项），研制并生产饲料新产品 35 个。通过创新产学研模式，建立校企博士工作站 23 个和 5 个研究中心，成果推广面达 500 万头母猪，累计生产优质肉猪 5 亿头，获直接经济效益近 200 亿元。近 5 年鉴定科技成果 10 项，获国家科技进步二等奖 1 项，四川省科技进步一等奖 2 项、二等奖 5 项、三等奖 5 项，科技部社会力量大北农科技成果奖 2 项。

团队通过创新产学研模式，建立校企博士工作站 23 个和 5 个研究中心，成果推广面达 500 万头母猪，累计生产优质肉猪 5 亿头，获直接经济效益近 200 亿元。团队在人才培养上也取得了突出成果，构建了研究生协同创新培养模式和多元化人才培养体系，每年培养毕业博士和硕士研究生 30 人左右。近 5 年，获全国优秀博士论文提名奖 3 人，四川省优秀博士论文 6 人、优秀硕士论文 8 人。毕业生就业率 100%，毕业生理论基础扎实、实践能力强，受到用人单位普遍好评。

团队负责人吴德是长江学者特聘教授。1991 年留校工作以来，利用系统科学的原理和方法研究营养影响母猪短期和长期的繁殖性能，特别是在探索营养调控不同生理阶段母猪繁殖机理方面，取得重要成果。首创母猪系统营养原理，构建了母猪系统营养参数与配套技术，显著提高母猪单胎和终身繁殖力；发现了饲粮中添加脂肪有利于母猪情期启动，淀粉有利于卵母细胞成熟，纤维有利于卵泡发育；阐明了营养调控母猪情期启动、卵母细胞质量和胚胎存活及胎儿发育的部分机制，建立了提高母猪发情和配种率、降低妊娠母猪胚胎死亡率、增加母猪泌乳量的营养技术方案。据不完全统计，直接推广面达 500 万头母猪，累计生产 5 亿头优质肉猪，获直接经济效益 115 亿元。获 2010 年度国家科技进步二等奖 1 项（排名第 2），2009 年度四川省科技进步一等奖 1 项（排名第 1），科技部社会力量大北农科技成果奖 1 项（排名第 1）；近 5 年共发表期刊物论文 102 篇，被 SCI 收录 75 篇，累计影响因子 120.639，SCI 他引 368 次；主编"十一五"规划教材 1 部，主编 1 部，参编 3 部；获授权国家发明专利 8 项，实用新型专利 6 项。

他结合实际、针对专业发展方向，制定切实可行的团队建设规划。通过有效的团队管理，形成了较强大的团队凝聚力和创造力，团队分工明确、职责清晰。团队负责人参与了动物营养与饲料科学学科的建设与发展，2007 年参加了教育部长江学者和创新团队发展计划基金"猪抗病营养的分子机制"项目的申报和执行，2010 年以优秀成绩通过了项目的验收，2009 年入选国家生猪产业体系四川省生猪创新团队岗位专家，每年均以优秀成绩通过。同时作为该学科点负责人，领导的学科队伍数量逐年增加，队伍质量显著改善，中青年拔尖人才在国内外的优秀正逐步凸显，学术水平在国内外已有较大影响。作为动物营养与饲料科学学科点负责人之一，2007 年成功通过国家重点学科的第三轮评估，已经初步形成一支中青年相结合、学缘结构较合理、学科交叉的学术梯队。负责规划和建设动物抗病营养四川省重点实验室，教育部和农业部重点实验室已经成功通过验收，并正式对外开放运行。

免疫识别、应答及调控研究创新团队

团队负责人简介

　　吴玉章，中国人民解放军第三军医大学教授。1979～1984年就读于第二军医大学，获临床医学学士学位；1986～1989年就读于第三军医大学，获流行病学硕士学位；1990～1993年就读于第三军医大学，获免疫学博士学位。入选第二批国家"万人计划"科技创新领军人才。

　　免疫识别、应答及调控研究创新团队研究领域属生命科学前沿和卫生健康重点领域，在国内率先成立免疫学教研室，目前是国家三个重点二级学科之一。团队依托全军免疫学研究所、全军抗原工程重点实验室、国家免疫制品工程技术研究中心、国家多肽药物工程实验室、国家生物产业基地中试生产中心、国家创新人才培养示范基地、国家教育部创新团队，通过多年积累，开辟了"抗原工程"这一国际上独具特色的研究方向，建立了国际先进的、从上游到下游配套的实验室平台。"十一五"以来，他先后主持国家重大传染性疾病重大专项、国家创新药物研究重大专项、国家"973"计划、国家"863"重大项目等省部级以上课题118项，获得科研经费31065万元；以"B to B"（转化免疫学）为模式，形成了"抗原工程为主线、创新疫苗为出口、团队成员在不同节点上协同攻关"的创新团队。他围绕"病毒感染、自身免疫病、肿瘤"三大疾病、免疫识别与调控一条主线、主动免疫干预一个出口，取得系列创新成果。在国内外重要学术刊物发表论著500余篇，其中在国外重要学术刊物发表论著200余篇（影响因子5分以上56篇）；在《自然免疫学》《自然生物技术》《自然通讯》《自然细胞生物学》《免疫》《美国科学院院刊》《柳叶刀》《血液》《肠道》《肝脏病学》等10份以上杂志发表论著20余篇。他申请国际、国家发明专利117项，已获授权70余项、获软件著作权2项。通过协同创新支撑获得国家Ⅰ类新生物制品新药证书3件、国家医疗器械注册证书5件、临床试验批文5件，获得转让经合同经费1.6亿元，10个国家Ⅰ类创新药物进入研发阶段。本团队为国内军内培养了一批包括国家优博论文获得者、国家杰出青年基金获得者、长江学者特聘教授、国家优秀青年基金获得者、青年千人计划、青年长江学者、国家新世纪百千万一二层次入选者、重庆市百人计划、重庆市优秀青年基金获得者、国家"973"计划首席科学家及国家重大项目主持人在内的高层次人才，30余人成为国内、军内、市内、校内相关学科带头人、学术带头人。近五年，团队为产业技术无偿咨询服务 200 多次、有偿技术服务毛收入 2000 余万元。通过本团队创新知识、技术、人才辐射和服务，带动了相关学科和产业发展。

目前该团队由工作人员 54 名、研究生和博士后 59 名组成。其中，团队所设立的 12 个课题组长（PI）具备博士学位和高级职称，平均年龄 41 岁，大部分 PI 为国家杰出青年科学基金获得者、长江学者特聘教授、"973" 计划首席科学家、国家优秀青年基金获得者、国家青年千人计划入选者、青年长江学者、国家百千万人才工程入选者、总后勤部院士后备人选、科技金星、科技新星、学校优秀拔尖人才、学校苗圃工程入选者等一批 50 岁以下高水平科研人员，团队获批为国家教育部创新团队并获得滚动支持，成为国家创新人才培养示范基地。

团队负责人吴玉章是我国著名的免疫学家、国家杰出青年科学基金获得者、长江学者特聘教授、"抗原工程" 领域的开拓者和 "暴露后疫苗" 领域的领军人物，是国家免疫学重点学科、国家免疫生物制品工程研究中心、国家地方联合工程实验室、国家生物产业基地（重庆）的学科带头人。

吴玉章潜心学科、团队建设、人才培养，为学科跨越式发展做出重要贡献。招收、培养博士后、博士 72 名、硕士 69 名，获全国优秀博士论文、全军优秀博士、硕士论文和重庆市优秀博士、硕士论文 20 余人次；27 位成为相关学科学术带头人；团队从接任时的 12 人发展到现在的 100 余人，从 1 名教授、1 名博士生导师发展为 7 名教授、7 名博士生导师、12 名副教授、12 个课题组长；成为国家教育部创新团队、重庆市首批高校创新团队、国家创新人才培养示范基地；实验室从 300 平方米发展成为 15000 平方米实验大楼的免疫学研究中心；学科发展成为全军抗原工程重点实验室、国家重点学科、国家工程技术研究中心、国家地方联合工程实验室、国家生物产业基地。

旱区农业高效用水创新团队

团队负责人简介

  吴普特，西北农林科技大学研究员。1981～1985年就读于原西北农学院，获农田水利工程学士学位；1987～1990年、1993～1996年先后就读于中国科学院水利部水土保持研究所，获土壤学硕士及博士学位。入选第二批国家"万人计划"科技创新领军人才。

  旱区农业高效用水创新团队共有固定成员45人，其中教授和研究员15人，拥有国家"千人计划"入选者1人、国家"新世纪百千万人才工程"入选者2人、国家863计划现代农业领域农业生物环境控制与修复技术主题专家1人（召集人）、国家"十二五"863计划项目首席科学家2人、国务院学位委员会农业工程学科评议组成员1人、教育部高校青年教师奖获得者1人、教育部"新世纪优秀人才支持计划"入选者8人。团队入选农业部杰出人才创新团队和陕西省作物水分养分高效利用理论与技术重大科技创新团队，是一支以中青年为主，专业、年龄和职称结构合理、朝气蓬勃、富有创新能力的研究团队。

  近五年，在旱区农业高效用水技术领域，该创新团队承担国家科技部、教育部、水利部、农业部等部委课题37项，其中国家863计划和国家科技支撑计划13项、国家973课题1项，国家自然科学基金重点项目1项、面上基金项目和青年基金项目19项，科技部农业科技成果转化资金项目5项。依托该团队所建设的平台已成为我国作物高效用水技术创新性研究、新技术培育和高水平人才培养的重要基地。

  在作物高效用水生理调控、非充分灌溉技术、农田降水转化利用、节水灌溉关键设备研发以及农业水资源管理研究等方面已取得了重要进展，部分研究成果达到国际领先水平。获国家及其省部级奖励50多项，相关研究成果"半干旱地区作物对有限水分高效利用的原理与技术""西北地区农业高效用水技术研究与示范""西北地区农业高效用水原理与技术研究及应用"连续在2004年、2005年和2006年获得国家级奖励。"滴灌灌水器基于迷宫流道流动特性的抗堵设计及一体化开发方法"2005年获国家技术发明二等奖1项。"黄土丘陵区红枣生态经济林建设关键技术研究与应用"和"北方半干旱集雨补灌旱作区节水农业综合技术体系集成与示范区"等7项分别获陕西省科学技术一等奖和内蒙古自治区科学技术进步一等奖，获教育部、水利部、陕西省科技进步二等奖 6 项，获水利部科技进步三等奖 3 项。获国家发明专利 50 余件，发表 SCI 收录论文 100 余篇，EI 收录论文 200 余篇，国内核心期刊（CSCD）论文 600 篇，出版专著 20 余部，一批成果在生产中得到应用。

团队负责人吴普特研究员是我国农业水土工程领域主要学术带头人之一，在西北地区长期从事农业水土资源，利用科学研究与工程实践。围绕干旱缺水与水土流失并存这一制约黄土高原农业与生态建设可持续发展的重要问题，提出将一定时段内由降雨所转化的地表径流量与土壤有效水增量作为黄土高原雨水资源化潜力的科学概念与计算方法，揭示了潜力空间分布与干旱化时空变化特征，为区域雨水资源开发提供了科学依据；构建了以土壤固化剂集流面建造、雨水存储标准设施、作物集雨补灌、土壤扩蓄增容为核心的黄土高原农田雨水调控利用工程技术体系，为同步缓解水土流失与干旱缺水问题提供了理论与技术支撑；提出了山地滴灌工程压力分区设计方法，解决了山地滴灌工程设计难题；研发出涌泉根灌、全圆旋转摇臂式系列喷头、大流量压力补偿滴头、太阳能驱动自走式微喷灌机组、农田窄畦大流量灌水等 6 项关键技术与产品，与合作者共同构建了灌水器快速设计开发平台，推动了节水灌溉技术发展；创建农户土地流转规模化经营、坡地集雨保墒种植、矮化密植节水栽培、关键期少量补水和合理施肥为核心的黄土丘陵区红枣生态经济林高效用水综合技术模式，实现了生态与经济的协同发展；率先在国内开展粮食生产水足迹与区域虚拟水流动研究，在完善农业生产水足迹与计算方法的基础上，分别对全球粮食生产水足迹空间变异，中国粮食生产水足迹时空演变，"北粮南运"所引发的农业虚拟水"北水南调"工程，以及大型灌区粮食生产水足迹与用水效率评价等进行了探索性研究，为农业水资源科学管理及实施最严格的水资源管理制度提供了新的方法与科学依据。

吴普特主持组建了国家节水灌溉杨凌工程技术研究中心，中心于 1999 年获准建设，2002 年通过科技部验收。正在主持组建旱区作物高效用水国家工程实验室、农业部作物高效用水学科群、中美旱区节水农业联合研究中心、农业高效用水协同创新中心。自"十五"以来，吴普特一直担任科技部节水农业领域项目总体专家组组长，在科技部领导下，与专家组成员一起，提出按照前沿与关键技术创新、重大产品设备研制与产业化开发、技术集成与示范三个层次，对我国节水农业科技发展进行总体设计并实施。他主持完成了"十五"重大科技专项、"十一五"863 计划和支撑计划 3 个项目策划、论证、技术负责与总结工作，国内 282 家科研院所、高等院校、企业累计 3491 人次参加研发工作，推动了我国农业水土工程及相关学科的建设与发展。担任"十二五"国家科技计划"干旱半干旱区节水农业"重大专题负责人，主持"十二五"863 计划"农业高效用水精量控制技术与产品"重点项目。主持完成的节水农业科技发展"十二五"重点专项规划，旱区农业创新驱动发展规划分别由科技部颁布实施。

污染物减排与资源化创新团队

团队负责人简介

汪华林，华东理工大学教授。1985～1989 年就读于成都科技大学，获化工机械及设备学士学位；1989～1992 年就读于成都科技大学，获化工过程机械硕士学位；1992～1995 年获华东理工大学化工过程机械博士学位。入选第二批国家"万人计划"科技创新领军人才。

"污染物过程减排与资源化"团队由华东理工大学汪华林、刘洪来、龙亿涛、沈本贤四个课题组构成，汪华林教授为团队负责人，胡英院士和田禾院士为技术顾问。团队 14 名核心成员中有教授 7 名，中科院院士 2 名（胡英、田禾），教育部长江学者特聘教授 2 名（刘洪来、汪华林）、国家杰出青年基金获得者 3 名（汪华林、刘洪来、龙亿涛）、中共中央组织部青年拔尖人才 1 名（白志山）。科技部 973 青年科学家团队 1 个（白志山、杨强、赵双良、马巍）、教育部长江学者创新团队 1 个（刘洪来、胡英、彭昌军）、华东理工大学重大交叉创新团队 1 个（杨强、彭昌军、张艳红）。

团队主要从事污染物减排和资源化利用研究，开发了微界面结构与微粒排列相结合的微相旋流捕获技术，解决了能源环境工程中纳米尺度非均相污染物得不到有效快速分离的问题，并在冷焦污水封闭分离利用、含硫含碱废液过程减排等方面形成具有自主知识产权的成套新技术，形成 2 项国家标准，在国内外 150 多套化工环保装置得到应用。刘洪来课题组主要从事流体相平衡与界面现象研究，建立了能用于从球形小分子到链状高分子、从非极性流体到强极性和缔合性流体及其混合物、从小分子电解质到离子液体和链状聚电解质溶液的 pVT 关系、汽液平衡和液液平衡的关联计算以及热力学、界面、传递等物性计算的分子热力学模型，2 项研究成果分别获教育部和上海市自然科学奖一等奖。龙亿涛课题组主要从事分子检测技术研究，以表面增强拉曼光谱、等离子体散射光谱及电化学分析为基础，在微纳界面检测、单纳米粒子界面光谱电化学联用分析、污染物检测新技术等的新原理及新方法方面，发展了高空间和高能量分辨的微纳界面分析表征新技术，并将其用于水中微粒界面环境污染物的实时检测。他们在各自领域的国内外同行中均具有重要的学术影响。

团队将针对我国燃油质量升级、煤代油国家战略的急需，依托国家环境保护化工过程环境风险评价与控制重点实验室、化学工程联合国家重点实验室，发挥与中国石化、中国神华等的长期紧密合作优势，以及三个课题组的优势互补作用，研究开发在石油、煤和天然气加工利用过程中污染物过程减排的新原理、新技术和新装置，开发17亿立方米/年高酸天然气脱硫净化技术、200万吨/年沸腾床渣油加氢废催化剂处理利用技术、100万吨/年低分压烟道气二氧化碳捕集利用技术、满足未来国V标准的柴油生产技术等，形成具有自主知识产权的成套技术并获得工程应用。

团队开发的液—液旋流分离器、液—固旋流分离器、气—液旋流分离器等相关技术产品应用到国内外130多套装置的工艺介质、废水、废气和废渣分离过程中，例如，苏丹、乍得、尼日尔等国炼厂的相关装置。另外，团队为我国大型战略工程也提供了相关技术支持，如国家首套百万吨煤直接液化工程中的循环氢气净化，世界首套商业化甲醇制烯烃装置中反应废水的处理。

团队负责人汪华林是教育部长江学者特聘教授、国家杰出青年基金获得者、"何梁何利科学与技术创新奖"和"新世纪百千万人才工程国家级人选"，以第一完成人两次获国家科技进步二等奖。近20年，围绕含油、含硫、含碱废液处理与资源化，提出湍动微界面调控及其强化废水资源化的新原理，建立了环境微相旋流捕获的技术体系。发明了含油、含硫、含碱及细颗粒污染物的过程减排新技术，已经应用到国内外150个工程项目中，如全球首套商业化的甲醇制烯烃、世界第一套煤直接液化制油、1000万吨/年炼油工程等国家重点工程中。已获授权国内外发明专利、国家标准60多件，推动了我国重化工领域的清洁生产技术的跨越。

先进煤气化技术创新团队

团队负责人简介

汪国庆，新奥能源研究院副院长，煤气化技术中心总经理。1990～1995 年就读于清华大学，获工程力学学士学位；1995～1998 年于清华大学就读博士研究生；1999～2003 年就读于美国宾西法利亚州立大学，获机械工程博士学位。

新奥科技煤气化技术创新团队是一支富有创新能力、科研作风严谨的研究队伍。研究团队人员分属工业催化、化工工艺、化学工程、化工过程机械、计算化学、仪表自控和热能工程等专业，研发人员具有博士、硕士学历，且项目核心成员大多数具有海外留学与研究背景，是一个科研—设计—工程能力一体化的创新团队。

经过八年的探索与实践，煤气化团队创新出了具有国际先进水平的煤气化理论和技术，在煤的加压催化气化、无井式地下气化、超临界气化和加氢气化的研发中取得技术突破，在煤化工废水处理和 CO_2 的资源化利用方面亦有创新的进展。大量国内外高层次人才统领下的煤气化技术团队始终保持着与麻省理工（MIT）、斯坦福（Stanford）以及清华、北大、中科院等国内外一流高校和 GE、西门子、中石化、中石油、中海油等一流企业的合作关系。团队还与美国能源部 NETL 等国家实验室开展了联合技术研发，并通过 863、973、支撑计划与国内主要研发机构开展了技术联盟合作。

煤气化创新团队经过长期的煤气化技术研发与实践，具备了科学技术原始创新研究能力和开发世界领先煤气化技术的水平。煤洁净转化的新型气化技术适应于中国国情的煤炭高效、清洁转化的需求，推动中国的煤气化技术发展；拥有煤基低碳能源国家重点实验室、国家企业科技研发基地、教育部博士后科研工作站、中美能源联合实验中心、煤地下气化国家工程技术研究中心等研发平台，邀请国内外专家讲学，借鉴成熟经验，开拓研发思路，提升技术创新能力和水平；团队承担 10 多项国际合作以及国家煤气化技术的 863 计划、973 计划的研究开发任务，成为煤气化技术研发的先锋，对煤炭地下气化、加氢气化、催化气化、超临界气化技术理论发展奠定了基础，备受国内外能源领域的关注。

团队负责人随后曾就职于美国通用电气公司及美国 PlugPower 燃料电池公司，期间一直从事于清洁能源技术的研究与开发，尤其是在煤气化领域和电池领域积累了丰富的专业技术知识和研发经验，在美留学和工作期间，在国际会议和各类期刊发表了学术论文十多篇。研究领域和成果包括：通过微观的直接数值模拟优化电池多孔电极充放电过程中的电荷传递、物质传递、热量传递和电化学反应；质子交换膜燃料电池和高温磷酸燃料电池的电堆开发设计，电堆的水管理和热管理研究；GE 德士古水煤浆气化工艺中水激冷工艺三相流动混合机理研究，激冷室及气化炉的放大机理和超大型激冷式气化炉的设计和验证。

汪国庆归国后加入新奥能源研究院，于 2011 年起负责国家 863 计划煤加氢气化项目后，充分利用之前在气化工艺技术开发设计中积累的知识和经验，充分吸取国外同行和前辈的成果和经验，带领创新团队攻坚克难，加速开发煤加氢气化联产芳烃和甲烷新技术工艺及关键设备，在高压氢气密相输送煤粉技术、氢气加氧高温喷嘴技术及加氢气化炉开发等关键技术方面取得了重大突破，开发完成了具有自主知识产权、达到国际领先水平的加氢气化工艺。

特殊环境公路建设与养护技术创新团队

团队负责人简介

沙爱民，长安大学教授，博士生导师，副校长。先后就读于西安公路学院和乌克兰哈尔科夫国立汽车公路技术大学，分别获学士、硕士和博士学位。入选第二批国家"万人计划"科技创新领军人才。

特殊环境公路建设与养护技术创新团队以"新世纪百千万人才工程"国家级人选、长江学者、交通部"十百千"人才、交通部交通科技英才等国家和部委高层次人才为核心，由来自道路工程、岩土工程、材料学等不同学科，毕业于国内外不同高校的高级职称人员和博士构成团队，长期合作开展科技攻关。团队人员的学科背景、学缘结构、学历组成优势突出，具有良好的协同创新基础。已入选教育部"创新团队发展计划"。

团队立足西部，面向全国，依托长安大学道路与铁道工程国家重点学科以及公路建设和交通运营保障科学与技术"985"优势学科创新平台，利用道路结构与材料交通行业重点实验室以及特殊地区公路工程教育部重点实验室，长期致力于特殊环境条件下公路工程基础理论与应用技术研究，重点开展了"路基岩土工程与防灾减灾""复杂环境下路面结构行为与材料服役性能""生态环保型道路新材料""路表功能行为理论与快速评价"等方向的科技攻关。先后承担了国家科技攻关计划项目、国家科技支撑计划项目、国家西部交通建设科技项目、国家自然科学基金项目等国家和部委重大科技项目研究，攻克了特殊地区公路设计、施工、养护及管理等关键技术问题，在"冻土地区公路水热力三场耦合机理与建养技术""半刚性基层材料与结构设计理论及方法""环保型公路建设与维护技术"和"特殊地质公路工程理论与技术"等方面取得了标志性成果，获得了国家级科技奖励，包括2项国家科技进步一等奖和2项国家科技进步二等奖。

团队在特殊地区公路工程基础理论与关键技术方面所取得的系列成果，已经成功应用于我国特殊地区和一般地区公路建设，为我国第一条沙漠高速公路（榆林至靖边高速公路）、第一条生态型山区高速公路（西安至汉中高速公路）、亚洲最长的公路隧道（秦岭终南山高速公路黄土隧道）、世界上海拔最高的公路（青藏公路）、世界上在建最大的跨海工程（港珠澳大桥）等重大工程提供了理论与技术支撑，形成了系列自主知识产权，主持或参与编制行业的相关标准、规范和规程，指导工程实践，提升了行业技术水平，有力地促进了行业科技进步、知识更新与人才培养，使我国特殊地区公路建养技术跻身于世界先进水平行列，为国家经济建设做出了突出贡献。

团队紧密围绕国家经济发展的导向和行业技术进步的需求，积极开展公路交通领域国家科技攻关项目研发和重大工程技术咨询与服务，在特殊区域公路设计理论、新型环保型材料、道路施工质量检测与控制、道路耐久性评价及养护等方面取得了突破性研究成果，为青藏高原公路、沙漠高速公路、山区生态高速公路、黄土地区公路等重大工程提供了理论与技术支撑，形成了系列自主知识产权，主持或参与制定行业技术技术标准、规范和规程，提升了我国公路工程学科水平，有力地促进了交通行业的知识更新、技术进步和人才培养，为我国交通运输行业基础设施建设和发展做出了突出贡献，得到了行业和社会的广泛认可。

团队负责人沙爱民教授现任长安大学教授，道路与铁道工程国家重点学科带头人，特殊地区公路工程教育部重点实验室主任。兼任国际沥青路面学会（ISAP）委员、中国公路学会道路工程委员会副理事长、《中国公路学报》《长安大学学报》《公路交通科技》编委和《交通科学与技术》（*International Journal of Transportation Science and Technology*）副主编，入选国家"百千万人才工程"人选、交通部"新世纪十百千"人才第一层次人选、交通部交通科技英才、陕西省"三五"人才。

沙爱民长期从事道路工程及建筑材料研究，立足于道路材料结构形成理论与性能改善技术，围绕公路建设与养护中出现的重大理论与实践课题开展深入研究。主持开展了"国家'十一五'科技支撑计划""国家'十五'科技攻关计划""国家'937'前期项目""国家自然科学基金""霍英东青年教师基金"等多项国家级和省部级计划项目的课题研究。在环境友好型路面材料与结构；沥青路面施工质量检测、评价与控制技术；稳定土路面强度形成与发展原理、性能改善技术等方面取得了突出成果。主持完成的科研成果"公路半刚性基层材料结构理论、多指标控制设计方法及工程应用""环保型道路建设与维护技术"分别获得 2009 年度和 2013 年度国家科技进步二等奖，公开发表学术论文百余篇，出版科研专著《半刚性路面材料结构与性能》《环保型路面材料与结构》《沥青路面施工质量过程控制技术》《填石路基施工技术》等。项目成果被纳入《公路沥青路面设计规范 JTG 50 - 2006》《公路无机结合料稳定土试验规程 JTGE51 - 2009》《透水沥青路面技术规程 CJJ/T190 - 2012》以及《透水水泥混凝土路面技术规程 CJJ/T135 - 2009》等多部行业标准，广泛应用于公路工程实践，产生了显著的经济和社会效益，有效地促进了行业科技进步。

非线性光学功能分子材料创新团队

团队负责人简介

张弛，江南大学教授。1985～1989 年就读于上海师范大学/中科院上海有机所，联合培养获学士学位；1994～1997 年就读于南京工业大学，获应用化学硕士学位；1997～2000 年就读于南京大学，获无机化学博士学位。

"非线性光学功能分子材料"创新团队主要成员于 2008 年共同创建了"中国—澳大利亚功能分子材料国际联合研究中心"，2009 年获中国科学技术部和澳大利亚创新、工业与科研部联合批准资助建设；团队先后入选"功能分子材料及其非线性光学性能"教育部长江学者创新团队和江苏省创新团队、"功能分子、聚集体及器件创制"教育部和国家外专局高等学校学科创新引智基地。15 位团队成员中有国家杰出青年 3 人、千人计划 1 人、外专千人计划 1 人、长江学者 1 人、新世纪优秀人才 4 人；创新团队长期从事功能簇合物、超分子聚集体、多元有机共轭体系和半导体纳米异质结构的设计合成、结构表征和三阶非线性光学吸收、折射性能及光限制效应的研究，创制合成了一系列具有实际应用前景的三阶非线性光学功能分子材料和器件。

在材料学、化学国际重要学术期刊发表研究论文 355 篇，其中在《德国应用化学》（*Angew Chem Int Ed*）、《先进材料》（*Adv Mater*）、《美国化学会会志》（*J Am Chem Soc*）、《纳米快报》（*Nano Lett*）、《配位化学评论》（*Coord Chem Rev*）等影响因子大于 10.0 的期刊上发表论文 18 篇，在《化学通讯》（*Chem Commun*）、《欧洲化学》（*Chem Eur J*）、《材料化学》（*J Mater Chem*）、《有机化学快报》（*Org Lett*）、《应用物理快报》（*Appl Phys Lett*）、《光学快递》（*Opt Express*）、《光学快报》（*Opt Lett*）、《物理化学快报》（*J Phys Chem Lett*）、《物理化学 B 辑》（*J Phys Chem B*）、《物理化学 C 辑》（*J Phys Chem C*）、《无机化学》（*Inorg Chem*）、《晶体生长与设计》（*Cryst Growth Des*）、《亚洲化学》（*Chem Asian J*）等影响因子 3.0 以上的 159 篇；系列研究工作被引用 2755 次；获授权国家发明专利 31 项；上述研究工作被国际上从事相关研究的 12 个主要研究团队中的 10 个在他们近期的论文或专著中多次特别评述和正面引用，有 15 个国际同行研究组在我们研究工作的基础上对相关研究主题进行了跟进和拓展研究；创新团队共申请、执行和完成国家杰出青年科学基金、自然科学基金面上项目、中澳国际科技合作项目、教育部和江苏省创新团队项目36项；创新团队2011年被科学技术部授予"十一五国家科技计划执行优秀团队奖"，2012年被中国侨联、中国科学院和中国科协授予"中国侨界创新团队贡献奖"；团队负责人和核心成员作为大会共同主席和发起单位，申请并组织了2014年美国材料研究会春季年会非线性光学材料与过程分会；国际学术会议邀请报告30人次。创新团队的研究工作在功能分子材料非线性光学性能研究领域居于国际领先水平。

团队创建的中—澳功能分子材料国际联合研究中心不仅提升了我国在先进非线性光学功能材料领域的自主创新研究水平，也为国际科技合作和国家科技外交提供了良好的典范。

2010年6月22日，在澳大利亚进行国事访问的国家副主席习近平亲自为中—澳功能分子材料联合中心正式揭牌，习副主席和中国代表团的主要成员还听取了中澳双方主持人的工作汇报。2011年3月22日，全国政协副主席、科学技术部万钢部长率中国科技代表团专程赴中—澳功能分子材料国际联合研究中心考察调研。2012年12月13日，中共中央政治局委员、国务院副总理刘延东率中国科技教育代表团科技部党组书记王志刚、教育部部长袁贵仁等领导赴"中—澳功能分子材料联合研究中心"考察指导。

团队负责人张弛为国家杰出青年科学基金获得者、教育部长江学者创新团队带头人、新世纪百千万人才工程国家级人选、教育部和国家外专局高等学校学科创新引智基地负责人、江苏省创新团队带头人、中国科技部与澳大利亚创新、工业与科研部批准资助建设的中—澳功能分子材料国际联合研究中心中方首席教授。

张弛长期从事作为光学分子功能材料前驱体的过渡金属硫系功能簇合物及超分子聚集体的设计合成、结构表征和三阶非线性光学吸收、折射性能及光限制效应的研究，特别是着重于从功能分子结构设计的角度去研究过渡金属硫系功能簇合物的结构与其非线性光学性能之间的构效关系。经过长期的努力，系统地研究了过渡金属硫系功能簇合物的化学组成、微观分子结构与其三阶非线性光学性能的对应构效关系，探讨了各类构型功能簇合物的三阶非线性光学性能、光限制效应及其光学机理；提出了通过功能簇合物骨架调控优化及进一步分子修饰以增强簇合物光限制性能的研究方法，研制了可与酞菁金属衍生物相媲美、具有超快超强光限制性能的平面五核功能簇合物，诠释了这类簇合物在皮秒及纳秒激光激发下其光限制性能所对应不同的光物理过程；初步探索了功能簇聚物体系中有机共轭桥联基团对其非线性光学性能的调制机制；创制合成了新颖拓扑构型的功能簇聚物和镍系功能簇合物中核数最多的十核、十二核皇冠状金属超分子。

作为研究论文的责任作者，张弛已在国际材料学、化学的重要学术期刊《先进材料》（*Adv Mater*）、《德国应用化学》（*Angew Chem Int Ed*）、《配位化学评论》（*Coord Chem Rev*）、《化学通讯》（*Chem Commun*）、《欧洲化学》（*Chem Eur J*）、《材料化学》（*J Mater Chem*）、《碳》（*Carbon*）、《晶体生长与设计》（*Cryst Growth Des*）、《美

国化学会应用材料与界面》（*ACS Appl Mater Interf*）、《道尔顿学报》（*Dalton Trans*）、《分析化学学报》（*Anal Chim Acta*）、《晶体工程通讯》（*CrystEngComm*）、《有机及生物分子化学》（*Org Biomol Chem*）、《欧洲无机化学》（*Eur J Inorg Chem*）、《四面体》（*Tetrahedron*）等上发表 SCI 论文 100 多篇，被国内外同行引用 1000 多次，获授权国家发明专利 2 项，其中，被国际上从事相关领域研究的 12 个主要研究团队中的 9 个在他们近期的研究论文或学术专著中多次特别评述和正面引用，有 10 个国际同行研究团队在我们研究工作的基础上对相关研究主题进行了跟进与拓展研究。作为大会共同主席发起、申请并组织了 2014 年美国材料研究会春季年会非线性光学材料与过程分会，国际学术会议邀请报告 12 次。2010 年被中国侨联、中国科学院和中国科协授予"中国侨界创新人才贡献奖"。

乳酸菌与发酵乳制品创新团队

团队负责人简介

　　张和平，内蒙古农业大学教授。1982～1986 年就读于内蒙古农业大学，获畜牧学学士学位；1986～1989 年就读于江南大学，获食品科学硕士学位；1999～2001 年就读于东北农业大学，获乳品科学博士学位。入选第二批国家"万人计划"科技创新领军人才。

　　乳酸菌与发酵乳制品创新团队现有专职技术人员 19 名，其中具有博士学位者 15 名，9 人具有国外学习经历，知识结构包括食品科学、微生物学、分子生物学、生物信息学、临床医学等学科。此外根据团队发展需求，2012 年引进毕业于德国海德堡大学生物学专业的 Kwok Laiyu 博士，并与、新加坡国立大学、中国科学院、上海交通大学、国家乳品工程技术中心、内蒙古伊利集团等多家国内外产学研机构建立了良好的学术合作和人才培养关系。经过多年的建设和发展，在乳酸菌及发酵乳制品研究方面形成了一支年龄和知识结构合理、学科交叉、勇于创新、团结协作的优秀科研团队，汇聚了一批在乳酸菌相关领域学术思想活跃、有创新能力和发展潜力的优秀中青年人才。

　　团队以解决我国乳品工业发展的重大技术需求为目标，紧跟学科发展前沿，立足于中国、蒙古国和俄罗斯丰富的乳酸菌资源、从乳酸菌菌种资源库的建设、菌种的筛选出发，结合"组学"研究方法集中攻克了一批产业化关键技术，包括直投式乳酸菌发酵剂、发酵乳制品、益生菌饮料等新产品的研发并实现了产业化，取得了显著的经济和社会效益，开创了我国乳酸菌产业的新局面，打破了国外的技术和产品垄断。

　　从自然发酵乳制品中分离鉴定保藏乳酸菌 6603 株，建立了中国最大的原创性乳酸菌菌种资源库，同时采用 MLST 以及宏基因组等技术，系统地研究了不同地区自然发酵乳制品中乳酸菌生物多样性，为具有自主知识产权的乳酸菌菌种的筛选及其产业化奠定了基础。

　　结合 MLST 技术和乳酸菌功能基因，建立了优良乳酸菌高通量定向筛选技术和平台，筛选出 21 株具有优良特性的乳酸菌菌种，并进行了产业化生产。同时，从自有的乳酸菌菌种库中筛选出 5 株具有优良功能特性的益生菌，其中 3 株完成了人体试验，并投入了工业化生产。

2008 年，完成了我国第 1 株乳酸菌（L. casei Zhang）的基因组学和蛋白质组学研究。其后，利用"组学"技术先后完成了 B. animalis V9 等 7 株具有工业化应用价值的乳酸菌的功能基因组研究，为菌株产业化提供了理论基础和指导。2013～2014 年相继完成了乳杆菌 7 个属共 281 株模式菌株和双歧杆菌 41 株模式株的基因组测序工作，在国际上首次揭示了乳杆菌和双歧杆菌的系统发育关系、分化进化历程和功能基因组学。

采用焦磷酸测序和宏基因组技术首次系统地研究了中国不同地域和不同民族以及蒙古国人群肠道菌群的结构，同时针对不同人群完成了益生乳酸菌与人肠道微生物群落的互作研究，为个性化益生菌和营养食品的开发奠定了理论基础。

张和平作为团队带头人，围绕乳酸菌及发酵乳制品相关研究承担了国家杰出青年科学基金、863 计划、现代农业产业技术体系等科研项目 30 余项，累计经费 4000 余万元。在乳酸菌菌种资源库建设、乳酸菌基因多样性研究、乳酸菌基因组学和蛋白质组学、益生菌研究开发、发酵乳制品研究开发和产业化方面走在了国内的前列，其中一些成果达到国际水平。

围绕上述研究发表 SCI 收录论文 115 篇，最高影响因子 11.475 分；主编专著 8 部；获得授权发明专利 24 项；荣获国家科技进步二等奖、内蒙古科学技术特别贡献奖、内蒙古科技进步一等奖、内蒙古自然科学一等奖和全国先进工作者，"长江学者"特聘教授、"百千万人才工程"国家级人选、国务院特殊津贴等科技奖励和荣誉称号。作为学术带头人带领团队入选教育部创新团队等，并荣获"全国专业技术人才先进集体"荣誉称号。

智能终端与移动互联网业务创新团队

作为中国联通的核心研发及技术支撑中心，智能终端与移动互联网业务创新团队从联通现状及业务与终端发展需求出发，以研究与开发具有中国联通自主知识产权的智能终端，研究以 RCS、沃信、大数据、Hadoop 技术为代表的移动互联网业务，聚集了优秀的国内外人才，形成了优秀的学术科研能力。长期以来，团队成员在学术和科研工作上团结协作，形成了稳定、结构合理、富有创新性的科研群体。项目团队完成的众多科研项目获得了国家级、省部级奖励，共计 30 余项。团队成员中具有"百千万人才工程"国家级人选 1 人，享受国务院特殊津贴专家 7 人，国家创新能力建设先进工作者 3 人。

项目团队经过多年的技术储备，立足运营商的网络现状和未来业务的发展需求，通过大量技术研究和测试，全面掌握了沃 Phone 智能终端操作系统及其应用研发、以 RCS、沃信为代表的移动互联网业务、大容量卡、大数据和 Hadoop 等技术，完成了沃 Phone 智能终端操作系统及其应用研发测试、标准制定、沃 Phone 应用商店建设等工作，承担了"移动智能终端操作系统研发""智能手机嵌入式软件平台标准、服务平台及产业化推广""移动智能终端操作系统需求分析及总体框架研究""移动应用软件的认证管理软件开发"等重大专项课题，攻克了自主智能终端操作系统研发的多个关键技术难题；完成了 RCS 终端研发、RCS 业务及终端测试、RCS 终端标准制定等工作；完成了联通大数据平台建设方案研究、平台开发及部署、标准制定等工作。团队以上工作为联通现在及将来发展智能终端及互联网业务奠定了坚实的技术基础。

在国际标准方面，团队把中国运营商需求反馈到 GSMA、OMA 国际标准化组织中去，2012 年达 100 多篇。牵头完成了 GSMA TSG TSGAP 终端天线性能研究、GSMA TSG TSGUEX 终端体验测试等多项课题。在行业标准方面，牵头完成了中国通信行业移动微件业务终端系列标准制定，并牵头完成可视化语音邮箱技术要求等多项行业标准，同时完成多项研究报告，促进了国内相关技术及产业进展。

全球率先实现一个平台提供话音、数据和视频等多种业务，六年累计盈利 60.1 亿元，获国家科技进步一等奖。主持研制 CDMA/GSM 双网双通终端，全球首次实现"一机走全球"，制定继 TD - SCDMA 之后中国主导制定的又一国际标准，获国家科技进步二等奖。在全球运营商中首次实现移动互联网数据的详单查询，建成全球通信行业最大的单一列式数据库，获通信学会一等奖。参与设计国家 3G 网络组网技术方案等工作，获通信学会一等奖。建立电信业第一个也是目前唯一的国家级优秀博士后工作站。主持"863""核高基"等国家重大项目 10 余项，累计获国家资助 1.5 亿多元。

重大口腔疾病发病机制与
防治研究创新团队

团队负责人简介

陈谦明，四川大学二级教授、主任医师、博士生导师。1980～1985年、1987～1992年先后就读于四川大学，获口腔医学学士学位及博士学位；1992～1994年在四川大学从事遗传学博士后研究。入选第二批国家"万人计划"科技创新领军人才。

重大口腔疾病发病机制与防治研究创新团队秉承华西的优良传统，以中国唯一的口腔疾病研究国家重点实验室为基地，针对严重危害人类健康和生存质量的主要口腔疾病开展了多学科联合攻关，在口腔感染性疾病群体防治新技术、先天性唇腭裂等出生缺陷的机制与防治、口腔黏膜癌变与转移、牙科新材料与再生医学等方向开展高水平研究，取得了创新性成绩。团队以国家杰青、长江特聘陈谦明教授为学术带头人，国家教学名师、国家重点实验室主任周学东教授既是团队核心成员，又是行政保障负责人。团队核心成员由16位核心成员组成（包括3位杰青，3位长江，1位973首席，3位千人计划，2位国家教学名师，4位"全国百篇优博"指导教师，以及8位新世纪人才）。

团队遵循多学科交叉理念，走优势互补发展之路，形成有机整体；周学东、施文元、叶玲教授创立并发展了口腔疾病的微生态学说及综合防治技术，提升了我国的龋病防治水平；石冰等创建了唇腭裂治疗中的"华西法"，为唇腭裂患儿带来了福音。陈谦明、李龙江、褚良银等关于口腔黏膜癌变与转移新分子的标志研究，为口腔黏膜癌变早期无创性诊断及基因治疗奠定基础。胡静、田卫东、林云锋等对细胞生物力学与组织内源性再生的研究，解决了颌面组织少、整复困难的难题。团队以优异的业绩，入选了2006年度教育部创新团队。

过去5年承担竞争性项目217项，累计科研经费12677万元，其中国家自然科学基金重点项目7项，973项目及其子课题、国家支撑与863计划项目11项，获科技成果奖19项（含国家奖2项，教育部一等奖5项），连续4年获得全国百篇优秀博士论文。发表论文总计1000余篇，其中SCI收录596篇，被他人引用2079次。主编出版教材及专著40余部。2008年，创办中国口腔医学界唯一的SCI收录期刊《IJOS》，通过自然出版平台全球发行，2013年影响因子达2.7，已成长为全球口腔医学领域杂志排名第9杂志。2013年又再次创办英文杂志《骨研究》（*Bone Research*），更好地保护了我国自主知识产权。

团队参与汶川和雅安地震等国家重大突发事件的急救，为抗震救灾和灾后重建做出了重要贡献，对口支援建设西部高校，对西部的口腔医学发展发挥了重要辐射作用，促进了西部医学教育与技术水平的提高。

团队总体发展思路是"科学目标引导，增强协同创新，发挥团队力量，冲击国际前沿"。通过集成宏基因组学、蛋白组学、代谢组学以及其他前沿技术，深入研究主要口腔疾病的发病机制与防治新技术，将最新基础研究成果转化为临床医疗新技术和新方法，形成具有口腔医学特色的转化医学研究体系，提高口腔临床治疗总体水平。通过开放共享机制带动区域、辐射全国、接轨国际，在口腔医学领域为实现"中国梦"的目标做出重大贡献。团队高度重视国际合作与交流，培养留学生56人，举办大型国际交流会议12次。

团队负责人陈谦明研究方向是口腔黏膜癌变与转移的分子机制与防治，在口腔黏膜癌变的分子诊断与生物标志物、口腔黏膜癌变相关基因的分离与功能研究、口腔鳞癌转移的标志物与检测、口腔白斑癌变及鳞癌预后追踪的队列研究、口腔扁平苔藓遗传易感性的全基因组关联研究等取得了创新性成绩。牵头制定了国家行业标准《口腔白斑病新的定义与分期》，起草了《口腔白斑病诊疗指南（试行）》等。于SCI源期刊发表论文50余篇，其中包括分子生物学方法学领域最权威杂志《分子细胞蛋白组学》（*MCP*）和口腔医学最高影响因子杂志《牙科学研究杂志》（*J Dent Res*），以及国际知名学术期刊《临床癌症研究》（*Clinical Cancer Research*）、《国际癌症杂志》（*Int J Cancer*）、《欧洲癌症杂志》（*Eur J Cancer*）等。成果获教育部科技进步一等奖等8项科技奖项。

陈谦明现任国务院学位委员会口腔医学学科评议组成员，国家自然基金委医学科学部学科评审组成员，国际牙医师学院（ICD）Fellow及中国分部秘书长，中华口腔医学会常务理事，中华口腔医学会口腔黏膜病专业委员会主任委员，中华口腔医学会口腔生物学专业委员会副主任委员，《国际口腔科学杂志》（*Int J Oral Sci*）执行主编，《华西口腔医学杂志》主编，《口腔病理与内科学杂志》（*J Oral Path Med*）、《口腔疾病》（*Oral Diseases*）等SCI杂志编委，"十一五""十二五"国家级规划教材《口腔黏膜学》主编。他是口腔疾病研究国家重点实验室常务副主任，国家杰出青年科学基金获得者，教育部长江学者特聘教授，国家自然科学基金委创新群体学术带头人，教育部"长江学者与创新团队发展计划"创新团队带头人，人事部"百千万人才工程"国家级人选，卫生部有突出贡献中青年专家，享受国务院特殊津贴专家，国家教学名师奖获得者，全国百篇优秀博士论文奖指导教师。国家级精品课程负责人，教育部"新世纪优秀人才支持计划"。

光电子晶体材料与器件创新团队

团队负责人简介

林文雄，中国科学院福建物质结构研究所研究员，博士生导师，中科院福建物质结构研究所副所长。1984～1988年就读于上海交通大学，获应用物理学士学位；1988～1991年、2003～2006年先后就读于中科院福建物质结构研究所，获凝聚态物理硕士及博士学位。入选第二批国家"万人计划"科技创新领军人才。

中科院福建物构所"光电子晶体材料与器件研发团队"由1位中科院院士、3位杰青、1位国家级百千万人才、5位中科院百人计划、2位省级工程产业化高端人才等构成，研究领域涵盖"晶体结构、材料制备、器件开发和激光技术集成与应用"技术链上中下游，已成为国际光电子领域为数不多的具备完整技术链、特色鲜明的研究队伍，在新型晶体材料设计制备研究、工程技术开发和产业化实施方面形成系统性优势，在国际上处于领先水平。团队获得了"十一五"国家科技计划执行优秀团队奖，依托本团队组建的国家光电子晶体材料工程技术研究中心，在同期验收十个工程中心中排名第一。

团队成员牵头建议实施了国家基金委"功能导向晶态材料结构设计与可控制备"重大研究计划、863"全固态激光技术及其应用重点项目"，成为首席或总体专家。近5年承担50多项重大科技项目，到位科研经费近1.7亿元。

在原创性材料探索及制备方面，完成5种具有重要应用前景新型紫外、中远红外和THz波段非线性晶体的探索；突破KDP晶体制备难题，使我国成为继美国之后第二个掌握满口径快速生长技术的国家，已通过重大专项工程验证考核，为其顺利实施提供材料支撑；攻克超大尺寸LBO晶体生长难题，推动高能激光等国家安全建设项目发展，成果入选"十一五"国家重大科技成就展，产品国际市场占有率超过60%。

在晶态透明陶瓷研究方面，实现了从核心设备到纳米粉体的自主研制，制备出150mm口径YAG复合激光透明陶瓷，实现5千瓦激光输出，标志我国继美日之后实现单片陶瓷千瓦级激光输出；开发出LED照明用全光谱透陶，突破国际专利封锁，光效等指标处于国际领先。

在激光技术集成方面，在国际上率先提出种子注入能量缩减锁定判据，攻克同步精度长周期漂移难题，开发出24路抗强振、单频紫外激光，填补国际产品空白，使原来需上百人运行的系统现仅需3人运行，其在国家重点工程及"神舟工程"风洞试验中发挥关键作用。

近五年发表论文 200 多篇，牵头编制 4 项国家标准（已颁布实施），获得授权发明专利 20 件，相关成果获国家科技进步二等奖 1 项、福建省科学技术一等奖 2 项。成果已转移转化，晶体技术转移福晶公司建立了晶体模组等 6 条国际最大生产线，近三年新增销售 4 亿元，福晶现已成为国际最大非线性晶体供应商，被科技部授予国家级创新型企业称号；陶瓷技术转移万邦公司，近三年新增销售 5 亿元；光纤激光器和高速光通讯用半导体激光等技术以无形资产入股，新组建了中科光芯和中科光汇 2 家高科技企业。

以该团队为核心，组建了国家光电子晶体材料工程技术研究中心、福建省激光技术集成与应用工程技术研究中心、福建省光电子晶体材料与器件行业技术开发基地、福建省 LED 研发设计与检测服务中心，牵头成立了福建省光电子晶体材料及器件产业技术创新联盟。

团队负责人林文雄是国家光电子晶体材料工程技术研究中心主任、福建省激光技术集成与应用工程技术研究中心主任，被国家科技部遴选为"863"计划材料领域主题专家组成员，国务院政府津贴获得者，入选国家级百千万人才。2013 年获"福建省第三届杰出科技人才"奖，2011 年获国家科技进步二等奖（排名第 1）；福建省科技奖二等奖（排名第 1），福建省科技奖一等奖（排名第 2）；作为主要牵头人参与制定 4 项国家标准，获得福建省标准贡献奖一等奖（排名第 3）。

多年来，林文雄致力于激光技术链上、中、下游研发，开展激光非线性光学技术与材料的应用基础、系统集成研究，负责主持多项重要科研项目，包括 863 计划重点项目、福建省科技重大科技专项等课题。在物质结构设计与调控理论指导下，突破了"晶体材料元器件—模块—激光系统与应用"技术链上下游的共性关键技术，在激光非线性晶体生长及元器件制备技术，特别是大尺寸激光陶瓷、大尺寸 LBO 定向晶体生长，以及晶体组合模块微型化、低成本制备技术，以及环境耐受型全固态激光技术集成应用等方面取得系列突破；将光电晶体材料特殊性能与新型激光单元技术特色地结合起来，用于极限相干长度单频激光中，发现了与锁定度正相关的激光脉冲能量缩减效应，开发出抗强电磁干扰、宽温单频脉冲激光系统，在国家某重要工程及"神舟工程"风洞试验中发挥关键作用；在高功率、大能量可调谐锁模光纤激光研究方面，率先提出大模面积阶跃型双包层多模光纤锁模机制替代 Sesam 锁模路线，实现了飞秒超快全正色散耗散孤子激光锁模，特性比国际同类水平提升 4 倍；发展的 24 路高同步精度紫外激光系统，成功应用于国家××重大专项激光同步触发，使得原来计划 100 多人运行的系统仅需 3 人运行，关键技术达到国际领先水平。上述技术对我国打破西方高技术封锁、增强我国在激光高技术领域的实力具有重要意义。

林文雄的研究成果在国内多家科研院所及福晶科技、中科光汇等 6 家高新技术企业中获得应用，对提升我国全固态激光核心竞争力、支撑民族激光产业发展、满足国家重大战略需求发挥积极作用。

细胞能量代谢稳态与疾病研究创新团队

团队负责人简介

  林圣彩，厦门大学教授。1980～1984 年于厦门大学获植物学学士学位，1985～1991 年于美国达拉斯德州大学西南医院中心获生物化学博士学位。入选第二批国家"万人计划"科技创新领军人才。

  细胞能量代谢稳态与疾病研究创新团队是在国家基金委创新研究群体的基础上，经过多年合作自然形成的。以林圣彩教授为学术带头人，韩家淮和吴乔教授为学术骨干的"肿瘤生长和抑制相关信号转导的调控"研究群体，连续获得国家基金委创新研究群体的资助（2010，2013）。目前，该群体在深入探讨代谢稳态、炎症和自噬在肿瘤生长调控过程中的作用机理。

  因为共同感兴趣的科学问题，厦门大学细胞应激生物学国家重点实验室的一批学术骨干，与创新群体结成了密切的合作关系。早在 2009 年，尤涵和李博安就参加由韩家淮担任首席科学家的 973 计划项目；2011 年，王洪睿和吴乔参加林圣彩担任首席科学家的重大科学研究计划项目。李勇与林圣彩在 PPAR 抑制剂筛选合作的成果发表在《细胞研究》（*Cell Research*）（2012）上；李博安和吴乔在 Wnt 信号通路与核受体 TR3 在肠癌发生中的相互作用机理的合作成果发表在《肠胃》（*Gut*）（2012）上；王洪睿与吴乔在泛素连接酶 Smurf1 调控 TR3 的稳定性的合作成果发表在《癌基因》（*Oncongene*）（2013）上。值得一提的是，林圣彩、韩家淮和吴乔三人有着 10 多年的合作，近年来，他们在国际顶级学术刊物上发表了 20 多篇研究论文。此外，新加盟的邓贤明教授，主要从事化学药物研究，他与吴乔和王洪睿合作的药物靶点的研究，为研究成果产业化搭建桥梁。

  团队成员中有 3 名国家杰出青年科学基金获得者（林圣彩、吴乔、韩家淮），其中 2 人同为"长江学者"（林圣彩、韩家淮）；3 名福建省闽江学者（吴乔、李勇、邓贤明），"青年千人"（邓贤明）和教育部新世纪优秀人才（尤涵）各 1 名。5 年来，本创新团队成员共发表 SCI 论文 70 多篇，其中影响因子大于 5 的论文 48 篇，包括发表在《科学》（*Science*）（2 篇）、《自然细胞生物学》（*Nature Cell Biology*）（2 篇）、《自然化学生物学》（*Nature Chemical Biology*）（2 篇）、《自然免疫学》（*Nature Immunology*）、《自然通讯》（*Nature Communications*）、《细胞通讯》（*Cell Reports*）、

《美国国家科学院院报》（*PNAS*）（6 篇）。承担国家重大科研项目 40 多项，包括重大科学研究计划和"973"计划 7 项（2 项为首席科学家项目）、国家基金重点项目 4 项、重大国际合作项目 3 项等。教育部自然科学一等奖 1 项、福建省自然科学奖一等奖 1 项、获"药明康德生命化学奖"一等奖和杰出成就奖各 1 项、研究成果入选 2012 年度"中国科学十大进展"。

团队发现了 Axin 能作为著名抑癌因子 p53 诱导细胞凋亡复合体的中心构架蛋白，揭示了 Axin 与 HIPK2、Daxx、Pirh2、TIP60 和 PML 等 p53 调节因子相互作用来调节 p53 的活性［《欧洲分子生物学组织杂志》（*EMBO J*），2004；《自然细胞生物学》（*Nature Cell Biology*），2009；《癌基因》（*Oncongene*），2011］。发现了 Axin 通过其多蛋白复合体组分的动态变化，能控制 p53 活性的阈值来决定细胞 DNA 受损后进行周期阻滞还是死亡，即当细胞受到严重的 DNA 损伤时，让 p53 活性达到最大值从而选择性地决定细胞死亡的命运，首次提出了 p53 活性阈值的概念［《自然细胞生物学》（*Nature Cell Biology*），2009］。该成果发表后，被权威学术机构加州大学圣地亚哥分校自然信号转导网关（*UCSD Nature signaling gateway*）选为当周最值一读的文章，同时被亚洲分子生物学组织（A–IMBN）列为亚洲当月最亮点之一。林圣彩教授对 p53 抑癌因子作用机制的研究做出了系统性、突破性的贡献。

团队还发现，在调控细胞坏死中起关键作用的蛋白质 RIP3，并揭示其是通过刺激活性氧物质（ROS）的积累而诱导细胞坏死，该项成果发表在《科学》（*Science*，2009）上；由血清饥饿导致的生长因子缺失能通过去抑制激活 GSK3 激酶而使之磷酸化和激活乙酰转移酶 TIP60，进而导致自噬核心机器中的蛋白激酶 ULK1 乙酰化水平增强而启动细胞自噬。该研究揭示了介导因生长因子缺失而导致自噬的一条多接点的信号转导通路，发表在《科学》（*Science*）上，并入选 2012 年度"中国十大科学进展"。

团队负责人林圣彩长期致力于研究个体发育、细胞生长及肿瘤发生相关的信号转导通路及分子机制。2001 年回国后曾获国家杰出青年基金、重大研究计划（首席）、国家基金重点项目等项目资助。

由他领导的实验室建立了 Axin–MEKK–JNK 信号通道，阐明了该通道的一系列的分子机理，利用斑马鱼模型揭示了该信号通路的生物学功能，即 Axin 激活 JNK 能促进胚胎的背部化［《细胞发育》（*Developmental Cell*），2007］。

林圣彩还被邀担任 JBC 的编委（2013 起）和多个国际杂志审稿人，数次受邀在著名会议如国际 p53 年会、国际细胞生物学大会等作特邀报告。迄今为止发表 SCI 论文 80 篇，被他人引用 6400 多次。林圣彩在生物学重要前沿领域做出了许多原创性的发现，在国际上有着重要的影响。

作为学院院长，林圣彩能够很好组织和协调团队成员开展合作，他所带领的团队先后获得教育部创新团队（2006）和国家基金委创新研究群体（2010，2013）。2011年厦门大学细胞应激生物学国家重点实验室的获批建设，推动了厦门大学生命科学学院的学科建设和人才队伍建设。

先进封装光刻机创新团队

团队负责人简介

　　周畅，上海微电子装备有限公司教授级高工、产品总监兼技术副总监，中国光刻设备产业技术创新战略联盟专家委员会委员。1993~1997 年就读于华中理工大学，获自动控制学士学位；1997~2000 年获华中科技大学控制理论与工程硕士学位；2000~2003 年获华中科技大学控制科学与工程博士学位。入选第二批国家"万人计划"科技创新领军人才。

　　先进封装光刻机创新团队多年致力于微纳制造领域核心设备投影光刻机的开发研制工作，以集成电路先进封装为基础，涉及新型平板显示等多个领域。团队主要由上海微电子装备有限公司微纳光刻机研发团队、上海微高精密机械研发团队共同构成，团队成员长期合作，共同攻关，总人数近 160 人，核心团队 15 人。

　　团队是目前国内唯一研究微纳制造领域核心设备投影光刻机的专业团队，团队研制的先进封装光刻机是国内首款产品化并具备批量供货能力的步进投影光刻机，设备整体达到国内领先，国际先进水平。设备研发涉及了系统工程、光学工程、机械工程、控制科学与工程、测试计量技术、软件工程、动力工程等多个学科领域。团队核心成员经过近六年研发工作，完全具备了各学科丰富的产品设计、制造、集成、测试经验和技术创新、设计优化经验，具备了较强的科学研究能力与工程技术水平。团队共申请专利近 200 项。在系统工程方面，实现了面向复杂光刻机系统的系统建模、指标分析、结构设计、软件架构及控制架构设计。在光学工程方面，实现了全球最大视场的宽波带全折射双高斯对称结构投影物镜，分辨率优于 2um，以及高能度曝光系统。在机械工程及控制工程方面，实现了国内首台自主研制的 6 自由度、支持 300mm硅片的百纳米级高可靠性工件台。在测试计量技术方面，首次实现了基于机器视觉技术的对准重复精度 100nm，达到了可识别所有前道工艺硅片对准标记的目标。在软件工程方面实现了百万行超大规模软件的设计与可靠运行。在动力工程及工程物理方面实现了 0.01 度的超大无尘设备腔体温度控制精度。

　　近年来，团队核心成员分别多次参加国内外集成电路、平板显示等专题会议并发表演讲，相关研究成果多次发表在国内外核心期刊，扩大了在科学技术领域的影响力。团队对相关知识能力以及工程技术的积累和突破，为公司在微纳制造领域的投影光刻机研制及可持续创新发展奠定了坚实的基础，对公司的品牌宣传及市场拓展做出了巨大贡献。

团队研制的先进封装光刻机系列产品荣获 2012 年中国国际工业博览会金奖、科技部"2011 年度国家重点新产品计划"，入选中国半导体行业创新技术产品成果奖、上海市专利新产品奖等奖项。先进封装光刻机产品填补了国内空白，带动了国内外集成电路后封装产业的发展，促进了相关设备行业的良性竞争，目前全球市场占有率超过 30%，国内市场占有率超过 90%。该团队保持了不断进取，不断创新的拼搏精神，进一步研制的平板显示用薄膜晶体管（TFT）光刻机采用更为先进扫描曝光技术，在保持先进封装光刻机同等分辨率的情况下，实现了曝光视场面积扩大约 25 倍的 i 线全折射双远心投影物镜，并支持 370 毫米 × 470 毫米和 730 毫米 × 920 毫米两种玻璃基板尺寸，又为我国高端显示面板制造领域的关键设备国产化提供了强有力支持。同时，团队还将不断扩大投影光刻机研制过程中各种技术成果的应用范围，在微纳制造领域完成更多种类的高端设备设计和制造，以更好的服务于国内集成电路、平板显示、半导体照明等领域的器件制造企业。

团队负责人周畅从 2003 年开始至今，作为整机同步扫描控制系统、对准单元及整机坐标系控制、整机系统的技术负责人，完成了相关领域的多项技术研究及成果产品化。参与完成了我国"十五"863 重大科技攻关任务 100nm 投影扫描光刻机的总体系统设计和对准系统研制，并于 2008 年底通过国家验收。2009 年起，作为国家科技部 02 专项中"先进封装步进投影光刻机产品开发"的技术和项目负责人，全面负责项目的技术和管理工作，承担产品总体设计与集成，分系统方案设计及集成测试等技术任务，并于 2012 年底通过国家验收。之后又投入到高分辨率平板显示用光刻机的研制项目中，成功实现了 2.5 代和 4.5 代扫描投影光刻机，并继续研制 6 代光刻机。周畅具有扎实的技术和理论功底，以及在科研一线从事从基础单元技术到整机系统技术的工程实践经验，全面深刻的掌握了投影光刻机的核心关键技术，深刻理解光刻机在先进封装、平板显示、半导体照明，微机电等领域的应用和技术发展趋势。

周畅具有管理大型精密设备项目的经验，成功地完成了科技部 02 专项中"先进封装步进投影光刻机产品开发"项目，并推动实现了该产品在国内外生产线的设备导入及市场的销售突破。在公司负责多个产品的总体及关键技术方案审核和把关工作，承担了国家科技部 02 专项及上海市科委、经信委、发展改革委等多个重大项目的主持工作，涉及集成电路先进封装、三维封装、平板显示等多个产品应用领域。

周畅担任公司技术委员会委员，中国光刻设备产业技术创新战略联盟专家委员会委员等职务，对中国首款量产投影光刻机的产品化及海外市场拓展做出了重大贡献，并推动了微纳制造领域其他类型光刻机的发展。获上海市技术发明二等奖、科技部 02 专项优秀团队奖、突出成果奖及先进个人奖。近年来，周畅多次参加上海市科委微纳制造领域的技术预见及研讨会、设备项目评审会，带领团队核心成员多次参加行业技术论坛及专题展会，紧密结合市场需求推动了先进封装光刻机设备的产品定型及技术升级，促进了新型平板显示等多款投影光刻机的产品研制，具有较大的相关技术领域和产业影响力。

飞行时间质谱仪器创新团队

团队负责人简介

周振，广州禾信分析仪器有限公司董事长、暨南大学教授。1987~1994年就读于厦门大学，获科学仪器学士及硕士学位；1994~1998年获分析化学博士学位；1998~2000年获德国吉森大学（Uni-Giessen）应用物理博士学位。

飞行时间质谱仪器作为最重要的质谱仪器之一，开发难度大、周期长。其发展一方面可以打破国外技术封锁以及市场垄断，提升我国科学仪器的整体竞争力；另一方面，质谱技术作为直接测量物质分子量的唯一手段，在环境科学、生命科学、食品安全等领域广泛应用，其本身即是一个百亿级的高端制造产业，在国防、军事等领域更是具有战略意义。

飞行时间质谱仪器创新团队是周振领头、学科互补、"产学研用"紧密合作的有机整体，是国内最成熟的质谱研发及应用开发团队。其中，黄正旭博士、高伟博士是周振博士回国后自主培养的第一批高端科学仪器研发型人才；程平博士从英国、加拿大学成回国，2006年加入团队；王伯光博士是广州禾信与暨南大学联合成立的"大气环境研究所"创始人之一；李梅博士2009年从复旦大学毕业加入团队；李雪博士瑞士留学回国，2010年加入团队；傅忠高级工程师与周振博士于2004年创立广州禾信分析仪器有限公司；粘慧青、吴曼曼工程师等是团队自主培养的第一批研发型硕士研究生，刘丹则是质谱产业战略研究的负责人。

团队十年如一日地专注同一领域，并取得领先成果。全面掌握飞行时间质谱核心技术，打破国外技术封锁，解决了长期困扰国防装备研发中瞬短脉冲化学成分快速检测以及核工业放射性同位素实时在线检测等技术难题，为我国国防、军事及核工业重大项目攻关做出了特殊贡献。团队自主开发完整知识产权的系列仪器，包括目前国内价值最高的在线单颗粒气溶胶质谱产品，入选了国家"十一五"重大科技成就展，实现了国产高端质谱产品首次中标政府公开招标采购项目，并实现国产飞行时间质谱仪器产品出口美国。

团队负责人周振1990年开始立志以"做中国人的质谱仪器"为终身奋斗目标，欧美留学8年，2004年带领全家全职回国创业，建成我国首个飞行时间质谱仪器

"正向开发"平台，使我国成为"少数具有高分辨飞行时间质谱仪研发能力的国家之一"。其创办的广州禾信分析仪器有限公司从4人，发展成为目前200余人的国内领先的质谱仪器自主创新研发制造型企业；建立了包括研发—设计—加工—装配—调试—应用—推广—采购—合作等完整的上下游产业链，核心部件实现完全国产化。

周振入选国家第二批"千人计划"，多次在"863"战略研讨会、科学仪器发展论坛等会议上作主旨演讲，创新性地提出"政产学研用金"联合，发展中国高端科学仪器产业的道路，在理论和实践上为振兴中国质谱事业不断努力。

良好湖泊保护创新团队

团队负责人简介

　　郑丙辉，中国环境科学研究院研究员，副院长。1981～1988年就读于成都科技大学，先后获水文学及资源利用学士学位、工程水文及水资源硕士学位；1994～1998年就读于四川大学，获水力学及河流动力学博士学位。入选第二批国家"万人计划"科技创新领军人才。

　　良好湖泊保护创新团队长期从事湖泊环境保护研究，在湖泊富营养化机理、湖泊生态安全评估与预警、饮用水源地保护技术、湖泊流域污染源控制技术以及湖泊流域生态建设等方面具备较好的研究基础和技术储备。创新团队核心成员15人，均具有博士学位；其中，工程院院士1名，国家百千万人才1名，国家科技创新领军人才1名，是我国湖泊保护研究领域具有明显优势的团队之一。具有国家环境保护湖泊污染控制、饮用水水源地保护两个部级重点实验室，以及洞庭湖生态观测研究站、太湖研究基地等重要科研创新支撑平台。围绕湖泊保护与治理先后承担并完成国家水专项项目（及课题）、973项目（及课题）、国家自然基金重点项目（及面上）等20余项国家级科研项目，获国家科技进步二等奖2项，省部级科技进步奖9项；发表文章300余篇，其中SCI文章100余篇，他引400多次；出版专著10部，授权专利10项；借助长期科研积累，组织编制了《饮用水水源保护区划分技术规范》（HJ/T 338 - 2007）等技术规范10余项、全国重点湖泊生态安全状况等国家重大咨询报告若干项；起草了《全国城市饮用水水源地环境保护规划（2008—2020年)》《三峡库区及上游流域水污染防治"十二五"规划》和《水质较好湖泊生态环境保护规划（2013—2020年）》等国家级湖泊环境保护规划。

　　团队在湖群生源要素的生物地球化学循环、富营养化过程、蓝藻水华暴发与成灾机理和流域科学管理等方面开展深入系统研究，原创性地提出水—沉积物界面的三相结构模式等湖泊富营养化机理研究的理论成果；在水源地污染源解析、典型污染物迁移转化、风险评估与预警等方面开展了系统深入的研究，突破了突发型风险源识别与突发型风险快速模拟等关键技术，构建了饮用水源地风险管理技术体系；在湖泊流域综合治理技术、湖滨带生态防护带工程技术等方面，创新性地构建了由湖库生态安全调查技术、"4+1"湖库生态安全评估技术和"5+1"湖库生态安全保障技术组成的

"生态安全调查—生态安全评估—生态安全保障"三位一体的湖库生态安全保障技术体系，初步形成了湖泊富营养化防治技术体系；并按照"分类分区""一湖一策"的原则，提出了我国湖库生态安全保障策略。通过牵头实施良好湖泊生态环境保护专项，支撑国家湖泊环境保护由以前的重治理轻保护，到目前的保护优先防治并重的重大战略调整。

团队负责人郑丙辉兼任北京师范大学、华东师范大学教授，《环境科学研究》常务副主编和《水生态学杂志》副主编。自1987年以来一直从事湖泊生态环境保护研究工作，"八五"至"十二五"期间，主持承担了10余项国家级重大项目（课题）研究任务，包括国家水专项项目2项、973计划课题1项、支撑计划课题1项、863计划课题1项、国家国际科技合作计划项目1项、环保部专项和国务院三峡办委托项目若干项。在核心期刊上发表论文100余篇，SCI论文10余篇；出版论著3部。先后获得国家科技进步二等奖2项，部级科学技术一等奖2项，二等奖6项。

针对我国重点湖泊生态安全问题，落实生态文明建设要求和"在保护中发展"的要求，牵头构建了"生态安全调查—生态安全评估—生态安全保障"三位一体的湖库生态安全保障技术体系，提出了我国湖泊分类保护策略，引领了国家湖泊保护思路从"重污染治理"向"保护优先"、从"水质管理"向"水生态管理"的转变。作为国家良好湖泊保护专项技术负责人，完成国家良好湖泊保护专项总体技术设计，以及已启动的29个湖泊"一湖一策"的治理思路设计；主持完成"国家良好湖泊生态环境保护规划"，全面支撑国家良好湖泊保护工程的实施。同时，致力于推进以饮用水水源安全保障为核心的湖泊水库流域水环境风险管理技术研发与应用，提出基于环境风险控制的湖泊饮用水源保护区划分和风险评估与预警技术。主持完成三峡库区水环境风险评估与预警平台，并实现业务化运行；负责起草了《饮用水水源保护区划分技术规范》等技术标准10余项、主持编制了《全国城市饮用水水源地环境保护规划（2008—2020年）》和《良好湖泊生态环境保护规划（2013—2020年）》等。研究成果为我国湖泊流域环境管理决策提供了重要支撑。

钛合金研制创新团队

团队负责人简介

赵永庆，西北有色金属研究院教授。1984～1988年就读于西北工业大学，获金属材料学士学位；1988～1991年就读于中南大学，获金属材料硕士学位；1996～1999年就读于东北大学，获金属材料博士学位。入选第二批国家"万人计划"科技创新领军人才。

钛合金研制创新团队由西北有色金属研究院、上市公司西部金属材料公司、西部超导公司、西北工业大学从事钛合金研发的带头人及核心人员组成，产学研有机结合，合作历史超过10年，先后合作的国家级项目包括钛的973计划、支撑计划、军品配套项目等，取得良好的业绩，在联合人才培养方面也形成了良好的机制。

团队近五年承担了40余项国家及省部级钛科研项目。在钛合金领域形成了科研—中试—产业化三位一体的创新模式，使之取得科技成果顺利实现转化，变为现实的生产力。团队研究水平居国内领先，获得了较好的业绩。

在新型钛合金研究方面，近五年开发新合金20余种，其中高强和中强韧损伤容限合金TC21和TC4 – DT、超高强合金Ti – 1300等已获得实际应用。有7种合金列入国标及行业标准。这些创新研制的钛合金对我国钛合金开发由仿制向自主创新转变起到重要推动作用。使我国航空、航天、舰船等用钛合金得到升级换代。

在钛合金基础研究方面，提出了多元强化研究的新方法并给出了多种元素组合的强化排序；建立了合金显微组织特征的定量分析模型与方法，构建了钛合金工艺参数—显微组织—力学性能的定量关系模型；发明了高强钛合金成分的定量设计方法等。

在钛合金应用技术研究方面，研制的TC21和TC4 – DT合金已成为我国新型飞机的骨干钛合金材料，为我国航空用材增加了2个关键牌号。提出了Ti40合金的开裂准则，发明了预应力包覆锻造＋约束锻造技术。开发出钛翻转膜片、异形管件等多种钛制品的特种加工技术，对型号装备的顺利研制起到了积极推动作用。开发出钛合金大规格棒材、大尺寸宽厚板材、高强管材、超大口径及超长管材等制备技术，这些材料的制备技术达到国际先进水平，满足了我国重要工程的需求。培养了一批从事钛研发、中试及生产的人才，在钛领域发挥了骨干作用。

在钛合金产业化方面，研发的众多新型钛合金已实现了产业化，使产品结构得到升级，如 TC21、TC4 - DT 已大批量工业化生产，Ti1300 合金已小批量生产，成功应用于我国多个型号；同时钛合金研发形成的技术，均建立了产业化规模的先进的生产线，成立了相应的公司，已累计新增产值超过 80 亿元，增加新就业岗位超过 1000 个。

团队负责人赵永庆是我国钛合金领域的中青年领军人才，是国家 973 计划的首席科学家，长期从事钛的科研与管理工作。近 5 年，主持承担包括国家 973 计划、科技支撑计划、军品配套、总装预研、海装项目等 20 余项；获得国家科技进步二等奖 1 项，省部级科学技术一等奖 5 项、二等奖 7 项；获授权发明专利近 40 件，发表被 SCI 收录的学术论文 200 余篇。编著《钛合金及应用》《钛及钛合金金相图谱》《钛合金相变与热处理》《中国钛合金材料及应用发展战略研究》四部专著。他创新研制出多种钛合金，如阻燃合金 Ti40 +、高强和中强高韧损伤容限合金 TC21 和 TC4 - DT、超高强合金 Ti - 1300、低成本合金 Ti8LC 和 Ti12LC 等为代表的新型钛合金 25 种，增加了我国钛合金品种，使航空、航天、舰船等用钛合金得到升级；一些合金已得到实际应用，TC21 和 TC4 - DT 已成为我国航空飞机的骨干钛合金。他创新地开展了基础理论研究，在国际上首次揭示出阻燃钛合金阻燃机理及钛合金的燃烧行为；首开钛合金半固态变形基础研究的先河，阐明了其变形机制；建立了钛合金的开裂准则；创新性地提出预应力包覆锻造技术；发明了高强钛合金成分定量设计的方法；建立了一套钛合金显微组织特征定量分析模型与方法；构建了钛合金工艺参数—纤维组织—力学性能的定量关系模型等。获得了全国劳动模范、百千万人才工程国家级人选、政府特殊津贴专家、全国优秀科技工作者等荣誉。

精准农业技术与装备创新团队

团队负责人简介

赵春江，北京市农林科学院研究员，国家 863 计划专家。1981～1985 年就读于河北农业大学，获作物栽培与耕作专业学士学位；1988 年获科学院作物研究所作物栽培与耕作专业硕士学位；1993 年获北京农业大学作物栽培与耕作博士学位。入选第二批国家"万人计划"科技创新领军人才。

精准农业技术与装备创新团队组建于 1999 年。经过多年发展，团队已逐步成为在全国本领域创新业绩显著、领先优势明显的一支优秀创新研究团队。现有团队成员 49 人，其中核心成员 14 人。团队负责人赵春江先后入选国家百千万人才、全国杰出专业人才、农业部农业科研杰出人才、科技北京百名领军人才、北京学者等人才计划；团队成员有研究员 9 人、副研究员 5 人、中级职称 21 人，团队平均年龄 32 岁，团队知识结构合理、学科交叉优势突出。团队在精准农业理论方法、技术产品和系统集成上实现了重要突破，填补了我国在该领域的多项空白。

研究建立了遥感探测与地面传感器相结合的作物营养、水分诊断方法，克服了单一靠土壤养分和水分指标进行施肥和灌溉决策的不足。提出了 970nm 高光谱弱水汽吸收特征和简化倒高斯模型监测作物冠层水分状况的方法，建立了作物冠层水分和土壤水分相结合的精准灌溉决策模型；提出利用优化光化学反射指数（PRI）监测作物氮素营养状况的方法，建立了作物营养遥感监测与土壤养分结合的精准施肥决策模型。

提出以土壤养分变异尺度特性为基础、机械作业效率和资源效益最佳组合为临界点，合理划分变量作业单元的精准作业尺度效应理论，为协调精准农业"技术精度与经济效益"的矛盾提供了理论依据；提出以土壤养分、作物长势和收获产量的空间变异性及空间自相关性为指标的精准作业管理分区方法；研究出肥水药投入模型，开发出农机精准作业处方系统。

围绕"土、种、肥、药"精准作业的农艺需求，研发出适合国产农机具的作业导航控制技术，研制出整地用激光平地机、农机深松作业监测传感器、播种监控传感器、精准变量施肥机、对靶精准施药机和农机工况监控、作业计量和导航控制终端等一批精准农业技术装备，形成了农田信息采集、农业精准监测、农业自动控制、智能农机具、田间作业导航五大类、20多个产品。其中，激光平地机、对靶精准施药机、深松监测传感器、农机作业监控计量终端已实现批量生产和规模化推广应用。

团队在北京小汤山建立了2500亩的国家精准农业研究示范基地和产品中试生产线。根据我国不同地区生产经营规模条件，在实践中总结提出了"套餐式"精准农业技术应用模式。团队的精准农业研究成果在新疆、黑龙江、内蒙古、河南、山东、安徽等20多个省市得到应用，取得显著社会经济效益，对引领我国现代农业发展起到了重要推动作用。

团队先后获国家科技进步二等奖4项，获授权发明专利55项、实用新型专利授权64项、软件著作权登记87多项；先后发表论文300余篇，其中SCI收录论文37篇，EI收录论文128篇；出版专著12部。团队研究成果经专家委员会评价，总体上达到国际先进水平。

团队负责人赵春江长期从事农业信息技术研究工作，在精准农业理论方法、大田精准作业技术上取得重要突破，填补多项国内空白，推进了我国精准农业跨越发展，研究水平总体上处于国内领先、国际先进水平。作为第一完成人，先后获得国家科技进步二等奖3项、北京市科学技术奖2项，先后以第一及通讯作者发表SCI/EI论文80余篇，已出版专著4部。

赵春江先后担任"十一五"及"十二五"国家"863"计划领域或主题专家，多次参与工程院、科技部、农业部、工信部等农业农村信息化发展战略规划研究，牵头起草了国家"十一五"和"十二五"农业农村信息化规划。

他创建了我国第一个农业信息技术研究机构，建立了国家工程技术中心、农业部和北京市重点实验室等重要研究平台和国际上有重要影响的精准农业研究基地，组建了一支优秀创新团队，加强与企业和生产基地合作，促进产业发展。作为国家农业物联网标准工作组和国家农业传感网标准工作组组长，积极推进先关技术标准建设。积极开展国内外合作交流和协作攻关，搭建固定的国际学术交流平台，主办国内学术会议20多次，培养硕博士（后）38人。

水稻品质遗传改良创新团队

团队负责人简介

胡培松，中国水稻研究所研究员。1982～1986年就读于浙江农业大学，获种子学学士学位；1988～1991年就读于中国农科院研究生院，获作物遗传育种硕士学位；1999～2002年就读于南京农业大学，获作物遗传育种博士学位。入选第二批国家"万人计划"科技创新领军人才。

1991年，在我国优质稻育种家黄发松的倡导带领下，成立了中国水稻研究所"优质稻"课题组，经过20余年的努力，从成立之初2人发展到目前32人。团队在秉承老一代科学家奋发向上、团结协作的务实作风基础上，通过所承担的国家重大项目，不断提升传统优势学科发展水平，逐步成长为以优质种质材料创制、品质高效评价技术构建和优质稻品种培育为核心，以中青年专家为研究主力的创新团队。4项成果获国家级奖励，获发明专利5项、品种权11项；出版《优质稻米研究与利用》等专著7部，发表论文800余篇；培养博士后3名，博士8名，硕士15名。

在优质稻品种培育上，共培育出通过省级以上审定的南方主栽优质稻品种中优早3号、中优早5号、中鉴100、中香1号、中鉴99-38、中健2号、中浙优1号、中浙优8号、中嘉早17等共计23个，成果累计推广面积超过2亿亩，创造社会经济效益70亿元。其中，"优质早稻中优早3号选育和利用"1997年获得国家技术发明四等奖，"优质香型不育系中浙A及超级稻中浙优1号的选育与产业化"2008年获浙江省科技进步一等奖，"籼型系列优质香稻品种选育及应用"2009年获国家科技进步二等奖。针对传统稻米品质评价难以满足育种需要的问题，研究和开发了系列品质高效评价技术，获得发明专利2项，"优质早籼高效育种技术研创及新品种选育应用"于2012年获得国家科技进步二等奖；在水稻香味基因研究上，获得6个新的香味类型，并申请专利，突破了国际上香味基因起源粳稻的经典假说，为有效保护我国香稻种质资源奠定基础。新品种中嘉早17自2009年审定以来，连续6年被农业部认定主导品种，2013年年推广面积744万亩，成为我国单年推广面积最大的早籼稻品种。2015年获中国农业科学院杰出科技创新奖。

"水稻品质遗传改良"团队具有广泛良好国际合作基础，取得的成绩得到国内外同行的认可，该团队于2011年获得农业部农业科技杰出人才资助；与国际水稻研究所（IRRI）联合中国－IRRI水稻品质与营养联合研究中心，2005年和2008年组织主办两期稻米品质研究国际研讨会，团队负责人应国际原子能机构（IAEA）、国际水稻研究所（IRRI）邀请到东南亚进行稻米品质遗传改良讲学。

团队负责人胡培松自1991年起一直从事水稻品质遗传改良研究。主持育成通过省级以上审定的南方主栽优质稻品种16个，成果累计推广面积超过1.3亿亩，创造社会经济效益50亿元，第一完成人获国家科技进步二等奖2项，第二完成人获国家发明四等奖1项，省、部级二等以上奖励8项。2011年"水稻品质遗传改良"团队获得农业部农业科技杰出人才资助，2011年被评为浙江省农业科技突出贡献者。胡培松现任国家现代水稻产业技术体系遗传育种功能实验室主任，农业部水稻生物学与遗传育种"学科群"重点实验室主任，中国－IRRI水稻品质与营养联合研究中心主任，并任国际杂交稻联盟（Hybrid Rice Research and Development Consortium）专家委员会委员。

新颖量子材料和物理性质研究创新团队

团队负责人简介

　　闻海虎，南京大学教授。1981～1985 年就读于安徽大学物理学，获凝聚态物理学学士学位；1985～1991 年于中科院等离子所获博士学位。入选第二批国家"万人计划"科技创新领军人才。

　　新颖量子材料作为人类认识、利用自然世界的一个新的基点，其中的重大突破必将为能源、信息、材料等科学技术的发展开辟广阔的空间，并可能引发新的大规模高技术应用，对解决未来的信息和能源问题至关重要。

　　新颖量子材料和物理性质研究创新团队将基于实力雄厚的南京微结构国家实验室（筹）和连续在全国重点实验室的评估中取得优秀（A 类）的南京大学固体微结构物理国家重点实验室作为平台，依靠最近物理学科排名第一和量子调控基地之一的南京大学物理学院开展研究工作。团队以新颖量子物质的材料和物理性质研究为主线，瞄准该领域的重大基础科学问题和国家关键需求，在关联电子体系、基于超导和拓扑绝缘体的量子计算方法和小量子体系这三个科学研究方向互相支撑，互相协作。在资源配置上，跨出以研究小组为出发点的惯性思维，实行统一管理、分工协作，实现各研究方向和成员之间的公共资源与专业资源的有效配置，做到资源共享。以团队负责人为召集和负责人，基于南京大学在该方向研究的核心人员，结合理论和实验方面的优势力量实现强强联合，组成了优秀团队。

　　团队成员包括经验丰富的知名院士 1 名，6 名教育部长江学者、7 名国家杰出青年基金获得者在内的杰出中青年学者，包括 2 名中组部青年千人在内的优秀活跃青年人才。团队在"新颖量子物质的材料和物理性质研究"方面有长期的积淀和雄厚的基础，有国际一流的研究设备，并选择凝聚态物理里具有挑战性的一些重要科学问题，如高温超导、拓扑量子材料、量子计算等方面开展长期深入的研究，在 2012 年成功入选"江苏省创新团队计划"。团队成员作为第一获奖人，曾获得 2 次国家自然科学二等奖，作为第四完成人获得国家自然科学奖一等奖 2 次。近年来他们在美国《科学》杂志，英国《自然》杂志及其子刊上发表了 17 篇以上论文，在物理学的顶尖级刊物，美国物理学会的《物理评论快讯》上发表了 40 余篇学术论文，成员的学术论文总被引用次数超过了 20000 次，在国际重要学术会议上作邀请报告过百场。团队核心成员科研工作被评为 2008 年度和 2009 年度中国基础研究十大新闻，1 篇论文入选 2011 年中国百篇最具影响国际学术论文。团队核心成员主持 973 重大科学问题导向项目和重大科学研究计划项目各 1 项。

团队实施后的总体目标是在新颖量子物质的材料和物理性质研究上都有所突破和创新，争取在"新颖量子物质的材料和物理"方面取得一批在国际上有重要影响的重大原创性成果，促进学科的发展，在本学科重要的热点领域做出标志性工作。力争通过 5 年的努力，把团队建成国际新颖量子物质领域著名的学术研究和人才培养平台之一。再通过 10 年的努力，把团队建成在新颖量子物质领域具有重要国际影响力的顶尖科研中心和学术交流中心。本团队科研人员将保持和发展在自然科学基础科研成果方面的优势，在国家及国际重要自然科学、技术及发明类奖项上取得新突破，进而冲击国家自然科学一等奖、国际重要专业学会大奖。

以超导为代表的新颖量子材料研究是凝聚态物理的重要前沿领域，团队负责人闻海虎历经 20 余年系统深入研究，获得了一批创新性成果，共发表 SCI 论文 300 余篇，在英国《自然》子刊发表文章 11 篇，在美国物理学会的物理评论快讯发表文章 17 篇，论文被 SCI 他引 6500 余次，h 因子 43，获得国家自然科学奖一等奖、国家自然科学二等奖、香港求是基金会"杰出科技成就集体奖"、海外华人物理学会"亚洲成就奖"等重要奖项，科研工作入选 2008 年度和 2009 年度中国基础研究十大新闻，并担任国际国内多家重要杂志编委。

在铁基超导体研究方面，闻海虎合成了第一个空穴型载流子主导的铁基超导体，拓展了铁基超导体探索范围，工作发表在欧洲物理快报后被 SCI 他引近 500 次，被评为该杂志创刊 25 年来 40 篇最高引用文章之一。在铁基超导体的新材料探索和机理研究方面做出一系列重要工作被国际学术界广泛认可，2012 年在三年一度的全球超导新材料和新机制大会上作全体大会邀请报告，这是中国超导学者第一次获得此项荣誉。因为在铁基超导材料方面的贡献，闻海虎教授获得 2013 年国家自然科学奖一等奖（第四完成人）。

在铜氧化物超导机理研究方面，闻海虎利用比热数据证明正常态区域有残存的超导，指出超导转变不是 BCS 型相变；基于比热实验提出费米弧超导配对和凝聚的唯象模型。这些工作促进了对高温超导机理的认识。

在高温超导体磁通动力学研究方面，闻海虎参与和发展了广义反演方法；在高度各向异性超导体中发现了磁场诱导的从弹性运动向塑性运动的转变；证明了磁通布拉格玻璃在低温下没有截至点，解决了国际上关于这个问题的争论。在磁通动力学方面的工作，作为第一完成人获得 2004 年国家自然科学二等奖。

闻海虎主持的"高温超导材料与物理研究"项目入选科技部新设置的首批"重大科学问题导向项目"。该项目汇集了全国超导研究的大部分一线核心力量，包括本团队部分核心骨干在内的 73 人参加，以探索液氮温区超导材料以及超导机理的重大突破为项目目标，该项目已经通过中期评估且项目专家组一致认为有较大的进展。此外闻海虎还曾担任过超导国家重点实验室主任并主持过中科院超导研究海外优秀团队项目，对团队的管理有丰富的经验。在未来的几年中，闻海虎将精力主要放在科学研究以及团队研究的统筹管理上，以更好地提升本团队的综合实力和国际竞争力。

盾构及掘进技术创新团队

团队负责人简介

洪开荣，中国铁路工程总公司研究员，高工。1981～1984 年就读于湖南水利学校，获水利水电建筑工程大专学位；1987～1990 年就读于兰州铁道学院，获隧道及结构工程硕士学位；2008～2011 年就读于北京交通大学，获隧道及地下工程博士学位。入选第二批国家"万人计划"科技创新领军人才。

盾构是集机、电、液、光、计算机技术于一体的技术密集型产品，涵盖地质、机械、电气、液压、测量、控制及材料等学科，由于其制造工艺复杂，技术附加值高，国际上只有德国、美国、英国、法国、加拿大、日本等少数几个国家的企业具有设计制造能力，其中又以德国、美国、日本的技术最为先进。而目前国内能自主设计制造盾构的企业仅中铁隧道集团有限公司和上海隧道股份有限公司，同时涉及盾构研究和应用的国内企业只有中铁隧道集团一家，同时，盾构及掘进技术国家重点实验室依托中铁隧道集团建设，该科技团队正是在实验室的建设过程中逐渐发展并不断壮大。

盾构及掘进技术创新团队依托中铁隧道集团盾构与掘进技术国家重点实验室、国家级企业技术中心和河南省隧道技术与装备院士工作站，团队拥有先进的仪器设备及雄厚的技术力量；团队现有成员 24 人，其中博士 2 人、硕士共 13 人，大专以上学历人员 100%；副高级及以上职称 19 人，中级职称人员 4 人；有一级注册建造师 2 人，注册岩土师 1 人；有享受国务院特殊津贴 1 人，集团公司专家及学科带头人 15 人。目前，团队主要从事盾构及掘进技术领域和"向刀盘刀具技术""盾构施工控制""系统集成与控制"三大方向的研究与创新。

团队自组建立以来，在盾构设备研制、盾构掘进技术、隧道设备研制、隧道监控量测与信息化施工技术、隧道结构稳定性研究、软弱破碎围岩新奥法施工、注浆及防排水、控制爆破、通风防尘、岩爆及大变形、瓦斯及揭煤、高应力区及大跨度等特殊隧道施工技术及新工艺、新材料和新设备研究等领域，取得了可喜成果和突破性进展。先后获得 8 项国家科技进步奖，57 项省部级科技进步奖，8 项国家级工法，6 项国家发明专利，26 项国家实用新型专利。为盾构基地在郑州投产、高铁及水下隧道等重难点项目的顺利履约及"科技兴企"战略的实现打下了坚实的基础。

团队的"大型地下水封式液化石油气储藏洞库修建技术"获 2004 年华夏建设科

学技术奖一等奖；"复合地层盾构掘进与掘进模式转换技术"和"软硬不均地层及复杂环境隧道复合盾构的研制与掘进技术"获得了2006年度国家科技进步二等奖。主持修建了我国第一条铁路水下隧道、第一条特长水下盾构隧道"广深港客运专线狮子洋隧道"和铁道部重大科研项目"客运专线复合地层大直径特长水下盾构隧道修建技术"。在我国首次采用盾构"相向掘进、地中对接、洞内解体"技术。研制出了具有自主知识产权的复合式盾构并获得2011年河南省科技进步奖一等奖；主持"盾构装备自主设计制造关键技术及产业化"获得2012年国家科技进步一等奖。

团队负责人洪开荣是中国铁路工程总公司科技拔尖人才，洛阳市优秀科技专家，第七届詹天佑铁道科技大奖青年奖、第九届詹天佑铁道科技大奖成就奖获得者，中国铁路工程总公司有突出贡献的中青年专家，享受国务院政府特殊津贴。获国家科技进步二等奖1项、中国铁路工程总公司科学技术特等奖2项、二等奖2项、中国铁道学会科学技术二等奖、三等奖各1项，华夏建设科学技术一等奖1项。现任中铁隧道集团公司总工程师、盾构及掘进技术国家重点实验室主任。

洪开荣多年来致力于隧道与地下工程施工技术研究，特别是盾构施工技术的研究，其主要研究领域为盾构装备及盾构施工领域。在越三盾构工程项目技术组织中，系统地研究了复合盾构技术，突破了盾构施工的地质禁区，提高了我国盾构法技术水平；该工程获2004年度中国土木工程詹天佑大奖，形成的"复合盾构施工系列工法"获国家级工法，其主持的科研成果《软硬不均地层及复杂环境隧道复合盾构的研制与掘进技术》荣获2006年度国家科技进步二等奖；主持的国家863项目《复合盾构样机的研制》，其成果已通过河南省科技厅组织的专家鉴定，成果水平达到国际先进水平，部分关键技术达到国际领先水平，该成果已被评为中国铁路工程总公司特等奖。

洪开荣在国内刊物和学术会议上先后发表《高层建筑剪力墙连梁结构受力特性的研究》《对岩爆问题的分析与研究》《岩爆的机理与防治技术》《隧道及地下工程防水技术的探讨》《内压隧洞混凝土衬砌背后设置隔离层的可行性研究》《太平驿隧洞岩爆特征与防治措施》《管片环宽选择的分析》《盾构隧道穿越广州火车站站场施工技术》《越三盾构工程技术分析》《地铁盾构隧道中几个问题的探讨》等论文；主编了《盾构安全操作规程》《盾构维修保养规范》《复合盾构使用说明书》《盾构施工技术》等论著。

大气污染物的源汇过程与污染源控制技术创新团队

团队负责人简介

贺泓，中国科学院生态环境研究中心研究员。1981～1985年就读于河北师范大学，获化学学士学位；1985～1988年就读于河北师范大学（在北京大学化学系合作培养），获物理化学硕士学位；1988～1990年就读于北京理工大学，获公派出国留学；1990～1991年在日本东京工业大学联合培养博士生，1991～1994年于日本东京大学获理学博士学位。入选第二批国家"万人计划"科技创新领军人才。

大气污染物的源汇过程与污染源控制技术创新团队的研究人员全部来自中国科学院生态环境研究中心大气污染控制中心，长期致力于大气灰霾成因与控制、移动源和固定源氮氧化物的排放控制、室内空气污染控制新技术原理与应用研究及大气污染物的在线监测仪器设备的研发，在共同承担和完成中国科学院先导专项B、863主题项目、973课题以及自然科学基金等多个项目过程中，自然形成"大气污染物的源汇过程与污染源控制技术"创新团队；发表高水平学术论文380余篇，代表性成果发表在《美国科学院院刊》（*Proceedings of the National Academy of Sciences of the United States of America*）、《德国应用化学》（*Angewandte Chemie International Edition*）等国际一流期刊上，表明本团队具有创新的研究能力和领先的科研水平。团队成员年富力强，思维活跃，创新性强，在大气环境化学、环境催化和空气污染净化技术等方面积累了丰富的研究经验，并取得了丰硕的研究成果。

在大气污染物的源汇过程研究方面，通过主持多个自然科学基金重点和面上项目，深入研究了常见污染物如 NO_2、SO_2、OCS、CH_3COOH、$PAHs$ 等在矿质颗粒物表面上的非均相大气化学反应机理和复合效应，评估了这些反应对大气痕量气体源汇平衡的贡献，以及对颗粒物组成、吸湿性及其成霾特性的影响，为中科院先导专项"灰霾追因与控制"的立项和实施奠定了基础。在移动源和固定源 NO_x 的排放与控制研究方面，成功创制了铁钛和铈基复合氧化物非钒 NH_3 - SCR 催化剂体系、Ag/Al_2O_3 - 乙醇 - SCR 体系等，部分催化剂体系已经成功实现工程应用和柴油车装车示范；在钒基催化剂国产化用于重型柴油车尾气 NO_x 催化净化方面也取得了显著成绩，与中国重汽集团合作建设了年产3万套的 SCR 催化剂示范生产线，并在此基础上完成15万套扩建，生产线产品可满足中国重汽集团重型柴油车国Ⅳ排放标准达标配套需求。在室内空气污染控制研究方面，团队开发的"室温催化氧化甲醛和催化杀菌技术"已经在北京亚都室内空气污染治理技术有限公司实现了产业化应用，开发了新型室内空气净化器，技术处于世界领先水平，引领和推动了行业的发展和技术进步；基于该成果显著的原创性，技术和相关产品先进性，以及所取得的社会和经济效益，获得了 2011 年度"国家技术发明二等奖"。

形成"大气污染物的源汇过程与控制技术创新团队"将有助于进一步明确科研目标，集中现有资源为解决目前国内严重大气污染问题提供可行的技术解决方案和科学决策依据，并同时推动相关学科和产业的发展。

团队负责人贺泓是国家杰出青年科学基金获得者。贺泓致力于大气污染控制及空气污染物催化净化理论和技术研究，包括大气复合污染形成机理、催化剂与催化反应体系设计和大气污染物催化净化新原理、新方法及其应用。他是国家 863 计划资源环境技术领域"十二五"重点项目"柴油车排气净化关键技术与系统"负责人，中国科学院战略先导专项"大气灰霾追因与控制"首席科学家。

贺泓发表《环境催化——原理及应用》专著 1 部，学术论文 260 余篇，其中以第一作者或责任作者在国内外著名学术刊物上发表 SCI 论文 180 余篇，个人 H 因子 30。回国后申请国家发明专利 50 余项，其中已经授权 21 项，有 10 项专利技术转让给企业实施应用。

空间光学有效载荷研究创新团队

团队负责人简介

贾平，中国科学院长春光学精密机械与物理研究所研究员。1981～1985年就读于吉林工业大学，获电子与计算机应用学士学位；1985～1988年就读于中国科学技术大学，获计算机组织与系统结构硕士学位；2001～2007年于长春光学精密机械与物理研究所获博士学位。入选第二批国家"万人计划"科技创新领军人才。

中国科学院长春光学精密机械与物理研究所（以下简称"长春光机所"）空间光学有效载荷研究团队自1993年承研载人航天工程应用系统光学载荷分系统试验任务开始时组建，以任务带学科，不断发展壮大，已经发展成为一支知识结构合理、老中青相结合、富有创新和竞争活力、能打硬仗、高素质的高技术科研队伍。通过培育新学科和技术生长点保持创新发展，在队伍建设与人才培养、科研基础条件与保障能力建设等方面均取得了较大的成绩，为实现我国空间光学有效载荷又快又好发展奠定了坚实的基础。

特别是近5年，在载人航天工程、高分专项等国家重大战略需求牵引下，该团队突破了以离轴三反光学技术为代表的、具有完全自主知识产权的一系列关键技术，在空间可见光侦察技术、空间可见光测绘技术、空间高光谱成像技术、空间环境监测技术等方面都取得了突破性进展，填补了多项国内空白，先后自主成功研制了以"神舟五号""神舟六号""天宫一号""遥感八号"和"天绘一号"等系列代表我国最高水平的高性能光学有效载荷，大大提升了我国空间光学载荷的空间、时间和光谱分辨率，有些系统的性能或单元技术达到了国际领先水平，推动了我国空间光学有效载荷技术的跨越式发展。

团队已建立了大口径空间光学有效载荷的设计、仿真、加工、装调、检测及环境试验能力，建立并完善了12个光学有效载荷研制平台，培育出一支学科专业齐全的技术队伍，人数从建立之初的50余人增加到目前的389人。5年来，承担国家重大专项、国家重点研发计划等科研项目900余项，经费累计49.4亿元；为我国航天事业输送了大批人才，其中培养硕士生64人，博士生97人。在该领域获得国家科技进步特等奖、二等奖及省部级奖励共15项；发表SCI/EI学术论文300余篇、获授权专利240余项，已使长春光机所成为我国航天光学遥感侦察与测绘设备的主要研制生产基地。

目前，团队正在开展更大口径大型光学系统的创新技术研究和相关基础保障条件建设，5 年后将在综合研究能力上达到国际先进水平。这些创新技术的有效推广，大幅度提高了我国航天侦察水平，为国防提供了大量有价值的侦察信息，满足了国家国防重大战略需求，使我国的航天军事侦察能力迈入国际先进行列。

团队负责人贾平参加工作以来，一直从事光电测量与图像摄取技术、重大国防工程的科研和管理工作，为我国国防科学事业的发展做出了突出贡献。作为航空光电侦察领域的学术带头人，主持研制成功的机载摄像记录系统，属国内首次研制的大型机载跟踪光电测控设备，成功解决了高精度视轴稳定、动态跟踪等关键技术，出色地完成了我国首枚巡航弹首次科研试飞的实况记录和测量任务，填补了国内空白。主持研制的某型无人机电视侦察平台是国内最小、综合性能先进的无人机惯性稳定电视平台，现已定型生产。作为某系列中高空远程无人机系统的副总设计师，参与主持我国新一代高空长航时光电平台分系统，该系统对提升我军航空侦察能力具有重要意义。

作为军口 863 重点项目"××空间××轻型可见光相机"技术负责人，贾平主持完成了演示试验样机研制，突破了××空间范围××斜视成像、焦平面动态扫描拼接等关键技术；作为代表我国最高水平的"X. Xm 分辨率光学相机"技术负责人，正在主持相机总体技术论证及工程研制工作，积极推动下一代航天光学侦察技术发展。

近年来，贾平累计获得国家科技进步一等奖 2 项、二等奖 2 项，中科院杰出科技成就奖 1 项，省部级一等奖 5 项，二等奖 4 项，获得新世纪百千万人才工程国家级人选、十佳全国优秀科技工作者提名奖、全国五一劳动奖章等荣誉称号，相继被任命为载人航天工程分系统详查相机、"遥感八号"卫星载荷系统、"天绘卫星"载荷系统、"天宫一号"载荷等国家重点项目的行政常务副总指挥，"风云三号"气象卫星载荷项目的行政总指挥。他严格质量和计划管理，统筹人力资源，合理组建研制队伍，审定产品研制计划流程，重大问题果断决策，关注重大试验策划和质量问题归零，保证了各项目的顺利实施。上述项目的圆满完成，均填补了我国在相关领域的技术空白，为我国航天遥感测绘技术跻身世界先进行列做出了突出的贡献。

免疫皮肤病学创新团队

团队负责人简介

高兴华，中国医科大学教授。1982～1988年就读于中国医科大学医疗系，获学士学位；1991～1997年就读于中国医科大学，先后获皮肤病与性病学硕士及博士学位；1997～1999年于日本大阪大学，2000～2001年于牛津大学学习皮肤病与性病学。入选第二批国家"万人计划"科技创新领军人才。

免疫皮肤病学创新团队核心成员13人中，包括中国工程院院士1人、长江学者特聘教授1人、教育部新世纪优秀人才2人、辽宁省攀登学者2人和辽宁省特聘教授1人等较高层次的人才队伍；其中10人有海外学习或系统培训的经历；多人次在国内外学术组织中担任重要职务，包括国际皮肤学会理事、国际美容皮肤学会主席、副主席、中华医学会皮肤性病学会名誉主委、副主委、教育部科技委学部委员等，有较高的学术影响力。多年来，团队核心工作围绕免疫性皮肤病的实验和临床研究开展，并力图实现基础和临床研究的相互转化。2011年以来，在卫生公益性行业科研基金项目为代表的项目支撑下，团队工作具体体现在几种代表性的自身免疫性、感染性和变态反应性免疫疾病的临床和实验研究。团队核心成员的合作，体现了临床研究、实验研究和拓展转化工作为主的模式。涉及具体的临床代表性疾病、实验研究的具体技术平台和模式均有专人牵头，并组织相关的其他成员组成课题小组。在转化医学研究中，团队特邀了海外引进人才、中国医科大学转化医学研究所所长曹流教授加盟。曹教授在细胞稳态、细胞免疫及衰老和肿瘤研究中有突出的业绩，将为团队临床工作的实验室转化提供重要的理论指导和技术支撑。

5年来，团队成员在临床和实验研究方面已获得科研课题或项目十数项。团队成员发表SCI文章百余篇，其中在国际顶级杂志发表文章包括《自然》（*Nature*）（2篇）、《科学》（*Science*）（1篇）、《细胞》（*Cell*）（1篇）、《自然遗传学》（*Nat Genet*）（4篇），粗略统计已被引用千余次。团队获得专利7件，包括美国专利1件。团队出版专著22部，包括主编英文专著1部，参编英文专著5部。团队曾获得国家自然奖三等奖1项，获得中华医学科技进步一等奖1项、辽宁省科技进步一等奖1项、二等奖1项。

团队组织国际学术会议4次和多次技术培训，邀请了包括诺贝尔奖获得者Harald

zur Hausen 教授在内的上百名国内外专家讲学并进行高端学术讨论，有 3000 余皮肤病学工作者从中受益。团队建立的温热治疗皮肤疣、强效外用糖皮质激素治疗外阴硬化性苔藓方案已经被国际上最负盛名的耶鲁大学教授 Bolognia 主编的《皮肤病学》（第三版，2012）收录。人乳头瘤病毒感染引起的皮肤病是皮肤科门诊就诊最常见的五大疾病之一（全球患病率 5%～15%）。如团队开展的专利温热设备治疗方法得以广泛推广应用，保守估计年收益 2 亿元人民币左右。

团队负责人高兴华师从陈洪铎院士，1997 年获得皮肤性病学博士学位，其后分别在大阪大学和牛津大学研修，主攻免疫皮肤病学。2011 年被评为教育部长江学者特聘教授。他担任卫生公益性行业科研基金项目、教育部免疫皮肤病学创新团队和辽宁省高校重大科技平台等十多项课题或项目负责人；已发表学术论文 200 余篇，其中英文杂志文章 112 篇，包括发表在《自然遗传学》（*Nat Genet*）（2 篇）、国际皮肤学界影响因子最高杂志《实验皮肤病学》（*J Invest Dermatol*）（4 篇）、《肝病学》（*Hepatology*）（1 篇）、《感染疾病杂志》（*J Infect Dis*）（1 篇）等顶级或著名期刊；获得专利 7 项，包括美国专利 1 项；主编或参编学术专著 20 部，包括主编及参编英文专著 5 部；获得科技奖励 6 项，包括中华医学科技进步一等奖 1 项、辽宁省科技进步一等奖 2 项。5 年来，作为会议主席，组织召开了 3 次国际学术会议，其中组织召开的国际工程高端论坛《病毒—肿瘤—免疫》邀请了诺贝尔医学奖获得者 zur Hausen 教授作特邀发言。zur Hausen 教授对该大会的成功举办给予高度评价。

他带领团队建立的温热治疗皮肤疣方案被《皮肤病学》（*Bolognia*）专著收录；发表在《感染疾病杂志》（*J Infect Dis*）的治疗文章被路透社专题报道；受国外出版社邀请，主编了温热方面的英文专著《温热：识别、预防和治疗》（*Hyperthermia*：*Recognition*，*Prevention and Treatment*），已全球发行。

高兴华在国际上首次提出了黏膜白癜风在白癜风临床分类中的新观点；与国内同行多中心合作，开展了白癜风的遗传易感性研究，文章发表在《自然遗传学》（*Nat Genetics*）上。国际白癜风基金会委托高教授担当大会主席，组织召开了《第二届国际白癜风及色素疾病高端论坛》，并通过协商，从该国际组织引进了专门为中国白癜风研究者设立的研究基金。

他带领的研究小组在国际上首次报道了丝聚合蛋白基因突变是部分中国北方特应性皮炎的致病遗传因素；通过开展多中心合作，发现了多个特应性皮炎的易感或致病基因，文章发表在《自然遗传学》（*Nat Genetics*）上。他发表了通过检测尿水通道蛋白表达水平，评估婴幼儿特应性皮炎的新方法。撰写了英文专著《特应性皮炎》（*Atopic Dermatitis*）中有关特应性皮炎临床评价的章节，专著发行一年多，该章节已被下载 1500 余次。

有机光电子学创新团队

团队负责人简介

　　黄维，西北工业大学教授、校长。1979～1983年就读于北京大学，获化学学士学位；1985～1992年就读于北京大学，先后获物理化学硕士学位及博士学位。入选第二批国家"万人计划"科技创新领军人才。

　　20世纪90年代，作为第三代新型照明显示技术的有机发光显示技术（OLED）正处于起步阶段。尽管目前OLED被认为是21世纪最具前途电子产品之一，但是在当时由于OLED的亮度和效率都很低，很难应用到发光显示中，没有引起科学家足够的重视，并且由于困扰OLED产业化的"瓶颈"问题长时间没有解决，从而导致许多科学家放弃了对OLED的研究。黄维院士及其团队从OLED发展之初就意识到了OLED所蕴含的巨大科学和经济及社会价值，果断放弃原有的成果积累和研究方向，整合有效科研资源，通过组建创新团队，积极布局OLED的研究，集中力量攻关OLED所面临的问题。以黄维院士为首的"有机光电子学"创新团队是国际上最早进行OLED研究的创新和创业团队之一，也是国际上为数不多的自始至终坚守在OLED研究领域的研究团队之一。

　　"有机光电子"创新团队创建于新加坡国立大学、发展于复旦大学、壮大在南京邮电大学。目前创新团队成员包括中国科学院院士1人、中央组织部"千人计划"国家特聘专家2人、教育部"长江学者"特聘教授2人、国家杰出青年科学基金获得者3人、国家优秀青年科学基金获得者1人、青年973计划首席科学家1人、中科院"百人计划"入选者1人、江苏省高层次"双创人才"3人，教育部新世纪人才计划入选者4人，江苏省特聘教授3人。以创新团队成员为核心，先后成立了信息材料与纳米技术研究院、"江苏省有机电子与信息显示实验室""江苏省平板显示与固体照明工程中心"和"有机电子与信息显示国家重点实验室培育基地"，成为国内在有机光电领域首家国家级重点实验室建设基地。同时团队也先后入选教育部创新团队和江苏省创新团队，更是获得了作为国家级2011年协同创新中心"有机光电材料与器件"协同创新分中心和江苏省重点打造的"有机光电子"优势学科的支持。

　　创新团队以解决有机光电子学中的关键科学问题为目标，瞄准国内外有机光电子学研究的前沿课题，同时结合国家中长期科技发展战略，以推进我国有机光电子产业化为己任，目前已取得一批具有国际影响力的科技创新和具有实际应用价值的知识产权成果，为提升我国有机光电子学学科发展及其相关产业，特别是有机光电材料、有机信息显示等新兴产业的国际竞争力做出了重要贡献。

黄维及其所在团队在开展基础研究的同时，高度重视技术开发。在材料制备、薄膜工艺、器件结构和设备制造等方面团队以第一发明人身份获授权美国、新加坡和中国发明专利 52 件，其中包括美国专利 2 件和新加坡专利 1 件。在 OLED 领域形成了较为完整的具有我国自主知识产权的专利群，部分成果已实现产业化，建设了 OLED 中试线，并在无锡、南京和盐城建设了有机光电子产业基地，黄维策划成立南京方圆环球显示技术有限公司并兼任董事长（2008.6），与无锡市合作创立"南邮—无锡显示技术研究院"和无锡方圆环球显示技术有限公司，兼任董事长、院长（2008.12），利用其核心技术达到销售收入逾 5000 万元的规模，2011 年被认定为"国家高新技术企业"。

团队负责人黄维是国际上最早从事并长期活跃在有机光电子学领域前沿的国际知名学者之一，是我国有机光电子学科的奠基人与开拓者之一，被有机光电子学之父、诺贝尔奖获得者希格（A. J. Heeger）教授誉为有机光电子学领域的国际领军人物之一。

黄维创造性地提出了有机半导体 p – n 能带调控理论，有效地调控了能级及带隙宽度，实现了载流子注入和传输平衡，使有机半导体的研究从经验摸索上升到了理论指导阶段，并研制出了一批高性能的三基色有机半导体；提出了基于有机蓝光半导体的凝聚态结构调控原理，成为国际通行的解决方案；拓展了有机半导体在有机激光、生物传感、信息存储和光电转换等方面的应用。

2002 年黄维创建了复旦大学先进材料与技术研究院，该平台已成为国家重点建设的 985 学科建设与科技创新平台；2006 年他加入南京邮电大学后，创建了信息材料与纳米技术研究院；2007 年建设了江苏省有机电子与信息显示重点实验室；2009 年成立了材料科学与工程学院，是国内首家以有机光电子为特色的本科培养专业。2010 年建设了有机电子与信息显示国家重点实验室培育基地，是国内首家在有机光电子领域的国家重点实验室培育基地；并作为首席科学家获得了 973 计划"有机纳米材料在显示器件中的应用及相关原理"的立项支持，并且带领团队获得了国家级2011 年协同创新中心"有机光电材料与器件"协同创新分中心和江苏省"有机光电子学"优势学科的支持。

黄维目前是新加坡国立大学、南洋理工大学客座教授以及北京大学等十多家院校的兼职教授。担任国际权威期刊 Adv. Mater. 编辑顾问委员会成员以及 Prog. Polym. Sci. 等多家国际著名期刊的编委等学术任职。共发表 SCI 论文 600 余篇，被同行引用逾 10000 余次，h 因子为 54，在 ISI 公布的论文被引数排名位于世界 1‰ 顶尖科学家之列。撰写了国内外第一部《有机光电子学》专著，系统构建了有机光电子学科的框架体系和学科基础，授权或公开包括美国、新加坡和中国在内的发明专利190 余件，形成了有机光电子学的核心专利群，被杜邦公司授予"DuPont Young Professorship"（中国首位、亚洲第二位）。所创建的无锡方圆环球有限公司，利用其核心技术达到销售收入逾 6000 万元的规模，被评为"国家高新技术企业"。

航空航天用高性能大规格铝材与构件制造创新团队

团队负责人简介

　　黄明辉，中南大学教授。先后就读于中南大学（原中南工业大学），获冶金机械学士学位；1986～1988 年获机械设计及理论硕士学位；2000～2006 年获机械工程博士学位。入选第二批国家"万人计划"科技创新领军人才。

　　航空航天用高性能大规格铝材与构件制造创新团队以 20 世纪 80 年代中南工业大学冶金机械研究所成员为基础，在钟掘院士的带领下，历经 30 余年，在研究探索和解决工程实际问题中锻炼、成长，形成了一支以材料—构件—工艺—装备一体化制造为研究特色，以黄明辉教授为团队带头人的研究群体。团队包括中国工程院院士 2 名，俄罗斯工程院院士 1 名，长江学者特聘教授 2 名，千人计划学者 1 名，国家"百千万人才工程"人选 1 人，教育部新（跨）世纪人才 3 名，芙蓉学者特聘教授 2 名，是一支创新能力和协同攻关能力强、知识年龄结构合理的团队。

　　近年来，团队以支撑我国航空航天等领域对轻质高强铝合金材料与构件制造的重大需求为己任，形成了多项核心技术，解决了一系列航空航天用高强铝合金材料与构件制造的重大技术难题。

　　在高性能铝材研制方面，完成了多项铝材计划和型号配套项目，提供了我国多个领域所需铝合金材料和关键制备技术，是我国铝材加工骨干企业现代化建设的技术依靠力量，在我国铝工业发展的每一关键技术转型阶段都做出了同行公认的贡献。近年来，创新团队突破了超高强铝合金大规格铸锭成型、大规格板材强变形轧制、多级强韧化热处理等关键技术，成功研制了大飞机上翼壁板用 7B50 - T7751 铝合金和 7055 - T7751 中厚板、轻型装甲车用 2519A 铝合金板材、高铁用 7N01 和 7003 铝合金型材；突破了合金成分设计、纯净化、超声外场辅助半连续铸造和环轧成型等关键技术，制备出重量达 18 吨、直径达 1380mm 大规格高品质 2219 铝合金铸锭，成功轧制出外径 9.2m 的 2219 铝合金环锻件。研究成果为我国大飞机的研制、高速铁路的高性能基础材料自主化及新一代大推力航天运载器的顺利推进奠定了坚实的基础。

　　在复杂构件制造方面，以实现大型复杂铝合金构件形性协同制造为目标，揭示构件制造全流程中涉及的各类超常制造环境下的极端成形能力和材料内部跨尺度组织结构演变及其影响宏观服役性能的基本规律，寻求成形与成性协同制造的内在物理机制和构件制造模式，取得了多项创新研究成果。创新了复杂形状整体模锻件的组合模具设计、高温润滑与等温模锻工艺流程，解决了大型构件整体制造均匀化控制技术难题，成功研制了包括 C919 复杂整体支撑接头、起落架外筒等在内的 10 余类航空模锻件；探明了铝合金壁板蠕变时效的形/性协同调控方法与规律，解决了带筋壁板筋条失稳、变厚度壁板回弹大的难题，提出了大型壁板整体制造蠕变时效成形新技术，成功研制了飞机典型结构壁板以及国内最大的薄壁高筋大曲率 $\Phi 3.35m$ 运载火箭储箱壁板时效成形件。研究工作为我国重大工程与基础装备提供了一系列大规格高性能整体构件。

在装备研制方面，解决了大型组合结构均匀承载、大惯性系统多部件同步控制系统的设计与制造难题，研发了世界吨位最大、装机水平最高的 8 万吨模锻压机；突破了特宽特厚板材预拉伸分段夹持均匀传力的装备与控制难题，参与研制了世界上最大的 12000 吨张力预拉伸机，实现了铝合金特厚板材（80~200mm 厚）的均匀化调控。对重型液压装备的设计、控制与监测进行了大量的理论与技术研究，取得了多项机构与装置的创新，成功应用于 300MN 模锻水压机和 125MN 卧式挤压机，解决了 300MN 模锻水压机立柱应力检测与保护、"××" 机翼的高精度对中挤压等多个技术难题，使我国的大型液压机状态监测及故障预警技术位居国际领先水平。多项研究成果正推广应用于我国最大吨位 250MN 难变形金属卧式挤压机、100MN 多向模锻水压机等大型成行制造基础重大装备，为我国航空航天、国防军工等大型构件的加工提供重要的设备保障。

在基础理论方面，提出了复杂机电系统耦合与解耦设计理论与方法，在机械与制造学科中产生重要影响并被广泛采用，国家自然科学基金委制造学科纳入"十一五""十二五"战略规划，持续支持这一方向的研究；针对我国高质量铝热带材短缺、长期依靠进口的问题，建立了铝合金多元强外场瞬态凝固连续大变形近终成形和组织控制的基本理论，研制成功了一套新型超常铸轧设备与成套工艺技术，使之成为民用高性能铝材生产最经济的生产方式；建立了强立方织构铝箔生产的技术体系，结束了我国高压阳极电容铝箔长期完全依赖进口的局面；针对航空难加工复杂构件难以精确成形的问题，发展了材料/构件一体化设计与制造新技术，建立了铝合金复杂整体构件"宏观控形 + 微观控性"的形/性协同制造的基本原理与技术体系，极大地提高了大飞机工程急需的合金牌号和关键构件的疲劳寿命，断裂韧性与结构效率。团队的研究成果在中国铝业、中国商飞、航天一院、中国一重、中国二重等大型企业得到推广应用，产生了显著的经济和社会效益。

团队研究工作获国家科技进步一、二等奖各 2 项，国家技术发明二等奖 1 项，省部级奖励 14 项。近 5 年，新增财政部产业技术跃升计划项目 1 项、国家重大科学仪器设备开发专项 1 箱、973 首席项目 4 项、973 课题 15 项、863 项目 3 项、国家自然科学基金重点项目 1 项、国家重大科技专项 5 项、科技部国际科技合作项目 1 项等。近 5 年在国内外知名期刊上发表论文 300 余篇，其中 SCI 收录 120 余篇，获国家发明专利 100 余项。

团队负责人黄明辉是长江学者特聘教授、百千万人才国家级人选、湖南省科技领军人物、863 计划先进制造领域主题专家。长期从事高性能材料与构件强场制造技术与装备研究，在大型构件精密模锻工艺与装备、轻质高强金属材料与大型构件高效制备等技术领域承担了国家 973、863、国家自然科学基金重点基金、国家科技重大专项与国家攻关等国家级项目 20 余项。发表学术论文近 200 余篇，SCI、EI 收录 110 余篇，授权国家发明专利 10 余项，获国家科技进步一等奖、二等奖各 1 项，省部级奖项 7 项。

作为专家组成员，黄明辉参与完成制造业国家"十一五"科技规划《"十一五"振兴我国装备制造业的途径与对策》与国家中长期科技规划《制造业所需要的通用机械和重型机械》、国家自然科学基金委机械学科"十二五"规划。并获得国家中长期规划领导小组办公室所颁发的"国家中长期科技发展规划突出贡献奖"。作为技术组成员参与工程院重大咨询项目《建设我国大型锻压装备研究：800MN 精密模锻液压机及 150MN 挤压机》。

高端微创介入与植入医疗器械创新团队

团队负责人简介

常兆华，上海微创医疗器械（集团）有限公司教授。1979~1987 年就读于上海理工大学（原上海机械学院），先后获制冷与低温工程学士学位、低温工程硕士学位、热能工程硕士学位；1987~1992 年就读于美国纽约州立大学，获生物科学博士学位。入选第二批国家"万人计划"科技创新领军人才。

高端微创介入与植入医疗器械创新团队是由归国留学生常兆华为团队负责人，由 30 名海外引进领军人才及 300 多名包括博士、硕士在内微创伤介入医疗器材产品开发与生产方面的专业人才构成的，是国内医疗器械领域专业化程度最高、分工最细、各类人才配备最完整的人才队伍。团队中的核心成员大部分是赴美学习西方先进技术的中国留学生和爱国华人，已经在微创介入行业积累了多年的经验，他们胸怀报国梦想，放弃了在国外优厚的待遇，抱着报效祖国打破西方国家垄断局面的决心，毅然回国与国内本土人才一起致力于中国高端医疗器械的研发。微创研发团队针对慢性病治疗介入器械产品研发主要覆盖心脑血管介入产品、大动脉介入产品、外周血管介入产品、神经介入产品、电生理医疗器械、骨科医疗器械、内分泌医疗器械及其他医疗器械等十大领域。

微创研发团队研发出具有自主核心竞争力的全球领先产品及与临床应用相结合的全球首创产品。在心血管介入器械领域，在国内可产业化的一系列导管产品并快速推广使用；国内第一个拥有自主知识产权的药物支架的研发，使我国自主拥有了大规模生产心脑血管支架的技术和能力，其技术性能指标达到了国际先进水平；全球第一个球扩式脑血管支架系统的研发，医治了数万缺血性脑卒中患者，市场植入量第一；国内第一个钴铬合金支架，为目前最领先的临床疗效；中国医芯的自主研制，国内第一个具有自主知识产权的植入式起搏器系统。在大动脉介入产品领域，国内第一个大动脉覆膜支架系统研发，年植入量保持国内领先。在神经介入产品领域，国内首个用于颅内动脉瘤治疗的颅内覆膜支架系统。在内分泌器械领域，国内首创 GnRH 垂体激素泵，用于 IHH/卡尔曼综合征的治疗，使患者恢复正常的生理调节机能。这些领域的产品大多打破了国内医疗器械领域的空白。

微创创新研发团队研发的产品推动了慢性病治疗技术在国内的推广和普及；实现

了国产高端医疗器械产品在现代人类慢性病（心脑血管疾病、糖尿病、脊柱类疾病等）治疗上的突破，改善中国人民的卫生健康状况和生活质量；产品的上市大幅降低产品价格和治疗费用，减轻个人和国家在医疗保险上的巨额支出，每年为国家节约医保资源近 20 亿元；微创的介入治疗器械主导了国内器械的定价权：产品价格主控权由跨国企业转向国内企业，微创公司产品的上市打破了进口产品在国内市场的价格垄断，为实现高端医疗器械国产化奠定了基础，带动了国内整个医疗器械行业的发展。

微创创新团队研发出具有自主核心竞争力的国内领先产品。火鸟系列药物支架产品，国内首个药物支架产品，连续 9 年保持国内市场占有率第一位；颅内支架产品国内市场占有率达 65%，大动脉支架产品国内市场占有率保持 30% 左右；术中支架为全球首创产品，自上市以来始终保持 100% 的市场占有率。

研发团队带领着集团共申请专利 495 件，授权专利 160 件，发明专利 46 件，已有 93 个产品获得注册证并进入市场销售，在研项目 77 个。这些产品已进入全国 1200 多家医院，并且远销欧盟、拉美、东南亚等 24 个国家和地区，约 1100 多家医院。

团队负责人常兆华于 1998 年回国创建上海微创医疗器械（集团）有限公司为中国领先的高端医疗器械集团，旗下包括上海微创生命科技有限公司、上海微创电生理医疗科技有限公司、微创心脉医疗科技（上海）有限公司等 12 家全资子公司。同时还担任上海理工大学医疗器械学院副院长、教授、博士生导师和国家教育部上海现代微创医疗工程中心主任。常兆华在中国和美国拥有 14 项专利授权，在国外累计申请了 40 多项专利，发表论文 40 余篇。

常兆华制定并统筹集团及各子公司的发展战略。通过跟踪前沿技术，及时制订研发计划和路线并组织力量进行攻关，年度研发投入近 2 亿元；除了现有 97 个产品外，还有心脏瓣膜、全降解支架、心脏起搏器、人造血管、心率三维标测设备、射频消融导管等 77 个在研重大项目；后者的定位大部分与国外同级或超前或独创，且绝大多数已实施数年处于产业化前期；此宏大计划会使我国在微创工程科技方面取得全面突破，将国产器材在冠心病市场主导地位扩展到其他慢性病。由他设计或领导开发的产品已救治了上百万癌症和心脑血管病患者，不到 30 秒，就有一个产品用于挽救生命；集团已累计纳税逾 10 亿元之多（去年纳税超 2 亿元），每年节约社保资源几十亿元，社会和经济成效显著。

常兆华研发中国第一个产业化医用球囊扩张导管，在简陋条件下研制出国内可产业化的一系列导管产品并快速推广使用，该产品已在 1200 余家医院使用，出口到日本和欧洲。项目获上海科技进步一等奖。

常兆华研发中国第一个产业化冠脉药物支架和全球第一个球扩式颅内支架，使我国在微创介入工程研发能力上处于与国际巨头同当量的水平：主导研制了国内首个冠脉药物支架并解决了生产制造大量关键技术和工艺问题，实现了大批量高质量低成本生产及大规模产业化；第三代药物支架代表了中国最高水平也代表了全球顶尖水准。

使我国在微创介入工程研发能力上处于与国际巨头同当量的水平。项目获国家科学技术进步二等奖。他主导的冠脉支架衍生品，全球第一个球扩式脑血管支架系统医治了数万缺血性脑卒中患者，市场植入量第一，获上海科技进步二等奖。

常兆华主导开发了国内第一个大动脉覆膜支架系统（一种针对主动脉瘤进行腔内隔绝术治疗的介入器材），迫使进口产品从 20 多万元降到几万元，挽救了数万患者的生命，年植入量保持国内领先，项目获上海科技进步二等奖。由此产品还衍生研发出了世界独创的用于治疗出血性脑卒中的颅内动脉瘤覆膜支架系统。

高压下凝聚态物质研究创新团队

团队负责人简介

崔田，吉林大学教授，博导，物理学院院长。1981～1992年就读于吉林大学，先后获物理学学士学位、理论物理硕士及博士学位；1995～1997年于美国加州大学Berkeley分校学习凝聚态物理。入选第二批国家"万人计划"科技创新领军人才。

高压下凝聚态物质研究创新团队主要构成人员由16人组成，均来自超硬材料国家重点实验室，其中包括中国科学院院士1人（邹广田）、973项目首席科学家1人（2项，崔田）、教育部长江学者特聘教授3人（崔田、刘冰冰、马琰铭）、自然科学基金委杰出青年基金获得者2人（刘冰冰、马琰铭）、教育部跨新世纪优秀人才10人（崔田、刘冰冰、马琰铭、邹勃、李红东、朱品文、王霖、王欣、温戈辉、马红安），是吉林大学超硬材料国家重点实验室以及凝聚态物理国家重点学科的骨干力量，是985高压科学与技术创新平台的建设的生力军。骨干成员形成了教育部"创新团队发展计划"创新团队，在国内外享有非常好的学术声誉和影响力，多人在国际、国内学术组织机构担任职务，如国际高压科学与技术协会（AIRAPT）执委（崔田）；国际高压科学与技术协会系列国际会议顾问委员会成员（崔田）；中国物理学会高压物理专业委员会主任前任（邹广田）、现任（崔田、刘冰冰）、中国物理学会常务理事（崔田）、中国材料学会超硬材料及制品专业委员会名誉主任（邹广田）、副主任（崔田）、副秘书长（李红东）。

多年来该团队一直团结合作，艰辛努力，就高压下物质结构和性质、超硬材料相关的材料物理等方面的科学问题进行了多方位的理论与实验合作研究，取得了多项重要的研究成果。近年来，团队承担了多项国家级重大/重点项目，崔田作为首席科学家，组织科研团队与国内多家优势单位合作，两次承担了科技部973项目，崔田、刘冰冰和高春晓在这两项973首席科学家项目中均担任课题负责人，本团队成员都是该项目的研究骨干。另外还承担了国家重大仪器设备专项、总装086重大专项、国家自然科学基金重点项目/重大研究计划等项目。近五年，共同发表SCI文章370余篇，包括《自然》（*Nature*）1篇、《科学》（*Science*）1篇、《自然通讯》（*Nature Communications*）1篇、《物理评论通讯》（*Physical Review Letters*）10篇、《美国科学院院刊》

（*Proceedings of the National Academy of Sciences of the United States of America*）9 篇；共同获得科技奖项 4 项，包括教育部一等奖 1 项、吉林省科技进步一等奖 2 项及二等奖 1 项；获得授权及公开的发明专利共 60 项。

团队努力在 3～5 年之内，在超高压诱导的典型凝聚态物质的新奇特性前沿领域做出重要原创性的工作，获得一批国际水平的研究成果，造就一支具有创新思维的中青年高压研究队伍，为使中国高压研究的总体水平进入国际先进行列、进一步提升在国际高压界地位做出实质性的贡献。

以团队成员为中坚力量的超硬材料国家重点实验室是国内唯一专门从事超硬材料及其应用与高压科学研究的重点实验室，为国家培养和输送了大批相关研究的高层次专门人才。已毕业研究生中有 66 人荣获各种学术奖励和社会奖学金，包括 1 人获美国电气和电子工程师协会 Walter Karplus 奖、4 人获教育部"博士研究生学术新人奖"，3 人获教育部"985"工程研究生创新基金资助立项项目，14 人获教育部"博士研究生杰出人才培育资助计划"等。

团队负责人崔田曾任超硬材料国家重点实验室主任。教育部"长江学者奖励计划"特聘教授、"973"计划项目首席科学家、"新世纪百千万人才工程"国家级人选。2005 年享受"国务院政府特殊津贴"；2008 年、2011 年两次获得"吉林省高级专家"称号；2011 年所率领的研究团队获得教育部"长江学者和创新团队发展计划"创新团队。

崔田长期从事高压等极端条件下凝聚态物质的结构与性质的研究，组建了国内第一支高压凝聚态理论研究小组，发展了用于高压研究的量子蒙特卡罗方法，研发了确定物质高压结构与结构相变势垒的新算法与计算程序。近年来开展了高压实验研究，与他人合作建立了国际上首台激光加热高温高压原位拉曼与布里渊散射联合系统，使高压原位结构和力学性质的同时测量成为可能。紧紧围绕金属氢重大物理问题开展研究，利用高压理论与高压原位实验相结合，在双原子分子晶体高压研究中，揭示了由分子晶体向原子晶体的转变过程，为解决金属氢科学问题提供了重要的物理图像。在富氢材料研究中，揭示了化学预压降低金属化压力的作用，预言了几类典型具有高超导特性的高压相材料，为获得金属氢及与金属氢相关的新型功能材料提供了新的途径。

共发表 SCI 论文 170 余篇，其中包括《美国科学院院刊》（*Proceedings of the National Academy of Sciences of the United States of America*）、《物理评论快报》（*Physical Review Letters*）、《先进材料》（*Advanced Materials*）、《物理评论 B》（*Physical Review B*）等，受到诺贝尔奖获得者 Hoffmann 教授、美国科学院院士 Aschcroft 博士等国际著名科学家的重视和引用。多次参加国际学术会议并做邀请报告。针对高压科学前沿，作为首席科学家主持两项 973 计划项目；作为负责人主持多项基金委重点和面上项目；针对国家重大需求，主持了总装 086 重大专项、教育部和财政部联合项目等。2006 年获得"吉林省第八届青年科技奖"，2007 年、2009 年、2012 年三次获得"吉林省科技进步一等奖"，2011 年获得"教育部自然科学一等奖"。作为组委会主席，2006 年成功地组织了"第三届亚洲高压学术会议"，"第 13 届全国高压学术讨论会"、2007 年的"第一届 NLSHM – KYOKUGEN 高压下的材料科学研讨会"和 2009 年的"第二届 NLSHM – KYOKUGEN 高压下的材料科学研讨会"；作为组委会的副主席，2007 年参与组织了"第一届中国金刚石与相关材料及应用学术研讨会"，2009 年组织了"第三届中国金刚石与相关材料及应用学术研讨会"。

国家地理信息公共服务平台
天地图技术创新团队

团队负责人简介

　　蒋捷，国家基础地理信息中心高级工程师。1981～1988年就读于长春地质学院（现吉林大学），先后获应用地球物理学士及硕士学位；1997～2000年就读于中国矿业大学（北京），获测绘科学（地理信息系统）博士学位。入选第二批国家"万人计划"科技创新领军人才。

　　国家地理信息公共服务平台天地图技术创新团队由地理信息系统、地图制图、计算机网络与安全等多专业人才构成，具有很强的凝聚力与协同作战能力。围绕关键技术研发与国内外高水平科研团队（如武汉大学、美国乔治梅森大学等）建立了密切的交流合作机制；围绕产品研发、市场拓展与企业（如武大吉奥、四维图新、东方道迩等）建立了牢固的商业合作关系；围绕"全国一个平台"的布局与全国省、市测绘地理信息部门建立了紧密的技术沟通与相互支持关系。形成了良好的产、学、研、商优势互补、协同攻关机制，有效聚合了全行业资源，保障了天地图跨越式发展、持续稳定运行。

　　针对我国地理信息资源分散自治、难以共享的问题，创造性地提出了"分建共享"建设模式，完成了基于 SOA 架构的顶层设计与平台搭建，实现了测绘地理信息服务模式的根本性改变，极大地提高了我国地理信息资源集成共享与公共服务能力。在此基础上，编制了系列标准规范，突破了基于图元标识的地理实体快速建模、基于 LOD 的多球多尺度海量地图高效索引与调度、顾及网页表达的动态自适应地图渲染、支持分布式资源负载均衡的云存储、基于反向代理技术的地图发布、基于倒排索引技术的地名搜索、基于 VGI 和众包技术的数据采集更新等关键技术，自主研发了云存储、云服务、云搜索系统，海量数据并行处理系统、分布式多节点负载均衡系统。支持了 60TB 数据源的集成处理、超过 3TB 数据的在线发布，地图瓦片服务并发响应能力超过 15000 次/秒，地名搜索服务并发响应能力超过 2000 次/秒，支持每天用户网页浏览能力超过 4000 万次，在同等硬件规模的情况将天地图整体服务性能提高了 4 倍，系统稳定性和可维护性也极大提高。上述研发成果的运行无须任何第三方商业软件支撑，彻底摆脱了国外商业化数据库系统、操作系统、地理信息系统的制约，服务器等硬件可全部采用国产设备，极大地提高了系统的自主性，整体节点软硬件成本降低了50%以上。

天地图团队取得的成果已成为我国网络地理信息服务行业标志性产品，全面推进了全国各级测绘地理信息部门提供网络地理信息服务进程，极大地拉动了与网络地理信息服务相关的数据处理、软件开发、服务运维、应用推广等产业链的发展，是我国地理信息事业与产业发展一个重要里程碑。

团队获国家和省部级奖励十余项，发表学术论文百余篇，引领我国在线地理信息服务技术发展前沿。团队多名核心成员在国际、国内学术组织担任要职，学术水平获国内外同行认可，在推进本领域国际国内学术技术交流、实施"走出去"战略方面取得了显著成绩。

团队与美国乔治梅森大学、德国汉诺威大学开展了网络地理信息服务、云计算、大数据、众包等领域实质性交流和培训；与日本、意大利建立了商业合作关系；与沙特、蒙古国等国家商讨了天地图技术、成果输出计划。

团队负责人蒋捷现任国际摄影测量与遥感学会（ISPRS）"空间数据库与位置服务"技术委员会主席，领导10个工作组开展空间数据获取、处理、服务、应用的国际学术技术交流和合作。兼任联合国全球地理信息管理亚太区域委员会"区域空间基础设施"工作组组长、中国GIS产业协会地理信息公共服务工作委员会主任等，发表学术专著1本、国际国内学术论文80余篇，是国内外本领域知名专家。

蒋捷长期从事地理数据应用服务理论与关键技术研究及工程组织实施，是国际国内本领域学术技术带头人，具有较强的科研能力、较高的学术技术水平和较强的组织协调能力。她近年来获多项国家、省部级科技进步奖，享受国务院政府特殊津贴，入选"新世纪百千万人才工程"国家级人选，当选全国测绘系统先进工作者，获全国能源化工系统五一劳动奖章，是国土资源部"巾帼建功"标兵和先进个人。

蒋捷近年来作为实施负责人主持国家地理信息公共服务平台"天地图"技术设计与工程实施，取得国内领先的创新性成果。天地图于2011年正式发布，实现了跨地区多尺度地理信息资源的互联互通、协同服务，实现了测绘地理信息服务方式的根本性改变，极大地推动了地理信息资源深入开发利用和产业发展，在国内外引起极大反响，已成为我国有较高影响力的网络地理信息服务品牌。

有色金属清洁高效提取与
综合利用创新团队

团队负责人简介

　　蒋开喜，北京矿冶研究总院教授。1978～1986 年就读于东北大学，先后获有色冶金学士及硕士学位；1990～1995 年就读于德国亚琛工业大学，获冶金工程博士学位。入选第二批国家"万人计划"科技创新领军人才。

　　有色金属清洁高效提取与综合利用创新团队以我国著名有色冶金专家邱定蕃院士、蒋开喜教授领衔，15 位教授领阵、中青年骨干为主体的 52 人学术梯队。其中，国家级有突出贡献的中青年专家 3 人，享受政府特殊津贴 4 人，"新世纪百千万人才工程"国家级人选 1 人，为国内外矿产资源开发技术领域有重要影响力的知名团队。

　　团队以有色金属清洁高效提取与资源综合利用技术开发与装备研制为核心，主要研究复杂环境下环境友好型冶炼技术体系、复杂难处理矿产资源高效利用、非传统资源清洁利用、二次资源循环与综合回收及清洁高效冶炼装备的研制。

　　近 5 年承担和完成各类科研项目 286 项，其中 973、863、科技支撑计划、自然科学基金等各类国家级科技计划项目 37 项；获各类科技奖励 18 项，其中国家科技进步一等奖 1 项，国家发明二等奖 1 项；发表论文 205 篇，出版著作 2 部；申请发明专利 58 项，授权 28 项；完成技术转让和科技成果转化 100 多项，推广应用工厂 20 余座，实现技术开发和成果转让收入 2.1 亿元，工程技术收入 1.7 亿元。

　　团队以国家和企业战略需求为目标，重点解决行业共性关键技术，先后参与了江西、金川、云南、新疆、攀枝花等重要大型矿产资源基地的技术开发和建设，发明了白银炼铜法、闪速炼铅、高冰镍选择性浸出、矿浆电解等先进技术，为我国有色金属冶炼技术的发展提供了重要的技术支撑。

　　团队提出了有色冶金工艺开发的重要理论"最小化学反应原理"，构建有色冶金流程工业方法体系，实现矿产资源开发过程能源利用、环境保护、循环经济、综合利用和经济效益等要素的有机结合；发明复杂非金属化高镍锍一步加压浸出技术，在金川集团实现大规模应用，技术经济指标达到国际领先水平，2012 年获国家科技进步一等奖；自主研制成功我国第一台闪速炼铅炉并实现工业应用，促进了我国铅冶炼节能降耗和清洁生产，使我国铅冶炼技术达到了世界领先水平，2012 年获中国有色金属科学技术发明一等奖；开发难处理氧化铜矿资源高效选冶新技术，在云南铜业实现高碱性脉石低品位氧化铜矿的开发利用，获 2009 年度国家技术发明二等奖；成功研制了低耗能双侧吹炼铜炉，实现了吨粗铜综合能耗小于 200kg 标煤，技术经济指标达到国际领先，丰富发展了铜冶炼侧吹熔炼技术；开发了难处理金矿循化流态化焙烧技术及成套装备，在 20 多家黄金冶炼厂推广应用，金总回收率提高 10% 以上，实现了黄金行业难处理金矿的清洁高效提取。

团队为行业培养一批专业技术人才，包括硕士研究生和博士研究生 21 人，向企业输出或培养人才共计 70 余人，中西部人才培养 7 人。一直是我国从事海底矿产资源研究开发活动的主要力量，先后作为重要成员参与了我国在国际海底申请多金属结核、富钴结壳等金属矿区申请，同时形成了一批具有自主知识产权的海底矿产资源开发利用关键技术，为我国在国际海底申请优质金属矿资源及资源评价、维护我国海洋权益做出重要贡献，2006 年被国家科技部和国家海洋局联合授予海洋科技先进集体称号，2011 年，团队成员蒋开喜、蒋训雄分别获中国大洋 20 年突出贡献和先进工作者奖。

团队负责人蒋开喜长期从事有色金属冶金与综合利用技术创新与成果转化研究，主持完成各类国家、行业重点项目 42 项，包括科技支撑、973、863、自然科学基金、发展改革委专项、大洋专项和行业科技创新等，获国家科技进步一等奖 1 项、发明二等奖 1 项、省部级科技奖 9 项、发明专利 12 项；1996 年入选百千万人才一二层次，1997 年享受国务院政府特殊津贴，2003 年中组部留学回国人员先进个人，2008 年中央企业优秀归国留学人员，2012 年国家创新能力建设先进工作者，2012 年当选第八届中国有色金属行业有影响力人物；发表论文 91 篇，德文学术专著 1 部；现为国家高技术研究 863 计划专家委员会委员，重冶金学术委员会副主任委员，中国大洋矿产资源研究开发协会首席科学家，北京金属学会副理事长，有色金属工程、有色金属等 5 种期刊主任委员，过程工程学报等期刊编委。

他提出基于最小化学反应量原理的有色金属提取冶金工艺辅助优化方法，减少各种低值副产品产出和废弃物的排放，并减少投资、降低操作成本，最终实现清洁生产和节能降耗的目标；发明了高风化氧化矿强化浸出技术，解决了高风化氧化矿泥化严重、液固分离困难的问题，实现了高寒环境下自热浸出，在西藏玉龙铜矿成功应用；发明了硫化砷渣加压浸出技术，实现了有色金属冶炼过程高砷危废的无害化安全处置与综合利用；发明了镍精矿加压全浸技术，有效地解决了复杂难处理镍、钴金属高效利用难题，并在金川集团成功应用，2012 年获得国家科技进步一等奖；发明了红土镍矿镍钴富集物火—湿法联合生产电镍技术，解决了因富集物杂质含量高、难以获得优质金属或镍盐产品的"瓶颈"问题。作为我国大洋多金属结核资源勘探开发重大项目负责人，发明多金属结核自催化还原氨浸、多金属结核—富钴结壳合并冶炼等专利技术，为我国在国际海底区域圈占优质资源及综合评价提供了重要支撑，2006 年度率领团队获国家科技部、国家海洋局联合授予的海洋科技先进集体，2011 年获中国大洋事业 20 年突出贡献奖。

在团队负责人蒋开喜的带领下，团队由 2005 年的 21 人发展到现在的 52 人，指导培养硕士、博士 30 余人。团队业务从传统的铜、铅、锌、镍、钴等重金属拓展到重、轻、稀等金属并进；从技术开发转向技术与装备并行；以技术开发为龙头，带动高端咨询、工程设计与总包等业务发展；2011 年、2012 年连续两年技术收入突破 1 亿元，8 年里增长了 5 倍。

心血管疾病临床研究创新团队

团队负责人简介

　　蒋立新，中国医学科学院阜外心血管病医院主任医师。1984～1989 年就读于徐州医学院，获临床医学学士学位；1995～1998 年就读于北京医科大学，获内科学硕士学位；2005～2011 年就读于北京协和医院，获内科学博士学位。入选第二批国家"万人计划"科技创新领军人才。

　　心血管疾病临床研究创新团队开创了我国心血管领域大规模多中心临床研究的先河。自 1998 年以来，与牛津大学等合作在我国牵头实施了 10 余项临床研究，入选病例累计超过 10 万，深刻影响了全球心血管相关疾病的诊疗模式。

　　团队具有鲜明的独创性，表现为在组织架构方面，团队由临床、现场考核、信息技术、数据管理、质量保证、法规事务、预算核算、物资协调 8 个部门组成，汇聚了临床医学、流行病学与数据统计、计算机、医学检验与实验室技术、行政管理等不同专业背景的 90 余名员工，是我国目前最大、人才种类最为齐备的专门从事大规模临床研究的全职专业化研究团队；在管理体系和运行模式方面，团队采用 ISO 9001：2008 质量管理体系对自身和所有项目进行管理，并创建了一整套适合中国特点的 11 大类管理体系和运行模式，具有入选进度快、质量可靠、成本相对较低等特点。

　　团队在国内同一领域具有无可比拟的综合优势。建立了覆盖 30 余个省市、超过 1500 家基层和大医院组成的研究协作网络，其中与 300 家医院的合作已超过 10 年，是从事心血管大规模多中心临床研究的坚实基础；阜外医院一直是我国心血管防治事业的领航者，团队隶属于此，是今后可持续发展的坚强后盾；蒋立新教授被 The Lancet 誉为"一个奠定中国循证医学基石的核心人物"，具有广泛的国际学术影响力，为团队的建立和发展发挥了举足轻重的作用；拥有超过 200 万份的各类心血管生物样本，是未来转化医学和个体化治疗的宝贵财富；拥有与多个世界顶尖研究机构长期合作的优质资源，是团队始终立于前沿的重要推动力。

　　团队的研究定位始终不渝，即根植于国内真实医疗环境，以心血管常见和重症病为着眼点，开展应用型科研工作。研究确定符合我国国情的有效、安全和价廉的常用心血管药物及器械种类；定量评价我国心血管领域目前医疗质量及考评方法、医疗效率及公平性等环节中存在的问题；制定预防、消除或改善这些问题的方法与手段，以及确保其得以实施的操作路线图；对上市后的常用心血管药物和器械的安全性进行长期评价；确定心血管常用药物的遗传易感性，筛查高危易感人群，进行针对性的个体化治疗等。上述研究将为改善医疗质量、降低成本、提高覆盖率和公平性等提供可靠证据，为政策制定提供科学支撑，从而达到不断完善现有医疗体系，降低心血管病的发生和致残致死率，维护人民群众根本利益的研究目标。

在过去的五年间，团队对提升我国心血管临床研究领域的整体水平做出了重要贡献。建立了覆盖全国超过 1500 家各层次医院的、广泛的临床研究协作网络，且与其中 300 家医院的合作关系已超过 10 年；建立和完善了符合我国国情的研究综合管理系统和模式；创立了多渠道、多模式的人才培养机制，包括与牛津大学创建的长期人才培养计划、高端学术会议和项目培训会议等形式，至今团队和协作网络中已有超过 200 人次出国培训。

团队成员获得国家科技进步二等奖 6 人次，省部级一等奖 6 人次，二等奖 2 人次，发表论文超过 300 篇，其中，以第一作者或通讯作者发表的、被 SCI 收录的近 50 篇。

团队负责人蒋立新自 1998 年至今，在国内牵头组织了近 10 项国际大规模多中心临床研究，并设计实施了完全具有自主知识产权的国家科技重大专项、国家科技支撑计划和卫生部卫生公益性行业专项等 5 项国家级课题。

蒋立新牵头组织实施的 COMMIT/CCS－2、INTER－HEART 等研究结果被国际临床指南引用，为中国赢得了极高的学术声誉；有力地推动了我国循证医学的发展，提升了我国心血管大规模临床研究的整体水平，培养了一大批从事这一领域的专业人才，奠定了开展创新型研究的基础；牵头实施了我国心血管领域首个大规模医疗结果评价研究 China PEACE，将客观反映国内冠心病临床诊疗模式及其结果的现状，并将持续提供重要数据；负责建设的心血管生物样本资源中心是心血管疾病国家重点实验室的重要组成部分和国家重大新药创制平台之一；培养建立了一支 80 余名员工、我国目前最大、人才种类最为齐备的专门从事心血管大规模临床研究的全职专业化研究团队，并创建了一整套完整高效的大规模临床研究运行管理体系；建立了覆盖全国超过 1500 各层次医院的协作网络和 300 家医院的稳定合作关系；创立了多渠道、多模式的人才培训机制，至今 200 余名研究人员赴牛津大学接受了大规模临床研究的专业培训，还在国内组织召开了研究会议近 200 场；积极致力于推动我国心血管领域的学术发展，近 5 年组织召开了"医疗结果评价与医疗卫生改革研讨会"等 20 余场高端国际学术会议，产生了广泛而积极的国际影响；研究方向始终根植于我国真实的医疗环境，以心血管常见和重症疾病为着眼点，开展创新应用型科研工作。

正是由于在心血管临床研究领域的突出贡献，蒋立新教授被《柳叶刀》（*The Lancet*）誉为"一个奠定中国循证医学基石的核心人物"。2012 年 9 月，被聘为《柳叶刀》（中文版）主编，同时还是《循环：心血管质量和结果》（*Circulation：Cardiovascular Quality and Outcomes*）编委会成员。此外，还担任多项国际大规模临床研究的指导委员会成员、国际肾脏病全球促进委员会（KDIGO）血脂临床实践指南编写委员会和全球慢性疾病合作联盟（GACD）管理委员会成员。

蒋立新自2002年以来，在国际顶尖医学杂志发表各类专业文章30余篇，参与编写专著3部，其中以第一作者或课题协作组主要研究者共同在《柳叶刀》（*The Lancet*）上发表文章4篇，《新英格兰医学期刊》（*The New England Journal of Medicine*）1篇。

先进热防护材料与结构创新团队

团队负责人简介

    韩杰才，哈尔滨工业大学教授。1981年就读于哈尔滨科技大学，先后获材料学学士学位，材料学硕士学位，复合材料博士学位。入选第二批国家"万人计划"科技创新领军人才。

    先进热防护材料与结构创新团队隶属于哈尔滨工业大学航天学院复合材料与结构研究所，目前共有49位成员，其中中国工程院院士1人，正高级技术职称20人、副高级技术职称16人、中级技术职称13人，平均年龄40岁左右，拥有博士学位的研究人员达到90%以上。学术带头人为杜善义院士，在团队发展过程中，人才和队伍建设成果突出，团队成员中包括：国家杰青获得者2人，长江学者特聘教授4人，中国青年科技奖获得者2人，"新（跨）世纪优秀人才"13人，国防973技术首席3人，还有20多人次担任国家级专家或在国际国内重要学术机构兼职。研究团队先后获得了教育部创新团队（2006）、国家"111"引智团队（2006）、国家自然科学基金委创新群体（2008）和国防科技创新团队（2009）的支持。

    近五年来，团队承担了包括国防/国家"973"，国家重大工程、专项，国家高技术"863"，自然科学基金重点、武器装备预研，国防基础研究等国家级科研项目200余项，年均科研经费约5000万元；获国家技术发明二等奖3项、国家科技进步二等奖2项；省部级一等奖3项、二等奖4项；授权国家发明专利60余项、国防发明专利14项；在国内外重要学术期刊和会议上发表论文700余篇，其中SCI收录400余篇，影响因子＞2.0的50余篇。在材料超高温力学行为、超高温陶瓷复合材料、复合材料轻质结构、柔性复合材料、大尺寸晶体生长技术、大尺寸增透保护薄膜技术、智能复合材料等方面达到了国内领先、国际先进的水平，在形状记忆聚合物、纳米材料和光子晶体等前沿领域得到了国际上的认可，具备了解决国家重点领域和国际重大科技前沿热点重大问题的能力。

    针对我国国防、航天航空等领域特种环境下的先进复合材料和特种功能/智能材料开展基础性、前沿性及重大关键技术应用基础研究；研究团队准确把握了"轻是基础、热是关键，结构/功能一体化是重点、智能化是发展趋势"这一特种环境下使用的先进材料技术发展态势，针对热防护系统及材料、轻质结构与材料、特种功能与智能材料三大研究对象，不断提升科技探索/技术攻关/成果转化的可持续发展和自我完善能力，解决国防、航空航天领域重大科技问题，形成有利于原始创新和凝聚、培养拔尖创新人才的团队环境，产生一批具有国际领先水平的原创性重大成果。

团队通过二十多年的成长与发展，形成了自己的特色和优势。面向国防、航天航空领域国家重大需求；重视理工结合，坚持材料、力学等多学科交叉；坚持"材料/结构一体化""模拟表征—可控制备—评价优化"的研究思路开展特种环境下的先进材料技术研究；积极开展以俄、乌为代表的国际合作和交流。承担了多项国家级重大科研任务，取得了显著的研究成果。研制的超高温非烧蚀防热材料、大尺寸蓝宝石晶体、红外光学薄膜、大面积金属热防护系统、复合材料储箱等已经在国家科技工程和专项工程的诸多型号和装备上被列为首选或候选方案。人才培养成绩突出，团队创新能力和科研水平得到大幅度提升，具备了较好的可持续发展能力。

团队负责人韩杰才及其带领的团队长期致力于空天飞行器热防护系统和轻质材料/结构的基础和应用基础研究，以材料科学与固体力学学科交叉开展复合材料及其结构的性能表征、评价方法与制备工艺研究。在超高温非烧蚀型防热材料、超高温烧蚀型防热材料、功能梯度材料、光电功能材料、红外增透保护膜研制等方面取得了创新性成果。

韩杰才率先提出超高温非烧蚀防热复合材料的设计、制备和评价技术，根据服役环境和非烧蚀使用要求，建立了材料静/动态超高温氧化模型，提出了材料体系的选取原则，给出了有效的超高温氧化抑制方法并得到了试验验证；建立了满足2000℃以上长时间使用的超高温陶瓷复合材料体系，填补了我国热防护材料体系的空白，为高超声速飞行器热防护设计和材料研制提供了关键的技术支撑，获得国家授权发明专利20余项，在×××工程多类型关键部件被列为首选方案。

针对新一代×××多向C/C烧蚀型防热复合材料，韩杰才教授开展了再入环境的地面模拟和实时监测、材料烧蚀损伤机理与热强度分析、性能表征与优化设计等研究，多项成果填补国内相关技术的空白。研究成果突破了20余项关键技术，在模拟理论与方法、烧蚀机理、细观热防护理论等五个方面实现了原始或集成创新，建立了具有自主知识产权的超高温烧蚀防热材料模拟、表征与优化设计平台。在碳/碳复合材料烧蚀机理和细观热防护理论等方面达到国际领先水平，获得授权发明专利10项，获得2007年度国家科技进步二等奖。

针对飞行器×××窗口的需求，韩杰才教授研制了×××用非晶金刚石增透保护膜系，研究了高速颗粒对薄膜的冲击损伤性能，并开发了相关工艺制备技术，实现了大尺寸（Φ300mm）×××非晶金刚石增透保护膜系的均匀沉积，提高了非晶硅太阳电池的转化效率。申请发明专利10项，获2011年国家发明二等奖。

韩杰才提出了大尺寸×××晶体生长的冷心放肩微量提拉法制备技术，采用顶部籽晶在特定温度场内的稳定熔体表面冷心处引晶、放肩，配合微量提拉和加热功率、热交换速率的精确调节，获得大尺寸、高质量蓝宝石晶体。突破了晶体生长工艺控制难、周期长、成本高、工艺难以连续化等制约材料工程化的国际难题，晶体位错密度≤480 个/cm^2，中波红外透过率≥82%，晶体生长合格率＞82%等各项关键指标均达到国际同类产品先进水平。获得 2010 年度国家科技发明二等奖。

大型抽水蓄能机组成套设备研制创新团队

团队负责人简介

　　覃大清，哈尔滨电机厂有限责任公司研究员级高级工程师。1983～1987年就读于华中工学院，获水力机械学士学位。入选第二批国家"万人计划"科技创新领军人才。

　　大型抽水蓄能机组成套研制创新团队由水力发电设备国家重点实验室和国家水力发电设备工程技术研究中心的专家和科研人员组成，团队成员分别来自哈尔滨电机厂有限责任公司、哈尔滨大电机研究所、清华大学、武汉大学和哈尔滨工业大学。通过"产、学、研、用"合作模式，在科研成果转化和科研成果工程化应用方面有着丰富的经验。

　　在新产品和科研项目研发过程中，团队成员在多年的科研合作经验的基础上，根据"产、学、研、用"合作模式的特点和各自的优势进行分工合作与资源共享，使各自优势得到充分发挥。哈尔滨电机厂有限责任公司对市场的发展动态有充分地了解，具有将研发成果转化为实际产品的能力，在工程化应用方面具有丰富的实际经验，同时拥有雄厚的研发实力，能够为研发团队提供资金和科研试验条件；哈尔滨大电机研究所在大型水电机组开发方面有着悠久的历史，承担过一大批科技攻关项目，有着丰富的科技研发经验；清华大学、武汉大学、哈尔滨工业大学在基础理论研究方面具有很强的实力，其中清华大学在大型水泵水轮机稳定性方面有深入的研究，武汉大学在水电站过渡过程与控制研究方面有深入的研究。

　　近年来，创新团队在大型抽水蓄能机组研究方面取得了突破性的成果。2007年开发出完全具有自主知识产权的响水涧水泵水轮机，水力性能满足合同要求并达到世界先进水平，为我国实现大型抽水蓄能机组的国产化奠定坚实的基础，目前，响水涧抽水蓄能电站已经投入商业运行；2010年在溧阳抽水蓄能水泵水轮机研发中，攻克了影响机组空载并网的"S"形特性这一行业内公认的水泵水轮机世界性关键技术难题，开发出具有优秀水力性能的水泵水轮机模型转轮并在洛桑试中立水力试验台通过验收试验；2012年，研发了仙居水泵水轮机，把我国抽水蓄能机组最大单机容量由之前的300MW提高到单机容量达到375MW，实现了容量的突破；2014年，研发了敦化抽水蓄能机组，把我国自主研制的抽水蓄能机组最大扬程由500m级提升到700m级，实现了应用扬程的跨越。与此同时，通过水泵水轮机主要几何控制参数对水力性能影响的系统研究，在主要性能匹配、水泵"驼峰"、水泵空化和水轮机压力脉动等关键水力特性水力开发技术上取得了许多重要的突破，在水力计算方法、过渡过程计算、刚强度计算、机组结构设计等方面也形成了具有完全自主知识产权的体系完整的抽水蓄能机组成套技术。总之，通过总结并实践已经引进的先进技术，自主设计，自主制造，实现了抽水蓄能电站机组设备制造的国产化，打破了技术垄断，彻底摆脱我国重大抽水蓄能装备对国外的依赖，实现了我国抽水蓄能机组关键技术和成套设备从无到有、从弱到强的重大跨越，显著提升了我国电力行业的科技水平和自主创新能力，带动了高端装备制造业的发展，并使我国在大型抽水蓄能机组研制方面具备了参与国际大型抽水蓄能机组市场竞争的能力。全面增强了我国在国际抽水蓄能领域的影响力、竞争力和话语权，推动了抽水蓄能科技进步。

未来，研制团队将进一步深化"产、学、研、用"合作模式，以长龙山、阳江两座超高水头大容量大型抽水蓄能机组研制的工程化应用为依托，总结已有开发设计经验，继续全面提升我国抽水蓄能机组成套设备的研发水平，增强核心竞争力，确保我国在国际市场竞争中具有领先优势。

团队负责人覃大清一直从事水力机械专业技术工作，是我国水电装备制造业的领军人物，在多个研究领域取得了重要成果，尤其是在水力设计、水力试验、泥沙磨蚀等水轮机科研领域成绩显著。他带头解决了多个世界水电技术难题，并成功应用在电站机组产品中。其主持研制的具有自主知识产权的三峡右岸水轮机模型，解决了高部分负荷压力脉动这一世界性难题，正是此项技术使我国大型水电装备制造业处于国际领先水平，为我国水电装备制造业在短短几年时间内跨越二三十年的距离起到了至关重要的作用，其成果已成功推广应用到溪洛渡、向家坝、构皮滩、岩滩、景洪等大型电站机组。

在抽水蓄能机组研制方面，覃大清主持的响水涧水泵水轮机模型开发，实现了我国大型水泵水轮机研究技术的完全自主化；他带领团队开发的溧阳转轮，在转轮水力设计阶段完全解决了水轮机"S"区不稳定的世界性难题，进一步提高了抽水蓄能机组过渡过程的稳定性；他带领团队研制的仙居机组高水头、超大容量水泵水轮机模型转轮，解决了水泵工况驼峰区的稳定性问题。他带领团队研制的敦化机组模型转轮，使我国性能机组扬程提升到700m级。目前已完成国家科技支撑计划项目"大型抽水蓄能机组水泵水轮机研制"，该项目已解决自主制造大型水泵水轮机研制中的关键核心技术，替代进口，推动了我国抽水蓄能技术的发展和设备的研制，其社会效益和经济效益十分明显。

覃大清还是水轮机测试技术专家，主持完成多套水轮机试验台的论证和验收，实现了水轮机试验台的自主研制，打破了国外少数公司的技术垄断，填补了多项技术空白，为我国水轮机研制与基础设施建设做出了贡献。

作为全国水轮机标准化委员会的秘书长，覃大清多次作为中国首席代表参加IEC/TC4年会，并作为IEC/TC4的工作组召集人和成员，积极参与国际IEC标准的制定，加强了国内水轮机标准与IEC标准化的联系、对接，为中国水轮机标准的国际化做出了重要贡献。

造血干细胞分子调控研究创新团队

团队负责人简介

    程涛，中国医学科学院血液病医院（血液学研究所）教授。1981～1989年就读于第二军医大学，先后获临床医学学士和内科学硕士学位。

    造血干细胞分子调控研究创新团队是在长期合作基础上自然形成的，汇集了本单位的中组部"千人计划"国家特聘专家、中组部"青年千人计划"获得者、"天津市千人计划"获得者、"长江学者"特聘教授、国家杰出青年获得者、教育部新世纪人才，形成了以优秀中青年科研工作者为骨干的高水平团队。团队成员既往在正常造血干细胞的调控、白血病发生机制及其干预策略等方面取得一系列原创性研究成果，相关工作曾受到国内外媒体广泛关注和多个著名国际学术刊物如《自然癌症综述》和《癌症发现》等的专文报道或评述。是一支具有很强活力和创造力的团队。

    团队今后的工作拟以造血干细胞生物学为主要切入点，着重研究正常状态下成体造血干细胞稳态维持的内外调控机制、促进正常造血干细胞扩增的小分子或天然化合物研究、白血病干细胞分子标志及治疗靶点、造血微环境与正常造血干细胞及白血病干细胞相互作用机制、靶向白血病干细胞小分子或天然化合物等研究，因而符合国家医药领域重大需求。研究成果不仅对提升血液学领域的研究有指导意义，而且对提升其他类型干细胞研究具有积极的推进意义。

    团队负责人程涛为中组部"千人计划"国家特聘专家入选者，实验血液学国家重点实验室主任。曾在美国匹兹堡大学医学院放射肿瘤系获得终聘教授。2007年被中国医学科学院暨北京协和医学院聘为血液内科学"教育部长江学者计划"特聘教授，是国家杰出青年科学基金和美国中华医学会杰出教授奖获得者。分别为国家973重大科学研究计划和自然科学基金委员会重大项目在"造血干细胞"研究领域课题的首席科学家。

    程涛长期从事血液学及干细胞生物学方面的研究，尤其从细胞周期抑制角度，揭示了成体干细胞静息状态、效能、自我更新、分化、衰老、恶性转化以及重编程的部分分子基础；回国以来与创新团队成员广泛合作，在创新团队中起引领作用，积极开展疾病环境下干细胞生物学研究，通过针对关键分子靶点的深入研究以期增强正常干细胞再生和组织修复能力。多年来曾以第一、通讯或合作作者在中外著名刊物（包括《科学》《自然》《自然遗传学》《自然细胞生物学》《自然医学》《细胞·干细胞》等）发表文章 100 余篇，被引用超过 6000 次。担任国际实验血液学会执行委员和多个国内学术团体组织理事或委员以及多种著名国际期刊（包括《血液》和《白血病》等）编委。因而负责人具有带领团队成员做出具有国际水平创新性研究成果的能力和基础。

高效、低污染内燃动力设计理论及方法创新团队

团队负责人简介

舒歌群，天津大学教授。1980～1984年就读于浙江大学内燃机专业，获学士学位；1985～1987年就读于天津大学内燃机专业，获硕士学位；1993～1997年就读于天津大学，获动力机械及工程博士学位。入选第二批国家"万人计划"科技创新领军人才。

"高效、低污染内燃动力设计理论及方法"创新团队以内燃机燃烧学国家重点实验室为平台依托，以主持的4个"973"项目为主线，汇聚了一支高水平的研究队伍，是自然形成的以高效、低污染为研究目标的研究团队。现有中国工程院院士1人，"千人计划"入选者2人，国家杰出青年基金获得者2人、教育部长江学者特聘教授1人、国家"973"项目首席科学家3人，"新世纪百千万人才工程"国家级人选1人，教育部新世纪人才4人；培养出全国百篇优秀博士论文提名两篇；2011年入选教育部创新团队。

团队以内燃机的"高效率"和"低污染"为主要研究方向，近5年来获得国家技术发明和科技进步二等奖3项，省部级一等奖5项；发表SCI论文110余篇，授权发明专利30余项。

团队为提高内燃机热效率，系统地提出了新一代燃烧理论的框架。提出了燃烧边界条件与燃料化学协同控制的理论，实现了可控的均质压燃低温燃烧，从而达到高效、低排放燃烧。成果应用占重卡、工程机械等发动机市场份额70%以上，获得天津市技术发明一等奖和国家技术发明二等奖和国家科技进步二等奖。基于这一理论框架，2011年6月与广西玉柴合作开发成功我国首台满足欧VI排放商用柴油机，首次与国际同步推出达到国际先进水平的柴油机。

为提高内燃机总能效率，开展了内燃机余热能梯级利用的理论和技术研究。作为首席科学家单位，组织国内7所高校和研究所承担国家973项目，系统地开发了余热能底循环利用、热电转换及热管理等技术，成为国内引领内燃机余热能利用的研发团队。

为降低内燃机排放的大气污染，开展了有害排放物生成机理及其后处理技术研

究。提出了内燃机燃烧可吸入颗粒物形成机理及演化历程的试验方法，开发出尾气净化催化剂的关键材料及匹配技术，实现了我国自主知识产权的机动车尾气净化技术的产业化，在国内 12 个生产厂家的 115 个车型中得到配套应用。相关成果获国家科技进步二等奖。

为降低内燃机的噪声污染，提出了噪声路径协同优化的理论，形成了燃烧噪声控制、结构声学优化、三维减振器、低阻尼屏蔽等噪声抑制技术。在 17 家企业 40 款柴、汽油机和摩托车上应用，占车用柴油机市场 22%，摩托车市场 10%，使噪声水平达到了欧美现行标准；相关成果获天津市科技进步一等奖。

近 10 年来，科技部组织的对本国家重点实验室的 3 次评估中，认为"在国内内燃机研究领域具有不可替代作用""发挥了开拓和牵引作用""引领了我国内燃机工业的发展"。

2010 年，该创新团队联合国内 21 个单位组建了"节能环保内燃机产业技术创新战略联盟"，是众多产业技术创新联盟中第一个由高校牵头的联盟。同时，积极开展多层次高水平和实质性的国际合作研究，参与政府间国际科学研究合作计划，建有联合实验室 3 个，并与美国休斯敦研究中心、英国拉弗堡大学、瑞典 Lund 大学等成立"先进发动机控制合作研究中心"。

此外，在国家外专局和教育部批准的高等学校学科创新引智基地建设项目"内燃动力工程学科创新引智基地"基础上，创新团队成员分别邀请国际知名大学的一流师资为国内学生授课，分享学科专业的前沿知识，体验不同的教学方式，收获不同的学习成果，目前已连续举办了五届内燃机暑期国际培训班。

团队负责人舒歌群，主要从事内燃机振动噪声、内燃机余热能转化利用、工作过程优化等研究。2004 ~ 2008 年担任内燃机燃烧学国家重点实验室主任。现为天津大学副书记和副校长，"新世纪百千万人才工程"国家级人选，"973"项目首席科学家，享受政府特殊津贴。主持"973"项目 1 项，"863"项目 3 项，国家自然科学基金 4 项以及总装备部项目 8 项；主编出版《动力机械振动与噪声》；获国家科技进步二等奖 1 项、省部级科技一等奖 2 项、二等奖 4 项；编制国家标准 2 项；近 5 年发表论文 90 余篇，其中 SCI 收录 50 篇，EI 收录 83 篇，授权国家发明专利 20 项。

在高效、低污染内燃机基础理论的研究方面，舒歌群建立了内燃机 – ORC 联合热力循环及工质的优化组合理论，重点解决内燃机联合热力循环效率协同优化问题；在噪声控制理论研究上，提出了燃烧噪声、结构噪声、排气噪声等多路径协同优化的理论；相关成果被美国、英国、德国、西班牙、希腊等多国外学者他引近百次篇次。在国际学术会议上应邀作大会报告和特邀报告 4 次；2008 年应美国《国际车辆振动噪声学报》(*International Journal of Vehicle Noise and Vibration*) 主编邀请，为"亚洲车辆和发动机进展"专辑撰写论文；2010 年应《英国机械工程师学会学报 D 辑：汽车工程学报》(*Part D: Journal of Automobile Engineering*) 主编邀请，为"内燃机瞬态运行"专辑撰写论文。在相关领域具有较高的学术声誉。

舒歌群积极推进技术成果的转化和应用。在低噪声内燃机设计理论和技术的研究中所取得的成果在 17 家企业 40 款柴、汽油机和摩托车上应用，占车用柴油机市场 34.23%，摩托车市场 10%，使噪声水平达到了欧美现行标准。2008 年，获得中国内燃机学会颁发的"突出贡献奖"、获得教育部和通用汽车公司联合颁发的首届"通用汽车中国高校汽车领域创新人才奖一等奖"；2009 年，获得由中国产学研合作促进会颁发的首届"中国产学研合作促进奖"。

　　舒歌群目前担任国务院学位委员会学科评议组动力工程及工程热物理组成员、教育部热能动力工程专业教学指导委员会委员、中国机械工业教育协会动力工程学科教学委员会主任委员，中国内燃机学会编辑委员会副主任委员，《内燃机学报》《燃烧科学与技术》等杂志编委。

腔镜技术创新团队

团队负责人简介

    蔡秀军，浙江大学教授。1981～1986年就读于浙江大学临床医学系，获学士学位；1988～1993年就读于浙江大学外科学（硕博连读）；1994～1995年于美国Virginia大学学习。入选第二批国家"万人计划"科技创新领军人才。

    腔镜技术创新团队依托浙江大学微创外科研究所和浙江省腔镜技术研究重点实验室，以腔镜技术创新和器械研发为研究方向，涉及临床医学、基础医学、材料学、化工学、计算机科学、人工智能学、机械工程学、生物医学等多个学科。团队各成员有着明确的责任及任务，具有严密的组织管理和科学的运行机制。

    团队有26名成员，高级职称10名，副高职称9名，中级职称7名。其中博士22名，硕士4名，以中青年科学家为主，均工作在临床、科研、教学第一线。团队人员结构合理，多名成员主持过国家级和省部级科研项目，具有丰富的科研经验和很高的学术造诣。

    团队自建立以来，尤其是近5年，在团队负责人蔡秀军的带领下，在腔镜技术创新和器械研发方面均取得了丰硕的成果。在技术方面解决了诸如腹腔镜胆囊切除术中如何安全清晰显露三管结构、腹腔镜肝切除过程中肝血流控制等共性问题，这些技术上的突破一方面提高了腹腔镜手术的安全性，同时降低了手术费用，推动了腹腔镜技术向基层医院推广普及，另一方面使腹腔镜技术在高难度手术如腹腔镜肝脏切除术，腹腔镜胰腺手术等领域得到应用和发展；在器械研制方面，研制了一种腹腔镜断肝器械——腹腔镜多功能手术解剖器，并实现了产业化，产品在全国200多家医院推广应用，并远销法国、日本、美国等国，该产品集推剥、分离、电凝、冲洗及吸引功能于一体，加上其低廉的价格，成为腹腔镜肝脏切除术最有效的断肝器械，填补了国内这方面的空白。另外团队正在研制的三维腹腔镜成像系统已形成样机，该产品有望填补国内空白，提高国际竞争力，打破进口产品的垄断，缓解高端医疗器械资源紧缺、治疗费用居高不下的矛盾，进一步促进腔镜技术的普及和推广。团队通过在国内、国际会议上作专题报告和手术演示，举办腔镜技术学习班等形式，扩大了团队在国内和国际的影响力，奠定了团队在国内该领域的领导地位，同时也为全国培养了大批的腔镜技术人才，促进了新成果的推广普及，目前这些成果已在北京、广东、重庆、辽宁等地区的 165 家医院推广应用，对推动腔镜技术在国内的快速发展发挥了重要作用。

团队创建了腹腔镜切肝新技术。提出了腹腔镜下区域性肝脏血流阻断技术，解决了腹腔镜下肝切除血流控制难题；创建了腔镜冲吸钝性解剖技术，大幅减少医源性胆道损伤发生；开展了单孔腹腔镜肝血管瘤切除术，腹腔镜主动脉—股动脉人工血管转流术，乳癌保乳术后一期腹腔镜带蒂网膜瓣乳房重建术等新术式；加入到"浙江省医疗器械产业技术创新战略同盟"的建设。在浙江大学设置了国内首个微创医学二级学科。

团队负责人蔡秀军长期致力于肝胆胰脾外科和微创外科的疾病诊治、技术创新和科学研究，在微创医学和腔镜器械开发领域具有很高的学术造诣和影响力。

在技术创新方面，开创性地进行了腹腔镜肝切除的探索研究，建立了腹腔镜刮吸解剖法肝切除技术，提出了腹腔镜区域性肝脏血流阻断技术，解决了腹腔镜解剖性肝切除中的血流控制等一系列难题，在此基础上完成了完全腹腔镜下肝切除术 530 余例，为国际最大病例组之一，腹腔镜肝切除技术达到世界领先水平。此外，蔡教授还创建腹腔镜冲吸钝性解剖技术、腹腔镜支架法空腔脏器吻合技术，提出二级脾蒂离断法腹腔镜脾脏切除术，极大地优化了腹腔镜手术操作过程，提高了腹腔镜技术在腹部外科中应用的安全性，扩大了腹腔镜技术的应用范围，同时降低了手术费用。蔡秀军负责并举办国家级腹腔镜技术学习班 25 期，培训学员 2584 名，出版"十一五"国家重点医学视听教材 5 部，创办了全国首家微创外科领域的专业报刊《医学参考报·微创外科频道》，对推动腹腔镜技术在腹部外科的推广与应用做出了巨大贡献，对腹腔镜技术的发展产生了积极深远的影响。相关技术应邀在国际性会议上做专题报告 32 次，全国性专题报告 48 次，应邀现场手术演示 5 次，受到国内外同行的广泛关注和好评。

蔡秀军同时主持了大量科研项目，包括国家"863"计划、国家支撑计划、国家自然科学基金、国际科技合作和交流重大专项、卫生行业科研专项等重大科研项目，并领导了浙江省首批重点创新团队——腔镜技术创新团队；在蔡秀军的领导和组织协调下，各课题组成员和团队成员的能力得到充分发挥，保证了各项研究顺利开展，团队得到健康发展；研究成果已获授权发明专利 9 项，实用新型专利 13 项，发表论文 209 篇，其中 SCI46 篇，他引 1702 次；其中成果"腹腔镜技术在肝胆胰脾外科的临床研究及应用"获得 2009 年国家科技进步二等奖。

蔡秀军分别于 2005 年当选浙江省首批特级专家，2007 年获得何梁何利科学与技术创新奖并入选"新世纪百千万人才工程"国家级人选，2009 年入选教育部"长江学者"特聘教授，2010 年被评为卫生部有突出贡献中青年专家。

天河高性能计算创新团队

团队负责人简介

廖湘科，中国人民解放军国防科学技术大学研究员。1980～1985 年就读于清华大学，获计算机科学与技术学士学位；1985～1988 年就读于国防科学技术大学，获计算机科学与技术硕士学位。入选第二批国家"万人计划"科技创新领军人才。

天河高性能计算创新团队创立于以慈云桂等为代表开创的中国高性能计算事业基础上。通过天河、银河系列高性能计算机系统的创新实践，形成了国防科大天河高性能计算创新团队。团队核心成员先后主持和参与了"天河一号""天河二号"和系列银河机研制，为我国高性能计算机系统研制跻身世界领先行列做出了突出贡献。

团队立足国际技术前沿，注重基础研究和工程实践相结合，研制出具有国际领先水平的"天河二号""天河一号"，以及银河系列高性能计算机系统。

在"天河二号"研制中，团队提出了异构多态体系结构，设计实现了微异构计算阵列，突破了高可扩展自主互联网络、层次式存储系统、新型并行编程模型和多层次自治容错框架等技术，设计实现的"天河二号"连续五次（41～45 届）世界第一，标志着我国高性能计算机研制从追随者变成领跑者之一。"天河二号"被两院院士评为 2013 年度中国十大科技进展。

在"天河一号"的研制中，团队提出了 CPU + GPU 的异构协同体系结构，攻克了基于高阶路由的高速互连通信技术、提出了高性能虚拟域 HPVZ 框架，突破了软硬一体的低功耗控制技术，设计实现的"天河一号"位居第 36 届国际高性能计算机 500 强榜首，是中国高性能计算机首次排名世界第一。"天河一号"于 2014 年获国家科技进步特等奖。

在银河高性能计算机的研制中，团队提出了 S2MP 可扩展共享存储并行体系结构，突破了侦听与目录结合的全系统存储一致性协议硬件设计技术，提出和设计了 MIOS 多实例操作系统架构和 OpenMP 编译优化技术，实现了国际上最大规模共享存储的高性能计算机系统。成果获 2009 年国家科技进步一等奖。

天河系列高性能计算机应用于天津、长沙、广州等国家超算中心，为我国高性能计算领域的军民融合发展做出了重要贡献。

银河系列高性能计算机应用于国防关键部门，打破了国际封锁，军事经济效益显著。团队先后获国家科技进步特等奖 1 项、一等奖 3 项，国家技术发明二等奖 1 项，军队和部委级科技进步一等奖 30 项、二等奖 17 项。天河高性能计算团队已成为国内一流、有重大国际影响力的创新团队，获 2012 年度国家科技进步奖创新团队奖。

团队负责人廖湘科长期从事高性能计算机系统研制和技术攻关。先后任"天河二号"总指挥兼总设计师，"天河一号"总指挥兼常务副总设计师；主持或参与了五代"银河"高性能计算机的研制工作；获得国家科技进步特等奖 1 项，一等奖 3 项，部委级科技进步一等奖 8 项，发表学术论文 70 余篇，授权发明专利 20 余项；被评为军队科技领军人才，"新世纪百千万人才工程"国家级人选，享受国务院政府特殊津贴，获光华奖、中国青年科技奖、"求是"杰出青年实用工程奖、军队杰出专业技术人才奖、"中创"软件人才奖、"中国计算机学会王选"奖，荣立二等功 2 次。

现代轨道交通系统动力学创新团队

团队负责人简介

　　翟婉明，西南交通大学教授，博士生导师，中国科学院院士。1981～1992年就读于西南交通大学，先后获机车柴油机学士学位、机车车辆硕士及博士学位。入选第二批国家"万人计划"科技创新领军人才。

　　现代轨道交通系统动力学创新团队是我国铁路领域以轮轨系统动态安全性为主攻方向的最具优势的跨学科创新团队，涵盖交通运输工程、机械工程及土木工程等一级学科，涉及车辆系统动力学、轨道结构及动力学、桥梁振动、路基工程、检测技术等专业方向。翟婉明院士为团队带头人，由10名核心成员、8名梯队成员、7名青年骨干共25人组成，其中18人具有博士学位，10人为博士生导师，均为一线科研人员。这是一个以牵引动力国家重点实验室为基地的自然形成的实体团队。

　　依托国家重点实验室、国家重大科研项目和教育部首批创新团队等平台，在翟婉明的带领下，团队开展了一系列跨学科、跨单位的合作研究。团队创建了机车车辆—轨道耦合动力学全新理论体系，使我国在车轨相互作用研究领域跻身国际前列，在国内被广泛应用于铁路提速、扩能改造及高速铁路工程领域，为中国高负荷铁路轮轨系统动态安全设计提供了科学理论支撑，该成果曾获国家科技进步一等奖；主持研究建立了高速列车过桥动力相互作用理论与安全评估技术，在铁路提速及高速铁路桥梁工程中得到全面应用，车线桥动力分析评估技术已成为我国铁路新桥设计、旧桥加固不可缺少的一项关键技术，被纳入我国快速及高速铁路桥梁设计规范，该成果曾获国家科技进步二等奖。目前团队主要针对高速列车运行速度不断提高、重载列车运载重量不断加大而产生的系统动力学与振动安全重大需求，从铁路大系统的角度，研究高速、重载列车—轨道—桥梁动态相互作用机制及服役安全阈值。围绕我国高速铁路大规模长期运营引起的基础结构动力性能演变及安全维护突出问题，以及新一代长编组、大轴重载列车运输问题，联合本领域最优势力量开展系统研究，为制定与完善中国高速铁路线路安全维护技术标准奠定科学基础，保障高速铁路基础设施服役安全，实现我国重载铁路动力学理论与运营安全核心技术的全面突破。

　　团队负责人翟婉明现任西南交通大学首席教授、校学术委员会主席，被评为国家有突出贡献的中青年专家，兼任国务院学位委员会第六届学科评议组成员、国家杰出青年基金评审委员会委员、四川省科协副主席、国际轨道交通期刊（*International Journal of Rail Transportation*）主编。

翟婉明长期在一线从事铁路工程领域动力学理论与应用研究，创建了机车车辆—轨道耦合动力学全新理论体系，建立了车辆—轨道统一模型，在国际上被称为"翟—孙模型"或"翟模型"；构造了适合大系统动力分析的快速显式数值积分方法，在英国《工程计算》、美国《结构工程学报》、英国《工程软件进展》等著名学术期刊上分别被称为"翟方法"；提出了机车车辆与线路最佳匹配设计原理及方法，主持开发了与之配套的动态仿真设计平台和现场测试评估系统，为现代铁路轮轨系统动态安全设计提供了关键技术支撑；建立了一套完整的高速列车—轨道—桥梁动力相互作用理论及设计安全评估技术，及时满足了工程重大需求。上述理论、方法与技术在工程中得到了广泛应用，为我国铁路现代化建设和铁路技术进步做出了重要贡献。曾获得国家科技进步一等奖、国家科技进步二等奖、教育部科技进步一等奖、四川省科技进步一等奖（均为第一完成人），一项成果入选了 2005 年度"中国高校十大科技进展"。

翟婉明 1993 年入选教育部首批跨世纪优秀人才，1994 年被授予"国家有突出贡献的中青年专家"称号，1995 年获得国家杰出青年科学基金（全国机械学科首位），1999 年受聘为教育部长江学者特聘教授。个人曾获得第六届中国青年科学家奖、何梁何利科学技术创新奖以及长江学者成就奖一等奖。

新型碳基复合材料及构件
制备新技术创新团队

团队负责人简介

熊翔，中南大学教授、博士生导师。1979～1986 年就读于中南大学，先后获材料学学士及硕士学位；1994～2004 年于中南大学获材料学博士学位。入选第二批国家"万人计划"科技创新领军人才。

"新型碳基复合材料及构件制备新技术"创新团队以长江学者特聘教授熊翔教授为学术带头人，以荣获 2004 年国家技术发明一等奖的黄伯云院士为学术指导人；由来自材料学、材料物理化学、有机化学、粉末冶金工程等相关学科的 15 名中青年科技工作者组成，平均年龄 40 岁；有教授 7 人、副高职称 6 人、中级职称 2 人，全部具有博士学位；其中，长江学者特聘教授 1 人、教育部新世纪优秀人才 2 人、湖南省骨干教师 1 人。

创新团队核心成员都是长期致力于新型碳基复合材料研发的骨干力量，在国家重大项目需求牵引下，汇聚到一起，通过学科交叉、产学研相结合，共同合作攻关碳基复合材料相关方面的基础科学和工程技术问题，不断开发新型碳基复合材料的性能潜力，将新型碳基复合材料及构件的应用从航空领域拓展到航天、军工、化学化工、机械、交通、新能源等更为广阔的领域。

创新团队是我国开展新型碳基复合材料的核心研究和工程开发队伍。近 10 年，创新团队通过承担国家 973 计划项目、863 计划项目、国际合作项目、国防基础研究项目等，多学科协同，集成创新，凝练了"耐烧蚀炭/炭复合材料""大尺寸复杂构件制造技术与工程化"和"新型多组元碳基摩擦材料"三个稳定的研究方向。

创新团队 10 多年坚持不懈地研究，得到了国家和社会的肯定，2004 年获国家技术发明奖一等奖 1 项；近年来还分别获湖南省技术发明奖一等奖 1 项、湖南省科学进步奖一等奖/二等奖各 1 项，国防科技技术进步奖 1 项，军队科技进步二等奖 1 项等；团队成员在国内外知名期刊上发表论文 200 多篇，其中 SCI、EI 检索 150 多篇；出版《高性能炭/炭航空制动材料的制备技术》专著 1 本，并入选首届"三个一百"原创出版工程科学技术类出版规划；同时，团队还拥有授权专利 40 余项。创新团队先后研发了一系列具有自主知识产权的新型碳基复合材料制备技术和工艺装备，形成了近20项系统集成的发明和创新成果，多项成果已投入工程应用。研制的新型碳基航天喷管产品已应用于我国多种型号固体、液体火箭发动机，其中10余个型号已定型并转入批量生产，已成为国内航天用新型碳基复合材料的重要研制、生产基地；研制的C/C-SiC摩擦材料已成功应用于我国某新型坦克、港口机械制动器，并可拓展应用于新一代军机、直升机、高速列车（350km/h）、汽车等的制动系统。

团队学术负责人熊翔是长江学者特聘教授、国务院政府特殊津贴获得者、人事部"新世纪百千万人才工程"入选者、科技部973项目首席科学家、教育部科学技术委员会材料学部委员、国务院学位委员会学科评议组专家、教育部"跨世纪优秀人才计划"入选者、科技部湖南新材料国际研发中心主任；获国家技术发明一等奖和二等奖各1项，湖南省技术发明奖一等奖1项、湖南省科学进步奖一等奖/二等奖各1项，获中国青年科技奖、中国青年科技创新奖和中国科协求是杰出青年科技成果转化奖。

熊翔长期从事碳/碳复合材料和新型碳基复合材料等航空、航天高技术新材料的研究，在过去的10多年中，带领创新团队核心成员主持和承担了国家973计划、863计划、科技部国际合作项目、国防军工配套项目等多项课题的科研任务，特别是在航天用低烧蚀新型碳基复合材料、大尺寸复杂构件制造技术与工程化以及新型碳/陶瓷制动材料的研究领域做出了重要的学术贡献，解决了一系列国防和民用关键新材料的技术难题。

在航天用低烧蚀新型碳基复合材料制备技术的研究中，熊翔团队突破了陶瓷相在碳基坯体中渗入困难的关键难点，发展了化学气相沉积碳化物陶瓷共沉积涂层和双梯度涂层的制备技术，显著提高了碳基复合材料的抗烧蚀性能。

在大尺寸复杂构件制造技术与工程化研究方向，熊翔团队探明了碳源基团增密过程机理，建立了大尺寸、异形件碳基复合材料CVI长程传输气体流场及工艺模型，实现了2000mm×1600mm大尺寸、异形构件均匀增密。在新型碳基喉衬构件的研制上，与航天科工、航天科技、中国兵器工业集团公司等单位建立了长期的合作关系，已为他们提供了40余个在研型号航天发动机喷管用新型碳基复合材料产品。

在新型碳/陶瓷制动材料的研究中，熊翔团队创新设计了高性能低成本碳陶摩擦材料制备技术，工艺周期降低至其他方法的1/5~1/10，大幅度降低了生产成本；首次开发了先进的"碳陶刹车片与金属刹车盘"摩擦副，并在国际上率先将该摩擦副成功应用于高速、重载和复杂环境下的制动系统。

在上述科学技术研究基础上，熊翔致力于科研成果的转化，培育了一批具有高技术含量、高附加值、高市场占有率的优势产品，已广泛应用于航空、航天等领域，取得了产业化社会效益和经济效益。

薄膜材料结构与性能调控技术创新团队

团队负责人简介

潘峰，清华大学教授。1979～1983 年就读于中南大学，获金属材料学士学位；1983～1986 年就读于北京航空材料研究所，获金属材料及热处理硕士学位；1991～1993 年就读于清华大学，获材料物理与化学博士学位。入选第二批国家"万人计划"科技创新领军人才。

薄膜材料结构与性能调控技术团队是在长期共同从事薄膜材料科学研究中形成的，自 1993 年起就是先进材料教育部重点实验室的重要组成部分，现有中国科学院院士 1 人（柳百新），杰出青年基金获得者 2 人（潘峰、张政军）。队伍中教授 3 人、副教授 6 人，大部分成员是留学归国的青年人。

团队长期致力于材料结构与性能调控研究，为我国薄膜制备技术的发展及薄膜材料在高技术与国防领域的应用做出了重要贡献。在过去的几年里，承担 863 课题 9 项，973 课题 5 项，国家自然科学基金课题 10 余项（重点课题 4 项），国际合作课题 5 项。近年来，团队以薄膜材料结构与性能调控为主线，针对移动通信、雷达、高密度信息存储等国家重大需求，开展了声表面波新材料、器件及其制备方法研究；并逐步转化为实用科学技术，先后研制出多种换能器薄膜材料与器件；通过产学研创新合作，重点研发了中高频声表面波滤波器工程化关键技术，推动了具有自主知识产权的滤波器产业的形成和发展，取得了原创性的突出成果。

团队利用发展的薄膜材料结构与性能调控技术，发明了高抗电迁移和功率耐受性的叉指换能器材料。制作出频率达 4.2 吉赫兹的滤波器，使我国滤波器频率提高了 2 个数量级。结合滤波器设计技术和器件产业化的关键技术的进步，建立了具有自主知识产权的滤波器示范生产线，产学研合作完成了我国中高频声表面波滤波器工程化，年产 1.9 亿只滤波器，累计实现产值超过 40 亿元。产品占国产器件市场的 70% 和军品器件的 90%，为雷达和军用电台提供了关键器件，并使得国外部分产品价格下降近 90%。获 2007 年国家技术发明奖二等奖和 2009 年国家科技进步二等奖。

提出以缺陷进行能带裁剪和自旋操纵、以离子半径进行极化控制达到多尺度调控薄膜材料微结构和性能，逐步形成了氧化物薄膜调控理论与技术，发展出压电、稀磁和阻变多种新材料和新型器件。通过电子、纳米复合调控发展出新型阻变存储器结构，被美国惠普公司量子科学研究室主任认为"这是自 20 世纪 60 年代起科学家们一直渴望做到的事情，取得了重要进展"。获 2012 年国家自然科学奖二等奖。

团队 2008 年入选"国家科技部新材料领域创新团队"，2012 年入选"教育部长江学者与创新团队发展计划"，申请国家发明专利 50 余件（授权 20 余件），获得了 5 项国家奖和多项省部级成果奖励，发表 SCI 论文 300 余篇，基本建立了具有我国自主知识产权的薄膜材料结构与性能调控技术体系，促进了声表面波滤波器产业形成。

团队负责人潘峰教授长期从事薄膜材料结构与性能调控技术研究，对推动我国声表面波滤波器产业的形成、高密度信息存储材料与器件的发展、材料结构与性能调控的研究做出重要贡献。获得 2012 年国家自然科学二等奖和 2007 年国家技术发明奖二等奖（均排名第 1）、2009 年国家科技进步二等奖（排名第 2）等四项国家级科技奖励。

在 2000 年之前，中高频声表面波滤波器全部依赖进口。潘峰带领他的团队，产学研结合，采取多层膜界面工程，利用界面处纳米金属提高铝换能器与压电材料结合力、并改善铝薄膜织构状态，发明了多种叉指换能器新材料，构建出新型多层复合结构的滤波器，使我国滤波器中心频率 10 年提高 2 个数量级。推动了具有自主知识产权的声表面波滤波器产业的形成，年产 1.9 亿只器件，产品占国产器件市场的 70% 和军品器件的 90%。专家鉴定认为"成果总体上达到国际先进水平，多层复合材料结构及其在高频声表面波器件的应用属国际首创"。

成功实现氧化锌结构与性能的多尺度调控，提出以缺陷进行能带裁剪和自旋操纵、以离子半径进行极化控制，发展出多种氧化锌基新材料和新型器件。利用小离子元素掺杂使氧化锌压电性能提高了 14 倍，被评价为"这使氧化锌可与含铅钙钛矿压电材料相媲美"。专家鉴定认为"氧化锌薄膜的压电性能和阻变存储器性能属国际领先水平"。

潘峰发表 SCI 论文 220 余篇，10 余次受邀在高水平国际学术会议作大会或邀请报告，受邀在《材料科学与工程报告》(*Materials Science and Engineering R：Reports*) 发表的综述性论文，单篇 SCI 引用超过 350 次，入选 2008 年中国百篇最具影响国际学术论文。授权发明专利 18 项。在科学出版社出版专著 1 部。

潘峰长期是团队的学术带头人，1997～2007 年作为副院长参与清华材料研究院组建与管理工作；1998～2010 年担任先进材料教育部重点实验室主任，全面负责实验室规划、开放、运行和管理工作，3 次参与教育部评估均为优秀；目前担任国际薄膜学会副理事长，以及两个国际和多个国内学术刊物编委，是国际真空大会、国际薄膜大会等多个系列会议的学术委员会成员。

附录

中共中央组织部办公厅关于印发
第二批国家"万人计划"
领军人才入选名单的通知

组厅字〔2016〕37号

各省、自治区、直辖市党委组织部，各副省级城市党委组织部，中央和国家机关各部委、各人民团体组织人事部门，新疆生产建设兵团党委组织部，各中管金融企业党委，部分国有重要骨干企业党组（党委），部分高等学校党委：

第二批国家"万人计划"科技创新领军人才、科技创业领军人才、哲学社会科学领军人才、教学名师和百千万工程领军人才入选名单已经专家组评审并报中央领导同志同意，现印发给你们。请按照申报渠道，及时通知入选者所在单位和本人，并按照《国家高层次人才特殊支持计划》（中组发〔2012〕12号）等文件规定，落实好各项培养支持措施。

中共中央组织部办公厅

2016 年 7 月 31 日

第二批国家"万人计划"科技创新领军人才入选名单

（620 人）

姓　名	工作单位
方　方	北京大学
王世强	北京大学
邓旭亮	北京大学口腔医学院
史宇光	北京大学
朱东强	北京大学
刘运全	北京大学
李　若	北京大学
张　锦	北京大学
邵　敏	北京大学

侯仰龙	北京大学
施章杰	北京大学
高　松	北京大学
高毅勤	北京大学
黄晓军	北京大学人民医院
颜学庆	北京大学
王亚愚	清华大学
刘冬生	清华大学
刘辛军	清华大学
祁　海	清华大学
孙宏斌	清华大学
杨殿阁	清华大学
陈　曦	清华大学
陈　巍	清华大学
陆新征	清华大学
季向阳	清华大学
姜开利	清华大学
高　喆	清华大学
康重庆	清华大学
温宗国	清华大学
潘　峰	清华大学
樊健生	清华大学
陈　玲	北京师范大学
李小雁	北京师范大学
田见晖	中国农业大学
刘西莉	中国农业大学
刘学军	中国农业大学
江正强	中国农业大学
李道亮	中国农业大学
金危危	中国农业大学
段留生	中国农业大学
廖小军	中国农业大学
吕昭平	北京科技大学
姜久春	北京交通大学
杨庆山	北京交通大学
忻向军	北京邮电大学

陶小峰	北京邮电大学
朱弟成	中国地质大学（北京）
代世峰	中国矿业大学（北京）
聂百胜	中国矿业大学（北京）
金衍	中国石油大学（北京）
许凤	北京林业大学
商洪才	北京中医药大学东直门医院
毕天姝	华北电力大学
李永平	华北电力大学
张晓丹	南开大学
王天友	天津大学
刘永长	天津大学
练继建	天津大学
胡文平	天津大学
耿延候	天津大学
舒歌群	天津大学
吕小兵	大连理工大学
伊廷华	大连理工大学
孙希明	大连理工大学
陆安慧	大连理工大学
陈景文	大连理工大学
郭旭	大连理工大学
秦高梧	东北大学
王昭东	东北大学
马琰铭	吉林大学
吕中元	吉林大学
崔田	吉林大学
孙洪波	吉林大学
毛颖	复旦大学
王鹏飞	复旦大学
严军	复旦大学
李富友	复旦大学
邱枫	复旦大学
陆豪杰	复旦大学
雷群英	复旦大学
王如竹	上海交通大学

朱利民	上海交通大学
杨小康	上海交通大学
张大兵	上海交通大学
陈险峰	上海交通大学
崔　勇	上海交通大学
蒋欣泉	上海交通大学
管海兵	上海交通大学
张存满	同济大学
陈银广	同济大学
高绍荣	同济大学
童小华	同济大学
王辅臣	华东理工大学
朱为宏	华东理工大学
杨　弋	华东理工大学
轩福贞	华东理工大学
汪华林	华东理工大学
段纯刚	华东师范大学
陆　海	南京大学
赵　劲	南京大学
闻海虎	南京大学
肖　睿	东南大学
吴　刚	东南大学
张吉雄	中国矿业大学
张　农	中国矿业大学
曹亦俊	中国矿业大学
王　媛	河海大学
苏怀智	河海大学
刘元法	江南大学
吴　敬	江南大学
胥传来	江南大学
丁艳锋	南京农业大学
李　艳	南京农业大学
邹建文	南京农业大学
姜　东	南京农业大学
马忠华	浙江大学
王　鹏	浙江大学

王福俤	浙江大学
计　剑	浙江大学
叶　娟	浙江大学
刘东红	浙江大学
苏宏业	浙江大学
杨德仁	浙江大学
张　宏	浙江大学
陈　瑜	浙江大学
陈仁朋	浙江大学
周天华	浙江大学
周艳虹	浙江大学
徐昌杰	浙江大学
徐　骁	浙江大学
高　超	浙江大学
黄飞鹤	浙江大学
程　军	浙江大学
鲁林荣	浙江大学
童利民	浙江大学
蔡秀军	浙江大学
潘洪革	浙江大学
王大志	厦门大学
任　斌	厦门大学
陈　敏	厦门大学
林圣彩	厦门大学
颜晓梅	厦门大学
马春红	山东大学
张　建	山东大学
陈宝权	山东大学
于良民	中国海洋大学
王　师	中国海洋大学
何　艮	中国海洋大学
戴彩丽	中国石油大学（华东）
庄　林	武汉大学
李红良	武汉大学
李典庆	武汉大学
李建成	武汉大学

张先正	武汉大学
张绍东	武汉大学
徐红星	武汉大学
龚 威	武汉大学
尹周平	华中科技大学
刘 争	华中科技大学
江 涛	华中科技大学
张新亮	华中科技大学
骆清铭	华中科技大学
徐明厚	华中科技大学
刘勇胜	中国地质大学（武汉）
李建威	中国地质大学（武汉）
何 勇	中国地质大学（武汉）
孙涛垒	武汉理工大学
麦立强	武汉理工大学
杨光富	华中师范大学
刘继红	华中农业大学
肖少波	华中农业大学
何正国	华中农业大学
姜道宏	华中农业大学
徐 强	华中农业大学
杨华明	中南大学
罗湘杭	中南大学湘雅二医院
段吉安	中南大学
黄明辉	中南大学
覃文庆	中南大学
熊 翔	中南大学
刘永红	湖南大学
韩 旭	湖南大学
马 骏	中山大学
王岳军	中山大学
李 隽	中山大学
何明光	中山大学
陈兵龙	中山大学
欧阳钢锋	中山大学
贾卫华	中山大学

黄　丰	中山大学
谢　丹	中山大学
王　平	华南理工大学
王永华	华南理工大学
王　聪	华南理工大学
吴　波	华南理工大学
张勤远	华南理工大学
林　璋	华南理工大学
卢义玉	重庆大学
刘　庆	重庆大学
周小平	重庆大学
王进军	西南大学
代方银	西南大学
王琼华	四川大学
刘建全	四川大学
李忠明	四川大学
杨　莉	四川大学
陈应春	四川大学
陈谦明	四川大学
林云锋	四川大学
赵长生	四川大学
游劲松	四川大学
朱旻昊	西南交通大学
何正友	西南交通大学
康国政	西南交通大学
翟婉明	西南交通大学
林　媛	电子科技大学
申胜平	西安交通大学
汪　宏	西安交通大学
林　京	西安交通大学
吴普特	西北农林科技大学
李云松	西安电子科技大学
高新波	西安电子科技大学
沙爱民	长安大学
陈建勋	长安大学
王云鹏	北京航空航天大学

孙志梅	北京航空航天大学
房建成	北京航空航天大学
徐立军	北京航空航天大学
曹先彬	北京航空航天大学
魏振忠	北京航空航天大学
龙 腾	北京理工大学
曲良体	北京理工大学
邱丽荣	北京理工大学
林 程	北京理工大学
姚裕贵	北京理工大学
夏元清	北京理工大学
王爱杰	哈尔滨工业大学
朱嘉琦	哈尔滨工业大学
刘 钢	哈尔滨工业大学
杨春晖	哈尔滨工业大学
张幸红	哈尔滨工业大学
李 兵	哈尔滨工业大学深圳研究生院
郑 萍	哈尔滨工业大学
孟松鹤	哈尔滨工业大学
高海波	哈尔滨工业大学
曹喜滨	哈尔滨工业大学
韩杰才	哈尔滨工业大学
李玩幽	哈尔滨工程大学
范壮军	哈尔滨工程大学
阮新波	南京航空航天大学
袁慎芳	南京航空航天大学
李 强	南京理工大学
刘 峰	西北工业大学
云晓春	国家计算机网络与信息安全管理中心
陈训逊	国家计算机网络与信息安全管理中心
梅之南	中南民族大学
王丽晶	公安部上海消防研究所
贺日兴	公安部信息通信中心
何高文	广州海洋地质调查局
张 远	中国环境科学研究院
郑丙辉	中国环境科学研究院

黄启飞	中国环境科学研究院
吴丰昌	中国环境科学研究院
曹东伟	交通运输部公路科学研究所
赵嶷飞	中国民航大学
王建华	中国水利水电科学研究院
严登华	中国水利水电科学研究院
胡少伟	水利部交通运输部国家能源局南京水利科学研究院
李新海	中国农业科学院作物科学研究所
王桂荣	中国农业科学院植物保护研究所
董红敏	中国农业科学院农业环境与可持续发展研究所
卜登攀	中国农业科学院北京畜牧兽医研究所
唐中林	中国农业科学院北京畜牧兽医研究所
储明星	中国农业科学院北京畜牧兽医研究所
何 萍	中国农业科学院农业资源与农业区划研究所
胡培松	中国水稻研究所
宋国立	中国农业科学院棉花研究所
范术丽	中国农业科学院棉花研究所
王晓钧	中国农业科学院哈尔滨兽医研究所
马爱军	中国水产科学研究院黄海水产研究所
王志亮	中国动物卫生与流行病学中心
蒋澄宇	中国医学科学院基础医学研究所
刘芝华	中国医学科学院肿瘤医院
郑 哲	中国医学科学院阜外医院
蒋立新	中国医学科学院阜外医院
余宏杰	中国疾病预防控制中心
王继军	中国铁道科学研究院
张庆君	北京空间飞行器总体设计部
宋征宇	北京航天自动控制研究所
张红文	中国航天科工飞航技术研究院
曾元松	中国航空工业集团公司北京航空制造工程研究所
杜宝瑞	沈阳飞机工业（集团）有限公司
王 中	中国船舶重工集团公司第七〇五研究所
黄 蔚	中国船舶工业集团公司第七〇八研究所
杜明刚	中国兵器工业集团中国北方车辆研究所
刘 波	重庆长安汽车股份有限公司
马 林	中国电子科技集团公司

杨拥军	中国电子科技集团公司
陆　军	中国电子科技集团公司
曹　宏	中国石油天然气股份有限公司勘探开发研究院
杨卫胜	中国石油化工股份有限公司上海石油化工研究院
张　健	中海油研究总院
汤广福	全球能源互联网研究院
丁茂生	宁夏回族自治区电力公司
陆佳政	国家电网公司
王振华	中国农业机械化科学研究院呼和浩特分院
张　君	中国重型机械研究院股份公司
陈永东	合肥通用机械研究院
吕智强	哈尔滨汽轮机厂有限责任公司
张彦军	哈尔滨锅炉厂有限责任公司
覃大清	哈尔滨电机厂有限责任公司
蒋浩民	宝钢（集团）有限公司
甘海云	中国汽车工程研究院股份有限公司
姚宁平	中煤科工集团西安研究院有限公司
梁运涛	煤科集团沈阳研究院有限公司
陈吉文	钢研纳克检测技术有限公司
周小军	宁夏东方钽业股份有限公司
于敦波	北京有色金属研究总院
庄卫东	北京有色金属研究总院
卢世杰	北京矿冶研究总院
蒋开喜	北京矿冶研究总院
樊运新	中车株洲电力机车有限公司
洪开荣	中国铁路工程总公司
程永亮	中国铁建重工（集团）有限公司
郑　晔	长春黄金研究院
冯景锋	国家广播电影电视总局广播电视规划院
方占军	中国计量科学研究院
曹际娟	辽宁出入境检验检疫局
洪　平	国家体育总局体育科学研究所
马双成	中国食品药品检定研究院
殷亚方	中国林业科学研究院木材工业研究所
卢孟柱	中国林业科学研究院林业研究所
徐西鹏	华侨大学

丁　克	暨南大学
关柏鸥	暨南大学
田　野	中国科学院数学与系统科学研究院
吕金虎	中国科学院数学与系统科学研究院
张　平	中国科学院数学与系统科学研究院
张志涛	中国科学院数学与系统科学研究院
黄飞敏	中国科学院数学与系统科学研究院
白雪冬	中国科学院物理研究所
李玉同	中国科学院物理研究所
李　泓	中国科学院物理研究所
陈小龙	中国科学院物理研究所
戴　希	中国科学院物理研究所
李海波	中国科学院高能物理研究所
苑长征	中国科学院高能物理研究所
曹　俊	中国科学院高能物理研究所
朱　敏	中国科学院声学研究所
于　贵	中国科学院化学研究所
王　树	中国科学院化学研究所
方晓红	中国科学院化学研究所
付红兵	中国科学院化学研究所
杨振忠	中国科学院化学研究所
唐智勇	国家纳米科学中心
刘会娟	中国科学院生态环境研究中心
单保庆	中国科学院生态环境研究中心
贺　泓	中国科学院生态环境研究中心
王　丹	中国科学院过程工程研究所
朱庆山	中国科学院过程工程研究所
杨　超	中国科学院过程工程研究所
张扬建	中国科学院地理科学与资源研究所
赵　艳	中国科学院地理科学与资源研究所
钱声帮	中国科学院云南天文台
刘立波	中国科学院地质与地球物理研究所
刘青松	中国科学院地质与地球物理研究所
郭正堂	中国科学院地质与地球物理研究所
倪喜军	中国科学院古脊椎动物与古人类研究所
周天军	中国科学院大气物理研究所

孔宏智	中国科学院植物研究所
陈大华	中国科学院动物研究所
雷富民	中国科学院动物研究所
王晓晨	中国科学院生物物理研究所
朱　平	中国科学院生物物理研究所
朱　冰	中国科学院生物物理研究所
江　涛	中国科学院生物物理研究所
张　宏	中国科学院生物物理研究所
王秀杰	中国科学院遗传与发育生物学研究所
李传友	中国科学院遗传与发育生物学研究所
沈彦俊	中国科学院遗传与发育生物学研究所
傅向东	中国科学院遗传与发育生物学研究所
刘　江	中国科学院北京基因组研究所
程学旗	中国科学院计算技术研究所
李京波	中国科学院半导体研究所
丁赤飚	中国科学院电子学研究所
王　刚	中国科学院电子学研究所
胡卫明	中国科学院自动化研究所
侯增广	中国科学院自动化研究所
曾大军	中国科学院自动化研究所
王　赤	中国科学院国家空间科学中心
樊仲维	中国科学院光电研究院
张学礼	中国科学院天津工业生物技术研究所
房倚天	中国科学院山西煤炭化学研究所
樊卫斌	中国科学院山西煤炭化学研究所
田志坚	中国科学院大连化学物理研究所
杨启华	中国科学院大连化学物理研究所
邵志刚	中国科学院大连化学物理研究所
周永贵	中国科学院大连化学物理研究所
卢　磊	中国科学院金属研究所
任文才	中国科学院金属研究所
张哲峰	中国科学院金属研究所
秦　松	中国科学院烟台海岸带研究所
宁永强	中国科学院长春光学精密机械与物理研究所
张学军	中国科学院长春光学精密机械与物理研究所
贾　平	中国科学院长春光学精密机械与物理研究所

门永锋	中国科学院长春应用化学研究所
牛利	中国科学院长春应用化学研究所
任劲松	中国科学院长春应用化学研究所
逯乐慧	中国科学院长春应用化学研究所
薛冬峰	中国科学院长春应用化学研究所
杨旸	中国科学院上海微系统与信息技术研究所
陈卫标	中国科学院上海光学精密机械研究所
程亚	中国科学院上海光学精密机械研究所
陈航榕	中国科学院上海硅酸盐研究所
黄政仁	中国科学院上海硅酸盐研究所
胡金波	中国科学院上海有机化学研究所
唐功利	中国科学院上海有机化学研究所
游书力	中国科学院上海有机化学研究所
樊春海	中国科学院上海应用物理研究所
郑为民	中国科学院上海天文台
刘小龙	中国科学院上海生命科学研究院
张鹏	中国科学院上海生命科学研究院
李劲松	中国科学院上海生命科学研究院
杜久林	中国科学院上海生命科学研究院
龚继明	中国科学院上海生命科学研究院
惠利健	中国科学院上海生命科学研究院
韩斌	中国科学院上海生命科学研究院
薛红卫	中国科学院上海生命科学研究院
蓝柯	中国科学院上海巴斯德研究所
魏伟	中国科学院上海高等研究院
李润伟	中国科学院宁波材料技术与工程研究所
陈学元	中国科学院福建物质结构研究所
林文雄	中国科学院福建物质结构研究所
郑庆东	中国科学院福建物质结构研究所
赵峰	中国科学院城市环境研究所
黄迪颖	中国科学院南京地质古生物研究所
王俊峰	中国科学院合肥物质科学研究院
宋云涛	中国科学院合肥物质科学研究院
陈卫忠	中国科学院武汉岩土力学研究所
杨俊	中国科学院武汉物理与数学研究所
柳晓军	中国科学院武汉物理与数学研究所

倪四道	中国科学院测量与地球物理研究所
袁运斌	中国科学院测量与地球物理研究所
殷　战	中国科学院水生生物研究所
余克服	中国科学院南海海洋研究所
张长生	中国科学院南海海洋研究所
蔡树群	中国科学院南海海洋研究所
鞠建华	中国科学院南海海洋研究所
段学武	中国科学院华南植物园
于志强	中国科学院广州地球化学研究所
王　强	中国科学院广州地球化学研究所
王新明	中国科学院广州地球化学研究所
王立平	中国科学院深圳先进技术研究院
郑海荣	中国科学院深圳先进技术研究院
彭晓彤	中国科学院深海科学与工程研究所
姬建新	中国科学院成都生物研究所
孔庆鹏	中国科学院昆明动物研究所
罗晓东	中国科学院昆明植物研究所
施　鹏	中国科学院昆明动物研究所
高立志	中国科学院昆明植物研究所
刘　耘	中国科学院地球化学研究所
金章东	中国科学院地球环境研究所
周小红	中国科学院近代物理研究所
李　新	中国科学院寒区旱区环境与工程研究所
杨　保	中国科学院寒区旱区环境与工程研究所
康世昌	中国科学院寒区旱区环境与工程研究所
贾永忠	中国科学院青海盐湖研究所
周国英	中国科学院西北高原生物研究所
潘世烈	中国科学院新疆理化技术研究所
张元明	中国科学院新疆生态与地理研究所
潘响亮	中国科学院新疆生态与地理研究所
王　兵	中国科学技术大学
王　均	中国科学技术大学
刘乃安	中国科学技术大学
刘世勇	中国科学技术大学
毕国强	中国科学技术大学
李传锋	中国科学技术大学

李厚强	中国科学技术大学
李微雪	中国科学技术大学
陈增兵	中国科学技术大学
龚流柱	中国科学技术大学
韩　良	中国科学技术大学
窦贤康	中国科学技术大学
刘　静	中国地震局地质研究所
李小军	中国地震局地球物理研究所
王劲松	国家卫星气象中心
陆其峰	国家卫星气象中心
王桂华	国家海洋局第二海洋研究所
何贤强	国家海洋局第二海洋研究所
陈新华	国家海洋局第三海洋研究所
蒋　捷	国家基础地理信息中心
赵剑衡	中国工程物理研究院流体物理研究所
翁继东	中国工程物理研究院流体物理研究所
杨家敏	中国工程物理研究院激光聚变研究中心
张　平	北京应用物理与计算数学研究所
陈　军	北京应用物理与计算数学研究所
吉训明	首都医科大学宣武医院
张　罗	首都医科大学附属北京同仁医院
马长生	首都医科大学附属北京安贞医院
李　冬	北京工业大学
陈立平	北京市农林科学院
赵春江	北京市农林科学院
邵　峰	北京生命科学研究所
罗敏敏	北京生命科学研究所
袭荣文	北京生命科学研究所
雷　军	北京金山软件有限公司
陈志强	同方威视技术股份有限公司
王庆生	英纳威（北京）新能源技术研究院有限公司
詹文章	北京汽车（集团）有限公司
万向元	北京首佳利华科技有限公司
王　敏	天津科技大学
牛远杰	天津医科大学
赵建军	河北农业大学

贾振华	河北以岭医药研究院有限公司
李文英	太原理工大学
刘　俊	中北大学
刘承志	山西太钢不锈钢股份有限公司
李光鹏	内蒙古大学
张和平	内蒙古农业大学
王振宁	中国医科大学
高兴华	中国医科大学
李润东	沈阳航空航天大学
陈　虎	大连光洋科技（集团）有限公司
侯中军	新源动力股份有限公司
臧连生	吉林农业大学
付　强	东北农业大学
刘忠华	东北农业大学
张　颖	东北农业大学
姜毓君	东北农业大学
刘连新	哈尔滨医科大学
魏　丹	黑龙江省农业科学院
艾连中	上海理工大学
谢　晶	上海海洋大学
常兆华	上海微创医疗器械（集团）有限公司
周　畅	上海微电子装备有限公司
刘　宇	上海电气钠硫储能技术有限公司
阳　虹	上海电气（集团）股份有限公司
李　炜	上海硅产业投资有限公司
王卫东	华东建筑设计研究院有限公司
赖文勇	南京邮电大学
范益群	南京工业大学
尹佟明	南京林业大学
陈金慧	南京林业大学
勇　强	南京林业大学
邹小波	江苏大学
乔冠军	江苏大学
钟志远	苏州大学
陈永平	苏州科技学院
徐赵东	南京东瑞减震控制科技有限公司

田　杰	南京南瑞继保电气有限公司
李　战	南京济群医药科技有限公司
孙立宁	江苏汇博机器人技术股份有限公司
尹　浩	江苏省未来网络创新研究院
冉千平	江苏苏博特新材料股份有限公司
徐宝才	江苏雨润肉类产业（集团）有限公司
高裕弟	昆山维信诺显示技术有限公司
周德敬	银邦金属复合材料股份有限公司
郭玉海	浙江理工大学
黄　勇	浙江吉利控股（集团）有限公司
张晓晶	宁波美晶医疗技术有限公司
廖　红	福建农林大学
魏太云	福建农林大学
陈义旺	南昌大学
徐长节	华东交通大学
夏文勇	新余钢铁（集团）有限公司
郝智慧	青岛农业大学
丁彩玲	山东如意科技（集团）有限公司
李秀清	山东新华医疗器械股份有限公司
田洪池	山东道恩高分子材料股份有限公司
韩继斌	山推工程机械股份有限公司
万连步	金正大生态工程（集团）股份有限公司
宋西全	烟台泰和新材料股份有限公司
赵全志	河南农业大学
康国章	河南农业大学
方亚鹏	湖北工业大学
刘玉兰	武汉轻工大学
梅书棋	湖北省农业科学院
陈吉红	武汉华中数控股份有限公司
彭万喜	中南林业科技大学
刘　勇	湖南省农业科学院
邓诣群	华南农业大学
吴珍芳	华南农业大学
廖　明	华南农业大学
张名位	广东省农业科学院
闫晓林	TCL（集团）股份有限公司

赵永祥	广西医科大学
林志强	广西玉柴机器股份有限公司
罗素兰	海南大学
黄伟九	重庆理工大学
张治中	重庆重邮汇测通信技术有限公司
吴 德	四川农业大学
陈学伟	四川农业大学
郭建春	西南石油大学
潘晓勇	四川长虹电器股份有限公司
曾 芳	成都中医药大学
杨 松	贵州大学
杨 斌	昆明理工大学
尼玛扎西	西藏自治区农牧科学院
王福清	西藏金稞（集团）有限责任公司
杨 柳	西安建筑科技大学
赵永庆	西北有色金属研究院
闫浩文	兰州交通大学
柴 强	甘肃农业大学
代 斌	石河子大学
宋晓玲	新疆天业（集团）有限公司
王海斗	装甲兵工程学院
王 东	中国人民解放军海军工程大学
李爱玲	中国人民解放军军事医学科学院
陈 薇	中国人民解放军军事医学科学院
周钢桥	中国人民解放军军事医学科学院
李英贤	中国航天员科研训练中心
章卫平	中国人民解放军第二军医大学
吴玉章	中国人民解放军第三军医大学
陈 林	中国人民解放军第三军医大学
曾春雨	中国人民解放军第三军医大学
边惠洁	中国人民解放军第四军医大学
时永全	中国人民解放军第四军医大学
武胜昔	中国人民解放军第四军医大学
屈 延	中国人民解放军第四军医大学
廖湘科	国防科学技术大学

第二批国家"万人计划"科技创业领军人才入选名单

（336 人）

姓　名	工作单位
王建学	北京矿大节能科技有限公司
石岩峰	中天启明石油技术有限公司
伍　建	北京迈基诺基因科技有限责任公司
刘长安	北京香豆豆食品有限公司
孙　皓	北京市华都峪口家禽育种有限公司
齐向东	北京奇虎科技有限公司
余军涛	乐动天下（北京）体育科技有限公司
吴道洪	北京神雾环境能源科技（集团）股份有限公司
张送根	北京天智航医疗科技股份有限公司
李　震	北京纳源丰科技发展有限公司
李和伟	北京伟博海泰生物科技有限公司
杨陆武	北京奥瑞安能源技术开发有限公司
陈同斌	北京中科博联环境工程有限公司
陈继锋	北京沃尔德金刚石工具股份有限公司
周德胜	北京凯因科技股份有限公司
林桂康	英得赛斯科技（北京）有限公司
金　磊	北京佰仁医疗科技有限公司
赵健飞	北京赫宸环境工程股份有限公司
赵鸿飞	中科创达软件股份有限公司
高　晖	北京博华信智科技股份有限公司
崔彤哲	海纳医信（北京）软件科技有限责任公司
黄孝斌	北京时代凌宇科技股份有限公司
戴云峰	北京国华新兴节能环保科技有限公司
丁冉峰	天津金伟晖生物石油化工有限公司
于　静	天津市今日健康乳业有限公司
王　冲	大禹节水（天津）有限公司
王万财	天津汉海环保设备有限公司
王军祥	天津威尔朗科技有限公司
孔昭松	天津市松正电动汽车技术股份有限公司
刘德新	天津惠德汽车进气系统有限公司
严　洁	天津汉瑞药业有限公司
张继军	天津衡创工大现代塔器技术有限公司

李喜宏	天津捷盛东辉保鲜科技有限公司
杨 飞	天津天隆种业科技有限公司
杨铁顺	大顺国际花卉股份有限公司
陈 强	天津中能锂业有限公司
胡 欣	天津亿利科能源科技发展股份有限公司
崔怀旭	天津市康库得机电技术有限公司
崔维力	天津南大通用数据技术股份有限公司
梁 霄	川铁电气（天津）股份有限公司
董泽武	天津市中升挑战生物科技有限公司
熊 凯	天津高清科技有限公司
戴 林	天津天地伟业数码科技有限公司
王智森	石家庄藏诺生物股份有限公司
刘春海	承德宇航人高山植物应用技术有限责任公司
孙红川	河北德胜农林科技（集团）有限公司
杨学东	青龙满族自治县鑫跃畜牧有限公司
肖 飞	河北人天通信技术有限公司
赵树彦	唐山国华科技国际工程有限公司
安永琳	山西智济电子科技有限公司
郝秀海	山西金土地生物科技有限公司
马瑞强	内蒙古分享农业科技有限公司
王召明	内蒙古和信园蒙草抗旱绿化股份有限公司
颉二旺	内蒙古自然王生物质工程有限公司
于泽旭	辽宁东工装备制造有限公司
马忠威	鞍山钦元节能设备制造有限公司
王 伟	抚顺东工冶金材料技术有限公司
王兴维	心医国际数字医疗系统（大连）有限公司
王鸿娟	辽宁爱尔创生物材料有限公司
付 超	辽宁卓昇装备制造有限公司
孙克文	沈阳美行科技有限公司
张 青	海城市三星生态农业有限公司
张之一	锦州俏牌机械有限公司
张华民	大连融科储能技术发展有限公司
张承臣	沈阳隆基电磁科技股份有限公司
张燕维	阜新德美客食品有限公司
李 毅	阜新德尔汽车部件股份有限公司
李国君	朝阳立塬新能源有限公司

肖　迪	大连博涛文化科技股份有限公司
陈　明	中创清洁能源发展（沈阳）股份有限公司
高　峰	辽宁新华阳伟业装备制造有限公司
王　中	吉林省元隆达工装设备有限公司
杨永利	松原大多油田配套产业有限公司
轩景泉	吉林奥来德光电材料股份有限公司
陈学思	长春圣博玛生物材料有限公司
鲍振平	四平市枫叶科技有限公司
黎妹红	吉林市北华航天科技有限公司
尹建华	黑龙江省汇丰动物保健品有限公司
王文昌	大庆佳昌晶能信息材料有限公司
王荣国	哈尔滨空天工大复合材料科技开发有限公司
左洪波	哈尔滨奥瑞德光电技术有限公司
孙志军	哈尔滨贯中信息技术开发有限公司
周立富	齐齐哈尔华工机床股份有限公司
王　宇	上海宇昂水性新材料科技股份有限公司
王　杰	上海辰光医疗科技股份有限公司
王文标	上海泓济环保工程有限公司
冯　勇	上海百事通信息技术股份有限公司
庄　田	上海梅思泰克环境股份有限公司
汤德林	上海新眼光医疗器械股份有限公司
李　欣	上海创图网络科技发展有限公司
李力锋	上海宜瓷龙新材料股份有限公司
陆　飞	上海品奇数码科技有限公司
陈宝明	上海华之邦科技股份有限公司
贺　辉	上海阅维信息科技有限公司
唐　咚	上海步科自动化股份有限公司
诸　慎	上海浦景化工技术有限公司
高庆伟	上海仰邦科技股份有限公司
高超凡	上海魅客信息科技有限公司
梁栋科	上海康德莱医疗器械股份有限公司
马海燕	南通新帝克单丝科技股份有限公司
仇云杰	江苏长虹机械设计院有限公司
王　卫	南京巨鲨显示科技有限公司
王怀林	江苏凯米膜科技股份有限公司
王明华	江苏华天通科技有限公司

王恒秀	宜兴市恒兴精细化工有限公司
王浩静	江苏航科复合材料科技有限公司
王鹏勃	江苏金刚文化科技（集团）股份有限公司
卢明立	连云港天明装备有限公司
石俊峰	江苏可兰素汽车环保科技有限公司
史丽萍	徐州上若科技有限公司
刘 健	江苏中科君达物联网股份有限公司
刘 骏	无锡日联科技股份有限公司
刘召贵	江苏天瑞仪器股份有限公司
朱志平	南京都乐制冷设备有限公司
朱振友	江苏北人机器人系统股份有限公司
邢 飞	南京煜宸激光科技有限公司
何锦华	江苏博睿光电有限公司
吴江峰	德朗能（张家港）动力电池有限公司
吴俊辉	苏州超锐微电子有限公司
应 珏	句容宁武新材料股份有限公司
张 杭	南京因泰莱软件技术有限公司
张立新	无锡芯朋微电子股份有限公司
张庆敏	无锡北方数据计算股份有限公司
张国良	中复神鹰碳纤维有限责任公司
张晓东	江苏敏捷科技股份有限公司
李 辉	南京晶升能源设备有限公司
陈 勇	南京龙渊微电子科技有限公司
陈 琦	扬州中天利新材料股份有限公司
陈建明	江苏协诚科技发展有限公司
陈雨峰	江苏高和智能装备股份有限公司
周 明	南通明芯微电子有限公司
周志军	江苏中成紧固技术发展股份有限公司
姜明武	苏州光格设备有限公司
赵国普	江苏四明工程机械有限公司
徐一华	苏州天准科技股份有限公司
秦引林	江苏柯菲平医药股份有限公司
郭宏新	江苏中圣高科技产业有限公司
钱志明	江苏智联天地科技有限公司
高 怀	苏州英诺迅科技股份有限公司
盛荣生	盛利维尔（中国）新材料技术有限公司

傅志伟	徐州博康信息化学品有限公司
韩正昌	南京格洛特环境工程股份有限公司
丁伟儒	杭州东忠科技股份有限公司
丁敏华	杭州炬华科技股份有限公司
王　辉	宁波宁变电力科技股份有限公司
王旭宁	杭州九阳欧南多小家电有限公司
任天挺	康奋威科技（杭州）有限公司
朱召法	东蓝数码有限公司
张日红	宁波中淳新冈装备有限公司
李明焱	武义寿仙谷中药饮片有限公司
杨一兵	浙江和仁科技股份有限公司
邹　军	浙江亿米光电科技有限公司
陆志成	杭州讯能科技有限公司
陆效军	浙江达人环保科技股份有限公司
陈　凯	杭州华普永明光电股份有限公司
周赞斌	宁波欧瑞特聚合物有限公司
胡　玮	宁波德沃生物科技有限公司
胡军祥	浙江恒强科技股份有限公司
胡钢亮	浙江康诺邦健康产品有限公司
赵　浩	平湖波汇通信科技有限公司
桂发二	浙江贵仁信息科技股份有限公司
翁贞琼	宁波京琼机械制造有限公司
章笠中	医惠科技有限公司
王志邦	安徽贝克联合制药有限公司
张　红	合肥同智机电控制技术有限公司
李　文	合肥凯利科技投资有限公司
周官群	安徽惠洲地质安全研究院股份有限公司
胡建东	池州市邦鼐机电科技有限公司
徐　杰	天长市昭田磁电科技有限公司
高晓谋	安徽中天石化股份有限公司
章　云	安徽省中口农业环保科技有限公司
丁万年	锐达互动科技股份有限公司
王春儒	厦门福纳新材料科技有限公司
孙秋林	福建省福工动力技术有限公司
吴凯庭	厦门盈趣科技股份有限公司
张有祥	东南新材料股份有限公司

李韶雄	福建科宏生物工程有限公司
杨学太	泉州迪特工业产品设计有限公司
陈 兵	福州鑫图光电有限公司
陈庆堂	福建天马科技（集团）股份有限公司
林志平	漳州市英格尔农业科技有限公司
林志雄	大博医疗科技股份有限公司
林鸿福	德化恒忆陶瓷艺术股份有限公司
俞先禄	福建和其昌竹业股份有限公司
涂庆镇	厦门多彩光电子科技有限公司
黄发灿	福建华灿制药有限公司
游雄峰	福建宏宇电子科技有限公司
詹照雅	福建申石蓝食品有限公司
叶想发	江西索普信实业有限公司
刘文峰	江西飞尚科技有限公司
朱 博	江西博君生态农业开发有限公司
闫洪嘉	明冠新材料股份有限公司
李 凯	江西蓝翔重工有限公司
李龙瑞	江西新天地药业有限公司
肖世平	江西天佳生物工程股份有限公司
肖军平	普正药业股份有限公司
易伟华	江西沃格光电股份有限公司
郑红卫	景德镇神飞特种陶瓷有限公司
陶 捷	江西日月明测控科技股份有限公司
程敬远	江西名派光电科技有限公司
于业梅	山东国软信息技术有限公司
马长勤	青岛镭视光电科技有限公司
马连涛	山东恒远利废技术股份有限公司
马培娜	青岛萨纳斯智能科技股份有限公司
云经才	青岛淄柴博洋柴油机股份有限公司
王 立	山东华建仓储装备科技有限公司
王兆连	山东华特磁电科技股份有限公司
王保忠	山东瑞帆果蔬机械科技有限公司
任建福	烟台正信电气有限公司
伊廷雷	山东莱芜金雷风电科技股份有限公司
刘 倩	山东中厦电子科技有限公司
刘金龙	山东贝瑞康生物科技有限公司

孙德林	菏泽巨鑫源食品有限公司
吴荣华	青岛科创新能源科技有限公司
宋　峰	愚公机械股份有限公司
宋忠孝	临沂市科创材料有限公司
张凤太	山东威能环保电源科技股份有限公司
张成如	山东泰德新能源有限公司
张宗国	青岛根源生物技术（集团）有限公司
张海军	山东瑞安泰医疗技术有限公司
张维友	德州华海石油机械股份有限公司
张新功	青岛惠城环保科技股份有限公司
张毅鸿	山东鸿瑞新材料科技有限公司
李长青	威海长青海洋科技股份有限公司
李永胜	山东天瑞重工有限公司
李坚之	青岛昌盛日电太阳能科技股份有限公司
李松和	山东众志电子有限公司
李晓雨	青岛云路新能源科技有限公司
周满山	力博重工科技股份有限公司
郅立鹏	青岛中科华联新材料股份有限公司
郑广辉	聊城市金帝保持器厂
宫新建	潍坊恒彩数码影像材料有限公司
胡　卉	济南晶正电子科技有限公司
郝木明	东营海森密封技术有限责任公司
高启龙	山东中瑞电子股份有限公司
高肇林	山东益康药业股份有限公司
逯良忠	中海海洋科技股份有限公司
彭立增	济南爱思医药科技有限公司
甄曰菊	山东吉青化工有限公司
潘吉庆	山东奥福环保科技股份有限公司
陈志勇	宏业控股（集团）有限公司
姜丰伟	河南大指造纸装备集成工程有限公司
蒋慧琴	郑州知立康信息科技有限公司
何成鹏	武汉三工光电设备制造有限公司
余旭东	湖北四季春茶油股份有限公司
吴　平	湖北一致魔芋生物科技股份有限公司
杨　华	湖北绿色家园精细化工股份有限公司
系祖斌	宜城市共同药业有限公司

陈建军	武汉威杜信息科技有限公司
赵今月	随州市二月风食品有限公司
叶　锋	湖南搏浪沙水工机械有限公司
伍　威	湖南笔电锋电脑科技有限公司
刘　阳	长沙威保特环保科技股份有限公司
张国强	湖南湖大瑞格能源科技有限公司
李新平	湖南海尚环境生物科技股份有限公司
钟发平	湖南科霸汽车动力电池有限责任公司
徐　海	湖南文象炭基环保材料股份有限公司
彭　澎	湖南升华科技股份有限公司
韩明华	湖南华诺星空电子技术有限公司
黎应和	汨罗市鑫祥碳素制品有限公司
戴　煜	湖南顶立科技有限公司
卢慧莉	广东智冠信息技术股份有限公司
吴光胜	深圳市华讯方舟科技有限公司
李　阳	广东普加福光电科技有限公司
沈　亚	广州唯品会信息科技有限公司
陈小文	中山蓝海洋水性涂料有限公司
季统凯	国云科技股份有限公司
南策云	珠海新华通软件股份有限公司
姚维兵	广州明珞汽车装备有限公司
赵盛宇	深圳市海目星激光科技有限公司
黄溪河	广州市和兴隆食品科技股份有限公司
龚俊强	中山联合光电科技股份有限公司
童　鹰	深圳市视晶无线技术有限公司
蒋　峰	深圳市创鑫激光股份有限公司
胡湛波	广西益江环保科技股份有限公司
刘文民	齐鲁制药（海南）有限公司
陈明发	海南亚元防伪科技有限公司
玉永雄	重庆市茂泽科技有限公司
朱明跃	重庆猪八戒网络有限公司
吴俊伟	重庆布尔动物药业有限公司
李洪海	重庆市天沛农业科技有限公司
李雪平	重庆远衡科技发展有限公司
陈吉川	重庆盈丰升机械设备有限公司
周　杰	重庆杰品科技股份有限公司

裴　勇	重庆星河光电科技股份有限公司
兰治淮	四川省达科特能源科技股份有限公司
向生建	四川久远新方向智能科技有限公司
张　锦	四川省雷克赛恩电子科技有限公司
张宇行	成都卓特科技股份有限公司
张智军	成都成发科能动力工程有限公司
邹铮贤	四川和芯微电子股份有限公司
陈　刚	四川科瑞德制药有限公司
陈启章	中自环保科技股份有限公司
钟文军	四川国和新材料有限公司
韩　华	四川明日宇航工业有限责任公司
翟纯玉	成都四为电子信息股份有限公司
王　伟	贵阳朗玛信息技术股份有限公司
冯廷萃	镇远县名城食品厂
杨兴海	世纪恒通科技股份有限公司
蔡志奇	贵阳时代沃顿科技有限公司
万雪君	宾川高原有机农业开发有限公司
伍　坤	水富坤达牧业有限责任公司
孙　勇	昆明理工峰潮科技有限公司
杨洪斌	瑞丽市千紫木业发展有限责任公司
汪生云	昆明泊银科技有限公司
柳　燕	宁洱尚左咖啡有限责任公司
段金辉	云南云秀花卉有限公司
蒋才银	云南奥云焊材科技有限公司
詹　武	云南福慧科技股份有限公司
扎西东智	西藏金哈达药业有限公司
伍　红	西藏金采科技股份有限公司
卓玛次力	西藏珠穆拉瑞商贸发展有限公司
洛松次仁	西藏芒康县藏东珍宝酒业有限公司
刘念杰	咸阳伟华绝缘材料有限公司
刘新军	陕西金刚石油机械有限公司
杨解定	渭南市农发科技有限责任公司
范代娣	陕西巨子生物技术有限公司
姚文中	宝鸡赛威重型机床制造有限公司
徐子清	陕西华阳良种猪有限公司
田映良	甘肃圣大方舟马铃薯变性淀粉有限公司

成国祥	甘肃杰康诺酵母科技有限公司
张希云	甘肃元生农牧科技有限公司
张周卫	甘肃中远能源动力工程有限公司
陈耀祥	甘肃中天羊业股份有限公司
秦伟志	甘肃源岗农林开发有限公司
陶　军	天水众兴菌业科技股份有限公司
赵永贵	青海源兴实业有限公司
王小宁	宁夏维尔铸造有限责任公司
石永宏	宁夏九三零生态农牧有限公司
冯锡鸿	宁夏中青农业科技有限公司
尹　强	新疆惠利灌溉科技股份有限公司
刘勇杰	新疆石大科技股份有限公司
余忠丽	新疆希普生物科技股份有限公司
李保强	新疆慧尔农业（集团）股份有限公司
周卫华	新疆机械研究院股份有限公司
刘雪峰	新疆惠远种业股份有限公司

第二批国家"万人计划"哲学社会科学领军人才入选名单

（197 人）

姓　名	工作单位
林尚立	中央政研室
吴忠民	中央党校
邱耕田	中央党校
赵振华	中央党校
陈　理	中央文献研究室
陈扬勇	中央文献研究室
蒋建农	中央党史研究室
沈红文	中央编译局
赖海榕	中央编译局
张首映	人民日报社
郑志晓	求是杂志社
曹建文	光明日报社
彭　程	光明日报社
齐东向	经济日报社
徐　坚	外交部中国国际问题研究院

王　博	北京大学
何增科	北京大学
荣新江	北京大学
蔡洪滨	北京大学
李稻葵	清华大学
杨光斌	中国人民大学
郭庆旺	中国人民大学
蔡　雯	中国人民大学
杨共乐	北京师范大学
庞丽娟	北京师范大学
孙有中	北京外国语大学
曹志耘	北京语言大学
张明玉	北京交通大学
陈建成	北京林业大学
马海涛	中央财经大学
于志刚	中国政法大学
马怀德	中国政法大学
秦文琛	中央音乐学院
贺西林	中央美术学院
王永贵	对外经济贸易大学
王利华	南开大学
张玉利	南开大学
徐苏斌	天津大学
洪晓楠	大连理工大学
刘金全	吉林大学
张贤明	吉林大学
贺　来	吉林大学
邬志辉	东北师范大学
韩东育	东北师范大学
张　军	复旦大学
叶必丰	上海交通大学
孙周兴	同济大学
郭秀艳	华东师范大学
谭　帆	华东师范大学
宋炳辉	上海外国语大学
孙　宁	上海财经大学

唐正东	南京大学
程章灿	南京大学
周佑勇	东南大学
周应恒	南京农业大学
吴晓波	浙江大学
郁建兴	浙江大学
刘国深	厦门大学
周　宁	厦门大学
方　辉	山东大学
何中华	山东大学
杜泽逊	山东大学
汪习根	武汉大学
肖永平	武汉大学
陈传夫	武汉大学
张应强	华中科技大学
成金华	中国地质大学（武汉）
周宗奎	华中师范大学
项继权	华中师范大学
张俊飚	华中农业大学
王雨辰	中南财经政法大学
杨灿明	中南财经政法大学
胡彬彬	中南大学
肖永明	湖南大学
黄仕忠	中山大学
蓝海林	华南理工大学
孟卫东	重庆大学
靳玉乐	西南大学
左卫民	四川大学
徐玖平	四川大学
杨　丹	西南财经大学
曾　勇	电子科技大学
朱正威	西安交通大学
徐寅峰	西安交通大学
郭菊娥	西安交通大学
邢向东	陕西师范大学
张　萍	陕西师范大学

游旭群	陕西师范大学
赵志耘	中国科学技术信息研究所
徐奉臻	哈尔滨工业大学
麻国庆	中央民族大学
段　超	中南民族大学
郑长德	西南民族大学
刘尚希	中国财政科学研究院
牛克成	中国艺术研究院
张　晴	中国美术馆
任学安	中央电视台
张晓斌	中国新闻出版研究院
程国赋	暨南大学
鞠海龙	暨南大学
胡日东	华侨大学
甘绍平	中国社会科学院
孙　杰	中国社会科学院
何德旭	中国社会科学院
张车伟	中国社会科学院
李　平	中国社会科学院
李正华	中国社会科学院
李国强	中国社会科学院
辛向阳	中国社会科学院
周汉华	中国社会科学院
姜　辉	中国社会科学院
高培勇	中国社会科学院
黄群慧	中国社会科学院
张占斌	国家行政学院
董小君	国家行政学院
周洪波	商务印书馆
林　江	中国青年政治学院
张新宝	中国法学杂志社
张耀南	北京市委党校
崔新建	北京市哲学社会科学规划办公室
金寿福	首都师范大学
孟繁华	首都师范大学
刘冠军	首都经济贸易大学

史瑞杰	天津市委宣传部
白学军	天津师范大学
毕宏音	天津社会科学院
王春峰	渤海证券股份有限公司
殷杰	山西大学
额尔敦白音	内蒙古大学
额尔敦陶克套	内蒙古社会科学院
肖兴志	东北财经大学
王振宇	辽宁省财政科学研究所
郭翔宇	东北农业大学
刘信君	吉林省社会科学院
刘红凛	上海市委党校
张文宏	上海大学
马长山	华东政法大学
权衡	上海社会科学院
杨志刚	上海博物馆
王永贵	南京师范大学
谭桂林	南京师范大学
华仁海	南京财经大学
凌迎兵	南京特殊教育师范学院
陈立旭	浙江省委党校
王澍	中国美术学院
李加林	浙江理工大学
高玉	浙江师范大学
钟晓敏	浙江财经大学
陈华兴	浙江省社会科学院
李琳琦	安徽师范大学
余文森	福建师范大学
黄茂兴	福建师范大学
李迅	福建省福州第一中学
刘耀彬	南昌大学
曾建平	井冈山大学
孔凡斌	江西省社会科学院
孙燕明	孙燕明全国示范性劳模创新工作室
万光侠	山东师范大学
戚万学	曲阜师范大学

房绍坤	烟台大学
韩国河	郑州大学
张宝明	河南大学
吕忠梅	湖北经济学院
吴家庆	湖南师范大学
蒋新苗	湖南师范大学
刘友金	湖南科技大学
陈晓红	湖南商学院
范冬萍	华南师范大学
仲伟合	广东外语外贸大学
向晓梅	广东省社会科学院
孙长永	西南政法大学
李　敬	重庆社会科学院
吴佩林	西华师范大学
洪名勇	贵州大学
张学立	贵州民族大学
吴大华	贵州省社会科学院
林文勋	云南大学
张桥贵	大理大学
续文辉	西藏自治区党委党校
索南才让	西藏民族大学
次仁平措	西藏自治区社会科学院
韩　松	西北政法大学
王宗礼	西北师范大学
索加本	青海省文联
杜建录	宁夏大学
胡玉冰	宁夏大学
束锡红	北方民族大学
热合木江·沙吾提	新疆维吾尔自治区党委党校
孙秀玲	新疆师范大学
王　宏	新疆人民广播电台
杨兴全	石河子大学
满开宏	装甲兵工程学院
王军旗	西安政治学院
张　方	解放军艺术学院
吴志忠	军事科学院

赵周贤　　　　　　国防大学
曾华锋　　　　　　国防科学技术大学

第二批国家"万人计划"教学名师入选名单

（98人）

姓　名	工作单位
王一川	北京大学
白重恩	清华大学
欧阳津	北京师范大学
杨　屹	北京化工大学
程　鹏	南开大学
梁延德	大连理工大学
张汉壮	吉林大学
郁崇文	东华大学
周晓虹	南京大学
王建国	东南大学
于良春	山东大学
蒋有录	中国石油大学（华东）
胡丽华	华中科技大学
刘　泉	武汉理工大学
胡亚敏	华中师范大学
曹凑贵	华中农业大学
王玉枝	湖南大学
孙一民	华南理工大学
祝小宁	电子科技大学
刘三阳	西安电子科技大学
李尚志	北京航空航天大学
吴建强	哈尔滨工业大学
施大宁	南京航空航天大学
陈发来	中国科学技术大学
陈延军	北京师范大学实验小学
万　平	北京市史家胡同小学
王春易	北京市十一学校
张英泽	河北医科大学
段相林	河北师范大学

孙健夫	河北大学
尤立增	河北省张家口市第一中学
乌兰巴特尔	内蒙古赤峰市蒙古族中学
邢天才	东北财经大学
魏敏杰	中国医科大学
邢志敏	辽宁省实验学校
孙长颢	哈尔滨医科大学
李志萍	上海公安高等专科学校
黄荣华	复旦大学附属中学
朱　萍	上海市世界外国语中学
应彩云	上海市杨浦区本溪路幼儿园
周建忠	南通大学
邵　辉	常州大学
管建刚	江苏省吴江实验小学
黄厚江	江苏省苏州中学
王咏梅	江苏省盐城市第一小学教育集团
孙小红	南京师范大学附属中学
徐夏民	江苏省无锡机电高等职业技术学校
程惠芳	浙江工业大学
施　凯	温州职业技术学院
孔德兰	浙江金融职业学院
刘太顺	湖州师范学院
林肃浩	浙江省杭州第二中学
郭海平	浙江省台州初级中学
李友银	安徽省合肥市第一中学
范繁荣	福建三明林业学校
林立灿	福建省福州第一中学
郭晓敏	江西农业大学
李　舫	山东畜牧兽医职业学院
徐　红	山东商业职业技术学院
魏　建	山东师范大学
丁世民	山东潍坊职业学院
于伟利	山东省枣庄市实验小学
李　芳	山东省青岛第一中学
邵丽云	山东省实验中学
智利红	河南农业职业学院

桂贤娣	湖北省武汉市汉阳区钟家村小学
胡　峥	湖北省武汉市仪表电子学校
张　莹	湖南铁道职业技术学院
钟建新	湘潭大学
汪　瀛	湖南省株洲市第四中学
高建军	湖南省长沙市第一中学
袁　亮	湖南省郴州工业交通学校
刘红燕	深圳职业技术学院
阚雅玲	广州番禺职业技术学院
龚盛昭	广东轻工职业技术学院
蒋爱民	华南农业大学
曹广福	广州大学
江伟英	华南师范大学附属小学
严开明	广东省广州市第六中学
熊宏华	广东省清远市第一中学
邓晓红	深圳元平特殊教育学校
陈高路	广东省广州市交通运输职业学校
陈小玲	广东省经济贸易职业技术学校
张方阳	广东省佛山市顺德区梁銶琚职业技术学校
刘永福	广西职业技术学院
刘阳明	广西商业高级技工学校
莫邦哲	广西柳州铁一中学
武友德	四川工程职业技术学院
周昌鲜	四川省成都市石室中学
刘　坚	云南师范学院
崔运武	云南大学
米　加	西藏日喀则市第一高级中学
田锋社	陕西工业职业技术学院
耿国华	西北大学
蔺治萍	陕西省延安中学
陈卫民	新疆伊犁职业技术学院
万明杰	防空兵学院
殷建平	国防科学技术大学

第二批国家"万人计划"百千万工程领军人才入选名单

（97 人）

姓　名	工作单位
杨志峰	北京师范大学
沈建忠	中国农业大学
姜建壮	北京科技大学
徐春明	中国石油大学（北京）
丁建东	复旦大学
沈　南	上海交通大学医学院附属仁济医院
张文军	上海交通大学
韩泽广	上海交通大学医学院附属瑞金医院
唐洪武	河海大学
谢素原	厦门大学
刘正猷	武汉大学
余家国	武汉理工大学
何　川	西南交通大学
何雅玲	西安交通大学
王　锐	兰州大学
廖文和	南京理工大学
李淼泉	西北工业大学
祝小平	西北工业大学
王　静	中国土地勘测规划院
吕庆田	中国地质科学院
李原园	水利水电规划设计总院
何中虎	中国农业科学院作物科学研究所
李　奎	中国农业科学院北京畜牧兽医研究所
薛富善	中国医学科学院整形外科医院
范瑞祥	中国航天科技集团公司第一研究院
董瑶海	中国航天科技集团公司第八研究院
胡万海	中国航天科工集团公司第三研究院
聂海涛	中国航空工业集团公司（成都）飞机设计研究所
张　良	中国电子科技集团公司第十四研究所
高雄厚	石油化工研究院
邵安林	鞍钢集团鞍山钢铁集团公司
康红普	天地科技股份有限公司

肖从真	中国建筑科学研究院
曹彦忠	河北（秦皇岛）出入境检验检疫局
张建国	中国林业科学研究院林业研究所
蔡荣根	中国科学院理论物理研究所
吴骊珠	中国科学院理化技术研究所
韩金林	中国科学院国家天文台
朱　敏	中国科学院古脊椎动物与古人类研究所
薛勇彪	中国科学院遗传与发育生物学研究所
王秋良	中国科学院电工研究所
杨　锐	中国科学院金属研究所
冯夏庭	中国科学院武汉岩土力学研究所
孙卫东	中国科学院广州地球化学研究所
徐　林	中国科学院昆明动物研究所
赵　卫	中国科学院西安光学精密机械研究所
唐旭东	中国中医科学院西苑医院
江　松	中国工程物理研究院（北京）第九研究所
游建强	中国工程物理研究院（北京）计算科学研究中心
任　东	首都师范大学
张军平	天津中医药大学
田永君	燕山大学
刘孟军	河北农业大学
王　海	山西大学
董晋湘	太原理工大学
路战远	内蒙古农牧业科学院
潘一山	辽宁大学
张　珂	沈阳建筑大学
时君友	北华大学
刘明远	长春生物制品研究所有限责任公司
王伟明	黑龙江省中医药科学院
郑洪波	南京师范大学
汪联辉	南京邮电大学
凌　祥	南京工业大学
沈洪兵	南京医科大学
陈文兴	浙江理工大学
汪　凯	安徽医科大学
陈道炼	福州大学

郑少泉	福建省农业科学院
王 柠	福建医科大学附属第一医院
贺浩华	江西农业大学
周东华	山东科技大学
唐 波	山东师范大学
常俊标	河南师范大学
张新友	河南省农业科学院
李建生	河南中医学院
侯永清	武汉轻工大学
唐其柱	湖北省人民医院
邹学校	湖南省农业科学院
邢 锋	广东省教育厅
张国君	汕头大学
梁 宏	广西师范大学
谢芝勋	广西壮族自治区兽医研究所
周常勇	西南大学
周少奇	贵州科学院
张洪彬	云南大学
彭金辉	昆明理工大学
张平祥	西北有色金属研究院
刘仲奎	西北师范大学
李 星	宁夏师范大学
钱立志	陆军军官学院
笪良龙	海军潜艇学院
刘清宇	海军装备研究院
冯煜芳	火箭军装备研究院
周志鑫	解放军 61646 部队
姚咏明	解放军总医院
胡德文	国防科学技术大学